1 MONTH OF
FREE
READING

at

www.ForgottenBooks.com

By purchasing this book you are eligible for one month membership to ForgottenBooks.com, giving you unlimited access to our entire collection of over 1,000,000 titles via our web site and mobile apps.

To claim your free month visit:

www.forgottenbooks.com/free1226740

ISBN 978-0-332-70821-8
PIBN 11226740

ANNALI D'ITALIA

DAL PRINCIPIO

DELL'ERA VOLGARE

SINO ALL'ANNO 1500.

ANNALI D'ITALIA
DAL PRINCIPIO
DELL'ERA VOLGARE
SINO ALL' ANNO 1500.
COMPILATI
DA LODOVICO ANTONIO
MURATORI
Bibliotecario del SERENISSIMO
DUCA DI MODENA.

TOMO SETTIMO
Dall'Anno primo dell'ERA volgare fino all'Anno 1300.

IN MILANO,
MDCCXLIV.
A spese di GIOVAMBATISTA PASQUALI
LIBRARO IN VENEZIA.

GLI
ANNALI D'ITALIA

Dal principio dell'Era Volgare
fino all'Anno 1500.

ANNO DI CRISTO MCLXXI. INDIZIONE IV.
DI ALESSANDRO III. PAPA 13.
DI FEDERIGO I. RE 20. IMPERADORE 17.

SOMMA era stata l'occupazion di *Papa Aleffandro* negli anni addietro per rimettere in grazia di *Arrigo* Re d'Inghilterra, e nel poffeffo della fua Chiefa *Tommafo Arcivefcovo* di Canturberì, ed aveva avuta la confolazione di veder terminato così fcabrofo affare. Ma non fu minore il fuo affanno nel principio del prefente anno, perchè vennero le nuove, che al fanto Prelato era ftata da empj ficarj levata la vita nel dì 29. del precedente Dicembre: laonde meritò d'effere onorato da Dio con varj miracoli, e poi regiftrato nel catalogo de' Martiri. Ebbe perciò il Pontefice da faticar tuttavia non poco per efeguir ciò, che la Difciplina Ecclefiaftica prefcrive in fimili cafi. (a) Trovavafi egli in Tufcolo nel dì 25. di Marzo, allorchè arrivarono gli Ambafciatori del Re Arrigo, venuti per difcolparlo, e proteftare, ch' egli non avea avuta mano in quel facrilego fatto. A tutta prima non li volle il Papa vedere; ma dopo qualche maneggio gli ammife, e dipoi fpedì in Inghilterra due Cardinali per formare il proceffo, e conofcere, fe il Re era innocente o reo. Continuarono ancora, in queft'Anno con gran vigore i Milanefi a rialzare l'abbattuta loro Città; nè contenti di quefto, ne ampliarono con nuove mura il circuito, chiudendo in effa le Bafiliche di Santo Ambrofio, di S. Lorenzo, di S. Nazario, e di Sant'Eufebio, di maniera che le difgrazie loro fervirono a maggiormente nobilitare la per altro nobiliffima Patria loro. Ne refta tuttavia la memoria in un antico marmo, rapportato dal Puricelli (b), dove ancora fi leggono i nomi de' Confoli Milanefi di queft'Anno. Due d'effi fpezialmente fono da notare, cioè *Ardericus de la Turre, Obertus de Orto;* il fecondo celebre fra i

ERA Volg.
ANN. 1171.

(a) Cardin.
de Aragon.
in Vita Ale-
xandri III.
Part. I.
Tom. III.
Rer. Italic.

(b) Puricel-
lius Monu-
ment. Bafi-
lic. Ambrof.

Tomo VII.   A   Le-

Legifti, per la Raccolta delle Confuetudini Feudali; e il primo, perchè da lui verifimilmente difcende l'illuftre Cafa della Torre, o fia Torriana, che fignoreggiò dipoi in Milano. Pubblicò nell' Anno 1708. il famofo Stefano Baluzio la Storia Genealogica della Cafa della Torre d'Alvernia, o fia de i Duchi di Buglione, per cui ebbe di molti guai. Sì egli, come altri, han creduto una medefima Famiglia quella de' Torriani Milanefi, e l'altra de' Franzefi. Quando non fi adducano pruove più ficure di tal connef-fione, difficile farà il credere sì fatta unione di fangue. Noi qùì a buon conto troviamo un *Arderigo dalla Torre* Confole in Milano, e perciò buon Cittadino di Milano; ma ch'egli, o i fuoi Maggiori foffero venuti di Francia, non fi dee fenza buo-ne pruove afferire.

CERCARONO i Lucchefi e Genovefi collegati di tirar nella loro alleanza altri Popoli, per potere con più fortuna rintuzza-re i Pifani. Riufcì loro di guadagnare i Sanefi e Piftoiefi, e il Conte Guido Signor potente in Tofcana. Fu ciò cagione, che anche i Pifani ftabilirono Lega co i Fiorentini per quaranta an-ni avvenire. Gli Annali Pifani in vece di anticipar di un Anno i fucceffi di quefti tempi per accomodarfi all' Era Pifa-na, che nove Mefi prima dell' Era Volgare comincia l' Anno nuovo, li pospongono di un Anno: e però non fi può ftare al-la Cronologia d' effa Storia. Abbiamo gli Annali Genovefi *in*

[a] *Caffari Annal. Genuenf. l. 2.*

quefto più efatti [*a*]. Fabbricarono nel prefente *Anno i* Luc-chefi coll' aiuto de' Genovefi Viareggio al mare. Verfo l' Autun-no arrivò in Lombardia all'improvvifo *Criftiano Arcivefcovo* e-letto di Magonza, *inviato dall'Imperador Federigo*, per affifte-re a gl'intereffi dell' Italia, e maffimamente della Tofcana, che tuttavia teneva il partito Imperiale. Pafsò egli intrepidamente per mezzo le Città Lombarde nemiche, ma con gran fretta; e valicando il fiume Tanarò preffo Aleffandria, fi trasferì a Ge-nova, dove per rifpetto dell'Imperadore fu onorevolmente ac-colto. Se l'ebbero forte a male i Collegati Lombardi, e però pubblicarono un bando, che niuno aveffe da condur grani, e altre vettovaglie a Genova: il che cagionò una gran careftia in quella Città. Tornarono ancora in queft' Anno effi Genovefi a condurre in Sardegna il *Re Barifone*, fequeftrato da effi per de-biti, e pare che foddisfatti del loro avere, quivi il lafciaffero a fcorticare i fuoi Popoli per le colpe della fua vanità. Aveva l' Imperadore *Manuello Comneno* cacciato da Coftantinopoli i

Pifa-

Pifani. In queſt'Anno venuto con eſſi a concordia, reſtituì loro i fondachi, e il maltolto. Obbligoſſi egli di pagare per quindici anni avvenire al Comune di Piſa cinquecento Biſanti (monete d'oro) e due Pallj, o un Pallio ancora all'Arciveſcovo di Piſa. Vennero gli Ambaſciatori di lui a Piſa, e nel dì 13. di Dicembre furono ſegnati i Capitoli della concordia. Eſſendo mancato di vita *Guido Arciveſcovo* di Ravenna, [a] ſuccedette in quella Chieſa *Gberardo*, il quale al pari de' ſuoi Anteceſſori uſò il titolo d'*Eſarco*, cioè di padron temporale di Ravenna, e dell' Eſarcato, per le conceſſioni loro fatte da gl'Imperadori. Papa Aleſſandro III. con ſua Bolla data in Tuſcolo gli confermò la ſuperiorità ſopra i Veſcovati di Bologna e Parma, per li quali forſe era ſtata in que' tempi qualche controverſia. Tolte furono a i Veneziani da *Stefano Re* d'Ungheria le Città di Spalatro, Sebenico, Zara, e Traù. [b] Il Doge *Vitale Michele* ricuperò Zara. Ma contra de' Veneziani moſſe maggior tempeſta Manuello Imperador de' Greci. Moſtroſſi egli tutto benevolo verſo queſta Nazione, e l'invitò a paſſare in Levante colle lor merci, ſicchè moltiſſimi uomini e navigli v'andarono ſotto la buona fede. Poſcia ſpediti gli ordini per tutto il ſuo Imperio, nel dì 22. di Marzo fece prendere tutti i Legni e l'avere de' Veneziani. Portatane la nuova a Venezia, ne' generoſi petti di que' Cittadini tanto ardore di giuſto riſentimento s'acceſe, che in poco più di tre Meſi parte prepararono, parte fabbricarono cento Galee, e venti Navi da traſporto per portare la guerra in Grecia. Vi s'imbarcò lo ſteſſo Doge, e moſſa nel Meſe di Settembre la poderoſa Flotta, ricuperò per forza Traù, con darle poſcia il ſacco, e diroccarne una parte. Coſtrinſe Raguſi a ſottometterſi al dominio di Venezia. Paſsò dipoi a Negroponte, e impreſe l'aſſedio di quella Capitale. Fu allora da i Greci moſſa parola di pace, e il Comandante di quella Città inviò perſone a poſta a Coſtantinopoli col Veſcovo d'Equilio, pratico della Lingua Greca, per parte de' Veneziani. Finchè veniſſero le riſpoſte, portàtoſi il Doge a Scio, s'impadronì di quella Città, e dell'Iſola tutta, e quivi determinò di ſvernare coll'Armata: il che gli fu di graviſſimo danno, ſiccome fra poco ſi dirà.

ERA Volg.
ANN. 1171.

[a] *Rubeus Hiſtor. Ravenn. l. 6.*

[b] *Dandul. in Chronico. Tom XII. Rer. Italic.*

Anno di CRISTO MCLXXII. Indizione v.
di ALESSANDRO III. Papa 14.
di FEDERIGO I. Re 21. Imperadore 18.

ERA Volg.
ANN.1172.

FINQUI' il Pontefice *Aleſſandro* era dimorato fuor di Roma, perchè tuttavia il Popolo, o per dir meglio, il Senato Romano, che avea provato il guſto di comandare, gli contraſtava l'eſercizio della giurisdizione ed autorità temporale, dovuta a i ſommi Pontefici. Erano anche i Romani forte in collera contro del Papa per la protezione, ch'egli avea preſo de' Tuſcolani, Popolo troppo odiato da eſſi per la vecchia nemicizia, e per la memoria della ſanguinoſa ſconfitta dell' Anno 1167. Si trattò in queſt' Anno d'accordo. Induſſero gli aſtuti Romani il Pontefice a contentarſi, che ſi ſpianaſſero le mura di Tuſcolo [a], promettendo eſſi in ricompenſa di riguardarlo da lì innanzi come lor Padre e Signore, e di ubbidire a tutti i ſuoi comandamenti. Menarono poi le mani per atterrar quelle mura: dopo di che ſi ſcoprì la lor frode, con reſtare burlato il buon Papa, perchè non mantennero punto la promeſſa fatta dal canto loro. Se ne crucciò altamente Aleſſandro, e giacchè altro non ſi potea, fece circondar di foſſa e muro la Torre di Tuſcolo, e laſciata ivi per ſicurezza di quel Popolo una buona guarnigion di cavalli e fanti, andò a ſtare ad Anagni, dove poi dimorò molto tempo. *Romoaldo Salernitano* quegli è, che ci ha conſervata queſta notizia, la quale dal Cardinal Baronio vien riferita all'Anno 1168. ma veriſimilmente fuori di ſito. Nella Cronica di Foſſanuova ſi legge [b]: *Anno 1172. Indictione Quinta Alexander fecit finem cum Romanis, qui deſtruxerunt muros Civitatis Tuſculanæ Menſe Novembri.* Queſto Autore laſciò nella penna l'inganno fatto da i Romani al Papa; ma ne parla bene l'Autor della Vita di Papa Aleſſandro, con dire [c], che i Romani non permiſero al Papa di entrare in Città, e di eſercitarvi il ſuo paſtorale uffizio: laonde egli ſi ritirò in Campagna di Roma, aſpettando tempi migliori. Dopo avere ricevuto molte finezze da' Genoveſi paſsò *Criſtiano Arciveſcovo* eletto di Magonza, ed Arcicancelliere dell' Imperadore, a Piſa nel dì 3. di Febbraio, ricevuto ivi parimente con molta magnificenza. Poſcia convocati tutti i Conti, Marcheſi, e Conſoli delle Città da Lucca ſino a Roma, tenne un gran Parlamento nel Borgo di S. Geneſio, per quanto s'ha da gli Annali

[a] *Romuald. Salern. in Chronico. Tom. VII. Rer. Italic.*

[b] *Johann. de Cexano Chr. Foſſanova.*

[c] *Card. de Aragon. in Vita Alexand. III. Part. I. Tom. III. Rer. Italic.*

Pi-

Pisani [*a*], e quivi propose da parte dell'Imperadore la pace
fra' Genovesi, Lucchesi, e Pisani. Il Continuatore di Caffaro
scrive [*b*], che questo Parlamento tenuto fu appresso Siena; ma
forse furono due in diversi Luoghi, o S. Genesio era del Sanese.
Sarebbono condiscesi i Pisani ad abbracciar la pace, se loro non
fosse paruta troppo dura la condizione di restituir senza compen-
so alcuno tanti prigioni, che aveano de'nemici. Però stando forti su questo, l'Arcivescovo in un altro Parlamento, certamente
tenuto nelle vicinanze di Siena, mise i Pisani al bando dell'Imperio, privandoli di tutti i Privilegj, e delle Regalie, e della
Sardegna.

LEGGESI ne gli Annali di Genova la Lettera scritta da lui
a i Genovesi con avvisarli, che nell'Assemblea tenuta presso Siena, *in conspectu Præfecti Urbis Romanorum, & coram Marchio-
nibus Anconitanis, Conrado Marchione de Monteferrato, Comite
Guidone, Comite Aldebrandino, & quamplurimis aliis Comiti-
bus, Capitaneis, Valvasoribus, Consulibus Civitatum Tusciæ,
Marchiæ, & Vallis Spoletanæ, & superioris atque inferioris Ro-
maniæ, & infinita Populi multitudine*, avea pubblicato il bando contra de'Pisani, con ordinare ad essi Genovesi di tener pron-
te cinquanta Galee per l'Ottava di Pasqua in servigio dell'Imperadore. Ho rapportato questo passo, acciocchè il Lettore com-
prenda, quai Popoli tuttavia aderissero al partito Imperiale in
Italia per questi tempi. Abbiamo in fatti d
se [*c*], che Federigo prima di passare in Germania, *quemdam Bi-
delulphum Ducem Spoleti effecit. Marchiam quoque Anconæ, &
Principatum Ravennæ Cunrado de Luzelinhart contulit; quem I-
salici Muscmincerebro nominabant, eo quod plerumque quasi de-
mens videretur.* Tentarono poscia i Pisani co i Fiorentini di to-

chè l'Arcicancelliere fu di pensiero di metter anche il Popolo di
Firenze al bando dell'Imperio. Seguitarono in oltre le offese tra
i Genovesi e Pisani. Mentre passava il verno nell'Isola di Scio
l'Armata Veneta [*d*], aspettando pure risposte decisive di guerra o di pace da *Manuello* Imperador de'Greci, che dava quante buone parole si voleano, ma niuna conclusion del trattato:
si cacciò la Peste in quella Flotta, e cominciò a fare un'orrida strage di gente. Per questo il Doge *Vital Michele* sarpò per
tornarsene a casa. Ma infierì nel viaggio più che mai la pesti-
lenza, di modo che quella dianzi sì fiorita e possente Armata
arri-

ERA Volg.
ANN.1172.
[*a*] *Anna-
les Pisani
Tom. VI.
Rer. Italic.*
[*b*] *Caffar.
Annal. Ge-
nuens.
Tom. VI.
Rer. Italic.*

[*c*] *Abbas
Urspergens.
in Chronic.*

[*d*] *Dandul.
in Chronic.*

ERA Volg.
ANN. 1172.
arrivò a Venezia poco men che disfatta; e perchè colla venuta di tanta gente infetta s'introdusse anche nella Città lo stesso imicidial malore, molto Popolo ne perì. Rigettata la colpa di tanti mali sopra il Doge, insorse col tempo contra di lui un tumulto, per cui nel ritirarsi dal Palagio, restò mortalmente ferito, e poscia finì di vivere nel dì 27. di Marzo, o pur di Maggio dell'Anno presente, se pur non fu nell'Anno seguente. Restò eletto in di lui luogo *Sebastiano Ziani*. Venne in quest'Anno il giovinetto Re di Sicilia *Guglielmo II.* in Puglia, e fino a Taranto (*a*), credendosi, che si avessero ad effettuar le sue Nozze concertate con una Figliuola del Greco Imperadore Manuello. Ma restò deluso da i Greci. Assai di ciò disgustato, passò a Capoa e a Salerno, e di là se ne tornò a Palermo, menando seco Arrigo suo minor Fratello, già creato dal Padre Principe di Capoa, il qual diede fine a i suoi giorni in quest'Anno nel dì 16. di Giugno. Abbiamo anche dalla Cronica di Piacenza, (*b*) che i Piacentini, Milanesi, Alessandrini, Astigiani, Vercellini, e Novaresi fecero un fatto d'armi presso il Castello di Mombello col Marchese di Monferrato, e lo sbaragliarono con inseguire per sei miglia i fugitivi.

(a) Anonym.
Casinensis
in Chronic.
Romuald.
Salern.
in Chronic.

(b) Chronic.
Placentin.
Tom. XVI.
Rer. Italic.

Anno di CRISTO MCLXXIII. Indizione VI.
di ALESSANDRO III. Papa 15.
di FEDERIGO I. Re 22. Imperadore 19.

FECE in quest'Anno *Papa Alessandro*, mentre dimorava in Segna, la Canonizzazione di *San Tommaso Arcivescovo di Canturberì*. *Federigo Imperadore* in Germania andava disponendo sè stesso, e quei Nazionali per calare di nuovo in Italia con grandi forze voglioso di domare i Lombardi, e già era intimata la spedizione per l'Anno seguente 1174. (*c*) Arrivarono circa questi tempi alla Corte d'esso Augusto gli Ambasciatori del Soldano di Babilonia, che gli presentarono de i rari e preziosi regali, e poi discesero a chiedere una Figliuola dell'Imperadore per Moglie del Figliuolo del medesimo Soldano, con esibirsi il Soldano d'abbracciar col Figliuolo, e con tutto il suo Regno la Religion Cristiana, e di rendere tutti i prigioni Cristiani. L'Imperadore trattenne per un mezz'anno questi Ambasciatori, e loro permise di visitar le Città della Germania,

(c) Godefr.
Monachus
in Chronic.

e d'in-

e d'informarsi bene de i riti del paese. Credane quel che vuole ERA Volg. ANN. 1175. il Lettore. Per me tengo la propoſizione attribuita a que' Legati per una vana diceria del volgo, al vedere in Corte uomini di
diverſa credenza venuti sì di lontano. Non ſon facili da ſmuove-
re i Maometani, e quand'anche il Sultano aveſſe avuta tal diſ-
poſizione, come potea prometterſi de' ſudditi ſuoi? La ſua teſta
avrebbe corſo troppo pericolo. Sarà ben vero ciò, che ſcrive Romoaldo Salernitano (a), cioè che Criſtiano Arciveſcovo di Magonza mandò nell'Anno ſeguente perſona appoſta a Guglielmo II.
giovane Re di Sicilia, offerendogli in Moglie una Figliuola del
ſuddetto Imperador Federigo, e di ſtabilir buona pace ed amicizia fra loro. Ma il Re Guglielmo [o per dir meglio i ſuoi Conſiglieri] riflettendo all'arti di Federigo, che ſi ſtudiava di divi-
dere i Collegati, per poterli più facilmente divorar tutti, non
potè indurſi ad abbandonar Papa Aleſſandro, e diede per riſpoſta, che non potea dar mano ad una pace, da cui reſtaſſero eſcluſi i ſuoi Confederati. Informato di ciò Federigo, ſe l'ebbe molto a male; ma da lì a qualche tempo quella ſteſſa ſua Figliuola ceſsò di vivere. Udivanſi intanto in Lombardia i gran preparamenti, che facea l'Imperadore, per calar di nuovo in Italia: il che ſerviva di continuo ſtimolo a queſte Collegate Città
per ben premunirſi, con iſtrignere le vecchie alleanze, e farne
delle nuove. (b) A queſto fine ſi tenne in Modena nell' Anno
preſente nel dì 10. d'Ottobre un Parlamento, a cui intervennero i Cardinali Ildebrando, e Teodino, e il Veſcovo di Reggio
Albericone, nel diſtinguere i quai nomi non adoperò la ſolita ſua
diligenza il Sigonio, mentre in far menzione di tal Atto, dice
che il Papa ſpedì da Anagni a Modena Hildeprandum Craſſum
Epiſcopum Mutinenſem [non era egli più Veſcovo di queſta Città] & Albergonum Cardinalem utrumque. V'intervennero ancora i Conſoli di Breſcia, Cremona, Parma, Mantova, Piacenza,
Milano, Modena, Bologna, e Rimini. Fu ivi confermata la So-
cietà e Lega di Lombardia, con obbligarſi cadauna delle parti di
non far trattato nè pace con Federigo Imperadore ſenza il con-
ſentimento di tutti, e di non riedificare la Terra di Crema ſenza permiſſione de gli altri Collegati. Ho io dato alla luce queſto Documento, preſo dall' Archivio della Comunità di Modena.

ABBIAMO poi da gli Annali Piſani (c), che avendo i Luccheſi fiancheggiati da un buon eſercito rimeſſo in piedi il Caſtello

(a) Romu-
ald. Salern.
in Chronic.
Tom. VII.
Rer. Italic.

(b) Antiqu.
Italic. Diſ-
ſertat. 48.

(c) Annal.
Piſani
Tom. VI.
Rer. Italic.

Era Volg.
Ann. 1173. lo di Motrone, il Popolo di Pifa, ufcito in campagna, li mife in fuga, e diftruffe il nuovo edifizio. Pofcia nel dì 27. di Giugno *Cri-ftiano Arcivefcovo* di Magonza, pentito di averla prefa contra de' Pifani, li liberò dal bando. Il che fatto, trasferitofi a Pifa nel primo giorno di Luglio [fe pure all'Anno prefente appartiene quefto avvenimento] tenne ivi un Parlamento, in cui comandò, che ceffaffe la guerra fra quel Popolo e i Fiorentini dall'una parte, e i Lucchefi dall'altra; e che fi reftituiffero i prigioni, con deputar nello fteffo tempo perfone, le quali fi ftudiaffero di terminar tutte l'altre differenze, e di ftabilir fra que'Popoli una buona Pace. Furono rilafciati i prigioni; ma iti i Confoli di Pifa, e gli Ambafciatori Fiorentini coll'Arcivefcovo al Borgo di San Genefio, quivi perchè non vollero acconfentire ad alcune propofizioni di poco onore e molto danno delle loro Città, l'Arcivefcovo proditoriamente li fece prendere ed incatenare. Quindi unito co i Lucchefi, Sanefi, e Piftoiefi, e col Conte Guido, fi mife in punto per correre a i danni del territorio Pifano. A quefto avvifo fumanti di collera i Pifani e Fiorentini ufcirono in campagna, e fecero fronte alla meditata irruzione. Paffarono anche i Pifani per fare una diverfione ful territorio di Lucca, dando il guafto fino a Ponfampieri e a Lunata: il che fervì a far correre i Lucchefi alla propria difefa. Ma allorchè quefti furono al Ponte di Fuffo, affaliti da i Pifani nel dì 19. d'Agofto rimafero fconfitti. Seguitò poi l'Arcivefcovo Criftiano co i Lucchefi a far guerra in Tofcana; e i Genovefi nel Settembre tolfero a' Pifani il Caftello dell'Ifola di Pianofa, e lo fmantellarono affatto. Quefto fatto ne gli Annali Genovefi vien riferito al precedente Anno (a): il che mi fa dubitare, fe appartenga quanto ho tratto quì da gli Annali Pifani, all'Anno prefente, o pure all'antecedente. Da effi Annali Genovefi quafi altro non fi vede regiftrato fotto queft'Anno, fe non la continuazion della guerra, incominciata prima da *Obizzo Marchefe* Malafpina, e da *Moroello* fuo Figliuolo, contra de' Genovefi, con aver quefti affediato e ricuperato il Caftello di Paffano, che s'era ribellato. Anche il Tronci (b) rapporta all'Anno 1172. i fuddetti avvenimenti. Seguitavano in quefti tempi le Città di Lombardia a farfi rendere ubbidienza dalle Terre e Caftella, già concedute in feudo da gl'Imperadori a varj Nobili, per reintegrare i loro Diftretti e Contadi, che ne' tempi addietro erano rimafti troppo fmembrati. Nè da quefto loro empito andavano efenti i Vefcovi e Monifteri. Ne abbiamo un efempio nell'Anno prefen-

(a) *Caffari Annal. Genuenf. lib. 2. Tom. VI. Rer. Italic.*

(b) *Tronci Annal. Pifan.*

fente, in cui il Popolo di Modena coſtrinſe varie Comunità della montagna, ſottopoſte alla Badia di Fraſſinoro (a), a promettere di pagar tributo a Modena, e di militar ſotto i Conſoli d'eſſa Città in occaſion di guerra. Altrettanto faceano anche l'altre Città, ingrandendo il lor territorio e diſtretto colle Terre e Caſtella, loro tolte ne' Secoli addietro o dalla forza de' Nobili, o da i Privilegj de i Re ed Imperadori.

Era Volg.
Ann. 1173.
(a) Antiqu.
Italicarum
Diſſert. 19.

Anno di Cristo MCLXXIV. Indizione VII.
di Alessandro III. Papa 16.
di Federigo I. Re 23. Imperadore 20.

DOPo avere l'*Imperador Federigo* tenuta una ſolenniſſima Dieta in Ratisbona verſo il fine di Maggio, (b) nella quale con ſacrilega prepotenza fece deporre *Adalberto* legittimo Arciveſcovo di Salisburgo, e ſoſtituirne un altro: atteſe ad unire un potentiſſimo eſercito con iſperanza una volta di conculcar tutte le Città della Lombardia. Gli faceano continue premure i Paveſi, e il Marcheſe di Monferrato, perchè veniſſe. Adunque circa la feſta di S. Michele di Settembre, come ha il Continuatore di Caffaro (c), o ſia *IV. Calendas Octobris*, come ha Sire Raul (d), per la Borgogna e Savoia calò in Italia, ſeco avendo il Re di Boemia, e non pochi altri Principi di Germania. Occupò Torino, ed altre circonvicine Città, che ſpontaneamente ſe gli renderono. Arrivato a Suſa, da dove è da credere che foſſero fuggiti tutti quegli abitanti, sfogò la ſua collera contra le lor caſe (e), riducendo quella Città in un mucchio di pietre; non già perchè que' Cittadini, come taluno ha ſcritto, ſeguitaſſero le parti di Papa Aleſſandro, ma perchè nella ſua fuga dall'Italia aveano a lui tolti gli oſtaggi, e ridotto lui a fuggirſene traveſtito per timore di peggio. Paſsò di là alla Città d'Aſti, e per otto giorni l'aſſediò (f). Quel Popolo, contuttochè foſſe ſtato premunito dalla Lega con aſſai gente e buoni Ingegneri, pure ſpaventato chieſe ed ottenne buona capitolazione, con rinunziare alla Lega Lombarda. Riſerbava Federigo il ſuo furore contro la Città d'Aleſſandria, nata ad onta ſua, e che avea preſo quel nome per far diſpetto a lui. Perciò rivolſe tutto il ſuo sforzo contro quella Città, ſpintovi ancora dal Marcheſe di Monferrato, che co i Paveſi accorſe a quell'aſſedio, e ne

(b) Chonh.
Reicher-
ſpurgenſe.

(c) Caffari
Annal. Genuenſ. l. 2
Tom. VI.
Rer. Italic.
(d) Sire
Raul Hi-
ſtor. T. VI.
Rer. Italic.
(e) Romual-
dus Salerni-
tan. in Chr.
Tom. VII.
Rer. Italic.

(f) Cardin.
de Aragon.
in Vita A-
lexand. III.
Part. I.
Tom. III.
Rer. Italic.

Tomo VII.   B   fece

ERA Volg.
ANN.1174.

[a] Godfr.
Monachus
in Chronic.
[b] Gariel.
de Aragon.
in Vita A-
lexand.III.

[c] Sigon.
de Regno I-
tal. lib.14.

[d] Puricel-
lus Monu-
ment. Basi-
lic. Ambr.

[e] Rerum
Ital. T.VI.

[f] Romual-
dus Salern.
in Chronico.
[g] Annales
Pisani
Tom. VI.
Rer. Italic.

fece fperar facile la conquifta. Nel dì 29. di Ottobre fi cominciò dunque ad affediarla; fi fpiegarono tutte le macchine di guerra, nè fi lafciò indietro tentativo alcuno per vincere. Ma fi trovarono sì rifoluti i Cittadini alla difefa, che quantunque foffe
quella Città, per così dire, bambina, e fecondo Gotifredo Monaco [a], non peranche cinta di mura, ma folamente provveduta di una profonda foffa (il che viene afferito dall'Autore della Vita d'Aleffandro III. [b]), pure nulla vi profittò l'efercito
Imperiale. Lafcerò confiderare ad altri, che capitale debba farfi dell'Urfpergenfe, allorchè fcrive di Aleffandria: *Erat tamen
circundata foffatis, & muris firmiffimis*. Federigo, Principe di
coftanza mirabile nelle fue imprefe, benchè le pioggie aveffero
allagata quella pianura, pure determinò di paffare più tofto il
verno fotto quella Città nelle tende, che di ritirarfi a più agia-
ti quartieri. Se vogliam credere al Sigonio [c], i Milanefi,
Piacentini, Brefciani, e Veronefi, ciafcun Popolo col proprio
Carroccio, vennero in queft'Anno a poftarfi tra Voghera e Ca-
ftiggio, per dar foccorfo all'affediata Città. Alla vifta del loro ardire non potendofi contener l'Imperadore, venne ad attaccar con effo loro battaglia: *verum acie pulfus vix incolumis Cla-
ftidium fe recepit*. Niun fondamento truovo io di quefto fatto
d'armi, e di tal vittoria de'Collegati nelle antiche Storie, le
quali anzi infegnano il contrario. Nè fuffifte, come vuole effo
Sigonio, che in queft'Anno i Cremonefi e Tortonefi fi ritiraffero dalla Lega di Lombardia per paura di Federigo. Molto meno poi fi regge in piedi l'opinione del Puricelli [d], che i Pavefi foffero dianzi entrati in effa Lega. Coftantiffimi furono fempre effi nel partito di Federigo. Nella Prefazione all'Opufcolo
di Buoncompagno, da me dato altrove alla luce [e], fidatomi
del tefto di Sicardo Vefcovo di Cremona, che vivea in quefti
tempi, fcriffi, che l'affedio d'Ancona feguì nell'Anno 1172.
Ora meglio difaminato quefto punto di Storia, credo fallato
quel tefto, e doverfi riferire tale imprefa all'Anno prefente.
Romoaldo Salernitano [f], Scrittore contemporaneo, ne parla
fotto quefti tempi, e gli Annali Pifani [g] più chiaramente ci
additano queft'Anno.

NON riconofceva la Città d'Ancona, come le circonvicine,
per fuo Signore l'Imperador d'Occidente; ma godendo della
fua Libertà, fi pregiava d'avere per fuo Sovrano l'Imperador
d'Oriente, o almeno di ftare fotto il di lui patrocinio. Quivi
per-

perciò risiedeva un Miniſtro di *Manuello* Comneno Imperadore,
Principe, che ſiccome più d'una volta dicemmo, da gran tempo andava ruminando penſieri di conquiſte in Italia. Ma nè all' Auguſto Federigo, nè a' ſuoi Miniſtri piacea queſto nido de' Greci nel cuore dell' Imperio Occidentale. Molto men piaceva eſſo a i Veneziani, i quali non ſolamente erano inaſpriti per le coſe già dette, contra de' Greci, ma eziandio aſpiravano ad eſſere ſoli nel dominio dell' Adriatico, e nel commerzio delle merci in Levante; laonde antica era la gara e vecchio l'odio fra Venezia ed Ancona. Varie guerre ancora ne erano procedute ne' gli anni addietro fra loro. S'inteſero dunque inſieme eſſi Veneziani, e l'Arciveſcovo di Magonza *Criſtiano*, Legato e Plenipotenziario di Federigo in tutta l'Italia, per ſottomettere, anzi per diſtruggere Ancona. *Buoncompagno*, Autore contemporaneo, che deſcriſſe queſto avvenimento, ci fa intendere, qual foſſe allora la potenza de' Veneziani, con dire, [a] che *illius Civitatis Dux aureum circulum in vertice defert, & propter aquarum dignitatem quædam Regalia inſignia obtinere videtur.* Vennero dunque i Veneziani con una Flotta di quaranta Galee, e con un Galeone di ſmiſurata grandezza, a bloccare sì ſtrettamente per Mare il Porto di quella Città, che niuno ne poteva uſcire. Per terra ancora ne formò l'Arciveſcovo Maganzeſe l'aſſedio con quante milizie Tedeſche egli potè raccogliere, e con altre in maggior numero venute dalla Toſcana, Romagna, e Spoleti. Da gli Annali Piſani [b] abbiamo, che quell' aſſedio durò dal primo giorno d'Aprile dell' Anno preſente fino alla metà d'Ottobre: cotanto vigoroſa fu la difeſa di que' Cittadini. Ma più che gli eſerciti nemici cominciò col tempo la fame a far guerra a quel Popolo, di maniera che ſi riduſſero a cibarſi de' più ſordidi alimenti; e felice ſi riputava, chi poteva avere in tavola carni di cani e gatti, e cuoio di beſtie poco fa ucciſe. Volea l'Arciveſcovo a diſcrezione la Città, per mandarla del pari colla Città di Milano, e con altre, ſecondo la barbarie d'allora; e però mai non volle preſtar orecchio ad accordo alcuno, ſenza penſare, che ſempre ha fatto, ſempre farà brutto vedere un Veſcovo alla teſta d'un' Armata per iſpargere il ſangue Criſtiano, e tanto più ſe privo di Clemenza. Non mancava intanto di confortare alla pazienza ed animare alla difeſa que' Cittadini il Legato del Greco Auguſto, con impiegare ancora quant' oro ebbe in loro ſoccorſo; ma in fine era diſperato il caſo: quando ecco ti un

[a] *Boncompagnus de obſidione Ancona Tom. VI. Rer. Italic*

[b] *Annales Piſani.*

ti un buon vento di Ponente, che rincorò gli aſſediati, e fece
ſeccar tutte le ſperanze de gli aſſedianti. *Guglielmo* de gli Adelardi, potentiſſimo e primario Cittadino di Ferrara, unitoſi con
Aldruda Conteſſa di Bertinoro, Donna di gran cuore, della nobil Famiglia de' Frangipani di Roma, avea raunato un copioſiſ-
ſimo eſercito di Lombardi e Romagnuoli. Con queſti venne egli
in vicinanza d'Ancona; e di più non vi volle, perchè nella notte l' Arciveſcovo di Magonza levaſſe il campo, e precipitoſa-
mente ſi ritiraſſe. Reſtò la Città libera, e dipoi abbondante-
mente provveduta di viveri. Romoaldo Salernitano (*a*) dopo

aver detto, che Guglielmo, e la Conteſſa di Bertinoro vennero
con grandi forze in ſoccorſo d'Ancona, ſcrive appreſſo, che
l'Arciveſcovo *recepta ab Anconitanis pecunia, ab obſidione receſ-
ſit.* Credane il Lettore quel, che vuole. Che per altro quell'
Arciveſcovo foſſe un gran cacciator di danaro, ſi può facilmente provare. Gotifredo Monaco di S. Pantaleone (*b*) accennando

all'Anno 1171. le prodezze del ſuddetto Criſtiano Arciveſcovo
fatte in cinque anni di ſua dimora in queſte parti, non ſeppe
quel, che ſcriveva, allorchè diſſe: *Anconam Civitatem mariti-
mam, expulſis Græcis, Imperatori reſtituit.* Differentemente ne
parlano gli Storici Italiani, meglio informati de'noſtri affari. Andoſſene dipoi il glorioſo Ferrareſe Guglielmo alla Corte di Coſtantinopoli, dove fu accolto con onori da Principe, e tanti furono i regali d'oro e d'argento a lui fatti dall' Imperador Manuello, che tornato in Italia diſimpegnò toſto tutte le ſue tenute, ſulle quali avea preſo groſſe ſomme di danaro per far quell'
impreſa. Largamente ancora eſſo Auguſto rifece tutti i lor danni a i Cittadini d'Ancona. Di queſto famoſo aſſedio poco ſi mo-
ſtrano conſapevoli gli Scrittori Veneti, quantunque eſpreſſa men-

zione ne faccia il Dandolo (*c*); ma è da vederne la deſcrizione
a noi laſciata dal ſuddetto Buoncompagno Fiorentino, che era
in queſti tempi pubblico Lettore di belle Lettere in Bologna.
Nè ſi dee tacere, che il ſuddetto Arciveſcovo, per atteſtato di
Romoaldo, prima d'imprendere l'aſſedio d'Ancona, *ad Ducatum Spoletinum, & ad Marchiam veniens, multa Caſtra regionis
illius depopulatus eſt, & cepit. Aſſiſiam Civitatem & Spoliti-
nam ſuo dominio ſubdidit.* E ſcrivendo l'Abbate Urſpergenſe,
che in queſt' Anno nel Meſe di Marzo *la Città di Terni fu diſtrutta,* ſi può immaginare, che queſta foſſe una delle belle prodezze di quel barbaro Prelato. Queſti gran movimenti di guer-

ra cagion furono, che seguì pace fra *Guglielmo II.* Re di Sicilia, e i Genovesi (*a*), i quali ancora stabilirono una buona concordia col *Marchese Obizzo* Malaspina. Un gran flagello nell'Anno presente si fece sentire alla Città di Padova. (*b*) Attaccatosi il fuoco o per accidente, o per iniquità d'alcuno nel dì 4. di Marzo, vi bruciò più di due mila e secento Case.

ERA Volg.
ANN. 1174
(a) *Caffari*
Annal. Ge-
nuens. l 3.
Tom. VI.
Rer. Italic.
(b) *Cata-*
log Consul.
Patavinor.
Tom. VIII.
Rer. Italic.

Anno di CRISTO MCLXXV. Indizione VIII.
di ALESSANDRO III. Papa 17.
di FEDERIGO I. Re 24. Imperadore 21.

RIGOROSO fu il verno di quest'Anno, e ciò non ostante l'intrepido Imperador *Federigo* non volle muovere un passo di sotto all'assediata Città di Alessandria contro il parere di tutti i suoi Principi (*c*). Tali e tanti furono i disagi patiti dalla sua Armata in quella situazione, che per mancanza di foraggi gli perì gran quantità di cavalli, e si scemò il numero de' combattenti o per le malattie, o per le diserzioni, non potendo i soldati reggere alla penuria di tutte le cose necessarie. Non si rallentava per questo l'ardore d'esso Augusto, lusingandosi egli di uscirne presto con riputazione, mercè di un'invenzione, che gli prometteva un felice successo dell'impresa. Questa era una mina condotta sì segretamente sotterra verso la Città, che gli Alessandrini non se ne avviddero giammai. Per questa sperava Federigo di penetrare all'improvviso nella Città. Racconta Gotifredo Monaco (*d*), che se cadeva nelle sue mani alcuno de' nemici, d'ordinario li faceva impiccare; ma che un dì ne fece pur una degna di lode. Condottigli davanti tre prigioni, ordinò tosto, che fossero lor cavati gli occhi. Eseguita la sentenza sopra i due primi, dimandò l'Imperadore al terzo, che era un giovinotto, perchè fosse ribello contro l'Imperio. Rispose il giovane: *Nulla, Signore, ho fatto contra di voi, o dell'Imperio; ma avendo un Padrone nella Città, ho fedelmente ubbidito a quanto egli mi ha comandato. E s'egli vorrà servire a voi contra de' suoi Cittadini, con egual fedeltà a lui servirò; e quando pur mi vogliate privar della vista, così cieco ancora servirò, come potrò, al mio Padrone.* Da queste parole ammansato l'Imperadore, senza fargli altro male, gli ordinò di ricondurre in Città gli altri due accecati. Venuto il Marzo cominciava Alessandria a scarseggiar troppo di viveri: del che avvisa-

(c) *Cardin.*
de Aragon.
in Vita Ale-
xandri III.
Part. I.
Tom. III.
Rer. Italic.

(d) *Godi-*
fridus Mo-
nachus in
Chronico.

visati i Collegati, non tardarono più a metterfi all'ordine, per soccorrere di vettovaglie l'afflitta Città, e per dar anche battaglia al campo Imperiale. S'unì dunque a Piacenza un formidabil esercito di *Milanefi, Brefciani, Veronefi, Navarefi, Vercellini, Trevifani, Padovani, Vicentini, Mantuani, Bergamafchi, Piacentini, Parmigiani, Reggiani, Modenefi, e Ferrarefi* (a), cavalieri e fanti. Coraggiofamente marciando quefta sì poderofa ofte, dopo aver prefe e diftrutte le Terre di Broni, e di San Nazario de' Pavefi, andò a poftarfi nella Domenica delle Palme, giorno 6. di Aprile, vicino a Tortona, dieci miglia lungi dal campo Tedefco. Si trovò allora Federigo tra due fuochi, ma non fi fgomentò, perchè fperava vicina la caduta di Aleffandria: per ottenere il quale intento [conviene ben confeffarlo] fi fervì di una frode non degna di Principe onefto, e molto men di Principe Criftiano. Cioè fece intendere a gli Aleffandrini nel Giovedì fanto, che concedeva loro tregua per benignità Imperiale fino al Lunedì di Pafqua. Affidato da quefte parole quel Popolo, fenza credere bifognevole in tempo tale la moltiplicità delle guardie, dopo le divozioni andò al ripofo. Verfo la mezza notte Federigo dimentico della fede data, fpinfe per la mina fotterranea ducento de' più bravi e nerboruti fuoi foldati; e figurandofi, che quefti fboccando nella Città, darebbono campo a lui d'entrar per la Porta: meffa in armi tutta la fua gente, ftette afpettando l'efito dell'affare poco lungi dalla Porta fuddetta. Ma appena dalle fentinelle fu fcoperto, effere entrati in Città alcuni de' nemici, che gridarono all'armi: alla qual voce il Popolo ufcito dalle cafe, a guifa di lioni, affrontò i nemici, e li coftrinfe a gittarfi giù da i baftioni, o pure a lafciar'ivi la vita. Sopra quelli, che non erano peranche ufciti della mina, cadde la terra fuperiore, e li foffocò. Pofcia in quel bollore di fdegno gli Aleffandrini, aperte le Porte, affalirono il campo nemico non fenza molta ftrage de' Tedefchi. Riufcì a quel Popolo eziandio di attaccar fuoco al Caftello di legno dell' Imperadore, in cui ftava un buon drapello di foldati, e di bruciar l'uno e gli altri. Quand' anche voleffe talun dubitare, fe vera foffe la frode fuddetta, la qual pure vien raccontata dallo Scrittor della Vita di Papa Aleffandro III. e confermata da Romoaldo Salernitano, e da Sire Raul: certo fi meritava Federigo un sì infelice fucceffo, da che egli avea meditato e proccurato in giorni sì fanti l'eccidio di un Popolo intero feguace di Crifto. Vedendo egli dunque andate a rovefcio tutte le fperanze fue, attaccato il

(a) Sire
Raul Hift.
Tom. VI.
Rer. Italic.

fuoco alle reftanti macchine di guerra, levò il campo. e venne a
fronte dell'efercito Collegato (*a*), per impedirgli l'unione con gli
Aleffandrini; o pure fi mife in viaggio, per tornare a Pavia, ma
non potendo paffare, fi fermò nella Villa appellata Guignella.

GIA' pareva imminente una terribil giornata campale, quando in vece di battaglia, feguì pace e concordia fra l'Imperadore
e i Lombardi. Gli Storici Tedefchi foliti a far nafcere allori in
tutti i paffi di quefto e d'altri Augufti, fcrivono (*b*), che al comparire dell'efercito Cefareo forprefi i Lombardi da timor panico,
mandarono tofto a chieder pace a Federigo, ed ottenutala con a-
ver depofte l'armi, s'andarono a gittar colle fpade ful collo a i
di lui piedi. Ma quefte fon da credere milanterie. L'Autore
della Vita di Papa Aleffandro, e Romoaldo Salernitano, Scrittor
graviffimo di quefti tempi, ci afficurano, che il timore fu dalla
parte di Federigo; nè è da credere altrimenti, perch'egli era
molto inferiore di forze a i Lombardi, e i Lombardi fapeano
molto bene, contra di chi s'erano moffi col loro efercito. Ora
nel Lunedì di Pafqua, mentre i Lombardi, preparati a menar
le mani, erano incerti, fe doveffero eglino affalire, o pure afpettar l'affalto (*c*): alcuni Religiofi ed Uomini favj, e non fofpetti, cominciarono a correre di quà e di là, per configliar la pace, e rifparmiare il fangue Criftiano. Finalmente acconfentì
l'Imperadore di rimettere le controverfie, e di ftare all'Arbitrio d'Uomini dabbene, purchè reftaffe falvo il diritto dell'
Imperio. E i Lombardi accettarono il partito, purchè fi fal-
vaffe la lor Libertà, e quella della Chiefa Romana. Gherardo
Maurifio (*d*), e Galvano dalla Fiamma (*e*) fcrivono, che Eccelino Primo, Avolo del crudele, ed Anfelmo da Doara, padre
di Buofo, furono tra i mediatori di quefto accordo. E fpezialmente Eccelino *fic humiliter verbis & factis fupplicavit eidem
Imperatori, quod tam fibi quam dictis Lombardis, & Obizioni
Marchioni Eftenfi fuam indignationem remifit.* Dovette anche il
Marchefe *Obizzo d'Efte* trovarfi nell'efercito Collegato contra
di Federigo. In fomma fottofcritto e giurato l'accordo con fare il compromeffo in *Filippo* eletto Arcivefcovo di Colonia, in
Guglielmo da Pozafca Capitano di Torino, e in un Pavefe da
S. Nazario per parte di Federigo, e per parte de'Milanefi in
Gherardo da Pefta Milanefe, e in Alberto da Gambara Brefcia-
no, e in Gezone Veronefe: non lafciarono i Lombardi di comparire con tutta umiliazione e riverenza davanti all'Imperadore,

ERA Volg.
ANN. 1175.
(a) *Otto de
fancto Bla-
fio in Chr.*

(b) *Godefr.
Monachus
in Chron.
Chronogra-
phus Saxo.*

(c) *Caffari
Annal. Ge-
nuenf. l. 3.*

(d) *Gerard.
Maurifius
in Chron.*
(e) *Galva-
nus Flamm.
in Manip.
Flor. c. 104.*

Era Volg.
Ann. 1175.
re, che gli accolfe con molta benignità, e fi ritirò pofcia a Pavia colla Moglie e co i Figliuoli. E perchè erano oramai fazj i
Soldati del Re di Boemia de'tanti patimenti fatti, ottennero licenza di tornarfene alle loro cafe: il che fempre più sforzò l'Imperadore a dar orecchio a trattati di tregua o pace. Non era
egli uomo, fe non fi foffe veduto in baffa fortuna, e in pericolo, da rimettere sì per poco la fpada nel fodero. Tornando
pofcia i Lombardi per Piacenza alle lor Città, trovarono per
viaggio i Cremonefi, che venivano col loro Carroccio all'Ar-
(a) Cardin.
de Aragon.
in Vit. Ale-
xandri III.
mata (a). Non erano faldi nella Lega effi Cremonefi per l'a-
micizia, che paffava fra loro e i Pavefi, e pero configliatamen-
te tardarono tanto per ifperanza d'impedir la moffa de gli altri Collegati. Saputo poi, che fenza di loro s'era intavolata la
concordia, n'ebbero gran vergogna; e il Popolo di Cremona
moffo per quefto da beftial furore, ed incolpatine i Confoli, andò ad atterrare i lor Palagi, e a dare il facco a tutti i lor beni, con pofcia crearne de i nuovi. In queft'Anno *Papa Aleffandro* diede il primo Vefcovo alla Città d'Aleffandria, cioè *Ardui-
no* Suddiacono della Chiefa Romana; e privò il Vefcovo di Pavia della prerogativa del Pallio e della Croce per cagione del fuo
attaccamento allo Scifma.

INTANTO l'Augufto Federigo facendo credere di voler pace anche colla Chiefa Romana, fece fapere a Roma, che ne a-
vrebbe volentieri trattato con *Ubaldo Vefcovo* d'Oftia, *Bernardo
Vefcovo* di Porto, e *Guglielmo Pavefe* Cardinale di S. Pietro in
(b) Romual-
dus Salerni-
tan. in Chr.
Vincola. Vennero tutti e tre a Pavia (b); fors'anche più a re-
quifizion de'Lombardi, che di Federigo; loro fu fatto grande
onore; molte furono le conferenze d'effi co i Deputati dell'Imperadore, e colle Città della Lega. Ma in fine trovandofi eforbi-
tanti in tutto le pretenfioni di Federigo per quello, che riguardava la Libertà tanto della Chiefa, quanto de'Lombardi, fi ficiol-
fe in fumo il trattato, e i Legati Apoftolici fe ne tornarono a
Roma. Le fegrete mire di Federigo erano di guadagnar tempo,
tanto che calaffe in Italia un nuovo efercito, che s'afpettava di
Germania, e non già di ridurfi ad accordo alcuno, in cui s'aveffero a moderar l'alte fue pretenfioni. Per altro certiffimo è,
che fu fatto in queft'Anno nel dì 16. d'Aprile, vicino a Mombello, il Compromeffo dell'Imperadore, e de'Lombardi. Lo
(c) Antiq.
Italic. Dif-
fertat. 42.
Strumento intero, da me tratto da gli antichi Regiftri della Comunità di Modena, fi legge nelle mie Antichità Italiane (c),
                                                         & è

& è di gran luce a quefti avvenimenti. Degno è d'offervazio- Era Volg. Ann.1175.
ne, che *Uberto Conte di Savoia* fa la figura di uno de' principali aderenti e confidenti dell'Imperador Federigo; e però fem-
bra, che fieno favole quelle, che ci racconta il Guichenon (a) (a)Guichen. de la Maif. de Savoye Tom. I.
intorno a quefti tempi della Real Cafa di Savoia. Si conferma
eziandio ciò, che abbiam detto di fopra di Eccelino Primo, e di
Anfelmo da Doara, perchè da quegli Atti apparifce, che amendue erano *Rettori di Lombardia*, cioè Direttori della Lega e So-
cietà delle Città Lombarde. Dignità di fommo credito in quefti tempi, e indubitato indizio della lor Nobiltà e faviezza. Ve-
defi in oltre, che la Lega abbracciava *le Città della Lombardia*, *Marca di Verona*, *Venezia*, e *Romagna*, e che Federigo
fegretamente fe la dovea intendere co i *Cremonefi*, benchè collegati di Milano; perchè in loro è rimeffa la decifion de'punti,
che reftaffero controverfi. Tralafcio il refto di quell'Atto, da
cui niun frutto pofcia fi ricavò.

ABBIAMO dalle Storie di Bologna (b), che nel dì 7. di Feb- (b)Chron. Bononienf. T.XVIII. Rer. Italic.
braio dell'Anno prefente quel gran faccendiere di *Criftiano Ar-
civefcovo* di Magonza, ufato a maneggiar più l'armi, che il Pa-
ftorale, co'Faentini, co'Forlivefi condotti dal *Conte Guido* Guerra, e colle milizie di Rimini, d'Imola, e della Tofcana, venne
ad affediare il Caftello di S. Caffano, alla cui difefa ftavano trecento Cavalieri de'migliori di Bologna, che per più di tre fettimane
bravamente fi foftennero. Contuttochè i Bolognefi otteneffero un
buon foccorfo, cioè da Milano trecento Cavalieri, trecento da
Brefcia, trecento da Piacenza, cento da Bergamo, cinquecento
da Cremona, ducento da Reggio, cento da Modena, trecento
da Verona, ducento da Padova, con altri della Conteffa Sofia, e
della Città di Ferrara, e marciaffero per liberar quel Caftello:
tuttavia nulla fecero, perchè i Difenfori oramai ftanchi, attac-
catovi il fuoco ed ufciti, ebbero la fortuna di falvarfi correndo a Bologna. Il Sigonio diverfamente narra quefto fatto. Impadroniffi pofcia l'Arcivefcovo del Caftello di Medicina, e fece altri mali al Contado Bolognefe, e fconfiffe la lor gente
prefo al Caftello de'Britti. Mentre dimorava l'Imperador Federigo in Pavia, comandò, che veniffero a trovarlo i Deputati
di Genova e Pifa con plenipotenza delle loro Città; (c) e ve- (c)Caffari Annal. Ge- nuenf. l. 3.
nuti che furono, ftabilì fra quefte due emule nazioni la pace,
con affegnare a i Genovefi la metà della Sardegna [il che rin-
crebbe forte a i Pifani] e con ordinare la diftruzion di Viareg-

ERA Volg.
ANN.1175
(a) Annal.
Pisani
Tom. VI.
Rer. Italic.
Guillielm.
Tyrius Hist.
Hierosoly-
mit. lib.21.
gio a i Lucchesi. Proibì a i Pisani il battere moneta ad imita-
zion del cunio Lucchese. Secondo gli Annali di Pisa (a) in
quest'Anno [se pur non fu nel precedente] Guglielmo II. Re
di Sicilia, desideroso di far qualche prodezza contra de'Saraceni, che ogni dì più faceano progressi in Oriente colla rovina del
Regno Gerosolimitano, sul principio di Luglio inviò in Egitto
un'Armata di cento cinquanta Galee e di ducento cinquanta Legni da trasporto per la cavalleria: se pure è credibile sì pode-
rosa Flotta. Fecero sbarco vicino ad Alesandria, diedero il sacco a que'contorni, nè si sa, che riportassero alcun altro vantaggio. Forse per questo niuna menzione fece di tale spedizione
Romoaldo Arcivescovo di Salerno nella sua Cronica.

Anno di CRISTO MCLXXVI. Indizione IX.
di ALESSANDRO III. Papa 18.
di FEDERIGO I. Re 25. Imperadore 22.

DA che le alte pretensioni di Federigo fecero svanir tutte
le speranze di pace, andò egli infestando gli Alessandrini, ma senza maggiormente stuzzicare il vespaio, dissimulando
il suo sdegno, finchè arrivassero i soccorsi aspettati dalla Germania, per ottenere i quali aveva nell'Anno precedente spedi-
te Lettere a tutti i Principi di quelle contrade. Stavano all'er-
ta per lo contrario anche i Lombardi, a' quali non mancavano
spie per sapere ciò, che si manipolava oltramonti. Vedesi parimente nel Gennaio di quest'Anno il Giuramento di chi era Di-
(b) Antiqu.
Italic. Dif-
fertat. 48.
(c) Chrono-
graph. Saxo
apud Leib-
nitium.
rettore della Lega Lombarda (b). Ora Wichmanno Arcivescovo
di Maddeburgo, e Filippo Arcivescovo di Colonia, con tutti que'
Vescovi e Principi, ch'eglino poterono raunare, (c) dopo Pasqua misero in marcia l'esercito preparato, per venire in aiuto
dell'Augusto Federigo. Dalla parte dell'Adige non v'era libero
il passo; e però per montagne alpestri calarono finalmente verso
il Lago di Como. Appena udì Federigo essere quella gente in
viaggio, che non si potè contenere di non andare, ma sconosciuto, a riceverli a Como, ed anche a Bellinzona. Con questa Armata, e colle forze de'Comaschi suoi fedeli, perchè doveano a-
ver di nuovo aderito al di lui partito, si mise in marcia per Cai-
rate alla volta del Ticino, con pensiero di unirsi coi Pavesi, e
col Marchese di Monferrato, e ricominciar la festa. Non dor-
miva-

mivano i Milanefi; e premendo loro, che non feguiffe l'union di Federigo coll'efercito Pavefe, follecitarono tutti i lor Collegati per ufcire in campagna, ed opperfi al di lui paffaggio. Non erano ancor giunte tutte le milizie, che s'afpettavano, quando s'udì, che l'Armata nemica era già pervenuta a Como. Però fenza perdere tempo, le fcelte fchiere de'Milanefi, Brefciani, Piacentini, Lodigiani, Novarefi, e Vercellini, moffero col Carroccio, e fecero alto fra Borfano e Bufto Arficcio, o fia fra Legnano e il Ticino (a). Mandarono innanzi fettecento cavalli, per riconofcere qual via teneffe l'efercito Tedefco; e quefti appena fatte tre miglia di viaggio, fi videro venire all'incontro circa trecento Cavalieri Tedefchi. Imbracciati gli fcudi, e colle lancie in refta tutti fpronarono, e tofto fi attaccò battaglia: battaglia memorabile per tutti i Secoli avvenire. Il giorno, in cui effa feguì, dal Panvinio vien detto il dì 26. di Maggio; dal Sigonio il dì 30. d'effo Mefe, correndo la Fefta de'Santi Sifinnio, Martirio, ed Aleffandro. Il Padre Pagi pretende, che abbia a prevalere a tutti l'autorità della Vita di Papa Aleffandro III. dove fi legge, che quefto fatto d'armi accadde *circa finem Menfis Junii*. Nell'edizion da me fattane è fcorretto in effa Vita l' Anno (b), leggendofi *Anno MCLXXV*. quando ha da effere *MCLXXVI*. come fi truova ne gli eftratti, che ne fece il Cardinal Baronio. Tanto poi nell'edizion fuddetta, quanto preffo il Baronio è difettofo quel *circa finem Junii*. E fi conofce dal vedere, che fi fa incamminato Federigo a Como circa il fine di Giugno, con foggiugnere appreffo, che i Milanefi *in primo Sabbato Menfis Junii*, ufcirono in campagna, nè tardarono a venire alle mani. Ma nè pur fuffifte, che nel primo Sabbato di Giugno fuccedeffe quella campal giornata. Avvenne effa nell' *ultimo Sabbato di Maggio*, che era in quell'Anno il dì 29. di Maggio, o fia il dì *IV. Kalendas Junii*, correndo veramente allora la Fefta de'Santi fuddetti, che fu pofta dal Sigonio, fedotto da Galvano Fiamma, *III. Kalendas Junii*. Sire Raul, Autore allora vivente in Milano (c), chiaramente mette la battaglia fuddetta *Quarto Kalendas Junii, die Sabbati*. Il Continuatore di Caffaro fcrive (d), fucceduto ciò *in Hebdomada Pentecoftes*. E nel Calendario Milanefe, da me dato alla luce, fi legge (e): *IV. Kalendas Junii, fanctorum Sifinnii, Martyrii, & Alexandri, Anno Domini MCLXXVI. inter Legnianum & Ticinum Mediolanenfes expulerunt de campo Imperatorem Federicum cum toto exercitu*

C 2 *fuo,*

Era Volg. Ann 1179.

(a) *Sire Raul Hift. Tom. VI. Rer. Italic. Cardin. de Aragen. in Vita Alexandri III. Part. I. Tom. III. Rer. Italic.*

(b) *Rerum Italic P.I. Tom. III.*

(c) *Sir. Raul Hiftor. Tom. VI. Rer. Italic.*
(d) *Caffari Annal Genuenf. Tom. VI. Rer. Italic.*
(e) *Kalend. Mediolan. P. II. T. II. Rer. Italic. pag. 1027.*

Era Volg.
Ann.1176.
(a)Galvan.
Fiamma
in Manip:
Florum.

suo, *& infiniti Teutonici capti sunt ibi*, *& gladio occisi*, *& fe-re totus Populus Cumanorum ibi remansit*. Il suddetto Galvano Fiamma (*a*) anch'egli mette questo fatto nella festa de' suddetti Santi, benchè per errore nel suo testo sia scritto *III. Kalendas Junii*. E però in essa Festa il Popolo di Milano annualmente da lì innanzi continuò a rendere un pubblico ringraziamento alla misericordia di Dio, di maniera che non è più da mettere in dubbio questa verità, cioè che nel dì 29. di Maggio seguì quel famoso conflitto.

INCOMINCIARONO dunque la baruffa i settecento cavalieri Milanesi, incontratisi co i trecento Tedeschi, quando sopragiunse l'Imperadore col grosso dell'Armata, al cui arrivo non potendo essi reggere, presero la fuga. Con questo buon principio arrivò Federigo, dove l'aspettava col Carroccio il nerbo maggiore dell'esercito Collegato, e con tutto vigore l'assalì. Quivi trovò gran resistenza, e sulle prime vide steso a terra, e stritolato da i piedi de' cavalli chi portava l'Imperial bandiera. Contuttociò tal fu lo sforzo de' Tedeschi, che piegarono alcune schiere di Bresciani, e presa in fine la fuga furono inseguite per parecchie migliaia. Ma perchè restava un altro gran corpo de' più valorosi Collegati alla guardia del Carroccio, e parte de' Tedeschi s'era perduta a dar la caccia a i fugitivi, non solamente non potè Federigo romperli, ma restò rotto egli stesso, massimamente perchè andarono sopravenendo al campo de' Collegati nuovi rinforzi di gente, che

(b) Romu-
ald. Salern.
in Chronic.
Tom. VII.
Rer. Italic.

dianzi era in viaggio (*b*). Fece delle maraviglie di bravura in quel dì Federigo, e fu anche de gli ultimi a ritirarsi; ma finalmente rovesciato da cavallo, come potè il meglio si sottrasse al pericolo, e sparì, lasciando i suoi alla discrezione de' vincitori. Restarono moltissimi vittima delle spade de' Collegati, o affogati nel Ticino, moltissimi altri rimasero prigioni; ma principalmente toccò la mala ventura alle milizie di Como, che quasi tutte furono tagliate a pezzi, o condotte in prigionia. Diedesi poscia il sacco al campo nemico, ed oltre ad una gran quantità d'armi, di cavalli, d'arnesi, e d'equipaggio, fu presa la cassa di guerra, che portava all'Imperadore il tesoro raunato in Germania per sostener la guerra in Italia, con altri arredi e robe preziose. In una Lettera scritta da i Milanesi a Bologna, e rapportata da Radolfo

(c)Radul-
phus de Di-
ceto pag.591

di Diceto si legge (*c*): *Interfectorum*, *submersorum*, *captivorum non est numerus*. *Scutum Imperatoris*, *Vexillum*, *Crucem*, *& Lanceam habemus*. *Aurum & argentum multum in clitellis ejus*

repe-

reperimus, & spolia hostium accepimus, quorum æstimationem non credimus a quoquam posse definiri. Captus est in prælio Dux Bertholdus, & Nepos Imperatoris, & Frater Coloniensis Archiepiscopi. Aliorum autem infinitas captivorum numerum excludit, qui omnes Mediolano detinentur. Chi non sapesse, che i vittoriosi ingrandiscono sempre il valore e la fortuna loro, di qua può impararlo. E chi avesse anche da imparare, che i vinti sogliono inorpellar le loro perdite, legga qu) le Storie de gli Scrittori Tedeschi *(a)*, che scrivono avere avuto i Collegati ben cento mila combattenti in questa azione, quando era di poche migliaia l'Armata Imperiale. V' ha licenza di credere, che superiori di forze fossero i Collegati; ma non per questo era sterminato l'esercito loro, come si può raccogliere da Sire Raul. Nè Federigo, Principe, che come Mastro di guerra sapeva bene il suo conto, ito sarebbe ad attaccare i Lombardi con poche migliaia d'armati. Aggiungono finalmente, che l'Imperadore fece una grande strage di essi Lombardi, e che finalmente soperchiato dalle lor forze, si aprì colla spada il passaggio a Pavia. La verità si è, *(b)* che celatamente fuggito Federigo, fu creduto ucciso in battaglia, e si cercò diligentemente il di lui cadavero. Prese tal piede questa credenza, che l' Imperadrice restata in Como si vestì da corruccio; e molti giorni si stette in tale ambiguità, senza saperfi dove fosse il fuggito Imperadore, finchè all'improvviso egli comparve vivo e sano in Pavia. Presso il Malvezzi abbiamo *(c)*, che Federigo fu fatto prigione da i Bresciani, e condotto a Brescia, da dove fuggì in abito di mendico. Questa favola ci vorrebbe far credere molto poco avveduti i Signori Bresciani.

COMPARVE dunque in Pavia l'Imperador Federigo, ma molto umiliato, riconoscendo egli finalmente la mano di Dio sopra di sè, e di meritar anche peggio, per aver sì lungamente fomentata la disunione, e lo scandalo nella Chiesa di Dio, e per tante sue crudeltà, prepotenze, & altri suoi peccati. Pertanto ammaestrato dalle disgrazie, e forse più per trovarsi sprovveduto di danaro e di gente, e configliato da varj suoi Principi, cominciò una volta a concepir daddovero pensieri di Pace. Però non tardò molto a spedire con plenipotenza *Cristiano* eletto Arcivescovo di Magonza, *Guglielmo* eletto Arcivescovo di Maddeburgo, e *Pietro* eletto Vescovo di Vormazia, per farne l'apertura a Papa *Alessandro III.* che si trovava in Anagni. Ammessi all' udienza esposero il desiderio di Federigo, ed ebbero per risposta, che il Papa era pron-

(a) Otto de S. Blasio in Chronico.
Godofrid. Monachus in Chronic.
Chronographus Saxo apud Leibnitium.

(b) Cardin. de Aragon. Vit. Alexand. III.

(c) Malvec. in Chronic. Brixian. Tom. XIV. Rer. Italic.

EraVolg.
Ann.1176.

prontiſſimo alla concordia, purchè in eſſa aveſſero luogo anche
il Re di Sicilia, i Lombardi, e l'Imperador di Coſtantinopoli :
al che acconſentirono gli Ambaſciatori. Per quindici dì ſi tennero ſegrete conferenze, e reſtò ſmaltita la controverſia ſpettan-
te alla Chieſa Romana, ſiccome ſi può vedere dallo Strumento
pubblicato dal Padre Pagi (a). Ma per quel, che riguardava la
lite co i Lombardi, niuna determinazione ſi potè prendere, e
ſolamente ſi giudicò bene, che il Papa in perſona veniſſe verſo
la Lombardia, per dar più facilità e calore all' aggiuſtamento.
Preſentito queſto negoziato di pace da i Cremoneſi, ſi credettero eglino o ſul fine di queſto, o ſul principio del ſeguente Anno, di vantaggiare i loro intereſſi con darſi di buon'ora all' Imperadore; e però ſi aggiuſtarono con lui ſenza il conſenſo de'
Collegati, e contra del giuramento. Antonio Campi (b) ne
rapporta lo Strumento dato nell' Anno preſente. Altrettanto fecero dipoi i Tortoneſi: paſſi tutti, ſommamente deteſtati dal
Papa, e da gli altri Collegati, che li chiamarono traditori, vili,
ed infami. Per quanto s'ha dall' Anonimo Caſinenſe (c), e dalla Cronica di Foſſanuova (d), Criſtiano Arciveſcovo di Magonza ſul principio di Marzo dell' Anno preſente aſſediò il Caſtello
di Celle a i confini della Puglia. Ruggieri Conte di Andria, e il
Conte Roberto, meſſo inſieme un copioſo eſercito, andarono per
isloggiarlo di là. V' ha chi ſcrive, che venuti a battaglia coll'
Armata Imperiale ne riportarono vittoria. Tutto il contrario
ſembra a me di leggere nella Cronica di Foſſanuova, dove ſon
queſte parole: Comites Regni Siciliæ cum ingenti exercitu inſur-
rexerunt in eum; & gens quidem Alemannorum fuit ſuper eos,
& pleroſque cepit; atque in fugam verterunt VI. Idus Martii.
Altrò non ſi ſa di una tale impreſa, che queſto poco. L' Annò
poi fu queſto, in cui Guglielmo II. Re di Sicilia determinò di
ammogliarſi, (e) e a tal fine ſpedì col titolo di Legati in Inghilterra Eliſa Veſcovo eletto di Troia, ed Arnolfo Veſcovo di Capac-
cio a chiedere Giovanna Figliuola del Re Arrigo II. in ſua Moglie. (f) Conchiuſo il parentado per interpoſizion di Papa Aleſſandro, fu da una ſquadra di navi Ingleſi condotta queſta Princi-
peſſa fino all' Iſola di Sant' Egidio in Linguadoca. Colà vennero
a levarla Alfano Arciveſcovo di Capua, Riccardo Veſcovo di Siracuſa, e Roberto Conte di Caſerta con venticinque Galee, e la
conduſſero a Napoli, dove per non poter più eſſa ſofferir gl'incomodi del mare sbarcò, e celebrò la feſta del ſanto Natale.
Con-

(a) Pagius
inCrit.Bar.
ad hunc
Annum.
Sigonius
de Regno I-
tal. lib. 14.

(b) Antonio
Campi Cre-
mon. fedel.

(c) Anonym.
Caſinenſis
in Chronic.
(d) Iohann.
de Ceccano
Chr. Foſſa-
nova.

(e) Romu-
ald. Salern.
in Chronico.

(f) Radul-
phus de Di-
ceto p. 594.

Continuato pofcia il viaggio per Salerno e Calabria, arrivò in fine Era Volg.
felicemente a Palermo, e quivi con gran folennità fu fpofata e poi Ann.1176,
coronata nel dì 13. dell'Anno feguente. Nel dì 18. d'Aprile di queft'
Anno *Galdino Arcivefcovo* di Milano (*a*), appena fatta ful pul- (a) *Acta*
pito della Metropolitana una fervorofa Predica contra de gli ere- *Sanct. Boll.*
tici Catari, che aveano cominciato ad infettare la Città di Mi- *ad diem 18.*
lano, colpito da un accidente mortale rendè l' anima a Dio, *Aprilii.*
e fu poi annoverato fra i Santi. Erano i Catari una fpecie di
Manichei, che venuti dalla Bulgheria a poco a poco s'introduffero in Lombardia, in Francia, e in Germania. Nella Storia Ecclefiaftica fotto varj nomi, fecondo la diverfità de'paefi, dove fi annidarono, veggonfi nominati. Quì in Italia per lo
più venivano chiamati *Paterini*, e durò gran tempo quefta pefte,
fenza poterla fradicare. Ne ho parlato ancor io nelle Antichità
Italiane (*b*). (b) *Antiqu.*
Ital. D ffer-
tat. 60.

Anno di CRISTO MCLXXVII. Indizione x.
di ALESSANDRO III. Papa 19.
di FEDERIGO I. Re 26. Imperadore 23.

FELICISSIMO fu il prefente Anno, perchè in effo ebbe
fine una volta il deplorabile Scifma della Chiefa di Dio,
e cominciò la Pace a rifiorire in Italia. Erano già ftate con articoli fegreti compofte le differenze, che paffavano fra la Chiefa Romana, e *Federigo Imperadore*, e reftavano tuttavia pen-
denti quelle de'Lombardi. Per agevolar l' aggiuftamento ancora di quefte, il Pontefice *Aleffandro*, ficcome era il concerto, (c) *Card.*
avea da venire a Ravenna o a Bologna. (*c*) Prima di muoverfi *de Aragon.*
da Anagni, per maggior cautela volle, che lo fteffo Federigo *in Vita A-*
autenticaffe col giuramento la ficurezza della fua perfona, a lui *lexand.III.*
promeffa da i Plenipotenziarj. Però fpedì appofta il Vefcovo
d' Oftia, e il Cardinale di S. Giorgio, i quali dalla Tofcana venuti in Lombardia, trovarono Federigo ne' contorni di Modena,
e furono accolti onorevolmente, e con buon volto. Fece egli
confermare col giuramento a nome fuo da *Corrado* Figliuolo del
Marchefe di Monferrato il paffaporto accordato al Pontefice; e
lo fteffo giuramento preftarono tutti i Principi della fua Corte.
Informato di ciò Papa Aleffandro III. dopo avere fpediti innanzi fei Cardinali, che trovarono l'Imperadore a Ravenna, s' inviò

Eaa Volg.
Ann.1177.
viò egli a Benevento, dove dimorò dalla fefta del fanto Natale fino all'Epifania. Di là per Troia e Siponto pafsò al Vafto,
dove trovò fette Galee ben guernite d'armi e di viveri, che
il Re di Sicilia gli aveva alleftite con ordine a *Romoaldo Arci-*
vefcovo di Salerno [lo ftefso, che fcrifse la Storia di quefti
fatti (*a*)], e a *Ruggieri Conte* d'Andria, gran Conteftabile e
Giuftiziere della Puglia, di accompagnare la Santità fua, e di
accudire a gl'intereffi del fuo Regno. Perchè il mare fu lungamente in collera, non potè il Pontefice imbarcarfi, fe non
il primo dì di Quarefima, cioè a dì 9. di Marzo. Undici poi furono le Galee, che il fervirono nel viaggio; e con quefte, e
con cinque Cardinali nella prima Domenica di Quarefima arrivò a Zara, e nel dì 20. o pure nel dì 24. d'efso Mefe felicemente giunto a Venezia, prefe ripofo nel Moniftero di San
Niccolò al Lido. Nel dì feguente *Sebaftiano Ziani* Doge co i
Patriarchi d'Aquileia e di Grado, co i lor Vefcovi fuffraganei,
ed immenfo Popolo, andò a levarlo, e il condufse a S. Marco, e di là al Palazzo del Patriarca. Dimorava intanto Federigo Augufto in Cefena, ed udito l'arrivo del Papa a Venezia,
inviò colà l'Arcivefcovo di Maddeburgo, il Vefcovo eletto di
Vormazia, e il fuo Protonotaio a pregarlo di far mutare il
luogo del Congrefso, che già era deftinato in Bologna, perchè
non fi attentava d'inviare a Bologna *Criftiano Arcivefcovo* di
Magonza fuo Cancelliere, perfona troppo odiata da'Bolognefi,
per li danni loro inferiti dal medefimo poco dianzi. Nulla volle conchiudere il faggio Pontefice fenza il parere e confenfo de'
Collegati; e però fcrifse, acciocchè fpedifsero i lor Deputati a
Ferrara, dove egli fi troverebbe nella Domenica di Paffione.
In Ferrara dunque, dove al determinato giorno comparve con
undici Galee il fanto Padre, vennero a rendergli offequio *Algi-*
fio novello Arcivefcovo di Milano, e l'Arcivefcovo di Ravenna
co i lor fuffraganei, e i Confoli delle Città Lombarde; e gran
copia di Abbati, e di Nobili. Difputoffi per molti giorni del
Luogo del Congrefso, infiftendo i Lombardi per Bologna, e i
Miniftri dell'Imperadore per Venezia. Prevalfe l'ultimo partito, in maniera che il Papa col fuo feguito imbarcatofi nel dì 9.
di Maggio fe ne tornò a Venezia, dove ancora fi trasferirono i
Deputati dell'Imperadore, e infieme quei delle Città della Lega, cioè i Vefcovi di Torino, Bergamo, Como, ed Afti, ed
altri dell'Ordine Secolare, e fi diede principio alle Conferenze.

Em-

Empierei quì di gran carta, se volessi minutamente descrivere
le pretensioni delle parti, e i maneggi di quel Trattato. Chi
più diffuso ne desidera il racconto, dee consultare la Cronica di
Romoaldo Salernitano, e gli Atti da me pubblicati nelle Antichità Italiane (*a*), siccome ancora i prodotti dal Sigonio (*b*),
avvertendo nulladimeno, che esso Sigonio li riferisce all'Anno
precedente, quando è fuor di dubbio, che appartengono al
presente.

DIRO' in poche parole, avere preteso l'Imperadore, che i
Lombardi eseguissero quanto era stato decretato nella Dieta di
Roncaglia nell'Anno 1158. col consiglio de'Dottori Bolognesi intorno alla cession delle Regalie, o pure che rimettessero le cose
nello stato, in cui erano, allorchè il vecchio Arrigo, cioè il Quarto fra i Re, e il Terzo fra gl'Imperadori, venne in Italia. Poca cognizion di Storia convien dire, che avesse Gerardo Pesta
Deputato de'Milanesi, allorchè per attestato di Romoaldo Salernitano rispose, che Arrigo il vecchio fu un Tiranno, e ch'egli
fece prigione Papa Pasquale [quando ciò accadde sotto Arrigo
Quinto] nè alcuno vivea, che si ricordasse de gli Atti e Statuti
d'esso Arrigo seniore. E però che essi erano pronti a rendere a
Federigo quei doveri, *quæ Antecessores nostri juniori Henrico,*
Conrado, & Lotbario, & ei usque ad hæc tempora reddiderunt;
e che fossero salve le Consuetudini delle Città colla lor Libertà. Questa a mio credere cominciò fin sotto Arrigo seniore, nè
vivea allora alcuno che si ricordasse del suo principio, laonde
ab immemorabili erano esse Città in possesso de i diritti di eleg-
gersi i lor Ministri, e delle Regalie. Apparisce poi da gli Atti
da me prodotti, che le Città e i Luoghi del partito Imperiale
erano in questi tempi *Cremona, Pavia, Genova, Tortona, A-*
sti, Alba, Acqui, Torino, Ivrea, Ventimiglia, Savona, Al-
benga, Casale di Sant'Evasio, Montevio, Castello Bolognese,
Imola, Faenza, Ravenna, Forlì, Forlimpopoli, Cesena, Ri-
mini, Castrocaro, il Marchese di Monferrato, i Conti di Biandra-
te, i Marchesi del Guasto, e del Bosco, e i Conti di Lomello.
All'incontro nella Lega di Lombardia erano *Venezia, Trivigi,*
Padova, Vicenza, Verona, Brescia, Ferrara, Mantova, Ber-
gamo, Lodi, Milano, Como [benchè da noi poco fa veduto a-
derente di Federigo] *Novara, Vercelli, Alessandria, Carsino,*
e Belmonte, Piacenza, Bobbio, Obizzo Malaspina Marchese,
Parma, Reggio, Modena, Bologna, Doccia, San Cassano, ed

altri

Tomo VII.   D

ERA Volg.
ANN. 1177.

(a) *Antiqu.*
Italic. Dis-
sert. 48.
(b) *Sigon.*
de Regno I-
taliæ.

Era Volg
Ann.1177. *altri Luoghi*, e perſone dell'Eſarcato, e della Lombardia. Le diſpute andarono in lungo, e niuna concluſione potè avere il negoziato, non volendo cedere l'una delle parti all'altra. Allora fu, che Papa Aleſſandro propoſe una Tregua: il che riferito all' Auguſto Federigo, andò nelle ſmanie. Ciò non oſtante, ſegretamente fece intendere al Papa, che ſi contenterebbe di accordare a i Lombardi una Tregua di ſei Anni, e di quindici al Re di Sicilia, purchè il Papa permetteſſe, ch'egli per quindici anni godeſſe le rendite de i beni della famoſa Conteſſa Matilda, che erano in ſua mano, dopo i quali ne dimetterebbe il poſſeſſo alla Chieſa Romana. Contentoſſene il Papa, e in queſta maniera ſi ſtabilì la Concordia. Lagnaronſi dipoi non poco i Lombardi del Papa, (a) perch'egli aveſſe acconci i fatti proprj, con laſciar eſſi tuttavia in ballo, quando eglino aveano portato tutto il peſo della guerra con tanto loro diſpendio di gente e di roba, per ridur pure Federigo a far pace colla Chieſa. Ma il più ordinario fin delle Leghe ſuol eſſer queſto. Cercano prima i potenti il maggior loro vantaggio, e tocca dipoi a i minori l'accomodarſi al volere de gli altri, e ringraziar Dio, ſe non anche reſtano abbandonati. Non erano ancora bene ſmaltiti tutti queſti punti, quando l'Auguſto Federigo venne a Chioggia. Suſcitoſſi allora una gran commozione fra la Plebe di Venezia, moſtrandoſi eſſa riſoluta di andare a condurlo toſto in Città: il che fu quaſi cagione, che il Papa e i Miniſtri del Re di Sicilia ſi ritiraſſero da Venezia; e già n'erano partiti alla volta di Trivigi i Deputati de'Lombardi. Ma il Doge uomo ſaviſſimo trovò riparo a queſto diſordine, e diede tempo, che foſſe giurata la pace, e concertato l'abboccamento da farſi in Venezia. (b) Nel giorno adunque 24. di Luglio, giorno di Domenica, ſaputoſi che Federigo Imperadore veniva a Venezia, il Papa di buon'ora con gran ſolennità ſi trasferì a S. Marco, e mandò ad incontrarlo i Veſcovi d'Oſtia, di Porto, e di Paleſtrina, con altri Cardinali, che gli diedero l'aſſoluzion della ſcomunica; e allora *Criſtiano Arciveſcovo* di Magonza con gli altri Prelati abiurarono Ottaviano, Guido da Crema, e Giovanni da Struma Antipapi. Andò il Doge con gran corteggio di Bucentori e barche a levar l'Imperadore da S. Niccolò del Lido, e proceſſionalmente poi col Patriarca di Grado e Clero il conduſſe fin davanti alla Baſilica di S. Marco, dove il Papa in abito Pontificale con tutti i Cardinali, col Patriarca d'Aquileia, e molti Arciveſcovi e Veſcovi lo ſtava

aſpet-

(a) Sire
Raul Hiſt.
Tom. VI.
Rer. Italic.

(b) Romualdus Salern.
in Chronico
Tom VII.
Rer. Italic.
Cardinal.
de Aragon.
in Vita Alexand III.
Part. I.
Tom. III.
Rer. Italic.

afpettando. Allora Federigo alla vifta del vero Vicario di Crifto, venerando in lui Dio, lafciata da parte la Dignità Imperiale, e gittato via il manto, con tutto il corpo fi proftefe a' piedi del fommo Pontefice, e glieli baciò. Non potè contener le lagrime per la gioia il buon Papa Aleffandro, e follevatolo con tutta benignità, gli diede il bacio di pace e la benedizione. Allora fu intonato ad alta voce il *Te Deum :* e Federigo *apprebenfa Pontificis dextra*, il conduffe fino al Coro della Bafilica di San Marco, dove ricevette la Benedizion Pontificia, e di là pafsò ad alloggiare nel Ducal Palagio. Nel giorno feguente, Fefta di S. Jacopo Apoftolo, cantò il Papa folenne Meffa, e predicò al Popolo in San Marco. Federigo gli baciò i piedi, fece l' oblazione, e dopo la Meffa gli tenne la ftaffa ; prefa anche la briglia del cavallo Pontificio, era in procinto di addeftrarlo, fe il Papa affettuofamente non l' aveffe licenziato. Seguirono poi vifite, conviti, e colloquj, e nel dì primo d' Agofto fu folennemente ratificata la Pace e Tregua, e pofcia affoluti gli Scismatici. E nella Vigilia dell' Affunzion della Vergine tenne il Papa un Concilio in S. Marco, dove fcomunicò chiunque rompeffe la Pace e Tregua fuddetta. Fece dipoi iftanza a Federigo per la reftituzion de i Beni della Chiefa Romana : al che fi moftrò pronto l' Imperadore, ma con falvare per sè le Terre della Conteffa Matilda, e il Contado di Bertinoro, che poco fa era vacato per la morte di quel Conte accaduta in Venezia, pretendendo quegli Stati, come cofa dell' Imperio, ed efibendo di rimetterne la cognizione a tre Arbitri per parte. Ne reftò amareggiato non poco Papa Aleffandro, e tanto più perchè il fuddetto Conte di Bertinoro ne avea fatta una donazione alla Chiefa Romana ; ma per non difturbare la Pace fatta, confentì a i di lui voleri.

Con quefto gloriofo fine terminò lo Scisma della Chiefa, al che fpezialmente dopo la mano di Dio contribuì affajffimo la Prudenza e Pazienza del buon Papa Aleffandro, che fempre fi guardò dall' inafprir gli animi coi rigori, e colfe in fine il frutto della fua manfuetudine. Il buon efito ancora di sì grande affare è dovuto all' inclita Repubblica di Venezia, ne' cui Rettori da tanti Secoli paffa come per eredità la Prudenza e Saviezza, effendofi mirabilmente adoperati que' Nobili, e fopra gli altri il loro Doge Ziani, affinchè fi efeguiffe la tanto fofpirata riunione, con aggiugnerfi ancor quefta alle tante glorie della Città di Venezia.

Alla

Era Volg.
Ann.1177.
Alla verità delle cose finquì narrate, fecero poscia i tempi susseguenti varie frange con dire: Che Federigo andò nell'Anno 1176.
coll'esercito suo ad Anagni perseguitando Papa Alessandro, il quale travestito se ne fuggì a Venezia, dove fu riconosciuto ed onorato. Che esso Federigo passò fino a Taranto in cerca del Papa.
Che una Flotta di settantacinque Galee da lui messa in ordine fu
disfatta da' Veneziani, con restarvi prigione Ottone Figliuolo di
esso Augusto. Che quando Federigo fu a' piedi del Papa, met-
tendogli Alessandro il piè sulla gola, prorompesse in quelle parole: *Super aspidem & basiliscum ambulabis*, &c. e Federigo rispondesse: *Non tibi, sed Petro*. Ed è ben vecchio questo raccon-

(a)Dandul.
inChronico,
Tom. XII.
Rer. Italic.
to. Andrea Dandolo l'Anno 1340. (*a*) cita le Storie di Venezia
[se pur quella non è una giunta fatta a quel savio Scrittore] e
una Legenda di Fra Pietro da Chioggia. Fra Galvano Fiamma

(b)Gualva-
nusFlamm.
in Manip.
Flor.
(*b*) contemporaneo del Dandolo, ne parlò anch'egli: di modo
che divenne famosa questa relazione nelle Storie de' susseguenti
Storici. E perciocchè il Sigonio, e il Cardinal Baronio dichiararono sì fatti racconti favole, e solenni imposture; e lo stesso Sa-
bellico prima d'essi avea assai fatto conoscere di tenerli per tali:
Don Fortunato Olmo Monaco Benedettino nell'Anno 1629. con
Libro apposta si studiò di giustificarli con dar fuori un pezzo di
Storia di Obone Ravennate, ed altre Cronichette, e con addurre varie ragioni. Ma si tratta quì di favole patenti, e sarebbe
un perdere il tempo in volerle confutare. Gli Autori contemporanei s'hanno da attendere, e quì gli abbiamo, e gravissimi, in
guisa tale, che niuna fede merita la troppo diversa o contraria
narrativa de gli Scrittorelli lontani da que' tempi. Che non si disse del duro trattamento fatto a Canossa da Gregorio VII. al Re
Arrigo IV.? Altrettanto e più si sarebbe detto di Papa Alessandro III. con Federigo I. se fondamento avesse avuto una tal diceria. Ma Alessandro fu Pontefice moderatissimo, e però secon-

(e)Chronog.
Saxo apud
Leibnit.
do l'attestato del Cronografo Sassone (*e*), Federigo da i Cardinali honestissime, e dal Papa *in osculo pacis suscipitur*. Per essere
gloriosa la Città e Repubblica di Venezia, non v'ha bisogno di
favole, bastando la verità per onor suo, essendo essa stata il teatro di sì memorabil Pace, a cui con tanta Prudenza, e con ispese
Regali, sommamente contribuì quel Doge con gli altri Nobili.
Curioso è bensì un Catalogo di tutti i Vescovi, Principi, Abbati,
e Signori, che intervennero a quella gran funzione di Venezia,
colla nota della famiglia di cadauno, pubblicato dal suddetto For-
tuna-

tunato Olmo . Fra gli altri fi veggono annoverati *Alberto ed O-* bizzo *Marchefi da Efte con uomini cento ottanta*, cioè con accompagnamento fuperiore a quello della maggior parte de gli altri Principi, che colà concorfero . E quefti poi fi truovano con altri Principi regiftrati in varj Diplomi dall' Augufto Federigo dati in Venezia nell' Anno fteffo, ficcome ho io altrove dimoftrato (*a*) . Si partì pofcia da Venezia Federigo, dopo aver baciati i piedi al fommo Pontefice, e dato il bacio di pace a tutti i Cardinali, e andoffene a Ravenna, e di là a Cefena. Papa Aleffandro anch' egli circa la metà di Ottobre con quattro Galee ottenute da' Veneziani, perchè già s'erano partiti i Legati del Re di Sicilia colle lor Galee, s'imbarcò, e giunfe nel dì 29. d'effo Mefe a Siponto, e prefa la ftrada di Troia, Benevento, e San Germano, con felicità e fanità arrivò ad Anagni verfo la metà di Dicembre, fe non che in Benevento finì i fuoi giorni *Ugo* da Bologna Cardinale, in Averfa *Guglielmo* da Pavia Vefcovo di Porto, e *Manfredi* Vefcovo di Paleftrina in Anagni. Per atteftato di Sire Raul, nel Settembre di queft'Anno un orribil diluvio, tale, che di un fimile non v'era memoria, fi provò nelle parti del Lago Maggiore, il qual crebbe fino all'altezza di dieciotto braccia [fe pure come io vo credendo, non è fcorretto quel tefto] e coprì le cafe di Lefa, con reftare allagati dal Fiume Ticino tutti i contorni, di maniera che dalla Scrivia s'andava fino a Piacenza in barca.

Era Volg. Ann. 1177.

(a) *Antich. Eftenfi P.I. cap. 35.*
Antiqu. Italicarum Differt. t 3

Anno di CRISTO MCLXXVIII. Indizione XI. di ALESSANDRO III. Papa 20. di FEDERIGO I. Re 27. Imperadore 24.

INCREDIBIL fu l'allegrezza di tutta la Chiefa di Dio per la Pace ftabilita in Venezia fra il Papa e l'Imperadore. I Romani ne fecero anch'eglino fefta (*b*), e confiderando il grave danno, che loro era venuto tanto nello fpirituale, che nel temporale per le paffate difcordie, e per la lontananza del vero Pontefice: cominciarono feriamente a trattare di richiamar *Papa Aleffandro* in Roma. Gli fpedirono a quefto fine un' Ambafceria di fette Nobili, pregandolo di ritornare alla fua Città. Prima di farlo, volle il faggio Pontefice, che fi acconciaffero le differenze paffate, e deputò *Arrigo Vefcovo* d'Oftia, che con due altri Cardinali ne trattaffe co i Senatori ; ed egli intanto venne a Tufcolo, per effere

(b) *Cardin. de Aragon. in Vita Alexandri III. Part. I. Tom. III. Rer. Italic.*

Era Volg.
Ann. 1178.
fere più vicino a i bifogni del negoziato. Dopo lunghi dibattimenti reftò conchiufo, che fuffifterebbe il Senato, ma con obbligazione di giurar fedeltà ed omaggio al Papa, e di reftituirgli la Chiefa di San Pietro, e tutte le Regalie occupate. Nel giorno adunque 12. di Marzo, Fefta di San Gregorio, con trionfale accoglimento del Popolo entrò in Roma, e dopo aver vifitata la Bafilica Lateranenfe, andò a ripolarfi nel contiguo Palazzo; e celebrò dipoi la fanta Pafqua con gran folennità. Nel Mefe d'Agofto paf-

(a) Romual-
dus Salenni-
tan. in Chr.
Tom. VII.
Rer. Italic.
fò a villeggiare in Tufcolo, o fia Tufcolano (a). Quivi fu, che nel dì 29. d'eſſo Mefe ebbe la confolazione di veder a' fuoi piedi Giovanni Abbate di Struma, già Antipapa fotto nome di Callifto III. Coftui da che intefe riconciliato l'Augufto Federigo col Pontefice, fi ritirò a Viterbo, oftinato come prima nel fuo propofito. Avvertitone l'Imperadore, gli ordinò di ubbidire, e di fottometterfi: altrimenti l'avrebbe meffo al bando dell'Imperio. Spaventato da quefto tuono lafciò Viterbo, e fi rifugiò in Monte Albano, ricevuto ivi molto cortefemente da Giovanni Signore di quel Caftello, per ifperanza di ricavarne molto oro da Papa Aleffandro. Ma ciò intefo da *Criftiano Arcivefcovo* di Magonza, volò ad affediar Monte Albano, con dare il guafto alle viti e alle biade di quel diftretto. Lafciata poi quivi gente fufficiente per tenere riftretto quel Luogo, andò a prendere il poffeffo di Viterbo a nome del Papa, e trovò il Popolo ubbidiente, ma non già i Nobili, che fomentati da *Corrado* Figliuolo del Marchefe di Monferrato, fi oppofero coll'armi all'Arcivefcovo e al Popolo; e perchè non poteano refiftere alla Plebe, implorarono l'aiuto de' Senatori e del Popolo Romano. Nè mancarono quefti, ficcome gente ben prefto dimentica de'fuoi giuramenti, di accorrere in aiuto de'Nobili; ed era per feguirne grande fpargimento di fangue, fe il faggio Papa non aveffe ordinato all'Arcivefcovo e al Popolo di fchivar la battaglia. Ma conofcendo l'Antipapa Callifto la rovina de' proprj affari, finalmente tutto umiliato andò nel dì 29. d'Agofto a buttarfi a' piedi di Papa Aleffandro in Tufcolo, col confeffare il fuo peccato, e chiedere mifericordia. *Quem Alexander Papa, ut erat pius & humilis, non objurgavit & reprehendit, fed fecundum fibi innatam manfuetudinem benigne recepit:* fono parole di Romoal-

(b) Anony-
mus Cafin.
Tom. IV.
Rer. Italic.
do Salernitano, che pofcia foggiugne: *Alexander Papa eum, & in Curia & in menfa fua honorifice habuit.* Abbiamo inoltre, (b) che il Papa *eum poftea Rectorem Beneventi conftituit.* Ba-

fta

ERA Volg.
ANN. 1178.

fta ciò a far conofcere, qual credenza meriti chi inventò l'accoglimento indecente di Federigo Augufto in Venezia. Se il buon Papa così amorevolmente trattò coftui: che non avrà poi fatto ad un Imperadore, e Imperadore qual fu Federigo, ed effendo mediatrice la Saviezza Veneta, a cui ftava a cuore anche l'onor d'effo Augufto? E ben pareva a tutti con ciò eftinto affatto lo Scisma, quando venne in penfiero ad alcuni difperati Scismatici delle parti di Roma di far nafcere un altro fantoccio col nome di Papa. Ecco le parole di Giovanni da Ceccano (a): *Tertio Kalendas Octobris quidam de Secta Schismatica inito concilio Landum Sitinum elegerunt in Papam Innocentium III. qui ab eisdem eft confecratus.* Nella Cronica Acquicintina (b) è fcritto, che coftui era *de progenie illorum, quos Frangipanes Romani vocant*: il che difficilmente fi può credere di quella così nobile e Cattolica Famiglia; e che un Fratello di Ottaviano già Antipapa gli diede ricovero in una fua Fortezza in vicinanza di Roma.

VEGNENDO ora all'Imperador Federigo, appena egli fu giunto nell'anno addietro a Cefena, che fi accoftò alla Terra di Bertinoro (c), e a i due Cardinali, che erano ftati già mandati dal Papa a prenderne il poffeffo, fece iftanza di prenderlo ed averlo egli, pretendendolo a mio credere come dipendenza della Romagna, di cui allora gl'Imperadori erano padroni, fenza che fe ne udiffero lamenti o protefte de i Papi; ed anche perchè fecondo la Legge da lui pubblicata in Roncaglia, non fi potevano fenza licenza fua lafciar Feudi alle Chiefe. Rifpofero effi con tutta manfuetudine di non poter farlo fenza ordine del Papa. Altro non vi volle, perchè Federigo intimaffe immantenente la guerra, e raunato l'efercito fi portaffe fotto quel Caftello. Non vollero metterfi in difefa i due Cardinali, e maffimamente perchè v'erano dentro le fazioni de'Bulgari e de'Mainardi, l'una delle quali teneva per l'Imperadore. Sicchè quell'inefpugnabil Caftello [oggidì Città Epifcopale] fenza sfoderar la fpada venne alle mani di Federigo; e benchè il Papa gliene facefse delle doglianze con ammonizioni paterne, nulla fi moffe egli dal proponimento fuo. Non fi sa per altro intendere come tanto l'Imperadore che il Papa pretendeffero fopra Bertinoro, quando effo era della Chiefa di Ravenna, & io ne ho rapportata l'Inveftitura (d), data nell'Anno 1130. da Gualtieri *Arcivefcovo* a *Cavalcaconte Conte*, i cui Antecefsori fi-

mil-

(a) Joannes de Ceccano Chronic. Fofia novi

(b) Apud Pagium in Crit. Baron ad hunc Annum.

(c) Cardin. de Aragon. in Vit. Alexandri III.

(d) Antiq. Italic. Differtat. 11. pag. 633.

milmente ne erano stati investiti da essa Chiesa di Ravenna.
Passò dipoi esso Augusto a Spoleti, e di là in Toscana. Truova-
si ne gli Annali de' Genovesi (a), che nel Gennaio di quest'Anno egli arrivò a Genova, dove era anche pervenuta nel dì innanzi l'Augusta sua Consorte *Beatrice*, e nel dì seguente comparve
il giovinetto *Re Arrigo* lor primogenito. Dopo essersi fermati
alquanti giorni in quella Città, suntuosamente regalati, se n'andarono. Galvano Fiamma scrive (b), ch' egli venne a Milano ;
ma questo Autore non è tale, da poter noi riposare sulla sua parola ne' tempi lontani da lui. Ora, giacchè la Tregua co' Lombardi non permetteva a Federigo di continuar il suo mestiere,
che era quel della guerra, (c) determinò di passare in Borgogna. Nè fidandosi de gl'Italiani, (d) ordinò a *Bertoldo Duca*
di Zeringhen di venir di qua dall'Alpi con un buon corpo di truppe per iscortarlo. Passò dunque pel Monsenisio in Borgogna, e
stando in Arles si fece coronare Re di quella Contrada. Bernardo di Guidone (e) mette questa coronazione nel dì *III. Nonas
Augusti*. Tenne poscia il Parlamento di quel Regno in Besanzo-
ne nella Festa dell'Assunzion della Vergine. Era egli forte in
collera contra di *Arrigo il Leone* Duca di Baviera e Sassonia. Ne
dirò le cagioni fra poco. E però sotto mano fece, che *Filippo
Arcivescovo* di Colonia cominciasse a muovergli guerra. Giunto
che fu Federigo a Spira, andò il Duca a rendergli i suoi rispet-
ti, e a dolersi de gli attentati dell' Arcivescovo ; (f) ma benchè Federigo dissimulasse, pur fece abbastanza conoscere, che
covava de i cattivi pensieri contra di lui. Intanto non dormivano i Lombardi. Era ben uscito d'Italia Federigo, era fatta la
Tregua : contuttociò eglino sempre in sospetto non lasciavano di
prendere le misure competenti per la difesa della lor Libertà. Da
un Documento pubblicato dal Puricelli (g), e scritto nel dì 15.
di Settembre dell'Anno presente, si scorge, che i Rettori della
Lombardia, Marca, e Romagna tennero un Congresso per loro
affari nella Città di Parma. I nomi loro son questi : *Guillelmus
de Ossa de Mediolano*, *Ardizo Confanonerius Brixiæ*, *Amabeus
Veronæ*, *Obertus de Bonifacio Placentiæ*, *Guillielmus de Mapello
Pergamensis*, *Eleazarus Laudensis*, *Guidotus Reginus*, *Malvetius
de Mantua*, *Pius Manfredi de Mutina*, *Albericus de Padua*, *A-
stulfus de Tarvisio*, *Rodulfus Bononiensis*, *Mainfredus de Parma*.
Servirà ancora questa memoria a farci conoscere, che la Nobil
Casa de' Pii, una delle molte de' Figliuoli di Manfredi, era di

Era Volg
Ann.1178.
(a) Caffari
Annal. Ge-
nuenf.lib.3.

(b)Galvan.
Fiamma in
Manipul.
Flor. .

(c) Otto de
fanfto Bla-
fio in Chr.
(d) Gode-
fridus Mo-
nachus in
Chronico.

(e)Bernard.
Guidonis in
Vit.Alexan-
dri III.

(f) Arnold.
Lubec. Chr.
Slav c. 24.
aut 29.

(g) Puricel-
lius Monu-
ment. Basi-
lic. Ambrof.
num. 573.

Pa-

Patria Modenese. Nella breve Cronica di Cremona, da me data alla luce (*a*), si legge, che nell'Anno 1177. i Cremonesi per la prima volta eleffero il loro Podestà, che fu Gherardo da Carpineta Nobile Reggiano, il quale finì ivi i suoi giorni nel 1180. *Post illum Manfredus Fantus de filiis Manfredi Mutinensis, gener ipsius Girardi fuit Potestas electus. Hic suo tempore Castrum Manfredum ædificavit, & illi nomen suum imposuit.* Dal che parimente intendiamo, che i Pii, i Fanti, i Pichi, ed altri *de' Figliuoli* di *Manfredi*, erano di schiatta Modenese. Circa questi tempi *Guglielmo II.* Re di Sicilia (*b*) spedì un' Armata di cinquanta Galee in soccorso de i Cristiani d'Oriente, sommamente afflitti dalle forze di Saladino Sultano d'Egitto. L' arrivo d'essa a Tiro con genti e vettovaglie fu la salute d'Antiochia e di Tripoli.

Era Volg.
Ann. 1178.
(a) Chronic.
Cremonens.
Tom. VII.
Rer. Italic.

(b) Anonym.
Hist. Hiero-
solymit.

Anno di CRISTO MCLXXIX. Indizione XII.
di ALESSANDRO III. Papa 21.
di FEDERIGO I. Re 28. Imperadore 25.

PER saldare affatto le piaghe lasciate dal lungo Scisma nella Chiesa di Dio, lo zelantissimo *Papa Alessandro* aveva intimato un Concilio Generale nell'Anno precedente per tutta la Cristianità. Lo tenne in fatti nell' Anno presente, [e non già nel 1180. come alcuno ha creduto] sul principio di Marzo nella Basilica Lateranense (*c*), coll'intervento di più di trecento Arcivescovi e Vescovi, e di una sterminata moltitudine d'altri Ecclesiastici e Laici. Vi furono fatti ventisette Canoni, ne' quali fu riformata la Disciplina Ecclesiastica; provveduto alla Simonia; scomunicati gli Eretici Albigensi [ancor questi erano Manichei] che s'andavano sempre più dilatando in Tolosa, e ne' suoi contorni; e dato buon sesto a molte Chiese, che aveano patito non poco durante lo Scisma. Al medesimo Concilio, secondochè scrisse Roberto del Monte (*d*), intervenne ancora *Burgundio Pisano*, uomo in questi tempi dottissimo non meno nella Latina, che nella Greca Lingua. Delle di lui fatiche Letterarie accuratamente ha parlato il celebre Padre Don Guido Grandi Abbate Camaldolese, e pubblico Lettore di Pisa. Due Diete in quest' Anno tenne l'Imperador Federigo in Germania, l' una in Wormazia, e l'altra in Maddeburgo; e cercando pur le vie di sfogar

(c) Labbe
Concilior.
Tom. X.
Baron. in
Annal. Eccl.
Pagius in
Critic. ad
Annal. Bar.

(d) Robert.
de Monte
in Chron.

Era Volg.
Ann. 1179.
gar la sua vendetta contra di *Arrigo il Leone* Duca di Sassonia e di
Baviera, incitò quanti Principi potè a muovere delle querele, e
fino accuse di tradimento dell'Imperio contra di lui. Perlochè
[a] *Arnold.
Lubec. in
Chr. Slav.
c. 24. aut 29* il citò a rispondere in Giudizio. [*a*] Il Duca poco fidandosi de'
Configlieri e Giudici dell'Imperadore, non volle comparire. Ottenne da Federigo un'udienza privata, e si studiò di placarlo
nella miglior maniera che potè. Gli disse Federigo, che il configlia-
va di pagare cinque mila Marche alla sua Camera: che in questa
maniera il farebbe rientrare nella grazia de' Principi. Parve
dura al Duca una tal dimanda, e senza volerne far altro, se
n'andò. Gli costò ben caro il non essersi appigliato a questo
consiglio. Tornò l'Arcivescovo di Colonia a portar la guerra
ne' di lui Stati; e il Duca sopportò con pazienza anche questo
nuovo insulto senza fargli resistenza. Sono parole di Gotifredo
[b] *Godefr.
Monachus
in Chron.* Monaco di S. Pantaleone a quest'Anno [*b*]: *Christianus Mo-
guntinus Episcopus capitur a Marcio Ferrei Montis.* Scorretta è
la parola *Marvio*, e facilmente s'intende, che lo Storico avrà
scritto *Marchione*. Ma in che Luogo, e perchè questo Arcivescovo fosse preso dal Marchese di Monferrato, questo restò nella penna dello Scrittore. Roberto dal Monte ne parla fuor di
sito, cioè all'Anno 1180 se pure egli non usò l'Era Pisana.
Abbiam veduto all'Anno precedente, che questo guerriero Arcivescovo per guadagnarsi l'affetto del Papa, contra di cui a-
vea tanto operato in addietro, fece guerra alla Nobiltà di Viterbo, che non volea sottomettersi al dominio temporale del Papa. Erano sostenuti que' Nobili da *Corrado* Figliuolo del Marchese di Monferrato, e in lor soccorso venne ancora l'oste de' Romani. Seguitando quella riffa l'Arcivescovo di Magonza dovette restar prigione del suddetto Corrado. Ma per buona ventura
Buoncompagno, Storico di questi tempi, quì ci somministra lume con dire [*c*], che *Conradus Marchio Montisferrati cum præfa-
[c] *Boncom-
pagnus de
obsidione
Ancon. c. 25
Tom. VI.
Rer. Italic.* to Cancellario* (cioè col suddetto Cristiano Arcivescovo) *commisit
prælium juxta Camerinum, in qua eum super quadam rupe pro-
pe Arcem, quæ dicitur Pioragum, cepit, ipsumque apud Aquam-
pendentem detinuit non modico tempore catenis ferreis religatum.
Exivit demum de carcere, & quum consuetam duceret vitam, mors
eum Tusculani conclusit. Et tunc illum pænituit de commissis,
quum non potuit amplius lascivire.* Parleremo a suo tempo della morte di questo scandaloso Prelato.

MA giacchè s'è fatta menzione di un Figliuolo del Marchese
di

di Monferrato, esige quella nobiliſſima Caſa Italiana, che io quì Era Volg.
Ann. 1179.
accenni alcune illuſtri ſue parentele, per le quali ſi rendè eſſa
tanto celebre non meno in Occidente che in Oriente. Il Marcheſe di Monferrato, di cui s'è più volte udito il nome di ſopra, a-
derente coſtantiſſimo di Federigo Auguſto, era *Guglielmo*, Prin-
cipe di gran ſenno e valore. Queſti per atteſtato di Sicardo [a], [a] *Sicard.
Chronic.
Tom. VII.
Rer. Italic.*
fu ſtretto parente d'eſſo Federigo, perchè ebbe per Moglie *Giu-*
litta, Sorella di *Corrado III.* Re di Germania e d'Italia, che gli
procreò cinque Figliuoli maſchi, cioè *Guglielmo*, *Corrado*, *Bo-*
nifazio, *Federigo*, e *Rinieri*. Avvenne, che ito in Terra ſanta
Guglielmo il primogenito, ſopranominato *Longaſpada*, *Baldovi-*
no, il Lebbroſo Re di Geruſalemme, innamorato della di lui ga-
gliardia, bravura, ed avvenenza, doti unite ad una grande Nobiltà, gli diede per Moglie *Sibiglia* ſua Sorella, e la Contea di
Joppe in dote. Da Bernardo Teſoriere [b] egli vien chiamato [b] *Bernard.
Theſaurar.
De acquiſit.
Terr. ſanct.
cap. 138.*
Bonefacii illuſtris Marchionis Montisferrati filius, ma con errore.
Sicardo ne ſapea più di lui. Morì Sibiglia poco più di un Anno
dipoi con avergli generato un Figliuolo, a cui fu poſto il nome
di *Baldovino*. Queſti dopo la morte d'eſſo Re Baldovino ſuo Zio
materno fu dichiarato Re di Geruſalemme, ma mancò di vita in
tenera età. Anche *Manuello* Comneno Imperador di Coſtantinopoli pel gran credito, in cui era in queſti tempi la Caſa di Monferrato, fece ſapere al Marcheſe Guglielmo ſeniore, che gli
mandaſſe uno de' ſuoi Figliuoli, perchè deſiderava di dargli una
ſua Figliuola, cioè *Cira Maria*, o ſia *Donna Maria*, per Moglie,
cioè quella ſteſſa, che fu promeſſa dianzi a *Guglielmo II.* Re di
Sicilia, ma che egli non potè poi avere; e nè pur potè ottenere l'Auguſto Federigo per *Arrigo* ſuo Primogenito. In que' tempi due Figliuoli d'eſſo Guglielmo Marcheſe, cioè *Corrado* e *Bo-*
nifacio erano ammogliati. *Federigo* veſtiva l'abito Clericale, e
e poi fu creato Veſcovo d'Alba. Colà dunque mandò Guglie-
mo, il minore de' ſuoi Figliuoli, cioè *Rinieri*, Giovane di bel-
liſſimo aſpetto, a cui l'Auguſto Greco diede la deſtinata Moglie, e per dote la Corona del Regno di Teſſalonica, o ſia di
Salonichi, porzione la più nobile di quell' Imperio dopo Coſtantinopoli; perciocchè l'altiera Figliuola, per teſtimonianza
di Roberto del Monte [c], proteſtò di non voler marito, che [c] *Robert.
de Monte in
Chron.*
non foſſe Re. Furono celebrate quelle Nozze con gran ſolenni-
tà, per atteſtato di Guglielmo Tirio [d]. Benchè Roberto ne [d] *Gulliel-
mus Tyrius
l. 22. cap. 4.*
parli all' Anno 1180. ſi ſcorge nondimeno, appartener queſto

E 2 fat-

Era Volg.
Ann. 1179.
(a) Benve-
nuto da S.
Giorgio Sto-
ria del Mon-
ferrato Tom.
XXIII. Rer.
Italic.

fatto all'Anno presente, perchè succeduto nell'Anno del Concilio III. Lateranense. Benvenuto da S. Giorgio scrive (a), che
Giordana Sorella del suddetto Rinieri fu data in Moglie ad Aleffio Imperadore, Figliuolo del suddetto Mannello Comneno Imperadore. Ma è contraria alla Storia una tal notizia, perchè A-
leffio in età di tredici Anni, e in questo medesimo Anno prese
unicamente per Moglie Agnese Figliuola di Lodovico VII. Re di
Francia, la quale sopravisse al Marito. Del resto le prodezze
de' Principi della Casa di Monferrato in Levante tali furono, che
il nome loro con gloria penetrò dapertutto. Nel dì 13. d'Apri-

(b) Dandul.
in Chronico
Tom. XII.
Rer. Italic.

le dell'Anno 1178. secondochè scrive il Dandolo (b), terminò i suoi giorni Sebastiano Ziani dignissimo Doge di Venezia, ed
ebbe per Successore Aureo, o sia Orio Mastropetro, eletto da voti concordi del Popolo. Ma seguitando a dire il Dandolo, che
eodem Anno Alexander Papa Lateranense congregavit Concilium,
ed essendo certo, che tenuto fu in quest'Anno esso Concilio,
può nascere sospetto, che al presente, e non al precedente Anno appartenga la morte dell'un Doge, e la creazione dell'al-

(c) Chronic.
di Bologna
T. XVIII.
Rer. Italic.

tro. Se s'ha a credere alle Storie di Bologna (c), la Città d'I-
mola in quest'Anno fu presa da i Bolognesi, che ne spianarono
le fosse, e ne condussero in trionfo le Porte a Bologna. Ma ciò
non s'accorda nel tempo con altre Storie.

Anno di CRISTO MCLXXX. Indizione XIII.
di ALESSANDRO III. Papa 22.
di FEDERIGO I. Re 29. Imperadore 26.

PEGGIORAVANO sempre più gli affari de' Cristiani in Oriente per la gran potenza e valore di Saladino Sultano dell'E-
gitto: e però in quest'Anno Papa Alessandro III. scrisse Lettere
compassionevoli a i Re di Francia, e d'Inghilterra, e a tutti gli
altri Principi e Vescovi della Cristianità per muoverli a recar soccorso a quel Regno, maggiormente ancora posto in pericolo per
l'infermità della Lebbra del valoroso Re Baldovino. Rapporta

(d) Bar. in
Annali 6. ad
hunc Ann.

queste Lettere il Cardinal Baronio (d). Mancò di vita in quest'
Anno Lodovico VII. Re di Francia, a cui succedette Filippo Augusto. Questo novello Re, e parimente Arrigo II. Re d'Inghilterra, mossi dalle esortazioni del santo Padre, s'impegnarono di som-
ministrar de' gagliardi soccorsi a così pio bisogno. L'Anno fu questo,

Ro, in cui la Linea Germanica de gli Estensi da un altissimo stato fu precipitata al basso dall' ira di *Federigo Imperadore*. Uno de' Principi più gloriosi dell' Europa era *Arrigo il Lione* per le tante imprese da lui fatte, che si possono leggere nella Cronica Slavica di Elmoldo, e di Arnoldo Abbate di Lubeca. Tale era la sua potenza, che dopo i Re non v'era Principe, che l'uguagliasse, perchè possessore de i Ducati della Sassonia e Baviera, più vasti allora, che oggidì, e di Brunsvich e Luneburgo, e d'altri paesi, che io tralascio. Ma egli incorse nella disgrazia di Federigo, perchè non volle aiutarlo a mettere in catene l' Italia, e a sostenere lo scandalo de gli Antipapi: il che fu bensì la salute dell' Italia e della Chiesa; ma egli ne pagò il fio, perchè cadde sopra di lui tutta la rovina, che era destinata per gl' Italiani. Arnoldo da Lubeca (a), Ottone da San Biagio (b), Corrado Abbate Urspergense (c) ed altri raccontano i motivi dello sdegno di Federigo con qualche diversità bensì, ma nella sostanza convengono, che Federigo nell' Anno 1175. abbisognando di grossi soccorsi della Germania per vincere pure l'izza sua contra de' Lombardi, fece venire a Chiavenna il Duca Arrigo suo Cugino, cioè il solo, che in questi tempi non meno per la sua riputazione in fatti di guerra, che per la gran potenza, e per le molte ricchezze potea raddirizzare la sua declinante fortuna. Venne il Duca, adoperò Federigo quante persuasioni potè per tirarlo in Italia. Si scusò Arrigo per essere vecchio e consumato dalle fatiche; esibì genti e danaro; ma per la sua persona stette fermo in dire, che non potea servirlo. Allora Federigo [tanto gli premeva questo affare] con inginocchiarsegli a' piedi, si figurò di poter espugnare la di lui ripugnanza. Sorpreso e confuso da atto tale il Duca, l'alzò tosto di terra, ma ne pure per questo s'arrendè a i voleri di lui. Ecco il reato del Duca Arrigo, di cui finalmente giunse a Federigo il tempo di farne vendetta.

GLI appose, che passasse intelligenza fra esso Duca, e il Papa, e i Lombardi, nemici dell' Imperio. Mi maraviglio io, che non saltasse fuori ancora, esser egli stato guadagnato dall' Imperador di Costantinopoli, perchè essendo ito il medesimo Duca Arrigo nell' Anno 1172. o pure 1173. per sua divozione al santo Sepolcro, ricevette immensi onori dapertutto dove passò, ma spezialmente alla Corte del Greco Augusto. In somma citato più volte, senza ch'egli volesse comparire, nella Dieta tenuta in Geylinhusen da Federigo verso la metà di Quaresima (d), fu posto al bando

(a) *Arnold. Lubec. Chronic. l. 2 c. 15. aut 20.*
(b) *Otto de S. Blas. in Chron.*
(c) *Abbas Urspergens. in Chronic.*

(d) *Godefr. Monachus in Chronico. Chronic. Reicherspergens.*

Era Volg.
Anni 1180.
bando dell'Imperio, e dichiarato decaduto da tutti i suoi Stati. Diede incontanente l'Imperadore il Ducato di Baviera ad *Ottone Conte Palatino* di Witelspach, da cui discende la nobilissima Casa del Regnante Duca ed Elettore di Baviera, oggidì Imperator de' Romani. Investì del Ducato della Saffonia *Bernardo Conte* d'Analt; e della Westfalia ed Angria *Filippo Arcivescovo* di Colonia. Si difese poi per quanto potè generosamente il Duca Arrigo; ma furono tanti e sì poderosi i suoi nemici, e massimamente da che lo stesso Federigo congiunse con loro l'armi sue, che restò interamente spogliato di que' Ducati, senza che nè il Re d'Inghilterra Suocero suo, nè alcun' altro Principe movessero una mano per aiutarlo. Tuttavia rimasero a lui gli Stati di Brunsvich, e Luneburgo, oggidì pur' anche posseduti da' suoi nobilissimi Discendenti, che a dì nostri seggono ancora sul Trono della gran Bretagna. Diede fine alla sua vita nel Settembre di quest' Anno *Manuello Comneno*, glorioso Imperador de' Greci, ed ebbe per Successore *Alessio* suo Figliuolo, Principe infelice, perchè nell' Anno 1183. da *Andronico* Tiranno fu barbaramente levato dal Mondo. Per la morte di Manuello, scrive il Continuatore di Caf-

(a) Caffari
Annal. Ge-
nuenf. l. 3.
Tom. VI.
Rer. Italic.
faro (a) *Cbriſtianitas univerſa ruinam maximam & detrimentum incurrit.* Cominciarono in oltre ad andare di male in peggio gli affari temporali dell' Imperio Orientale per le iniquità, per le dissensioni, e per la debolezza de' Successori Augusti. Già dicemmo creato Antipapa un certo Landone col nome d'Innocenzo III. dappoichè l'altro Antipapa Callisto, o sia Giovanni Abbate di Struma, pentito era ricorso alla misericordia di Papa *Aleſſandro III.*

(b) Anonym.
Caſinenſis
in Chronic.
Tom. V.
Rer. Italic.
(c) Johann.
de Ceccano
Chr. Foſſa-
nova.
(d) Chronic.
Acquicinſi-
num.
Abbiamo dall' Anonimo Casinense (b), che costui nell' Anno presente *apud Palumbariam cum ſociis captus, ad Cavat eſt in exſilium deportatus.* Altrettanto s' ha da Giovanni da Ceccano, che scrive: (c) *Lando Sitinus falſo Papa dictus, captus ab Alexandro Papa, & illaqueatus eſt, & apud Cavoam cum complicibus ſuis in exſilium ductus eſt.* E nella Cronica Acquicintina si legge (d), che Alessandro Papa comperò dal Fratello dell' Antipapa Ottaviano la Palombara, dove dimorava Landone, e l'ebbe in questa maniera nelle mani: con che cessarono una volta tutte le reliquie dello Scisma. Scrive ancora il suddetto Giovanni da Ceccano, che traboccato da gli argini il Fiume Tevere inondò non poca parte di Roma: dal che nacque una fiera epidemia, che infestò gravemente quella gran Città, ed infieme Terra di Lavoro. Roberto dal Monte scrive anch' egli un' importante particolarità,

rità, fotto il prefente Anno (*a*), ma che per mio avvifo appartiene al precedente. Cioè che il Re di Marocco potentiffimo Principe, perchè fignoreggiava tutta la cofta dell'Affrica ful Mediterraneo, e a lui ubbidivano anche i Saraceni di Spagna, mandava a marito ad un altro Re Saraceno una fua Figliuola. S'incontrarono le navi, che la conducevano, nella Flotta di *Guglielmo II.* Re di Sicilia, che fatta prigione quefta Principeffa, la conduffe a Palermo. Una sì riguardevol preda fervì per riftabilir la pace fra que' due Potentati. Guglielmo reftituì al Re Padre la Figliuola; e il Re di Marocco a quel di Sicilia le due Città di Affrica, o fia Mahadia e Siviglia, fituate in Affrica. Nulla di quefto s'ha dalle vecchie Storie di Sicilia. Abbiamo bensì dall'Anonimo Cafinenfe, che nel feguente Anno 1181. *Dominus nofter Rex fecit treguam apud Panormum cum Rege Manomuteorum ufque ad decem annos, Menfe Augufti.*

Anno di CRISTO MCLXXXI. Indizione XIV.
di LUCIO III. Papa I.
di FEDERIGO I. Re 30. Imperadore 27.

FU chiamato da Dio in queft' Anno a miglior vita Papa *Aleffandro III.* Accade la morte fua in Città Caftellana nel dì 30 d'Agofto, fecondo i conti del Padre Pagi (*b*). In lui mancò uno de' più infigni Succeffori di San Pietro: tanta era la fua Letteratura, tale la fua moderazione e faviezza, per cui gloriofamente fi governò in tempi fommamente torbidi, e in fine felicemente arrivò a reftituire il fereno alla Chiefa di Dio. Appena gli fu data fepoltura, che ranati i Vefcovi e Cardinali, con voti unanimi concorfero nella perfona di *Ubaldo Vefcovo* d'Oftia e di Veletri di nazione Luccheſe, perfonaggio di fingolare fperienza e prudenza, perchè adoperato in addietro in tutti i più fcabrofi affari della Chiefa Romana. Egli eletto che fu Papa, prefe il nome di *Lucio III.* e venne poi coronato nella Domenica Prima di Settembre in Veletri. Abbiamo da Tolomeo da Lucca (*c*) fotto quefto medefimo Anno, che effo Pontefice *conceffit Lucenfibus Monetam cudendam, quam Civitatem fumme commendans, omnibus Civitatibus Tufciæ, Marchia, Campaniæ, Romagnolæ & Apuliæ in Moneta præponit.* Ma conviene fpiegar quefta conceffione. Noi fappiam di certo, e fe ne poffono

ve-

ERA Volg.
ANN.1180.
(*a*) *Robert. de Monte in Chron.*

(*b*) *Pagius in Critic. Baron. ad hunc Ann.*

(*c*) *Ptolom. Lucenf. Annal. brev. Tom. XI. Rer. Italic.*

E&a Volg.
Ann.1181.
veder le pruove nelle mie Antichità Italiane, che Lucca fin da
i tempi de i Re Longobardi godeva il Privilegio della Zecca, o
fia di battere, come diciamo, Moneta. Nè altra Città in Tofcana che Lucca fi sa, che aveffe allora un tal diritto, continuato pofcia in effa fotto gli Augufti Franchi, e Tedefchi. E quefto diritto nelle Città del Regno d' Italia fi otteneva da i foli
Re, od Imperadori. Però verifimile a me fembra, che la conceffion di Papa Lucio fi reftringeffe al volere, che la Moneta
Lucchefe aveffe corfo ne gli Stati della Chiefa Romana. Aggiugne lo fteffo Tolomeo, che in queft'Anno feguì Pace fra i Lucchefi e Pifani, avendo giurato quefti di tenere i Lucchefi per
Cittadini di Pifa, con dar loro la facoltà di mercantare in Pifa al pari de gli fteffi Pifani. Finqui era ftato detenuto prigione in Acquapendente *Criftiano Arcivefcovo* di Magonza da *Corrado Marchefe* di Monferrato, fenza che s'intenda, come effo
Corrado Figliuolo di *Guglielmo Marchefe*, cioè di un Principe
sì ftrettamente unito con Federigo Augufto, trattaffe così male
un Arcivefcovo primo Miniftro d'effo Imperadore, e che in
quefti tempi guerreggiava in favore della Chiefa Romana. Il
fofpettare, che Federigo al vederlo divenuto sì parziale del Papa non aveffe difpiacere, ch'egli fofse maltrattato, potrebbe parere un penfier troppo maliziofo. Ora noi abbiamo da Goti-

(a) *Godefr.
Monachus
in Chronic.*
fredo Monaco (a), che Criftiano nell'Anno prefente riacquiftò
la libertà, *dato non modico Argento.* Scrive Roberto del Monte
(b) *Robert.
de Monte in
Chron.*
(b) per relazione d'Alcuni, che in queft'Anno, o pur nel feguente, *Giovanna* Figliuola d' *Arrigo II.* Re d'Inghilterra, e
Moglie di *Guglielmo II.* Re di Sicilia, gli partorì un Figliuolo,
a cui fu pofto il nome di *Boamondo;* ed appena battezzato,
fu dichiarato dal Padre Duca di Puglia. Riccardo da S. Germa-
(c) *Richar-
dus de S.
Germano in
Chron.*
no (c) lafciò fcritto all'incontro, che Dio *conclufit uterum con-
fortis illius, ut non pareret, vel conciperet filium.* Nè di quefto
Figliuolo ebbero notizia altre Iftorie de'Siciliani. Però fe al-
tronde non viene miglior lume, convien per ora fofpenderne la
credenza. Ne gli Annali di Genova (d) è fcritto, che il Re
(d) *Caffuri
Annal. Ge-
nuenf. l. 3.*
di Sicilia Guglielmo inviò un potente ftuolo di Galee e di Ufcieri [navi da trafporto] fotto il comando di Gualtieri da Moach
fuo Ammiraglio con difegno di portar la guerra contro l' Ifola
di Minorica. Svernò quefta Flotta in Vado, nè apparifce, che
faceffe altra imprefa.

Anno

Anno di CRISTO MCLXXXII. Indizione XV.
di LUCIO III. Papa 2.
di FEDERIGO I. Re 31. Imperadore 28.

SEGUITO' ancora in quest' Anno *Papa Lucio* a far la sua residenza in Veletri: segno che dopo la morte di Alessandro
III. s' era di nuovo sconcertata l' armonia fra lui e il Senato
Romano; ed egli ad imitazione de' suoi Predecessori, perchè non
si trovava nè quieto nè sicuro fra i Romani, meglio amava di
starsene in quella Città. Nella Cronica di Fossanuova *(a)* si
legge, che essendo morto *Landolfo Conte* di Ceccano, i suoi Fi- (a) *Joannes*
gliuoli *Castrum reddiderunt Papæ Lucio.* Abbiamo ancora dall' *Fossæ nov.* *de Ceccano Chronic.*
Anonimo Casinense *(b)*, che per tre giorni fra l' Ottava dell' (b) *Anony-*
Epifania spirò un vento sì impetuoso per tutta l' Italia, che uc- *mus Casin. Chronic.*
cise molti uomini ed animali, e fece seccar gli alberi. Erano *Tom. V.*
in oltre cinque Anni, che infieriva la Carestia per tutte le con- *Rer. Italic.*
trade dell' Italia, di maniera che in alcune parti nè pure con
un'oncia d'oro si potea trovare una salma, o sia soma di grano;
il perchè assaissimi contadini perirono, null'altro avendo essi da
cibarsi, che erbe. Di questi guai fa anche menzione Gaufredo
Priore del Monistero Vosiense con iscrivere *(c)*: *Romæ mortali-* (c) *Gaufre-*
tas populum multum prostravit. Petrus Legatus [Arcivescovo *dus Vosiens. in Chron.*
Bituricense] *Kalendis Augusti apud Ostiam, præsente Papa Lu-* *apud Labb.*
cio, decessit. In Germania *Arrigo il Leone* Estense-Guelfo, spogliato de i Ducati di Sassonia e Baviera, *(d)* non potendo resi- (d) *Robert.*
stere alle forze di tanti nemici, e dello stesso Imperadore, passò *de Monte in Chron.*
in Normandia colla Moglie *Matilda*, e co' Figliuoli, a vivere *Godefrid.*
presso il Re Arrigo d'Inghilterra Suocero suo con isperanza di *Monachus*
ricuperare gli Stati coll'appoggio d'esso Re. Mai più non venne *in Chronic.*
questo favorevol vento. Secondo i conti di Girolamo Rossi *(e)*, *Lubecensis*
in quest' Anno terminò il corso di sua vita *Gherardo Arcivesco-* *in Chron.*
vo di Ravenna, perchè si truova in uno Strumento nominata (e) *Rubeus*
Capella Domni Gerardi Archiepiscopi bonæ recordationis. Ma *venn. l. 6.*
questa formola fu anche usata altre volte per le persone viventi; e trovandosi anche da lì innanzi un Gherardo Arcivescovo di
quella Città, verisimile a me sembra, che lo stesso Arcivescovo,
e non già un altro dello stesso nome, continuasse a vivere. Siccome ho io provato nelle Antichità Estensi *(f)*, la Linea Ita- (f) *Antichi-*
liana de' Marchesi Estensi, per essere stata finora diramata in *tà Estens. P. I. c. 35.*

Tomo VII. F varj

varj perſonaggi, ciaſcuno de'quali godeva la ſua parte di Stati, e di Beni Allodiali, per qualche tempo ceſsò di far figura
nella Storia d'Italia. Ma ridottaſi finalmente ne' Marcheſi *Alberto* ed *Obizzo*, e in *Bonifazio* loro Nipote, cominciò di nuovo
a riſplendere, come prima. Impariamo dalle Storie di Padova
(*a*), che nell'Anno 1177. e nel ſeguente eſſo *Marcheſe Obizzo*
governò la nobiliſſima Città di Padova eletto e confermato per
ſuo Podeſtà da quel Popolo libero. Ed inſorta in queſt'Anno lite fra eſſi Marcheſi e il Popolo d'Eſte, ſi vede Lettera dell'Imperador Federigo, data in Magonza nel dì 28. d'Aprile, con cui
conferma la ſentenza profferita in favore de' Marcheſi contra
di quel Popolo, che aveva appellato al Tribunale Ceſareo.

Anno di CRISTO MCLXXXIII. Indizione 1.
di LUCIO III. Papa 3.
di FEDERIGO I. Re 32. Imperadore 29.

CELEBRE è nella Storia d'Italia l'Anno preſente per la
Pace finalmente conchiuſa fra l'*Imperador Federigo* e le
Città Collegate della Lombardia, Marca, e Romagna. Già erano vicini a ſpirare i ſei anni della Tregua conchiuſa nell'Anno 1177. in Venezia. E perciocchè premeva forte al giovane
Re Arrigo, Figliuolo di Federigo, di aſſicurarſi il Regno d'Italia, ſi crede, ch'egli promoveſſe il trattato della concordia.
Ben veriſimile nondimeno è, che anche i Lombardi ne faceſſero
deſtramente muovere parola alla Corte. Trovavaſi allora Federigo nella Città di Coſtanza, e dato orecchio a chi gliene parlava, deputò *Guglielmo Veſcovo* d'Aſti, il *Marcheſe Arrigo* ſopranominato il Guercio, Frate Teoderico, e Ridolfo Camerlengo,
che ne trattaſſero, dando loro l'opportuna plenipotenza. Ma il
Popolo di Tortona, ſenza voler aſpettar gli altri della Lega,
nel dì 4. di Febbraio del preſente Anno fece la Pace coll'Imperadore, come coſta da i documenti da me prodotti nelle Antichità Italiane (*b*). Fu dunque intimato il Congreſſo della Lega co i Deputati Ceſarei nella Città di Piacenza, e in queſto,
che tenuto fu nel dì 30. d'Aprile, ſi abbozzò la deſiderata concordia. Gli Atti preliminari tutti, per quanto ho io potuto,
raccolti da varj Archivj, ſi leggono nelle ſuddette Antichità.
Finalmente ſi conchiuſe l'accordo, e portatiſi i Deputati delle
Cit-

Città a Coftanza, quìvi nel dì 25. di Giugno l'Augufto Federigo col Re Arrigo fuo Figliuolo, diede la Pace all'Italia, con-
fermandola con un fuo famofo Diploma, che abbiamo ne'Tefti Civili *de Pace Conftantia*, ma fcorrette non poco. Mi fon
io ftudiato di levarne gli errori col confronto de' Manufcritti.
Le città, che erano prima contra l'Imperadore, fon quefte:
Milano, *Brefcia*, *Piacenza*, *Bergamo*, *Verona*, *Vicenza*, *Padova*, *Trivigi*, *Mantova*, *Faenza*, *Bologna*, *Modena*, *Reggio*,
Parma, *Lodi*, *Novara*, *Vercelli*, ed *Obizzo Marchefe Malafpina*. Le Città, che tenevano la parte dell'Imperadore, ivi e-
nunziate, fono *Pavia*, *Cremona*, *Como*, *Tortona*, *Afti*, *Alba*, *Genova*, e *Cefarea*. Sotto queft'ultimo nome venne la Città d'*Aleffandria*, la quale, ficcome da quefti Atti apparifce,
ftaccatafi nel precedente Marzo dalla Lega, al pari di Tortona, avea fatta una Pace particolare coll'Imperadore, ma con
obbligazione di deporre il nome primiero, odiato da Federigo,
e di chiamarfi *Cefarea*. Il Sigonio (*a*), e il Ghilino (*b*) rap- (a)*Sigonius
de Regno I-
tal. lib.* 15.
(b)*Ghilin.
Annal Ale-
xandrin.*
portano il Diploma e le condizioni della Pace de gli Aleffandrini. Ma fe non prima, dappoiché cefsò di vivere effo Federigo, quella Città ripigliò il nome d'*Aleffandria*, che dura tuttavia. Ne'Preliminari fi truova fra i Principi della parte dell'
Imperadore *Comes de Savolia:* il che fa conofcere, che l'oggidì Real Cafa di Savoia fi era molto prima amicata coll'Augufto Federigo. Non furono ammeffe a quefta pace, probabilmente perchè non inviarono i loro Agenti, *Imola*, il *Caftello
di San Caffiano*, *Bobbio*, *la Pieve di Gravedena*, *Feltre*, *Belluno*, *Ceneda*, e *Ferrara*, alle quali fu riferbata la grazia dell'
Imperadore, fe nel termine di due Mefi fi accordaffero co i
Lombardi, o pure coll'Imperadore. Ancorchè *Venezia* foffe dianzi nella Lega, pure d'effa non fi vede menoma menzione in quefti
Trattati, perchè non era Città del Regno d'Italia. Non mi
fermerò io a fpecificare i Capitoli della Pace fuddetta, perchè
fon fra le mani di tutti i Letterati. Bafterà folamente accennare, che le Città fuddette reftarono in poffeffo della Libertà
e delle Regalie e Confuetudini, o fia de i Diritti, che da gran
tempo godevano, con rifervare a gl'Imperadori l'alto Dominio,
le Appellazioni, e qualch'altro Diritto. Che le Appellazioni
della Marca di Verona foffero concedute ad *Obizzo* Marchefe
d'Efte, e ad *Azzo VI.* fuo Figliuolo, lo vedremo fra poco.
INGREDIBIL fu l'allegrezza di tutta la Lombardia per que-

Era Volg.
Ann.1183.

[a] Chron.
Piacentin.
T. XVI.
Rer. Italic.

[b] Joannes
de Ceccano
Chr. Fossa-
nova.
Godefrid.
Monachus
in Chronico.
Anonymus
Casinensis
in Chronico.

[c] Robertus
de Monte
in Chronic.

[d] Bullar.
Casinense
T. II. Con-
stitut. 195.

sta pace, mediante la quale si stabilì coll' approvazione Imperiale la forma di Reppubblica in tante Città con governo sì diverso da quello de' precedenti Secoli. I Piacentini in loro parte
pagarono dieci mila Lire Imperiali all' Imperadore, e mille a i
suoi Legati [a]. Verisimilmente sudarono anche le borse dell'
altre Città. Duravan intanto le controversie fra *Papa Lucio*, e
i Romani, i quali non mai deponendo la memoria de i danni patiti nella guerra contra di Tuscolo, o sia Tuscolano, in quest'
Anno conceputa speranza d'impadronirsene, coll'oste loro andarono all' assedio di quella Città [b]. Ma inutile riuscì lo sforzo
loro. Trovavasi forse non lungi da quelle parti *Cristiano*, *Arcivescovo* di Magonza, ed avvisato dal Pontefice di questo insulto fatto ad una sua Terra da i Romani, vi accorse tosto con un
Armata di Tedeschi. Non aspettarono già i Romani l' arrivo di
lui, e bravamente si ritirarono; ma Cristiano cominciò a deva-
stare il lor territorio, ed era per far peggio, se colpito da una
malattia in Tuscolo non fosse passato al tribunale di Dio a rendere conto della sua vita troppo aliena dal sacro suo carattere.
Secondo il solito in casi tali, corse qualche voce, che i Romani l'avessero aiutato a far questo viaggio. Certo è, ch' egli si
meritò da Roberto del Monte il seguente elogio [c]: *Anno 1182.*
(dee essere 1183.) *Christianus Moguntiensis Archiepiscopus obiit,
qui se non habebat secundum morem Clericorum, sed more Tyranni, exercitus ducendo, & Brebansones*. (cioè i soldati Borgognoni) *Multa mala fecit* (prima dell' Anno 1177.) *Ecclesiæ Romanæ, & hominibus Sancti Petri, & quibusdam Civitatibus Lon-
gobardiæ, quæ erant contrariæ Imperatori Alemanniæ Domino suo.*
L' Anonimo Casinense scrive, che in quest' Anno *Guglielmo II.
Re* di Sicilia nel dì 26. di Gennaio venne a Monte Casino, e nel
dì seguente a Capoa. Intanto Papa Lucio continuava il suo soggiorno in Veletri, e quivi stando eresse, non già nell'Anno 1182.
ma nel presente, in Arcivescovato il Regal Monistero di Monreale in Sicilia. [d] *Nonis Februarii, Indictione Prima, Incarnationis Dominicæ Anno MCLXXXII.* L'Indizione Prima indica
l' Anno presente, e quello dee essere Anno Fiorentino.

Anno di CRISTO MCLXXXIV. Indizione II.
di LUCIO III. Papa 4.
di FEDERIGO I. Re 33. Imperadore 30.

ERA Volg.
ANN.1184.

PER testimonianza di Arnoldo da Lubeca [a], e di Gotifredo Monaco [b], nella Pentecoste di quest' Anno tenne l' *Imperador Federigo* in Magonza una delle più superbe e magnifiche Corti bandite, che da gran tempo si fossero vedute, perchè v'intervenne non solamente dalla Germania ed Italia, ma anche da altri Regni gran copia di Principi Ecclesiastici e Laici, e infinita moltitudine di persone. Il motivo fu quello di crear Cavaliere il giovane *Re Arrigo* suo Figliuolo. Ma perchè non era capace la Città di quella immensa foresteria, in una vasta pianura contigua d'ordine di Federigo fu fabbricato un vasto Palagio di legno, con un' alta Cappella, dove si fece la solenne funzione, e sotto i padiglioni alloggiò quella gran frotta di Nobili. Ma in uno de' seguenti giorni insorto un fiero temporale, gittò a terra quel grande edificio, e sotto vi restarono morte quindici o venti persone: il che fu creduto un presagio di calamità, che pur troppo vennero. Poscia nel Mese d'Agosto l'Augusto Federigo calò in Italia per visitar le Città già rimesse in sua grazia. Abbiamo dalla Cronica di Piacenza [c], ch' egli *Primo pacifice intravit Mediolanum, deinde Papiam, postea Cremonam, deinde Veronam ad loquendum cum Papa Lucio, qui successerat Alexandro. Postea ivit ad alias Civitates, videlicet Paduam, Vicentiam, Bergomum, Laudem, & Placentiam.* Con sommo onore fu accolto dapertutto, e si dee anche credere con gravissime spese e regali a lui fatti da que' Popoli. Abbiamo da questo Scrittore, e da altri, che s'abboccarono insieme nell'Anno presente il Pontefice e l'Imperadore in Verona [d], e non già nel seguente Anno, come pare che per errore si legga nella Cronica di Arnoldo da Lubeca, seguitato in ciò dal Cardinal Baronio. Sicardo sembra d'accordo con Arnoldo, e Gotifredo Monaco chiaramente scrive, che quel Congresso seguì nel 1185. Ma certo è, che fu nel presente. Convien ora spiegare la cagion di questo abboccamento fra i due primi luminari del Mondo Cristiano. Più che mai si scoprivano i Romani inviperiti contro la vicina Città di Tuscolo; e siccome essi non si prendevano gran suggezione di Papa Lucio, così, per attestato di Giovanni da

Cec-

[a] *Arnold. Lubec. Chr. lib. 3. c. 9.*
[b] *Godefridus Monachus in Chronico.*

[c] *Chronic. Placentin. Tom. XVI. Rer. Italic.*

[d] *Radulphus de Diceto Imag. Histor. ad hunc Ann. Sigonius, Rubeus, Panvinius &c.*

(a) Johann.
de Ceccano
Chr. Fossa-
nova.
(b)Chronic.
Acquicin-
Einum.
(c)Guillel-
mus Nang-
in Chronico.

(d) Franci-
scus Pipin.
Chronic.
Tom. IX.
Rer. Italic.

Ceccano (a), nel Mese d'Aprile ripigliate le ostilità si portarono a dare il guasto a tutto il territorio di quella Terra. E dopo aver anche donato alle fiamme Palliano, Ferrone, ed altri
Luoghi, se ne tornarono a casa. La Cronica Aquicintina (b),
e il Nangio (c), oltre a questo raccontano, che i Romani avendo presi alcuni Cherici aderenti al Papa, cavarono loro gli occhi a riserva d'uno, acciocchè fosse condottiere de gli altri; e
messe loro in capo delle Mitre per ischerno, gli obbligarono con
giuramento a presentarsi davanti al Pontefice in quella guisa.
Anche Frate Francesco Pipino (d) scrive nella Vita di questo Papa: *Multi ex suis excæcantur, mitrati super asinos aversis vulti-
bus ponuntur, & uti juraverunt, se Papæ taliter repræsentant.*
A tale spettacolo inorridì, e sommamente si afflisse il buon
Pontefice; nè potendo più reggere a dimorar in quelle vicinanze, prese il partito di venir a trovar l'Imperadore, non tanto per implorare il suo aiuto, quanto per trattare d'altri assai
importanti affari. Tutte le suddette Croniche asseriscono, ch'
egli venne in quest'Anno in Lombardia, e il suddetto Giovanni da Ceccano, non meno che l'Anonimo Casinense, attestano,
ch'egli lasciò, o più tosto poscia mandò il Conte Bertoldo, Legato dell'Imperadore, alla difesa della Campania, il quale con
uno stratagema s'impadronì della Rocca di Papa, e fece varie
scorrerie nel distretto di Roma.

(e) Profom.
Lucensis in
Annalib.
brevib.
Tom. XI.
Rer. Italic.
(f) Matth.
de Griffon.
Memorial.
Historic.
T. XVIII.
Rer. Italic.
(g) Annal.
Veteres Mu-
tinenses
Tom. XI.
Rer. Italic.

ORA Papa Lucio, incamminatosi per la Toscana (e) passò per
Lucca, e siccome abbiamo dalle Croniche di Bologna (f), in
quest'Anno *die octava Julii intravit Bononiam, & consecravit
Ecclesiam Sancti Petri Majoris.* Poscia secondo gli Annali vecchi di Modena (g), nel dì 12. del medesimo Mese di Luglio con
dieci Cardinali e molti Arcivescovi e Vescovi arrivato a Modena,
alle preghiere di *Gherarda Arcivescovo* di Ravenna, di *Ardicione
Vescovo* di Modena, de'Consoli della Città, e de i Rettori della
Lombardia, Marca di Verona, e Romagnuola, consecrò la Cattedrale nel dì seguente, e fece vedere al Popolo il sacro Corpo
di San Geminiano Vescovo e Protettore d'essa Città. Uscendo
poi della Città nel dì 14. dello stesso Mese per la Porta di Cittanuova, rivolto ad essa la benedisse con dire: *Benedicta sit hæc
Civitas ab omnipotenti Deo Patre, Filio, & Spiritu Sancto, &
a beata Maria semper Virgine, & a beato Petro Apostolo, & a
beato Geminiano. Augeat eam Dominus Deus, & crescere & mul-
tiplicare eam faciat.* Di questa Dedicazione si fa tuttavia l'Anni-

ver-

verfario in Modena. Paſsò dipoi il Pontefice a Verona, dove era
concertato il Congreſſo con Federigo Imperadore. Ne abbiamo
l'atteſtato da Sicardo Veſcovo di Cremona, di cui ſono le ſeguenti parole (*a*): *Anno Domini MCLXXXIV. Papa Lucius Veronam
venit, qui me Anno præcedenti Subdiaconum ordinaverat, & pro
hoc adventu ad Imperatorem direxerat.* Nella Cronica Veroneſe
di Pariſio da Cereta ſi legge (*b*): *Anno MCLXXXIII. Dominus
Lucius Papa, & Dominus Fredericus Imperator ultimo die Julii
fuerunt Veronam, & hilariter recepti & honorifice pertractati.* Ma
il teſto è fallato, e ſi dee ſcrivere *Anno MCLXXXIV.* Aggiunge
il medeſimo Storico, che nel principio di Gennaio dello ſteſſo Anno *Maxima pars alæ Arenæ Veronæ cecidit, Terræmotu magno
per prius facto, videlicet ala exterior.* In Verona tenne il Papa
un Concilio nell'Anno preſente, piuttoſto che nel ſuſſeguente, a
cui intervenne lo ſteſſo Imperadore, e in eſſo fulminò la con-
danna e ſcomunica contra gli Eretici *Catari, Paterini, Umilia-
ti, Poveri di Lione, Paſſagini, Giuſeppini,* ed altri, tutti ſpecie di Manichei ſotto diverſi nomi. Scomunicò ancora gli Ar-
naldiſti, e i Romani diſubbidienti e ribelli alla temporale autorità del Papa. Quivi parimente ſì trattò del ſoccorſo di Terra ſanta, il cui pericolo ogni dì più creſceva per la potenza
e per le vittorie di Saladino Sultano dell'Egitto. Abbiamo in
oltre da Arnoldo da Lubeca (*c*), che ſi dibatterono poſcia in
privato varj punti particolari fra il Papa e l'Imperadore, e maſſimamente quello del Patrimonio della Conteſſa Matilda. Ne
era in poſſeſſo Federigo, e il Papa ne faceva iſtanza, come di
Beni donati alla Chieſa Romana. Si diſputò lungamente, furono prodotti varj Strumenti, ma in fine la controverſia reſtò
nell'eſſere di prima. Nè pure s'accordarono il Papa e l'Imperadore nel punto di varj Prelati Sciſmatici o eletti in diſcordia.
Moſſe anche Federigo la pretenſione, che il Papa concedeſſe la
Corona dell'Imperio al *Re Arrigo* ſuo Figliuolo: al che il Pontefice non acconſentì con dire, che non era più in uſo l'aver due
Imperadori nello ſteſſo tempo, nè poter egli dar la Corona al
Figliuolo, ſe prima il Padre non la deponeva. In ſomma mal
ſoddisfatti l'uno dell'altro in fine ſi ſepararono. Reſtò Papa
Lucio in Verona, e Federigo andò a viſitar l'altre Città della
Lombardia. Noi abbiamo una Bolla del medeſimo Papa (*d*)
in favore dell'inſigne Moniſtero delle Monache di Santa Giulia
di Breſcia, data *Veronæ XV. Kalendas Septembris Indictione II.*

Incar-

Era Volg.
Ann.1184.

(a) *Sicard.
in Chronic.
Tom. VII.
Rer. Italic.*

(b) *Parifius
de Cereta
Chr. Veron.
Tom VIII.
Rer. Italic.*

(c) *Arnold.
Lubecenfis
lib. 3. c. 10.*

(d) *Ballar.
Cafinenf.
T. II. Con-
ſtit.* 202.

ERA Volg.
ANN.1184.
(a) Ughell.
Ital. Sacr.
Tom. V.
in Episcop.
Veronenf.
(b) Antich.
Estensi P.1.
cap. 6.

Incarnationis Dominicæ MCLXXXIV. Pontificatus vero Domni Lucii Papæ III. Anno IV. Un'altra sua Bolla spedita similmente in essa Città *X. Kalendas Decembris* vien riferita dall'Ughelli (*a*). Ho io finalmente dato alla luce lo Strumento (*b*), da cui apparisce, che *Anno Dominicæ Nativitatis MCLXXXIIII. die Veneris, qui est Tertiodecimo exeunte Mense Octobris, Indictione Secunda, quum Federicus Romanorum Imperator apud Veronam in Palatio Sancti Zenonis cum maxima Curia esset,* quivi egli investì *Marchionem Obizonem de Hest de Marchia Genuæ, & de Marchia Mediolani, & de omni eo, quod Marchio Azzo* [suo Avolo] *habuit & tenuit ab Imperio.* Questo rilevante Atto, quantunque fosse solamente a titolo d'onore, perchè già Milano e Genova godevano la lor Libertà, nè più erano sottoposte a' Marchesi, tuttavia è di singolar gloria per la nobilissima Casa d'Este, perchè da esso risulta, che i di lei Maggiori doveano essere stati *Marchesi di Milano* e di *Genova*, e Federigo volle conservar loro il Titolo, giacchè non poteva il Possesso per le mutazioni delle cose. Altri esempli simili di Stati non più posseduti si truovano in questi tempi, ed anche oggidì si mirano nelle Investiture date dagl'Imperadori a varj Principi di Germania, e alla stessa Casa d'Este. E da ciò ancora vien confermato l'abboccamento seguito in quest'Anno in Verona fra il Papa, e il medesimo Imperadore.

Anno di CRISTO MCLXXXV. Indizione III.
   di URBANO III. Papa I.
   di FEDERIGO I. Re 34. Imperadore 31.

(c) Ughell.
uti supra.

(d) Bullar.
Casinenf.
T. II. Con-
stant. 203.

CONTINUO' *Papa Lucio* il suo soggiorno in Verona, e l'Ughelli (*c*) rapporta una sua Bolla, data *Veronæ Idibus Junii, Indict. III. Incarnationis Dominicæ Anno MCLXXXV. Pontificatus vero Domni Lucii III. Papæ Anno Quarto.* Trattenevasi tuttavia in Italia anche l'Imperador Federigo, se pure non aveva egli fatta una scappata in Germania. E però il Papa dovette persister ivi per continuare i negoziati scabrosi con esso Augusto. Rapporta il Margarino (*d*) un Diploma di esso Federigo, dato *apud Veronam V. Nonas Januarii Anno Dominicæ Incarnationis MCLXXXV.* Trovossi poi il medesimo Augusto in *Reggio, III. Idus Februarii*, cioè nel dì 11. di Febbraio del presente

te Anno, e quivi confermò i Privilegj al Popolo Milanese con o- Era Volg.
Ann.1185.
stensione di molte grazie, tutte probabilmente ben pagate. Il
Puricelli (*a*) rapporta l'intero Diploma, degno ben di conside- (a) *Puricel-
lius Monu-
ment. Bas-
lic. Ambr.*
razione, perchè in esso restituisce a'Milanesi le antiche loro giuris-
dizioni dalla parte d'Occidente e Settentrione, e tutte l'altre dalla
parte di Levante, con obbligarsi di rimettere in piedi la Terra di
Crema: il che servì ad alterar sommamente gli animi de'Cremonesi,
i quali dopo tante spese, e dopo tanto sangue e fatiche vedeano se
stessi spogliati delle lor conquiste, e premiato chi sì lungamente
avea sostenuta la guerra contra di esso Federigo. All'incontro i
Milanesi si obbligano da aiutar l'Imperadore a ritenere e ricuperare tutti i diritti dell'Imperio in Italia, e nominatamente i Beni della Contessa Matilda. Fra' testimonj si veggono nominati
Conradus Dux Spoleti, e *Conradus Marchio Anconitanus*, cioè chi
allora governava la Marca d'Ancona, benchè non apparisca,
se la stessa Città d'Ancona allora ubbidisse a lui. Un altro Diploma d'esso Federigo spedito in Milano *IV. Nonas Maii* in favore del Monistero di Santo Ambrosio, si legge presso il suddet-
to Puricelli. Però non dovrebbe sussistere lo scriversi dal Sigo- (b) *Sigon.
de Regno I-
tal. l. 15.*
nio (*b*), che Federigo partitosi da Reggio arrivò a Bologna nel
dì primo d'Aprile, e di là passò alla visita delle Città della Romagna. Aggiugne il medesimo Sigonio, che dalla Romagna andò in Toscana nel Mese di Luglio, e che tolse a tutte quelle
Città le Regalie, fuorchè a Pisa e a Pistoia, con privarle della
Libertà, e sottometterle a gli Ufiziali da lui destinati; e ciò
perchè nelle guerre passate aveano tenuto colla Chiesa contra di
lui. Prese queste notizie il Sigonio da Giovanni Villani (*c*), (c) *Villani
Istor. lib. 5.
cap. 12.*
che le racconta all'Anno 1184. anticipando di un Anno il tem-
po. Concorrono nella stessa narrativa gli Annali Antichi di Sie-
na (*d*), con asserire sotto il presente Anno l'arrivo in Toscana dell' (d) *Anna-
les Senens.
Tom. XV.
Rer. Italic.*
Imperador suddetto. Già cominciavano nelle Città a pullulare i se-
mi ascosi delle fazioni Guelfa e Ghibellina. Teneano i Nobili la
parte dell'Imperadore, per difendere le lor Castella e i lor Feudi,
che dianzi erano esenti dalla giurisdizione delle Città. All'incontro il Popolo, che volea non solo godere della Libertà, ma
rimettere ancora sotto il suo dominio tutti i Luoghi, che anti-
camente erano del suo distretto, e forzava i Nobili ad ubbidire, ripugnava all'autorità dell'Imperadore. Per questa cagione
in Faenza s'accese la discordia fra il Popolo e i Nobili. Infe- (e) *Hierony-
mus Rubeus
Histor. Ra-
venn. l. 6.*
riori di forze gli ultimi ricorsero a Federigo (*e*), il quale or-

Tomo VII.   G   di-

Era Volg.
Ann. 1185.
dinò a Bertoldo suo Cancelliere di assediar quella Città colle forze della Romagna. Dopo una gagliarda difesa i Faentini in fine furono costretti a sottomettersi alla volontà dell' Imperadore.

S'ERA poi cangiato l'animo de' Cremonesi, sì caldo ne gli Anni addietro in favor d'esso Augusto, da che videro, ch'egli avea confermata Crema al Popolo di Milano ; e non essendo ignota a Federigo questa loro alienazione d'affetto, ne fece vendetta con ordinare, che si rifabbricasse quell'abbattuta Terra. Così ne scrive Sicardo [a] : *Anno Domini MCLXXXV. Imperator in Italiam rediens, Cremam in odium Cremonensium reædificavit. Quo Anno ego Sicardus, præsentis Operis Compilator & Scriba, Cremnæ, licet indigne, electus sum ad Episcopale Officium.* Trattenevasi tuttavia in Verona il buon Papa *Lucio III.* quando Iddio volle chiamarlo a sè. Concordano gli Storici in asserire [b], che la sua morte accadde verso il fine di Novembre, e data gli fu sepoltura nel dì 25. di quel Mese. Era stato eletto in questo medesimo Anno Arcivescovo di Milano *Uberto Crivello*, chiamato Lamberto con errore da altri. Tale dovea essere il di lui merito, che il Collegio de' Cardinali appena dopo le esequie del defunto Papa Lucio s'accordarono in eleggerlo sommo Pontefice. Prese egli il nome di *Urbano III.* e continuò a governar come Arcivescovo la Chiesa di Milano per tutto il tempo del suo Pontificato, siccome han già concludentemente provato il Padre Pagi [c], e il Signor Sassi [d]. Uno de' motivi, per li quali l'Imperador Federigo andava rondando per l'Italia, quello era eziandio di trattare il matrimonio di *Costanza* Figliuola postuma del fu *Re Ruggieri*, Avolo di *Guglielmo II.* Re di Sicilia, col *Re Arrigo* suo primogenito. Vedeva egli quel Re senza successione, e bramoso di unire il fioritissimo Regno della Sicilia, che abbracciava ancora la Puglia, la Calabria, Napoli, e il Principato di Capua, si diede a far maneggi nella Corte di Sicilia, per ottenere il suo intento. Vi si trovarono delle difficultà, ripugnando i Consiglieri del Re Guglielmo all'unione di quegli Stati coll'Imperio, e alla signoria de' Tedeschi, il governo de' quali era assai screditato ne' tempi d' allora. Più ancora par verisimile, che segretamente si opponesse il Romano Pontefice, per non trovarsi un dì fra le forbici, e senza l'appoggio de i Re di Sicilia, stati in addietro difensori della Chiesa Romana. Ma ebbe maniera Federigo di guadagnar il punto. Abbiamo dall'Anonimo Casinense [e], che in quest'Anno fu

con-

[a] Sicard.
in Chronic.
Tom. VII.
Rer. Italic.

[b] Martin.
Polonus in
Chronic.
Radulphus de Diceto, & alii.

[c] Pagius
in Critic.
Baron.
[d] Saxius
in Notis ad
Sigon. de
Regno Ital.
lib. 15.

[e] Anonym.
Casinensis
Chronic.
Tom. V.
Rer. Italic.

conchiufa la Pace fra effo Augufto e il Re Guglielmo. Fra i patti ERA Volg.
ANN.1185.
di quella pace vi dovette entrare il Matrimonio fuddetto, di cui
parleremo nell'Anno proffimo feguente. Abbiamo anche dal fud- [a] *Niceta*
detto Storico, da Niceta Coniate [a], da Sicardo [b], e dalla *Choniates*
in Hiftor.
Cronica di Foffanuova [c], che il predetto Guglielmo II. Re di [b] *Sicard.*
in Chronic.
[c] *Johann.*
Sicilia per vendicarfi de' Greci, che l'aveano molto prima beffato [c] *Johann.*
nel trattato di matrimonio con una Figliuola di *Manuello Comne-* *di Ceccano*
no loro Imperadore, e per la loro barbarie contra de' Latini, ani- *Chr. Foffa-*
mato ancora da *Aleffio Comneno*, che era ricorfo a lui, fpedì *nova.*
nel dì 11. di Giugno una potentiffima Flotta a' danni di *Androni-*
co [Tiranno allora regnante ful Trono di Coftantinopoli] fotto
il comando del Conte Tancredi fuo Cugino. S'impadronì quefta
Armata nel dì 24. di Giugno della Città di Durazzo, e nella Fefta di San Bartolomeo d'Agofto, dell'infigne Città di Teffalonica, o fia di Salonichi. Conquiftò molte altre Città, Caftella, e
Rocche, le quali tutte giurarono fedeltà al Re Siciliano, le cui
genti commifero ogni forta di crudeltà e facrilegj in tale occafione. Uccifo in quefto mentre *Andronico*, fuccedutogli *Ifacco An-*
gelo nell'Imperio non tardò ad inviare una poderofa Flotta per
fermar quefti progreffi, e non finì la faccenda, che ebbero una
rotta i Siciliani per terra; e dipoi s'intavolò una pace fra loro,
ma con frode, perchè gli Ufiziali del Re Guglielmo traditi furono condotti prigioni a Coftantinopoli. Li fece ben rilafciare Ifacco; ma a buon conto egli ricuperò tutto il perduto, e la Flotta
Siciliana molto confufa fe ne tornò a' fuoi porti.

Anno di CRISTO MCLXXXVI. Indizione IV.
   di URBANO III. Papa 2.
   di FEDERIGO I. Re 35. Imperadore 32.
   di ARRIGO VI. Re d'Italia 1.

CONTINUO' anche *Urbano III*. Papa la fua dimora in Verona: il che fi raccoglie dalle di lui Lettere fcritte in quella
Città nel dì 12. di Gennaio dell'Anno prefente, pubblicate dal
Cardinal Baronio [d], e da due Bolle, che fi leggono nel Bolla- [d] *Baron.*
in Annal.
rio Cafinenfe [e]. Venne a Milano il *Re Arrigo*, primogenito *Ecclef.*
[e] *Bullar.*
dell'Imperador *Federigo*, e colà parimente fu condotta *Coftanza*, *Cafinenfe*
zia di *Guglielmo II*. Re di Sicilia, che fi trovava allora in età *To. II. Con-*
d'anni trentuno, nè mai fu Monaca, come chiaramente dimoftrò *ftitut.* 204.
il & 205.

Era Volg.
Ann.1186.
(a) Godefr.
Viterbiensis
in Chronico.
il suddetto Cardinal Baronio. Per attestato di Gotifredo da Viterbo (a), che con questo racconto dà fine alla sua Cronica, furono celebrate le Nozze di questi Principi presso Milano nel Palazzo contiguo alla Basilica di Santo Ambrosio, con incredibil magnificenza e concorso di Nobiltà, e coll' assistenza dell' *Imperador Federigo* nel dì 27. di Gennaio. Gotifredo Monaco di San Pantaleo-

(b) Godefr.
Monachus
S. Pantal.
in Annalib.
ne lasciò scritto (b), che esso Augusto celebrò il santo Natale in Milano, e che *in Octava Epiphaniæ nuptias filii sui opulentissime cum magna pæne cunctorum Procerum frequentia apud Ticinum agit*. Ma merita quì più fede il suddetto Gotifredo da Viterbo, perchè Italiano, e perchè Scrittore di cose da sè vedute, che ciò riferisce avvenuto in Milano. Anche Sicardo contempo-

(c) Sicard.
in Chronic.
Tom. VII.
Rer. Italic.
(d) Otto de
S. Blasio
in Chronico.
(e Galvan.
Flamma
in Manip.
Florum.
(f) Arnold.
Lubecensis
lib. 3 cap.14
(g) Pipinus
Chronic.
c.2. To. IX.
Rer. Italic.
raneo (c), oltre ad Ottone da S. Biagio (d), e a Galvano Fiamma (e), asserisce lo stesso. E però molto meno è da ascoltare Arnoldo da Lubeca (f), dove scrive, che la solennità di quelle Nozze fu fatta *in confinio Papiensium & Mantuanorum:* che è un evidente errore a chiunque sa, che Pavia non confina con Mantova. Frate Francesco Pipino dell' Ordine de' Predicatori aggiugne (g) una particolarità, cioè che l' Imperador Federigo nel precedente Anno *Mense Julio cum aliquot Theutonicis & Lombardis perrexit Apuliam, accepturus filiam Regis Willielmi* [dee dite Rogerii] *Constantiam nomine, Henrico filio suo in uxorem.* Però probabile è, che Federigo nell' Anno addietro dalla Toscana passasse a i confini del Regno, detto oggidì di Napoli, per trattar più da vicino della Pace, e delle Nozze di Costanza col Re Guglielmo. Soggiugne il Pipino: *Pro cujus dote recepit ultra centum quinquaginta somarios, auro, argento, palliis, & aliis pretiosis jocalibus onustos. Præfatam igitur Constantiam byeme sequenti, de Mense scilicet Februarii* [Januarii] *Anno Incarnationis Dominicæ MCLXXXVI. idem Henricus cum maximis solemnitatibus desponsavit uxorem, & ambos idem Imperator Coronis Regalibus insignivit.* Lo stesso vien confermato dalla Cronica di Piacenza sì per l'andata di Federigo verso la Puglia, come an-

(h) Chron.
Placentin.
Tom. XVI.
Rer. Italic.
cora per la dote (h). *Et habuit ex ea plusquam CL. equos oneratos auro & argento, & samitorum, & palliorum, & grisiorum, & variorum, & aliarum bonarum rerum.* Attesta anch'egli, che Costanza passò per Piacenza, *eundo Mediolanum, ubi dicto Anno desponsata fuit per Dominum Henricum Regem, & ipsi jugales*

(i) Chron.
Parmense
Tom. IX.
Rer. Italic.
ibi coronati fuerunt. Il medesimo abbiamo dalla Cronica di Parma (i). E perciocchè i Cremonesi non intervennero a quella

fun-

funtuofa funzione, l'ebbe sì forte a male Federigo, che trovati
de i pretefti li mife al bando dell'Imperio. Il Sigonio (*a*) feguitando un po' troppo confidentemente Galvano Fiamma (*b*) fcriffe, che nell'Anno 1184. il Re Arrigo ricevette la Corona Ferrea
in Santo Ambrofio di Milano. Lo fteffo Fiamma altrove, cioè
nella Cronica Maggiore MSta. ci vien dicendo, che Arrigo e Coftanza *fuerunt coronati in Sancto Ambrofio & in Modoetia*. All'
incontro il Cardinal Baronio (*c*), e il Puricelli (*d*), credono feguita cotal Coronazione nell'Anno 1185. Ma s'imbrogliano poi
tali ed altri Scrittori in affegnare l'Arcivefcovo di Milano, che
gli deffe la Corona, adducendo alcuni *Algifio*, altri *Uberto*, ed
altri *Milone*.

LA verità fi è, che il Re Arrigo e Coftanza fua Moglie furono coronati in queft'Anno, correndo il Mefe di Gennaio, come fi ricava da i fopra allegati Autori. Afcoltifi Radolfo da
Diceto (*e*): *Inter Henricum*, dice egli, *Regem Teutonicum &
Conftantiam filiam Rogeri Siculi Regis, amitam vero Guilliel-
mi Regis Siculi, generi Regis Anglorum, matrimonium celebra-
rum eft: Sexto Kalendas Februarii Viennenfis Archiepifcopus Fredericum Imperatorem Romanum Mediolani coronavit:* cioè colla
Corona del Regno di Borgogna. *Eodem in die Aquilejenfis Pa-
triarcha coronavit* [cioè colla Corona del Regno d'Italia] *Henricum Regem Teutonicum, & ob ea die vocatus eft Cæfar. Quidam Epifcopus Teutonicus coronavit Conftantiam, amitam Willel-
mi Regis Siculi* [cioè come Regina della Germania]. *Hæc acta
funt in Monafterio Sancti Ambrofii:* e non già in Monza. All'
Arcivefcovo di Milano apparteneva il dar la Corona Ferrea al
nuovo Re d'Italia. E perciocchè allora *Papa Urbano III.* ritene-
va tuttavia come Arcivefcovo quella Chiefa, nè volle per diffapori già inforti fra lui e l'Imperadore, intervenir a quella funzione: *Gotifredo Patriarca* d'Aquileia, uomo arditiffimo, e perfona
affai mondana, fenza riguardo al Papa fi ufurpò quel diritto, e conferì al Re Arrigo la Corona del Regno d'Italia. Per quefta fua
profunzione fu sì egli, come gli altri Vefcovi affiftenti a quella Coronazione, fofpefo da i divini Ufizj da Papa Urbano. Ne
abbiamo l'atteftato preffo l'Autor della Cronica Aquicintina,
che narrando le diffenfioni nuovamente nate fra Papa Urbano
e Federigo Augufto, così ne parla (*f*): *Pracipue quod Patriar-
cha Aquilejenfis, & quidam Epifcopi interfuerunt, abfque con-
fenfu Papa, Coronazioni Henrici Regis die quadam folemni in
Ita-*

Era Volg.
Ann.1186.
(a) Sigone
de Regno
Ital.lib.15.
(b)Gualve-
neus Flam-
ma in Ma-
nip. Flor.
(c) Baron.
in Annal.
Ecclef.
(d) Puricel-
lius Monu-
ment. Bafi-
lic.Ambrof.
num. 596.

(e) Radul-
phus de Di-
ceto Imag.
Hiftor.

(f) Chron.
Aquicinct.
apud Pa-
gium ad
hunc Ann.

EraVolg
ANN.1186.
[a]Arnold.
Lubec.Cbr.
l.3.c.16.

Italia: quas omnes Papa a divino suspendit officio. Ci ha con-
servati Arnoldo da Lubeca [a] gli altri capi delle querele di
Papa Urbano contra di Federigo Imperadore. Lamentavasi in
primo luogo, ch'egli indebitamente occupasse il patrimonio della Contessa Matilda, da lei donato alla Chiesa Romana. Poscia,
che l'Imperadore venendo a morte qualche Vescovo, entrasse in
possesso de'Beni di quelle Chiese, con fare lo Spoglio in danno
intollerabile de'Vescovi Successori. In terzo luogo, che col pretesto di togliere le Badesse scandalose, occupasse le rendite de'
Monisteri, e non ne sostituisse altre di miglior professione. E-
ravi anche lite per cagione del nuovo Arcivescovo di Treveri,
e per le Decime possedute o usurpate da i Laici. Di più non
ne dico, per non diffondermi troppo; ma si può ben credere,
che una delle cose, che maggiormente amareggiava l'animo
del Pontefice e de'Cardinali, fossero le Nozze di Costanza col
Re Arrigo, ben conoscendo essi le mire di Federigo sopra un
Regno spettante alla Chiesa Romana, senza averne egli ricer-
cato l'assenso del sommo Pontefice, e prevedendo i guai, che
ne poteano venire, e che vennero in fatti all'Italia per questa alleanza.

  Lo sdegno concepito dall'Imperador Federigo contra de'Cremonesi, e maggiormente fomentato da i Milanesi, il condusse
quest'Anno a i loro danni. Con tutte dunque le forze d'essi Milanesi, de'Piacentini, Bresciani, ed altri Popoli, ostilmente passò nel territorio di Cremona sul principio di Giugno, prese varie Terre e Castella; e trovato Castel-Manfredo, poco dianzi
fabbricato da'Cremonesi, che facea resistenza, ne intraprese l'
assedio, e superatolo colla forza lo distrusse. Fu in tale occasione, ch'egli concedette a'Milanesi varie Castella poste fra i fiumi Adda ed Oglio, cioè Rivolta, Casirate, Agnanello, ed al-

[b]Antiqu.
Ital.Disser-
tat. 47.

tri. Il Diploma di tal concessione, da me dato alla luce, [b] si
vede scritto in quest'Anno *in territorio Cremonensi, in destru-
ctione Castri Maimfredi, Quinto Idus Junii.* Veggendosi perciò
a mal partito i Cremonesi, cominciarono a trattar d'accordo,
e a questo fine spedirono all'Imperadore un personaggio a lui
ben noto, cioè *Sicardo* loro Vescovo, il quale così efficacemente
si adoperò, che rimise in grazia di lui il suo Popolo. Così ne

[c]Sicardus
in Chron.
Tom VII.
Rer. Italic.

parla nella sua Cronica lo stesso Sicardo [c]: *Anno Domini
MCLXXXVI. Imperator quoddam Castrum Cremonensium, quod
Manfredi nomine vocabatur, omnino destruxit. Sed auctore Domi-*

neo per meum ministerium facta est inter Imperatorem & Cives meos reconciliatio. Si trueva dipoi Federigo nel dì 22. di Giugno in Varese nobil Terra del Milanese, dove concedette un Privilegio alla Badia del Mezzano, pubblicato dal Campi [a]. Dopo queste imprese Federigo se ne tornò in Germania, e fece tosto conoscere il suo mal talento contra di Papa Urbano [b] con far serrar tutte le vie dell'Alpi, acciocchè niuno dalla Germania potesse venire in Italia alla santa Sede. Aveva egli anche lasciato al Figliuolo Arrigo, il governo dell'Italia, e speditolo coll'esercito alla volta di Roma, per maggiormente angustiare il Papa, sulla speranza di ridurlo a' suoi voleri. Per quanto vo io conghietturando, andava Arrigo d'accordo col Senato Romano, laonde portò la guerra, unito con essi Romani, alle Terre, che tuttavia si mantenevano sotto l'ubbidienza del Romano Pontefice. Ed ecco quanto breve durata ebbe la Pace di Venezia. Scrive Giovanni da Ceccano [c], che esso Re in quest'Anno soggiogò tutta la Campania, cioè quella che apparteneva al Romano Pontefice, fuorchè la Rocca di Fumone; assediò Castello Ferentino per nove giorni. Altri gran danni recò l'Armata sua a quelle parti; ed egli restituì Ceperano a Riccardo Reberi. Aggiugne, che i Romani sul principio di Dicembre passarono nella stessa Campania, diedero alle fiamme Monte Lungo, e dopo varj saccheggi se ne tornarono a casa. Che il Re Arrigo facesse dell'altre ostilità in quelle parti, lo raccolgo da uno Strumento, altrove da me pubblicato [d]. Abbiamo anche dalla Cronica Acquicintina [e], che incontratosi il Re Arrigo in un Famiglio del Papa, che portava a Verona una buona somma d'oro e d'argento, gli tolse tutto, e fecegli anche tagliare il naso in isprezzo del Papa. Intanto non bastò a i Cremonesi d'aver acconciati i loro interessi coll'Imperador Federigo; vollero similmente assicurarsi del Sole nascente, cioè del medesimo Re Arrigo. Speditagli dunque un'Ambasceria, ottennero anche da lui la Pace. Lo strumento fu scritto in quest'Anno, *qui fuit Sextus intrante Mense Julii. Actum sub tentorio Regis Henrici feliciter, quando erat in obsidione Urbis Veteris.* Fra' testimonj si conta *Otto Frangenspanem Prafectus Romae.* Altri deciderà, se quì si parli dell'assedio d'*Orvieto*, o pure di *Civita vecihia*. Il Sigonio dice Orvieto, e a lui mi attengo anch'io. Accennai di sopra, che le Appellazioni della Marca di Verona furono appoggiate ad *Obizzo Marchese* d'Este. In confermazione di ciò ho prodotto
altro-

ERA Volg.
ANN.1186.

[a] *Campi Istor. di Piacenza T.II.*
[b] *Arnold. Lubecensis L.3.cap.17.*

[c] *Joannes de Ceccano Chr. Fossenova.*

[d] *Antiqu. Italic. Dissert. 50.*
[e] *Chronic. Aquicinct. apud Pag.*

Era Volg.
Ann.1186.
(a) Antich.
Estensi P. I.
altrove (a) due Sentenze date dal medesimo Marchese, l'una in quest'Anno *Die Mercurii, qui fuit Quarto Idus Decembris,* dove si truova *Marchio Opizo, commissis nobis per Imperatorem Appellationibus totius Paduæ, atque ejus districtus* &c. e l'altra nell'Anno seguente 1187. profferita in Este, nella quale si legge: *Ego Opizo Marchio de Hest, Vicarius & Nuncius Domni Imperatoris Federici, ad audiendas causas Appellationum Veronæ, & ejus districtus* &c. In passando il Re Arrigo del Mese di Giugno di quest'Anno per la Toscana, avea ricevuto in sua grazia i Sanesi, ma con rigorose condizioni, come apparisce dallo Stru-

(b) Antiq.
Italic. Dis-
sertat. 50.
mento da me dato alla luce (b). Ma dovette quel Popolo ingegnarsi, e verisimilmente con quel segreto, che ha tanta forza nel Mondo, per ricuperare i perduti diritti; e però sul fine d' Ottobre, mentre esso Re dimorava in *Cesena, VIII. Kalendas Novembris, Indictione V.* ottennero da lui un Diploma grazioso,

(c) Ibidem.
che si può leggere nelle mie Antichità Italiane (c).

Anno di CRISTO MCLXXXVII. Indizione v.
di GREGORIO VIII. Papa 1.
di CLEMENTE III. Papa 1.
di FEDERIGO I. Re 36. Imperadore 33.
di ARRIGO VI. Re d'Italia 2.

FU segnato il presente infelicissimo Anno colle lagrime di tutta la Cristianità. La santa Città di Gerusalemme, che avrebbe dovuto ispirare in tutti i suoi abitanti Cristiani la divozione e il timore di Dio, già era divenuta il teatro dell'ambizione, dell'incontinenza, e de gli altri Vizj, che accompa-

(d) Sicard.
in Chronico
Tom. VII.
Rer. Italic.
Bernard.
Thesaurar.
Hist. T. VII.
Rer. Italic.
Guillelm.
Neubrig.
in Chronico.
Chronic. A-
quicinctin.
apud Pag.
Chronic.
Reicher-
spergense.
gnano il libertinaggio; e questi si miravano baldanzosi fra quella gente. Però Dio volle finirla. Insorsero fra i Principi delle dissensioni a cagione del Regno, e perchè non si mantenea la fede nè a Saladino potentissimo Sultano di Babilonia e dell'Egitto, nè a gli altri vicini: (d) esso Saladino con ismisurato esercito marciò alla volta della Palestina. Rimasero sconfitti i Cristiani [e fu creduto per tradimento di *Rinaldo Principe* di Montereale, e di *Raimondo Conte* di Tripoli] con istrage di molti, e colla prigionia del *Re Guido,* e di moltissimi altri Nobili, frà' quali si abbattè il vecchio *Guglielmo Marchese* del Monferrato, che era andato alla visita de' Luoghi santi, ed anche per assi-

stere

ftere al picciolo fuo Nipote. Cotal difgrazia fi tirò dietro la
perdita di molte Città. Dopo di che Saladino conduffe l'Armata terreftre e maritima fopra l'importante Città di Tiro, e ne
formò l'affedio. Era perduta quella nobil Città, fe per avventura *Corrado* Figliuolo del fuddetto Marchefe Guglielmo, venendo da Coftantinopoli per andare a i Luoghi fanti, intefa la perdita di Tiberiade, o fia di Accon, voltata vela non foffe qualche tempo prima approdato ad effa Città di Tiro, dove da
quel Popolo ricevuto come Angelo di Dio, fu eletto per loro
Signore. Guidò Saladino fotto quella Città il vecchio Marchefe fuo prigione, efibendone la libertà a Corrado, fe gli rendeva la Terra: altrimente minacciandone la morte, fe non accet-
tava l'offerta. Nulla fi moffe il Marchefe Corrado, anzi rifpofe, ch'egli farebbe il primo a faettare il Padre, fo Saladino l'
aveffe efpofto per impedir la difefa. La coftanza di quefto Principe fece mutar penfiero a Saladino, che niun danno per quefto
inferì al vecchio Marchefe. Non amando poi egli di confumare
il tempo fotto una Città sì dura, con perdere il frutto della vittoria, rivolfe l'armi contro le Città circonvicine a Gerufalemme; e impadronitofene, obbligò in fine alla refa la fanta Città nel dì 2. di Ottobre: colpo, che riempiè d'incredibil dolore
tutti quanti i Fedeli. Tornò pofcia il vittoriofo Saladino all'affedio di Tiro nel Mefe di Novembre. Avea il valorofo Marchefe Corrado ne'giorni addietro coll'aiuto de'Pifani battuta due volte la Flotta nemica; prefe ancora alcune lor galee e navi nel
Porto di Accon; provveduta la Città di viveri; e fabbricato un
forte barbacane. Caddero il dì innanzi che arrivaffe Saladino quaranta braccia di quefto muro: il che atterrì fommamente il Popolo Criftiano, ma non già l'intrepido Marchefe Corrado, che
impiegati uomini e donne riparò in un dì quel danno. Fatte poi
veftire da uomo le donne, e meffele fulle mura, inviò i Pifani
di nuovo ad Accon, da dove conduffero due navi cariche di vettovaglie. E quefti medefimi da lì a non molto prefero cinque
altre Galee nemiche, piene di gente e di viveri. Per quefte perdite arrabbiato Saladino, fece de i mirabili sforzi contra del Barbacane, adoperando affalti, e quante macchine di guerra erano
allora in ufo, con gran perdita de'fuoi, e lieve de gli affediati.
E perciocchè a i Pifani venne fatto, infeguendo nove Galee della Flotta Infedele, di preffarle di maniera, che i Barbari attaccarono ad effe il fuoco: Saladino, che avea perduta molta gen-

Era Volg.
Ann. 1187.
te, trovandofi anche fprovveduto d'aiuti per mare, finalmente nell'ultimo giorno di Dicembre o pure nel dì primo del feguente Gennaio, dopo aver bruciate tutte le macchine, fi ritirò pieno di difpetto dalla Città di Tiro. In fegno ancora del fuo dolore fece tagliar la coda al proprio cavallo, per incitare in quefta maniera i fuoi alla vendetta. Di quì probabilmente ebbe principio il rito de' Turchi di appendere allo ftendardo loro la coda del cavallo per fegno di guerra. Diftefamente parla di quefti fatti Bernardo Teforiere, la cui Storia ho dato alla luce, oltre a molti altri Scrittori, che un lagrimevol racconto lafciarono di quefti infelici fucceffi de' Latini in Oriente. Di tante conquifte tre fole Città reftarono in lor potere, cioè Antiochia, Tiro, e Tripoli.

ANDAVANO intanto maggiormente crefcendo i diffapori fra *Papa Urbano III.* e l'*Imperador Federigo*, e quantunque il Pontefice, il quale nel dì 4. di Giugno ftando in effa Città di Verona diede una Bolla in favor delle Monache di Santa Eufemia di
(a) *Antiqu. Italicarum Differt. 26.*
Modena (*a*), fi vedeffe in molte ftrettezze, perchè dall'un canto Federigo avea ferrati i paffi fra la Germania e l'Italia, e teneva come in pugno tutta la Lombardia e la Romagna; e dall'altro gli Stati della Chiefa Romana erano malmenati dal giovane Re Arrigo: tuttavia come perfonaggio di gran cuore e zelo, prefe la rifoluzione di ufar l'armi fpirituali contra di Federigo
(b) *Arnold. Lubecenfis lib. 3. c. 18.*
(*b*). Citollo nelle debite forme; ma quando fu per fulminare la fcomunica, i Veronefi con rapprefentargli, che erano fervi ed amici dell'Imperadore, il pregarono di non voler nella loro Città far quefto paffo, che avrebbe fatto grande ftrepito, e cagionato loro de i gravi difturbi. Il perchè Urbano fi partì di Verona, ed incamminoffi alla volta di Ferrara, con penfiero d'effettuar ivi il fuo difegno. Gervafio Tiberienfe (*c*) all'in-
(c) *Gervaf. Tiberienfis in Chronic.*
contro fcrive, che s'era intavolato, anzi fottofcritto un accordo fra effo Papa e Federigo: dopo di che Urbano fen venne a Ferrara. Lo fteffo abbiamo dal Cronografo Saffone. Comunque fia, appena giunto il Pontefice in quella Città, quivi caduto infermo, paffò a miglior vita nel dì 19. d'Ottobre. Dopo avergli per fette giorni il Popolo Ferrarefe fatte folenni efequie, gli diede fepoltura nella Cattedrale. Buona parte de gli Storici (*d*),
(d) *Hugo Antiffiodor. Ptolomæus Lucenfis. Neubrig. & alii.*
copiando l'un l'altro, lafciarono fcritto, che il buon Pontefice Urbano pervenutagli la dolorofa nuova della perdita di Gerufalemme, non potendo reggere all'afflizione, mancò di vita.

Diffi-

Difficile è ben da credere, che in sì poco tempo foſſe portato a
Ferrara quel funeſtiſſimo avviſo. S'egli morì d'affanno, come
vien preteſo, dovette più toſto eſſere per la notizia ricevuta della rotta precedentemente data da Saladino a i Criſtiani, e della
preſa di varie Città, e dell'aſſedio di Tiro. Dopo la ſepoltura
del defunto Papa Urbano fu in ſuo luogo aſſunto al Pontificato
Alberto Cardinale di San Lorenzo in Lucina, Cancelliere della ſanta Romana Chieſa, che preſe il nome di *Gregorio VIII.*
Non tardò queſto Pontefice, lodatiſſimo da tutti gli Scrittori,
a ſpedir Lettere Circolari a tutta la Criſtianità, che ſi leggo-
no preſſo Ruggieri Hovedeno (*a*), e ſon anche riferite dal Car- (a)*Rogerius Hovedenus in Annalib.*
dinal Baronio (*b*). In eſſe caldamente eſorta tutti i Fedeli al (b)*Baron. in Annal. Eccl.*
ſoccorſo di Terra ſanta, con preſcrivere ancora digiuni e pre-
ghiere per placare l'ira di Dio. Una Lettera di queſto Pontefice ad *Arrigo, Regi Electo Romanorum Imperatori*, pubblicata
dal Leibnizio (*c*), per provare uſato fin'allora il titolo d'*Im-* (c)*Leibnitius Prodr. ad Cod. Jur. Gent.*
peradore Eletto, non può ſtare, perchè contraria all'uſo di que'
tempi. Leggonſi ancora preſſo l'Ughelli (*d*) i privilegi e le (d)*Ughell. Ital. Sacr. Tom. III. in Episcop. Pisanis.*
eſenzioni concedute nell'Ottobre dell'Anno preſente da *Carva-*
do Marcheſe, che s'intitola *Figliuolo del Marcheſe di Monferra-*
ro, a i Piſani, pel ſoccorſo a lui dato nella difeſa di Tiro.
Per atteſtato de gli Annali Genoveſi (*e*), ſcriſſe il medeſimo (e)*Annal. Genuenſ. lib. 3. T. VI. Rer. Italic.*
Corrado Lettere all'Imperadore, e a i Re di Francia, Inghil-
terra, e Sicilia, implorando aiuto per gli urgenti biſogni della
Criſtianità in Levante. Veriſimilmente venne nel dì 10. di Dicembre a Pavia il nuovo Papa *Gregorio VIII.* appunto per muovere quel Popolo, e i Genoveſi a far maggiori sforzi, per ſoſtenere la cadente fortuna de' Criſtiani Latini in Levante. Ma Iddio diſpoſe altrimenti; imperciocchè queſto Pontefice digniſſimo
di lunga vita per le ſue rare Virtù, infermatoſi in eſſa Città
di Piſa, fu chiamato da Dio ad un miglior paeſe nel dì 17. del
Meſe ſuddetto, e fu ſeppellito il ſacro ſuo Corpo in quella Cattedrale. Che vacaſſe la Cattedra di S. Pietro venti giorni, onde ſolamente nel Gennaio dell'Anno ſeguente foſſe eletto il di
lui Succeſſore, lo credettero il Sigonio, il Panvinio, il Baronio,
ed altri. Ma ſecondo le pruove recate dal Padre Pagi (*f*), l'e- (f)*Pagius in Crit. ad Annal. Bar.*
lezione di un altro Pontefice ſeguì nel dì 19. del ſuddetto Di-
cembre. Nelle Croniche Piſane (*g*) è ſcritto: *XIV. Kalendas* (g)*Chronic. Pisan. apud Ughellium Tom. III. Ital. Sacr.*
ejuſdem Menſis Cardinalis Paulus Praeneſtinus Epiſcopus in eadem
Eccleſia Majori Pontifex ſummus eſt electus, levatus ab Hoſpitio

San-

E r a Volg.
Ann.1187.
Sancti Pauli de Ripa Arni , & largiente Domino Clemens III. vocatus est. Sicchè fu eletto Papa e confecrato *Paolo Cardinale* e Vefcovo di Paleftrina, di nazione Romano, che fi fece chiamare *Clemente III.*

Ho detto di fopra, che l'ottimo *Papa Gregorio VIII.* fi portò a Pifa per incitar non meno quel Popolo, che l'altro di Genova all'aiuto di Terra fanta; ma ho detto poco. Fu di meftieri il mettere prima pace fra quelle due Nazioni, giacchè di nuovo s'era accefa la guerra fra effe. Abbiamo da i Continuatori de gli Annali Genovefi di Caffaro (a), che in queft' Anno i Pifani, contravenendo a i trattati e giuramenti della Pace, con un'Armata paffarono in Sardegna, dove fpogliarono e cacciarono da tutto il Giudicato di Cagliari quanti Mercatanti Genovefi trovarono in quelle parti. All' avvifo della rotta Pace, alleftirono immediatamente i Genovefi un potente efercir to per paffare a Porto Pifano, quand' ecco comparire a Genova una Lettera del *Re Arrigo*, che i Pifani aveano fegretamente procacciata al bifogno. In effa pregava il Re i Genovefi di defiftere per amor fuo dall'offefa de' Pifani, e però fi difarmò la preparata Flotta a riferva di dieci Galee, che paffate in Sardegna infeftarono non poco i Pifani, e prefo il Caftello di Bonifazio, fabbricato da effi Pifani, lo diftruffero da' fondamenti. Bernardo di Guidone (b), ed altri fcrivono, che la Pace fra quefti due Popoli fu maneggiata e conchiufa dal fuddetto Papa Gregorio VIII. Ma di ciò nulla ha il Continuatore de' fuddetti Annali di Genova, che pur era contemporaneo. Sul fine di queft' Anno, o ful principio del feguente, come ha dimoftrato il Signor Saffi (c), Arcivefcovo di Milano fu eletto *Milone* da Cardano Vefcovo di Torino, e Milanefe di patria. E fe vogliam credere a Galvano Fiamma (d) l'Anno fu quefto, in cui il Popolo di Milano eleffe per fuo primo Podeftà Uberto de' Vifconti di Piacenza. Nè vo' lafciar di dire una particolarità a noi confervata da Bernardo Teforiere (e). Cioè, che alcune migliaia di Criftiani cacciati da Gerufalemme pervennero ad Aleffandria d'Egitto, e quivi fvernarono fino al Marzo dell'Anno feguente, trattati con affai carità ed ofpitalità da que' Saraceni. Arrivarono in quel Mefe trentafei Navi di Pifani, Genovefi, e Veneziani, che imbarcarono quanti Criftiani poteano pagare il nolo. Effendone reftato in terra un migliaio d'effi, il Governator Saraceno volle faperne la cagione, e intefo, che era per

(a) *Annal. Genuenf. lib. 3.*

(b) *Bernard. Guidonis Part. I. Tom. III. Rer. Italic.*

(c) *Saxius in Not. ad Sigonium de Regno Italiæ.*
(d) *Galvan. Flamma in Manipul. Flor.*
(e) *Bernard. Thefaurar. Chronic. cap. 165.*

ERA Volg.
ANN.1188

chè non aveano di che pagare, fece una fevera párlata a que'
Capitani di navi per la poca lor Carità verfo de' Criftiani loro Fratelli con vergogna del nome Criftiano, quando Saladino
ed egli ftello gli aveano trattati tutti con tanta amorevolezza
e clemenza. E perchè non perifle quella povera gente, e non
divenifle fchiava, volle che la ricevellero nelle navi, e la traf-
portaffero in Italia, con dar loro di fua borfa tanto bifcotto ed
acqua dolce, quanto potea baftare pel viaggio. Tutti raccontano, che Saladino più de' Criftiani medefimi era mifericordio-
fo verfo de' poveri Criftiani. Sicchè i più de' noftri non per motivo alcuno di Religione, ma per fete di guadagno, e per vivere più liberamente ufavano in que' tempi di andare in Terra fanta. Nè fi vuol tacere, che l'ingrandimento e la ricchez-
za de' Pifani e Genovefi s'ha in parte da attribuire alle Cara-
vane de' Pellegrini, che le lor Navi conducevano, e ricondu-
cevano da que' Paefi, con ricavarne un buon nolo, ed occupar
la roba di chi moriva nel viaggio. Molti Privilegj, efenzioni e
diritti accordati circa quefti tempi al Popolo Pifano da i Re di
Gerufalemme, dal Principe d'Antiochia, dal Conte di Tripoli,
dal Principe di Tiro, e da altri Principi Criftiani di Levante, fi
poffono leggere nelle mie Antichità Italiane (a).

(a) Antiqu.
Italic. Dif-
fertat. 30.
p. 907. &
fequ.

Anno di CRISTO MCLXXXVIII. Indiz. VI.
di CLEMENTE III. Papa 2.
di FEDERIGO I. Re 37. Imperadore 34.
di ARRIGO VI. Re d'Italia 3.

LE calamità di Terra fanta quelle furono, che quetarono
in quefti tempi le differenze pullulate di nuovo fra i
fommi Pontefici, e l'Imperador Federigo. Ceffarono le oftilità
per molti anni continuate fra il Re d'Ungheria e i Veneziani
a cagion della Dalmazia. Si fece anche Pace fra i Re di Francia e d'Inghilterra. In fomma la Religione, che tante volte s'
è veduta fotto i piedi dell'Ambizione de' Principi, quefta volta reftò in molti paefi al di fopra: tanto rimafero sbalorditi e
compunti i Sovrani d'allora per la miferabil perdita di Gerufalemme, e per gl'immenfi progreffi di Saladino. D'altro allora non fi parlava, fe non di quefte difavventure, e del loro rimedio. Aveva il Pontefice Clemente III. ficcome quegli,
a cui

Era Volg.
Anno 1188.

(a) Abbas
Urspergenf.
in Chron.
Otto de
sancto Bla-
sio in Chr.
Chrono-
graph. Sax-
Godefr.
Monachus,
& alti.

a cui più che ad ogni altro stava a cuore il sossidio di Terra santa, spediti alle Corti di tutti i Principi della Cristianità varj Cardinali Legati, per promuovere questo importante affare. (a) Comparvero due d'essi alla Dieta Generale tenuta dall' Imperador Federigo in Magonza verso la metà della Quaresima, e perorarono così forte a nome del Papa, che lo stesso Federigo Augusto prese la risoluzione di andar egli in persona alla testa di un'Armata in Levante. Già la pace regnava in Italia e Germania; lieve non era la soma de' peccati di questo Imperadore, de' quali bramava egli di far penitenza con sagrificare il resto de' cadenti suoi giorni alla difesa del Cristianesimo. V'entrò anche il desiderio della Gloria, perch'egli andando si teneva in pugno la liberazion di Terra santa. Però prese la Croce egli, e coll' esempio suo trasse alla risoluzion medesima Federigo Duca di Suevia suo Figliuolo, e una gran quantità di Vescovi e Principi. Fu dunque intimata la spedizione nell'Anno prossimo venturo, e che intanto ognun si preparasse. Grandi guerre addietro erano state tra Filippo Re di Francia, ed Arrigo Re d'Inghilterra. Guglielmo Arcivescovo di Tiro spedito dal Papa, ed altri Legati Pontificj non solamente condussero que' due Monarchi alla Pace, ma gl'indussero ancora a prendere la Croce, e a promettere di passare in persona colle lor forze in Terra santa. Predicata parimente la Crociata per tutte l'altre Provincie della Cristianità, commosse i Popoli alla sacra impresa. I primi a passar colà de' soccorsi, furono gl'Italiani, chiamati dall'Abbate Urspergense *homines bellicosi, discreti, & regula sobrietatis modestæ, prodigalitatis expertes, parcentes expensis, quum necessitas non incubuerit, & qui inter omnes gentes soli scripta Legum sanctione regantur.* Sotto nome d'Italiani son qui compresi i Veneziani, i Lombardi, i Toscani, e gli altri Popoli di qua dal Regno di Napoli. Imperciocchè quanto a *Guglielmo II. Re* di Sicilia e di Puglia, spedì egli una Flotta di dugento vele in soccorso della Città di Tiro (b), che unita a quella di *Corrado Marchese* di Monferrato, liberò Tripoli dall'assedio di Saladino. Ma Sicardo (c) con poca lode parla de' Siciliani. Essendo stato in questo mentre rimesso in libertà *Guido Re* di Gerusalemme da Saladino con varj Nobili dianzi suoi prigionieri, egli si animò a nuove imprese, giacchè gli giunse in soccorso una Flotta numerosa di Veneziani, sopra la quale era anche l'Arcivescovo di Ravenna Gherardo col Vescovo di Faenza. A questa secondo alcuni s'unì l'al-

(b) Sicard.
in Chronic.
Tom. VII.
Rer. Italic.
(c) Bernard.
Thesaur.
Hist. c.170.

tra

tra de' Pisani, che era condotta dal loro Arcivescovo *Ubaldo*. Imperocchè allo zelantissimo Papa Clemente III. riuscì in quest' Anno col mezzo di due Cardinali deputati di rimettere la Pace fra essi Pisani e i Genovesi, come consta da una sua Bolla pubblicata dal Tronci (a).

Era Volg. Ann. 118
(a) Tronci Annal. Pisan.

ORA il Re' Guido con questo possente rinforzo deliberò di far l'assedio di Tolemaide, o sia di Accon, importante Città marittima. Non giunse però la Flotta Pisana, secondo il suddetto Sicardo, alla Città di Tiro, se non nell'Anno seguente. In questo sì trovandosi Tiro senza vettovaglie, l'indefesso *Marchese Corrado* inviò la sua Flotta navale ad Azoto. Presa fu quella Terra da i Cristiani, fatto prigione l'Ammiraglio di Saladino con cinquecento soldati, liberati molti Fedeli dalla schiavitù. Ricco bottino e abbondanza di viveri fu riportata da quelle vittoriose navi a Tiro; e Corrado col cambio di quell'Ammiraglio riebbe in libertà il *Marchese Guglielmo* suo Padre. Perchè il mio argomento nol richiede, non mi stenderò io molto a narrar quelle strepitose avventure, bastandomi di solamente accennarle. A chi più ne desidera non mancano Libri, che diffusamente trattano della Guerra Sacra. Mandò intanto l'Imperador Federigo in Levante a Saladino il Conte Arrigo di Dedi con Lettere, nelle quali gl'intimava la restituzion di Gerusalemme (b): altrimenti lo sfidava. Saladino se ne rise, e seguitò a fare il fatto suo, con impadronirsi in quest'Anno di varie altre Città. Con tutte le disgrazie di Terra Santa non si calmarono in quest'Anno le discordie tra i Piacentini e Parmigiani. (c) Vennero questi due Popoli ad un fatto d'armi, in cui restarono sconfitti i Parmigiani col *Marchese Moroel-lo Malaspina* in Valle di Taro. Ma rinforzati dipoi i Parmigiani da i Cremonesi, Modenesi, e Reggiani, andarono all'assedio della Torre di Seno, e di Castelnuovo, e dopo tre giorni impadronitisi di quelle Castella, le diruparono. Mosse intanto parola di Pace col Senato Romano il Pontefice Clemente; e siccome egli era lor Concittadino, e i guai del Cristianesimo venivano allora uditi come una gran predica dell'ira di Dio: così trovò quel Popolo disposto all'accordo. Leggesi presso il Cardinal Baronio (d) e più compiuto nelle mie Antichità Italiche (e) lo Strumento della concordia stabilita fra esso Papa, e i Romani nell'ultimo dì di Maggio, dove si veggono restituite al Pontefice Romano tutte le Regalie, ma con aver egli sagrificata allo sdegno implacabile de' Romani la Città di Tuscolo troppo vicina a Roma, ed anche

(b) Roger. Hovedenus in Cbron.

(c) Chronic. Placentin. Tom. XVI. Rer. Italic.

(d) Baron. in Annalib. ad hunc Ann.
(e) Antiqu. Italicarum Differt. 42. pag. 783.

Tivo-

Tivoli, con aver confervato il medefimo Senato, e accordate ad effo varie prerogative. Nulladimeno prima del fuddetto Strumento Papa Clemente era venuto a Roma, ricavandofi ciò da una fua Lettera fcritta a *Guglielmo Re* di Scozia, e riferita dallo ftefso Baronio, come data *Laterani tertio Idus Martii, Pontificatus noftri Anno primo*. Una fua Bolla ancora s'ha nel Bollario Cafinenfe (*a*), data *XVI. Calendas Junii, Indict. VI. Pontificatus Anno primo*. Era ftato fpedito in Germania da i Cremonefi *Sicardo* lor Vefcovo (*b*) per impetrare la licenza di rifabbricare Cafal-Manfredi. Senza poterla ottenere fe ne ritornò. In fua vece i Cremonefi fondarono Caftel-Leone, o fia Caftiglione.

(a) *Bullar. Cafinenf. T. II. Conftit. 207.*
(b) *Sicard. in Chronico.*

Anno di CRISTO MCLXXXIX. Indizione VII.
di CLEMENTE III. Papa 3.
di FEDERIGO I. Re 38. Imperadore 35.
di ARRIGO VI. Re d'Italia 4.

NELLA fefta di San Giorgio di queft' Anno, cioè nel dì 23. d'Aprile *Federigo Imperadore* diede principio alla fua fpedizion verfo Oriente, conducendo feco il fuo Figlio *Federigo* [e non già Corrado, come penfò il Padre Pagi] Duca di Suevia, con affaiffimi altri Principi, e circa trenta mila cavalli oltre alla fanteria. Arnoldo da Lubeca (*c*) fa qui una fparata grande, con dire, che giunto Federigo al fine dell'Ungheria, fi trovò avere un efercito di cinquanta mila cavalli, e di altri cento mila combattenti. Sicardo (*d*) non gli dà fe non novanta mila foldati, fra' quali dodici mila cavalli. Pafsò Federigo per l'Ungheria ben accolto da quel Re e dalla Regina fua Moglie, e fofferti molti incomodi per la Bulgheria, poi s'inoltrò verfo la Romania. Avendo conceputo de i finiftri fofpetti di quefta pederofa Armata *Ifacco Angelo* Imperador de' Greci, fra il quale ancora, fe vogliam credere ad alcuni Autori, e Saladino Sultano de' Saraceni, pafsava ftretta intelligenza ed amicizia, trattenne e maltrattò il Vefcovo di Munfter, e il Conte di Naffau, Ambafciatori a lui inviati; e fpedì foldatefche per impedire il paffaggio di Federigo Augufto, il cui Figliuolo Federigo, Principe di raro valore, sbaragliò chiunque fe gli oppofe. Diede per quefto l'Armata Tedefca il facco dovunque pafsò; ma finalmente lafciati in libertà gli Ambafciatori, e dati dal Greco Imperadore gli oftaggi richiefti, fi

(c) *Arnold. Lubecenfis lib. 3. c. 29.*
Chronicon Reichersp.
(d) *Sicard. in Chronico Tom. VII. Rer. Italic.*

que-

queto il rumore. Furono nondimeno cagione cotali fconcerti, che l'Armata Imperiale dovette fvernare in Grecia, ma fenza mai fidarfi de'Greci, che fotto mano manipolavano la rovina de'Latini. Se l'Imperador Federigo non veniva diffuafo da'fuoi Principi, voleva ben egli farne vendetta, col mettere l'affedio a Coftantinopoli. Erafi intanto riaccefa la guerra tra *Filippo Re* di Francia, ed *Arrigo Re* d'Inghilterra (*a*). Tanto fi adoperarono allora *Giovanni* da Anagni Cardinale Legato della fanta Sede, e varj Arcivefcovi e Vefcovi, che in fine fi riftabilì nella Vigilia della fefta di San Pietro la Pace fra loro: laonde cominciarono a prepararfi per compiere il Voto di Terra fanta. Ma venuto a morte da lì a poco il Re Arrigo, a lui fuccedette nel Regno *Riccardo* già Duca d'Aquitania, fuo Primogenito, il qual pofcia prefe l'impegno d'efeguir ciò, che il Re fuo Padre prevenuto dalla morte avea lafciato imperfetto. Effendo già concorfa a Tiro da tutte le parti d'Italia una tal copia di combattenti, che non potea più capire in Tiro, e nafcendo ogni dì dei difordini, *Guido Re* di Gerufalemme conduffe quefto Popolo all'affedio di Tolemaide, o fia di Accon, o di Acri, a cui fu dato principio nel Mefe d'Agofto. Sicardo fcrive, che v'intervenne co i Pifani il loro Arcivefcovo, Legato Apoftolico, e vi arrivò anche una groffiffima nave fabbricata da i Cremonefi, e ben armata di loro gente. Giunfervi ancora molti legni de'Genovefi (*b*) con buona copia di combattenti, defiderofi tutti di fegnalarfi in quelle contrade per la Fede Criftiana. Ma non andò molto, che l'efercito de'Fedeli mutò faccia, perchè di affediante divenne affediato. Colà accorfe Saladino con una formidabil Armata, e piantò il campo contra de'Criftiani, i quali perciò fi trovarono riftretti fra la Città e il nemico efercito, e in un miferabile ftato. Evidente fi fcorgeva il pericolo di reftar quivi tutti vittima delle fciable nemiche: sì picciolo era il numero loro in confronto dell'innumerabil ofte de'Saraceni, (*c*) fe non che all'improvvifo comparvero dalla Frifia e dalla Danimarca cinquanta Valcelli, e trentafette dalla Fiandra, che sbarcarono un buon rinforzo di gente e di viveri, e rincorarono a maraviglia il campo Criftiano, il quale feguitò coftantemente a tenere il fuo pofto, ancorchè ogni dì conveniffe aver l'armi in mano, e difendere da gli affalti nemici le linee e i trincieramenti, co'quali s'erano fortificati.

PERCHE' intanto durava in Lombardia la guerra fra i Piacen-

(a) *Radulphus de Diceto Imag. Hiſtor.*

(b) *Caffari Annal. Genuenſ.lib.3. Tom. VI. Rer. Italic.*

(c) *Bernard. Theſaurar. Hiſt. c. 171.*

ERA Volg.
ANN.1189.
[a] Chron.
Placentin.
T. XVI.
Rer. Italic.

[b] Richar-
dus de S.
Germano.

[c] Chronic.
Aquicinct.
apud Pag.
[d] Anony-
mus Casin.
Chronic.
Tom. V.
Rer. Italic.

[e] Joannes
de Ceccano
Chronic.
Fossa nov.

centini e Parmigiani [a], *Pietro* e *Siffredo* Cardinali Legati
della fanta Sede s' interpofero, e fecero feguir pace fra loro,
comprefovi il Marchefe Malafpina. Una terribil mutazione di cofe accadde nel prefente Anno in Sicilia, che riufci anche di fommo danno all'Italia tutta e all'armi Criftiane in Levante. Nel
dì 16. di Novembre [b] venne a morte *Guglielmo II. Re* di Sicilia, fopranominato il Buono, in età di foli trentafei anni, Principe pio, Principe gloriofo, e Padre de'fuoi Popoli, i quali perciò in dirotti pianti fi fciolfero non tanto per la perdita del bene prefente, quanto per la previfione de' mali avvenire, perch'egli non lafciava dopo di sè prole alcuna. Secondo le promeffe e i patti del Matrimonio di *Coftanza* con *Arrigo VI. Re*
di Germania e d'Italia, dovea fuccedere nel Regno effa Coftanza. Scrive ancora il Cronografo Acquicintino [c], che Guglielmo prima di morire dichiarò fuo Figliuolo ed Erede il medefimo Re Arrigo. Ma fi sa dall'Anonimo Cafinenfe [d], ch'egli morì fenza far teftamento. Certo non è da mettere in dubbio, che
Coftanza foffe ftata dianzi riconofciuta per Erede prefuntiva di
quella Corona, mentre fappiamo, che lo fteffo Tancredi, a cui
toccò il Regno, avea con altri giurata fedeltà alla medefima Regina Coftanza. Ma i Siciliani abborrivano di andar fotto di
Principe ftraniero, che per cagion de gli altri fuoi Stati poteva
trafportare altrove la Corte. Apprendevano ancora come duro
e barbarico il governo de i Tedefchi d'allora, nè s'ingannava-
no. Però fomma fu la confufione di que'Vefcovi, Conti, e Miniftri in tal congiuntura. Scrive il fuddetto Anonimo, che dopo
la morte del Re vennero alle mani i Criftiani co i Saraceni abitanti in Palermo (e ve n'era ben qualche migliaio), in guifa
che de gli ultimi fu fatta grande ftrage, e il refto venne obbligato a ritirarfi ad abitar nelle montagne. Il perchè non fi sa.
Trovavafi in grave perpleffità quella Corte, e convocato il Parlamento de'Baroni, *Gualtieri Arcivefcovo* di Palermo, per cui
opera erano feguite le nozze di Coftanza con Arrigo, foftenne
il loro partito [e]. Ma il gran Cancelliere Matteo da Salerno
prevalfe coll'altro, il quale, giacchè vi reftava un rampollo ma-
fchio de' Principi Normanni, a quefto credea dovuta la Corona,
per benefizio ancora del Regno. Vi fi aggiunfe ancora l'autorità e il maneggio, fe non palefe, almeno fegreto della Corte di
Roma, affinchè non fi uniffero quegli Stati in chi era Re d'I-
talia, e doveva effere Imperadore; e tanto più vi s'intereffò il

Pon-

Pontefice, da che senza riguardo della sua Sovranità altri voles
disporre di quel Regno. Fu dunque spedita gente a Lece a chia-
mar *Tancredi* Conte di quel paese, col notificargli la risoluzio-
ne presa di volerlo per Re. Era Tancredi Figliuolo di *Ruggieri*
Duca di Puglia, cioè del primogenito del *Re Ruggieri*; ma na-
to fuor di matrimonio da una nobil Donzella, che molti nondi-
meno crederono sposata da lui. Sotto il *Re Guglielmo* fu detenu-
to prigione. Fugitone si ricoverò in Costantinopoli. Dopo la
morte d'esso Re Zio se ne tornò in Puglia, ben veduto dal Re
Guglielmo II. suo Cugino, la cui morte aprì a lui l'adito alla
Corona. E n'era degno per le sue belle qualità, perchè Signo-
re d'animo sublime, e di molta prudenza, [a] e che alle Vir-
tù politiche accoppiava ancora un amor distinto alle Lettere, e
sapeva anche le Matematiche, l'Astronomia, e la Musica: co-
sa rara in questi tempi. Ma al di lui merito mal corrispose la
fortuna, siccome vedremo.

[a] *Hugo*
Falcandus
in Chronico.

Anno di CRISTO MCXC. Indizione VIII.
di CLEMENTE III. Papa 4.
di ARRIGO VI. Re di German. e d'Italia 5.

VENUTA la primavera, l'*Imperador Federigo* rimise in
viaggio l'esercito suo, ed arrivato a Gallipoli, [b] tro-
vò quivi un'immensa quantità di Legni piccioli e grandi, pre-
parati affinchè potesse passar l'Ellesponto dall'Imperador Greco,
premuroso di levarsi d'addosso un'Armata sì potente, che il te-
neva in continue gelosie e timori. Verso il fine di Marzo valicò
essa Armata lo Stretto in cinque giorni. Tenne la vanguardia
Federigo Duca di Suevia, la retroguardia l'Augusto Federigo suo
Padre. Di gravi incomodi cominciò a patire questo esercito, pas-
sato che fu in Asia per le segrete mine de'Greci; ma peggio
avvenne, allorchè giunse nelle terre de'Turchi e del Sultano d'
Iconio, perchè mancavano i viveri per gli uomini, e per li ca-
valli; e scopertasi nemica quella gente, non passava giorno,
che non si avesse a combattere. Arrivarono ad Iconio, nè po-
tendo aver per danari vettovaglia, ordinò Federigo, che si es-
pugnasse quella Città: il che fu eseguito con incredibil bravura
e strage de'Turchi. Rifugiossi il Sultano nel Castello, e si ridus-
se allora a dar de i viveri, benchè a caro prezzo. Di là passò l'

[b] *Niceta*
Choniates.
Godefrid.
Monachus.
Chronicon
Reichersp.
Sicardus
in Chron.

Im-

Imperadore in Armenia, dove trovò buona accoglienza e miglior mercato. Arrivato poscia al Fiume Salef, che scorre per deliziose campagne, essendo il caldo grande, volle *Federigo* bagnarsi in quell'acque, ma in esse sventuratamente lasciò la vita, chi dice perchè annegato nuotando, e chi perchè il soverchio freddo dell'acqua l'intirizzì, laonde dopo poche ore mancò di vita. Succedette la morte sua nel dì 10. di Giugno. Altri scrivono nel dì 12. ma senza fondamento, perchè fu in Domenica, e questa cadde nel dì 10. suddetto. Non può negarsi: uno de' più gloriosi Principi, che abbiano governato l'Imperio Romano, fu *Federigo I. Barbarossa*, alle cui lodi, espresse da varj Autori, nulla ho io da aggiugnere. Non mancarono già fra molte sue Virtù moltissimi Vizj e difetti considerabili, tali ancora, che la memoria di lui resterà sempre in abbominazione presso de gl'Italiani. Ma non si può negare, egli almeno coll'ultima sua piissima risoluzione compiè la carriera del suo vivere gloriosamente, e con dispiacere universale; perchè niuno era più a proposito di lui per umiliar la fortuna di Saladino: tanto era il suo valore, e il suo credito anche in Oriente. Il *Duca* *Federigo* suo Figliuolo valorosissimo Principe [a] prese il comando dell'Armata, rimasta in una grave costernazione; la condusse fino ad Antiochia, dove per l'intemperanza del vivere quasi tutta perì, in maniera che egli giunse con pochi all'assedio di Accon, ed ivi terminò anch'egli la vita nel principio dell'Anno seguente. Seguitava intanto l'assedio di Accon, assedio de' più famosi, che mai si sieno intesi, e vi succederono varj fatti d'armi tutti degni di Storia, ma non convenevoli alla mia, che ha altra mira. A me basterà di accennare, qualmente in una giornata campale, che i Cristiani vollero azzardare, restarono sconfitti dall'esercito di Saladino; e che ciò non ostante continuarono essi a ristrignere quella Città, tuttochè bloccati da Saladino. Entrata la carestia nel campo Cristiano, cagione fu, che ne perissero ben sette mila. Giunse anche una Flotta Saracena nel Porto di Accon, che ridusse a maggiori angustie l'accampamento de' Cristiani; ma il valoroso Marchese di Monferrato *Corrado*, portatosi a Tiro, e tornato con uno stuolo di navi, prese i Legni nemici carichi di vettovaglie, che servirono al bisogno de' Cristiani. Tuttavia disperati pareano questi affari, quando nell'Anno seguente giunsero colà i Re di Francia, e d'Inghilterra, che fecero mutar faccia alle cose, siccome diremo.

[a] *Abbas Urspergensis Chronic.*

IN-

INTANTO è da fapere, che quefti due Monarchi, avendo preparata cadauno una gran Flotta coll'accompagnamento d'affaiffimi Principi, fecero vela verfo l'Oriente. Abbiamo dal Continuatore di Caffaro [a], che *Filippo Augufto Re* di Francia arrivò nel dì primo d'Agofto in Genova. Colà parimente nel dì 13. d'effo Mefe giunfe *Riccardo Re* d'Inghilterra, il quale dopo efferfi abboccato col Re Filippo, continuò tofto il fuo viaggio. Sul fine d'effo Mefe approdarono amendue a Meffina, dove con grandi finezze e regali furono accolti da Tancredi, che nel Gennaio di queft'Anno era ftato coronato Re di Sicilia col confenfo del Romano Pontefice. Dopo la fua efaltazione avea attefo Tancredi ad afficurarfi della Puglia [b], dove non mancavano Baroni e Città o malcontenti per invidia della di lui fortuna, o aderenti alla Regina Coftanza, fra'quali fpezialmente *Ruggieri Conte* d'Andria. Diede il comando dell'armi a *Riccardo Conte* di Acerra fuo Cognato; e quefti parte colla dolcezza, parte colla forza tirò all'ubbidienza di Tancredi quafi tutta la Puglia e Terra di Lavoro. Intanto *Arrigo VI. Re* di Germania e d'Italia fi difponeva per far valere le ragioni della Regina *Coftanza* fua Moglie, ma non con quella fretta, che avrebbano defiderato i fuoi parziali. Mandò ben egli Arrigo Tefta fuo Marefciallo con un corpo d'Armata, che unitofi col Conte d'Andria prefe molti Luoghi in Puglia, lafciando dapertutto fegni di crudeltà per li continui faccheggi. Ma ingroffato l'efercito del Re Tancredi, ed entrate le malattie, e la penuria de'viveri nel nemico efercito, il Comandante Tedefco fi ritirò, lafciando in ballo il Conte d'Andria, che fi rifugiò in Afcoli. Ad affediarlo in quella Città venne il Conte d'Acerra, e un dì fotto buona fede chiamato fuor delle porte effo Conte d'Andria, proditoriamente il fece prendere, e poi tagliargli la tefta. Col tempo anche la Città di Capua dianzi favorevole alla Regina Coftanza, abbracciò il partito del Re Tancredi: con che poco o nulla reftò, che nol riconofceffe per fuo Sovrano. Ma un più pericolofo affare ebbe Tancredi in cafa propria. Appena fu giunto al porto di Meffina il Re Inglefe Riccardo, che moffe varie pretenfioni contra d'effo Tancredi; cioè che gli deffe cento navi, promeffe dal Re Guglielmo al Re Arrigo di lui Padre, per valerfene nel paffaggio di Terra fanta. Pretefe eziandio, che gli foffe rimandata la *Regina Giovanna* fua Sorella e Vedova del *Re Guglielmo II.* e infieme o reftituita la dote, o affegnato

per

Era Volg.
Ann.1190.

[a] Caffari
Annal. Genuenf. l. 3.

[b] Richardus de S.
Germano
in Ciroinico.
Anonymus
Cafinenfis.

per essa uno Stato competente. Perchè si tardava a soddisfar-
lo; Riccardo Principe ferocissimo mise mano all'armi, e colla forza s'impossessò di due Fortezze situate fuor di Messina.
Ciò veduto da' Messinesi, non tardarono a cacciar fuori di
Città quanti Inglesi vi si trovavano. E ne sarebbe seguito
peggio, se frappostosi il Re di Francia, che era approdato anch'egli a Messina, non avesse calmata l'ira di Riccardo, e trattato di aggiustamento. Ma non andò molto, che portata a lui una falsa nuova, che i Messinesi macchinavano contra di lui, alla testa de' suoi egli ostilmente prese una porta
(a) Hoved-
aus so Chr.
di quella Città (a); fece macello di quanti Cittadini gli vennero all'incontro, e piantò le sue bandiere sopra le mura. O perchè si smorzasse la sua collera, o perchè prevalesse il parere de'
suoi Consiglieri, uscì della Città. Venne poscia ad un accordo
con Trancredi, il quale si obbligò di pagare venti mila oncie
d'oro per la dote della Vedova Regina, e di provedere a Riccardo alquante navi pel viaggio di Terra santa. Restò ancora
conchiuso, che Tancredi darebbe una sua Figliuola in Moglie
ad *Arturo Duca* di Bretagna, Nipote d'esso Re Riccardo con dote di venti mila once d'oro. Nè mancarono motivi di discordia
fra gli stessi due Re di Francia e d'Inghilterra; ma il Franzese più moderato e saggio dell'altro, sopportò tutto per non di-
sturbare il piissimo suo disegno di soccorrere i Cristiani in Terra santa. Fu in questa occasione, che ad istanza del Re Riccardo fu chiamato a Messina *Gioachino* Abbate Cisterciense del
Monistero Florense, tenuto allora in gran concetto di probità,
(b) Hoveda-
nus in An-
nalib.
e di profetizzar l'avvenire (b). Interrogato egli, se si libere-
rebbe Gerusalemme, rispose, che non era peranche giunto il
tempo di questa consolazione. Hanno combattuto, e combatto-
no tuttavia gli Scrittori, chi trattando esso Abbate Gioachino da
Impostore, e fin da Eretico, e chi tenendolo per uomo d'esem-
plarissima vita, di buona credenza, e Santo. Veggasi il Padre
Pagi a quest'Anno. A me nulla appartiene l'entrare in sì fatto litigio. In quest'Anno i Genovesi elessero per loro primo Po-
(c) Caffari
Annal. Ge-
nuenf. l. 3.
Tom. VI.
Rer. Italic.
destà Manigoldo Nobile Bresciano, che diede principio con vigore al suo governo in quella troppo disunita e tumultuante Città (c). Per quanto s'ha dalla Cronica Estense (d), nell'Anno
(d) Chron.
Estense
Tom. XV.
Rer. Italic.
presente guerra fu fra i Ferraresi e Mantovani, e si venne alle mani nella Terra di Massa, distretto Ferrarese. Toccò a i
Mantovani il voltare le spalle.

Anno

Anno di CRISTO MCXCI. Indizione IX.
di CELESTINO III. Papa 1.
di ARRIGO VI. Re 6. Imperadore 1.

DIEDE fine al corso di sua vita il sommo Pontefice *Clemente III.* verso il fine di Marzo nel corrente Anno (*a*), e gli fu data sepoltura nel dì 28. di Marzo. Da lì a due giorni fu eletto Papa *Giacinto Cardinale* di Santa Maria in Cosmedin, in età di circa ottantacinque anni, che prese il nome di *Celestino III.* Doveva egli secondo il rito essere consecrato nella seguente Domenica; ma intendendo, che venisse alla volta di Roma *Arrigo VI. Re* di Germania e d'Italia con gran baldanza per ricevere la Corona dell'Imperio, volle differir la propria consecrazione, per ritardar quella di Arrigo, e guadagnar tempo, tanto che si concertassero gli affari con decoro della santa Chiesa Romana. Si dovettero concordar tutti i punti; e Arnaldo da Lubeca scrive (*b*), che i Romani segretamente s'accordarono con esso Arrigo, e poi pregarono il Papa di dargli la Corona. Però il novello Pontefice ricevette la propria consecrazione nel dì 14. d'Aprile, giorno solenne di Pasqua. Nel dì seguente poi il Re Arrigo, che scortato da un copioso esercito era giunto nelle vicinanze della Basilica Vaticana colla Moglie *Costanza*, ma senza entrare in Roma, le cui porte, se crediamo a Ruggieri Hovedeno (*c*), furono ben chiuse e guardate dal Popolo Romano, senza lasciarvi entrare i Tedeschi: venne incontro al Papa, che dal Laterano si trasferì al Vaticano. Sopra la Scalinata di San Pietro prestò il giuramento consueto, e poscia nella Basilica introdotto, fu solennemente coronato Imperadore. Racconta il suddetto Hovedeno, che Celestino *sedebat in Cathedra Pontificali tenens Coronam auream Imperialem inter pedes suos, & Imperator inclinato capite recepit Coronam, & Imperatrix similiter de pedibus Domini Papæ. Dominus autem Papa statim percussit cum pede suo Coronam Imperatoris, & dejecit eam in terram, significans, quod ipse potestatem ejiciendi eum ab Imperio habet, si ille demeruerit. Sed Cardinales statim arripientes Coronam, imposuerunt eam capiti Imperatoris.* Questo racconto vien preso dal Cardinal Baronio come moneta contante. Ma niuno de' Lettori ha obbligo di creder vero un fatto, che più conviene alla Scena, che al sacro Tempio, e troppo disdice ad un Vicario di Cristo, ed è contra il Rituale

di

(a) *Chronic. Reicher-Spergense.*
Anonymus Casinensis.
Necrolog. Casinense.

(b) *Arnold. Lubecensis l. 4. cap. 4.*

(c) *Roger. Hovedenus in Annalib.*

EraVolg di tutti i tempi, e si conosce sommamente obbrobrioso a questo
Ann.1191. Imperadore. Tale non era egli da sofferire in faccia del suo esercito e di Roma, un insulto e strapazzo sì fatto. Però quanto più
si esaminerà questo racconto, tanto più si scorgerà inverisimile.
(a) Chron.
Reicherfp. Nella Cronica Reicherspergense (a) è scritto, che Arrigo fu *ab
ipso Cælestino Papa consecratus Honorabiliter Romæ, & corona-
tus.* Fra i patti accordati fra esso Augusto Arrigo e i Romani pri-
(b) Abbas
Urspergens.
in Chronic. ma della sua Coronazione, (b) il primario fu, ch'egli cederebb-
be loro la Città di Tuscolo, entro la quale' era stato posto presidio
Imperiale. Abbiam veduto, che anche Papa *Clemente III.* aveva abbandonata quella Città al volere del Popolo Romano. E
Ruggieri Hovedeno scrive, che anche *Papa Celestino* ne fece i-
stanza ad Arrigo: altrimenti non volea coronarlo. Perciò la guarnigion Cesarea d'ordine del novello Imperadore appresso ne diede
la tenuta a i Romani, senza avvertirne i Cittadini. Pretende il
Cardinal Baronio, che i Romani infieriffero solamente contro le
mura e le case, nè maltrattaffero gli abitanti. L'Abbate Urspergense, che vivea in questi tempi, così parla del presidio Imperiale: *Hi accepta legatione Imperatoris, incautam Civitatem Romanis tradiderunt, qui multos peremerunt de Civibus, & fere omnes sive pedibus sive manibus, seu aliis membris mutilaverunt.
Pro qua re Imperatori improperatum est a multis.* Lo stesso vien
(c) Godefr.
Monachus
inChronico.
(d) Sicard.
in Chronic.
Tom. VII.
Rer. Italic. confermato da Gotifredo Monaco (c). E Sicardo Vescovo allora
di Cremona scrive (d): *Imperator Apostolico dedit Tusculanum,
& Apostolicus Romanis. Romani vero Civitatem destruxerunt &
Arcem, Tusculanos alios excæcantes, & alios deformiter mutilan-
tes.* Però nè pure il Papa dovette andar esente da biasimo per tali crudeltà, degne de' barbarici tempi, che allora correano. Non
restò pietra sopra pietra della misera Città, e questa mai più non
risorse. Dicono, che gli abitanti rimasti in vita, si fabbricarono
in que' contorni capanne con frasche, dal che prese poi il nome
la Città di Frascati d'oggidì.

(e) Richar-
dus de S.
Germano. INTANTO *Tancredi Re* di Sicilia (e) avea conchiuso un trattato di matrimonio fra *Irene* figliuola d'*Isacco Angelo* Imperador
de' Greci, e *Ruggieri* suo primogenito, già dichiarato Duca di
Puglia. E perchè questa Principessa era in viaggio alla volta d'
Italia, egli passò di qua dal Faro, per essere pronto a riceverla.
Dopo aver dunque ridotti al loro dovere alcuni Popoli dell'Abruz-
zo, che teneano col *Conte Rinaldo* suo ribello, si portò a Brindisi, dove accolse la Regal sua Nuora, le cui Nozze furono con
fin-

fingolar magnificenza celebrate. Quivi ancora diede il titolo di
Re allo ſteſſo Figliuolo , e fece coronarlo: dopo di che con gloria e trionfo ſe ne tornò in Sicilia. Strano è il vedere , che l'
Anonimo Caſinenſe (*a*) mette la ſolennità di queſte Nozze (a) *Anony-*
nell'Anno 1193. Si dee credere ſcorretto il ſuo teſto . Pareva *mus Caſin.*
con ciò ſtabilita non men la fortuna di Tancredi , che la pace *in Chronic.*
nel ſuo Regno ; ma poco andò , che alzoſſi una terribil tempeſta di guai , che recò a lui la rovina , e la deſolazione a tutto
quel fioritiſſimo Regno. Sul fine d'Aprile , o ſul principio di
Maggio , l'Imperadore Arrigo oſtilmente entrò nella Puglia (*b*) , (b) *Arnold.*
ancorchè il Pontefice Celeſtino ſe l'aveſſe forte a male , e faceſ- *Lubecenſis*
ſe quanto poteſſe per ritenerlo. Miſe l'aſſedio alla Terra d'Ar- *lib.4.cap.5.*
ce , difeſa da Matteo Burello; nè giovò che il dì ſeguente que'
Cittadini ſi rendeſſero amichevolmente . Egli ciò non oſtante
diede quella Terra alle fiamme: eſecuzione , da cui reſtarono
atterriti i Popoli vicini , che ſenza voler aſpettare la chiamata,
non che la forza , ſi diedero a lui , cioè l'Abbate di Monte Ca-
ſino , i Conti di Fondi , e di Moliſe , e le Città di S. Germano , Sora , Arpino , Capoa , Teano , Averſa , ed altre Terre .
Di là paſsò coll'eſercito a Napoli , e trovata quella nobil Città preparata alla difeſa , ne impreſe l'aſſedio. V'era dentro un
buon corpo di gente , comandato da *Riccardo Conte* d'Acerra ,
Cognato del Re Tancredi , e riſoluto di far fronte a tutti i tentativi de'nemici. Molti furono gli aſſalti , molte le pruove per
vincere la forte Città : tutto nondimeno ſenza frutto , perchè
i Difenſori , che aveano aperto il mare , e nulla loro mancava
di gente e di viveri , di tutti gli ſforzi oſtili ſi rideano. Intanto
l'importante Città di Salerno ſi rendè all'Imperadore . Erano
venuti i Piſani con uno ſtuolo di navi , per ſecondar l'impreſa d'
Arrigo ſotto Napoli , quando eccoti giugnere la Flotta del Re
di Sicilia , compoſta di ſettantadue galee , condotta dall'Ammiraglio Margaritone , uomo famoſo , che aſſediò i Piſani in Ca-
ſtellamare. Si ſtudiò ancora l'Auguſto Arrigo di aver dalla ſua
i Genoveſi in queſto biſogno : al qual fine ſpedì a Genova l'
Arciveſcovo di Ravenna , chiamato *Ottone* dal Continuatore di
Caffaro (*c*). Per teſtimonianza del Roſſi (*d*) , tenea quella (c) *Caffari*
Chieſa allora *Guglielmo* Arciveſcovo. S'egli non avea due no- *Annal. Ge-*
mi , l'uno di queſti Autori ha ſbagliato. Quel che è più , l'Ar- *nuenſ. l. 3.*
civeſcovo di Ravenna era paſſato in Oriente , e quivi ancora *Tom. VI.*
ſotto Accon laſciò la vita. Il Roſſi di ciò non parla . Ora per *Rer. Italic.*
                                                                   (d) *Rubeus*
                                                                   Hiſtor. Ra-
                                                                   venn. l. 6.

guadagnare il Popolo di Genova, Arrigo gli confermò tutti i Privilegj, affegnogli Monaco e Gavi, e fi obbligò di concedergli la Città di Siracufa con altri vantaggi, fe alle fue mani veniva la Sicilia: promeffe, ch'egli non voleva poi mantenere. Mife-ro dunque alla vela con trentatrè Galee ben armate i Genovefi fotto il comando di due de' loro Confoli, e tirarono verfo Na-poli; ma vi trovarono mutato l'afpetto delle cofe. La ftagione bollente e l'aria poco falubre di que' tempi cominciò a far guer-ra all'Armata Tedefca, di maniera che una fiera epidemia ne-

(a) *Arnold.*
Lubec.
l. 4. c. 6.
cacciò fotterra alquante migliaia, fenza perdonare a gli fteffi Principi, (*a*) fra' quali mancò di vita *Filippo Arcivefcovo* di Colonia, e *Ottone Duca* di Boemia. Cadde gravemente infer-mo lo fteffo Atrigo Imperadore, fino ad effere corfa voce, che avea ceffato di vivere. Fecero quefte difavventure rifolvere Ar-rigo tuttavia malato di ritirarfi dall'affedio di Napoli nel Mefe di Settembre. Lafciato pertanto alla guardia di Capoa Corrado per foprañome chiamato Mofcaincervello, e l'Imperadrice *Co-ftanza* a Salerno, conducendo feco *Roffredo Abbate* di Monte Cafino, fen venne a Genova, dove con ricche promeffe di pa-role impegnò quel Popolo a foftenere i fuoi difegni fopra la Sicilia; e di là pofcia pafsò in Germania. Ebbero i Pifani la fortuna di fottrarfi colla fuga all'Ammiraglio di Sicilia, il qua-le data anche la caccia a i Genovefi, gli obbligò a tornarfene al loro paefe. Appena fu slontanato dalla Campania l'Augufto Arrigo, che ufcito di Napoli il Conte di Acerra con quante fol-datefche potè unire, venne a dirittura a Capoa, che fe gli die-
(b) *Richar-*
dus de S.
Germano.
de. (*b*) Ritiratofi nel Caftello il Mofcaincervello, per mancan-za di viveri capitolò in breve, e fe n'andò con Dio. Torna-rono all'ubbidienza del Re Tancredi Averfa, Teano, S. Ger-mano, ed altre Terre.

ALLORA i Salernitani, che erano ftati de' più fpafimati a darfi all'Imperadore, e preffo i quali fi credea ficuriffima l'Im-peradrice Coftanza, veggendo la mutazion de gli affari, per riacquiftare la grazia del Re Tancredi, conduffero a Palermo, e gli diedero nelle mani l'Imperadrice fteffa. L'Anonimo Ca-finenfe fcrive, che Arrigo prima d'ufcire di Terra di Lavoro, mandò a prendere Coftanza; ma reftò quefta tradita da i Saler-nitani. Con gran piacere accolfe Tancredi una sì rilevante pre-da, e non lafciò di trattarla con tutta onorevolezza. L'Augu-fto Arrigo all'incontro, rifaputa la difgrazia della Moglie, con

Let-

Lettere calde tempeſtò *Papa Coleſtino* per riaverla col mezzo ſuo.
In fatti induſſe queſto Pontefice il Re Tancredi a rimetterla in
libertà, e a rimandarla in Germanía nell'Anno feguente. Non
ſi ſa, ch'egli la cedeſſe con patto alcuno di ſuo vantaggio. Solamente ſappiamo, che dopo averla generoſamente regalata,
la rimandò. Vero è, che il concerto era, ch'eſſa Auguſta paſ-
ſaſſe per Roma, dove il Pontefice penſava di trattar di concordia; ma eſſa gli ſcappò dalle mani, e in vece d'arrivare a
Roma, voltò ſtrada, e ſe ne andò a Spoleti. Se i Principi d'
oggidì, trovandoſi in una ſituazion tale, foſſero per privarſi
con tanta facilità, e ſenza alcuna propria utilità di una Princi-
peſſa, che ſeco portava il diritto ſopra la Sicilia, laſcerò io,
che i ſaggi Lettori lo decidano. Ben fu ingrato dipoi Arrigo,
che niuna riconoſcenza ebbe di sì gran dono. Per conto di Ter-
ra ſanta (*a*), giunto ſotto Accon, o fia Acri, *Filippo Re* di (a) *Sicard.*
in Chronic.
Arnoldus
Lubecenſis.
Abbas Ur-
ſpergenſis.
Godefr.
Monachus.
Bernard.
Theſaurar.
& alii.
Francia, trovò, che la fame e la peſte aveano fatto gran ma-
cello della gente Criſtiana, che aſſediava quella Città, con eſſere anch'eſſa riſtretta dal campo di Saladino. L'arrivo ſuo rimiſe in buono ſtato quegli affari, di maniera che da lì innanzi ſi cominciò daddovero a tormentar colle macchine l'aſſedia-
ta Città. Intanto *Riccardo Re* d'Inghilterra giunto in Cipri,
ebbe o cercò delle ragioni per muover guerra ad *Iſacco*, o ſia
Chirſacco, Signore o Tiranno Greco di quell'ameniſſima Iſola,
il quale ſi facea chiamare Imperador de'Greci. Il miſe in fuga, e aſſediatolo poſcia in un Caſtello, l'ebbe in ſua mano con
un immenſo teſoro. Venne in potere di lui ogni Città e Terra di quell'Iſola, ch'egli ſpogliò di tutte le ſue ricchezze, e
poſcia per venticinque mila marche d'argento la vendè a i Cavalieri Templarj, e toltala in fine a i medeſimi, la rivendè
per ventiſei mila Biſanti a *Guido Luſignano*, già Re di Geruſalemme, i cui diſcendenti gran tempo dipoi ne furono poſſeſſo-
ri. Arrivò ſotto Accon queſto feroce Re, ma entrò ben toſto
anche l'invidia e la diſcordia fra lui e il Re di Francia. Ba-
ſtava, che l'uno voleſſe una coſa, perchè l'altro la diſapprovaſ-
ſe. Contuttociò le larghe breccie fatte nelle mura di quella
Città, che finquì era coſtata la vita d'innumerabili Criſtiani,
e di moltiſſimi Principi, obbligarono i Saraceni a renderla con
ſommo giubilo della Criſtianità nel dì 12. o pure nel 13. di Luglio dell'Anno preſente. L'immenſa preda fu diviſa fra gl'Ingleſi e Franzeſi con grave doglianza dell'altre Nazioni, che più

d'eſſi

Era Volg.
Ann.1191. d'essi aveano faticato e patito in quell'assedio, e nulla guada-gnarono.

ALLORA Saladino si ritirò in fretta; e perchè non volle appro-var le proposizioni di rendere Gerusalemme, il Re Riccardo con inudita barbarie fece levar di vita cinque mila prigioni Sarace-ni. Le torbide passioni, che mantenevano la discordia fra i due Re, crebbero maggiormente da lì innanzi, e furono cagione, che non si prendesse la santa Città: il che era facile allora. Il Re Filippo, Principe saggio, tra perchè non gli piacea di star più lungamente in quella dimestica guerra, e perchè si trova-va oppresso da una grave malattia, se ne tornò in Italia, e do-po aver presa in Roma la benedizione da Papa Celestino, ri-patriò. Il Re Riccardo restò in Soria. Nè si dee tacere, che es-sendo morta nell'assedio di Accon *Sibilia* Regina di Gerusalem-me, Moglie di *Guido* Lusignano, succedendo in quel diritto *Isabella* sua Sorella, Figliuola del già Re *Aimerico*, fu dichia-rato nullo il matrimonio d'essa con *Unfredo* Signore di Monrea-le, e questa data a *Corrado Marchese* di Monferrato, il più pro-de ed accreditato fra que' Principi Cristiani, il quale perciò po-tè aspirare al titolo di Re. Erasi accesa o riaccesa guerra in quest'Anno tra i Bresciani e Bergamaschi. In aiuto de gli ul-timi accorsero i Cremonesi (*a*), ma soprafatti da i Bresciani, o come altri scrivono, atterriti dalla voce sparsa, che veniva-no anche i Milanesi (*b*), ne riportarono una fiera sconfitta, di cui durò un pezzo la memoria col nome di *mala morte*; per-ciocchè incalzati, moltissimi di loro s'annegarono nel fiume Oglio, altri furono presi, ed altri tagliati a pezzi, colla perdita del loro Carroccio, che trionfalmente fu condotto a Brescia. Jaco-po Malvezzi (*c*) scrive a lungo questa vittoria. Ritornando poi l' *Imperadore Arrigo* di Puglia, fece rilasciar loro i prigioni, e con suo Privilegio concedè la Terra di Crema al Popolo di Cremona: il che essendo contrario a quanto avea stabilito l'Imperador Fe-derigo suo Padre in favore de' Milanesi, alienò forte l'animo di questi dall'amore d'esso Augusto, e fu seme di nuove guer-re fra le emule Città suddette. Secondo le Croniche d'Asti (*d*), in quest'Anno nel dì 19. di Giugno gli Astigiani vicino a Mon-tiglio ebbero battaglia con *Bonifazio Marchese* di Monferrato, e ne riportarono una rotta sì fiera, che circa due mila d'essi fu-rono condotti prigionieri nelle carceri del Monferrato, dove penarono per più di tre anni, finchè si riscattarono. Durò que-sta

(a) *Sicard.
in Chronic.
Tom. VII.
Rer. Italic.*
(b) *Gualva-
neus Flam-
ma in Ma-
nip. Flor.*

(c) *Jacopus
Malvecius
in Chronic.
Brixiano,
Tom. XIV.
Rer. Italic.
Annales
Placentini,
Tom. XVI.
Rer. Italic.*
(d) *Chronic.
Astense,
Tom. XI.
Rer. Italic.*

sta guerra dipoi per quindici anni, con farsi ora pace, ed ora tregua, male offervate sempre da esso Marchese, e dal *Marchese Guglielmo* suo Figliuolo. Finalmente nell'Anno 1206. seguì fra esso Guglielmo e gli Astigiani una vera pace, in cui gli ultimi guadagnarono Loreto e la Contea delle Castagnole.

Anno di CRISTO MCXCII. Indizione x.
di CELESTINO III. Papa 2.
di ARRIGO VI. Re 7. Imperadore 2.

AVEA l'*Imperadore Arrigo* lasciato per Castellano della Rocca d'Arce Diopoldo suo Ufiziale. (a) Costui nel Mese di Gennaio messa insieme un'Armata di Tedeschi, e delle Terre della Campania e di Roma, assediata la Città di San Germano, la costrinse alla resa, e diede il sacco non meno ad essa, che ad altre Terre da lui conquistate, facendo dapertutto quanto male gli suggeriva la sua crudeltà ed avarizia. Da ciò mosso il Re Tancredi, giudicò meglio di venir egli in persona ad assistere a' suoi interessi di qua dal Faro. Giunse fino a Pescara, e riuscitogli di riporre sotto la sua ubbidienza buona parte del paese, e di mettere a dovere *Riccardo Conte* di Celano, se ne tornò poscia in Sicilia. Fu assediato dalle sue truppe San Germano, ma inutilmente, perchè difeso da Arnolfo Monaco, Decano di Monte Casino. Rimandò poscia l'Imperadore in Italia con un corpo d'armati *Roffredo Abbate* di quell'insigne Monistero, il quale tutto s'era dato a lui, con ordine a *Bertoldo Conte* di marciare con quanta gente potea in compagnia d'esso Abbate verso Terra di Lavoro. Riccardo da San Germano (b) ciò riferisce all'Anno seguente. Fermossi Bertoldo in Toscana, e diede la gente all'Abate, che fece molta guerra in quelle parti, e con Diopoldo s'impadronì d'Aquino, e stese le sue scorrerie fino a Sessa. Lo stesso Bertoldo nel Mese di Novembre anch'egli comparve, ed acquistò Amiterno e Valva, ed occupò i Contadi di Molife e di Venafro. Perchè il Re Tancredi, e il Conte d'Acerra suo Cognato non si opponessero a gli avanzamenti di questi Ufiziali Cesarei, la Storia nol dice. Abbiamo dal Malvezzi, (c) che in quest'Anno l'Imperadore Arrigo, dimorando in Germania, confermò ed aumentò i privilegj al Comune di Brescia. Leggesi presso quello Storico il Cesareo Diploma, in cui si veggono obbligati i Bresciani ad
aiu-

(a) *Anonymus Cafin. Chronic. Tom. V. Rer. Italic. Johannes de Ceccano Chr. Fossanova.*

(b) *Richardus de S. Germano in Chron.*

(c) *Malvec. in Chronic. Brixian.*

Era Volg.
Ann.1192.
aiutar l'Imperadore a mantener l'Imperio *in Lombardia, Marchia, Romandiola, & specialiter terram quondam Comitissæ Mathildis.* Di grandi prodezze fece in quest'Anno *Riccardo Re* d'Inghilterra, tuttavia dimorante in Oriente, benchè con poco frutto di quella Criftianità. Fra l'altre imprese non essendo giunto a tempo per soccorrere la Città di Jafet, vinta per affedio da Saladino, ebbe l'ardire d'entrarvi dentro con pochi de'fuoi, dove fece ftrage di quegl'Infedeli, finchè feguitato da tutti i fuoi, interamente la ricuperò. Rifabbricò varie Città, diede anche una rotta all'immenfo efercito di Saladino. Era così temuto nelle contrade de i Saraceni il nome di quefto Re per le fue bravure, (a) che le donne Saracene per far paura a i piccioli figliuoli, loro diceano: *Viene il Re Riccardo.* Un grand'Eroe farebbe egli ftato, fe a tanta bravura aveffe aggiunto la moderazion dell'animo, che in lui difficilmente fi trovava. Ma gli fconcerti del fuo Regno il richiamavano a cafa. Propofe dunque, che fi creaffe un Generale dell'Armata Criftiana, che portaffe anche il titolo di Re. (b) Concorrevano alcuni in *Guido* già Re di Gerufalemme, altri in *Arrigo Conte* di Sciampagna; ma i più fi dichiararono In favore di *Corrado Marchefe* di Monferrato, e Signore di Tiro, di cui ci fanno quefta dipintura Corrado Abbate Urfpergenfe, e Bernardo il Teforiere. *Fuit autem idem Marchio Conradus armis ftrenuus; ingenio & fcientia fagacissimus; animo & facto amabilis; cunctis mundanis virtutibus præditus; in omni confilio fupremus; fpes blanda fuorum; hoftium fulmen ignitum; fimulator & diffimulator in omni re; omnibus Linguis inftructus; refpectu cujus facundissimi reputabantur elingues.* Era folamente tacciato, per aver tolta in Moglie la Principeffa *Ifabella*, vivente ancora Unfredo fuo Marito, ftante il non crederfi legittima la diffoluzion del loro Matrimonio. Ma che? Trovavafi in Tiro quefto sì illuftre Principe nel dì 24. d'Aprile, quando gli furono prefentate le Lettere coll'avvifo della fua affunzione; e in quello fteffo giorno, fecondochè abbiam da Sicardo, tolta gli fu da due Sicarj con varie coltellate la vita. Si divulgò l'atroce cafo. Chi l'imputava al fuddetto Unfredo; altri ne faceano autore il Re Riccardo, che veramente l'ebbe fempre in odio, perchè dichiarato parziale di Filippo Re di Francia (c); e quefta voce corfe per tutto l'Occidente. Altri Scrittori pòi convengono in credere, che il Vecchio della Montagna, Signore di un tratto di paefe, chiamato de gli Affaffini, i cui fudditi mirabilmente efeguivano tutti i di lui ordini

dini

(a)Bernard.
Thefaurar.
Hiftor. cap.
177.

(b) Sicard.
in Chronic.

(c)Alberic.
Monachus
in Chron.
Godefrid.
Monachus
in Chronic.

dini fenza far conto della lor vita [onde pofcia venne il nome
d'*Affaffino* in Italia per denotare un Sicario] l'aveffe fatto proditoriamente levare dal Mondo in vendetta d'aver Corrado tolta ad alcuni Mercatanti d'effo Vecchio una gran fomma di danaro fenza volerla reftituire. Appena udita la morte del valorofo Marchefe, il Re Riccardo entrato in nave corfe a Tiro, e
tre giorni dopo quella brutta fcena obbligò la Regina *Ifabella*
benchè foffe gravida, e benchè contra fua voglia, a fpofare
il fuddetto Conte di Sciampagna *Arrigo*, Nipote del medefimo
Riccardo, a cui conferì anche il titolo di Re: cofe tutte, che
fervirono a maggiormente accrefcere i fofpetti della morte di
Corrado contra dello fteffo Re Riccardo. Stabilita poi con Saladino una tregua di cinque anni, s'imbarcò Riccardo, e dato
l'ultimo addio alla Paleftina e a Soria, fciolfe le vele verfo l'
Occidente. (*a*) Battuto da una fiera tempefta, fu fpinto per (a) *Pipinus*
Chronic.
l. 1. c. 26.
Tom. IX.
Rer. Italic.
l'Adriatico verfo Aquileia, dove sbarcato con pochi, prefe quel-
la via, che potè. Ebbe difficultà di fcampare da gli uomini
del Conte di Gorizia, che gli prefero alcuni de' fuoi. Paffando
poi le terre di *Leopoldo Duca* d'Auftria, benchè traveftito, venne per fua mala fortuna, o pure per tradimento d'alcune de'
fuoi famigli, riconofciuto all'ofteria da chi l'avea veduto in
Oriente, e ne fu portato l'avvifo al Duca, il quale fpedì tofto nel dì 20. di Dicembre gente armata a prenderlo, e il confinò in una ficura prigione. Non era già Leopoldo della gloriofa Famiglia Auftriaca, la quale dopo la morte dell'ottimo
Carlo VI. Imperador de'Romani torna a rifiorire in Maria Terefa Regina d'Ungheria e Boemia, fua Figlia. Era egli poc'anzi tornato da Accon, dopo avere bravamente militato in quelle parti, ed avea al pari di tant'altri in quella occafione ricevuti non pochi ftrapazzi dal violento Re Inglefe, Principe che
in alterigia e in ifprezzar tutti fopravanzava chiunque fi foffe. Venne il tempo di farne vendetta, benchè ciò foffe contro
i privilegj della Crociata; e parve, che Dio permetteffe quefto accidente per umiliarlo, ed anche per punirlo, fe pur egli
fu reo della morte del Marchefe Corrado. Gran rumore cagionò ancor quefto fatto per tutta la Criftianità; e chi l'approvò,
e chi fommamente lo disapprovò, perch'egli in fine era bene-
merito della Crociata, e vi aveva impiegato gente e tefori
non pochi. Diede fine nell'Anno precedente a i penfieri Se- (b)*Dandul.*
in Chronico
Tom. XII.
Rer. Italic.
colarefchi *Aureo*, o fia *Orio Maftropetro* Doge di Venezia (*b*),
con

Era Volg.
Ann.1192. con ritirarſi nel Moniſtero di ſanta Croce a far vita Monaſti-
ca ; in queſt' Anno nel dì primo di Gennaio in luogo ſuo fu
eletto Doge *Arrigo Dandolo* , perſonaggio de' più illuſtri e bene-
fici, che s'abbia mai avuto quell' inclita Reppubblica.

Anno di CRISTO MCXCIII. Indizione XI.
di CELESTINO III. Papa 3.
di ARRIGO VI. Re 8. Imperadore 3.

(a) Richar-
dus de S.
Germano in
Chron.
Anonymus
Cafinenfis
in Chronic. CONTINUO' in queſt' Anno ancora la confuſione in Puglia
e in Terra di Lavoro. (*a*) Bertoldo Generale dell' Imperadore con gli altri Ufiziali Ceſarei, coll' Abbate di Monte Caſi-
no, che dimentico de i Canoni era divenuto guerriero, e co i
Conti di Fondi e di Caſerta, preſe varie Caſtella. Ingroſsò l'Armata ſua con tutti coloro, che teneano la parte dell' Imperadore, di modo che quantunque veniſſe di qua del Faro il *Re Tancredi* con un groſſo eſercito, non laſciò di tener la campagna,
anzi di andare a fronte dell' Armata nemica a Monte Fuſcolo.
Erano inferiori molto di forze i Ceſarei; e pure ſi aſtenne Tancredi dal venire a battaglia, perchè i ſuoi gli rappreſentarono
andarvi del ſuo onore, s'egli eſſendo Re ſi cimentava con chi
non era par ſuo. Aſſediò Bertoldo il Caſtello di Monte Rodo-
ne. Una groſſa pietra ſcagliata da un mangano lo ſtritolò. Nel
Generalato ſuccedette a lui Corrado Moſcaincervello, che impa-
dronitoſi di quel Caſtello, non laſciò vivo alcuno de gli abitanti. All'incontro il Re Tancredi riacquiſtò la Rocca di Sant'A-
gata, Averſa, Caſerta, ed altre Terre ; e ſentendoſi poi aggravato da febbri, ſi riduſſe verſo il fine dell' Anno in Sicilia,
dove reſtò trafitto da ineſplicabil dolore per la morte, che gli
rubò ſul fior de gli anni il primogenito ſuo, cioè il Re *Ruggieri*. Queſto colpo quel fu, che ſul principio dell' Anno ſeguente fece tracollar la ſanità dell'infelice *Tancredi*, il qual tenne
dietro al Figliuolo, e riempiè di pianto la Sicilia tutta, ben prevedendo ognuno le finiſtre conſeguenze di perdite cotanto inaf-
pettate. Laſciò egli ſotto la tutela della Regina *Sibilla* ſua Moglie il ſecondogenito ſuo, cioè *Guglielmo III.* erede più toſto di
lagrimevoli diſavventure, che della Corona Reale, e di un bel-
liſſimo Regno. Miracolo è, che ſecondo l'uſo de i fallaci umani giudizj niuno ſuſurrò, che queſti Principi foſſero ſtati aiutati a
ſloggia-

sloggiare dal Mondo. Siccome offerva il Cardinal Baronio (*a*), in- Era Volg.
Ann.1193.
citato *Papa Celeftino III*. in queft' Anno da replicate forti Let- (a) *Baron.*
in Annal.
Ecclef.
tere della Regina d' Inghilterra *Eleonora*, Madre del *Re Ric-*
cardo, che era prigione in Germania, finalmente s'induffe a mi-
nacciar le Cenfure contra di *Leopoldo Duca* d'Auftria, e contra
dello fteffo *Imperadore Arrigo*, fe non mettevano in libertà il Re
fatto prigioniere, con trasgredire i Capitoli e giuramenti della
Crociata. Ho detto anche Arrigo Augufto, perchè anch' egli volle effere a parte di quella preda, con aver fiffata la maffima
di ricavarne un groffiffimo rifcatto. Adduceva egli quella gran
ragione, che un Re non dovea ftar nelle carceri di un Duca, e
però o colle minaccie, o colle promeffe di parte del guadagno,
fatte al Duca medefimo, gliel traffe di mano, con divenir egli
principale in quefto affare, e con accufare dipoi Riccardo di varj infuffiftenti reati, fra'quali entrò il pretefo affaffinamento del
Marcheffe Corrado. Fu dunque propofto a Riccardo, fe bramava la libertà, un enorme pagamento di danaro. A quefte disavventure del Re Inglefe una più dolorofa s'aggiunfe, perchè
Filippo Re di Francia, fentiti in tale occafione più vigorofi i
configli dell' intereffe, che dell' onore, ufcì armato in campagna, e cominciò ad occupar gli Stati, che Riccardo poffedeva
di qua dal mare.

ABBIAMO dalla Cronichetta Cremonefe (*b*), che fu guer- (b)*Chronic.*
Cremonenfe
Tom. VII.
Rer. Italic.
ra in queft' Anno fra i Milanefi e Lodigiani. Aveano quefti
tirata una foffa dalla lor Città fino al Lambro. Dovette ciò difpiacere a'Milanefi, i quali perciò venuti coll' efercito ful Lodigiano, la fpianarono, bruciarono un tratto di paefe, e con-
duffero prigioni molti Lodigiani. Galvano Fiamma (*c*) di ciò (c)*Galvan.*
Fiamma
in Manip.
parla all' Anno precedente, ma il Malvezzi (*d*) ne fcrive fot- *Flor. c.225.*
(d)*Malve-*
cius Chron.
to il prefente. Secondo quefti Autori, i Cremonefi collegati co *Brixian.*
i Lodigiani, ed accampati nel territorio d'effi, fi diedero a far *c.71.T.XIV*
Rer. Italic.
delle fcorrerie nel diftretto di Milano. Ufcirono in campagna
anche i Milanefi, e diedero loro battaglia. Nel conflitto fi fparfe voce, che venivano i Brefciani: laonde i Cremonefi penfarono più a fuggire che a combattere. Reftò in mano de' Milanefi il loro Cartoccio. Ma fon da ricevere con gran riguardo
tali notizie, perchè Galvano Fiamma troppe altre cofe narra o (e)*Matth.*
de Griffoni-
bus Annal.
favolofe, o accrefciute oltre al dovere. Era ftato Podeftà di Bo- *Bononienf.*
logna nell' Anno precedente *Gherardo* de gli Scannabecchi Vefco- *T. XVIII.*
Rer. Italic.
vo di quella Città, (*e*), e con lode aveva efercitato quel Prin-

Tomo VII.   L   cipef-

cipefco ufizio. Continuò anche nel prefente ; ma più non piacendo il governo fuo, furono ivi di nuovo creati i Confoli ; e perchè il Vefcovo non volea dimettere il comando, fi fece una folle-
vazion contra di lui, per la quale fu affediato il Palazzo Epifcopale colla morte di molti. Il Vefcovo fuggito per una cloaca traveftito ebbe la fortuna di metterfi in falvo. Genova anch'efsa
provò i mali effetti della difcordia Civile. (*a*) Tutto dì vi fi
commettevano omicidj e ruberie, e l'una Famiglia dalla fua Torre facea guerra all'altra. Durò quefto infelice ftato di cofe fino
all'Anno feguente, in cui fatto venir da Pavia Oberto da Olevano per loro Podeftà, quefti ficcome perfona di gran cuore e prudenza, diede buon fefto a tanti difordini. Era incorfo nella disgrazia dell'Imperadore Arrigo, e pofto anche al bando dell'Imperio il Popolo di Reggio di Lombardia, perchè avea coftretto
molti Caftellani dipendenti dall'Imperio a giurar fedeltà e ubbidienza al loro Comune : cofa praticata in quefti tempi anche da
altre Città. Li rimife Arrigo in fua grazia nell'Anno prefente
con Diploma (*b*) dato *Wirceburc XIV. Kalendas Novembris Indictione XI.* Indizione, che non fi dovea mutare nel Settembre ;
ma con aver prima i Reggiani affoluto da' giuramenti que' Vaffalli Imperiali, e reftituiti i Luoghi occupati. Paffavano delle differenze fra i Bolognefi e Ferrarefi. Furono in queft'Anno compofte nel dì 10. di Marzo nella Villa di Dugliolo, come cofta dallo
Strumento da me pubblicato altrove (*c*).

Anno di CRISTO MCXCIV. Indizione XII.
di CELESTINO III. Papa 4.
di ARRIGO VI. Re 9. Imperadore 4.

DOPO sì lunga prigionia finalmente ful principio di Febbraio
di queft'Anno fu rimeffo in libertà *Riccardo Re* d'Inghilterra (*d*). Gli convenne pagare cento mila Marche o fia Libre
d'argento, e promettere altra fomma all'*Imperadore Arrigo*, che
la terza parte ne diede a *Leopoldo Duca* d'Auftria. In Inghilterra per mettere infieme quefto teforo, che fembra quafi incredibile, furono venduti fino i calici facri : laonde per tale avania Arrigo fi tirò addoffo il biafimo e l'indignazione univerfale. Intanto giunfe la nuova d'effere mancato di vita il *Re Tancredi* col Figliuolo maggiore, e rimafto il Regno di Sicilia in mano d'un Re

Fan-

Fanciullo, e fotto il governo di una Donna , cioè della Regina
Sibilia, o *Sibilla* fua Madre. Che tempo propizio foſſe queſto
per conquiſtar quegli Stati, più degli altri l'intefe Arrigo Auguſto ; e trovandofi egli anche ben provveduto d'oro, gran requifi-
to per chi vuol far guerra, s'affrettò a mettere infieme un poſſente efercito per la fpedizion di Sicilia. Nel Meſe di Giugno calò
in Italia, e premendogli di aver fufficienti forze per maro alla
meditata impreſa, perfonalmente fi trasferì a Genova, dove con
larga mano regalò quel Popolo di promeſſe in loro vantaggio . *Si
per vos*, diſſe egli (*a*), *poſt Deum, Regnum Siciliæ acquifiero*, (a) Caffari
meus erit honor, proficuum erit veſtrum . Ego enim in eo cum Annal. Ge-
Teutonicis meis manere non debeo ; fed vos & poſteri veſtri in eo nuenſ.lib.3
manebitis . Erit utique illud Regnum non meum, fed veſtrum . Rer. Italic.
Con de gli ampli Privilegj ancora, ben figillati, confermò loro
queſti monti d'oro. Noh è dunque da ſtupire, fe i Genoveſi fecero un grande sforzo di gente e di navi, per fecondare i diſegni
dell' Imperadore. Portoſſi Arrigo anche a Piſa verfo la metà di
Luglio, ed impetrò da quel Popolo un altro ſtuolo di navi . Ho (b) Antiqu.
io dato alla luce un fuo Diploma (*b*), emanato nell'Anno pre- Italic. Diſ-
cedente, in cui oltre al confermare tutte le lor giurisdizioni e ſertat. 50.
varj Privilegj, concede anche loro in Feudo la metà di Palermo,
di Meſſina, di Salerno e Napoli, e tutta Gaeta, Mazara, e Trapani : tutte belle promeſſe per deludere que' Popoli poco accorti,
ed averne buon fervigio. In Piſa fi trovarono i Deputati di Napoli, che gli promiſero di renderſi al primo arrivo dell'Imperiale Armata . Con queſta dunque s'inviò egli per la Toſcana alla
volta della Puglia e di Terra di Lavoro. (*c*) Piuttoſto verfo il (c) Richar-
principio, che ful fine d'Agoſto arrivato colà, le più delle Città dus de S.
corſero ad arrenderfi . Atino e Rocca di Guglielmo tennero forte. Germano.
Capoa ed Averſa nè fi renderono, nè furono aſſediate. Se fi vuol Anonymus
credere ad Ottone da San Biagio (*d*), che con errore ciò riferi- Cafinenſis.
fce all'Anno 1193. Arrigo fatto dare il facco a tutte le Città del- Johannes
la Campania e della Puglia, le diſtruſſe, e maffimamente Saler- de Ceccano.
no, Barletta, e Bari, con afportarne un'immenfo bottino . Ma (d) Otto de
della fovverſione di tante Città non parlando nè l'Anonimo Caſi- S. Blaſio.
nenſe, nè Riccardo da San Germano, benchè fi poteſſe fofpettare, che taceſſero per paura di chi allora comandava in Sicilia,
pure non è credibile tutto quanto narra quello Scrittore, fpezialmente ſtendendo egli queſte crudeltà a tutte le Città di quelle
contrade. Fuor di dubbio è, che Arrigo fece affediar Gaeta, e

L 2 che

ERA Volg.
ANN.1194 che colà nello stesso tempo arrivò la Flotta de' Genovesi . Non
volle quella Città far lunga resistenza all'armi Cesaree, e si rendè a Marquardo Siniscalco dell' Imperadore , a *Guglielmo Marchese* di Monferrato, e ad Oberto da Olevano Podestà e Generale de'Genovesi . Passò dipoi l'esercito e la flotta nella vigilia di
S. Bartolomeo a Napoli , Città , che si rendè tosto all' Impera
dore, e gli giurò fedeltà, siccome ancora Ischia , ed altre Iso-
le e Terre. La rabbia maggiore dell' Augusto Arrigo intanto era
contra de' Salernitani , per aver essi tradita l' Imperadrice Go-
stanza sua Moglie . E però inviò il suddetto Guglielmo Marche-

(a) Radul-
phus de Di-
ceto.inImag.
Histor. se ad assediar quella ricca e nobil Città. (*a*) Tuttochè que'Cittadini facessero una valorosa difesa , pure non poterono lungamente resistere a gli assalti del Marchese, il qual poscia per ordine d'Arrigo infierì contra d'essi, con levar la vita a moltissimi, permettere il disonor delle donne, imprigionare e tormentar altri, e bandire i restanti. Tutto fu messo a sacco, e poscia senza perdonare alle Chiese, restò interamente smantella-
ta la Città, che da lì innanzi non potè più risorgere all'antico suo splendore . Per la Calabria s' inoltrò l'esercito Cesareo,
e passato il Faro giunse a Messina, che tosto se gli diede . Che
ciò accadesse sul fine d'Agosto , si può argomentar da gli Annali di Genova, che dicono arrivata a Messina la lor Flotta nel
dì primo di Settembre: tempo in cui quella Città era già pervenuta alle mani dell'Imperadore.

QUESTI vittoriosi progressi furono allora turbati da un accidente occorso fra i Genovesi e Pisani. L'odio fra queste due emule Nazioni, originato dalla gara dell'Ambizione, e più da quella dell'interesse, era passato in eredità; e si potea ben con tregue e paci frenare, ma per poco tornava a divampare in maggiori incendj. Appena si trovarono le lor Flotte a Messina, che
vennero alle mani, e nel lungo conflitto molti de'Pisani vi restarono o morti o feriti. Per questo gli altri Pisani , che erano nella Città, corsero al Fondaco de' Genovesi, e gli diedero il sacco, con asportarne molto danaro. Altrettanto fecero alle case ,
dove si trovarono de'Genovesi, molti ancora de'quali furono fatti prigioni. Ciò inteso da'Genovesi, che stavano nelle navi, infuriati corsero a farne vendetta sopra le Galee Pisane, e tredici ne presero con tagliare a pezzi molti de'Pisani. S'interpose
Marquardo Imperial Siniscalco, e riportò dalle parti giuramento di restituire il maltolto, e di non più offendersi. Eseguirono.

la

la promessa i Genovesi. Poco o nulla ne fecero i Pisani, che godeano miglior aura alla Corte; anzi fecero nuovi insulti per le strade a i Genovesi, e presero una lor ricca nave, che veniva di Ceuta. Per tali affronti e danni morì di passione il Podestà e Generale de' Genovesi Oberto da Olevano. Allorchè si seppe in Palermo la resa di Messina, la Regina *Sibilla* si fortificò nel Palazzo Reale, e il fanciullo Re *Guglielmo* si ritirò nel forte Castello di Calatabillotta. Allora i Palermitani spedirono all' Imperadore Arrigo, invitandolo alla lor Città. Così l' Anonimo Casinense. Ma secondo gli Annali Genovesi pare, che i Palermitani resistessero un tempo, e si facessero pregare per ammetterlo. Intanto i Genovesi accorsero in aiuto di Catania, che s' era data all' Imperadore, e trovavasi allora assediata da i Saraceni abitanti in Sicilia, siccome fautori della fazion di Tancredi, e la liberarono. Presero poi per forza la Città di Siracusa. Tengo io per fermo, che l' Anonimo Casinense, e Riccardo da S. Germano, per politica parlarono pochissimo di questi affari, che pur furono sì strepitosi, mettendo un velo sopra molte iniquità e crudeltà d' Arrigo. Non mancò egli di addormentare con graziosissime promesse i Palermitani (*a*). Il magnifico di lui ingresso in quella Città ci vien descritto da Ottone da S. Biagio (*b*). Ma perchè conobbe dura impresa l' impadronirsi del Regal Palazzo, e del Castello di Calatabillotta, mandò alcuni suoi Ministri a trattare colla Regina Sibilla, con cui secondo il suo costume fu liberalissimo di promesse. Cioè impegnò la sua parola di concedere a Guglielmo di lei Figliuolo la Contea di Lecce, e di aggiugnervi il Principato di Taranto; condizioni, che furono da lei abbracciate, perchè già vedea disperato il caso di potersi sostenere. Diede dunque se stessa, e il Figliuolo in mano di Arrigo, il quale non sì tosto fu padrone del Palazzo Regale, che lo spogliò di tutte le cose preziose, e lasciò il sacco del resto a i soldati. Secondo gli Scrittori moderni Siciliani, Arrigo si fece coronare Re di Sicilia nella Cattedral di Palermo. Non truovo io di ciò vestigio alcuno presso l' Anonimo Casinense, nè presso Riccardo da S. Germano. Ne parla bensì Radolfo da Diceto, che il dice coronato nel dì 23. di Ottobre. Rocco Pirro rapporta un suo Diploma (*c*), dato *Panormi III. Idus Januarii, Indictione XIII. Anno MCXCV.* dove parlando della Chiesa di Palermo, dice: *in qua ipsius Regni Coronam primo portavimus.* Ma falla esso Pirro in iscrivere, che tal Coronazione seguì nel

dì

(a) *Johann. deCoccano.*
Richardus de S. Germano.
(b) *Otto de S. Blas. in Chronico.*

(c) *Pyrrhus Chronolog. Reg. Sicil. & in Notit. Ecclesiast. Panormi.*

Era Volg.
Ann.1194
dì 30. di Novembre dell'Anno 1195. Se il Diploma da lui poco fa accennato, e dato nel dì 11. di Gennaio dell' Anno 1195. la suppone già fatta, come differirla al Novembre dell' Anno medesimo? Oltre di che nel Novembre del 1195. Arrigo non era più in Sicilia. Sicchè egli dovette essere coronato in Palermo o nell'Ottobre o nel Novembre del presente Anno 1194. Nè pure sussiste il dirsi da Rocco Pirro, che l' Imperadrice Costanza ricevette anch' essa la Corona in tale occasione. Abbiamo da Riccardo da S. Germano, che in quest' Anno *Imperatrix Exit Civitate Marchie filium peperit nomine Fredericum mense Decembri in festo Sancti Stefani.* Non era ella dunque giunta peranche in Sicilia, e da Jesi non si potè partir così presto, come ognun comprende.

E qui si noti la nascita di questo Principe, che fu poi *Federigo II. Imperadore,* della cui nascita, e del luogo, dove Costanza Augusta il partorì, molte favole si leggono presso gli Storici lontani da questi tempi. V' ha anche disputa intorno all' Anno della sua nascita. Ma oltre al suddetto Riccardo, l' Anonimo
(a)*Anonym. Casinensis in Chronic.*
(b)*Albertus Stadensis in Chron.*
(c)*Vita Innocent. III. num. XIX.*
Casinense (*a*), e Alberto Stadense (*b*), il fanno nato nel fine dell'Anno presente, perchè il loro Anno 1195. cominciato nel dì della Natività del Signore, abbraccia la Festa di santo Stefano di quest' Anno 1194. Finalmente nella Vita d'Innocenzo III. Papa (*c*) troviamo, che i Principi in Germania nell'Anno 1196. elessero Re Federigo II. *puerum vix duorum annorum, & nondum sacri Baptismatis unda renatum:* il che ci assicura, doversi riferire all' Anno presente la nascita d'esso Federigo. Qual fosse la coscienza ed onoratezza dell' Imperadore Arrigo VI. lo scorgeremo ora. Dopo aver tanto speso e faticato per lui i Genovesi, richiesero il guiderdone loro promesso, cioè il possesso di Siracusa,
(d)*Caffari Annal. Genuenf. l. 3.*
e della Valle di Noto (*d*). Andò Arrigo per qualche tempo allegando varie scuse, e pascendo quel Popolo di varie speranze. La conclusione finalmente fu, che non solamente nulla diede loro del pattuito, ma levò ad essi ancora tutti i diritti e privilegj, goduti da loro sotto i Re precedenti in Sicilia, Calabria, Puglia, e in altri Luoghi. Proibì sotto pena della vita a i Genovesi il dar nome di Console ad alcuno in quelle parti. Anzi minacciò d'impedir loro l'andar per mare, e giunse fino a dire, che distruggerebbe Genova. Il Continuatore di Caffaro non potè contenersi dal chiamarlo un nuovo Nerone, per così orrida mancanza di fede. Certo è, che nè pure i Pisani riportaro-

no

no un palmo di terra in Sicilia; e sparvero a gli occhi ancora di questi gli ampli Stati, che si leggono promessi loro nel Diploma di sopra accennato. E pur poco fu questo. Nel giorno santo di Natale tenne un solenne Parlamento di tutto il Regno in Palermo, e quivi cacciò fuori delle Lettere, credute da i più di sua invenzione, dalle quali appariva una cospirazione formata contra di lui da alcuni Baroni del Regno. Dopo di che fece mettere le mani addosso a moltissimi Vescovi, Conti, e Nobili, e cacciar in prigione anche la stessa Vedova Regina Sibilla, o sia Sibilia, e il Figliuolo Guglielmo, fintamente da lui proclamato Conte di Lecce e Principe di Taranto, dimenticando il bell'atto del Re Tancredi, che gli avea restituita la Moglie Costanza, e mettendosi sotto i piedi la fede, e le promesse date alla Regina e al Figliuolo. Alcuni d'essi Baroni furono accecati, altri impiccati, altri fatti morir nelle fiamme, e il resto mandato e condotto in Germania in esilio. Anche Ottone da S. Biaggio fa menzione di queste crudeltà, accennate parimente da Giovanni da Ceccano, e da Innocenzo III. Papa in una sua Lettera, e prevedute ancora da Ugo Falcando sul principio della sua Storia, che dovettero fare un grande strepito, per tutta l'Europa. Fece fino aprire il Sepolcro di Tancredi, e del Figliuolo Ruggieri, e strappar loro di capo la Corona Regale. Sicardo Vescovo allora di Cremona, e parziale d'Arrigo, scrive, che i Siciliani se la meritarono, per aver tese insidie all'Imperadore. Ma sarebbe convenuto accertarsi prima, se sussisteva la congiura; poichè per conto dell'aver eglino preferito Tancredi a Costanza contra del loro giuramento, non aveano essi operato ciò senza l'approvazione del Romano Pontefice, al quale apparteneva il disporre di quel Regno, come di Feudo della santa Sede. Vuole il Padre Pagi, che non sussista tanta barbarie dell'Augusto Arrigo in Sicilia, citando in pruova di ciò Giovanni da Ceccano. Ma questo medesimo Autore è buon testimonio dell'inumanità d'Arrigo VI.

Anno di CRISTO MCXCV. Indizione XIII.
di CELESTINO III. Papa 5.
di ARRIGO VI. Re 10. Imperadore 5.

Era Volg.
Ann.1195.

DOPO avere *Arrigo Augusto* sfogato in parte il suo crudel talento contra gli aderenti del fu Re Tancredi, venne in Puglia, dove tenne un gran Parlamento di Baroni. Trovavasi nella Corte di Sicilia *Irene* vedova del giovane Re *Ruggieri* figliuolo di *Tancredi*. La trovò affai avvenente *Filippo* Fratello dell'Imperadore, e forse pensando egli, che questa Principessa potesse anche portar seco de i diritti d'importanza, per essere Figliuola d'un Greco Imperadore, la prese per Moglie (*a*) di consentimento d'Arrigo, che allora gli diede a godere il Ducato della Toscana, e i beni della fu Contessa Matilda. Vedesi presso il Margarino (*b*) un Diploma d'esso Filippo co i titoli suddetti, spedito in S. Benedetto di Polirone nel dì 31. di Luglio, trovandosi egli in quel Monistero. Dopo aver tenuto in Puglia il Parlamento suddetto, ed inviata l'Imperadrice in Sicilia, prese Arrigo la strada di terra, per tornarsene in Germania. Convengono tutti gli Scrittori in dire, ch'egli per mare e per terra mandò in Germania innumerabili ricchezze: tutte spoglie de' miseri Siciliani, e del Regale Palazzo di Palermo. Arnoldo da Lubeca scrive (*c*), ch'egli *reperit thesauros absconditos, & omnem lapidum pretiosorum & gemmarum gloriam, ita ut oneratis centum sexaginta somariis* (cavalli o muli da soma) *auro & argento, lapidibus pretiosis, & vestibus sericis, gloriose ad terram suam redierit.* Bella gloria al certo, guadagnata con tanti spergiuri, coll'ingratitudine, colla barbarie, e con lasciare in Sicilia un incredibil odio e mormorazione contra della sua persona. Oltre ad affaiffimi Baroni prigionieri, ed oltre a gli oftaggi di varie Città, fra' quali fu l'Arcivescovo di Salerno, seco egli menò la sfortunata Regina Sibilla con tre Figliuole, e col Figliuolo Guglielmo, e li tenne poi sotto buona guardia chiusi in una Fortezza. Crede il Padre Pagi (*d*), che Arrigo solamente nel Natale dell'Anno presente imperversasse contra de' Siciliani, e poscia se ne tornasse in Germania. Ma Giovanni da Ceccano (*e*) parla del Natale dell'Anno precedente. Ed Arrigo in quest'Anno venne a Pavia, e di là passò in Germania, come s'ha da gli Annali Genovesi (*f*), e da altri Autori. Girola-

(a) *Conrad.
Abbas Ur-
spergenf.
in Chronic.*
(b) *Bullar.
Casinens.
T. II. Con-
stit. 218.*

(c) *Arnold.
Lubecensis
lib. 4. c. 20.*

(d) *Pagius
in Critic.
Baron. ad
hunc Ann.*
(e) *Joannes
de Ceccano
Chr. Fossae-
nova.*
(f) *Caffari
Annal. Ge-
nuenf.lib.3.
T. m. VI.
n. Italic.*

rolamo Roffi (*a*) cita un fuo Diploma dato in Vormacia *IV. Ka-* lendas Decembris, Indictione XIIII. Anno Domini MCXCV. L'In-dizione è quivi mutata nel Settembre. Anche il Sigonio (*b*) accenna un fuo Diploma, dato *VII. Kalendas Junias apud Bur-gum Sancti Domnini, Anno MCXCV. Regni Siciliæ Primo.* La-fciò effo Arrigo per fuo Vicario, o fia per Viceré nel Regno di Sicilia il Vefcovo d'Ildefeim, già fuo Maeftro, che fra tanti fuoi ftudj non dimenticò quello di far danaro per quanto potè. In queft'Anno il celebre *Arrigo Leone*, già Duca di Saffonia e Baviera, della Linea Eftenfe di Germania, terminò i fuoi gior-ni in Brunsvic, Città reftata a lui con altre adiacenti dopo il terribil naufragio di fua grandezza. Ma in quefto medefimo Anno effendo morto *Corrado Conte* Palatino del Reno, Zio pa-terno dell'Augufto Arrigo, fuccedette ne'di lui Stati *Arrigo*, uno de'Figliuoli d'effo Arrigo Leone, perchè Marito dell'unica Figliuola del medefimo Corrado: ficchè in qualche maniera tor-nò a rifiorire in Germania la potenza de'Principi Eftenfi-Guel-fi. Nè fi dee tacere, che l'Imperadore Arrigo fuddetto in queft' Anno creò e confermò Duca di Spoleti *Corrado* Mofcaincervello, e dichiarò Duca di Ravenna, e Marchefe d'Ancona *Marquardo.* E' confiderabile lo Strumento di concordia feguita fra lui, e il Popolo di Ravenna, di cui Girolamo Roffi ci ha confervata la memoria. Da effo apparifce, che anche Ravenna fi governava in Repubblica, ed avea il fuo Podeftà, e giurisdizione, e ren-dite; ma doveano al Duca reftar falve le Regalie, *quas Impera-tor, & ipfe Marchoaldus in Civitate Ravennæ & ejus diftrictu babere confuevit.* La terza parte di Cervia apparteneva ad effo Marquardo, e Marcoaldo, un'altra all'Arcivefcovo, e un'altra al Comune di Ravenna, che partivano infieme le entrate; maf-fimamente del Sale.

RACCONTA il Continuatore di Caffaro, che i Pifani, tro-vandofi in favorevole ftato alla Corte Imperiale, feguitarono in quefti tempi a reccar infulti, danni, e ingiurie a i Genovefi; e rifabbricarono anche ad onta d'effi il Caftello di Bonifazio in Corfica, che divenne un nido di Corfari, fingendo di non effer-ne eglino padroni. Non potendo più reggere a tali ftrapazzi il Popolo Genovefe, fpedì in Corfica con varj Legni un corpo di combattenti, che a forza d'armi entrarono in Bonifazio, e vi fi fortificarono. Prefero dipoi varie navi Pifane, ed altri danni inferirono a quella nemica Nazione, della quale in quefti tem-

ERA Volg.
ANN 1195.
(a) *Rubeus Hiftor. Ra-venn. l. 6.*
(b)*Sigonius de Regno I-tal. lib. 15.*

Eɪɪ Volg.
Aᴅᴍ.ɪ195 pi ci manca l'antica Iſtoria . Spedirono anche i Genoveſi *Bonifa-*
zio loro Arciveſcovo, e Jacopo Manieri lor Podeſtà a Pavia all'
Imperadore, che prima di paſſare in Germania , ſoggiornava
nel Moniſtero di S. Salvatore fuori della Città , per ricordargli
le promeſſe lor fatte, e confermate con un ſolenne Diploma .
Si accorſero in fine, nulla eſſere da ſperare da un Principe, che
niun conto faceva della ſua fede . Diſſi già, che eſſo Auguſto
avea conceduta Crema al Popolo Cremoneſe. Anche nell'Anno

(a)*Antiqu.
Italic. Diſ-
ſert.* 11.
*pag.*621. preſente a dì 6. di Giugno (*a*) lo ſteſſo Imperadore Arrigo confermò a' medeſimi Cremoneſi col Gonfalone l' Inveſtitura
di tutti i loro Stati, fra' quali anche la Terra di Crema era com-
preſa. Ma perchè di queſta erano in poſſeſſo i Milaneſi per conceſſione e Diploma di Federigo I. Auguſto, padre del Regnante, nè ſi ſentivano eſſi voglia di cedere una sì riguardevol Terra, reſtò finquì ineffettuata la conceſſione d'Arrigo. Probabilmente cadde ancora in queſt'Anno un altro Documento, da me

(b)*Ibidem
Diſſert.*50. dato alla luce (*b*) colle Note guaſte, da cui appariſce, che avendo Giovanni Lilò d'Haſſia, Meſſo e Camerlengo dell' Imperado-
re Arrigo, mandato a prendere la tenuta d' eſſa Crema, non
era ſtato ammeſſo il ſuo Deputato, e però egli mette al bando
dell'Imperio i Cremaſchi, Milaneſi , e Breſciani per tal diſub-
bidienza. Quell'Atto fu fatto in Cremona *Anno ab Incarnatio-*
ne Domini noſtri Jeſu Chriſti MCXC. Indictione XIII. die Mer-
curii Terziodecimo intrante Junio . Ma conviene all' Anno preſente in cui correa l' *Indictione XIII.* ſe non che il dì 13. di
Giugno non era in Mercordì . Dalla Cronichetta Cremone-

(c)*Chronic.
Cremonenſe
Tom VII.
Rer. Italic.* ſe (*c*) abbiamo, che in queſt'Anno fu qualche guerra fra eſ-
ſi Milaneſi e Cremoneſi , e che reſtarono prigioni alquanti de
gli ultimi .

Anno di CRISTO MCXCVI. Indizione XIV.
di CELESTINO III. Papa 6.
di ARRIGO VI. Re II. Imperadore 6.

PER le crudeltà loro uſate dall'Imperadore Arrigo andavano
tutto dì i Siciliani e Puglieſi , maſſimamente di Nazione
Normanna, meditando rivoluzioni; e veriſimilmente accaddero
non poche ſollevazioni e ſconcerti in quelle contrade, delle quali
ci dan qualche barlume, ma non già una chiara notizia, gli antichi

tichi Storici . A tali avvifi lo fpietato Arrigo [ne è incerto il
tempo] fece cavar gli occhi a gl' innocenti oftaggi, che erano in
Germania, fuorchè a *Niccolò Arcivefcovo* di Salerno . Or mentre fi trovava effo Arrigo in Germania , fu gagliardamente folle-
citato da Papa *Celeftino III.* a portare foccorfi in Terra fanta. Ci
è permeffo di credere , che fi prevaleffe egli di quefta occafione,
per muovere i Popoli della Germania a prendere l' armi col fine
di valerfene egli prima a gaftigare i Popoli di Sicilia e Puglia,
ficcome avea fatto nell' Anno 1194. in cui fappiamo, ch' egli fi
fervì d'alcune migliaia di Pellegrini Crociati, che erano in viaggio verfo la Soria, per conquiftar la Puglia e Sicilia. In fatti raunò una poffente Armata. Ma prima di muoverfi alla volta d' Italia , tenne una general Dieta (*a*), in cui tanto fi adoperò , che
induffe que' Principi ad eleggere Re de' Romani e di Germania, il
fuo Figliuolo *Federigo II.* ancorchè appena giunto all' età di due
anni, e non peranche battezzato. Ciò fatto venne in Italia. Egli
fi truova in Milano *Secundo Idus Augufti* , come cofta da un fuo
Diploma dato nell' Anno prefente preffo il Puricelli (*b*). Pofcia
il vediamo in Piacenza , *VI. Idus Septembris* , ciò apparendo da
un altro fuo Diploma pubblicato dal Campi (*c*) . Da tre altri ,
che fi leggono nel Bollario Cafinenfe (*d*), impariamo, ch' egli era
in Monte Fiafcone *XIII. Kalendas Novembris*, e in Tivoli *XVI.
Kalendas Decembris*. Per atteftato di Giovanni da Ceccano (*e*),
nell' ultimo giorno di Novembre arrivò a Ferentino, e vi dimorò fette giorni, moftrando fecondo il fuo finto animo penfieri di
pace e di equità. Se n' andò pofcia a Capoa, nelle cui prigioni
trovò il valerofo, ma sfortunato *Riccardo Conte* di Acerra , che
poco prima nel voler fuggire, per prevenir l' arrivo d' effo Augufto, tradito da un Monaco bianco, cadde nelle mani di Diopoldo
Ufiziale Cefareo . (*f*) Il fece giudicare, e poi tirare a coda di
cavallo pel fango di tutte le Piazze , e finalmente impiccar per
li piedi, finchè moriffe ; nè il fuo cadavero fu rimoffo dalla forca , fe non dappoichè giunfe la nuova della morte d' effo Augufto
nell' Anno feguente. Dopo la fefta del Natale s' incamminò verfo la Sicilia. Effendo in quefto mentre mancato di vita fenza Figliuoli *Corrado* fuo Fratello, Duca di Alemagna, o fia di Suevia, (*g*) diede quel Ducato all' altro fuo Fratello *Filippo*, dianzi
dichiarato Duca di Tofcana, e mandollo a prenderne il poffeffo:
il che fu da lui ben volentieri efeguito, con tenere una Corte folenne in Augufta nell' Agofto dell' Anno prefente. Abbiamo an-

M 2   cora

(a) *Godefr.
Monachus
in Chronico*

(b) *Puricel-
lius Monu-
ment. Bafi-
lic. Ambrof.*

(c) *Campi
Iftor. di Pia-
cenza T II.*

(d) *Bullar.
Cafinenf.
T. II. Con-
ft. s. 220. &
fequ.*

(e) *Joannes
de Ceccano
Chr. Foffa-
nova.*

(f) *Richar-
dus de S.
Germano
in Chron.*

(g) *Otto de
S. Blaf. in
Chronico.*

Eaa Volg.
Ann.1196. cora da Riccardo da S. Germano, che Arrigo prima di giugnere
in quelle contrade, anzi ftando anche in Germania, avea fpedito il Vefcovo di Vormacia per fuo Legato in Italia. Andò quefto Prelato a Napoli col guerriero Abbate di Monte Cafino, e con
molte fquadre di foldati Italiani e Tedefchi, *Or Imperiale implens
mandatum, Neapolis muros Or Capuæ funditus fecit everfi*. Per
afficurarfi di quel Regno altro ripiego non volle adoperar quefto
Augufto, che quello del rigore e terrore, duri maeftri del ben
operare. Co i benefizj e non colla crudeltà fi guadagnano i cuori de' Popoli.

EBBERO in queft' Anno i Genovefi per loro Podeftà Drudo
(a)Caffari
Annal. Ge-
nuenf.lib.3.
Tom. VI.
Rer. Italic. Marcellino (*a*), uomo di petto, che con tal vigore efercitò la
fua balìa, non la perdonando a malfattore alcuno, e gaftigan-
do tutta la gente inquieta, talchè rimife in buono ftato quella sì difcorde Città. Fra l'altre fue prodezze, perchè molti Cittadini contro i pubblici divieti aveano fabbricate Torri altiffime,
delle quali poi fi fervivano a far guerra a i lor vicini nemici,
intrepidamente le fece abbaffare, riducendole tutte alla mifura
d'ottanta piedi d'altezza. La continuata diffenfione e guerra,
che in quefti tempi bolliva fra effi Genovefi e Pifani, difpiacendo al paterno cuore di Papa *Celeftino III.* cagion fu, ch'egli
inviaffe a Genova per fuo Legato *Pandolfo Cardinale* della Bafilica de'dodici Apoftoli per trattar di pace. Fra i Deputati dell'
una e dell'altra Città alla prefenza di lui fi tenne un congreffo
in Lerice ful principio d'Aprile. Quefto per cagion della vicina Pafqua fi fciolfe fenza frutto, e fu rimeffo ad altro tempo.
Prevalendofi di tal dilazione i Pifani fegretamente fpedirono in
Corfica uno ftuolo di navi, credendofi di poter levare il Caftello
di Bonifazio a i Genovefi, ma lo ritrovarono ben guernito. A
quefto rumore accorfero ancora i Genovefi con una bella Armata di mare, e andarono a sbarcare, e a poftarfi in Sardegna
nel Giudicato di Cagliarì, di cui era allora padrone il *Marchefe
Guglielmo* [di qual Cafa io non so dire]. Raunò quefto Marchefe
un efercito di Sardi, Catalani, e Pifani, per isloggiare i Genovefi;
ma ne riufcì tutto il contrario. Fu meffo in fuga co i fuoi, e la fua
bravura gli coftò l'incendio del fuo palagio, e d'altri ancora. Dopo
di che i Genovefi fe ne tornarono a Bonifazio. Tentarono un'altra
(b) Sigon.
de Regno I-
tal. l 15.
(c) Rubeus
Hiftcr. Ra-
venn. l. 6. volta i Pifani d'affediar quel Caftello, ma indarno. Vennero
anche a battaglia le Flotte Pifana e Genovefe, ma con poco di-
vario nella perdita. A queft' Anno il Sigonio (*b*), e il Roffi (*c*)
rife-

riferiscono il Matrimonio di *Azzo V.* Figliuolo di *Obizzo Marche-* *se* d'Este con *Marchesella* de gli Adelardi. Ho io provato (*a*) che molto prima di questi tempi dovettero accader queste Nozze ; Nozze di somma importanza per la Linea Estense d'Italia, perchè aprirono alla nobilissima Casa de'Marchesi Estensi la porta per signoreggiare in Ferrara. (*b*) Abbiam veduto di sopra all'Anno 1174. qual fosse la potenza e riputazione di Guglielmo Adelardi, soprannominato della Marchesella, per cui valore fu liberata Ancona dall'assedio. Egli era Principe della Fazion Guelfa in Ferrara : giacchè erano nate, e andavano crescendo le fazioni de'Guelfi, e de'Ghibellini. Salinguerra Figliuolo di Taurello, o sia Torello, era il Capo dell'altra Fazione. Morto egli, e mancato parimente di vita Adelardo suo Fratello, e rimasta erede dell'immensa loro eredità Marchesella, Figliuola di Adelardo, fu questa sposata al suddetto Azzo Estense, acciocchè egli sostenesse il partito de'Guelfi in quella Città. Da lì innanzi i Marchesi d'Este, Signori del Polesine di Rovigo, di Este, Montagnana, Badia, e d'altre nobili Terre, cominciarono ad aver abitazione in Ferrara, e a far la figura di Capi della Fazion Guelfa non solo in essa Città, ma anche per tutta la Marca di Verona, di modo che lo stesso era dire la *Parte Marchesana*, che la *Parte Guelfa.*

Anno di CRISTO MCXCVII. Indizione xv.
di CELESTINO III. Papa 7.
di ARRIGO VI. Re 12. Imperadore 7.

LE più strepitose avventure dell'Anno presente furono quest' Anno in Sicilia ; ma per disavventura, non han voluto raccontarle per qualche politico riguardo gli antichi Scrittori Italiani di quelle parti, che erano sudditi di *Federigo II.* Augusto Figliuolo di *Arrigo VI.* Imperadore. Più ne han parlato gli Scrittori Inglesi e Tedeschi, ma non senza mio timore, ch'essi lontani ingannati dalle dicerie, possano ingannare ancor noi. Scrive adunque Arnoldo da Lubeca (c), che giunto in Sicilia l'Augusto Arrigo, vi fu occupato da molte traversie e battaglie, percioc- chè costava del tradimento dell'Imperadrice *Costanza* sua Moglie, e de gli altri Nobili di quelle contrade. Perciò raunata gran gente a forza di danaro, d'essi congiurati ben si vendicò,

dopo

[right margin notes:]
ERA Volg. ANN.1196.
(a) *Antichità Estens.* P. I. c. 36.

(b) *Richobald. in Pomario.*

(c) *Arnold. Lubec. Chr. lib. 5. c. 2.*

Era Volg.
Ann. 1197.

dapo averli fatti prigioni. A colui, che era ftato creato Re contra di lui, fece conficcare in capo una Corona con acutiffimi chiodi; altri Nobili condannò alla forca, al fuoco, e ad altri fupplizj. Pofcia in un pubblico Parlamento perdonò a chiunque aveva avuta mano in quella cofpirazione, e *talibus alloquiis multam gratiam illius Regni invenit, & de cetero terra quievit*. Che l' Imperadrice Coftanza miraffe di mal occhio le crudeltà del Marito contra de' poveri Siciliani, e maffimamente del fangue Normanno: fi può fenza fatica credere, perch' era nata in Sicilia, e Normanna di nazione, e fi riconofceva anche obbligata alla Famiglia di Tancredi, perchè sì generofamente rimeffa da lui in libertà. Finalmente fuo era quel Regno, e non del Marito, nè potea piacerle, ch'egli lo diftruggeffe col macello di tanta Nobiltà, e con votarlo di tutte le ricchezze per portarle in Germania. Ma non è mai credibile, che avendo ella un Figliuolo, poteffe confentire, ch' altri fi metteffe in tefta quella Corona. Par dunque più probabile, che l'Imperadrice foffe in fofpetto al marito Augufto d'aver parte in quelle follevazioni; ma non già, ch'ella ne reftaffe convinta. E però convien fofpendere la

(a) Rogerius
Hovedenus
Annal.

credenza in parte di quello, che fcrive Ruggieri Hovedeno (a), Storico Inglefe, e però nemico d'Arrigo, con dire, che Arrigo prefe i Magnati della Sicilia, e parte ne imprigionò, parte dopo varj tormenti fece morire. Aveva dianzi dato il Ducato di Durazzo e il Principato di Taranto a Margarito, o fia Margaritone grande Ammiraglio. Quefta volta il fece abbacinare ed eunucare. Per le quali inumanità l'Imperadrice Coftanza fece lega colla fua gente contra dell'Augufto Conforte, e venuta a Palermo prefe i tefori de i Re fuoi Antenati; dal che incoraggiti i Palermitani uccifero gran copia di Tedefchi. L'Imperadore fuggendo, fi racchiufe in una Fortezza, con penfiero di ripatriare, fe gli veniva fatto; ma i fuoi nemici gli aveano ferrati i paffi. Credane ciò, che vuole, il Lettore. Siccardo Sto-

(b) Sicard.
in Chron.
Tom. VII.
Rer. Italic.

rico Italiano (b), e allora vivente, fcrive, che Margaritone fu accecato da Arrigo nell'Anno 1194. e non già nel prefente. Che in Sicilia foffero e congiure e rumori o nel precedente, o nel corrente Anno, ammettiamolo pure. Ma che Arrigo ito colà con un'Armata di feffanta mila combattenti foffe ridotto in quello ftato, non ha molto di verifimile. Meno ne ha, che l'Imperadrice a vifiera calata impugnaffe il Marito. Riceva dunque il Lettore come meglio fondato il racconto di Gotifredo Mona-

co, di cui fono le feguenti parole all' Anno prefente: (a) Imperator in Apulia moratur. Ibi quofdam Principes, qui in necem
ejus confpiraffe dicebantur, diverfis pœnis occidit. Rumor etiam
de eo ac de Imperatrice Conftantia varia feminas, fcilicet quod
ipfe in variis eventibus præventus, etiam in vitæ periculo fæpe
conftitutus fit; quod Imperatricis voluntate femper fieri vulgaba-
tur. Quetati i rumori della Sicilia, e riconciliato l' Imperadore
Arrigo colla Moglie, allora egli permife, che la gran Flotta de'
Pellegrini, defiderofi di fegnalarfi in Terra fanta, fcioglieffe le
vele, con aggiognervi egli alcune delle fue fquadre, e dar loro
per Condottiere *Corrado Vefcovo* di Wirtzburgo, fuo Cancelliere.
Andarono, fecero alquante prodezze in quelle parti; più ancora n'avrebbono fatto, fe non foffe giunta la morte dell' Imperadore, che sbandò tutti i Principi Tedefchi, volendo ciafcuno
correre a cafa, per intervenire all' elezion del nuovo Augufto.
Succedette effa morte nella feguente forma, come s'ha da Riccardo da S. Germano (b). Fece Arrigo venire a sè l' Imperadrice Coftanza fua Moglie, e mentre effa era nel Palazzo di Palermo, Guglielmo Caftellano di Caftro-Giovanni fi ribellò all' Imperadore. Portoffi in perfona Arrigo all' affedio di quella Fortezza, e quivi ftando fu prefo da una malattia, a cagion della
quale condotto [per quanto s'ha da Giovanni da Ceccano (c),
e dall' Hovedeno (d)] a Meffina, quivi terminò i fuoi giorni
nella vigilia di S. Michele, cioè nel dì 28. di Settembre. Altri
dicono nella fefta di S. Michele, altri nel dì quinto d' Ottobre,
e ne gli Annali Genovefi (e) la fua morte è riferita nell' ultimo dì di Settembre.

VOCE corfe, ch' egli moriffe attofficato dalla Moglie, a cui
fi attribuifcono tutte le traverfie patite dal Marito; ma Corrado Abbate Urfpergenfe (f) la giuftifica di tal taccia con dire:
*Quod tamen non eft verifimile. Et qui cum ipfo [Augufto] eo
tempore erant familiariffimi, hoc inficiabantur. Audivi ego id
ipfum a Domno Conrado, qui poftmodum fuit Abbas Præmonftra-
tenfis, & tunc in fæculari habitu conftitutus, in camera Imperatoris exftitit familiariffimus.* Non fo io, qual fede meriti l' Hovedeno, allorchè fcrive, che Artigo morì fcomunicato da Papa
Celeftino III. per non avere reftituito il danaro indebitamente
eftorto a *Riccardo Re* d'Inghilterra; e perciò proibì il Papa,
che fe gli deffe fepoltura in luogo facro, tuttochè l' Arcive-
fco-

Era Volg.
Ann. 1197.
(a) Godefr.
Monachus
in Chron.

(b) Richar-
dus de S.
Germano in
Chron.

(c) Joannes
de Ceccano
Chr. Foffæ-
novæ.
(d) Rogerius
Hovedenus
(e) Caffari
Annal. Ge-
nuenf. l. 4.

(f) Abbas
Urfpergenf.
in Chronic.

Era Volg.
Ann.1197.
scovo di Messina molto si adoperasse per ottenerlo. Aggiugne,
che lo stesso Arcivescovo venne a Roma per questo, e di tre
cose fece istanza. La prima, che fosse permesso il seppellire
esso Augusto: al che rispose Papa Celestino di non poterlo concedere senza consentimento del Re d' Inghilterra, e restituito
prima il maltolto. La seconda, che facesse ritirare i Romani,
che aveano assediato Marquardo nella Marca di Guarnieri, cioè
d' Ancona: il che dovette succedere dopo la morte dell'Imperadore. E la terza, che permettesse la coronazione del picciolo Federigo in Re di Sicilia. Sono sospetti gli Scrittori Inglesi
in parlando di questo Imperadore. Nondimeno anche Galvano
Fiamma (*a*) lasciò scritto, ch' egli morì scomunicato. Quel
che è più, vedremo, che anche Papa Innocenzo III. il pretese
scomunicato da esso Papa Celestino. Forse implicitamente si
pretendea incorso Arrigo nella scomunica per la violenza usata
al Re d' Inghilterra; ma che espresamente fossero fulminate
contra di lui le censure, non si truova in altre memorie d'allora. All'incontro Ottone da San Biagio (*b*) dopo aver notata
la morte d'Arrigo in Messina, soggiugne: *Ibidem cum maxi-
mo totius exercitus lamento cultu Regio sepelitur.* Sono ancora
di Sicardo Storico e Vescovo allora vivente le seguenti parole: (*c*) *Anno Domini MCXCVII. reversus Imperator in Italiam,
in Sicilia mortuus est & sepultus.* E l' Abbate Urspergense discorda bensì nel luogo della sepoltura, ma questa ce la dà per
certa, scrivendo: (*d*) *Henricus Imperator obiit in Sicilia, &
in Ecclesia Panormitana magnifice est sepultus;* nè alcun d'essi
parla di scomunica. Comunque sia, la morte di questo Augusto fu sommamente compianta da i Tedeschi, che l' esaltano
forte, per avere stesi i confini dell'Imperio, e portati dalla Sicilia in Germania immensi tesori; ma all'incontro essa riempiè
d'allegrezza tutti i Popoli della Sicilia, e d'altri paesi d'Italia,
che l' aveano provato Principe crudele e sanguinario, nè gli
davano altro nome che di Tiranno. Odasi Giovanni da Ceccano (*e*).

Omnia cum Papa gaudent de morte Tyranni.
Mors necat, & cuncti gaudent de morte sepulti,
Apulus, & Calaber, Siculus, Tuscusque, Ligurque.

Certo è che la morte di questo Principe portò una somma con-
fusio-

(a)Gualva-
neus Flam-
ma in Ma-
nip. Flor.

(b) Otto de
S. Blasio in
Chron.

(c) Sicard.
in Chronic.

(d) Abbas
Urspergens.
in Chronico.

(e)Johannes
de Ceccano
Chr. Fossa-
nova.

fufione nella Germania, e fi tirò dietro un fiero fconvoglimento e una gran mutazione di cofe anche in Italia, ficcome andremo vedendo. Per lume intanto di quel che pofcia avvenne, confiderabile è una notizia, a noi confervata dall'Autore della Vita d' Innocenzo III. Papa. (a) Scrive egli, che dopo la rotta data, ficcome vedremo, nell'Anno 1200. a Marquardo Marchefe d' Ancona, fi trovò fra' fuoi fcrigni il Teftamento del fuddetto Imperadore *Arrigo VI.* con bolla d'oro, che ora fi legge ftampato da me e da altri. In effo ordinava egli, che *Federigo Ruggieri* fuo Figliuolo riconofceffe dal Papa il Regno di Sicilia; e mancando la Moglie, e il Figliuolo fenza erede, effo Regno tornaffe alla Chiefa Romana. Che fe il Papa confermaffe al Figliuolo Federigo l'Imperio, in ricompenfa fi reftituiffe alla Chiefa fteffa tutta la Terra della Conteffa Matilda, a riferva di Medicina e di Argelata ful Bolognefe. Ordinò ancora a Marquardo, *ut Ducatum Ravennatem, terram Brictinori, Marchiam Anconae recipiat a Domino Papa, & Romana Ecclefia, & recognofcat etiam ab eis Medifinam & Argelata.* E mancando egli fenza eredi, vuole, che quegli Stati reftino in dominio della fuddetta Chiefa. Una parola non vi fi legge del Ducato di Spoleti. Solamente vi fi dice, che fia reftituita al Papa tutta la terra da Monte Paile fino a Ceperano, ficcome ancora Monte Fialcone. Secondochè abbiamo da Parifio da Cereta, (*b*) i Veronefi in queft'Anno attaccarono battaglia co i Padovani affiftiti da *Eccelino da Romano*, e da *Azzo Marchefe* d'Efte, e li fconfiffero colla morte di molti. Quefto Eccelino, per fopranome il Monaco, fu padre del crudele Eccelino da Romano. Di quefto fatto parla ancora Gherardo Maurifio (*c*) con dire, che i Vicentini dopo una gran rotta loro data da i Padovani, e dal fuddetto Eccelino, per cui reftarono prigionieri più di due mila d'effi, ricorfero per aiuto a i Veronefi, i quali con sì formidabil Armata entrarono nel Padovano, guaftando e bruciando fino alle porte di Padova, che atterriti i Padovani altro ripiego non ebbero per liberarfi da quefto turbine, che di reftituire tutti i prigioni: il che fatto, ebbe fine la guerra. Ma quefto avvenimento da Rolandino vien riferito all'Anno feguente, e in altri tefti all'Anno 1199. Un documento da me prodotto nelle Antichità Italiane forfe ci fa vedere tuttavia *Duca di Tofcana Filippo* Fratello dell'Imperadore Arrigo. Effo fu fcritto nell'Anno 1196. nel dì 30. d'Agofto, correndo l'*Indizione* XV. Ma perchè tale Indizione fpetta all'Anno prefente, però

(a) Vita Innocent III. Part. I. Tom. III. Rer. Italic.

(b) Parif. de Cereta Chr. Veron. Tom 8 Rer. Italic.

(c) Maurif. Hift. T. 8. Rer. Italic.

Era Volg.
Ann.1198
que una Lega collo stesso Pontefice Innocenzo per sostenersi colle forze unite contro chiunque in avvenire volesse pregiudicare alla lor Libertà. Simile era questa alla Lega di Lombardia. I Pisani, siccome que'soli, che in Toscana godevano di tutte le Regalie, nè poteano guadagnar di più, essendo già attaccatissimi a gl'Imperadori, non vollero entrare in essa Lega, che noi riguarderemo da quì innanzi per Lega Guelfa. Imperciocchè questo nome di *Guelfi* e *Ghibellini* originato, siccome accennai di sopra, dalle gare continue della Casa de'Duchi ed Imperadori di Suevia, discendenti dalla Casa Ghibellina de gli Arrighi Augusti per via di Donne, colla Casa de gli Estensi di Germania, Duchi di Sassonia e Baviera, discendenti per via di Donne da gli antichi Guelfi, questo nome, dissi, cominciò a prendere gran voga in Italia. Chi era aderente de'Papi, per custodire la sua Libertà, nè essere più conculcato da gli Uziali Cesarei, si dicea seguitar la parte o fazione *Guelfa*. E chi aderiva all'Imperadore, si chiamava di parte o fazion *Ghibellina*. In quest'ultima si contavano per lo più que'Marchesi, Conti, Castellani, ed altri Nobili, che godeano Feudi dell'Imperio, per mantenersi liberi dal giogo delle Città Libere, le quali tuttodì cercavano di sottometterli alla lor giurisdizione. V'entravano ancora alcune Città, che oltre all'essere ben trattate da gli Augusti, aveano bisogno della lor protezione, per non essere ingoiate dalle vicine più potenti Città. Tali furono Pavia, Cremona, Pisa, ed altre. E massimamente presero piede, siccome andremo vedendo, queste due fazioni ne gli anni susseguenti, perchè risvegliossi più che mai la discordia fra le Case suddette de'Guelfi e Ghibellini in Germania a cagione de i due Re, che udremo fra poco eletti, cioè di *Filippo* Duca di Suevia di Sangue Ghibellino, e di *Ottone IV.* procedente da i Guelfi. A'quali poi succedette *Federigo II.* Figliuolo di Arrigo VI. e perciò d'origine Ghibellina, fra i quali, e i Romani Pontefici, e varie Città d'Italia, passarono sanguinose discordie; e chiunque a lui si oppose, si gloriava d'essere del partito de' Guelfi. Che sconcerti, che guerre civili, che rovine producessero col tempo queste lagrimevoli e diaboliche Fazioni, l'andrò accennando nella continuazion della Storia: giacchè penetrò a poco a poco questo veleno nel cuore delle stesse Città, rompendo la concordia de' Cittadini e delle Famiglie; dal che derivarono infiniti mali.

IN-

Era Volg.
Ann. 1198.

INTANTO è da dire, che *Filippo* Duca di Suevia nell'Anno precedente fu chiamato in Italia dall'Imperadore *Arrigo* suo Fratello, con disegno ch'egli conducesse in Germania il picciolo *Federigo II.* eletto già da i Principi Tedeschi Re de' Romani, per farlo coronare (*a*). Arrivò Filippo fino a Monte Fiascone, e non già a Falcone, vicino a Viterbo, dove ricevette l'avviso dell'immatura morte del Fratello Augusto. Allora senza più mettersi pensiero del Nipote Federigo, ed unicamente ruminando i proprj vantaggi, voltò strada per tornarsene in Germania. Talmente erano esacerbati gli animi de gl'Italiani contra de' Tedeschi pel governo barbarico di Federigo I. e di Arrigo VI. suo Figliuolo, che dovunque passò Filippo, sia per la Toscana, sia per altre Città, fu maltrattato, e in pericolo della vita, e restarono uccisi anche alcuni de' suoi Cortigiani. Giunto in Germania cominciò i suoi maneggi per essere eletto Re, e gli venne fatto. Il buon uso del danaro e delle promesse, e la protezione di *Filippo Re* di Francia, operarono, che moltissimi Principi della Germania, niun caso facendo del giuramento prestato nell'elezione del fanciullo Federigo, il proclamassero Re. Dopo di che fu egli coronato non già in Aquisgrana, ma in Magonza; nè dall'Arcivescovo di Colonia, ma da quello di Tarantasia; cose tutte contro il Rituale. All'incontro *Riccardo Re* d'Inghilterra, entrato anch'egli in questa briga, si studiò di promuovere *Ottone* Figliuolo del già Duca di Sassonia e Baviera *Arrigo Leone*, Estense-Guelfo, e di *Matilda* sua Sorella, che era allora Duca di Aquitania, e Conte del Poitù. Confessa Arnoldo da Lubecca, che Riccardo impiegò, per vincere il punto, settanta mila Marche d'argento, troppo dispiacendogli l'esaltazion di Filippo, Fratello di chi con tanta indignità avea fatto mercato della di lui persona. In somma da *Adolfo Arcivescovo* di Colonia, e da' suoi Suffraganei, da *Arrigo Duca* di Lorena, dal Vescovo d'Argentina, e da alcuni altri Vescovi, Abbati, e Conti, di numero nondimeno inferiore a gli Elettori dell'altro, fu esso *Ottone IV.* eletto Re de' Romani, e coronato dipoi in Aquisgrana. Arnoldo da Lubecca, e Ottone da San Biagio scrivono, che a questa elezione intervenne anche *Arrigo Conte* Palatino del Reno, Fratello maggiore di esso Ottone, tornato in fretta di Terra santa. Ma Ruggieri Hovedeno (*b*), e Federigo Monaco (*c*) raccontano, ch'egli arrivò dipoi, e sostenne gl'interessi del Fratello, con essersi ad Ottone uniti i Vescovi di Cambray, Paderbor-

(*a*) *Otto de S. Blasio. Abbas Urspergens. Godefrid. Monach. Arnoldus Lubecensis.*

(*b*) *Rogerius Hovedenus.*
(*c*) *Fridericus Monac.*

Era Volg.
Ann.1198 borna, ed altri, e i Duchi di Lovanio, e Limburgo, e il Land-gravio di Turingia, ed altri. Ebbe anche mano nell' elezion di Ottone IV. *Innocenzo III.* Papa, perch' egli era di una Casa, stata sempre divota della santa Sede, e Casa, che per la sua parzialità verso i Papi avea perduti i Ducati di Baviera e Saffonia. Il perchè egli favorì la di lui elezione, e riprovò quella di Filippo Suevo, allegando, che questi era stato scomunicato da Papa *Celestino III.* per varie usurpazioni fatte dianzi de gli Stati della Chiesa Romana, e rammentando gli eccessi commessi dal Padre, e dal Fratello suo. Lo Scisma di questi due Re si tirò dietro in Germania di molte guerre, turbolenze, e danni infiniti, de' quali parlano gli Storici Tedeschi.

INTANTO da che si videro i Siciliani liberi dall' odiato Imperadore Arrigo VI. per l'inaspettata sua morte, si diedero a sfogar la rabbia loro contra de' Tedeschi, che erano in quell' Isola. Il che vedendo l'Imperadrice *Costanza*, che aveva assunto il governo di quel Regno, e la tutela del Figliuolo *Federigo Ruggieri*, con farlo venire da Jesi, dove era stato lasciato sotto la cura de' Conti di Celano e di Coperfano (*a*), ovvero, come altri scrive, della Duchessa di Spoleti, e con farlo coronare dipoi, ordinò, che uscissero di Sicilia le truppe straniere: risoluzione, che per allora mise in calma gli animi alterati di que' Popoli. E tanto più perch' ella scoperte le trame e le mire di *Marquardo* già Duca di Ravenna e Marchese d'Ancona, il dichiarò nimico del Re, e del Regno, e volle, che tutti il trattassero come tale. Inviò poscia Ambasciatori a Papa Innocenzo (*b*), per ottenere l'Investitura Pontificia de gli Stati al fanciullo Federigo. Tentò allora la Corte di Roma di profittar di questa occasione per abbattere quella, che oggidì si chiama la Monarchia di Sicilia, benchè si creda, che Adriano e Clemente Papi avessero conceduti que' Privilegj. Su questo si disputò lungamente. Mossesi l'Imperadrice a spedire anche *Anselmo Arcivescovo* di Napoli a Roma, sperando miglior mercato dalla di lui eloquenza. Ma più di lui sapeano parlare i Ministri Pontificj; e però convenne accettar l'Investitura [cosa di troppa premura in quelle circostanze] con quelle leggi, che piacquero al Papa, cioè *capitulis illis omnino remotis*, e con obbligazione di ricevere nella Corte di Sicilia *Ottaviano Vescovo* e Cardinale Ostiense, come Legato della santa Sede. Ma questa Investitura arrivò in Sicilia in tempo, che l'Imperadrice era passata all' altra vita.

Cer-

(a)*Richard.
de S. Germ.
in Chronic.*

(b)*Vita Innocent. III.
Part. I.
Tom. III.
Rer. Italic.*

Certo è, che la medesima finì di vivere nel dì 27. di Novembre, dopo aver dichiarato Balio, o sia Tutore del Re suo Figliuolo Papa Innocenzo III. ed ordinato che durante la di lui minorità si pagassero ogni anno trenta mila Tarì per tal cura ad esso Pontefice, oltre a quelli, ch'egli spendesse per difesa del Regno. L'educazione del Re Fanciullo fu lasciata a gli Arcivescovi di Palermo, Monreale, e Capoa. Non mancò in questi tempi Papa Innocenzo di proccurare con vigorosi e caritativi ufizj la liberazione di *Sibilia* già Moglie di Tancredi Re di Sicilia, detenuta prigione in Germania colle Figliuole. Posta in libertà, o pure aiutata a fuggire, si rifugiò essa in Francia, dove maritò la sua primogenita con *Gualtieri Conte di Brenna*, di cui avremo a parlare andando innanzi. V'ha chi crede, che *Guglielmo* suo Figliuolo, già dichiarato Re dal Padre, fosse morto. Nè si può negare, che l'Autor della Vita d'Innocenzo III. e Giovanni da Ceccano lo scrivono. Se con certezza, nol so. Imperocchè Ottone da San Biagio racconta, che Arrigo dopo averlo fatto accecare [altri hanno scritto, che solamente il fece eunucare] il condannò ad una perpetua prigionia in una Fortezza de' Grigioni. *Qui ubi ad virilem ætatem pervenit, de transitoriis desperans, bonis operibus, ut fertur, æterna quæsivit. Nam de activa translatus coactæ, contemplativæ studuit, utinam meritorie.* In quest'Anno i Milanesi stabilirono Pace col Popolo di Lodi. Lo strumento d'essa, da me dato alla luce (*a*), fu scritto in *Civitate Laude, Anno Dominicæ Incarnationis Millesimo centesimo nonagesimo nono, die Lunæ V. Calendas Januarii, Indictione Secunda.* Il dì 28. di Dicembre dell'Anno presente cadde in Lunedì ; e però scorgiamo, che in Lodi si cominciava l'Anno nuovo nel Natale, o pure nel dì 25. del precedente Marzo alla maniera Pisana ; e che l'Indizione si mutava nel Settembre. Abbiamo da Rolandino (*b*), che in quest'Anno i Padovani coll'aiuto di *Azzo VI. Marchese* d'Este lor Collegato, andarono all'assedio della Terra di Carmignano, una delle migliori del Vicentino, e a forza d'armi se ne fecero padroni. Antonio Godio (*c*) mette questo fatto sotto d'Anno seguente. Altri testi lo riferiscono al precedente. Dopo di che i Veronesi venuti in soccorso de' Vicentini fecero gran danno e paura a i Padovani, siccome ho detto nell'Anno antecedente.

Era Volg.
Ann.1198.

(a) *Antiq. Italic. Dissert.* 49.

(b) *Rolandin. Histor. l.1.c.8.*

(c) *Godius in Histor. Tom. VIII. Rer. Italic.*

An-

Anno di CRISTO MCXCIX. Indizione II.
d'INNOCENZO III. Papa 2.
Vacante l'Imperio.

ERA Volg.
ANN.1199.

BENCHE' molti odiaffero in Sicilia, Puglia, e Calabria il picciolo *Re Federigo II.* prole di chi avea fpogliato quel Regno di tante vite e di tanti tefori: pure s'erano effi quetati al riflettere, che loro tornava meglio l'avere un Re proprio, e maffimamente dappoichè pareva, ch'egli non poteffe afpirare alla Germania, del cui dominio difputavano allora *Filippo*, ed *Ottone*. Ciò non oftante fopravennero a quel Regno altri non penfati guai, che l'affliffero molto, e per lungo tempo (a). Marquardo cacciato dalla Marca d'Ancona, fi riduffe in Puglia, nè sì tofto ebbe intefa la morte dell'Imperadrice *Coftanza*, che raunato un efercito di Tedefchi e d'altri fuoi aderenti e fcapeftrati ffoderò la fua pretenfione di voler affumere il Baliato, cioè la tutela del fanciullo Federigo, a lui lafciata dall'Imperadore Arrigo VI. nell'ultimo fuo Teftamento. Era coftui anche animato e fpronato con occulta intelligenza dal *Re Filippo* Zio paterno di Federigo. Paffò dunque, dopo aver prefe alcune Caftella, ad affediare la Città di S. Germano ful principio di queft'Anno, e impadronitofene l'abbandonò al facco de' fuoi, per animarli a maggiori imprefe. La guarnigione de' foldati con buona parte de' Cittadini ebbe la fortuna di poterfi ritirare a Monte Cafino (b). Fu per otto dì affediato quel facro Luogo dal medefimo Marquardo, e forfe giugnea coftui a compiere le fue facrileghe voglie, fe la mano di Dio non rompeva i fuoi difegni. Era nel dì 15. di Gennaio, fefta di S. Mauro Abbate, fereno il Cielo. Sorfe all'improvvifo un fiero temporale, mifto di vento, gragnuola, e pioggia, che rovefciò tutte le tende de gli affedianti, i quali forzati a cercare fcampo colla fuga, lafciarono indietro tutto l'equipaggio, e infeguiti perderono anche molta gente. Papa *Innocenzo III.* attentiffimo a quefti affari, ficcome quegli, che era rifoluto di difendere il Re Federigo, alla fua cura commeffo, mife anch'egli infieme un buon Efercito, per diftornare i progreffi di Marquardo; che moftrò di pentirfi, e tanto feppe fare, che induffe il Papa ad affolverlo dalle cenfure, nè ftette poi molto a tradirlo. O prima, o dopo quefta fimulata concordia fece coftui varie fcorrerie per la Puglia; mife a facco la Città d'Ifernia;

(a) *Innoc. III. lib. I. Epift. 557. & fequ.*

(b) *Johann. de Ceccano. Chr. Foffanova. Richard. de S. Germ.*

nia;

nia; prefe, o tentò d'occupar varie altre Terre; e fi riduffe in fine a Salerno, Città affezionata al fuo partito. Aveva egli con precedente trattato indotti i Pifani a fornirlo di una buona Flotta di Legni, e quefti appunto li trovò preparati in Salerno, quantunque Papa Innocenzo con ifcrivere a Pifa più Lettere, fi foffe ftudiato di divertire quel Popolo dall'aiutar quefto perfido. Imbarcatofi dunque effo Marquardo fu quefta Armata, fece vela alla volta della Sicilia, dove era defiderato e afpettato da i Saraceni, abitanti tuttavia con libertà di cofcienza e di rito in quell' Ifola, per timore che il Papa fi ferviffe di quefta favorevol congiuntura per ifcacciarli fuori del Regno. L'avea ben preveduta quefta lor ribellione Innocenzo, e ne avea fcritto anche ad effi per tenerli in dovere: ma a nulla fervì. Che l'andata di Marquardo in Sicilia fuccedeffe nel Novembre di queft'Anno, lo raccolgo da una Lettera d'effo Pontefice (a), fcritta a tutti i Conti e Baroni di Sicilia *VIII. Kalendas Decembris.* E però non fuffifte ciò, che fcrive Odorico Rinaldi (b) con dire, che riufcì in queft' Anno a Marquardo di occupar Palermo col Palazzo Regale, mediante una compofizione feguita col Conte Gentile di Palear, lafciato ivi cuftode del Re Federigo da Gualtieri gran Cancelliere del Regno. Vero è, che ciò fi legge nella Cronica di Riccardo da San Germano; ma ciò è detto fuor di fito, e forfe quefta è una giunta fatta da qualche ignorante alla fua Cronica. Tale fors'anche è il leggerfi qui vi poco innanzi, che Diopoldo Conte, cioè la man deftra di Marquardo, *a Guilielmo Caferiæ Comite captus eft, & quamdiu vixit, eum tenuit vinculatum. Sed eo mortuo, Guilielmus filius ejus, accepta filia ejus in uxorem, liberum dimifit illum.* Bifognerà ben dire, che quel Conte di Caferta mancaffe prefto di vita, perchè noi troviam da lì a poco lo fteffo Diopoldo in armi. Ciò che veramente fuccedette in Sicilia, lo diremo all' Anno feguente.

PIU' non ci effendo chi teneffe in briglia le emule Città di Lombardia, ed ita per terra la dianzi forte Lega de' Lombardi, ripigliarono effe più che prima l'armi l'una contro dell'altra. Fra i Parmigiani e Piacentini gran difcordia era inforta a cagion di Borgo S. Donnino. Apparteneva quella nobil Terra, non so ben dire, fe alla Città di Parma, o pure a i Marchefi Pelavicini [oggidì Pallavicini] in quefti tempi. Arrigo VI. Augufto ultimamente l'avea impegnata a i Piacentini per due mila Lire Imperiali. Guerra ne venne per quefto. Abbiamo da *Sicardo*

Era Vo'g. Ann.1199.

(a)*Innocentius III. l. 2. Epift.* 221.
(b)*Raynaldus in Annal.Ecc. ad hunc Ann.*

Era Volg.
Ann. 1199.
(a) Sicard.
in Chronic.
Tom. VII.
Rer. Italic.
(b) Annal.
Piacentini
Tom. XVI.
Rer. Italic.
(c) Chronic.
Brixianum
Tom. XIV.
Rer. Italic.
(d) Chronic.
Parmense
Tom. IX.
Rer. Italic.
(e) Malve-
cius Chron.
Brixian.
Tom. XIV.
Rer. Italic.

Vescovo di Cremona (*a*) allora vivente, che nel presente Anno, e su di Maggio, con grande sforzo di gente si portarono essi Piacentini all'assedio del Borgo suddetto. Ne gli Annali Piacentini (*b*), e Bresciani (*c*) ciò è riferito all'Anno precedente. Ma è più sicuro l'attenersi a Sicardo, con cui va d'accordo la Cronica di Parma (*d*). In aiuto de' Piacentini accorsero i Milanesi, Bresciani, Comaschi, Vercellini, Astigiani, Novaresi, ed Alessandrini. Ebbero i Parmigiani dalla lor parte le forze de' Cremonesi, Reggiani, e Modenesi. Il Malvezzi nella Cronica di Brescia scrive (*e*), che anche i Pavesi e Bergamaschi inviarono gente in favore di Parma. Per alquanti giorni durarono le offese de' Collegati contra di Borgo S. Donnino; ma indarno, perchè stava alla difesa di quella Terra un buon corpo d'animosi combattenti: il che indusse i Piacentini e Collegati a battere la ritirata. Allora i Parmigiani in armi co i lor Confederati diedero alla coda dell'Armata nimica, e la fecero camminar di buon trotto fino a i confini di Piacenza. Quivi i Piacentini e Milanesi, voltata faccia, s'affrontarono con chi gl'incalzava. Duro fu il combattimento, da cui si sbrigarono con gran perdita i primi; e maggiore ancora sarebbe stato il danno, se non giugnevano a tempo i Bresciani in loro aiuto. Circa dugento cavalieri Piacentini rimasero prigioni, e furono condotti nelle carceri di Parma. Scrivono ancora gli antichi Storici, che i Piacentini uniti a i Milanesi andarono coll'oste a Castelnuovo di bocca d'Adda, e v'ebbero cattivo mercato. Se questo sia un fatto diverso dall'altro, nol so dire. Ne gli Annali di Piacenza è riferito sotto un differente Anno. Credo ben falso, che di quel Castello s'impadronissero, come lasciò scritto Galvano Fiamma (*f*). Sicardo e i suddetti Annali di Piacenza dicono il contrario. Abbiamo inoltre dal medesimo Sicardo, che in quest'Anno *Veronenses Mantuanos discumfecerunt, ex eis innumeram multitudinem captivantes*. Il che vien confermato da Parisio da Cereta (*g*), il quale notò il Luogo del conflitto, cioè *in capite Pontis Molendinorum de Mantua*, oggidì Ponte Molino. E questi aggiugne, che nell' Anno presente andarono gli stessi Veronesi a fabbricare il Castello d'Ostiglia sul Po. Nè si dee tralasciare, che Papa Innocenzo III. avvertito della rabbiosa gara, che passava fra' Piacentini e Parmigiani a cagione di Borgo S. Donnino, scrisse Lettera all' Abbate di Lucedio *V. Kalendas Maii* (*h*) incaricandolo di unirsi coll'Arcivescovo di Milano e co i Vescovi di Vercelli, Bergamo,

(f) Galvan.
Fiamma
in Manip.
Flor. c. 235.

(g) Parisius
de Cereta
Chr. Veron.
Tom. VIII.
Rer. Italic.

(h) Inno-
cent. III.
l. 2. Epist. 39

Era Volg.
Ann. 1199.

gtmo, Lodi &c. per indurre a concordia quefti Popoli con adoperar le fcomuniche contra de' renitenti. Da effa Lettera apparifce, che i medefimi Popoli *univerfam Lombardiam commoverunt
ad arma, & alteri cum univerfis fautoribus fuis, alteris & omnibus eorum complicibus generale prælium indixerunt*. Secondo
chè fcrive Ottone da S. Biagio (*a*), paffarono in queft' Anno dall'
Italia in Germania, venendo da Terra fanta, *Corrado Arcive-*
fcovo di Magonza, e *Bonifazio Marchefe* di Monferrato, con com-
rneffione avuta dal Papa di trovar ripiego allo fconvolgimento
della Germania per l'elezione e guerra de i due Re Filippo ed Ottone. Riufcirono inutili i lor negoziati, perchè Ottone troppo
abborriva il depor le infegne Regali.

(a) *Otto de*
S. Blafio
in Chronic.

Anno di Cristo mcc. Indizione iii.
d' Innocenzo III. Papa 3.
Vacante l'Imperio.

DOpo aver prefe varie Terre e Città in Sicilia Marquardo
coll' efercito fuo fi portò all' affedio di Palermo, dove trovò difenfori ben animati alla difefa. Intanto Papa *Innocenzo III.*
avea fpedito Jacopo fuo Cugino per Marefciallo, e il Cardinale di
San Lorenzo in Lucina con dugento cavalli verfo la Sicilia. Di
an sì fmilzo aiuto parla il tefto della Vita di Papa Innocenzo (*b*),
qui forfe difettofo. Che altre forze inviaffe colà il Papa, fi può
argomentare da quanto avvenne dipoi. Lo fteffo Innocenzo fcri-
vendo al Re Federigo, in una Lettera rapportata in effa Vita,
dice d'aver inviato Jacopo fuo Cugino *cum exercitu noftro* in favore di lui. Riccardo da San Germano anch'egli narra (*c*), che il
Papa fpedì in aiuto del pupillo Federigo Re di Sicilia il fuddetto
Jacopo *cum militari exercitu*. Dugento cavalli non formano un
Efercito. Arrivò felicemente quefta Armata a Meffina, e quivi
intefo il tentativo di Marquardo fopra Palermo, dopo aver fatta
maffa di quanti foldati erano in favore di Federigo, fi mife in
marcia alla volta dell' affediata Città. Giunta che fu colà, non
fi dimenticò l'aftuto Marquardo di far pruova, fe poteva addor-
mentarli con far propofizioni di pace; e fi fu full' orlo di con-
chiuderla. Ma offervato, che il Papa onninamente vietava il
venire ad accordo alcuno con chi s'era già fatto sì palefemente
conofcere mancator di parola: fu prefa la rifoluzion di deciderla

(b) *Vita In-*
nocent. III.
n.17. Par. I.
Tom. III.
Rer. Italic.

(c) *Richar-*
dus de S.
Germano.
in Chron.

O 2   col-

ERA Volg.
ANN. 1200. colle fpade. Nella pianura adunque pofta fra Palermo e Monrea-le fi venne nel Mefe di Luglio ad una fanguinofa battaglia, in cui interamente reftò disfatto l'Efercito di Marquardo colla ftrage di moltiffimi de' fuoi, e colla perdita dell'equipaggio, in cui fu ritrovato il Teftamento dell'Imperadore *Arrigo VI*. Ufcito ancora di Città il Conte Gentile colla guarnigione, diede addoffo a cinquecento Pifani, che con una gran moltitudine di Saraceni cuftodivano varj fiti in quelle montagne, e ne fece un fiero macello. Per quefta vittoria poi Papa Innocenzo, riconofcendola fpezialmente da Jacopo fuo Cugino e Marefciallo, che mercè della fua buona condotta e valore corrifpofe in quel dì all'efpettazion d'effo Papa, proccurò che in ricompenfa gli foffe conceduta dal Re Federigo e dal fuo Configlio la Contea d'Andria. Quefta vittoria avrebbe dovuto tirarfi dietro de i confiderabili vantaggi per la quiete della Sicilia. Pure ad altro non fervì, che a liberar per allora Palermo da gli artigli di Marquardo. Mancando i danari per pagare l'efercito, fu quefti obbligato a ripaffare il mare: il che fervì a far tornare in auge l'abbattuto Marquardo, che fi rinvigorì di forze, e colle minaccie e co i maneggi tornò a cercare di mettere il piede nella Corte di Palermo [a]. E gli venne fatto. *Gualtieri Vefcovo* di Troia, allora gran Cancelliere del Regno, uomo di fren ata ambizione, effendo morto l'Arcivefcovo di Palermo, ebbe maniera di farfi eleggere fuo Succeffore, ma fenza poter ottenerne l'approvazione del Papa, il quale ben conofceva di che tempra foffe quefto arnefe. Coftui non folamente alzò fopra gli affari *Gentile Conte* di Monopello fuo Fratello, ma fi diede anche a trattar di concordia con Marquardo, tanto che l'introduffe in Corte, con dividerfi poi amendue fra loro il governo del Regno. Sommamente difpiacque al Pontefice Innocenzo quefta cabbala, ficcome quella, che efcludeva lui dal Baliato del Regno, e dalla tutela di Federigo; e allora fu, che fi fparfero delle gravi diffidenze e ciarle. Moftrava Roma di credere più che mai, che Marquardo afpiraffe al Regno colla depreffione del picciolo Federigo. E all'incontro il gran Cancelliere andava fpacciando, che Papa Innocenzo macchinava delle novità pregiudiziali al Regno, coll'aver fatto venire *Gualtieri Conte* di Brenna, di cui favelleremo fra poco, per farne un Re nuovo ad efclufione di Federigo. Così con tutto il padrocinio di Papa Innocenzo, il quale fopra ciò fcriffe Lettere rifentite, dettate nulladimeno da gran prudenza, peggioravano gli affari della Sicilia. -

[a] *Vita Innocent. III. num. 33.*

S'è

S'è nominato poco fa Gualtieri Conte di Brenna: quello stesso egli è; che avea sposata la primogenita del Re Tancredi, fuggita dalle carceri di Germania in Francia colla Regina Sibilia sua Madre. Povero Cavaliere egli era, ma valoroso, e di rara Nobiltà, parente ancora de i Re di Francia e d'Inghilterra. Volle egli far valere le pretensioni della Moglie, e venuto a Roma colla Suocera e colla Moglie, trovò buon accesso presso di Papa Innocenzo, a cui non dispiacque d'avere un personaggio tale dipendente da sè, non solamente per opporlo allora a gli Ufiziali Tedeschi, che malmettevano il Regno di Sicilia e di Puglia, ma fors'anche per farlo salire più alto, caso che fosse accaduta la morte del fanciullo Federigo. Si adoperò dunque egli con vigore, acciocchè ad esso Conte di Brenna e a sua Moglie, fosse conceduta la Contea di Lecce, col Principato di Taranto: al che s'era obbligato *Arrigo VI.* Imperadore, allorchè la Regina *Sibilia* a lui si arrendè sotto questa condizione; con aver nondimeno ricavata promessa dallo stesso Conte di non pretendere di più, e di far guerra a i nemici del picciolo Re Federigo [a]. Tornò il Conte in Francia per condurre in suo aiuto qualche squadra di combattenti in Italia. Ed eccolo comparir di nuovo a Roma con pochi sì, ma scelti uomini d'armi. Con questi intrepidamente entrò in Puglia, e tuttochè tanti fossero gli avversarj, che si credeva doverne restare ingoiato, pure venuto a battaglia col Conte Diopoldo presso a Capoa, gli diede una rotta con istupore de' Capoani, che saltarono fuori a spogliare il campo. Aiutò poscia il Conte di Celano ad acquistare la Contea di Molise; e quindi passato in Puglia, s'impadronì del Castello di Lecce, e poscia d'alcune Città del Principato di Taranto, cioè di Matera, Otranto, Brindisi, Melfi, Barolo, Montepiloso, e d'altri Luoghi, e si mise a far guerra a quei di Monopoli e di Taranto, che non si volevano sottomettere al di lui dominio. Non furono minori in questi tempi gli sconcerti in Lombardia, divorandosi l'una coll'altra quelle sfrenate Città. Narra Sicardo [b], che i Milanesi e Bresciani impresero l'assedio di Soncino, appartenente a i Cremonesi, e con poco onore se ne partirono. Essendosi poi affrontati essi Milanesi co i Pavesi a Rosate, rimasero sconfitti. Vennero anche alle mani i Cremonesi co i Piacentini a Santo Andrea vicino a Busseto, e li sbaragliarono. Secondo gli Annali di Piacenza [c] restarono prigionieri più di secento sessanta Piacentini col

[a] *Vita Innocentii III n.31 P. I. Tomo III. Rer. Italic.*

[b] *Sicard. in Chronico. Tom. VII. Rer. Italic.*

[c] *Annales Placentini Tom. XVI. Rer. Italic.*

ERA Volg.
ANN. 1800. col loro Podeſtà Guido da Mandello Milaneſe. Seguì ancora un' altra battaglia al Caſtello di S. Lorenzo fra i Piacentini dall'una parte, e i Cremoneſi e Parmigiani dall'altra colla peggio de' primi. Per lo contrario fu conchiuſa pace in queſt'Anno fra i Cremoneſi e Mantovani, dopo eſſere per alcuni anni durata la diſcordia e guerra fra loro. Trovavanſi aſſaiſſimi Mantovani prigioni in Cremona: per queſto motivo giovò il venire ad un accordo. Finquì s'era mantenuta la buona armonia del Popolo di Breſcia; ma ſi ſconcertò nell'Anno preſente, perchè la Plebe ſi ſollevò contro la Nobiltà: diſgrazia, che verſo queſti tem-

(a) Malvecius Chron. Brixian. Tom. XIV. Rer. Italic.

pi cominciò a propagarſi per altre Città. Jacopo Malvezzi (a) attribuiſce la cagione della dimeſtica rottura de i Breſciani all' aver alcuni voluto unirſi co i Milaneſi a i danni de' Bergamaſchi: al che altri s'oppoſero. Il fine della diſſenſione fu, che toccò a i Nobili l'uſcir di Città, e queſti ricorſi a i Cremoneſi, coll'aiuto loro ſi diedero a far guerra alla fazion Popolare dominante, alla quale fu poſto il nome di Bruzella. D'altri vantaggi riportati da i Cremoneſi ſopra i Breſciani parla la Cronichetta Cre-

(b) Chronic. Cremonenſe Tom. VII. Rer. Italic.

moneſe (b). Cercavano anche i Romani di dilatare il loro diſtretto; e però con tutte le loro forze a bandiere ſpiegate andarono in queſt'Anno addoſſo a Viterbo, e talmente ſtrinſero e combatterono quella Città, che fu aſtretta a ſottometterſi alla lor ſignoria, o ſia a quella del Papa. All'Anno preſente ſcrive

(c) Galvan. Fiamma in Manipul. Flor. c. 233.
(d) Rubeus Hiſtor. Ravenn. l. 6.
(e) Sigonio de Regno Ital. lib. 15.

Galvano dalla Fiamma (c) che nel dì 4. di Settembre i Milaneſi col Carroccio entrarono nella Lomellina de' Paveſi, e vi preſero Mortara con venticinque altre Caſtella. Girolamo Roſſi (d), e il Sigonio (e) riferiſcono, che Salinguerra figliuolo di Torello, Capo della fazion Ghibellina in Ferrara, all'improvviſo oſtilmente aſſalì coll'eſercito Ferrareſe la Terra d'Argenta, e dopo averla preſa, la miſe a ſacco. Accorſa una mano di Ravegnani per dar ſoccorſo a quella guarnigione, reſtarono prigioni, e condotti nelle carceri di Ferrara, quivi miſeramente finirono i lor giorni. Per queſta diſgrazia, e per timore di peggio, furono obbligati i Ravegnani a fare una pace ſvantaggioſa co i Ferrare-

(f) Antiq. Italic. Diſſert. 49.

ſi, i Capitoli della quale ſi leggono da me dati alla luce (f). Tolta parimente fu ad eſſo Popolo di Ravenna la Città di Cervia da quei di Forlì.

Anno di CRISTO MCCI. Indizione IV.
di INNOCENZO III. Papa 4.
Vacante l'Imperio.

ERA Volg.
ANN. 1201.

ARRIVO' in questi tempi al sommo l'ambizione e prepotenza di *Gualtieri Vescovo* di Troia, eletto Arcivescovo di
Palermo, e gran Cancelliere del Regno di Sicilia. (*a*) Oltre
all'aver tirato in Corte il perfido Marquardo, cominciò a farla da Re, dando e levando le Contee a sua voglia, creando nuovi Ufiziali, vendendo o impegnando le Dogane, e l'altre rendite Regali, e sopra tutto sparlando di Papa *Innocenzo III.* a
cagione del Conte di Brenna, da lui oltre modo odiato. Tanto
ancora operò, che il Legato Apostolico si levò di Sicilia. Non
potè più lungamente il Pontefice sofferir questi eccessi, ridondanti
in dispregio della sacra sua persona, e del Baliato a lui commesso nel Regno di Sicilia. Adunque lo scomunicò, e privò d'amendue le Chiese, e fece ordinar altri Vescovi in suo luogo. Di più
non occorse, perchè scoppiando l'odio d'ognuno contra di costui,
egli restasse abbandonato da tutti; laonde si vide in necessità di
fuggirsene dalla Corte. Venuto poi in Puglia, ed unitosi col
Conte Diopoldo, attese da lì innanzi a far quanto di male poteva al sommo Pontefice. E quantunque trattasse dipoi di riconci-
liarsi con *Pietro Vescovo* di Porto, Legato del Papa in Puglia, pure ostinato in non voler promettere di non opporsi al Conte di
Brenna, meglio amò di persistere nella sua contumacia, che di
ottenere il perdono offertogli. Intanto Marquardo divenne on-
nipotente in Sicilia. Aveva in suo potere il *Re Federigo* col
Palazzo, e già pendeva da' suoi voleri tutta la Sicilia, a riserva di Messina, e di qualch' altro Luogo. Opinione corse, che
costui avrebbe usurpata la Corona, se non l' avesse ritenuto il
timore del Conte di Brenna, a cui dopo la morte di Federigo
perveniva quel Regno. Ma non andò molto, che colei, la quale scompiglia tanti disegni de' mortali, pose fine anche a i suoi.
Era egli tormentato da asprissimi dolori di pietra, ed avendo voluto farsi tagliare [giacchè ancora in que' tempi erano in uso i
Tagliatori di pietra] così sinistramente andò l'operazione, che
nell'atto stesso egli spirò l'anima. Fecesi allora avanti Guglielmo Capparone di nascita anch' egli Tedesco, ed occupato il Palazzo Reale colla persona del Re Federigo, sotto titolo di Capi-

tan

(*a*) *Vita In-
nocentii III.
num. 32. &
sequ.*

Era Volg.
Ann.1201.
[a] Richar-
dus de S.
Germano in
Chron.

[b] Sicard.
in Chron.
Chronic.
Cremonenfe
Tom. VII.
Rer. Italic.

[c] Malve-
cius in Chr.
Brixiano
Tom. XIV.
Rer. Italic.

tan Generale del Regno fi arrogò tale autorità , che fuperò quella dello fteffo Marquardo. Riccardo da S. Germano [a] rapporta all' Anno feguente la morte d'effo Marquardo, e forfe convien differirla fino a quel tempo . Vivente ancora coftui , il Conte di Brenna riportò un'altra vittoria in Puglia. Quivi egli trovavafi preffo al famofo Luogo di Canne, e con poche fquadre di combattenti , quando comparve a fronte di lui il Conte Diopoldo con un efer-cito fuperiore di lunga mano al fuo. Al vederfi così alle ftret-te , e tanto più perchè il Legato Apoftolico provvide alla fua ficurezza con una pronta ritirata , reftò pieno d'affanno. Tut-tavia rivolgendo le fue fperanze a Dio , invocato ad alta voce il nome di S. Pietro, procedette alla battaglia, che fu ben dura. Ma infine i pochi rimafero fuperiori a i molti . Fece il Conte alcuni riguardevoli prigioni ; e dopo quefti felici avvenimenti Papa Innocenzo III. penfava a fpedirlo in Sicilia, colla fperan-za, ch'egli aveffe da liberare quel Regno , e la Corte da chi l'opprimeva . In queft' Anno ancora i Cremonefi [b] riporta-rono un'infigne vittoria. Per foftenere il partito de' Nobili cac-ciati da Brefcia, ufcirono armati in campo contro la Plebe Bre-fciana ; e feguì un fiero confflitto fra loro nelle vicinanze di Cal-cinato, in cui reftò fconfitto l'efercito de' Brefciani. Il loro Car-roccio prefo trionfalmente fu condotto a Cremona. Jacopo Mal-vezzi racconta [c], che intervennero a quefto fatto d'armi i Bergamafchi e Mantovani in favor di Cremona; che i Vero-nefi chiamati in aiuto del Popolo di Brefcia, erano in viaggio colle lor forze, ma non giunfero a tempo . Aggiugne , che la battaglia fi diede nel dì 9. d'Agofto, e vi fu grande ftrage dell' una e dell'altra parte; ma tace la perdita del campo e del Car-roccio, afferita dal Vefcovo Sicardo allora vivente . Servirono poi quefti malanni a produrre un bene ; perciocchè interpoftifi gli Ambafciatori fpediti da Bologna, nel Mefe di Novembre fu riftabilita la Pace fra i Cremonefi, Bergamafchi, Comafchi , e Brefciani, per cui tornò in Brefcia la Nobiltà dianzi ban-dita ; ma con ferbare in fuo cuore un odio implacabile verfo la Plebe.

ANCHE nell'Anno prefente con gagliardo efercito entrarono i Milanefi in Lomellina de' Pavefi, e vi diedero il guafto. Affe-diarono pofcia l'importante Caftello di Vigevano, tentato già due altre volte indarno, e nel dì 4. di Giugno fe ne impadronirono con farvi prigioni mille e dugento Pavefi. Il nome di Vigevano è fcor-

retto

retto nel teſto di Sicardo e d'altri Autori. Se crediamo a Galvano
Fiamma [*a*], *ipſo Anno de Menſe Auguſti Papienſes in manibus
Philippi Archiepiſcopi juraverunt perpetuo obedire mandatis Civitatis Mediolani*. S'egli vuol dire, che ſeguì pace fra loro, ſi può
credere ; ma non già che i Paveſi per allora ſi riduceſſero a giurare ubbidienza e ſuggezione alla Città di Milano. Prima nondimeno della perdita di Vigevano ebbero un' altra ſcoſſa i Paveſi,
raccontata nella Cronica Piacentina [*b*]. Cioè preſſo al Caſtello
di Nigrino ſi azzuffò l'eſercito loro con quello de' Piacentini e Milaneſi, e reſtò rotto con laſciar prigionieri de' vincitori quattro cavalieri, e trecento trentadue fanti. Disfecero poſcia i Piacentini
la Torre di Santo Andrea, e riduſſero in ottimo ſtato le foſſe della loro Città. A cagion dell'acque del Fiume Secchia, che corre
fra i Modeneſi e Reggiani, a parte delle quali volevano eſſere i
Reggiani, quando i Modeneſi pretendeano d'averne una piena padronanza, erano ſtate ne gli anni addietro varie liti e rumori fra
queſti due Popoli. Nell' Anno preſente ſi diede mano all'armi
daddovero. Venuti i Reggiani coll'eſercito loro fin verſo Formi-
gine di qua da Secchia, attaccarono battaglia co' Modeneſi, e li
miſero in rotta [*c*], inſeguendo i fugitivi ſino al Prato della Ten-
zone, creduto da me quello, in cui ſecondo i coſtumi delle Città
d'Italia d'allora s'eſercitavano nell' armi ſpezialmente i giovani
ne' giorni di Feſta. Vi reſtarono prigionieri più di cento cavalieri
col Podeſtà di Modena, che era allora Alberto da Lendenara,
Nobile Veroneſe. In queſte guerre de' Lombardi è da notare,
che d'ordinario non ſi perdeva la memoria dell'umanità. Si dava
quartiere a tutti, mettendo i Popoli la lor gloria non già nell' uccidere, ma nel prendere il più che poteano de' loro nemici. Nell'
Anno preſente conculcati i Faentini dal Popolo di Forlì, imploa-
rarono l'aiuto de' Bologneſi, i quali con poſſente eſercito, e col
Carroccio andarono a campo a Forlì. Scrive il Sigonio [*d*], che
diedero una rotta a i Forliveſi. Di ciò non parlano le Storie Bologneſi da me date alla luce. Nè ſi dee tacere, che quantunque
gli affari del Re *Ottone IV.* foſſero in poco buona poſitura in Germania, e ſuperiori ſenza paragone foſſero le forze del Re *Filippo:* pure Papa Innocenzo nell' Anno preſente [*e*], con iſpedire
a Colonia *Guido Cardinale* Veſcovo di Paleſtrina, ſolennemente
confermò l'elezione di eſſo Re Ottone, e fulminò le ſcomuniche
contra del Re Filippo: il che fu occaſione a molti di ſparlare d'
eſſo Pontefice. Le di lui ragioni e giuſtificazioni ſi leggono ne gli

[a] Gualva-
neus Flam.
in Manip.
Florum.

[b] Annales
Piacentini
Tom. XVI.
Rer. Italic.

[c] Memo-
riale Poteſt.
Regienſ.
Tom. VIII.
Rer. Italic.
Annal. Vo-
ter. Mutin.
Tom. XI.
Rer. Italic.
Chronicon
Bononienſ.
To. XVIII.
Rer. Italic.

[d] Sigon.
de Regno I-
talia lib. 15

[e] Godefr.
Monachus
in Chron.

Era Volg.
Ann.1201.
(a) Raynal-
dus in An-
nalib. Ecc.
ad hunc
Annum.
(b) Antiqu.
Italic. Dif-
fert. 49.

Annali Ecclefiaftici del Rinaldi (a). Fece ful fin di queft'Anno
Lega il Comune di Modena con quello di Mantova, ficcome cofta dallo Strumento da me dato alla luce (b).

Anno di CRISTO MCCII. Indizione v.
d' INNOCENZO III. Papa 5.
Vacante l' Imperio.

FURONO in queft'Anno rivolti gli occhi di tutti gl'Italiani alla riguardevol Crociata, che s'incamminava verfo O-
riente per liberar la Terra fanta. Erano già tre anni, che in
Francia e in Fiandra, e in altri paefi Oltramontani fi predicava quefto riguardevol impiego della Pietà Criftiana per que' facri Luoghi, e non poco calore diede a tale imprefa lo zelo di *Papa Innocenzo*. Capo dell' efercito de' Crociati era ftato fcelto il *Conte di Sciampagna*; ma venuto quefti a morte, fu propofto il ba-
ftone del comando ad *Eude Duca* di Borgogna, e a *Tebaldo Conte* di Bar, che fe ne fcufarono. Grande era anche di là da'monti il credito di *Bonifazio Marchefe* di Monferrato, Fratello di
quel valorofo Marchefe *Corrado*, che vedemmo Principe di Tiro,
e proclamato in fine Re di Gerufalemme. (c) Concorfero que'Principi nel defiderio d'averlo per Generale, ed avendo fpedito meffi in Italia a quefto fine, il trovarono prontiffimo ad affumere così nobil pefo. Andò egli in Francia, prefe la Croce, e concertò con que' Principi la maniera dell'efecuzione. Sei deputati vennero in Italia, e trovato più comodo il dar principio al viaggio
per Venezia, colà s'inviarono alcuni Deputati per trattarne con
Arrigo Dandolo, infigne Doge di quella Repubblica. In fine fu
rifoluto, che i Veneziani fomminiftrerebbono una Flotta di tanti Legni, che foffe capace di condurre quattro mila e cinquecento uomini a cavallo, nove mila Scudieri, e ventimila fanti
con viveri per nove mefi: il tutto col pagamento di ottantacinque mila Marche d'argento. Par credibile, che in più volte, e
non in una fola, fi aveffe a far lo trafporto per mare di tanta
gente e cavalli. Ne fu fcritto al Pontefice Innocenzo, (d) che
lodò bensì quefto pio movimento de'Criftiani, ma rifpofe, che
l'approverebbe con un patto ed obbligazione, cioè che non foffe
loro permeffo di nuocere a i Criftiani, fe non in cafo, che voleffero fraftornare il loro paffaggio. Non piacque a i Veneziani

(c) Vita In-
nocent. III.
P. I. T. III.
Rer. Italic.
Albericus
Monachus.
Sicardus
in Chronic.
Tom. VII.
Rer. Italic.
Bernard.
Thefaurar.
Tom. VII.
Rer. Italic.

(d) Vita In-
nocent. III.
num. 83.

ni quefta condizione, perchè già andavano meditando di valerſi in lor prò di quefta ſpedizione. Comparvero dunque nell' Anno preſente a Venezia in folla Principi, Veſcovi, e Nobili di Francia, di Fiandra, di Borgogna, e d'altre contrade, e a migliaia i Crociati, tutti vogliofi di far prodezze in Oriente per la fede. Molti Italiani vi concorſero, e fra gli altri *Sicardo Veſcovo* di Cremona, il quale per conſeguente nella ſua Storia, da me data alla luce, può parlar di quegli avvenimenti con fondamento. Ma con tutte le pratiche fatte dal Pontefice Innocenzo per pacificar infieme i Genoveſi e Piſani, affinchè poi fecondaſſero colle lor forze l'impreſa meditata di Terra fanta, nulla ſi potè ottener da loro, prevalendo più in lor cuore l'odio particolare, che il bene univerfale della Criftianità. Fra quefti apparati della Guerra facra venne a framifchiarfi un altro affare di tal rilievo, che in breve lo vedremo d'acceſſorio divenir principale. Ad *Iſacco Angelo* Imperador de' Greci aveva *Aleſſio* ſuo Fratello levato nell'Anno 1195. gli occhi e il Trono, e tenuto finquì in iftretta prigione *Aleſſio* ſuo Nipote, Figliuolo del fuddetto (a). Ebbe quefto giovane Principe la fortuna di falvarſi, e venuto a Roma ſi preſentò a' piedi di Papa Innocenzo III. implorando giuftizia contro il Tiranno ſuo Zio. Se n'andò poſcia in Germania a trovar la *Regina Irene* Moglie del *Re Filippo*, Sorella ſua. Filippo veggendo già difpofto il paſſaggio de' Crociati in Levante, caldamente raccomandò a Bonifazio Marchefe di Monferrato la perſona e gl'intereffi di quefto ſuo Cognato.

AVEVANO intanto i Veneziani alleftita la gran Flotta promeffa pel trafporto del preparato efercito; ma a muoverla s'incontrarono varie difficultà, la maggior delle quali era, che mancava molto a compiere il pagamento accordato da i Principi Crociati. Il ripiego, che ſi trovò, fu di obbligarfi i Franzefi e i Fiaminghi di dar mano a i Veneziani per ricuperare la Città di Zara, loro occupata ne gli anni addietro dal Re d'Ungheria. Fece dunque vela nel dì 8. di Ottobre da Venezia l'Armata navale, in cui s'imbarcò lo ſteſſo Doge Dandolo benchè vecchio, e benchè quaſi cieco; ed arrivò nel dì 10. di Novembre a Zara. Cercarono quegli abitanti di renderſi, ma per mala intelligenza fu prefa quella Città, e meſſa a ſacco, con dividerſi le ricche ſpoglie d'effa fra i conquiftatori. Ne furono poi atterrate tutte le mura e fortificazioni, per levare a i Cittadini la co-

(a) *Villhar-*
duinus.
Sicardus in
Chron.
Dandul.
in Chronic.
Niceta in
Chron.
Abbas Ur-
ſpergenſ.
in Chronic.
Vita Inno-
centis III.

modi-

Era Volg.
Ann.1202.
modità di ribellarsi in avvenire. La troppo avanzata stagione
configliò l'Armata a paſſare il verno in quelle parti. Sommamente diſpiacque al Pontefice Innocenzo queſta prima impreſa
de' Crociati, perchè fatta contra di *Arrigo Re* d' Ungheria, il
quale aveva anch'eſſo con Andrea ſuo Fratello preſa la Croce,
e perchè eſeguita contro la precedente proibizione del medeſimo
Papa, al cui giudizio s'erano rimeſſi gli Zaratini. Ne ſcriſſe

(a)Innocen-
tius III.l.5.
Epiſt. 161.
perciò delle gravi doglianze all' eſercito de' Crocefegnati (*a*),
trattandoli come ſcomunicati, e loro comandando la reſtituzione di quella Città. Ma Bonifazio Marcheſe di Monſerrato
giudicò meglio di non laſciar correre la Lettera Pontificia, per
timore che ſi ſcioglieſſe in fumo tutta la ſpedizione. Eſſendo
morto in queſt'Anno, o pure nel precedente, Marquardo Arbitro della Sicilia, ed avendo preſe le redini del governo Guglielmo Capperone, ſiccome dicemmo, ad onta del Papa: ſi formò contra di lui una fazione de gli aderenti dello ſteſſo Marquardo. Non
laſciò Gualtieri Gran Cancelliere, già Veſcovo di Troia, di
peſcare in queſto torbido. Maneggioſſi egli colla Corte di Roma, e preſtato giuramento di ubbidire a i comandamenti del
Pontefice, impetrò l'aſſoluzione della ſcomunica. Dopo di che
paſsò in Sicilia, ed uniſſi con gli avverſarj del Capperone, moſtrandoſi tutto attaccato alla ſanta Sede, quantunque non poteſſe più riavere le Mitre perdute. Lo ſtrepito della Crociata fu
cagione, che in queſt'Anno ſi oſſervaſſe Tregua dal più delle
Città. Contuttociò i Modeneſi non potendo digerire la vergogna della battaglia perduta nel precedente Anno co i Reggiani, nel preſente chiamati in aiuto i Ferrareſi e Veroneſi co i
lor Carocci [il che portava ſeco il maggior nerbo della gente
di quelle Città] paſſarono oſtilmente all' aſſedio di Rubiera di
là dal Fiume Secchia; e co i mangani cominciarono a tormentar quella Terra, e dare il guaſto al paeſe, ſenza che poteſſero i Reggiani col ſoccorſo de' Bologneſi impedir queſti danni.

(b) Chron.
Bononenſ.
T. XVIII.
Rer. Italic.
(c) Annales
Veteres Mu-
tinenſ.
(d) Memo-
riale Poteſt.
Regienſ.
Tom. VIII.
Rer. Italic.
Secondo le Croniche di Bologna (*b*) Rubiera fu preſa. Dell'
aſſedio bensì, ma non dell'acquiſto, parlano gli Annali di Modena (*c*). E quei di Reggio (*d*) ſcrivono, che non fecero danno alcuno a quel Caſtello. Certo è, che s'interpoſero Lupo
Marcheſe, Podeſtà allora di Parma, e Guarizone, ed Aimerico
amendue Podeſtà di Cremona, per condurre a pace queſti Popoli sì animati l'un contra dell'altro. La pace fu conchiuſa nella ghiara di Secchia nel dì 6. d'Agoſto, e giurata da Manfredi

                                                            Pico

Pico Podeſtà di Modena, e da Gherardo Figliuolo di Rolandi- Era Volg.
no Bologneſe, Podeſtà di Reggio. Fu diviſa l'Acqua di Secchia, Ann.1202.
e rilaſciati i prigioni. Lo Strumento ſi vede da me dato alla
luce (*a*). Abbiamo anche dalla Cronica Piacentina (*b*), che in (a) Antiqu.
Ital. Diſſer-
queſt' Anno i Cremoneſi e Parmigiani andarono all' aſſedio di tat. 49.
Fiorenzuola, nobil Terra de' Piacentini, ſenza ſaperſene l'eſito. (b)Chronic.
Piacentin.
Tom. XVI.
Rer. Italin

Anno di CRISTO MCCIII. Indizione VI.
d' INNOCENZO III. Papa 6.
Vacante l' Imperio.

STREPITOSE furono le impreſe fatte da i Latini in queſt' Anno, non già in fervigio di Terra ſanta, come richiedeva l'
impegno da lor preſo, ma in favore del giovane *Aleſſio*, Figli- (c) Sicard.
in Chronic.
uolo del depoſto Imperadore *Iſacco Angelo*. (*c*) Paſsò a Zara il Tom. VII.
predetto Principe Aleſſio, dove fu con onore accolto dal Dandolo Rer. Italic.
Doge di Venezia, e dal Marcheſe di Monferrato; e loro fatte Villhardui-
varie promeſſe, qualora l'aiutaſſero a ricuperare il perduto Im- nus.
perio, s'imbarcò, e con parte della Flotta, eſſendo l'altra incam- Godefrid.
Monach.
minata innanzi, dirizzò le prore verſo l'Epiro. La Città di Du- Dandulus
razzo il ricevette come ſuo Principe. Sbarcarono in Corfù, e in Chronic.
Tom. XII.
quegl'Iſolani promiſero di ſuggettarſi a lui, dappoichè aveſſe con- Rer. Italic.
quiſtata la Città di Coſtantinopoli. Tale appunto in fine fu il diſegno di que' Principi, per favorire quel fuggiaſco Principe, moſſi
dalle raccomandazioni del Re Filippo di Germania, e dalla parentela del Re di Francia, contratta co i Greci Auguſti mercè
delle nozze di *Agneſe* Figliuola di *Lodovico* Re con *Aleſſio Comneno;* ma più per iſperanza di ricavar danari e viveri, ſenza i
quali non vedeano la maniera di arrivare in Soria o in Egitto, ſecondo il primo loro concerto. Vero è, che Papa Innocenzo, informato delle mire d'eſſi, proibì loro per varie ragioni d'invadere gli Stati del Greco Auguſto; ma eſſi, figurandoſi forſe, ch'
egli coſì ſcriveſſe per politica, e che internamente avrebbe caro
il lor penſiero, ſeguitarono il lor viaggio fino a Coſtantinopoli.
Ciò, che ivi operaſſero, s'io voleſſi prendere a raccontarlo, mi
dilungherei troppo dall' aſſunto mio. In brevi parole dirò, che
fatta la chiamata ad Aleſſio Angelo occupatore del Trono Imperiale, nè volendo egli cedere, ruppero i Latini la catena del Porto: con che liberamente in quel Porto entrarono tutte le lor navi.

vi. Per terra e per mare impiegarono sette giorni per espugnar
la Città. Nell'ottavo uscì Alessio fuori con trentamila cavalli e
infiniti pedoni, disposto a dar battaglia ai Latini; ma veduta la
lor fermezza fece vista di differire al dì seguente il fatto d'armi;
ma venuta la notte segretamente presa la fuga, si ritirò ad Andrinopoli. Rinforzò allora l'esercito Latino gli assalti, ed entrò
per forza in Costantinopoli con molta strage de' Greci, e saccheg-
gio de' loro averi. Cavato dalle carceri il cieco Isacco Angelo,
fu riposto sul Trono, e proclamato Imperadore anche Alessio suo
Figliuolo, per cui la festa era fatta, e nel Mese di Luglio solennemente ricevette la Corona nel gran Tempio di Santa Sofia.
Marciò poscia coll'esercito contra del fuggito Alessio suo Zio ad
Andrinopoli, lo sconfisse, e l'obbligò a cercarsi un più lontano ricovero. Non so io, se prima, o dopo quest'ultima azione, succedesse ciò, che son per dire. O sia, che i Greci per l'antico
odio, o per le fresche perdite, non sapendo sofferire i Latini, ne
andassero di quando in quando uccidendo, come scrive Sicardo,
o pure come altri ha scritto, perchè una mano di Fiaminghi e
Pisani volle dare il sacco alle case e alle Moschee de' Saraceni abitanti in Costantinopoli: diedesi principio un dì ad una fiera mischia fra i Latini e Greci. Attaccato il fuoco ad alcune case, perchè soffiava forte il vento, si dilatò ampiamente per la Città, e
fece un orrido scempio d'innumerabili Chiese, Palagi, e Case.
Gran bottino riportarono ancora i Latini da questo fiero accidente. Il resto lo accennerò all'Anno seguente.

SEMBRA, che nel presente Anno per qualche disgusto ricevuto da i Romani non mai quieti, *Papa Innocenzo* uscisse di Roma, e si ritirasse a Ferentino. *Nonis Maji*, scrive Giovanni da
Ceccano (*a*), *indignatione Romanorum Dominus Papa venit Fe-
rentinum*. Lettere sue quivi scritte si leggono. Andò ad Anagni,
dove colto da una grave infermità diede motivo alla voce, ch'
egli fosse morto (*b*). Fu questo un colpo mortale a *Gualtieri
Conte* di Brenna, perchè su tali dicerie alcune Città se gli ribellarono, e fra l'altre Matera, Brindisi, ed Otranto. Anche Baroli si sottrasse all'ubbidienza di Jacopo Cugino del Papa, il quale ricuperò poi le Città d'Andria e di Minerbio. Inviò Papa Innocenzo in Sicilia per suo Legato *Gherardo Cardinale* di Santo A-
driano suo Nipote con isperanza di dar pace a quegli affari, dappoichè Gualtieri Gran Cancelliere, e il Capperone, benchè nemici, si mostravano dispostissimi a volere quel solo, che piacesse
ad

(*a*) *Johann.
deCeccano.
Chr. Fossa-
nova.*

(*b*) *Vita
Innoc. III.
Part. I.
Tom. III.
Rer. Italic.*

ad eſſo Papa. Non corriſpoſero gli effetti alle parole . Il Cardinale dopo eſſere ſtato alquanti giorni in Palermo, ſi ritirò a Meſſina, per quivi aſpettar le riſoluzioni del Pontefice Zio. Proſperarono in queſt'Anno gli affari del *Re Ottone* in Germania *(a)*
con ſingolar piacere del Papa, che il proteggeva . Ma in Breſcia ſi riacceſe la pazza diſcordia (*b*). Dopo avere per qualche
tempo i Nobili covato il lor odio contro la Plebe , e meditata
vendetta per gli affronti e danni patiti in addietro, la eſeguiro-
no nel Gennaio dell'Anno preſente, dimenticando i giuramenti della precedente Pace. Tutti dunque in armi aſſalirono il baſſo Popolo , che fece quella reſiſtenza , che potè . Ne ucciſero
molti, e più ne coſtrinſero a cercar colla fuga l'eſilio. Racconta il Sigonio (*c*) ſotto queſt'Anno un gran movimento de' Bologneſi, incitati dall'ambizione, figliuola della potenza e graſ-
ſezza, per islargare il lor territorio con danno de i Modeneſi ;
ma ſenza poter trarre alla lor lega i Cremoneſi e Parmigiani
Collegati di Modena. Anzi per evitar queſta guerra, ſpedirono
i Parmigiani a Bologna Matteo da Correggio lor Podeſtà , e i
Cremoneſi i lor Ambaſciatori , per pregare e conſigliare il Popolo di Bologna, che ſi degnaſſe di rimettere in loro la cognizion di tali differenze. Riſpoſe Guglielmo Podeſtà di Bologna di
non volere comprometterſi nè in loro, nè in perſone religioſe.
Il male è vecchio. Chi ha più forza , dee anche aver più
ragione. Leggeſi queſt'Atto nelle mie Antichità Italiane (*d*).

Era Volg.
Anno 1205.

(a) *Godefr.*
Monachus
in Chronico.
(b) *Malve-*
cius Chron.
Brixian.
Tom. XV.
Rer. Italic.

(c) *Sigonius*
de Regno I-
tal. lib. 15.

(d) *Antiqu.*
Italicarum.
Differt. 49.

Anno di C R I S T O mcciv. Indizione vii.
d'I N N O C E N Z O III. Papa 7.
Vacante l' Imperio.

G RAN mutazione di coſe ſuccedette in Coſtantinopoli nell'
Anno preſente. Non ſapeano i Greci mirar di buon occhio il nuovo loro Imperadore *Aleſſio*, (*e*) perchè s'era ſervi-
to de'Latini a ſalire ſul ſoglio con tanto loro obbrobrio e danno. Inſorſe ancora lite fra eſſo Aleſſio e i Latini a cagion delle
paghe promeſſe a i medeſimi, il compimento delle quali s'andava troppo differendo. Perciò la Nobiltà Greca eleſſe Imperadore un certo *Coſtantino*, e il Popolo ne eleſſe un altro, cioè *Aleſ-*
ſio ſopranominato Murzulfo; nè ſolamente l'eleſſe, ma il fece
anche coronare Auguſto . Queſto crudele miſe toſto le mani addoſſo

(e) *Pipinus*
in Chronico.
Bononienſ.
Tom IX.
Rer. Italic.
Sicardus
in Chronic.
Godefridus
Monachus
in Chronico.

ERA Volg.
ANN.1204.
doffo al giovane Aleffio Augufto, e cacciatolo in prigione, o col veleno, o in altra guifa il levò dal mondo. Poco ftette a tenergli dietro *Ifacco Angelo* fuo Padre, vinto dal dolore, o pure aiutato da altri ad ufcire di quefti guai. Quefti avvenimenti funefti quei furono, che fecero prendere allora, fe pur non vi penfavano prima, una rifoluzione all' Armata Latina d'impadronirfi di Coftantinopoli, e di piantarvi il loro dominio. Il Continuatore di Caffaro [a] vorrebbe farci credere, che finto fu il difegno di que' Principi Criftiani di paffare in Terra fanta; e il vero effere ftato fin ful principio quello di fottomettere al loro comando l'Imperio de' Greci. Affalirono dunque con battaglia di terra e di mare quella Regal Città. Murzuflo dopo qualche difefa, confiderando la bravura altrui, e il pericolo proprio, fi ritirò in falvo fuori della Città, laonde in fine i Cittadini capitularono la refa nel Mefe di Marzo, la quale non fi fa intendere, perchè foffe feguitata dal facco di quell'Augufta Città, per cui tutti i foldati arricchirono, e da altri ecceffi e difordini, di cui è capace in tali congiunture la sfrenata licenza della gente di guerra. Quetati i rumori, fu propofto nel Configlio di que' vittoriofi Principi di eleggere un Imperador Latino, e il più degno fu creduto *Baldovino* Conte di Fiandra. Pofcia fecondo i patti fu fatta la divifion dell'Imperio. A i *Veneziani* toccò la Quarta parte, confiftente in varie Provincie, Ifole, e Città, fpecificate tutte ne' Documenti aggiunti alla Cronica di Andrea Dandolo [b], e in oltre la facoltà di eleggere il Patriarca Latino di Coftantinopoli. Quefto onore toccò per quella volta a *Tommafo Morofino*. A *Bonifazio Marchefe* di Monferrato in fua parte fu confermato il Regno di Teffalonica, o fia di Salonichi, coll' Ifola di Candia. A gli altri Signori furono concedute in Feudo altre Provincie e Terre. Prima di quefti sì ftrepitofi avvenimenti il Pontefice *Innocenzo III.* o prevedendo, o fapendo, cofa andaffero macchinando i Principi Crociati, avea con varie Lettere e minaccie cercato di rimuoverli dal danneggiare l'Imperio Greco, perchè di Criftiani. Moftroffi anche in collera per tale conquifta; ma da faggio fe la lafciò paffare ben tofto, perchè fotto di lui era accaduto un sì gran cambiamento di cofe, vantaggiofo non poco alla fanta Sede e alla Chiefa Latina, con cui, volere o non volere, non tardarono ad accordarfi i Greci, da che Dio avea cotanto umiliata la loro fuperbia.

IN queft'Anno *Gualtieri Conte* di Brenna, collegato con Jacopo

[a] *Caffari Annal. Genuenf.* Tom *VI.* *Rer. Italic.*

[b] *Dandul. in Chronic.* Tom. *XII.* *Rer. Italic.*

copo Conte di Tricarico, e con Ruggieri Conte di Chieti, prese Terracina. Affediato poi dal Conte Diopoldo, e da i Salernitani, e ferito da una faetta reftò privo d'un occhio; ma al foccorfo di lui s'affrettarono i due Conti fuddetti, e il liberarono. Tutto ciò abbiamo da Riccardo da S. Germano [a], il quale aggiugne, che il foprafcritto Diopoldo fu ignominiofamente co i fuoi cacciato di Salerno. Profittando i Pifani delle difcordie, che bollivano in Sicilia, trovarono maniera d'impoffeffarfi della Città di Siracufa, con obbligare a ritirarfi molti di que'Cittadini, e fin lo ftefo Vefcovo, e i di lui Fratelli [b]. Ciò udito da'Genovefi, tra per l'odio antico contra de'Pifani, e perchè da *Arrigo VI*. Augufto era ftata loro affegnata in dominio quella Città: vennero in parere di levarla a i Pifani. Unitefi dunque varie loro Navi ed Armatori nell'Ifola di Candia, fi portarono a Malta, e tirarono con effo loro in lega *Arrigo Conte* di quell'Ifola, valorofo Signore, che in perfona con varie Galee e colla fua gente accorfe alla meditata imprefa. Nel dì *6*. d'Agofto arrivarono fotto Siracufa, e cominciarono le offefe contra de i difenfori, e dopo fette giorni a forza d'armi v'entrarono con tagliare a pezzi affaiffimi Pifani, e rimettere in cafa il Vefcovo co'fuoi Fratelli. Ritennero per fè quella Città, e vi lafciarono un Governatore, che la reggeffe a nome della Repubblica di Genova, fe pur non gliela diedero in Feudo. Ma in Genova una fiera tempefta di mare affondò varie loro navi mercantili con graviffimo danno di merci e danari. Vi fu anche una fedizione d'alcuni Cittadini contra del Podeftà, che colla mediazione di perfone religiofe e d'altri favj fi fopì ben prefto. Anche in Piacenza la divifione entrò fra gli Ecclefiaftici e Laici di quella Città, [c] e toccò a i primi, ficcome inferiori di forze, col loro Vefcovo *Grimerio* di abbandonare la Città; e contuttochè Papa Innocenzo fulminaffe le Cenfure contro gli autori di tali ecceffi, per tre anni e mezzo ftettero quegli Ecclefiaftici efclufi dalla Città. Era ftato in addietro lo ftudio delle Città libere quello di fottomettere al loro imperio i Caftellani e Nobili, che godeano Feudi indipendenti dalle Città, con ampliare il loro diftretto per quanto poterono. Si rivolfero poi contra de'Vefcovi, Abbati, ed altri Ecclefiaftici, parendo loro, che poffedeffero troppe giurisdizioni e beni in pregiudizio del Comune; e fenza rifpettare i facri Canoni, gli andarono fpogliando di molte Terre e di varj diritti, e mettendo talvolta anche delle ta-

[a] *Richardus de S. Germano in Chron.*

[b] *Caffari Annal. Genuenf. l.4.*

[c] *Chronic. Placentin. Tom. XVI. Rer. Italic.*

Tomo VII.   Q   glie

glie fopra i loro ftabili. Ciò, che fece Piacenza, fi truova in altri anni praticato da altre Città, perciocchè l'efempio è un efficace maeftro del mal fare. La nuova della prefa di Coftantinopoli fparfa per Italia, cagione fu, che circa mille Cremonefi (a) prefero il viaggio verfo colà fulla fperanza d'arricchire anch'effi alle fpefe de' Greci. Erano già vicini i Bolognefi e i Modenefi a romperla (b); e bifogna ben credere, che il Popolo di Modena fi fentiffe debole di polfo; imperocchè ful principio di Gennaio giunfe a comprometttere le differenze, che vertivano con gli avverfarj, nello fteffo Podeftà di Bologna, ch'era Uberto Visconte. Ciò, che doveva afpettarfene, avvenne. Nel dì 9. di Maggio profferì egli il Laudo, che ftendea i confini del Bolognefe fino alla Muzza con patente ingiuftizia. Se ne lagnarono forte i Modenefi; ma per non potere di più, chinarono la tefta, e fofferirono i colpi della contraria fortuna. Noi vedremo ritrattato lo fteffo Laudo da *Federigo II.* Augufto all'Anno 1226. Cercarono poi effi di rifarfi contra de'Capitani e Caftellani del Frignano, viventi in libertà in quelle montagne, che da i Liguri Friniati prefero il nome: il che diede motivo a i Parmigiani di accorrere col loro Carroccio alla difefa di que' Popoli. Crema in queft'Anno (c) reftò tutta confumata dal fuoco. Non s'era peranche ammogliato *Azzo VI.* Marchefe d'Efte. L'Anno fu quefto, in cui egli folennizzò le fue Nozze con *Alifia*, Figliuola di Rinaldo Principe d'Antiochia, che portò nella Famiglia Eftenfe il nome di Rinaldo, una ricca dote, e un nobiliffimo parentado. Imperciocchè una fua Sorella fu maritata (d) in *Manuello Comneno* Imperador de' Greci; e un'altra per nome *Agnefe* divenne Moglie di *Bela Re* d'Ungheria. Di quefto Matrimonio, ficcome ancora d'altri atti fpettanti ad effo Marchefe, ho io parlato nelle Antichità Eftenfi (e).

(a) *Chronic. Cremonenfe Tom. VII. Rer. Italic.*
(b) *Annal. Veter. Mutinenf. Tom. XI. Rer. Italic.*
(c) *Galvan. Flamma in Manipul. Flor.*
(d) *Alberic. Monachus Trium Font. in Chron.*
(e) *Antichità Eftenf. P. I. c. 39.*

Anno di Cristo mccv. Indizione viii.
d'Innocenzo III. Papa 8.
Vacante l'Imperio.

(f) *Richardus de S. Germano in Chron. Vita Innocent. III. Par. I. Tom. III. Rer. Italic.*

TERMINO' in queft'Anno *Gualtieri Conte* di Brenna la carriera del fuo vivere. (f) Paffava il fuo valore in temerità. Effendo configliato da chi gli volea bene di aver più guardia a sè fteffo, diede una rifpofta da Guafcone con dire prefuntuotuofamente, che i Tedefchi armati non oferebbono di affalire Franzefi difarmati. Non andò molto, che ne fece la pruova. Aveva egli meffo l'affedio al Caftello di Sarno, entro cui rinferrò il Conte Diopoldo, e fe ne ftava con peca guardia. Accortofene Diopoldo, una mattina per tempo co' fuoi in armi andò a fargli una vifita, ma non da amico; e trovato lui co' fuoi, che nudi agiatamente dormivano fra le morbide piume, ne fece un macello. Il Conte ferito da più faette e lancie, condotto prigione nel Caftello, da lì a pochi giorni fpirò l'anima, lafciando gravida la Moglie fua, chiamata da Rocco Pirro Alteria, o Albiria, Figliuola del già Re Tancredi, la quale dopo aver partorito un Figliuolo, in cui fu ricreato il nome del Padre, pafsò alle feconde Nozze con Jacopo Conte di Tricarico. *Giovanni Conte* di Brenna fuo Fratello, fu dipoi creato Re di Gerufalemme. Sbrigatofi Diopoldo da quefto bravo avverfario, e tornatofene vittoriofo a Salerno, dove teneva in fuo potere la Torre maggiore, prefe molti Salernitani, e come traditori li punì a fuo talento. Infaufto riufcì l'Anno prefente anche a i Latini fignoreggianti in Coftantinopoli. (*a*) Portatofi l'Imperador *Baldovino* all'affedio di Andrinopoli, fu quivi prefo vivo da i Bulgari, e poi barbaramente uccifo. In luogo fuo fu alzato al trono *Arrigo* fuo Fratello. Per attestato del Continuatore di Caffaro (*b*) *Bonifazio Marchefe* di Monferrato, e Re di Teffaglia, o fia di Salonichi, fi portò all'affedio di Napoli di Malvafia, e di Corinto, dove tuttavia fignoreggiava quell'*Aleffio*, che tirannicamente aveva ufurpata la Corona del Greco Imperio. Il fece prigione colla Moglie, e col Figliuolo, e li mandò in una nave di Porto Venere fino a Genova. Di ciò avvifato *Guglielmo Marchefe* fuo Figliuolo, corfe immantenente a Genova, e prefi quefti illuftri prigionieri, feco li conduffe in Monferrato. Confeffa nulladimenò Sicardo Vefcovo di Cremona, che in queft'Anno il fuddetto Marchefe Bonifazio, *a Græcis & Blachis*, [Bulgari erano coftoro] *multa paffus eft;* e che la fortuna nell'Anno prefente favorevole fu a i Greci, contraria a i Latini. In queft' Anno ancora conofcendo il fuddetto Marchefe di non poter tenere l'Ifola di Candia, ne fece vendita a i Veneziani per mille Marche d'argento, e tanti poderi, che rendeffero dieci mila Perperi di entrata ogni Anno. Lo Strumento fi legge preffo Benvenuto da S. Giorgio (*c*). Si rodevano intanto i Pifani per cagion di Siracufa, tolta loro da' Genovefi, e per anfietà di ri-

Q 2 cupe-

Era Volg.
Ann. 1205.

(a) *Sicard. in Chronic. Tom. VII. Rer. Italic. Nicetas, & alii.*
(b) *Caffari Annal. Genuenf. Tom. VI. Rer. Italic.*

(c) *Benvenuto da S. Giorgio Storia del Monferrat.*

ERA Volg.
ANN. 1205. cuperarla, fecero in queſt' Anno un grande armamento, ed ebbero ſoccorſo dal Conte Rinieri, e da altri Toſcani. Con queſte forze andarono a mettere l'aſſedio a Siracuſa, e la ſtrinſero
per tre meſi e mezzo. Moſſeſi allora *Arrigo Conte* di Malta con
quattro Galee ben armate, e venuto a Meſſina, vi trovò alcune
Navi de' Genoveſi, ed altre ne unì, per ſoccorrere quella Città. Dichiarato Generale di quella Flotta, da Meſſina paſsò alla
volta di Siracuſa. Gli vennero incontro i Piſani con dodici Galee, ed altri legni, ed attaccarono battaglia, ma con loro danno, perchè a riſerva di cinque Galee di Lombardi, che preſero la fuga, l'altre vennero in potere de' Genoveſi. Uſcito
anche di Siracuſa Alemanno Conte di quella Città, diede addoſſo a i Piſani, ch'erano in terra, e li miſe in rotta con
prendere le bandiere, tende, e bagaglio del campo loro. Succedette queſto fatto nel Lunedì avanti alla Natività del Signore.

MOLTE altre prodezze e preſe di ricche navi mercantili Veneziane, fatte da eſſo Arrigo Conte di Malta, e l'aiuto da lui preſtato al Conte di Tripoli, ſi leggono ne gli Annali Genoveſi. In
queſti tempi la pirateria, o ſia il fare il Corſaro, era un meſtiere, che non diſpiaceva nè pure a molti Criſtiani; e queſto Conte
non era l'ultimo a praticarlo. All'udire i Genoveſi, erano Corſari i Piſani; e lo ſteſſo nome veniva dato da altri a i Genoveſi.
(a) *Annales
Veter. Mu-
tinenſ.
Tom. XI.
Rer. Italic.* Riuſcì in queſt'Anno al Popolo di Modena (a) di ridurre con amichevol trattato i Capitani, cioè i Nobili Padroni di Terre e Caſtella, nel Frignano a ſottometterſi alla loro Comunità con divenir Cittadini di Modena, promettere di abitar in eſſa Città qualche Meſe dell'Anno, e di militare ſecondo le occorrenze in aiuto del Comune. Coſì il diſtretto di Modena ripigliò gli antichi
ſuoi confini, e coſì andavano anche facendo le altre Città libere
(b) *Mauri-
ſius Hiſtor.
Tom. VIII.
Rer. Italic.* d'Italia. Abbiamo da Gerardo Mauriſio (b), che in queſt'Anno
*venit Studium Scholarium in Civitate Vicentiæ, & duravit uſque
ad Poteſtariam Domini Drudi,* cioè ſino all'Anno 1209. Antonio
(c) *Godius
in Chronico
Tom. VIII.
Rer. Italis.* Godio (c) anch'egli atteſta, che nell'Anno preſente *Studium Generale fuit in Civitate Vicentiæ, Doctoresque in Contrata Sancti
Viti manebant.* I primi ad iſtituire lo Studio delle Leggi nel Secolo Undecimo, o Duodecimo, furono i Bologneſi, e in quella ſola Città durò per molti Anni queſto ornamento, con eſſerſi a poco
a poco aggiunti anche i Lettori di Lettere umane, di Filoſofia, e
Medicina. Mirando poi gli altri Popoli, quanto onore e vantaggio veniſſe a Bologna dal gran concorſo de gli Scolari, s'invoglia-

rono di nobilitar le loro Città con fomigliante Studio. Ciò fpe- ERA Volg.
zialmente fecero anche i Modenefi e Padovani : del quale argo- ANN.1205.
mento ho io trattato altrove (*a*). Era in quefti tempi Capo della (a) *Antiq.*
Fazion Ghibellina in Ferrara *Salinguerra* Figliuólo di Torello. *Italic. Dif-*
Capo della Guelfa tanto in quella Città, che per tutta la Marca *fert.* 44.
di Verona, era *Azzo VI. Marchefe* d' Efte . Fra sì contrarj genj
ed impegni troppo era difficile , che lungamente duraffe la concordia . In fatti fecondo la Cronica di Bologna (*b*) , nell' Anno (b)*Chronic.*
prefente il Marchefe Azzo, non gli piacendo, che Salinguerra *Bononienfe*
aveffe fortificata la Fratta, Caftello ne' confini de' fuoi Stati, gliel *To. XVIII.*
prefe e lo dirupò : il che fu principio delle tante diffenfioni, che *Rer. Italic.*
feguirono pofcia fra loro. La Cronica Eftenfe (*c*) parla di quefto (c) *Chron.*
fatto all' Anno 1189. ma fuor di fito a mio credere, perchè fola- *Eftenfe*
mente nell' Anno feguente fra quefti due emuli fi accefe la guer- *Tom. XV.*
ra . Effendo mancato di vita in Coftantinopoli l' infigne Doge di *Rer. Italic.*
Venezia *Arrigo Dandolo* nel dì primo di Giugno , portatane la
funefta nuova a Venezia, fi venne nel dì 5. d'Agofto all' elezione (d)*Dandul.*
d' un nuovo Doge, e quefta cadde nella perfona di *Pietro Ziano* (*d*) *in Chronic.*
Conte d'Arbe , Figliuolo del già Doge *Sebaftiano* . *Tom. XII.*
Rer. Italic.

Anno di CRISTO MCCVI. Indizione IX.
d' INNOCENZO III. Papa 9.
Vacante l' Imperio.

DOPO tanta oppofizione fatta finquì da Diopoldo Conte Tedefco a Papa *Innocenzo III.* in Puglia , coftui finalmente
cercò di rimetterfi in grazia d'effo Pontefice (*e*) , con prometter- (e) *Richar-*
gli una totale ubbidienza e fommeffione, e fpezialmente per gli *dus de S.*
affari del governo del Regno di Sicilia . Fu dunque chiamato a *Germano.*
Roma , ed ottenuta che ebbe l' affoluzion dalle fcomuniche , con
licenza del fommo Pontefice fe ne tornò a Salerno. Sperava Innocenzo col braccio di quefto Miniftro di riftabilir la pace , e infieme la fua autorità nella Corte Reale di Palermo. Pafsò in fatti (f) *Anony-*
Diopoldo, fecondo l' Anonimo Cafinenfe (*f*) , in queft' Anno , o *mus Cafin.*
pure come ha Riccardo da San Germano, nell' Anno feguente in *in Chron.*
Sicilia ; e tanto fi adoperò con Guglielmo Capperone , che l' induffe a confegnare il giovinetto *Re Federigo* nelle mani del Cardinale Legato. Ma Diopoldo fi trovò ben prefto tradito. Fu fparfa voce, ch' egli con sì belle apparenze era dietro ad impoffeffarfi

del

Era Volg
Amm. 1206.
del Re, e ad atterrare lo stesso Capperone, e Gualtieri gran Cancelliere, che cozzavano da gran tempo fra loro. Fondata o immaginata che si fosse da i malevoli una tal diceria: la verità è, che avendo Diopoldo preparato un convito, per solennizzar la pace fatta, contra di lui fu svegliata una sedizione, in cui preso egli andò a far delle meditazioni in prigione. Ma non vi si fermò molto, perchè ebbe chi l'aiutò a fuggire; e fortunatamente uscito di Palermo, si ricoverò di nuovo a Salerno. Allora il gran Cancelliere giunse ad avere in suo potere il Re Federigo. Circa questi tempi *Bonifazio Marchese* di Monferrato fu coronato Re

[a] Caffari
Annal. Genuens. l. 4.
Tom. VI.
Rer. Italic.
di Tessalia, ed abbiamo dal Continuatore di Caffaro [a], che in Genova furono armate quattro Galee, per condurre a Costantinopoli una Figliuola d'esso Marchese, destinata in Moglie ad *Arrigo* di Fiandra, nuovo Imperador Latino in quelle parti. Proseguiva con calore l'astio e la guerra fra i due Competitori nel Regno Germanico, cioè tra *Filippo* di Suevia, e *Ottone* Estense-Guelfo.

[b] Godefridus Monachus in Chronic.
Albericus Monachus in Chronic.
[b] Ebbe una rotta in quest'Anno il Re Ottone: il che indusse il Popolo di Colonia ad accordarsi col Re Filippo. Trovossi allora Ottone a mal termine, e portatosi a Brunsvich, dopo aver dato buon sesto a'suoi affari, passò in Inghilterra a chiedere soccorso al *Re Giovanni* suo Zio, e vi fu ricevuto con grande onore sì dal Re, come da tutti i Baroni. Dopo esservisi trattenuto per qualche tempo, se ne tornò in Germania, portando seco un gagliardo rinforzo di danaro. Verso questi tempi i

[c] Malvecius Chron.
Brixian.
Tom. XIV.
Rer. Italic.
Nobili, che soli governavano Brescia [c], vennero fra loro alle mani, e si sparse molto sangue: il che fu cagione, che fu richiamata in Città quella Plebe, che n'era stata cacciata. Ma poca durata in quella sconvolta Città ebbe la Pace. Sorse Alberto Conte di Casalalto, che aspirava al comando sopra gli altri, e si venne all'armi. Co'suoi aderenti fu forzato a fuggirsene dalla Città, e continuò dipoi la guerra civile. Essendo mancato di vita in quest'Anno *Filippo* Arcivescovo di Milano, in

[d] Saxius in Not. ad Sigonium de Regn. Italic.
[e] Annales Veteres Mutinens. Tomo XI. Rer. Italic.
Rubeus Hist. Ravenn. l. 6.
luogo suo venne eletto *Uberto da Pirovano*, il quale secondo le pruove addotte dal Signor Sassi [d], fu insieme Cardinale della santa Romana Chiesa. Terminò ancora i suoi giorni *Alberto* Arcivescovo di Ravenna, ed ebbe per successore *Egidio* Vescovo di Modena [e]. Entrò in quest'Anno la discordia anche nella Città di Verona. *Bonifazio Conte*, Figliuolo di *Sauro* Conte di S. Bonifazio, che era chiamato Conte di Verona, non già perchè la governasse allora, ma perchè era discendente da gli antichi

chi

chi Conti, o vogliam dire Governatori perpetui di quella Città, ERA Volg
ficcome del partito de'Guelfi, ebbe controverfie [a] co i Monti- ANN.1206.
coli, o fia Montecchi, potenti Cittadini di Verona di partito [a] Paris de
Cereta Chr.
contrario. Nel dì 14. di Maggio venute alle mani quefte due fa- Veron. T.8.
zioni, feguì un fiero conflitto, e foccombendo i Monticoli, fi Rer. Italic.
fottraffero colla fuga al pericolo di peggio. Furono in quefta
occafione bruciate le cafe loro, le botteghe de' Mercatanti, e
le Cafe de' Nobili dalla Carcere e di Lendenara.

Anno di CRISTO MCCVII. Indizione x.
d'INNOCENZO III. Papa 10.
Vacante l'Imperio.

ERA in grande auge di gloria e di potenza *Bonifazio Mar-
cbefe* di Monferrato, perchè Re di un bel Regno, cioè di
Salonichi, e della Teffalia. All'udire [b], che i Saraceni avea- [b] Sicard.
inChronico.
Tom. VII.
no affediata Satalia, benchè non di fua giurisdizione, non potè Rer. Italic.
contenerfi il fuo valore dall'accorrere in aiuto de'Criftiani. Ma
venuto a battaglia con quegl'Infedeli, ferito da una faetta avve-
lenata, diede gloriofamente fine alla fua vita. Reftarono di lui
due Figliuoli mafchi, *Guglielmo*, che fu Marchefe di Monferrato, e *Demetrio*, a cui toccò la Corona del Regno Teffalico. Sog-
giornava in Salerno il Conte Diopoldo [c], mal foddisfatto de' [c]Anonym.
Cafinenf. in
Chron.
fuoi emuli, che governavano la Sicilia, e probabilmente anche Richardus
della Corte di Roma. Inforfero diffapori fra lui e i Napoleta- de S.Germ.
ni, e fi venne a decidere col ferro la loro contefa. Rimafero
disfatti i Napoletani con graviffima loro perdita di gente. Fra
gli altri prigioni vi reftò Giffredo da Montefufcolo, che era lor
Generale. Effendo prevaluta in Verona la fazione de' Guelfi,
per fortificarla maggiormente fi ftudiarono effi di avere per loro Podeftà in queft'Anno *Azzo VI. Marchefe* d'Efte: ufizio ben
volentieri accettato da lui, perchè l'andare per Podeftà nelle
Città libere d'allora, fi chiamava *andare in Signoria*, cioè an-
dar a fare il Principe in quelle Città. [d] Unitofi dunque col [d] Roland.
l. 1.c.9.
Gerardus
Maurifius
Tom. 8.
Rer. Italic.
Conte Bonifazio da S. Bonifazio, nobile e potente Signore tan-
to in Verona, che nel fuo diftretto, cominciò il Marchefe ad efercitar con vigore il fuo governo. Ma i Montecchi efiliati, a'
quali troppo difpiaceva la patita depreffione, collegatifi col Marchefe *Bonifazio d'Efte*, Zio d'effo Azzo, e alieno da lui per liti ci-

ti civili, e con Eccelino da Onara, padre del crudele Eccelino, e non già del Conte Bonifazio da S. Bonifazio, come per qual-che errore de' Copisti si legge nella Cronica di Parisio da Cere-ta (a), furtivamente introdotti una notte in Verona, costrinse-ro il Marchese Azzo ad abbandonar la Città. Allora fu, che anche *Salinguerra*, Capo de' Ghibellini in Ferrara, scopertosi intrinseco amico di Eccelino, cacciò da quella Città tutti gli a-derenti del Marchese Azzo, e senza lasciar più luogo a lui, co-minciò a farla da Signore di Ferrara. Ma che non andasse im-punita l'insolenza di costoro, lo vedremo all'Anno seguente. Ritirossi il Marchese alla Terra della Badia, e ne gli altri suoi Stati, dove attese a far gente. Parla di questo fatto anche la Cronica Estense (b) con aggiugnere, che Salinguerra prese in quest'Anno a i Ravennati la grossa Terra d'Argenta, e conse-gnatala alle fiamme, se ne tornò trionfalmente a Ferrara con as-saissimi prigioni. Fin l'Anno addietro *Papa Innocenzo III.* che vedea in gran declinazione gli affari del *Re Ottone* in Germa-nia, ricevute, che ebbe Lettere di gran sommessione dal *Re Filippo* (c), siccome personaggio provveduto di una buona bussola per sapere con vantaggio navigare secondo i venti, co-minciò a parlar dolce con esso Filippo; e spediti in quest'Anno in Germania due Cardinali Legati, diede ordine, che si trattas-se di pace. V'ha chi scrive (d), essersi questa conchiusa con obbligarsi il Re Filippo di dare una sua Figliuola per *Moglie* al Re Ottone col Ducato della Suevia. Altri niegano, che se-guisse accordo alcuno; e giacchè non si potè ottener altro, i Le-gati stabilirono una Tregua d'un anno, e fecero depor l'armi a Filippo. Ciò non ostante (e), Papa Innocenzo diede mano ad un accomodamento proprio con Filippo, disposto a dargli la Corona dell'Imperio, tuttochè avesse già riconosciuto Ottone per legittimo Re de'Romani. Racconta Corrado Abbate Urfper-genfe d'avere inteso da persone veridiche, che Filippo si gua-dagnò l'animo del Pontefice colla promessa di concedere in Mo-glie a Riccardo fratello d'esso Papa, già fatto Conte, una sua Figliuola, e di dargli in dote la Toscana, Spoleti, e la Marca d'Ancona. Probabilmente queste furono dicerie de'fautori del Re Ottone, o pure di coloro, che facilmente fanno gl'interpreti de' gabinetti de' Principi. Per altro non dimenticò mai questo Pontefice in mezzo a i pubblici affari i privati della propria Casa. Sparsasi poi per Italia la nuova del favorevol afcendente

del

(a) Parif.
de Cereta
Chr. Veron.
Tom. 8.
Rer. Italic.

(b) Chronic.
Estenfe
Tom. XV.
Rer. Italic.

(c) Arnold.
Lubec. Chr.
lib. 7. c. 6.

(d) Abbas
Urfpergenf.
inChronico.

(e) Arnold.
Lubecenfis
uti fapra.
Albertus
Stad. ad
Ann. 1207.

del Re Filippo, non perdè tempo *Azzo VI. Marchefe* d'Efte ad Era Volg. Ann. 1207. inviar Deputati in Germania, per ottener la conferma delle Appellazioni della Marca di Verona, cioè di Verona, Vicenza, Padova, Trivigi, Trento, Feltro, e Belluno, e l'Inveftitura di cinque Ville, pofte nel territorio di Vicenza, per sè e per la Principeffa *Alifia* fua Moglie. Leggonfi quefti due Diplomi, fpediti in Argentina *XIV. Kalendas Julii*, nelle Antichità Eftenfi (a). (a) Antich. Eftenfi P.1. cap. 39. Un altro Diploma, con cui Filippo concede in feudo a *Tommafo Conte* di Savoia nel dì primo di Giugno alcune Caftella, mentre ftava in Bafilea, fi legge preffo il Guichenon (b). (b) Guichenon Hiftoire de la Maif. de Savoye Tom. 3.

Anno di CRISTO MCCVIII. Indizione XI. d'INNOCENZO III. Papa 11. Vacante l'Imperio.

GIA' era il tutto difpofto per la riconciliazione ed efaltazione del *Re Filippo*; già aveva egli fpediti i fuoi Ambafciatori a *Papa Innocenzo III.* per la confermazione de i capitoli accordati co i Legati Apoftolici: quando un funefto accidente fcompigliò e rovefciò tutti quefti difegni. (c) Soggiornava il Re Filippo in Bamberga, raunando un potente efercito contra del *Re Ottone*, o pur contra di *Waldemaro Re* di Danimarca, Collegato d'effo Ottone. Trovandofi alla fua Corte *Ottone Palatino* Conte di Witelfpach, uomo facinorofo, fdegnato con effo Filippo per alcune cagioni, e fpezialmente per non aver potuto impetrare da lui in Moglie *Cunigonda* di lui Figliuola, benchè ne foffero feguiti gli Sponfali o le promeffe: nel giorno, in cui s'era Filippo fatto falaffare ad amendue le braccia, chiefe udienza per parlargli. Ammeffo nella camera del Re, fguainato il ferro, con un fol colpo morto alla tefta, lo ftefe morto a terra. Sbrigatofi poi con altri colpi da chi voleva arreftarlo, e falito co'fuoi ne'preparati cavalli, felicemente fi mife in falvo. Queft' orrido eccefto, commeffo nel dì 21. di Giugno, o pure nel feguente, fi tirò dietro la deteftazione di tutti, e maffimamente del Re Ottone, che nulla ebbe che fare nella rifoluzion prefa da quefto affaffino. Tornò bensì in vantaggio d'effo Ottone l'altrui iniquità; perciocchè tenuta una Dieta ad Alberftad, quivi con unanime confenfo de' Principi fu di nuovo eletto Re de'Romani e di Germania. Pofcia in un altro più folenne Parlamento, congregato in Françoforte

(c) Arnold. Lubecenf. lib. 7. c. 14. Otto de S. Blafio. Abbas Urfpergenf. Godefridus Monachus.

Tomo VII. R nel-

Era Volg.
Ann. 1208. nella Fefta di San Martino, non folamente ricevette le Regali
infegne, ma conchiufe ancora un altro importante affare, cioè
di prendere in Moglie *Beatrice*, Figliuola dell'uccifo Re *Filippo*,
la quale gli portò poi in dote trecento cinquanta Caftella, e gli
altri allodiali della Cafa di Suevia, quafi che per nulla fi contaf-
fe allora *Federigo II. Re* di Sicilia, Nipote d'effo *Filippo*. Così
per tutta la Germania rifiorì la Pace e la tranquillità; e Papa Innocenzo, dopo aver deteftato l'affaffinio fatto a *Filippo*, rivolfe
tutto il fuo ftudio e le fue carezze in favore del Re Ottone. Ar-
tefe dal fuo canto anche Ottone a guadagnarfi gli animi de' Principi già fuoi avverfarj, con rinunziare particolarmente alle pretenfioni fue fopra quegl'immenfi Stati, de' quali era ftato fpogliato
a' tempi di Federigo Barbaroffa il Duca *Arrigo Leone* fuo Padre.

PER vendicarfi dell'affronto ricevuto nell'Anno addietro in Verona da gli emuli fuoi, *Azzo VI. Marchefe d'Efte* (a) congregò
un potente Efercito di Lombardi, Romagnuoli, e della Marca di
Verona, e maffimamente ebbe in fuo aiuto il Comune di Mantova. Con quefte forze entrato in Verona, s'impadronì di qualche
fortezza. In aiuto della fazione contraria de' Montecchi accorfe
Eccelino da Onara, fopranominato poi il Monaco, con un buon
corpo di gente. Vennero anche i Vicentini fino alle porte, per
defiderio di metter pace; ma guerra vi fu, e fi venne a battaglia
nella Braida di Verona, in cui dopo oftinato combattimento e
ftrage di molti, la vittoria fi dichiarò in favore del Marchefe.
Fuggirono i Montecchi, e fi fecero forti nelle Rocche di Garda
e di Pefchiera. Le lor Torri e cafe in Verona furono diroccate,
e da lì innanzi il Marchefe Azzo col Conte di San Bonifazio fignoreggiò, finchè ebbe vita, in quella Città. Ho ben io raccontato
quefto avvenimento fotto l'Anno prefente colla fcorta di Rolandino (b). Ma Parifio da Cereta (c) mi par più degno di fede,
perchè Scrittor Veronefe, e non men antico dell'altro. Quefti
lo riferifce all'Anno 1207. e ci afficura, che quel conflitto accadde nel dì 29. di Settembre, fefta di San Michele. Scrive ancora Rolandino, che il fuddetto Eccelino, padre del crudele Eccelino, reftò prigione del Marchefe, che il trattò con gran cor-
tefia ed onorevolezza, e in fine donatagli la libertà fenza rifcatto, il fece nobilmente accompagnare fino a Baffano. E quì Rolandino prorompe in lode di quefti tempi, ne' quali sì buon trattamento fi faceva a i nemici prigionieri, laddove cinquanta anni
dappoi ogni forta di crudeltà fi cominciò a praticar contra di
effi.

(a) *Gerard.
Maurifius
Hiftor.
Tom. VIII.
Rer. Italic.*

(b) *Rolan-
din. l. 1. c. 9.*
(c) *Parif.
de Cereta
Chronic.
Tom. VIII.
Rer. Italic.*

effi . Gherardo Maurizio , Scrittore parzialiffimo della Cafa d' Eccelino , fcrive , ch'egli ebbe la fortuna di falvarfi co'fuoi dopo la rotta fuddetta; e che avendo poi il Marchefe Azzo meffo l'affedio alla Fortezza di Garda , e ridottala a tale , che già alla guarnigione erano mancati i viveri , Eccelino con alcune fchiere d'armati raunati in Brefcia comparve all'improvvifo fotto Garda , e la fornì di vettovaglie per un Anno: ficchè fu obbligato il Marchefe a ritirarfi . All'incontro abbiamo dal poco fa mentovato Parifio , che Garda fu prefa dal Marchefe , e condotti prigioni ad Efte tutti que'difenfori : il che vien anche afferito da Andrea Dandolo (a) .

Qui non fi fermò l'attività e il valore del Marchefe d'Efte. Venuto a Ferrara con grande sforzo di gente , ne cacciò Salinguerra Capo de'Ghibellini. E allora fu , che il Popolo di Ferrara , per mettere fine alle interne fue turbolenze , determinò di metterfi nelle braccia d'un folo , e di proclamare per fuo Signore il Marchefe. Fu efeguito il penfiero , e data a lui una piena balìa fopra quella Città e fuo diftretto con uno Strumento , che fi legge nelle Antichità Eftenfi (b). Di quefto fuo dominio in Ferrara abbiamo anche la teftimonianza di Gherardo Maurifio. Ne gli Annali antichi di Modena (c) è fcritto , che Salinguerra cacciato da Ferrara , fi ricoverò in Modena. E merita rifleffione , che il predetto Marchefe Azzo fu il primo , per quanto io fappia , che acquiftaffe Principato in Città libere , per volere de'Cittadini , acciocchè ceffaffero gli abominevoli effetti delle fazioni e guerre civili: il che fervì pofcia d'efempio ad altre per fare lo fteffo . Venivano allora così fatti Principi confiderati come Capi delle Repubbliche , perchè tuttavia reftava il nome e l'autorità d'effe Repubbliche. La Lega fatta dallo fteffo Marchefe colla Città di Cremona nelle fuddette Antichità Eftenfi fi può leggere. E d'un'altra ftabilita col Popolo di Ravenna parla Girolamo Roffi (d). Ricuperò ancora il Marchefe la Fortezza di Pefchiera , e quivi caduti nelle fue mani i Montecchi , li mandò nelle carceri d'Efte. A quell'affedio intervennero i Veronefi e Mantovani co i loro carrocci. Truovafi poi ne' fuddetti Annali di Modena , che in queft'Anno il Popolo Modenefe andò in aiuto de'Mantovani , perchè loro fi era ribellata Suzara. Secondo la Cronica di Reggio (e) all'affedio di quella Terra furono i Mantovani , il Marchefe d'Efte , i Modenefi , e Cremonefi. Ma fopragiunti i Reggiani co i lor Collegati , fi fciolfe

R 2 quell'

Era Volg.
Amm. 1208.

(a)Dandul.
in Chronic.
Tom. XII.
Rer. Italic.

(b)Antichità Eftenfi
Part. I.
cap 39.
(c) Annal.
Veter. Mutinenf.
Tom. XI.
Rer. Italic.

(d) Rubeus
Hiftor. Ravenn. l. 6.
Parif de Cereta in Chron T.8.
Rer. Italic.

(e) Memoriale Poteft.
Regienf.
Tom. VIII.
Rer. Italic.

Era Volg.
Ann.1208. quell'affedio. Quali foffero quefti Collegati, fi raccoglie da gli Annali di Modena, ne' quali è fcritto fotto il prefente Anno : *Bononienfes cum fuo Carrocio, Imolenfes, & Faventini iverunt in fervitio Regienfium per Burgos Civitatis Mutinæ*. Ed ecco come in quefti tempi erano fempre in armi e in moto i Popoli della Lombardia, per opprimerfi o difenderfi l'un l'altro. La lor Libertà era un gran bene; ma infieme un gran male la loro ambizione ed inquietudine. Se crediamo a gli Storici moderni della Sicilia Inveges, Pirro, ed altri, il Pontefice *Innocenzo III.* nell'Anno prefente per mare fi portò a Palermo, e v'arrivò nel dì 30. di Maggio, per dar fefto a gli affari del Re Federigo. Sono favole, fondate a mio credere fopra una Lettera d'effo Papa, in cui dice d'effere *entrato nel Regno*. Ma quefta fua entrata altro non vuol dire, fe non ch'egli andò a Sora, ricuperata con altre Terre in queft'Anno dalla tirannide de gli Ufiziali Tedefchi, delle quali creò egli Conte *Riccardo* fuo Fratello. Pofcia fe n'andò a S. Germano e a Monte Cafino. Quefto è tutto quello, che di lui raccontano l'Autore Anonimo della fua Vi-

(a) *Vita Innoc. III. P. I. T. III. Rer. Italic.*
(b) *Ricard. de S. Germ. in Chronico.*
(c) *Anonymus Cafinenf.inChr.*
(d) *Joannes de Ceccano Chr. Foffenuova.*

ta (*a*), l'Anonimo Cafinenfe (*b*), e Riccardo da S. Germano (*c*). Se il Pontefice aveffe fatto un viaggio fino in Sicilia, ficcome avvenimento tanto più confiderabile, non l'avrebbono taciuto quegli Autori. Aggiungafi, che effo Riccardo Storico, e Giovanni da Ceccano (*d*) minutamente defcrivono i paffi di quefto Pontefice con dire, ch'egli nel dì 16. di Giugno, *ufcito di Roma*, andò ad Anagni, pofcia a Piperno, al Monifèro di Foffanuova, e nel dì 23. d'effo Mefe a S. Germano, dove tenne un Parlamento co i Baroni del Regno per aiuto del *Re Federigo*, e per la pace di quelle contrade. Che luogo dunque refta all'immaginato fuo viaggio in Sicilia?

(e)*Galvan. Flamma in Manip. Flor.c.241.*

RACCONTA Galvano Fiamma (*e*), che in queft'Anno i Milanefi, udita l'efaltazione di Ottone IV. Re non più dubbiofo, gli fpedirono Ambafciatori fino in Colonia, pregandolo di venire a ricevere la Corona del Regno d'Italia. Durante le difcordie paffate fra la Nobiltà e la Plebe di Brefcia, era venuta alle mani de' Cremonefi la Terra di Ponte Vico. Vollero i Brefciani ricuperarlo, e lo ftrinfero d'affedio. Si moffero bensì i Cremonefi, con avere in aiuto il Marchefe d'Efte; ma fopragiunti i Milanefi collegati de' Brefciani, mifero in rotta il campo Cremonefe, con far prigionieri quattrocento de' lor uomini a cavallo; e Ponte Vico tornò in potere de' Brefciani. Nella Cronichetta di Cremona (*a*) è scritto di Assagito da S. Nazario Podestà in quest'Anno di Cremona: *Hic suo tempore cepit Pontevicum, & suo tempore perdidit*. Aveva *Arrigo Conte* di Malta (*b*), sancheggiato da i Genovesi, tolta a i Veneziani l'Isola di Creta, o sia di Candia nell'Anno 1206. Inviarono in quest'Anno i Veneziani una Flotta contra di lui; ma furono rotti, e restò prigione Rinieri Dandolo loro Ammiraglio. L'insigne Storico Veneto Andrea Dandolo (*c*) differentemente parla di questi affari. Cioè che nell'Anno 1206. fu spedito Rinieri Dandolo con un' Armata di Galee trentuna, il quale prese Leone Vetrano Corsaro Genovese con Galee nove di suo seguito: dal che nacque guerra fra i Genovesi e Veneziani. Impadronissi ancora il suddetto Rinieri di Corsù, Modone, Corone, Atene, e d'altri Luoghi. In questi tempi Arrigo, chiamato Pescatore, Conte di Malta colle forze de' Genovesi mise piede in Candia, coll'impadronirsi di molto paese. Nell'Anno 1207. l' Armata Veneta giunta colà, ricuperò la Capitale dell' Isola, e mise in fuga il Maltese, con prendergli quattro navi. Nell'Anno presente uscito in campagna esso Rinieri Dandolo contra d'alcuni ribelli, ferito da una saetta in un occhio, terminò i suoi dì, e fu seppellito nella Città di Candia. Seguitò poi la guerra co i Genovesi, ma pare, che l'Isola di Candia restasse interamente sotto il dominio Veneto. Ebbero anche i Veneziani il possesso di Negroponte e di Cefalonia, ed infeudarono que'paesi per lor minore fastidio ad alcuni Nobili.

Era Volg. Ann. 1208.
(a) Chron. Cremonens. Tom. VII. Rer. Italic.
(b) Caffari Annal. Genuens. lib. 4. Tom. VI. Rer. Italic.
(c) Dandul. in Chronic. Tom. XII. Rer. Italic.

Anno di CRISTO MCCIX. Indizione XII.
d' INNOCENZO III. Papa 12.
di OTTONE IV. Imperadore 1.

SOLENNIZO' in quest' Anno con dispensa Pontificia *Ottone IV. Re* de'Romani in Wirtzburg le sue Nozze con *Beatrice* Figliuola del *Re Filippo* ucciso. (*d*) Aveva egli messo al bando dell'Imperio *Ottone Conte* Palatino di Witelspach uccisore del medesimo, e confiscati i di lui Stati con distribuirli a varie persone. Questi nell'Anno presente colto da Arrigo di Calendin Maresciallo, restò con più ferite tolto dal Mondo. Inviò in Italia *Volchero Patriarca* d' Aquileia a riconoscere i diritti-Imperiali, e a disporre le Città per la sua venuta. Sopra di che è da leggere

(d) Abbas Urspergens. in Chron. Godefrid. Monachus in Chr. & alii.

Era Volg.
Ann.1209.
re il Sigonio. Acconciò egli intanto tutti i suoi affari con Papia Innocenzo III. per poter passare a Roma, e ricevere la Corona Imperiale. Tutto quanto seppe dimandare il Pontefice, fu liberalissimamente accordato e promesso da lui, mentre era nella Città di Spira, con obbligarsi di restituire alla Chiesa Romana *tutta la Terra di Radicofani sino a Ceperano, la Marca d'Ancona, il Ducato di Spoleti, la Terra della Contessa Matilda, la Contea di Bertinoro, l'Esarcato di Ravenna, la Pentapoli, e tutto quanto era espresso in molti Privilegi d'Imperadori e Re da i tempi di Lodovico Pio.* Ciò fatto, Ottone dopo aver celebrata in Augusta la festa de' Santi Apostoli Pietro e Paolo, con forte esercito per la Valle di Trento calò in Italia.

[a] Gerard. Maurisius Hist. T. 8. Rer. Italic.

Passò l'Adige sopra un ponte fabbricato da i Veronesi [a], da' quali pretese e ricevette la Rocca di Garda. Furono a pagargli il tributo de' loro ossequj *Azzo VI. Marchese d'Este,* ed Eccelino da Onara, fra' quali passavano nimicizie, ed altercando insieme, si sfidarono alla presenza d'esso Re. Curioso è, quanto racconta il Maurisio dell'incontro di questi due emuli, e della cura, ch'ebbe Ottone, di pacificarli; e de' sospetti poi conceputi di loro. Ne ho parlato nelle Antichità Estensi. Ordinò egli al Marchese di rimettere in libertà i prigioni; e fu ubbi-

[b] Annales Veteres Mutinens. Tom. XI. Rer. Italic.
[c] Otto de S. Blas. in Chronico.

dito. Venne Ottone verso Modena [b], e si attendò nel distretto di Spilamberto. Indi per testimonianza di Ottone da S. Biagio [c], passò a Bologna, dove concorsero tutti i Principi e Deputati delle Città d'Italia, e vi fu fatta gran Corte e festa. Di là portossi a Milano, ricevuto con gran pompa ed allegria da quel Popolo. In tale occasione gli Storici Milanesi

[d] Gualvaneus Flam. in Manip. Flor. c. 244. Corius, Bossius, & alii.
[e] Tristan. Calcus Hist. Mediolan.

scrivono, [d] che esso Re prese nella Basilica di Santo Ambrosio la Corona del Regno d'Italia, nè per tal funzione volle chiedere o ricevere quella contribuzion di danaro, che secondo il costume si pagava da i Popoli. Tristano Calco [e] differisce all'Anno seguente la di lui Coronazione Italica: il che sembra poco verisimile, l'uso essendo stato, che la Corona del Regno d'Italia precedentemente alla Romana si conferisse. Ma certo non sussiste il dirsi da Galvano Fiamma, che Ottone fosse coronato nel *Sabbato Santo* di quest'Anno, perchè egli non era peranche disceso in Italia; e tal asserzione può più tosto persuaderci l'opinione del Calchi, che riferisce la di lui Coronazione in Milano al sacro giorno di Pasqua dell'Anno susseguente. Dopo aver quivi dato ordine a gli affari del Regno d'Italia, si rimise in

viag-

viaggio il Re Ottone, e paſſato l'Apennino, per tutta la Toſcana fu ben veduto ed accolto. Trovò a Viterbo Papa Innocenzo [a], che l'aſpettava, e concertata con lui la coronazione Romana, e confermati i giuramenti, continuò il viaggio
alla volta di Roma coll'eſercito ſuo, accreſciuto di molte migliaia d'Italiani, e andò ad accamparſi nelle vicinanze di S. Pietro, cioè della Baſilica Vaticana. In eſſa poi dalle mani di Papa Innocenzo III. ricevette l'Imperial Corona e benedizione. Il
giorno di sì ſolenne funzione è controverſo fra gli Storici [b].
Alcuni la ſcrivono fatta nel dì 27. di Settembre, giorno di Domenica, altri nella ſeguente Domenica giorno 4. d'Ottobre.
Non ho io trovato finora lumi baſtanti per decidere queſto dubbio, parendomi nulladimeno più probabile la ſeconda opinione.
Accompagnò Ottone colla Corona in capo il Pontefice fino alla
Portà di Roma fra la gran calca delle ſue truppe, e tornoſſene
dipoi al ſuo padiglione.

MA queſta gran feſta ed allegria mutò ben preſto aſpetto.
O ſia, come vogliono alcuni [c], che accidentalmente veniſſero
alle mani i Romani co i Tedeſchi a cagione di qualche danno, o
inſolenza lor fatta; o pure, ſecondo altri, che il Popolo Romano pretendeſſe que' groſſi regali, che da alcuni precedenti Auguſti erano ſtati lor fatti nella Coronazione Romana, e Ottone ri-
cuſaſe di ſoddisfarli: certo è, che ſeguì fra i Romani e Tedeſchi una calda baruffa, e la peggio toccò alle genti del novello
Imperadore. Non ſine ſtrage magna ſuorum, dice Riccardo da
S. Germano [d]. Giordano, ed Alberico Monaco de i tre Fonti
[e], amplificando a mio credere queſto avvenimento, ſcrivono:
Multi de Teutonicis occiſi ſunt, & plurimi damnificati, itaquod
dictum eſt poſtea, in illo bello mille centum equos amiſiſſe Imperatorem, præter homines occiſos, & alia damna. Non c'è ba-
ſtante fondamento di credere così gran perdita. Ma veriſimilmente per queſto accidente cominciò a turbarſi la buona armonia fra il Papa e l'Imperadore, il quale venuto in Toſcana,
parte quivi, e parte in Lombardia paſsò il verno ſeguente, con
aver licenziata la maggior parte dell'Amata ſua. Parmi ancora credibile, che non tardaſſe molto l'Auguſto Ottone ad occupare, o a non reſtituire alcuni degli Stati della Chieſa Romana, non oſtante la promeſſa e il giuramento da lui preſtato.
La Storia è quì molto ſcarſa, nè ci ſcuopre le cagioni tutte,
che produſſero dipoi tanti ſconcerti fra la ſanta Sede, e il ſud-
det-

Era Volg.
Ann. 1209.
[a] Johann.
de Ceccano.
Chr. Foſſa-
nova.

[b] Otto de
S. Blaſio in
Chron.
Arnoldus
Lubecenſis.
Godefrid.
Monach.
Mattbæus
Paris Hiſt.
Angl.

[c] Abbas
Urſpergenſ.
in Chron.
Jordanus
in Chron.

[d] Richard.
de S. Germ-
in Chronic.
[e] Alberic.
Monachus
in Chron.
Appendix
ad Robert.
de Monte

ExaVolg.
Ann.1209 detto Imperadore. Sappiamo da tutti, che Papa Innocenzo III.
accusò di ufurpazione e perfidia Ottone; e che all' incontro Ottone pretendeva di non operar contra il giuramento fatto in favore del Pontefice con dire, ch'egli prima avea nella fua Coronazione Germanica giurato di confervare e ricuperare gli Stati
e i diritti Imperiali. Si può credere, che metteffero la zampa
nel Configlio Imperiale i Legifti Politici con rapprefentare ad Ottone l'efempio de' fuoi Predeceffori, che aveano goduto il dominio di quegli Stati, e date ne aveano le Inveftiture: il che
era ftato praticato anche da *Arrigo I.* Imperadore fanto. Forfe
ancora chiamarono ad efame i Diplomi delle conceffioni fatte a
i Papi da gl'Imperadori fin da' tempi di Lodovico Pio fino a quefti, con trovarvi delle difficultà. Comunque fia, egli è fuor
di dubbio, che grande ftrepito fece il Pontefice contra di Ottone, l'ammonì per mezzo dell'Arcivefcovo di Pifa, ma indarno: ficchè giunfe in fine ad atterrarlo, ficcome vedremo. Più
che mai feguitava intanto il vigilantiffimo Papa a tenerfi ben
unito con *Federigo II. Re* di Sicilia, confiderando il bifogno,
che potrebbe occorrere di quel Principe, qualora le fperanze da
lui concepute di Ottone IV. rimaneffero delufe. Fu egli dunque,
che configliò a Federigo di accafarfi; fu egli ancora mediatore
del Matrimonio di lui con *Coftanza* Figliuola del Re d'Aragona. Nel Mefe di Febbraio del prefente Anno effendo ftata condotta quefta Principeffa a Palermo, con rara magnificenza fe ne
celebrarono le Nozze. Abbiamo da Gerardo Maurifio (*a*), e
da altri Storici, che in queft'Anno *Salinguerra*, Capo de' Ghibellini in Ferrara co' fuoi aderenti feppe far tanto, che rientrò in Ferrara, fpogliò di quel dominio *Azzo VI. Marchefe* d'
Efte, e cacciò in efilio tutti i di lui partigiani. Trovavafi allora il Marchefe coll'efercito fuo, accompagnato da i Veronefi e Vicentini verfo la Brenta, per paffare alla diftruzione della nobil Terra di Baffano, dove Eccelino da Onara nemico fuo
fignoreggiava. Erano anche in armi i Trivifani, per dar aiuto
ad effo Eccelino. Arrivò al Marchefe la nuova della perdita di Ferrara: allora precipitofamente levò il campo, e tornoffene a Vicenza, ubbidiente in quefti tempi a' fuoi cenni, e fu
infeguito da Eccelino fino alle porte di quella Città. Non andò
più innanzi quefta briga, perchè arrivato il Re Ottone, che veniva allora dalla Germania, ad Orfaniga, tanto il Marchefe, che
Eccelino dovettero ire alla Corte, ficcome ho di fopra accennato.

(a) *Gerard.*
Maurifius
Hift. T.8.
Rer. Italic.
Memoria-
le Poteft.
Regienf.
Tom. VIII.
Rer. Italic.
Chronicon
Eftenfe
Tom. XV.
Rer. Italic.

to. In Cremona (*a*) ancora nell'Anno presente v'entrò la dis- ErA Volg.
cordia. Il Popolo si divise in due sazioni; l'una teneva la Cit- Ann. 1209.
tà vecchia, e l'altra la nuova, di modo che arrivarono nell' (a)Chronic.
Anno seguente cadauna delle parti ad eleggere il suo Podestà. Cremonense
Tom. VII.
Rer. Italic.

Anno di CRISTO MCCX. Indizione XIII.
d'INNOCENZO III. Papa 13.
di OTTONE IV. Imperadore 2.

TROVAVASI l'Imperadore *Ottone* tuttavia in Toscana
XIII. Kalendas Februarii dell'Anno presente, ciò apparendo da un suo Diploma dato ad *Azzo VI. Marchese* d'Este *a-
pud Clufinam Civitatem* (*b*). Intorno al qual Documento è da (b)Antichi-
tà Estenf.
avvertire, che il saggio Pontefice *Innocenzo* ne gli anni addie- P. l. c. 39.
tro attento a ricuperar dalle mani de' Tedeschi gli Stati della
Chiesa Romana, e standogli forte a cuore la Marca d'Ancona,
perchè non avea forze bastevoli per ricuperare e sostener quel
paese alla sua divozione, lo concedette con investitura al suddetto Marchese d'Este, ben conoscendo di che valore egli fosse do-
tato. Abbiamo di ciò la sicura testimonianza di Rolandino (*c*) (c) Roland.
Storico di questo Secolo. Ma avendo l'Augusto Ottone IV. pre- Chronic.
l. 1. c. 10.
teso, che quello Stato appartenesse all'Imperio, giudicò meglio
il Marchese Azzo di prenderne l'Investitura anche da esso Imperadore, e forse con tacito consenso del Pontefice, acciocchè non
s'annidasse in quel dominio qualche persona mal affetta alla santa Sede. Ottone dunque l'investì di quella Marca, che abbracciava allora le Città d'*Ascoli*, *Fermo*, *Camerino*, *Osimo*, *Ancona*, *Umana*, *Jesi*, *Sinigaglia*, *Fano*, *Pesaro*, *Fossombrone*,
Cagli, e *Saffoferrato*. Viene ivi chiamato *Cognatus noster Azzo
Marchio Estensis* da Ottone, perchè amendue discendeano dal
Marchese *Azzo III.* comune stipite della linea Estense di Germania, e dell'Italiana. Un altro Diploma d'esso Ottone, dato in
Foligno nel dì cinque di Gennaio, ho io quivi accennato. Presso l'Ughelli (*d*) un altro se ne legge, dato *apud Pratum* in To- (d)Ughell.
scana *VIII. Idus Februarii*. Era esso Augusto *apud Imolam III.* Ital. Sacr.
Tom. III.
Calendas Aprilis, come costa da un altro suo Diploma riferito in Episcop.
dal medesimo Ughelli (*e*). Trasferitosi anche a Ferrara, quivi Pistorienf.
(e)Id.T.II.
pubblicò un Editto contro gli Eretici Paterini, o sia Gazari, in Episcop.
mettendoli al bando dell'Imperio, coll'intimar pene gravissi- Parmenf.
me

Tomo VII. S

Era Volg.
Ann. 1210.
(a) Antiqu.
Ital. Differ-
tat. 60.

(b) Chronic.
Eftenfe
Tom. XV.
Rer. Italic.

(c) Annal.
Veter. Mu-
tinenf.
Tom. XI.
Rer. Italic.
(d) Saxius
in Not. ad
Sigonium
de Regn.
Italic.

(e) Chron.
Parmenfe
Tomo XI.
Rer. Italic.

(f) Rigord.
de geft. Phi-
lip. Reg.
Franc.

(g) Sigon.
de Regno I-
tal. l. 16.

(h) Caffari
Annal. Ge-
nuenf. l. 4.
Tom. VI.
Rer. Italic.

me contra de' medefimi. Il fuo Diploma da me pubblicato (a), fu dato *Ferrariæ VIII. Kalendas Aprilis* del prefente Anno. Probabilmente fu in quefta congiuntura, ch'egli pacificò infieme il fuddetto Azzo VI. Marchefe d'Efte e *Salinguerra*, competitori nella Signoria di Ferrara. (b) *Imperator prædictus venit Ferrariam, & pacem fecit inter Marchionem Eftenfem & Dominum Salinguerram:* così è fcritto nella vecchia Cronica Eftenfe: Altrettanto abbiamo da gli antichi Annali di Modena (c). Pafsò dipoi l'Imperadore Ottone a Milano, dove furono da lui fpediti nel Mefe d'Aprile tre Diplomi, accennati dal Signor Saffi (d). Ch'egli fi trattenefse in quelle parti, e fi trovafse in Piacenza nel Mefe di Giugno, in Cremona, in Alba, in Brefcia, e in Vercelli, apparifce da altri fuoi Diplomi. Che parimente egli foggiornafse vicino a Pavia nel dì 17. d'Agofto dell'Anno prefente, fi raccoglie da un altro fuo Diploma prefso il fuddetto Ughelli nel Catalogo de'Vefcovi di Parma. Tenne anche un Parlamento in efsa Città di Parma (e). Era antico l'odio di Ottone, perchè erede della Cafa de'Guelfi, contra di *Federigo II.* Re di Sicilia, erede della Cafa Ghibellina di Suevia. Crebbe quefto alla pubblica notizia, ch'efso Federigo afpirava all'Imperio, anche prima della Coronazion di Ottone. E giacchè s'erano ftranamente imbrogliati gli affari fra efso Ottone e *Papa Innocenzo*, che gran parzialità moftrava per Federigo: Ottone fenza voler far cafo, che il Regno di Sicilia da tanto tempo dipendeva dalla fovranità de'foli Romani Pontefici, fconfigliatamente e contra de'giuramenti, fi lafciò trafportare a dichiarar la guerra al medefimo Federigo, e ad invadere i di lui Stati di qua dal Faro. Abbiamo da Rigordo (f), ch'egli aveva ancora occupato *Caftra & munitiones, quæ erant juris beati Petri, Aquapendens, Radicofanum, Sanctum Quiricum, Montem Flafconis, & fere totam Romaniam.* Intanto egli ebbe de'fegreti negoziati in Puglia col Conte Diopoldo, tante volte nominato di fopra, e il guadagnò col dargli l'inveftitura del Ducato di Spoleti. Scrive il Sigonio (g) d'averla veduta, data *XIII. Kalendas Febbruarias* dell' Anno prefente.

TIRO' eziandio nel fuo partito *Pietro Conte* di Celano, potente Signore in quelle contrade. Studiofsi in oltre di metter pace fra i Genovefi e Pifani (h), per aver aiuto da loro nella meditata imprefa. A quefto fine, mentr'era in Piacenza, chiamò colà i lor Deputati; fi fece confegnare i prigioni dell'una e dell'altra

par-

parte; e intimò una tregua fra loro dalla vicina festa di San Mi- Era Volg.
chele fino a due anni. Ciò fatto, verso il principio di Novembre Anni 1210.
s'incamminò con un possente esercito di Tedeschi, Toscani, e
Lombardi alla volta della Puglia. Finquì avea il Pontefice Innocenzo III. adoperate esortazioni, e minaccie per rimettere in buon
cammino questo Principe; ma nulla avendo operato le parole, e
scorgendolo più che mai spinto dalla sua passione a perdere affatto il rispetto alla santa Sede, venne finalmente a i fatti, cioè il
dichiarò scomunicato (*a*). L'intrepidezza di questo Papa bastan- (a) Godefridus Mo-
nachus.
te era a fargli prendere una sì gagliarda risoluzione; ma non lasciò egli di misurar prima anche le forze temporali, che poteva- Albertus
Stad.
no assisterlo in tal congiuntura. Non lieve odio portavano i Ro- Richardus de S.
mani ad Ottone: il che assicurava il Pontefice della loro aderen- Germano.
za e costanza. Faceva anche gran capitale delle forze di Federi- Rigordus.
go II. Re di Sicilia, unitissimo seco d'interessi. Nè minore spe- Sicardus,
& alii.
ranza fondava egli su quelle di Filippo Re di Francia, nemico di
Ottone, alla cui esaltazione dianzi aveva egli fatto ogni possibil
contrasto. Sapeva inoltre Papa Innocenzo, quanto poteva promettersi di molti de' più possenti Principi della Germania; e ne
vedremo presto le pruove. Però al prudente e zelante Pontefice
non mancavano i mezzi umani per sostenere i suoi atti. Ciò non
ostante marciò l'Augusto Ottone in Puglia (*b*), e dalla parte di (b) Richardus de S.
Germano
Rieti entrato s'avanzò a Marsi, e a Comino, con riempiere di in Chronic.
terrore quelle contrade. *Roffredo Abbate* di Monte Casino con- Johannes
de Ceccano
tro il parere de' suoi Monaci andò a trovarlo, e benignamente ri- Chr. Fossanova.
cevuto ne riportò salveguardie per li suoi Stati. Celebrata la festa di San Martino vicino a Sora, passò Ottone all' assedio della
Città d'Acquino, che fu valorosamente difesa da Tommaso, Pandolfo, e Roberto Conti di quella Città. Venne alle sue mani
Capoa col suo Principato, datagli da Pietro Conte di Celano. Salerno gli fu consegnato da Diopoldo creato Duca di Spoleti. Oltre ad altre Città anche i Napoletani, per odio che portavano alla Città d'Aversa, spontaneamente se gli diedero, con attizzarlo
poi a mettere l'assedio a quella Città. Durò questo fino alla Natività del Signore; e vedendo Ottone di non poter più sussistere
in campagna a cagion della stagione, dopo aver fatta una compo-
sizione con gli Aversani, si ritirò a' quartieri di verno in Capoa,
dove attese a far fabbricar macchine da espugnar le Città. In ta- (c)Chronic.
Cremonense
Tom. VII.
Rer. Italic.
le stato erano gli affari di quelle parti. Fu in quest'Anno fieramente agitata la Città di Cremona (*c*) dalle civili fazioni inforte

Era Volg.
Ann.1210.
te fra il Popolo della Città nuova, e quei della vecchia, e si venne molte volte alle mani. Interpostosi il Vescovo Sicardo, restituì loro la pace, ma pace, che secondo il costume di que' tempi sconcertati ebbe corta durata. Una delle applicazioni del Popolo di
(a) Annales
Veteres Mutinenf.
Tom. XI.
Rer. Italic.
Modena (a) in quest' Anno fu quella d'indurre l'Abbate di Fra ssinoro, che sulle montagne possedeva molte Terre, a sottomettersi alla Città per godere del suo patrocinio. Così le Città libere d'allora andavano pelando i Vescovi ed Abbati con intromettersi nelle lor giurisdizioni, giugnendo in fine a liberarli dalla cura di que' temporali governi, ed accrescendo in questa maniera il proprio Distretto. Fabbricarono ancora essi Modenesi il Castello di Spilamberto. Vo io credendo, che riducessero quella Terra in fortezza; poichè anche ne' tempi precedenti se ne truova memoria.

Anno di CRISTO MCCXI. Indizione XIV.
d' INNOCENZO III. Papa 14.
di OTTONE IV. Imperadore 3.

(b) Joannes
de Ceccano
Cbr. Fossanova.
VENUTA la Primavera continuò l'Imperadore *Ottone* le conquiste nel Regno Siciliano di qua dal Faro. (b) Sottomise a' suoi voleri tutta la Puglia, la Terra di Lavoro, e quasi interamente la Calabria, ed arrivò fino a Taranto. Abbiamo dall'Ab-
(c) Abbas
Urspergens.
in Chronic.
bate Urspergense (c), che Papa *Innocenzo III.* desideroso pur d'estinguere questo fiero incendio, avea durante il verno, mandato innanzi e indietro a Capoa l'Abbate di Morimondo, per indurre alla pace, o a qualche aggiustamento Ottone, contentandosi piuttosto di patir del danno ne gli Stati, che di permettere la rovina del *Re Federigo*. Ma indarno andarono i messi e le proposizioni d'accordo. Ubbriacato Ottone dalla ridente fortuna, tutto rigettò, perchè persuaso di potere oramai balzare dal Tro-
(d) Godefr.
Monachus
in Annalib.
(e) Annales Pisani
Tom. VI.
Rer. Italic.
no il giovinetto Re. (d) In fatti i Saraceni di Sicilia segretamente gli fecero sapere, che prenderebbono l'armi per lui. Abbiamo anche da gli Annali Pisani (e), che in aiuto di esso Augusto furono armate in Pisa quaranta Galee, le quali andarono fino a Procida, credendo di potere trovar quiyi l'Imperadore. In somma si disponeva Ottone IV. a passare in Sicilia, e pareano in total decadenza gli affari del Re Federigo II. quando ecco scoppiare una terribil mina, da Ottone non preveduta. Tanto seppe fa-

re

re il non dormiglioso Papa Innocenzo, col favore ancora di *Filippo Re* di Francia, che indusse molti Vescovi della Germania non solamente a pubblicar la scomunica contra di Ottone, e a dichiararlo decaduto, ma ancora a trattar di eleggere in suo luogo Re de' Romani Federigo II. In questa Lega concorsero *Siffredo Arcivescovo* di Magonza, Legato Apostolico, l' Arcivescovo di Treveri, il Lantgravio della Turingia, il Re di Boemia, il Duca di Baviera, il Duca di Zeringhen, ed altri Vescovi e Principi. Soffiò non poco in questo fuoco anche il suddetto Re di Francia Filippo, che per aver tolta la Normandia al Re d' Inghilterra, non potea tollerar le prosperità di Ottone Augusto, parente strettissimo e collegato coll'Inglese. Gotifredo Monaco scrive, che questi Principi si raunarono in Bamberga, e fu proposta l'elezion di Federigo; ma che non accordandosi fra loro, restò sospeso il colpo. L' Arcivescovo di Magonza bensì pubblicò dapertutto le Censure contra di Ottone: dal che presero motivo *Arrigo* Conte Palatino del Reno, fratello d'esso Ottone, e il Duca del Brabante, e i Nobili della Lorena di dare un terribil guasto al territorio di Magonza. Nella Cronica di Fossanuova (*a*), e presso Alberico (*b*), Sicardo (*c*), ed altri, si legge, che seguì di fatto l' elezion di Federigo in Germania. Sembra almen certo, che intanto que' Principi sollecitassero il Pontefice a spignere in Germania il giovinetto Federigo. Quel che è certo, furono cagione questi disgustosi avvisi, che Ottone tagliasse il corso alle sue vittorie in Puglia, e a i disegni di portar la guerra in Sicilia, e cominciasse a pensare alla propria casa, a cui era attaccato il fuoco. Congregati dunque i Baroni di quelle contrade, raccomandò loro la costanza nella sua fedeltà, virtù per altro poco conosciuta da quegl'istabili Popoli, e preso da loro congedo, venne nel Mese di Novembre in Lombardia, per impedire a Federigo il passaggio in Germania. I Pisani (*d*), che erano iti fino a Napoli in aiuto di lui, colle lor quaranta Galee, non sentendone più nuova, se ne tornarono, senza far altro, al loro paese. Venuto l' Augusto Ottone in Lombardia, (*e*) tenne in Lodi un Parlamento, per esaminar, qual conto egli potesse fare de gli animi e de' soccorsi di questi Popoli. Si trovò, che il Pontefice avea già preoccupato più d'uno contra di lui. *Eſtenſis enim Marchio jam cum Papienſibus & Cremonenſibus, & Veroenenſibus conſenſit ſummi Pontificis fœdus inire contradiĉtionis:* sono parole di Sicardo allora Vescovo di

(*a*) *Johann. de Ceccano Chr. Foſſanova.*

(*b*) *Alberic. Monachus in Chron.*

(*c*) *Sicard. inChronico. Tom. VII. Rer. Italic. Abbas Urſpergenſ. in Chron.*

(*d*) *Caffari Annal. Genuenſ. l. 4. Tom. VI. Rer. Italic.*

(*e*) *Sicard. in Chronic.*

Cremona. In fatti nè il Marchefe d'Efte, nè i Deputati di Pavia, Cremona, e Verona vollero intervenire a quella Dieta. Ma i Milanefi, ficcome quelli, che amavano forte la Cafa Eftenfe-Guelfa de i Duchi di Saffonia, e odiavano la Ghibellina de' Duchi di Suevia, da cui tanti mali aveano ricevuto, larghe promeffe fecero all'Augufto Ottone, e gli altri non mancarono di dargli buone parole. [a] Avea il Pontefice Innocenzo folennemente confermata nel Giovedì fanto la fcomunica contra di lui. Pofcia mife l'Interdetto a Napoli, e a Capoa, perchè aveano comunicato con lui. Scriffe contro i Pifani, Bolognefi, ed altri, che favorivano lo fcomunicato Augufto. In quefti tempi l'indefeffo Marchefe d'Efte *Azzo VI.* coll'aiuto de' Cremonefi [b] ricuperò Ferrara, e ne cacciò Ugo da Guarnafio, lafciato ivi per Podeftà da effo Ottone. Che anche *Salinguerra* mutaffe aria in tal congiuntura, fe non è certo, è almen credibile. Troviamo parimente preffo Papa Innocenzo menzione della prefa di Ferrara, fatta dal Marchefe d'Efte, in una Lettera [c] fcritta in queft'Anno *VII. Idus Junii.* In Cremona la parte del Popolo di Città nuova, non potendo reggere alla forza di quei della Città vecchia, reftò abbattuta, e fpogliata de' fuoi averi. Tanto ancora s'induftriò in quefti tempi Eccelino da Onara, Signor di Baffano, che ottenne dall'Imperadore il governo della Città di Vicenza [d]: il che fu il primo gradino, che portò dipoi il crudele Eccelino da Romano fuo Figliuolo alla potenza, che vedremo.

[a] Richardus de S. Germano.

[b] Chron. Cremonenf. Tom. VII. Rer. Italic. Annales Eftenfes, Tom. XV. Rer. Italic.

[c] Innocentius III. l. 14. Epift. 76.

[d] Mauritius Hiftor. Tom. VIII. Rer. Italic.

Anno di CRISTO MCCXII. Indizione xv.
d'INNOCENZO III. Papa 15.
di OTTONE IV. Imperadore 4.

V'HA degli Scrittori [e], che narrano partito l'Imperadore Ottone d'Italia nell'Anno precedente, per accudire a gl'intereffi dalla Germania, che cominciavano a prendere un cattivo fiftema. La verità fi è, ch'egli era tuttavia in Milano nel dì 10. di Febbraio dell'Anno prefente, ciò ricavandofi da due fuoi Decreti, da me dati alla luce [f], ne' quali prende la protezione di certe pretenfioni civili, che avea *Bonifazio* Marchefe d'Efte contra del Marchefe *Azzo VI.* fuo Nipote. E Riccardo da S. Germano [g] coerentemente lafciò fcritto, che

Otto-

[e] Godefridus Monachus in Chr. Sicardus in Chronic. & alii.

[f] Antich. Eftenfi Par. I. c. 40.

[g] Richardus de S. Germano in Chron.

Ottone *Regnum* (di Puglia) *festinus egreditur Mense Novembri*
(del precedente Anno) *Et Mense Martio* (del presente) *in A-*
lemanniam remeavit . Anche l'Abbate Urfpergenfe [*a*] attefta [a] *Abbas*
lo fteffo. Nel paffare per Brefcia, fecondo il Malvezzi [*b*], *Urfpergenf.*
 inChronico.
rimife la pace fra i Nobili e la Plebe di quella Città. Arriva- [b] *Malve-*
to in Germania, circa la fefta della Pentecofte tenne una folen- *cius Chron.*
 Brixian.
ne Dieta in Norimberga, dove efpofe a que' Principi, che v'in- *Tom. XIV.*
tervennero, i motivi della fua rottura col Papa. Fece poi guer- *Rer. Italic.*
ra ad *Ermanno* Lantgravio di Turingia, uno di que' Principi,
che fe gli erano ribellati, mettendo a ferro e fuoco tutte le di
lui contrade. Ma intanto per le replicate iftanze de' Principi Tedefchi del partito di *Federigo II.* Re di Sicilia, avvalorate ancora dall'altre di *Filippo* Re di Francia, Papa *Innocenzo III.* fece
premura a Federigo di paffare in Germania, dove la fua prefenza recherebbe più calore ed animo a i fuoi partigiani. Si oppofe forte a tal rifoluzione la Regina Moglie per timore ch'egli
poteffe correre troppi pericoli oltra monti; ma in cuore del giovinetto Re prevalfero le fpinte dell'ambizione e della gloria; e
però lafciata la Moglie, che già dato avea alla luce un Figliuolo appellato *Arrigo*, imbarcatofi venne a Gaeta, e nel dì 17. di
Marzo di queft'Anno, e non già del precedente, come ha il
tefto di Riccardo da S. Germano [*c*], entrò in Benevento. Di [c] *Richar-*
là poi pafsò a Roma [*d*], dove fu con ogni dimoftrazion d'ono- *de S. Germ.*
 in Chronic.
re accolto dal Papa, e da i Romani. Dopo pochi giorni per ma- [d] *Johann.*
re fi portò a Genova [*e*], e quivi ben trattato fi fermò quafi *de Ceccano*
 Chr. Fossa-
tre mefi, concertando intanto le maniere di paffare in Germa- *nova.*
nia, giacchè l'Imperadore Ottone avea meffe guardie dapertut- [e] *Caffari*
 Annal. Ge-
to per impedirgli il paffaggio. Nel dì 15. di Luglio fi moffe *nuenf. l. 4.*
da Genova, e andò a Pavia. Erano per lui i Pavefi, e il Mar- *Tom. VI.*
chefe di Monferrato; e però fcortato dalla loro Armata, arrivò *Rer. Italic.*
fino al Lambro, dove l'afpettavano con tutte le lor forze i Cremonefi, ed Azzo VI. Marchefe d'Efte, i quali con gran fefta il
menarono a Cremona. Nel tornarfene addietro i Pavefi, all'improvvifo furono affaliti da i Milanefi, e in quel fatto d'armi furono fatti dall'una e dall'altra parte alquanti prigioni.

    COME fi ha da Rolandino [*f*], e da Alberico Monaco [*g*], [f] *Roland.*
il più zelante a fcortare verfo l'Alemagna il Re Federigo, fu *Chr. lib. 1.*
 cap 11.
il fuddetto Marchefe d'Efte, che con grande accompagnamento [g] *Alberic.*
d'armati il menò per difaftrofe e non praticate ftrade ficuramen- *Monachus*
te fino a Coira ne' Grigioni. Lo fteffo Federigo, ficcome cofta *in Chron.*

Era Volg.
Ann.1212.
(a) Rolandinus Chi.
l. 4 c. 8. da una fua Lettera (a), fcritta ad Eccelino da Romano molti anni dappoi, riconofceva fpezialmente da effo Marchefe il principio della fua efaltazione. Arrivò dunque il giovane Federigo a Coftanza tre ore prima di Ottone. Se tardava un poco più, farebbe ftato coftretto a tornarfene indietro. Andò pofcia a Bafilea, e per l'altre parti del Reno, dove trovò tutti i Principi, che s' erano dichiarati per lui. Si abboccò con *Filippo Re* di Francia a Valcolore, e ftabilì Lega con lui. Scrittori non mancano, che il dicono eletto in queft'Anno Re de' Romani, e di Germania; anzi gli Annali di Genova, fcritti da Autori contemporanei, e l'Abbate Urfpergenfe ci afficurano, ch' egli fu coronato in Magonza ful principio di Dicembre. Godifredo Monaco differifce quefta coronazione fino all' Anno 1215. e la dice fatta in Aquisgrana. Due volte probabilmente dovette egli farfi coronare. Giacchè i Milanefi ftavano pertinaci in favorir l'Imperadore Ottone, Azzo VI. Marchefe d'Efte e d'Ancona ftrinfe nel dì 25. d'Agofto una Lega colle Città di Cremona, Brefcia, Verona, Ferrara, e Pavia, e col Conte Bonifazio da S. Bonifa-
(b) Antich.
Eftenfi P. I.
cap. 40.zio. Se ne legge lo Strumento nelle Antichità Eftenfi (b). In queft'Anno poi effo Marchefe coll' efercito e Carroccio Veronefe, e co i rinforzi venuti di Mantova, Cremona, Reggio, Brefcia, e Pavia, moffe guerra a Vicenza. Dopo aver prefo Lunigo, fi accoftò alla Città. Eccelino co' Vicentini e Trivifani il fece ritirare in fretta. Ma quefto gloriofo Principe, e il fuddetto Conte di S. Bonifazio, nel Novembre feguente terminarono i lor
(c) Gerard.
Maurifius
Hiftor.
Monachus
Patavinus
Chron.
Rolandinus
lib. 1. c. 11.giorni nel più bell'afcendente della loro fortuna (c). Lafciò il Marchefe *Azzo VI.* dopo di sè due Figliuoli, *Aldrovandino*, ed *Azzo VII.* Principi, che ereditarono non folamente gli Stati, ma anche il valore del Padre. Reftò fimilmente di lui *Beatrice*, che per le fue rare Virtù meritò poi il titolo di Beata, procreata da una Figliuola di *Tommafo Conte* di Savoia, Moglie d' effo Marchefe. Videfi in queft'Anno una novità in Italia. Circa fette mila tra uomini, ragazzi, donne, e fanciulle, da pio entufiafmo moffi dalla Germania, con avere per capo un fanciul-
(d) Caffari
Annal Genuenf. l. 4.
Tom. VI.
Rer. Italic.lo nomato Niccolò, arrivarono a Genova ful fine d'Agofto (d), per andare in Terra fanta. Ma quivi trovarono un gran foffo da paffare, e però fi fciolfe la loro unione, e chi reftò in Genova, e chi andò in altri paefi. Di trenta mila di quefti fanciulli, venuti fino a Marfilia col fuddetto fpropofitato difegno,
(e) Alberic.
Monachus
in Chronic.parlano Alberico Monaco de' tre Fonti (e), e Alberto Stadenfe

fe (*a*), con aggiugnere, che furono affaſſinati da i ribaldi, parte affogati in mare, parte venduti a i Saraceni. Nell'Anno precedente era nata guerra fra i Bologneſi e Piſtoieſi (*b*); e venuti alle mani, reſtarono molti de' Bologneſi prigioni. Per vendicarſene, eſſi Bologneſi in queſt'Anno coll'aiuto ancora de' Reggiani (*c*), Faentini, ed Imoleſi, menarono un forte eſercito a' danni di Piſtoia; e piantato il campo ſul Monte della Sambuca, ammazzarono molti de' nemici, e molt'altri preſi li traſſero alle carceri di Bologna: con che ricuperarono i lor prigioni. Careſtia coſì grave in queſt'Anno flagellò la Puglia e Sicilia, paeſi per altro ſoliti ad eſſere i granai dell'Italia, che per atteſtato di Sicardo, Veſcovo allora di Cremona (*d*), le madri giunſero a mangiar i loro figliuoli.

Era Volg.
Ann.1212.
(a) Albert.
Stadienſis
in Chronico.
(b) Matth.
de Griffoni-
bus Hiſtor.
Bonon.
(c) Memo-
riale Poteſt.
Regienſ.
Tom. VIII.
Rer. Italic.

(d) Sicard.
in Chron.
Tom. VII.
Rer. Italic.

Anno di CRISTO MCCXIII. Indizione I.
d' INNOCENZO III. Papa 16.
di OTTONE IV. Imperadore 5.

SVANTAGGIOSA era ſtata nel precedente Anno per li Paveſi la battaglia loro data da i Milaneſi fautori di Ottone nel ritorno che faceano a caſa, dopo avere accompagnato il *Re Federigo* fino al Lambro. (*e*) Per rifarſi del danno, uſcirono queſti in campagna con grande sforzo nell'Anno preſente. Moſſero ancora i Cremoneſi col loro Carroccio, aiutati da trecento cavalieri Breſciani, con animo di unirſi co i Paveſi. Erano già pervenuti a Caſtello Leone, o ſia Caſtiglione, quando all'improvviſo nel dì 2. di Giugno, giorno di Pentecoſte, fu loro addoſſo l'oſte de' Milaneſi, forte non ſolamente per le proprie milizie, ma anche per li cavalieri ed arcieri Piacentini, e per la cavalleria e fanteria de' Lodigiani e Comaſchi, e per trecento altri cavalieri Breſciani del partito contrario. Fiero, lungo, ed oſtinato fu il combattimento, in cui ſulle prime ebbero la peggio i Cremoneſi. Ma rinforzato da queſti l'aſſalto, riuſcì loro di mettere in rotta il campo Milaneſe con far prigioni alcune migliaia d'eſſi, e con prendere il loro Carroccio: ſegno di piena vittoria, e di gran vergogna per chi perdeva. La fama de' Cremoneſi per queſto illuſtre fatto ſi ſparſe per tutto l'Occidente, come atteſta il Monaco Padovano (*f*). Dalla pia gente d'allora fu attribuita queſta vittoria a miracoloſa aſſiſtenza di

(e) Id. ibid.
Alberic.
Monachus
in Chron.

(f) Monac.
Patavinus
in Chron.

Tomo VII.   T   DIO,

ERA Volg
ANN.1213.
Dio, perchè i Milanesi teneano saldo per lo scomunicato Ottone ; ma si può anche essere pio senza obbligo di credere sì fatti
miracoli. Scrive in oltre Alberico Monaco de i tre Fonti, che
il Popolo di Milano, ripigliate le forze, in questo medesimo Anno uscì contro i Pavesi, ed assediò un lor Castello. Ma soprave-
nuta l'Armata de' Pavesi, diedero i Milanesi alle gambe, con
abbruciar le loro tende. Furono inseguiti da i Pavesi, che fecero quantità di prigioni, e spogliarono il campo loro. Così
due rotte ebbe in un sol Anno il Popolo di Milano. Aggiugne il
medesimo Alberico, che essendo stato ucciso l'Abbate del Monistero di Santo Agostino di Pavia da' suoi Monaci neri, il Legato
Apostolico diede quel sacro Luogo a i Canonici Regolari di Mortara, che tuttavia ne sono in possesso. Dalle cose finquì narra-
[a] *Gualva-*
neus Flam.
in Manip.
Flor. c.246.
te si può comprendere, che Galvano Fiamma [a] cercò d'inorpellar le perdite de' Milanesi, con dire, ch'essi dopo aver presa gran copia di prigioni, cavalli, carriaggi, e tende de'Cremonesi, volendo mettere in salvo tante spoglie, raccomandarono
il loro Carroccio a pochi Piacentini (il che troppo è inverisimile) a'quali tolto fu da i Cremonesi. Scrive in oltre, che i Milanesi nel dì 12. di Giugno entrarono armati in Lomellina, distrussero Mortara, Gambalò, e Lomello, e misero a sacco tutta
quella contrada. Presero anche il Castello di Voghera. Tace poi
le busse lor date dal Popolo Pavese : sicchè gran sospetto porge
[b] *Sigonius*
de Regno I-
tal. lib.16.
d'adulazione. A questi fatti aggiugne il Sigonio [b] dell'altre
particolarità, senza ch'io sappia, onde le abbia ricavate. Ben
so, ch'egli si servì del Fiamma in questo racconto. Il Conti-
[c] *Caffari*
Annal. Ge-
nuenf.lib.4.
Tom. VI.
Rer. Italic.
nuatore di Caffaro scrive [c], che quattro mila Milanesi tra fanti e cavalieri rimasero prigionieri in mano de'Cremonesi. E che
i Popoli d'Alessandria, Tortona, Vercelli, Aiqui, ed Alba, co'
Marchesi *Guglielmo* e *Corrado* Malaspina, e settecento cavalieri
Milanesi, entrarono nel Pavese ostilmente, e presero Sala. U-
sciti anche i Pavesi in campo, diedero una rotta a questi Collegati, con farne due mila prigioni. A questi Autori pare che si
possa credere senza timor di fallare.

[d] *Paris de*
Cereta Chr.
Veron. T.8.
Rer. Italic.
[e] *Annales*
Veter. Mu-
tinenf.
Tom. XI.
Rer. Italic.
SUCCEDUTO al Marchese *Azzo VI.* suo Padre, *Aldrovan-*
dino Marchese d'Este e d'Ancona, continuò a tenere col *Conte Ric-*
ciardo da S. Bonifazio il dominio di Verona, dove fu creato Podestà nell'Anno presente [d]. Ma egli ebbe di gravissimi contra-
sti con *Salinguerra* in Ferrara. In aiuto di lui furono i Modenesi [e]. Tornando questi a casa col loro Podestà, cioè con Bal-
dovi-

dovino Visdomino da Parma, caddero in un aguato poſto dal Nipote d'eſſo Salinguerra, in cui reſtò morto eſso Podeſtà, e fatti
prigioni circa cento quaranta de' lor ſoldati. Fabbricarono in queſt'
Anno eſſi Modeneſi il Caſtello del Finale [a], per avere un
antemurale contra de' Ferrareſi. Secondo la Cronica Eſtenſe [b]
ſeguì pace fra 'il ſuddetto Marcheſe Aldrovandıno e Salinguerra, ed io ne ho rapportato altrove lo Strumento. Ma più gravi diſturbi ebbe eſso Marcheſe dal Popolo di Padova, che al pari de gli altri ſi ſtudiava di dilatare i ſuoi confini alle ſpeſe de'
vicini. Era da loro indipendente la nobil Terra d' Eſte. Perch'egli non avea fatta giuſtizia ad alcuni Padovani, l'aſsediaro-
no eſſi in queſt' Anno, ed intervenne a quell' aſsedio Eccelino da
Onara col giovinetto ſuo Figliuolo Eccelino da Romano. [c] Fu
obbligato il Marcheſe a venire ad un accordo, e a prendere la
Cittadinanza di Padova: la qual violenza fu appreſſo riprovata
da Papa *Innocenzo III.* e col tempo ancora da *Federigo II.* Auguſto. Sei anni e due meſi era ſtata fuori di Verona la fazion Ghibellina de i Montecchi, la quale rifugiata nella Terra di Cereta,
quivi creava il ſuo Podeſtà. Interpoſtoſi in queſt' Anno Marino
Zeno Podeſtà di Padova unitamente col Comune ſteſſo di Padova, [d] tanto fece, che quel di Verona laſciò tornarli pacificamente in Città. Non coſì avvenne alla Città di Breſcia. Poco
durò la concordia fra i Nobili e il Popolo. Nella feſta de' Santi
Fauſtino e Giovitta preſero l'armi i Popolari, e cacciarono fuor
della Città tutta la fazion de' Nobili; nè ciò loro baſtando, in-
fierirono contra le lor Torri e Caſe, con atterrarle: crudeltà
meritamente deteſtata dal Malvezzi Croniſta Breſciano [e]. L'
aver eſſi ſimilmente data la fuga a Tommaſo da Torino, laſciato ivi per Governatore dall' Imperador Ottone, fa intendere,
che que' Popolari aveano abbracciato il partito del Re Federigo.
Ma probabilmente queſto fatto appartiene all' Anno precedente,
giacchè lo ſteſſo Storico ſcrive, che per cura di *Alberto* da Reggio Veſcovo della lor Città, e Prelato di rara virtù, fu nell'Ottobre dell'Anno preſente conchiuſa pace fra que' diſcordi Cittadini. Tale fu la fede di cadauno in quel buon Veſcovo, che a
lui diedero anche il politico governo della Città. Fecero Lega in
queſt'Anno i Bologneſi co i Reggiani, obbligandoſi di far guerra
a i Modeneſi ad ogni lor cenno [f].

[a] *Antich.
Eſtenſi P.1.
cap. 41.*
[b]*Chronic.
Eſtenſo
Tom. XV.
Rer. Italic.*

[c] *Roland.
lib 1.c 12.
Monachus
Patavin.in
Chronico.
Antichità
Eſtenſi P. I.
cap. 41.*

[d]*Chronic.
Eſtenſe
Tom. XV.
Rer. Italic.
Gerardus
Mauriſius
Hiſt. T.8.
Rer. Italic.*

[e] *Malve-
cius Chron.
Brixian.
Tom. XIV.
Rer. Italic.*

[f] *Memo-
riale Poteſt.
Regienſ.
Tom. i'III
Rer. It.*

Anno di CRISTO MCCXIV. Indizione II.
d' INNOCENZO III. Papa 17.
di OTTONE IV. Imperadore 6.

Era Volg.
Ann.1214.

(a) Gode-
fridus Mo-
nachus.
Alberic.
Monachus
Abbas Ur-
spergenf.

SUCCEDETTE in quest'Anno una famosa battaglia campale fra l'Imperadore *Ottone*, e *Filippo Re* di Francia (*a*).
Si trovarono a fronte i due potentissimi eserciti nel dì 27. di Luglio a Ponte Bovino, e vennero alle mani. Dalla parte di Ottone militavano le forze del Re d' Inghilterra, i Duchi del Brabante, e di Limburgo, e i Conti di Fiandra, e di Bologna. Il
fiore de' Franzesi col Duca di Borgogna era nell'altra parte. Lungo tempo durò l' ostinato combattimento; e in fine i Franzesi
riportarono una piena vittoria, con far moltissimi prigioni di
conto, e grosso bottino. Questa disgrazia diede il crollo a gl'interessi dell'Imperadore Ottone, che da lì innanzi stentò a sostenersi in piedi. Se vogliamo prestar fede a Galvano Fiamma (*b*),
in quest'Anno i Milanesi, vogliosi di vendicarsi de' Cremonesi
per la rotta ricevuta nel precedente Anno, con potente sforzo
andarono fino a Zenevolta. S' incontrarono co i Cremonesi, e
menarono così ben le mani, che li sconfissero, e presero il loro Carroccio. In pruova di ciò il Fiamma cita la Cronica di Sicardo. Ma giusto fondamento c' è di sospettare immaginaria e
finta questa rotta de'Cremonesi. Ne' due testi, de'quali mi son
servito per pubblicar la Cronica di Sicardo, nulla di ciò si legge. Nulla nelle Croniche di Cremona, Piacenza, Parma, e d'
altre, che dopo aver parlato sì chiaramente della vittoria riportata da i Cremonesi all'Anno precedente, se questa gran per-
cossa data loro da i Milanesi sussistesse, ne avrebbono anch' esse
fatta menzione. Aggiugne esso Fiamma, che entrati i Milanesi
nella Lomellina de' Pavesi, vi espugnarono varie Castella. Questo
potrebbe stare. Abbiamo bensì dalla Cronica di Cremona, che
nell'Anno presente i Cremonesi fecero oste sopra i Piacentini,
con bruciar molto paese, e prendere alcune lor Terre. Irritati anche i Modenesi (*c*) per l' affronto e danno loro inferito
nell'Anno precedente da un Nipote di Salinguerra; messo insieme un grosso esercito, con cui s'accoppiarono ancora i Parmigiani, Mantovani, e Ferraresi del partito di *Aldrovandino Marchese* d'Este: andarono a mettere l'assedio a Ponte Dosolo, ed
impadronitisi d'esso nella festa di S. Martino, diedero alle fiamme,

(b)Galvan.
Fiamma
in Manip.
Flor.c.247.

(c) Chron.
Parmenfe
Tom. VII.
Rer. Italic.
Annales
Veter. Mu-
tinenf.
Tom. XI.
Rer. Italic.

me, e smantellarono quel Castello, con portarne a Modena in segno di vittoria la campana, che fu posta nella Torre Maggiore, e adoperata dipoi a sonar Nona. Somma tranquillità godeva in questi tempi la Città di Padova. Accadde, che si tenne gran Corte, e si preparò un Giuoco o Spettacolo pubblico nella Città di Trivigi, descritto da Rolandino (*a*). V' intervenne da Venezia, e da Padova molta Nobiltà dell'uno e dell' *(a) Roland. Chr. lib. 1. cap. 13.* altro sesso. Nel combattimento, che si fece per prendere un finto Castello, si appiccò lite fra i Veneziani e Padovani, gareggiando tutti per aver la preminenza del conquisto. Fu nella mischia stracciato un pezzo della bandiera di S. Marco, portata da i Veneziani, e ne sorse tal rumore, che i Presidenti al Giuoco lo fecero dismettere. S' ingrossò forte per questo accidente l' odio de i Veneziani contra de' Padovani, in guisa che serrarono tutti i passi delle mercatanzie, e andò poi più innanzi la briga. Le replicate istanze di Papa Innocenzo mossero nell'Anno presente Aldrovandino Marchese d' Este a passare nella Marca d' Ancona. N' era egli al pari di suo Padre stato investito dalla Sede Appostolica. Ma sopragiunta l' immatura morte del Padre, e per varj suoi scabrosi affari trovandosi egli impegnato in Lombardia, i Conti di Celano, fautori di Ottone Augusto, s'erano impadroniti di quella contrada. Potè egli solamente ora accudire a quel dominio. Impegnò tutti i suoi allodiali, e lo stesso Fratello suo *Azzo VII.* a i prestatori Fiorentini per mettere insieme delle grosse somme di danaro da far gente (*b*). Allorchè ebbe in pronto un buon esercito, marciò verso quella Marca, dove gli convenne un gran *(b) Id. c. 15. Monachus Patavinus in Chron. Antichità Estensi P. I. cap. 41.* coraggio per le molte opposizioni a lui fatte parte da i Popoli della Terra, e parte da i Conti suddetti. Tuttavia diede loro varie rotte, ed avea messo in buono stato quella Signoria, quando la morte venne a rompere tutte le di lui misure, come dirò all' Anno seguente.

Eaa Volg.
Ann.1215.

Anno di Cristo mccxv. Indizione iii.
d' Innocenzo III. Papa 18.
di Ottone IV. lmperadore 7.

L'Anno fu queſto, in cui lo zelantiſſimo Papa *Innocenzo III.*
celebrò uno de' più inſigni Concilj Generali , che abbia tenuto la Chieſa di Dio , cioè il Lateranenſe Quarto (*a*) . Nel dì
11. di Novembre gli fu dato principio nella Baſilica Lateranenſe,
e v'intervennero più di quattrocento tra Patriarchi, Arciveſcovi,
e Veſcovi, e più di ottocento Abbati e Priori. Furono quivi pubblicati (*b*) non pochi Decreti ſpettanti al ſoccorſo di Terra ſanta, a gli Eretici di queſti tempi, che faceano gran guaſto e reſiſtenza nel Contado di Toloſa , e nelle vicine Città ; e fu anche
trattato della Diſciplina Eccleſiaſtica , che s'era molto infievolita in sì torbidi tempi. Avendo preſa in quel Concilio i Milaneſi
a difendere la parte dell'Imperadore *Ottone*, il Marcheſe di Monferrato, ſiccome parente di *Federigo*, aringò forte in favore di
lui, ed ebbe maggior fortuna . Fra gli altri delitti di Ottone ſi
contò ancora, ch'egli avea chiamato Federigo il Re de i Preti.
Ora è fuor di dubbio, che eſſo Federigo, per atteſtato di Gotifredo Monaco (*c*) fu in queſt'Anno ſolennemente coronato Re di
Germania da *Siffredo Arciveſcovo* di Magonza e Legato Apoſtolico in Aquiſgrana. Sappiamo altresì, che ad iſtanza del Papa egli
preſe la Croce, e ſi obbligò a militare in Terra ſanta. E perciocchè egli in queſt'Anno fece proclamar Re di Sicilia *Arrigo* ſuo
Figliuolo, non piacendo al Pontefice, che una ſola perſona nello
ſteſſo tempo foſſe Imperadore e Re di Sicilia : fu aſtretto a rifare una ſolenne obbligazione al Papa, che qualora egli otteneſe
la Corona dell'Imperio, immediatamente deporrebbe il governo
al Re Figliuolo, il quale lo riconoſcerebbe dalla Santa Sede. Poteva allora chiedere Papa Innocenzo III. quanto voleva, che tutto largamente ſi prometteva per timore che ſi faceſſe giocar l'op-
poſizione dell'emulo. Vedremo a ſuo tempo, qual memoria e cura di queſte promeſſe e giuramenti moſtraſſe lo ſteſſo Federigo.
Non è forſe ben chiaro, ſe il Papa, che avea barcheggiato finora
per oſſervare, dove andaſſero a terminare gl'impenſati accidenti della guerra, veramente in queſt'Anno confermaſſe l'elezion
di Federigo : perciocchè finchè viſſe Ottone, mai non ſi volle in
Roma far l'ultimo paſſo di concedere a Federigo la Corona Impe-

riale.

(a) *Abbas
Urſpergenſ.
in Chronic.*
*Johannes
de Ceccano
Cbr. Foſſa-
nove.*
*Richardus
de S. Ger-
mano, &
alii.*
(b) *Labbe
Concilior.
Tom. XI.
Part. I.*

(c) *Godeſr.
Monachus
in Chronic.*

riale. Ma non mancano Autori, e fra gli altri Riccardo da San ERA Volg.
Germano (*a*), che scrivono efferſi Innocenzo apertamente dichia- ANN.1215.
rato per l'elezion di Federigo in Re de' Romani. (a) Richar-
dus a S.

AVEA *Aldrovandino Marchese* d'Eſte colla prudenza, col va- Germano
in Chron.
lore, e colla liberalità ridotta quaſi tutta in ſuo potere la Marca
d'Ancona. (*b*) Ma nel più bel fiore dell'età ſua la morte il rapì, (b) Roland.
lib. 1. c. 15.
Monachus
con efferſi creduto, che i Conti di Celano trovaſſero la maniera
di farlo attoſſicare. Fu queſto un colpo di ſommo ſvantaggio alla Patavinus
in Chronic.
Caſa d'Eſte, perchè di maſchi non reſtò in eſſa, ſe non *Azzo VII.*
Marcheſe d'Eſte, che cominciò ad appellarſi anche Marcheſe d'
Ancona; ma in tenera età, nè capace peranche di gareggiar co'
ſuoi Maggiori nelle impreſe, che eſigono gran cuore e ſenno.
Conſervò egli bensì gli Stati ſuoi aviti di Eſte, Rovigo, e dell'altre Terre poſte in un feliciſſimo paeſe; ma da lì a qualche anno
venne meno la ſua autorità in Ferrara, perchè troppo vi crebbe
quella del Ghibellino Salinguerra, ſiccome dirò a ſuo tempo. Seppe queſto volpone nell' Anno preſente con sì buone parole e promeſſe entrare in grazia di Papa Innocenzo [probabilmente dopo
la morte del Marcheſe Aldrovandino] che ottenne da lui l' Inveſtitura delle Terre, che già furono della Conteſſa Matilda ne' Veſcovati di Modena, Reggio, Parma, Bologna, ed Imola, con
obbligarſi a ſervire in campagna coll' armi al Pontefice. L' Atto
e giuramento ſuo preſtato nel dì 7. di Settembre ſi legge ne gli
Annali Eccleſiaſtici del Rinaldi (*c*). Andando innanzi vedremo (c) Reynal.
la fedeltà di coſtui a i ſommi Pontefici. Fu cagione la diſcordia dus in An-
nal. Ecclſf.
ad h'no
inſorta fra i Padovani e Veneziani, che i primi in queſt' Anno (*d*)
paſſaſſero con grandi forze e preparativi verſo Chioggia, ed im- Ann. n 39.
(d) Roland.
prendeſſero l' aſſedio della Torre di Baiba in tempo d'Autunno. l. 1. c. 14.
Sopravennero tali pioggie, che furono obbligati a ritirarſi. Diedero loro alla coda i Chioggiotti e Veneziani, e preſero molti
uomini, e non poco del loro equipaggio. Aſſediarono anche i
Reggiani co i Cremoneſi nell' Anno preſente il Caſtello di Gon-
zaga, che era de' Mantovani (*e*). Ricorſero queſti all' aiuto de' (e) Parif.
de Cereta
Veroneſi, che non mancarono di uſcire in campo con loro. La Tom. VIII.
Rer. Italic.
venuta di queſta Armata fece riſolvere gli aſſedianti ad una pron-
ta ritirata. Secondochè abbiamo da Ricordano Malaſpina (*f*), (f) Ricor-
dano Mala-
per la morte data in Firenze a Buondelmonte de' Buondelmonti, ſp'na Iſtor.
cap. 104.
entrò in quella Città la diviſione, e chi tenne alla parte de' Guel-
fi, e chi a quella de' Ghibellini. Ricordano fa un catalogo delle
nobili Famiglie, che abbracciarono chi queſta, e chi quella fazione.

Eb a Volg.
Ann.1215.
(a)Galvan.
Fiamma in
Manipul.
Flor.c.248.

zione. Scrive Galvano Fiamma (*a*), effere entrati ancora in queſt' Anno i Milaneſi oſtilmente nella Lomellina de' Paveſi con prendere per forza Garlaſco, e menar via gran quantità di beſtie e mobili. Aggiugne, che avendo eſſi fatta lega con *Tommaſo Conte* di Savoia, il quale perſonalmente venne con mille cavalli in loro aiuto, ſi portarono all'aſſedio di Caſale di Sant' Evaſio, Terra nobile, che venuta in loro potere nel dì 20. d' Agoſto, per aderire alle preghiere del Popolo di Vercelli, fu da eſſi disfatta da' fondamenti. Andarono poſcia anch' eſſi in favor d'eſſo Conte nel Piemonte, ed obbligarono il Marcheſe di Pi-

(b) Sigon.
de Regno l-
tal.l.16.

maſio [ſe pure non è ſcorretto queſto nome] a cercar accordo col Conte di Savoia. Scrive il Sigonio (*b*), che queſto Marcheſe fu quello di Monferrato. Mancò di vita nel Giugno dell'Anno preſente, e non già nel precedente, come laſciò ſcritto Galvano Fiamma, *Sicardo*, uno de' più riguardevoli Veſcovi di Cre-

(c) Sicardi
Chronicon
Tom. VII.
Rer. Italic.

mona, di cui è reſtata una Cronica (*c*) da me data alla luce.

Anno di C R I S T O MCCXVI. Indizione IV.
di O N O R I O III. Papa 1.
di O T T O N E IV. Imperadore 8.

L E premure d' *Innocenzo III.* Papa pel ſoccorſo di Terra ſanta erano inceſſanti. Conoſcendo egli, quanto poteſſe influire al bene di quegli affari la potenza de' Genoveſi e Piſani, provveduti di tanti legni e gente brava ſpezialmente in

(d) Martin.
Polonus
Chr. Pon-
tific.

mare (*d*), ſi doleva forte della diſcordia e guerra, che da tanti anni bolliva fra queſte due Nazioni. Determinò dunque di portarſi in perſona in ſito, dove poteſſe trattar di pace fra loro. Ma pervenuto a Perugia, quivi cadde malato, e l'infermità fu sì grave, che il rapì da queſta vita nel dì 6. di Luglio dell'Anno preſente. Mancò in lui uno de' più abili e glorioſi Pontefici, che ſieno ſeduti nella Cattedra di S. Pietro, gran Giuriſconſulto, gran Politico, che all'eſperienza grande da lui moſtrata nel governo ſpirituale aggiunſe l' ingrandimento temporale della Chieſa Romana, con proccurar nello ſteſſo tempo quello de' ſuoi parenti. Ma a queſto inſigne Pontefice non mancarono cenſure, facili ad uſcir della penna di chi ſi conſiglia colla propria paſſione ed intereſſe. A i grandi avvenimenti, che furono ſotto il ſuo Pontificato, fra' quali ſpezialmente è da riporre l' eſſere caduta

duta in mano de' Latini la Città di Coſtantinopoli con buöna parte del Greco Imperio, ſi dee aggiugnere la naſcita di due inſigni Ordini Religioſi, che illuſtrarono poi, e tuttavia illuſtrano la Chieſa di Dio. Cioè de' Predicatori, iſtituito da S. Domenico, e de' Minori, fondato da S. Franceſco d' Aſſiſi. Ci ſon di quelli, che li credono confermati dal medeſimo Papa Innocenzo III. il che non mi ſembra ben fondato. Nell'univerſale Concilio Lateranenſe IV. tenuto nel precedente Anno, fu ſtabilito così al Capo trediceſimo: (a) *Ne nimia Religionum diverſitas gravem in Eccleſia Dei confuſionem inducat, firmiter probibemus, ne quis de cetero novam Religionem inveniat. Sed quicumque voluerit ad Religionem converti, unam de approbatis aſſumat.* Però è ben vero, che ſotto Innocenzo ebbe principio l'uno e l'altro di queſti due Ordini sì benemeriti della Chieſa (b), ma quello de' Predicatori non ebbe biſogno di conferma, perchè S. Domenico ſcelſe la Regola de' Canonici Regolari, e per molto tempo que' Religioſi ritennero il nome di Canonici, aſſumendo col tempo quello di Predicatori. L' altro de' Minori in conſiderazione della mirabil vita del ſuo Iſtitutore, e delle ſante ſue Regole, fu veramente approvato da Papa *Onorio III.* del quale ora ſon per parlare. In luogo dunque del defunto *Innocenzo III.* fu nel ſeguente giorno eletto ſommo Pontefice Cencio Cardinale de' Santi Giovanni e Paolo, di nazione Romano, che ſecondo le mie conghietture quel medeſimo fu, che ci ha laſciato il Libro de' Cenſi della Chieſa Romana, da me dato alla luce (c). Aſſunſe il nome di *Onorio III.* Pontefice anch'egli di gran vaglia, (d) il quale fu poi conſecrato nel dì 11. d' Agoſto. E perciocchè tuttavia durava la guerra de' Milaneſi e Piacentini contra de' Paveſi; ſenza voler aſcoltare conſigli di pace, eſſo Pontefice in vigore di un decreto del ſuddetto Concilio Lateranenſe ſcomunicò di nuovo i Rettori di Milano e Piacenza, e pubblicò l'Interdetto in quelle Città. Diede ancora in governo al Comune di Modena alcune delle Terre, delle quali Salinguerra era ſtato inveſtito dal ſuo Predeceſſore.

DETERMINO' in queſt' Anno il Re *Federigo II.* di chiamare in Germania l'unico ſuo Figliuolo *Arrigo*, già dichiarato Re di Sicilia, benchè foſſe in tenera età, per ottenergli l'amore de' Principi Tedeſchi, e fors'anche per ſoſpetto di qualche rivoluzione in Sicilia, durante la ſua lontananza. Venne da Palermo queſto fanciullo Re, accompagnato dall' Arciveſcovo di Palermo

Side notes:

EraVolg.
Ann.1216.

(a) Labbe Concilior. Tom. XI.

(b) Antiqu. Ital. Diſſertat. 65.

(c) Ibidem Diſſert. 69.

(d) Raynaldus in Annal. Eccl.

Era Volg.
Ann. 1216.
[a] Antiqu.
Italic. Dif-
fert. 47.
mo fino a Gaeta per mare. Ch'egli paffaffe per la Tofcana e
per Lucca, fi può arguire da gli Atti del Comune di Modena
da me pubblicati [a]. Imperciocchè Frogieri Podeftà di Modena con gli Ambafciatori d'effa Città, cioè con Gherardo Rangone, Aldeprando Pico, ed altri, andò a riceverlo con un corpo d'armati fino allo fpedale di S. Pellegrino, che era l'ultimo Luogo della giurisdizione di Modena, e condottolo per le
montagne fino al Ponte di Guiligua, il confegnò ivi a gli Ambafciatori di Reggio e di Parma. Anche la *Regina Coftanza*
fua Madre per altra via s'incamminò verfo la Germania. Le

[b]Chronic.
Bononienfe
T. XVIII.
Rer. Italic.
[c] Memor.
Poteftat.
Regienf.
Tom. VIII.
Rer. Italic.
[d] Richar-
de S Germ.
in Chronic.
[e]Gualva-
neus Fiam-
ma in Ma-
nip. Flor.
cap. 248.
Croniche di Bologna [b], e di Reggio [c] atteftano, ch' ella
pafsò per quelle Città nell'Anno prefente. Riccardo da S. Germano [d] differifce l'andata fua fino all'Anno 1218. Abbiamo
poi da effo Riccardo, che in queft'Anno *Diepoldo Duca* di Spoleti, volendo paffare traveftito a cavallo di un afino in Puglia,
tradito e fcoperto, fu prefo in vicinanza del Tevere, e confegnato al Senatore di Roma, che il mife in prigione. L'onni-
potente forza della pecunia fervì pofcia a liberarlo. Per quanto s' ha da Galvano Fiamma [e], in queft'Anno i Milanefi irritati per le cenfure Pontificie, pretendendo, che foffero nulle
od ingiufte, maggiormente efercitarono la rabbia loro contra
de' Pavefi. Prefero e diftruffero varie loro Caftella; mifero l'affedio ad Arena (non già ad Arona, come fta fcritto nel tefto

[f] Sigon.
de Regno I-
talie lib. 18
[g]Chronica
Cremonenfe
Tom. VII.
Rer. Italic.
del Sigonio [f]) ma non poterono averla. Tornarono anche a
fpogliar la Lomellina. Tace poi quefto Autore ciò che fi legge nella Cronichetta di Cremona [g], cioè che il Popolo Cremonefe, collegato de' Pavefi, nè pur egli ftette colle mani alla cintola in quefti tempi. Col guafto e col fuoco diftruffe le
Terre de' Milanefi e Cremafchi ne'contorni dell'Adda. Lo fteffo danno recò a un tratto del Piacentino. Prefe e fmantellò Ponte Vico: fe pure non è fcorretto quefto nome. Azzuffatofi poi
l'efercito loro con quel de' Piacentini preffo a Montile fra Ponte Vico e Piacenza, lo fconfiffe, e molti prigioni conduffe a
Cremona. Gelò sì forte in queft'Anno il Po, che le carra e
le beftie vi paffavano fopra, e feccarono perciò le viti. La

[h]Chronic.
Placentin.
Tom. XVI.
Rer. Italic.
[i] Chron.
Parmenfe
Tom. IX.
Rer. Italic.
Cronica di Piacenza [h] conferma il danno recato de' Pia-
centini e Milanefi collegati al diftretto di Pavia coll'incendio di
molte Caftella, e foggiugne in fine: *Eodem Anno fuit prælium*
de Pontenurio. Quefta battaglia di Pontenùra è fpiegata dalla
Cronica di Parma [i]. Ivi dunque fi legge, che l'ofte Par-
migia-

migiano andò fino a Ponte Nura ful Piacentino, e vi fi fece una baruffa colla peggio d'effi Piacentini. Pofcia nel dì 30. di Settembre ebbero battaglia i Parmigiani con parte de' Piacentini, Lodigiani, Cremafchi e Milanefi vicino al medefimo Ponte verfo Fontana, e fecero molti prigioni: al qual combattimento intervennero pochi Cremonefi. Nelle Croniche di Bologna [a], di Reggio [b], e Cefena [c] è fcritto, che in queft'Anno nel dì 14. di Giugno ebbero i Cefenati da i Riminefi una mala percoffa, con lafciare in man loro mille e fettecento prigionieri. Implorato l'aiuto de' Bolognefi, due mefi dappoi quefti con grande sforzo di gente, rinforzati anche dalla cavalleria e da gli arcieri di Reggio, affediarono il Caftello di Santo Arcangelo per fei fettimane. La Cronica Bolognefe racconta, che lo prefero per forza, con dare il guafto a tutto il paefe intorno. Di quefto acquifto non parla la Cronica di Reggio, più antica dell' altra, e nè pur gli Annali di Cefena. Quel che è certo, coftrinfero i Riminefi a rendere tutti i prigioni. Non par già certo, che i Cefenati allora promettessero ubbidienza al Comune di Bologna.

[a]Chronic.
Bononienfe
T. XVIII.
Rer. Italic.
[b]Memo-
riale Potest.
Regienf.
Tom. VIII.
Rer. Italic.
[c]Annales
Cefen.
Tom. XIV.
Rer. Italic.

Anno di CRISTO MCCXVII. Indizione v.
   di ONORIO III. Papa 2.
   di OTTONE IV. Imperadore 9.

VENNE in queft'Anno a Roma *Pietro Conte* di Auxerre, pretendente della Corona Imperiale di Coftantinopoli [d]. Ogni dì più andavano prevalendo a gli odiati Latini i Greci, che aveano per loro Capo Teodoro Comneno. Nel dì 9. d'Aprile fu egli con gran gloria e folennità coronato Imperadore d'Oriente da Papa Onorio III. nella Chiefa di S. Lorenzo. Confermò quefto efimero Augufto a *Guglielmo Marchefe* di Monferrato, e a *Demetrio* di lui Fratello il Regno di Salonichi, tuttavia poffeduto da quefti Principi. Io punto non mi affaticherò a feguitare gl'infelici fuoi paffi in Oriente. Paffò pel Mediterraneo in queft'Anno una poffente Crociata di Criftiani, incamminata verfo l'Egitto; e *Andrea Re* d'Ungheria con altri Principi, e con un copiofiffimo efercito marciò anch'effo a quella volta. Non ommife diligenza veruna in tempi di tanto bifogno Papa *Onorio* per

[d]Johann.
de Ceccano
Chr. Foffa-
nove.
Richard.
de S. Germ.
in Chronic-
Raynaldus
Annal.Ecc.

rimet-

ERA Volg.
ANN. 1217.
(a) Caffari
Annal. Ge-
nuenf. l. 4.
Tom. VI.
Rer. Italic.

rimettere la pace fra i Popoli dell'Italia. A questo fine, per at-, teftato del Continuatore di Caffaro (a), inviò a Genova Ugoli- no Cardinale, e Vefcovo d'Oftia, che fu poi Papa Gregorio IX. perfonaggio di raffinata prudenza, per condurre quel Popolo a far pace co i Pifani. S'obbligarono i Genovefi di ftare a quel- lo, che avefte decretato il Pontefice. Altrettanto fecero i Pifa- ni: il che aprì la ftrada dopo tanti anni di guerra alla concor-, dia fra quelle due emule Città. Abbiamo ancora dal medefimo Scrittore Contemporaneo, che in queft'Anno *ob multas difcor- dias, quæ vertebantur inter Civitates Lumbardiæ, quum multæ Religiofæ perfonæ fe intromitterent de pace & concordia compo- nenda, tandem auxilio Dei inter Papiam, Mediolanum, Pla- centiam, Terdonam, & Alexandriam pax firma fuit, & fir- mata Menfe Junii.* Reftò bensì viva la guerra fra efti Milane-

(b) Chronic.
Cremonenfe
Tom. VII.
Rer. Italic.

fi e Cremonefi. Leggefi nella Cronica di Cremona (b) che nell' Anno prefente i Cremonefi, affiftiti di forze da' Parmigiani, Reggiani, e Modenefi, andarono a fronte dell'efercito Milane- fe, il quale col rinforzo de' Piacentini, Comafchi, Novarefi, Vercellini, ed Aleffandrini, era giunto fin preffo a Zenevolta. La loro comparfa produffe il mirabil effetto d'indurre i Mila- nefi a ritirarfi in fretta. Afcoltifi ora Galvano dalla Fiamma là

(c) Gualva-
neus Flam-
ma Manip.
Flor. c. 250.

dove fcrive, (c) che in queft' Anno i Milanefi col Carroccio andarono ful Cremonefe, s'impadronirono di Ruminengo, e di Zenevolta, prefero il Carroccio de' Cremonefi; fecero anche prigione il Vefcovo di Cremona con innumerabili Cremonefi. Mandò il Podeftà di Cremona a minacciarli, ma non osò ufcire della Città. Dopo altri fatti l'Armata Milanefe pafsò a i danni de' Parmigiani. E finalmente i Pavefi per la terza volta giura- rono di ubbidire a i Milanefi. Noi non fiam tenuti a credere tut- to a Galvano Fiamma, adulatore non rade volte della Patria fua.

(d) Chron.
Placentin.
Tom. XVI.
Rer. Italic.

Merita ben più fede il Cronifta Piacentino (d), il quale dopo aver detto, che i Piacentini co i lor Collegati furono a dare il guafto al territorio di Cremona, aggiugne, che i Pavefi dall'u- na parte, e i Milanefi e Piacentini dall'altra fecero comprome- fo delle lor differenze nel Podeftà di Piacenza, il quale fenten- ziò, che i Milanefi rilafciaffero Vigevano a i Pavefi per dieci anni, e che a i Piacentini reftaffero alcune Ville. Ne gli Anna-

(e) Annal.
Veter. Mu-
tinenf.
Tom. XI.
Rer. Italic.

li vecchi di Modena (e) è bensì fcritto, che nell'Anno prefen- te riufcì a i Bolognefi di prendere al Comune di Modena le Ca- ftel-

ftella di Bazzano, S. Cefario, e Nonantola, e di fottomettere
tutta la Romagnola ; ma fuor di fito è una tal memoria, effendo fucceduti tai fatti molto più tardi.

DIEDERO in queſt'Anno principio i Crociati alle loro imprefe in Egitto. Gran copia di Veneziani, Genovefi, e Pifani, e
d'altre Città d' Italia, intervenne a quella gloriofa imprefa.
Dalle memorie, che rapporta il Rinaldi (*a*), fi fcorge, che (a) *Raynal-*
Guglielmo *Marchefe* di Maſſa [e perciò di Cafa Malaſpina] era *dus Annal.*
ſtato padrone del Giudicato di Cagliari in Sardegna. Morto lui, *ad hunc*
una fua Figliuola ereditò quegli Stati, e ne prefe il poſſeſſo di *Annum.*
confenfo de' Popoli, *fufcepto baculo Regali, quod eſt ſignum*
confirmationis in Regnum. Da lì a non molto per mettere fine
alle guerre, che erano ſtate in addietro fra quel Giudicato e
l'altro di Arborea, ella fposò il Giudice d'eſſa Arborea, oggidì
Oriſtagni. I Pifani, che pretendevano il dominio della Sardegna, giunti colà un giorno con una fquadra di navi, obbligarono la Marchefana di Maſſa e il Marito a giurar loro fedeltà,
e a prendere da eſſi l'Inveſtitura col Gonfalone. Col tempo i
Pifani cominciarono ad ufurpar quelle giurisdizioni, e a farla quivi da padroni aſſoluti: per lo che la Marchefana fece ricorfo a
Papa Onorio, implorando il fuo aiuto. Per atteſtato del Dandolo (*b*.), in queſt' Anno il Patriarca d'Aquileia, per delega- (b)*Dandul.*
zione del Papa, rimife pace fra i Veneziani e Padovani, che *in Chronic.*
erano in rotta per l'accidente occorfo nel Giuoco di Trivigi. *Rer. Italic.*
Ma Rolandino (*c*) non s'accorda con queſta notizia, fcriven- (c) *Roland.*
do egli, che anche nell' Anno 1220. durava la nemicizia fra *Chronic.*
quelle due Repubbliche. Siccome coſta dalle Bolle, da me date *l. 2. c. 1.*
alla luce (*d*), in queſt' Anno Papa *Onorio III.* diede l' Inveſti- (d) *Antich.*
tura della Marca di Guarnieri, cioè di Ancona, ad *Azzo VII.* *Eſtenſi P. I.*
Marchefe d'Eſte, benchè giovinetto, coll' annoverare cadauna *cap. 42.*
Città di quella Marca.

Anno di CRISTO MCCXVIII. Indizione VI.
    di ONORIO III. Papa 3.
    di OTTONE IV. Imperadore 10.

DOPO Pafqua cadde infermo in un fuo Caſtello chiamato
    Hartzburg l'Imperadore *Ottone IV.* ed aggravandofi il ma- (e)*Albertus*
le (*e*), con gran compunzione di cuore e molte lagrime chiefe l' *Stadenſis*
in Chronic.
                                     aſſo-

affoluzione dalla fcomunica, la quale, dopo aver egli promeffo di ftare a quanto gli foffe ordinato dal fommo Pontefice, gli fu conceduta dal Vefcovo d'Ildesheim. Ricevuti pofcia i Sacramenti con tutta divozione, terminò la fua vita nel dì 19. di Maggio. Gotifredo Monaco [a] la mette al dì 15. di quel Mefe. Il Continuatore di Caffaro [b], *uno die ante Afcenfionem Domini*, cioè nel dì 23. di Maggio. Ma il Meibomio fta per la prima fentenza. Ne dovette ben intendere il *Re Federigo* la morte fenza rammarico. Una grande fcoffa fu quefta alla nobiliffima Linea de gli Eftenfi di Germania, perchè sbrigato da quefto competitore effo Re Federigo, tolfe il Palatinato del Reno ad *Arrigo* fratello del defunto Ottone, fenza far cafo d'un accordo ftabilito con lui, nè dell' avergli effo Arrigo confegnate le infegne dell'Imperio dopo la morte del Fratello. Venne perciò a reftar quella Cafa co i foli Stati di Brunsvic, tuttavia da lei poffeduti, coll'accrefcimento a i noftri giorni d'altri paefi, e della Corona della gran Bretagna. Che in queft'Anno feguiffe la pace tra i Genovefi e Pifani, lo raccoglie il Rinaldi [c] da un Diploma Pontificio. Di quefta parlano gli Annali di Genova folamente all'Anno precedente, e fono fcritti da Autori contemporanei. Abbiamo bensì da effi Annali, che in un congreffo tenuto in Parma fra i Deputati di Venezia, e quei di Genova, reftò conchiufa una pace di dieci anni fra quelle due Repubbliche. Lafciò fcritto Riccardo da San Germano [d], che nell'Anno prefente d'ordine del Re *Federigo II.* Diopoldo Duca di Spoleti fu prefo da Jacopo da San Severino. Dovettero i non mai quieti Romani inquietare in queft'Anno il buon *Papa Onorio.* Nel Mefe di Giugno fi portò egli alla villeggiatura di Rieti. Nell' Ottobre feguente andò a Viterbo, e di là a Roma; *fed quum propter Romanorum moleftias effe Romæ non poffet, coactus eft Viterbium remeare.*

NON avendo più che temere dalla parte di Pavia i Milanefi, dopo avere unito all'armi fue quelle de gli fteffi Pavefi, de' Vercellefi, Novarefi, Tortonefi, Comafchi, Aleffandrini, Lodigiani, e Cremafchi, vennero fino a Borgo San Donnino, con difegno di farne un regalo a i Piacentini. [e] Trovarono quivi accampato l'efercito de' Cremonefi, Parmigiani, Reggiani, e Modenefi; e però delufi delle loro fperanze, voltarono verfo il Po. Arrivati verfo Gibello, i Cremonefi co i lor Collegati comparvero anch'effi colà, e nel dì 6. di Giugno prefentarono loro la battaglia. Durò quefta dalla Nona fino alla notte, e vi reftarono

fcon-

[a] *Godefr. Monachus in Chron.*
[b] *Caffari Annal Genuenf. l. 4. Tom. VI. Rer. Italic.*

[c] *Raynaldus Annal. Ecclefiaft.*

[d] *Richardus de S. Germano in Chronic.*

[e] *Chronic. Cremonenf. Tom. VII. Rer. Italic.*

sconfitti i Milanesi. Molti d'effi furono condotti nelle carceri di Cremona. La Cronica di Parma [a] ha, che questo fatto d'armi seguì nel primo Giovedì di Giugno, e che i Reggiani non arrivarono a tempo: laonde passò in proverbio *il soccorso de' Reggiani.* L'Autore della Cronica Piacentina altro non dice [b], se non che seguì fra loro in quest'Anno una gran battaglia, e che i Milanesi s'impossessarono di Busseto. Ma il vigilantissimo Papa Onorio III. a cui troppo dispiacevano gli odj sanguinarj di questi Popoli, [c] spedì anche ad essi *Ugolino Vescovo* d'Ostia e di Veletri, suo Cardinale Legato. Tale fu la di lui eloquenza e destrezza, che gli venne fatto di metter pace fra i Milanesi e Piacentini dall'una parte, e i Cremonesi e Parmigiani dall'altra. Ascoltiamo ora anche Galvano Fiamma [d], il quale fuor di sito, cioè all'Anno 1219. scrive, che usciti in campagna i Milanesi coi lor Collegati, nel dì 6. di Giugno presero il Castello di Santa Croce. E nel dì 17. di Luglio assediarono i Cremonesi, Parmigiani, Reggiani, e Modenesi in un Luogo inespugnabile appellato Gibello, e si venne ad un fatto d'armi, in cui molti perirono dall'una e dall'altra parte. Nel giorno appresso presero Busseto con trenta e più Luoghi de' Cremonesi. Ma alle preghiere de gli Ambasciatori di Bologna, che erano venuti a far pace, si ritirarono dal Cremonese. Se Cremona possedesse allora tanti Luoghi di qua dal Po, nol saprei dire. Ma Galvano quasi nulla parla della Pace suddetta, e nè pur ben conobbe, chi la maneggiò. Così si andavano mordendo a guisa di cavalli sfrenati, e consumando le Città della Lombardia fra loro; ma il peggio era, quando s'introduceva la matta discordia fra gli stessi abitatori d'una Città. In quest'Anno appunto in occasion della guerra suddetta entrò la divisione fra i Nobili e il Popolo di Piacenza; e prevalendo, come per lo più succedeva, la forza del Popolo, questo vergognosamente cacciò dal suo governo il Podestà, che era allora Guido da Busto Milanese [e]. Peggio ne avvenne dipoi, siccome vedremo. Ci riferiscono gli Annali di Cesena [f], che in quest'Anno i Faentini uniti coi Cesenati assediarono Imola. Temo io, che a gli anni seguenti appartenga questa notizia, giacchè si aggiugne, che nell'Anno seguente i Bolognesi la presero: il che accadde più tardi. E tanto più perchè il Sigonio [g] scrive, che in quest'Anno i Forlivesi fecero guerra più che mai a i Faentini, i quali veggendosi al di sotto, implorarono l'aiuto de'Bolognesi. Vollero questi tentar prima, se la loro autorità potea

basta-

Era Volg.
Ann. 1218.
[a] *Chronic. Parmense Tom. IX. Rer. Italic.*
[b] *Chron. Placentin. Tom. XVI. Rer. Italic.*
[c] *Chron. Cremonens. ut supra.*

[d] *Galvaneus Flamma Manip. Flor. c. 252.*

[e] *Chronic. Placentin. ut supra.*
[f] *Annales Cesen. Tom. XIV. Rer. Italic.*
[g] *Sigon. de Regno Ital. lib. 16.*

Era Volg. baftare ad eftinguere quella guerra fenza metter mano all'armi.
Ann.1218. Spediti dunque Ambafciatori a Forlì fecero iftanza, che foffe
compromeffa nel loro Podeftà ogni contefa di quelle Città. E
così fu fatto. E il Podeftà pubblicò tofto una tregua, per conofcere con più agio de i motivi delle loro difcordie.

Anno di CRISTO MCCXIX. Indizione VII.
di ONORIO III. Papa 4.
Vacante l'Imperio.

L'ASSEDIO di Damiata fortiffima ed importante Città
nell'Egitto, terminato fu in queft'Anno dopo immenfe
fatiche col cofto d'infinito fangue di Popolo battezzato, dall'e-
fercito de'Crociati colla prefa di quella Città in faccia all'innumerabil efercito di Corradino Sultano de'Saraceni nel dì cinque
di Novembre [a]. Riempiè quefta nuova d'immenfo gaudio
tutta la Criftianità, e un tal acquifto produffe un incredibil teforo e bottino a tutta quell'Armata di Criftiani. Racconta Godifredo Monaco [b] una particolarità confermata dall'Urfpergenfe [c]. Cioè che il Sultano per non perdere così cara Città,
aveva efibito a i Criftiani di reftituir loro il Legno della vera
Croce, tutti i prigionieri, e di fomminiftrar le fpefe per rimettere in piedi le mura da lui fmantellate di Gerufalemme.
Infuper Regnum Hierofolymitanum totaliter reftitueret, præter
Craccum, & Montem Regalem, pro quibus retinendis tributum
obtulit, quamdiu tregua duraret. Ma il Legato Pontificio, i Templarj, ed altri rigettarono sì bella efibizione, fpacciandola per
un'illufione e furberia del Sultano, e foftenendo che quelle due
fole Fortezze erano baftanti ad inquietar continuamente Gerufalemme. In fomma ftabilirono di voler prima conquiftar Damiata, e pofcia far trattato col Sultano. Damiata fu prefa, e niun
trattato fi fece dipoi. Non lafciava intanto Papa *Onorio* [d] di
follecitare il Re *Federigo II.* ad efeguire il voto della Croce da
lui prefa, per portare foccorfo a i Criftiani militanti in Egitto.
Ed egli colle più belle Lettere del Mondo rifpondeva d'effere
tutto accefo di voglia d'impiegar colà le fue forze in prò della Criftianità, e il buon Papa fe lo credeva. La vera intenzion
di Federigo, ficcome col tempo fi venne a conofcere, era di cavar dalle mani del Romano Pontefice la Corona dell'Imperio:
al che

[a] *Memor.*
Poteftat.
Regienf.
Tom. VIII.
Rer. Italic.
Bernard.
Thefaurar.
Tom. VII.
Rer. Italic.
Monachus
Patavinus,
& alii.
[b] *Godefri-*
dus Mona-
chus in Chr.
[c] *Abbas*
Urfpergenf.
in Chron.

[d] *Raynal-*
dus Annal.
Ecclef.

al che appunto egli arrivò nell'Anno feguente, per quanto fi vedrà. Nè voglio tacere, che per teftimonianza di Jacopo da Vitry [a], Cardinale e Scrittore contemporaneo, il mirabil fervo di Dio S. Francefco d'Affifi fu all'affedio di Damiata, ed ebbe coraggio di paffare all'udienza del Sultano, che depofta la fua fierezza l'afcoltò predicare della Fede di Crifto. Ma veggendo il Santo, che niun frutto faceano le prediche fue con quegl'indurati Maomettani, fe ne tornò in Italia. Crebbe in queft' Anno la rottura fra i Nobili e il Popolo di Piacenza [b], di maniera che toccò à i primi di ufcire della Città con tutte le loro Famiglie. Ritiraronfi effi a Podenzano, dove creato il loro Podeftà cominciarono ad impedire, che i contadini del Diftretto non andaffero al Mercato di Piacenza.

FECERO pace in queft'Anno i Bolognefi [c] col Popolo di Piftoia. E da vedere il Sigonio [d], che minutamente defcrive gli atti di quefte due Città in occafione di quefta Pace. Durando ancora le nemicizie de' Faentini contra de gl'Imolefi, i primi affiftiti dal Popolo di Bologna oftilmente procederono contro Imola. Mentre davano il guafto al paefe, fopravennero *Jacopo Vefcovo* di Torino, e *Guglielmo Marchefe* di Monferrato, che andavano Ambafciatori del Re Federigo a Roma. Quefti intimarono al Podeftà di Bologna di non moleftar il Popolo d'Imola, e di reftituire il maltolto. Moftrò il Podeftà di non credere, ch' effi foffero Miniftri di Federigo, al quale per altro tutto il Popolo Bolognefe profeffava riverenza. Andò nelle fmanie il Vefcovo, e dopo aver meffa Bologna al bando dell'Imperio, in fretta fe ne andò con Dio. Furono poi rimeffe quelle differenze de gl'Imolefi e Faentini nel medefimo Podeftà di Bologna. Nell' Anno feguente capitato ad effa Città di Bologna Anfelmo da Spira Legato di Federigo, avendolo i Bolognefi unto con unguento di mirabil efficacia, furono da lui affoluti. Era il Marchefe di Monferrato non folamente per vincolo di parentela, ma per affetto e per comunione d'intereffi, attaccatiffimo al Re Federigo. Ed appunto racconta Benvenuto da S. Giorgio [e], che in queft'Anno egli ottenne da effo Re quattro Caftella, fituate fulle rive del Po con Diploma, che vien rapportato dal medefimo Storico, dato *apud Spiram Anno MCCXIX. Nono Kalendas Martii, Indiftione VII.* Ma forfe circa quefti tempi una fiera fcoffa patì l'infigne Cafa de' Marchefi di Monferrato, perchè *Demetrio* Fratello del fuddetto Guglielmo Marchefe, Re di

Era Volg.
Ann.1219.

[a]*Jacobus de Vitriaco Hift.Orient.*

[b]*Chronic. Piacentin. Tom. XVI. Rer. Italic.*

[c]*Chronic. Bononienfe T. XVIII. Rer. Italic.*
[d]*Sigonius de Regno Ital. lib.16.*

[e]*Benven. da S.Giorg. Storia del Monferrato Tom.23. Rer. Italic.*

ERA Volg.
ANN. 1219.
Teffalonica, o fia di Salonichi e della Teffalia, fu dal Greco *Teodoro Lafcari* fpogliato di quel Regno, e gli convenne tornare in Italia, e ricoverarfi nell'avito fuo paefe. Fra effo Marchefe Guglielmo, e Andrea Delfino Conte di Vienna e di Granoble paffarono delle controverfie a cagione del Caftello e Borgo di Brianzone. Furono quefte nell'Anno prefente compofte con aver data il Marchefe *Beatrice* fua Figliuola in Moglie al Delfino, ed affegnatagli in dote quella Terra. Da ciò fi può arguire, quanto ampiamente fi ftendeffe allora il dominio de'Marchefi di Monferrato, da'quali fi diramarono fenza fallo i Marchefi di Saluzzo.

Anno di CRISTO MCCXX. Indizione VIII.
di ONORIO III. Papa 5.
di FEDERIGO II. Imperadore 1.

(a) Raynald. Annal. Ecclef.

CON Lettere efficaciffime andava più che mai *Papa Onorio* fpronando il *Re Federigo* alla fpedizione di Terra fanta, e al compimento del voto fuo (*a*); e Federigo, che fapeva, quantunque giovane, tutta la quinteffenza dell'aftuzia, ne fcriveva dell'altre al Papa le più rifpettofe, le più affettuofe, che mai fi poteffero immaginare, adducendo fcufe, e promettendo gran cofe. Scriffe ancora Lettere adulatorie al Senato e Popolo Romano coll'avvertenza di efortarli all'ubbidienza dovuta al fommo Pontefice, al quale già notammo, che aveano recato de i difgufti, e data occafione di ritirarfi fuor di Roma. Il ritardo di Federigo in Germania, a cui per altro un'ora parea mille anni di venire in Italia a ricevere la fofpirata Corona Imperiale, proveniva da i maneggi, ch'egli andava facendo per l'elezione del Re *Arrigo* fuo Figliuolo in Re de'Romani e di Germania. E li faceva fenza farne confapevole il Papa, e fenza ricercarne il di lui confenfo, con aver poi con varie mendicate ragioni fcufato il fuo procedere. Seguì in fatti l'elezione fuddetta, e Federigo fece credere al Pontefice d'averne fofpefa l'efecuzione, finchè quefta veniffe approvata dalla fanta Sede. Sbrigato da così importante affare moffe Federigo di Germania, e con un fiorito efercito giunfe a Verona, da dove nel dì 13. di Settembre fpedì nuove Lettere al Papa. Se vogliam preftar fede a Galvano Fiamma (*b*), fece iftanza a i Milanefi per la Corona del Ferro. Effi gliela negarono. Più probabile è, che conofcendo il lor animo, rifparmiaf-

(b)Gualvaneus Flam. in Manip. Flor.c.254.

. fe

se a se steßo un tale affronto. Essendo egli in San Leone vicino a Mantova *quintodecimo Kalendas Octobris*, diede un Diploma in favore di *Azzo VII. Marchese* d'Este, comandando al popolo di Padova di non inquietare il Marchese nel pacifico poßeßo e dominio d'Este, Calaone, Montagnana, e de gli altri antichi Stati della Casa d'Este (a). Paßato dipoi per Modena a Bologna, di là nel dì 5. d'Ottobre scriße altre Lettere al medesimo Papa, tutte infiorate delle solite proteste dell'ingrandimento temporale della Chiesa Romana, della filiale ubbidienza, e di altre tenerezze, che poco costano alla penna. Il Pontefice, a cui forte premeva oltre all'altre cose, solite a promettersi da i novelli Augusti, che il Regno di Sicilia e di Puglia, se si conferiva la Corona dell'Imperio a chi n'era padrone, non venisse ad incorporarsi nello steßo Imperio con danno esorbitante della Chiesa Romana; ed in oltre sommamente desiderava, che il nuovo Imperadore impiegaße le forze sue in soccorso della Cristianità in Egitto, o in Soria: volle prima aßicurarsi di questi due punti. Federigo non vi fece difficultà veruna. Però continuato il viaggio felicemente giunse a Roma, dove nel dì 22. di Novembre fu solennemente coronato Imperadore insieme con *Costanza* sua Moglie nella Basilica di S. Pietro per mano di Papa Onorio con gran concorso e pace del Popolo Romano. Nello steßo giorno il nuovo Imperador Federigo (b) pubblicò nel Vaticano un famoso Editto contro gli Eretici Manichei o sia Patarini, che allora quasi per tutte le Città d'Italia o pubblicamente o segretamente viveano, e similmente in favore della libertà de gli Ecclesiastici. Fece dono di qualche Stato alla Chiesa Romana, e le restituì i beni della Conteßa Matilda. Alberico Monaco (c) v'aggiugne una particolarità, cioè ch'egli *Papam per manum validam Romam introduxit, jam ab ea per septem menses exclusum, & Romanos eidem reconciliavit*. Per conto dell'impresa di Terra santa, di nuovo prese la Croce dalle mani di *Ugolino Cardinale*, Vescovo d'Ostia, con obbligarsi di spedire nel proßimo venturo Marzo un gagliardo soccorso a i Crocesignati, e di paßar fra pochi mesi anch'egli in Palestina, allegando di non poter farlo allora, perchè avea de i ribelli in Puglia, e i Saraceni in Sicilia da domar prima. Nel dì 26. di Novembre si trovava Federigo tuttavia preßo di Roma, dove confermò i Privilegj ad *Arrigo Vescovo* di Bologna, ciò apparendo dal Diploma rapportato dal Ghirardacci (d). Paßò dipoi a S. Germano, magnificamen- te ac-

(a) *Antichità Estensi. P. I. c. 41.*

(b) *Godifr. Monachus. Richard. de S. Germ. Monachus Patavinut. Chronicon Austral. & alii.*

(c) *Alberic. Monachus in Chron.*

(d) *Ghirardacci Istor. di Bologna lib. 5.*

Era Volg.
Ann. 1220.
(a) Richar-
dus de S.
Germano.
(b) Gattola
Accefs. ad
Hift. Caff-
nenf. P. J.
te accolto ivi da Pietro Abbate di Monte Cafino (*a*). *Menfam Campforum, & jus fanguinis, quod ufque tunc habuerat concef-fione Imperatoris Henrici Ecclefia Cafinenfis, recipit ab eodem:* Crede il Padre Abbate Gattola (*b*), che Federigo confermaffe quefti due diritti all'infigne Moniftero Cafinenfe. Voglia Dio, che Riccardo non dica il contrario, cioè che il primo regalo fatto da Federigo II. a i Cafinenfi, non foffe quello di levar lo-ro quel gius. Così feguita a fcrivere Riccardo, che effo Augu-fto tolfe ed unì al demanio Regale Sueffa, Teano, e la Rocca di Dragone, che godeva il Conte Ruggieri dall'Aquila. Pofcia s'incamminò a Capoa, dove in un gran Parlamento pubblicò le Affife, cioè venti Coftituzioni pel buono ftato e governo del Re-gno, e formò la *Corte Capuana.*

(c) Caffari
Annal. Ge-
nuenf. lib. 5.
Tom. VI.
Rer. Italic.
ABBIAMO da i Continuatori di Caffaro (*c*), che faputofi da i Genovefi l'arrivo in Italia di Federigo, gli fpedirono Ram-bertino de' Bonarelli da Bologna lor Podeftà con molti Nobili, fperando di riportarne molti vantaggi per le larghe promeffe lor fatte con varie Lettere da effo Principe. Il trovarono fuor di Mo-dena, il feguitarono fino a Caftel S. Pietro, dove sfoderati i lor Privilegj, il fupplicarono per la conferma d'effi. Appena volle egli confermar una parte di quello, che apparteneva all'Impe-rio, fcufandofi di nulla poter concedere intorno al Regno di Si-cilia, fe non dappoichè foffe giunto colà, e promettendo fecon-do il fuo folito di voler far molto: il che come foffe ben efegui-to, lo vedremo in breve. Voleva, che i Genovefi l'accompa-gnaffero alla Coronazion Romana; ma fe ne fottraffero quefti con allegare di non poter farlo fenza licenza del Configlio di Ge-nova, e di non aver mai ufato il loro Popolo d'inviare a quella funzione. Così ottenuto il congedo, malcontenti fe ne tornaro-no a cafa. Per la guerra, che durava fra i Reggiani e Manto-
(d) Annales
Veteres Mu-
tinenf.
Tom. XI.
Rer. Italic.
vani, in queft'Anno (*d*) i primi, avendo in aiuto i Parmigia-ni e Cremonefi, andarono all'affedio del Caftello di Gonzaga, tenuto da i Mantovani. In vigor della Lega, contratta co i Man-tovani, in foccorfo d'effi volarono i Modenefi. Portò la buona forte, che l'Arcivefcovo di Maddeburgo, Legato dell'Augufto Federigo, arrivò a Modena, dove chiamati con plenipotenze i Deputati d'amendue le Città, facendo valere la fua autorità
(e) Memo-
riale Poteft.
Regienf.
Tom. VIII.
Rer. Italic.
ftabilì pace fra loro. Abbiamo parimente dall'antica Cronica di Reggio (*e*), che in queft'Anno nel dì 16. di Giugno uniti in-fieme i Mantovani, Veronefi, Ferrarefi, e Modenefi prefero il

Ca-

Castello del Bondeno, probabilmente a i Reggiani, il diftretto ERA Volg.
de' quali una volta fi ftendeva fino colà. Circa quefti tempi (a) ANN.1220.
il Popolo di Trivigi diede il guafto alle Diocefi di Ceneda, Fel- (a) *Raynal-*
tre, e Belluno, ed uccife i Vefcovi delle due ultime Città. Per *dus in An-*
l'atrocità di quefti fatti il Pontefice Onorio fulminò le cenfure *nal. Ecclef.*
contra di loro, e li minacciò di peggio, fe nel termine di un mefe
non riparavano i danni e reftituivano l'ingiuftamente occupato.
Erano que' Vefcovi padroni delle loro Città. A tali notizie un'
altra ne aggiugne Rolandino (b) Storico Padovano. Cioè che i (b) *Roland.*
Veneziani per timore, che i Trivifani fi uniffero co' Padovani, *Chronic.*
co' quali feguitava tuttavia la nemicizia, nata nella congiuntu- *lib. 2. c. 1.*
ra del Giuoco di Trivifo, fecero Lega con effi Trivifani. Ciò
faputofi da *Bertoldo Patriarca* d'Aquileia, [giacchè anch'egli fi
fentiva maltrattato da effi Trivifani] per avere un buon appoggio, in queft'Anno eleffe di farfi Cittadino di Padova, e di giurare di far quello, che faceffero i Padovani: al qual fine mandò a fabbricare a fue fpefe alcuni bei Palagi in Padova. Servì l'efempio fuo, perchè i Vefcovi di Feltre e di Belluno prendeffero anch'effi la Cittadinanza di Padova. In fatti avendo il
Popolo di Trivigi in queft' Anno portata la guerra ad alcune
Terre del Patriarca, i Padovani ufciti in campagna coll'efercito loro fi portarono fotto Caftelfranco Terra di Trivigi: e quefto fol movimento baftò a far tornare i Trivifani di galoppo
a cafa. Andò in in queft' Anno il Popolo di Piacenza (c) ol- (c)*Chronic.*
tre al fiume Trebbia, e bruciò Campo Maldo di fotto, che e- *Placentin.*
ra de' Nobili fuorufciti. S' attrupparono a tal avvifo i Nobili, *Tom. XVI.*
e raggiunti i Popolari vicino alla Trebbia, li mifero in ifcon- *Rer. Italic.*
fitta. Molti fe ne affogarono nel fiume; circa fecento fanti rimafti prigioni furono condotti parte nelle carceri di Fiorenzuola, e parte in quelle di Caftello Arquato.

Anno di CRISTO MCCXXI. Indizione IX.
di ONORIO III. Papa 6.
di FEDERIGO II. Imperadore 2.

UN gran paffaggio di Criftiani fi fece nella Primavera di queft'
Anno alla volta della conquiftata Damiata. Per attestato
di Jacopo da Vitrì (d) Cardinale e Vefcovo di Accon, o fia di (d)*Jacobus*
Acri, vi arrivarono fra gli altri *Arrigo da Settala* Arcivefcovo *de Vitriaco*
Hift.Orient.
di Mi-

Era Volg.
Ann.1221.
[a]Bernard.
Thesaurat.
cap. 204.
Tom. VII.
Rer. Italic.
[b] Raynaldus in Annal. Ecclef.
di Milano, e i Vefcovi di Faenza (come ha Bernardo il Teforiere [a], e non già di Genova, come il Vitry) di Reggio, e di
Brefcia. Vi giunfero ancora i Legati dell'Imperador Federigo,
portando nuove, ch'egli in perfona verrebbe. *Aderat & Italiæ
militia copiofa.* Noi fappiamo dall'Annalifta Rinaldi [b], che
Papa *Onorio III.* cominciò a far di gravi doglianze contra dell'
Imperador Federigo, perchè non avefſe adempiuta la promeſſa
di mandar un gagliardo foccorfo a i Criſtiani guerreggianti in
Egitto. Ma certa cofa è, ch'egli con buon animo finquì foddis-
fece all'impegno prefo col Papa; perciocchè fpedì colà una
[c] Richardus a S. Germano.
Bernardus Thefaurat. ut fupra.
Caffari Annal. Genuenf. l. 5.
Tom. VII. Rer. Italic.
flotta di quaranta Galee ben armate [c], fotto il comando di
Arrigo Conte di Malta, il più bravo e fperimentato Capitano
di mare, che allora ci foſſe, accompagnato da Gualtieri di Palear fuo gran Cancelliere. Non so io dire, fe in queſto ſtuolo
fieno comprefe otto Galee condotte dal Conte Matteo di Puglia,
che Jacopo da Vitry, e Bernardo Teforiere fcrivono eſſer giunte di Luglio a Damiata, dopo aver prefo in viaggio due Navi
Corfare de' Saraceni. Sembra ancora, ch'egli fomminiftraſſe Legni pel trafporto del Duca di Baviera, che affrettato da eſſo Augufto, con gran copia di Nobiltà e di foldatefche della Germania approdò a Damiata. Era già inforta difcordia, fpezialmente per la fignoria di Damiata, foffiando l'intereſſe e l'ambizione
nel cuor di molti, più che l'amor della Religione, fra *Giovanni Re* di Gerufalemme, e *Pelagio* Portoghefe, Cardinale, Vefcovo d'Albano, e Legato Pontificio, uomo teſtardo, a cui viene da alcuni attribuita la rovina de gli affari della Criſtianità in
Oriente. Prefe il Re alcuni pretefti, e fi ritirò ad Accon; e intanto il Legato fcomunicò i di lui aderenti. Trovandofi poi que-
[d] Godefridus Monachus Annal.
fto Legato con una sì fiorita Armata, che Godifredo Monaco [d]
fa afcendere a quafi ducento mila perfone, ma che di gran lunga minore vien afferita da altri, non volendo ſtare in ozio, propofe di far qualche grande imprefa. Trovò, che le milizie non
fi volevano muovere fenza avere alla tefta un Generale di fperienza, cioè il fuddetto Re Giovanni, parendo loro, che un Che-
rico, benchè d'altiſſima Dignità, non foſſe atto a maneggiar il
baſton del comando. Perciò il Legato fu coſtretto a pregare il
Re, che tornaſſe, promettendo di pagargli cento mila bifanti,
che gli dovea. Venuto il Re, e tenutofi configlio di guerra,
fu egli di parere, che fi aveſſe da andare a dirittura a rifabbri-
car Gerufalamme, e a riacquiſtar quel Regno: cofa allora facile,

le, e che avrebbe potuto agevolar dipoi altre conquiste in Egitto [a]. Il Legato, che si credea miglior Mastro di guerra, volle nel Mese di Luglio, che si marciasse alla volta del Cairo Città capitale dell'Egitto. Il Sultano non lasciò in questi tempi di
far nuove proposizioni di pace, se gli si restituiva Damiata,
con offerire la restituzion de' prigioni, e del Regno di Gerusalemme, a riserva della Fortezza del Krach, e di pagar le spese per la riparazion delle smantellate Città, e una tregua di
trenta anni. Tutta l'Armata Cristiana acconsentiva; il solo Legato Pelagio ruppe il trattato, e volle guerra. Godifredo Monaco, e Bernardo Tesoriere ci assicurano di questo fatto. Finia-
mola con dire, che inoltratasi l'Armata de' Crociati, il Sultano
le tagliò la strada, per cui da Damiata aveano da venir le vettovaglie, ed aprì varie bocche del Nilo, che maggiormente
ristrinsero i Cristiani, di maniera che affamati, e senza modo di uscire di quel labirinto, necessitati furono a chieder pace al Saraceno. Per ottenerla convenne cedere Damiata colla vicendevol restituzion de' prigioni. Tale esito ebbe l'ostinazion
del Legato: dopo di che di male in peggio andarono da lì
innanzi gli affari di Terra santa. A nulla servì in tal occasione la Flotta spedita a Damiata dall'Imperador Federigo, o sia
perchè, siccome ha il Continuator di Caffaro, non sapendo l'
esercito Cristiano l'arrivo d'essa, non se ne prevalse; o pure
perchè i Saraceni le impedirono il poter continuare il viaggio
pel Nilo. Quel che è certo (e l'abbiamo da Riccardo da S.
Germano) il gran Cancelliere *Gualtieri Vescovo* di Catania,
ed *Arrigo Conte* di Malta, Condottieri della medesima, per
giusto timore d'essere gastigati dall'Augusto Federigo, l'uno,
cioè Gualtieri, se ne fuggì a Venezia, dove poi terminò i suoi
giorni, e l'altro, cioè Arrigo, tornato in Sicilia, e preso, restò spogliato della sua Contea di Malta. Ma il suddetto Continuatore de gli Annali di Genova scrive, che egli perdè Malta solamente nell'Anno 1223. per sospetti d'intelligenza co i Saraceni di Sicilia ribelli. Oltre di che il troveremo all'Anno 1227.
di nuovo in grazia di Federigo.

ATTESE in quest'Anno esso Imperadore a vendicarsi di chi in
Puglia avea prese l'armi contra di lui, o veniva da lui creduto indebito possessor de' suoi Stati. Levò Sora ed altri Luoghi a *Riccardo* Fratello d'*Innocenzo III.* con pretendere, ch'esso Innocenzo nel tempo della di lui fanciullezza avesse abusato della sua au-
tori-

ERA Volg.
ANN. 1221.
[a] *Alberic.
Monachus
in Chronico.*

torità in danno di lui. Non meritava Papa Innocenzo un tratta=
mento sì fatto ne' suoi parenti, dopo aver tanto operato per so=
stener Federigo fanciullo in Sicilia, e per fargli ottenere il Regno di Germania : il che fu un sicuro gradino alla Corona dell'
Imperio. Obbligò Federigo parimente *Stefano Cardinale* di Santo Adriano a rilasciar la Rocca d'Arce. Spogliò delle lor Terre
Tommaso Conte di Celano, e il Conte di Molise. Ricuperò Boia-
no, e ad istanza de' Tedeschi rimise in libertà il *Conte Diopoldo*,
ma con torgli Alife, Caiazzo, ed Acerra. Di quest'ultima Città investì *Tommaso Conte* d'Acquino, con dichiararlo ancora gran
Giustiziere della Puglia. Scrivono in oltre alcuni, che fece morir qualche Vescovo, stato in addietro ribello. Certamente con
varie pene li maltrattò. Ora tanti Baroni abbassati, tutti si ridu-
cevano a Roma, con far ivi di gravi doglianze al Papa contra di
Federigo, il quale all' incontro si lamentava del Pontefice, (*a*)
perchè faceva buon accoglimento a chiunque era in disgrazia sua.
Il Papa in fatti cominciò, o pur seguitò maggiormente ad alte-
rarsi contra di lui; ed imputando a lui tutte le disgrazie succedu-
te in Oriente, uscì in questo medesimo Anno in minaccie di scomunica, s'egli non dava compimento al Voto di Terra santa.
Dopo aver disposte le cose di Puglia, passò poi Federigo in Sicilia, e tenuto in Messina un general Parlamento del Regno, pubblicò ivi alcuni regolamenti pel buon governo d'esso. Per far pruova i Genovesi di che metallo fossero le belle promesse lor fatte nell'
Anno precedente, (*b*) spedirongli nel presente per loro Ambasciatori Oberto da Volta, Sorlaone Pevere, e Uberto da Novara.
La ricompensa de' tanti servigj a lui prestati, fu, ch'egli tolse loro, e al Conte Alemanno loro Vassallo, il possesso e il governo di
Siracusa; li spogliò del Palazzo di Margaritone, già grande Ammiraglio, donato a i medesimi, tanti anni prima; e gli obbligò
a pagare al par de gli altri tutti i diritti delle Dogane per l' intro-
duzione od estrazione di merci : di modo che se ne tornarono a
Genova, non so se bestemmiando, certo non benedicendo la ge-
nerosità di questo Imperadore. E di questo passo camminava Federigo, chiudendo gli occhi e l'orecchie a tutto, purchè ben as-
sodasse la sua potenza in Sicilia, ed impinguasse l'Erario suo.
Ch'egli in quest'Anno venisse a Genova, lo scrisse bensì il Sigonio (*c*), ma non colla sua solita accuratezza. Il Continuator di
Caffaro parla della di lui venuta a Genova nell' Anno 1212. e
non già d'un' altra nell' Anno presente, in cui egli non si mosse

(*a*) *Abbas
Urspergens.
in Chronic.*

(*b*) *Caffari
Annal. Ge-
nuens. l. 5.*

(*c*) *Sigon.
de Regno I-
tal. l. 17.*

dal Regno . Erafi ribellata la Città di Ventimiglia a i Genovefi
ne gli anni addietro . Con potente ofte procederono effi in queft'
Anno contra di quel Popolo , il quale venne bensì all' ubbidienza ; ma nel dì feguente fi rivoltò . Fecero i Genovefi delle mirabili fortificazioni intorno a quella Città , e lafciatala da ogn' intorno bloccata , riduffero a cafa l'efercito . L'Anno fu questo, in
cui , fecondo Galvano dalla Fiamma (*) , cominciò la difcordia (a)*Gualva-*
a fpargere il fuo veleno fra i Nobili e popolari della Città di Mi- *nens Flam-*
lano . Nafcevano tutte queste civili divifioni nelle Città libere *ma Manip.*
d'Italia dall' Ambizione , o fia dal foverchio defiderio de gli onori. *Flor.c.254.*
Aveano i Popolari la lor parte nel Governo , nè fapeano fofferire ,
che i Nobili ambiffero i migliori Ufizj , le Ambafcerie , ed altri
pofti o più onorevoli , o più lucrofi . Quindi le doglianze , e in
fine fi dava di piglio all' armi . Non potendo refiftere i Nobili alla poffanza de gli avverfarj , convenne loro ufcir della Città colle
lor Famiglie . Ma non già ne ufcì l' Arcivefcovo *Arrigo da Set-*
tala, come fcrive il fuddetto Fiamma , perchè noi l'abbiam veduto in quefti tempi Crocefignato in Damiata .

PER lo contrario il *Cardinale Ugolino,* Vefcovo d'Oftia , gloriofo per aver proccurata pace dovunque arrivava , nel Mefe di
Settembre dell' Anno prefente compofe le differenze che paffavano fra il popolo , e la Nobiltà fuorufcita di Piacenza (*b*) , con (b) *Chron.*
fare rimettere in libertà i prigioni Popolari : con che i Nobili fe *Placentin.*
ne ritornarono in Città . Belle erano sì fatte concordie ; ma che ? *Tom. XVI.*
fe con gran difficultà fi ftringevano , con facilità mirabile fi di- *Rer. Italic.*
fcioglievano . Aveva il Cardinale pofto in Piacenza per Podeftà
generale della Città Ottone da Mandello Milanefe . Dovette parere al Popolo , ch'egli aveffe della parzialità per li Nobili ; e
però nel Mefe d'Ottobre eleffe per fuo Podeftà Guglielmo dell'
Andito , che è oggidì la Famiglia de' Marchefi Landi . Nel feguente Novembre il fuddetto Ottone da Mandello in tempo di
mezza notte co i Nobili andò alla cafa di Guglielmo Landi per
farlo prigione . Traffe a quefto rumore il popolo , ed attaccata
battaglia , fece prigione Otton da Mandello con tutta la fua famiglia . Furono prefi anche cento Nobili , ma pofcia rilafciati .
Anche in Ferrara avvennero delle novità . (*c*) *Azzo VII.* Mar- (c)*Chronic.*
chefe d'Efte e d'Ancona , chiamato anche *Azzolino,* ed *Azzo* *Eftenfe*
novello, giovinetto fpiritofo e infieme prudente , dopo la morte *Tom. XV.*
Rer. Italic.
del Marchefe *Aldrovandino* fuo Fratello , abitava fpeffe volte in
Ferrara , ficcome capo della fazion Guelfa , e poffeffor quivi di

Tomo VII. Y gran

EraVolg.
Ann.1221. gran copia di beni e di vassalli, uno de' quali era lo stesso *Salinguerra*, capo de' Ghibellini. Duro pareva a gli aderenti del Marchese, che Salinguerra co'suoi godesse i migliori Ufizj della Repubblica. Però nel Mese d'Agosto prese l'armi assalirono la parte di Salinguerra, e dopo aspro combattimento la forzarono ad abbandonar la Città; e in tal occasione fu dato alle fiamme il Palazzo del medesimo Salinguerra. Si dovettero interporre saggi mediatori di pace, perchè da lì a pochi giorni i fuorusciti ritornarono alle lor case. Secondo le Croniche di Bologna

[a]*Chronic.* [a], nell' Anno presente a dì 23. di Luglio in Luogo detto il
Bononienf. Corneglio seguì un fatto d'armi fra i Bolognesi ed Imolesi. A
T. XVIII. i men possenti, cioè a gli ultimi, toccò la rotta, e circa mille
Rer. Italic. e cinquecento d'essi rimasero prigionieri. Ma nulla di questo ha
il Sigonio, Scrittore informatissimo delle cose di Bologna. Scrive
[b]*Sigonius* egli bensì [b], che gl'Imolesi irritati contra del Castello d'Imo-
de Regno la, lo distrussero, e tutti quegli abitatori accolsero nella Città,
Ital.lib.17. come lor veri Cittadini. Venne in quest' Anno a morte nella
[c]*Boland.* Città di Bologna [c] il glorioso Servo di Dio *San Domenico*,
Act. Sanct. Istitutore dell' Ordine de' Predicatori, e al corpo suo fu data
ad diem 4 sepoltura nella Chiesa de' suoi Religiosi, già piantati in quella
Augusti. Città. Abbiamo da Girolamo Rossi [d], che Ugolino di Giu-
[d]*Rubeus* liano, Conte della Romagna, mentre era Podestà di Ravenna,
Histor. Ra- tagliato fu a pezzi, senza dire da chi. In suo luogo Federi-
venn. ad go Augusto creò Conte di quella Provincia Goffredo Conte di
hunc ann. Biandrate, con dargli il godimento di tutte le Gabelle, e de'
porti spettanti all' Imperio mercè di un Diploma spedito in
Messina nel Giugno di quest' Anno. Abbiamo di quì, che Federigo al pari de' suoi Predecessori seguitava a signoreggiar nella Romagna; nè apparisce, che il Papa ne facesse doglianza.
Diede ancora esso Imperadore l'Investitura de gli Stati aviti ad
[e]*Antich.* *Azzo VII.* Marchese d'Este [e] con Diploma spedito in Brindi-
Estensi P.I. si nel Marzo del corrente Anno.
cap. 42.

Anno

Anno di CRISTO MCCXXIII. Indizione X.
di ONORIO III. Papa 7.
di FEDERIGO II. Imperadore 3.

LE disavventure occorse a i Criſtiani in Egitto, per le quali il buon Pontefice *Onorio III.* preſo fu da ſomma afflizione, il tenevano in continui penſieri e cure per riparare il danno ſofferto, e mettere in migliore ſtato il cadente Regno de'
Criſtiani in quelle parti [a]. Pertanto concertò coll'Imperador
Federigo di fare un ſolenne Congreſſo in Verona per la feſta
di S. Martino, dove deſiderava di trovarſi egli con eſſo Imperadore, col Re di Geruſalemme *Giovanni*, e col Legato Pontificio
Pelagio Veſcovo d'Albano, a'quali ſcriſſe per queſto. Il concerto di queſto general Parlamento fu fatto primieramente in
Veroli; perciocchè per atteſtato di Riccardo da S. Germano [b],
nel Meſe di Febbraio uſcito di Roma il Pontefice andò ad Anagni, ed invitò l'Auguſto Federigo a venire a trovarlo. Trova-
ronſi dunque inſieme in Veroli, e per quindici dì dimorati in
quella Terra, ebbero agio di trattar di varj affari. Fu ivi riſoluta la ſuddetta gran Corte in Verona, e Federigo ſi obbligò
in certo termine di tempo di paſſar come Imperadore in ſuſſidio
di Terra ſanta. Ma nulla ſeguì poi del progettato Parlamento,
forſe per l'infermità del Papa, il quale ſecondo il ſuddetto Riccardo patì in queſt'Anno un grave male in una gamba. I Romani, che per lo più aveano nemicizia co'Viterbeſi, fecero eſercito nell'Anno preſente contro la loro Città. Nè pur mancavano de i faſtidj all'Imperador Federigo. La Rocca di Magenul
in Puglia ſi manteneva ribellata: fece aſſediarla da Tommaſo
Conte di Acerra. In Sicilia i Saraceni quivi abitanti, perchè aggravati di groſſe taglie, e maltrattati da i Criſtiani, s'erano ſollevati con recare immenſi danni alla Valle di Mazzara, avendo
per loro Capo un certo Mirabetto. Fu obbligato per queſto Federigo a tornarſene in Sicilia, dove ammaſſato un buon eſercito,
marciò contra di coloro. Terminò i ſuoi giorni nel dì 23. di Giugno dell'Anno preſente in Catania l'Imperadrice *Coſtanza* di lui
Moglie, la qual perdita dicono, che gli fu molto ſenſibile. U-
ſcito ſegretamente dalla Rocca di Magenul Tommaſo Conte di
Celano, ebbe maniera di ricuperar la ſua Terra di Celano, e
per ben vittovagliarla ſcorſe tutta la Marſia. Allora il Conte
d'Acer-

Y 2

ERA Volg
ANN. 1223.

[a] *Raynal-*
dus Annal.
Eccleſ. ad
hunc Ann.

[b] *Richar-*
dus de S.
Germano
in Chronic.

d'Acerra, lafciata quanta gente occorreva per tener bloccata la Rocca fuddetta di Magenul, venne ad affediar Celanó. Si rendè poi la Rocca predetta, e Federigo diede in Sicilia delle buone percoffe a i ribellati Saraceni. In un conflitto vi reftò ucciso il loro condottiere Mírabetto.

FU pofto fine in queft'Anno alla guerra de'Bolognefi e Faentini contro Imola, con ridurre quella Città ad accettar la legge, che le vollero imporre i due più potenti avverfarj. Ne parla a lungo il Sigonio (a), che su quefto diligentemente confultò gli Atti pubblici, e le Storie di Bologna. Solamente accennerò io, che con tutte le lor forze il Popolo di Bologna, e quel di Faenza, nell'Agofto dell'Anno prefente oftilmente fi portarono fotto effa Città d'Imola, e ne imprefero l'affedio. Ma eccoti giugnere al campo loro Diotifalvi da Pavia, fpedito dall'Arcivefcovo di Maddeburgo, Legato in Lombardia dell'Imperador Federigo, co i Podeftà di Parma e Cremona, e con gli Ambafciatori di Brefcia, Verona, Mantova, Reggio, e Modena, per trattar pace, e impedir quell'affedio. Contuttochè Diotifalvi a nome dell'Arcivefcovo, fotto pena di mille Marche d'oro, intimaffe loro il non moleftar quella Città, e a quefto comandamento aggiugneffero gli altri le più efficaci preghiere: pure gli affedianti, fentendo di avere il vento in poppa, ftettero faldi nel loro propofito. Partiti che furono quegli Ambafciatori, il Popolo d'Imola, per non ridurfi a gli eftremi, inviò i fuoi Deputati al campo per renderfi. Dure furono le condizioni dell'accordo. Imola reftò fotto la guardia ed autorità de'Bolognefi e Faentini; convenne fpianar le foffe; e le porte della Città furono trionfalmente portate a Bologna, e non già in altro Anno, come alcuno ha creduto. Portata quefta nuova all'Imperador Federigo, ne andò forte in collera; fece anche citare al fuo Tribunale Giuffredo da Pirovano Podeftà di Bologna; e da lì innanzi covò fempre un mal animo contra de'Bolognefi. Di cattiva ricordanza fu l'Anno prefente pel terribil Tremuoto, che nello fteffo dì del fanto Natale del Signore fi fece fentire in Lombardia, e per due fettimane replicò due volte il giorno le fcoffe. Secondochè fcrive Gotifredo Monaco (b), in più Luoghi abbattè le Cafe e le Chiefe, con opprimere gli uomini e i Sacerdoti. Fece anche gran male in Genova (c). Ma principalmente fi fcaricò quefto flagello fopra la Città di Brefcia, avendone atterrata la maggior parte colla morte di

(a) Sigon. de Regno Ital.lib.16.

(b) Godefr. Monachus in Chronico Roland. l.2. e 3.
(c) Caffari Annal Genuenf. l.5. Tom. VI. Rer. Italic.

Era Volg.
Ann.1222.
(a) Malve-
cius Chron.
Brixian.
Tom. XIV.
Rer. Italic.

molto Popolo. Tutto ciò vien confermato dallo Storico Brescia-no Jacopo Malvezzi (*a*), confessando egli, che non solamente innumerabili fabbriche nella Città, nelle Castella, e Ville, fu-reno rovesciate a terra, ma che vi perì anche una gran quanti-tà di persone, massimamente di pargoletti e di bestiame. E per-ciocchè seguitò dipoi questa calamità lungo tempo dipoi, quasi tutti, abbandonate le loro abitazioni, si ridussero a vivere in mezzo alle campagne.

Tommaso Arcidiacono di Spalatro, la cui Storia Salonita-na fu data alla luce da Giovanni Lucio (*b*), scrivendo le cose de' suoi dì, fa menzione di questo orribil disastro con aggiugne-re, che n'ebbe gran danno la Liguria, l'Emilia, e la Marca Venetica, cioè di Verona; e che Brescia in gran parte cadde, con rimaner seppellita nelle rovine una moltitudine d'uomini, e spezialmente d'Eretici. Nè voglio tacere una bella partico-larità, ch'egli di veduta soggiugne intorno a S. Francesco d'Assi-si. *Eodem Anno*, dice egli, *in die Assuntionis Dei Genitricis, quum essem Bononiæ in studio, vidi sanctum Franciscum prædi-cantem in Platea ante Palatium publicum, ubi tota pæne Civi-tas convenerat. Fuit autem exordium sermonis ejus Angeli, Ho-mines, Dæmones; de his enim tribus Spiritibus rationalibus ita bene & discrete proposuit, ut multis Literatis, qui aderant, fie-ret admirationi non modica sermo hominis idiota; nec tamen ipse modum prædicantis tenuit; sed quasi concionantis. Tota vero ver-borum ejus discurrebat materies ad extinguendas inimicitias, & ad pacis fœdera reformanda: Sordidus erat habitus, persona contem-tibilis, & facies indecora. Sed tantam Deus verbis illius contu-lit efficaciam, ut multæ Tribus Nobilium, inter quos antiquarum inimicitiarum furor immanis multa sanguinis effusione fuerat de-bacchatus, ad pacis consilium reduceretur. Erga ipsum vero tam magna erat reverentia hominum & devotio, ut viri & mulieres in eum catervatim ruerent, satagentes vel fimbriam ejus tangere, aut aliquid de pannulis ejus auferre.* Prevalse in quest'Anno nel-la Città di Ferrara la fazione di Salinguerra, Capo de' Ghibel-lini, in guisa che *Azzo VII*. Marchese d'Este e d'Ancona con quei del suo partito Guelfo fu obbligato ad uscir della Città. Per rifarsi di questo affronto (*c*) il Marchese mise insieme un eserci-to raccolto da Rovigo, e da gli altri suoi Stati, e dalla Lombar-dia, e Marca di Verona, e andò a mettere il campo sotto Fer-rara vicino al Po. Salinguerra, volpe vecchia, temendo che si

(b) Thomas
Spalatr. a-
pud Johan-
nem Luci-
um de Regn.
Delmat.
pag. 338.

(c) Roland.
Chr. lib. 2.
cap. 2.

sol-

Era Volg.
Ann.1202.

sollevasse il Popolo contra di lui, mandò al Marchese, con ac-
cordargli, che entrasse in Ferrara, dove si tratterebbe amichevolmente di concordia fra le parti. Cadde buonamente nella
rete il Marchese, ed entrò con cento Nobili del suo partito nella Città. Allora Salinguerra, fatta correr voce, che gli entrati
con mala maniera prendevano il vivere per sè e per li loro cavalli,
e faceano altre insolenze, gridò all'armi all'armi. Parte de gli
entrati ebbe la fortuna di salvarsi col Marchese; gli altri restarono uccisi; e fra questi Tisolino da Campo S. Piero, nobilissi-
mo Cavalier Padovano, nel ritirarsi fu fermato da i contadini
di una Villa chiamata Girzola, o Gazola. Dopo averne ammazza-
ti alcuni, senza mai volersi rendere, per mano di quella cana-
glia perdè miseramente la vita: del che fu non lieve dolore e
compassione per tutta la Marca Veronese. Contuttociò nè pure
per questo imparò il Marchese d'Este a conoscere, se Salinguerra fosse personaggio da fidarsi di lui. I Nobili Milanesi fuorusciti

(a)Galvan.
Flamma
in Manip.
Flor.c.255.

(a), ed *Arrigo da Settala* Arcivescovo, che aveano per lor Capo
Ottone da Mandello, erano tuttavia in rotta co i Popolari padroni della Città, governati da Ardigetto Marcellino. Seguirono
guasti ed incendj non pochi nel distretto. Finalmente i due nemici eserciti vennero a fronte in campagna, ed ognun si aspettava, che si venisse alle mani: quando essendosi interposte persone savie e zelanti del pubblico bene, seguì pace fra loro.
Nel Mese di Marzo del presente Anno Sozzo, o Gozzo de'Coleoni da Bergamo, Podestà di Cremona, ebbe la gloria di far

(b)Chronic.
Placentin.
Tom. XVI.
Rer. Italic.

pace fra i Nobili e i Popolari di Piacenza (b), e di pubblicar-
la nella Piazza maggiore di quella Città, con determinare, che
i Nobili avessero la metà de gli onori, e due parti delle Ambascerie, e il Popolo la metà de gli onori, e la terza parte delle
Ambascerie. Ecco i motivi ordinarj delle guerre civili in questi tempi fra la Nobiltà e il Popolo delle Città libere. Ma non
passarono molti mesi, che i Nobili costretti ad abbandonar la Città colle lor famiglie, tornarono alle lor Castella, e ricomincia-
rono la guerra contro la Città. Riuscì in quest'Anno a i Geno-

(c)Caffari
Annal. Ge-
nuenf. l. 5
Tom. VI.
Rer. Italic.

vesi (c) dopo un lungo e forte blocco di ridurre all'antica lor
suggezione ed ubbidienza la Città di Ventimiglia. Ereditario era
l'odio e l'emulazione fra essi Genovesi e i Pisani; e dovunque si
trovavano, poco ci voleva ad accendersi lite fra loro, e la lite
per lo più si decideva coll'armi. In quest'Anno appunto nella
Città d'Accon, o sia d'Acri, seguì una fiera baruffa fra queste
due

due Nazioni. Ebbero la peggio i Pifani. La vendetta, che ne *Kaz Votg.* fecero, fu di appiccar fuoco alle cafe de' Genovefi, per cui non *Annzass.* folamente rovinò la lor Torre, che era di mirabil bellezza e di grande altezza, ma ne rimafe anche la maggior parte di quella Città diftrutta. Il *Re Giovanni* favoriva i Pifani, e però gran danno n'ebbero i Genovefi.

Anno di CRISTO MCCXXIII. Indizione XI.
di ONORIO III. Papa 8.
di FEDERIGO II. Imperadore 4.

O ERA ful fine del precedente Anno venuto, o certamente ful principio di quefto venne a Roma *Giovanni di Brenna* Re di Gerufalemme, con fomma benignità e molte carezze ac- colto dal Pontefice *Onorio III.* Erano con lui i gran Maftri de' Ca- valieri Templari, Ofpitalarj, e Teutonici. (*a*) Allora il Papa *(a) Richer-* invitò l'Imperador *Federigo II.* ad un Congreffo, che fi dovea te- *de S. Germ.* nere in San Germano. Non mancò Federigo, moffofi di Sicilia, *in Chronic.* d'effere colà al tempo prefiffo; ma perciocchè il fommo Pontefice *Raynal-* tuttavia fi trovava incomodato dal male della gamba, nè potè fa- *das Annal.* re quel viaggio, Ferentino fu deftinato per quell'abboccamento. *Ecclef.* V'intervennero il Papa, l'Imperadore, il Re di Gerufalemme co i fuoi, e molti altri Signori, così invitati dal Papa, zelantiffimo per gli affari di Terrafanta. Reftò ivi conchiufo, che giacchè du- ravano le tregue co i Saraceni, e tempo fi richiedeva per fare i neceffarj preparamenti, l'Augufto Federigo da lì a due Anni nel- la fefta di San Giovanni Batifta farebbe il paffaggio in Levante con tutte le forze fue: al che egli fi obbligò con folenne giura- mento fotto pena della fcommunica. Fu ftabilito inoltre, che effo Federigo contraeffe allora gli fponfali con *Jolenta* Figliuola uni- ca del fuddetto Giovanni Re di Gerufalemme, per celebrarne il matrimonio a fuo tempo: con che fi figurò il faggio Pontefice di maggiormente animar Federigo a quell'imprefa per la fperanza di acquiftare un Regno, di cui doveva effere erede la fuddetta Jolanta. Terminato il Congreffo, pafsò il Re Giovanni in Fran- cia, in Inghilterra, e in Ifpagna, a cercar de' foccorfi. Onorio Papa anch'egli continuò con calde lettere le paterne efortazioni e preghiere fue a i Re e Principi della Criftianità, acciocchè cia- fcun dal fuo canto porgeffe mano a i bifogni di Terra fanta. Fe- derigo prefo còngedo dal Papa, pafsò per Sora, e andò a Cela- no,

ERA Volg.
ANN.1223.
no, che fi trovava allora affediato dalle fue milizie. Era quella forte Terra difefa da Tommafo antico Conte d'effa. Benchè faceffe venire la Moglie e il Figliuolo del medefimo Conte per efortarlo a renderfi, nulla potè ottenere. Incamminoffi Federigo verfo la Sicilia; e non peranche s'era imbarcato, che frappoftofi il Papa, il Conte di Celano venne ad un accordo, per cui cedette all'Imperadore Celano ed altre fue Terre, con obbligo di ufcire del Regno, e facoltà di condur feco tutte le robe e gli aderenti fuoi. Alla Moglie di lui fu riferbata la Contea di Molife, e datone anche il poffeffo. Efeguita la capitolazione, fu ordinato a gli abitanti di Celano di ufcirne co i loro mobili, e poi da' fondamenti fu diftrutta quella Terra, e gli abitanti furono col tempo trafportati in Malta per popolar quell'Ifola, che oggidì è sì famofa. Pafsò dunque Federigo in Sicilia, per attendere a domare i Saraceni più che mai oftinati nella lor ribellione. Il terribil flagello del Tremuoto, che nel Natale dell'Anno precedente recò tanta rovina a Brefcia, fe non apportò gran danno, ca-

[a] *Chron. Placentin. Tom. XVI. Rer. Italic.*

gionò ben gran terrore alla Città di Piacenza [a]. Però que' Popolari, e Nobili fuorufciti, prima divifi, compunti ora al vedere l'ira di Dio, fpontaneamente conchiufero la pace fra loro; e il Popolo ito ad incontrare la Nobiltà l'introduffe lietamente nella Patria comune. Ne' vecchi Annali di Modena [b] fi legge, che in queft'Anno *multæ paces compofitæ fuerunt occafione Carthaginis*. Ciò che fi voglia dir quefto Autore, nol so io

[b] *Annal. Veter. Mutinenf. Tom. XI. Rer. Italic.*

indovinare con quel nome di *Cartagine*. E che non paia errore in vece di *Terremoto*, fi può dedurre dal foggiugner egli: *Eodem Anno fuit Terræmotus magnus*. Altri ancora hanno riferito al prefente Anno il famofo terremoto dell'Anno precedente, perchè accaduto nel Natale del Signore, da cui molte Città cominciavano a contar l'Anno nuovo. Benvenuto da S. Giorgio [c]

[c] *Benven. da S. Giorg. Storia del Monferrat.*

accenna fotto queft'Anno una conceffion d'alcune Caftella fatta da Federigo Imperadore a *Guglielmo Marchefe* di Monferrato con Diploma dato nel Mefe d'Aprile di queft' Anno *in obfidione Cetani* (*Celani*, credo io) e fra' teftimonj fi legge *Raynaldus Dux Spoleti*. Quefto medefimo Duca di Spoleti il truovo io in altro Diploma d'effo Federigo dell'Anno 1220. da me dato alla luce

[d] *Antich. Eftenf. P.I. cap. 41.*
[e] *Bullar. Cafinenf. T.II. Conftitut. 246.*

[d], e in altri Diplomi riferiti dal fuddetto Benvenuto nel 1224. e dal Margarino [e] nel 1226. E' cofa da offervare, perchè in quefti tempi il Pontefice era in poffeffo del Ducato di Spoleti. Dovea quel Rinaldo portarne folamente il titolo, perchè Figliuolo di chi già ne era ftato inveftito.

Anno

Anno di CRISTO MCCXXIV. Indizione XII.
di ONORIO III. Papa 9.
di FEDERIGO II. Imperadore 5.

TANTO da Gotifredo Monaco [a], quanto dalle Lettere [a] *Godefri-* dello steffo Imperador Federigo, rapportate dal Rinaldi [b], *dus Mona- chus in Chr.* abbiamo che effo Augufto per moftrare, o pure per far credere [b] *Raynal-* al Pontefice l'animo fuo rifoluto per la liberazion di Terra fan- *dus Annal.* ta, ed animar con ciò i Principi di Germania a dar foccorfi per *Ecclefiaft.* la facra imprefa, fcriffe d'aver quafi in pronto cento Galee ne' fuoi Porti ben armate; e ch'egli in oltre facea fabbricar cento ufcieri, o fia groffe navi da trafportar cavalleria: di modo che fecondo i fuoi conti potea condurre in effe fole cinquanta navi due mila cavalieri co i lor cavalli, e in oltre dieci mila fanti. Aveano quefti ufcieri i lor ponti da gittare in terra, per li quali avrebbono potuto gli uomini ufcire a cavallo dalle navi ftef- fe. Oltre a ciò afpettava affaiffimi altri Legni da varie parti dell' Italia, capaci di un'altra Armata. Spedì ancora fuoi Ufiziali in Germania per far gente, e muovere que' Principi, ed anche il Re d'Ungheria alla Crociata, offerendo a tutti paffaggio e da- naro pel fuo Regno. In fomma pare, ch'egli operaffe daddo- vero finquì per l'efecuzion delle fue promeffe. Ma fi doleva di faper di certo, che niun foccorfo fi potea fperare dalla Fran- cia ed Inghilterra, ch'erano in guerra fra loro; e fors' anche ricufavano di accudire alla facra imprefa, che finora era coftata la vita di tante centinaia di migliaia d'uomini, e tanti tefori a i Criftiani con sì poco frutto in fine della Criftianità. Intanto *Giovanni Re* di Gerufalemme ito in Ifpagna s'induffe a prende- re in Moglie *Berengaria* Sorella del Re di Caftiglia. Non dovet- te già piacere all'Augufto Federigo un tal matrimonio, da che per ifperanza di ereditare il di lui Regno, s'era indotto a gli Sponfali colla Figlia del medefimo Re Giovanni. E finquì era durata la guerra in Sicilia contra de' Saraceni ribelli, che affor- zati nelle montagne moftravano poca paura dell'armi Criftiane. Tuttavia nell'Anno prefente furono così ftretti, che finalmente la maggior parte d'effi implorò perdono, che ben volentieri con- cedette loro l'Augufto Federigo. Ma affinchè non inquietaffero in avvenire la Sicilia, e ceffaffe ancora il pericolo, che coftoro tiraffero un dì dall'Affrica de i rinforzi della loro fetta: prefe

ERA Volg
ANN.1224.
Federigo lo spediente di trasportarli in Puglia, lungi dal mare, con dar loro ad abitare nella Provincia di Capitanata la Città di Nocera disabitata, che da lì innanzi fu appellata *Nocera de' Pagani* a distinzion d'altre Nocere. Scrive Giovanni Villani (*a*), che furono *più di venti mila Saraceni da arme* condotti colà : il che mi sembra esorbitante numero, considerando le lor famiglie, che non sarebbono capite in Nocera. Ebbe anche Federigo la mira colla fondazion di questa Colonia Maomettana di tenere in briglia i Pugliesi. Col tempo ne fece doglianza la Corte di Roma. Non mancano Scrittori, che credono succeduto molti anni dappoi un tal trasporto. Certo è, che non finì quì la guerra co i Saraceni, e ne restò almeno in Sicilia un'altra parte di tuttavia contumaci (*b*). Federigo si servì di questo pretesto per chiamare in Sicilia Ruggieri dall' Aquila, Jacopo da S. Severino, e il Figliuolo del Conte di Tricarico, fingendo di volersene valere contra d' essi Saraceni. Andarono que' Baroni ; furono messi in prigione ; e sulle lor Terre i Regii Ufiziali stesero le griffe. Il perchè non viene espresso. Tolse ancora alla Contessa di Molise le sue Terre, ed impose delle nuove gravezze a i Popoli. S'egli fosse lodato per questo, non occorre, ch' io il dica.

(a) Giovanni Villani Cronic. l. 6. cap. 14.

(b) Richardus de S. Germano in Chronic.

INSORSERO in quest' Anno ancora delle brighe fra i Nobili e popolari di Piacenza a cagion d'un omicidio (*c*) ; e di nuovo la Nobiltà prese la risoluzione di ritirarsi fuori di Città. Anche in Modena (*d*) cominciò a metter piede la discordia in quest' Anno fra i Cittadini, e le fazioni furono in armi. L'una d'esse prese la Torre maggiore di San Geminiano, e vi si afforzò : laonde il Podestà fece di molte condanne. Scritto è ne gli stessi Annali di Modena, che *Guglielmo Marchese* di Monferrato con grande accompagnamento di Nobili Lombardi andò in *Alemagna*, dove da lì a due anni morì. In vece di *Alemanniam* s'ha quivi da scrivere *Romaniam*. Abbiamo da Benvenuto da San Giorgio (*e*), che questo Principe lasciandosi trasportar dalla voglia di ricuperare il Regno di Tessalia, che era stato da *Teodoro Lascari* tolto a *Demetrio* suo Fratello, fece grande ammasso di gente, e spezialmente di Nobili suoi amici per quella impresa, ch' egli concepiva molto facile. Ma mancandogli il danaro occorrente per tante spese, passò nell' Anno presente in Sicilia a fine d'impetrarne dall' Imperador Federigo. Ottenne in fatti da lui sette mila Marche d'argento al peso di Colonia, ciascuna delle quali pesava mezz'oncia ;

(c) Chron. Placentin. Tom. XVI. Rer. Italic.
(d) Annales Veter. Mutinens. Tom. XI. Rer. Italic.

(e) Benvenuto da S. Giorgio Storia del Monferrato.

ma

ma con dargli in pegno la maggior parte delle fue Terre e de' fuoi ERA Volg.
Vaffalli di Monferrato, tutte e tutti ad un per uno annoverati nel- ANN.1224.
lo Strumento riferito da effo Benvenuto, il che è una prodigiofa
quantità. Potrebbe fofpettarfi errore in quel *fette mila*, parendo
troppo poco rifpetto al pegno. Nè folamente impegnò a Federigo quegli Stati, ma gliene diede il poffeffo, e le rendite da go-
derfi, finchè fofse reftituita tutta la fomma di efso danaro. Lo
ftrumento di tale sborfo e pegno fu fatto in Catania nel dì 24. di
Marzo dell'Anno prefente. Andò il Marchefe col fratello Demetrio, e con *Bonifazio* fuo Figliuolo a Salonichi, e pare, che ri-
avefse quella ricca Città; ma nel feguente Anno vi lafciò la vita
attoffcato, per quanto fu creduto, da i Greci. Dopo aver perduta quafi tutta la fua Armata, fuo Figliuolo Bonifazio fe ne tornò in Italia, e Demetrio fuo Zio poco ftette a venirfene anch'egli,
cacciato di nuovo da i Greci. Quefto infelice fine ebbe la fpedizion del Marchefe Guglielmo. Come poi Bonifazio fuo Figliuolo
disimpegnafse le Terre fuddette, non l'ho ben faputo difcernere.

LA frode fatta in Ferrara l'Anno 1222. da *Salinguerra* ad *Az-*
zo VII. Marchefe d'Efte, e la morte di Tifolino da Campo San
Piero, che era de' più cari amici d'efso Marchefe, ftavano fitte
nel cuore di quefto Principe. (a) Egli perciò nell'Anno prefente (a) Roland.
Chronic.
raunato un buon efercito de' fuoi Stati, e de gli amici di Manto- l. 2. c. 4.
va, Padova, e Verona, volendone far vendetta, ritornò all' af- Chronic.
Eftenfe
fedio di Ferrara. Tanto feppe fare e dire con Lettere ed Am- Tom. XV.
Rer. Italic.
bafciate affettuofe l'aftuto Salinguerra, che induffe il Conte Ric- Monachus
ciardo da S. Bonifazio con una certa quantità d'uomini a cavallo Patavinus
in Chron.
ad entrare in Ferrara, fotto fpecie di conchiudere un amichevol accordo. Ma entrato fu ben tofto fatto prigione con tutti i
fuoi, e però il Marchefe d'Efte delufo fi ritirò da quell'affedio.
E' da ftupire, come Signori favj, i quali doveano effere abbaftanza addottrinati dal precedente inganno, fi lafciaffero di bel nuovo attrappolare da quel folenne mancator di parola. Adirato per
quefto fucceffo il Marchefe Azzo fi portò all'affedio del Caftello
della Fratta de' più cari, che fi aveffe Salinguerra; e tanto vi
ftette fotto, che a forza di fame fe ne impadronì, con inferir
poi barbaramente contra que' difenfori ed abitanti. Di ciò fcriffe Salinguerra ad Eccelino da Romano fuo Cognato con amarezza; ed amendue cominciarono più che mai da lì innanzi a ftudiar (b) Annales
Veter. Mu-
le maniere di abbattere la fazion Guelfa, di cui capo era il Mar- tinenf.
chefe d'Efte. Negli Annali vecchi di Modena (b) fi legge, che Tom. XI.
Rer. Italic.

Z 2   i Ve-

ERA Volg.
ANN.1224.
i Veronefi, Mantovani, e Ferrarefi furono all' affedio del Bondeno, e fe ne partirono con poco gufto ed onore. I Ferrarefi uniti co'Veronefi e Mantovani dovettero effere i fuorufciti, aderenti al Marchefe d'Efte. Moffero in queft' Anno guerra gli Alef-
(a) Caffari
Annal. Ge-
nuenf. l. 6.
Tom. VI.
Rer. Italic.
fandrini a i Genovefi (a) per cagion della Terra di Capriata,
pretefa da effi di loro ragione. Ricavati molti aiuti da i Tortonefi, Vercellini, e Milanefi, ufcirono in campagna contra di
quella Terra. Non furono lenti ad accorrere alla difefa i Genovefi, alla vifta de' quali batterono gli Aleffandrini la ritirata.
Reftò prefo ed incendiato Montaldello Caftello de gli Aleffandrini, e Teffaruolo Caftello de' Genovefi. Tornaronfi dopo quefte
bravure le Armate a i lor quartieri. Secondo gli Annali di Bo-
(b) Chron.
Bononienfe
T. XVIII.
Rer. Italic.
logna (b), pafsò in queft'Anno per quella Città Giovanni di
Brenna Re di Gerufalemme colla Moglie di ritorno dalla Germania.

Anno di CRISTO MCCXXV. Indizione XIII.
 di ONORIO III. Papa 10.
 di FEDERIGO II. Imperadore 6.

TALI veffazioni ebbe in queft' Anno Papa *Onorio III.* da
Parenzio Senatore di Roma, e dal Senato Romano, che
fu neceffitato a partirfi da quella Città con paffare ad abitare
(c) Richar-
dus a S.
Germano.
in Tivoli (c). Era venuto in quefto mentre da Oltramonti *Giovanni Re* di Gerufalemme colla Moglie *Berengaria.* Prefe ftanza in Capoa, ben accolto e trattato d'ordine dell' Imperadore.
Quivi gli partorì la Regina una Figliuola. Andò poi a Melfi ad
afpettar l'Imperadore, il quale in quefti tempi chiamò tutti i
Baroni e Vaffalli di Puglia, per continuar la guerra a i Saraceni. Ma perciocchè cominciava ad avvicinarfi il tempo de' due anni pattuiti, dopo i quali s'era obbligato a fare il paffaggio di
Terra fanta, nè egli avea gran voglia di paffare quel sì gran
foffo: inviò il Re Giovanni a Papa Onorio per ottener nuove di-
lazioni. Era il Pontefice in Rieti, afcoltò benignamente le di-
mande e fcufe di *Federigo*, e pofcia fpedì a S. Germano *Pelagio*
Vefcovo d'Albano, e *Guala* Cardinale di S. Martino, acciocchè
ftabiliffero con lui una nuova convenzione. Colà comparve ancora Federigo, e fu rifoluto, ch'egli nell'Agofto dell'Anno 1227.
irremiffibilmente pafferebbe in aiuto di Terra fanta, e milite-
reb-

rebbe per due Anni in quelle contrade con mille uomini d'armi
da tre cavalli l'uno, e cento legni da trafporto, e cinquanta Galee ben armate. In quefto mezzo egli darebbe il paffaggio a
due mila uomini d'armi co i lor famigli. Se non efeguiva, gli
era intimata la fcomunica Papale; ed egli fece giurare *Rinaldo*
Duca di Spoleti nell'anima fua, che compierebbe la promeffa
fatta. Dava non poco da penfare ad effo Imperadore il contegno
de'Milanefi, che finquì non l'aveano voluto riconofcere per Re,
nè per Imperadore. Perciò fpedì Lettere circolari a i Principi
di Germania, e di Lombardia,, e a i Podeftà delle Città libere
d'Italia, acciocchè compariffero per la Pafqua di Rifurrezione
dell'Anno feguente a Cremona, dove penfava di tenere un gran
Parlamento. Intanto inforfero delle amarezze fra lui, e Papa
Onorio. Ne fu la cagione l'avere il Pontefice provveduto di Vefcovi le Chiefe vacanti di Salerno, Capoa, Confa, ed Averfa,
fenza che ne fapeffe parola Federigo. Stimò egli quefto di grave pregiudizio alla fua Corona, e però vietò il poffeffo di quelle Chiefe a que' Prelati. Venuto pofcia il Mefe di Novembre,
arrivò felicemente a Brindifi *Jolanta* Figliuola di *Giovanni Re*
di Gerufalemme; e in quella Città fi celebrarono folennemen- (a) *Sigon.*
te le di lei Nozze con Federigo. Scriffe il Sigonio (*a*) con al- *de Regno I-*
tri, che quefte Nozze furono fatte in Roma, ed aveva il Pon- *tal.l.17.*
tefice coronata Jolanta nel Vaticano. Riccardo da S. Germano,
Autore contemporaneo, chiaramente attefta, che tal funzione
feguì in Brindifi. Circa quefti tempi i Milanefi ed altre Città di
Lombardia cominciarono a rinovar la Lega Lombarda, già nata
fotto Federigo I. Augufto. Vedevano effi, che Federigo II. era
Principe, che in Sicilia e Puglia aggravati tenea, baffi, e in briglia i fuoi Popoli e Baroni; voleva anche comandare a bacchetta per mezzo de'fuoi Ufiziali in Lombardia, in fomma facea
paura a tutti, ficcome Principe di gran potenza, di non minore attività, ambizione, ed accortezza, ma di poca fede. Se vo· (b) *Gode-*
gliam credere a Godifredo Monaco (*b*), Papa Onorio III. nè pur *fridus Mo-*
egli fidandofi di Federigo, fu il promotore della rinovazion del- *nacbus*
la Lega di Lombardia. Abbiamo poi da Rolandino (*c*), che i *in Chronic.*
Rettori di Lombardia [il che vuol dire della Lega] tanto fi ado- *Chronic.*
perarono, che fecero mettere in libertà Ricciardo Conte di S. *lib.2.c4.*
Bonifazio con tutti i fuoi, fraudolentemente prefi nell'Anno addietro in Ferrara da Salinguerra. Tornoffene egli alla fua Cit- (d) *Monac.*
tà di Verona, (*d*) ma pochi Mefi paffarono, che molti Nobili *Patavinus*
e po· *in Chron.*

e potenti della fua fazione in effa Città, corrotti dal danaro di Salinguerra, fi unirono co i Montecchi Ghibellini della fazion contraria, e il cacciarono da Verona. Allora fu, che Eccelino da Romano, il quale unitiffimo con Salinguerra tenne mano a quefti trattati, corfe a Verona in rinforzo de' Montecchi, e cominciò a prendere un po' di dominio in quella Città. Si ricoverò il Conte Ricciardo in Mantova, Città, che l'amava forte, e fua protettrice fu fempre. Ma difpiacendo quefte civili rotture a i Rettori della Lega Lombarda, in tempo che era cotanto neceffaria l'unione per refiftere a i difegni dell'Imperador Federigo, impiegarono sì vigorofamente i loro ufizj, che per ora pace feguì, e il Conte ritornò a Verona.

PERCHE' continuavano le difcordie fra i Cittadini di Mode-
na (a), il Marchefe Cavalcabò Podeftà d'effa Città fece atterrar tutte le Torri de' Nobili, per levar loro il comodo di farfi guerra l'uno all'altro dalle medefime Torri. Altrettanto fi praticò in altre Città in varj tempi pel medefimo fine. Per atteftato di Galvano Fiamma (b), cefsò in queft' Anno la divifione fra i Nobili
e Popolari di Milano. Il fuono della vicina venuta dell'Imperador Federigo, perfuafe loro la pace ed unione, per evitare i pericoli di perdere la lor Libertà. Nè fi dee tacere, che in queft' Anno ebbe principio la nimiftà fra effo Imperadore, e il Suocero fuo *Giovanni Re* di Gerufalemme. Avea Giovanni confeguito il titolo di Re per avere fpofata la Principeffa *Maria* erede del Regno Gerofolimitano. Da quefto Matrimonio effendo nata un' unica Figliuola, cioè *Jolanta*, divenuta Moglie di Federigo II. Augufto, certo è, che la medefima portava feco in eredità lo fteffo Regno; nè Federigo tardò molto ad aggiugnere ne' fuoi Sigilli e Diplomi il *Rex Hierufalem*, e mandò anche Ufiziali a prenderne il poffeffo: cofa, che fu mal fentita da tutti. Giovanni, Principe per altro di gran valore e fenno, che non avea penfato a premunirfi contra di quefto colpo, immaginandofi, che la Figliuola e il Genero gli lafcerebbono godere, finch' egli viveffe, quel per altro troppo lacerato Regno, perchè della maggior parte erano poffeffori i Saraceni, trovandofi ora delufo, la ruppe con Federigo nell' Anno vegnente, e moffe da lì innanzi Cielo e Terra contra di lui. Le Croniche di Bologna (c) riferifcono a queft' Anno il divieto fatto da Federigo Augufto dello Studio Generale di Bologna, acciocchè gli Scolari andaffero a quel di Napoli, iftituito veramente da lui nel precedente Anno per teftimonianza di

RIC-

Riccardo da San Germano (a), con invitar colà da tutte le parti
infigni Profefsori dell'Arti e delle Scienze. Più probabile è, che
quefta percoffa arrivafse a Bologna folamente nell'Anno feguente : percofsa graviffima, fe fofse durata, a quella Città, perchè
dall'Univerfità de gli Studj colavano in Bologna immenfe ricchezze, che poi fervivano a renderla sì orgogliofa e manefca contra
di tutti i vicini. Vi furono de gli anni, ne'quali fi contarono dieci mila Scolari in Bologna. Tutti vi portavano buone fomme di
danaro. E forfe circa quefti tempi ebbe principio l'Univerfità di
Padova pel divieto fatto nell'Anno prefente, o, per dir meglio,
nel feguente, dal fuddetto Imperador Federigo. (b) Proccurò parimente efso Augufto, che il fommo Pontefice s'interponefse per
ridurre al loro dovere i Milanefi, ed altri popoli di Lombardia,
i quali più che mai fi faceano conofcere alieni d'animo dall'Imperadore, e gli negavano ubbidienza per antico odio contro la
Cafa di Suevia, e per nuovi fofpetti, che Federigo penfafse a
mettergli in ifchiavitù. Scriffe il Papa delle forti Lettere; ma
i Lombardi, o perchè fapevano, che non le avea fcritte di buon
cuore, o perchè quefte non furono baftanti ad affidarli, continuarono a far de'preparativi per difenderfi da i di lui attentati. Seguitò in queft'Anno ancora la guerra fra gli Aleffandrini e Tortonefi
dall'un canto, e i Genovefi ed Aftigiani comperati con danaro
dall'altro (c). Fecero i Genovefi Lega ancora con *Tommafo*
Conte di Savoia, che fi obbligò di mantenere in lor favore ducento uomini d'armi, cadauno con un Donzello armato, e due
Scudieri. Si fece anch'egli ben pagare. I Milanefi all'incontro
e i Vercellini fpedirono de i rinforzi a gli Aleffandrini. Dieder-
fi i loro eferciti varie fpelazzate, ma fi guardarono di decider
le liti con una giornata campale. Abbiamo nondimeno dalla
Cronica d'Afti (d), che circa la metà di Giugno gli Aftigiani
ad iftanza de'Genovefi ufcirono in campagna, e preffo a Qua-
torda venuti alle mani con gli Aleffandrini, voltarono in fine le
fpalle, con lafciarvi circa ducento prigioni. Tornarono pofcia in
campo, e vicino a Calamandrona attaccata di nuovo battaglia
con gli Aleffandrini, nel dì 7. di Settembre ne riportarono una
rotta più fonora, per cui circa ottocento de' lor foldati rimafti
prigionieri ftettero nelle carceri d'Aleffandria con incredibili patimenti per quafi due anni e mezzo, e molti vi morirono. Ebbero gli Aftigiani per quefta guerra danno per più di ducento
mila Lire. Di tali fvantaggi non fi vede parola ne gli Annali
di

(a) *Richar-*
dus de S.
Germano
in Chron.

(b) *Ray-*
nald. An-
nal. Ecclef.

(c) *Caffari*
Annal. Ge-
nuenf.lib.6.
Tom. VI.
Rer. Italic.

(d) *Chronic.*
Aftenfe
Tom. XI.
Rer. Italic.

di Genova, fecondo il coſtume de gli Storici, che taciono, o in-
fraſcano i ſiniſtri loro avvenimenti, ed ingrandiſcono ed eſalta-
no i proſperoſi. In Milano per ſaggio maneggio di Aveno da
Mantova Podeſtà ſi formò nuova concordia fra i Nobili e Popo-
(a) Corio
Iſtor.di Mi-
lano. lari. Il Corio (a) ne rapporta lo Strumento colle Note Cronolo-
giche poco eſattamente a mio credere copiate, dove ſi leggono
tutte le condizioni dell'accordo.

Anno di CRISTO MCCXXVI. Indizione XIV.
di ONORIO III. Papa II.
di FEDERIGO II. lmperadore 7.

IL minor penſiero, che ſi aveſſe in queſti tempi l'Imperador
Federigo, era quello della ſpedizione in Terra ſanta. Unicamente gli ſtava a cuore la Lombardia, in cui collegatiſi i Milaneſi con altri Popoli davano abbaſtanza a conoſcere di non volere, ch'egli metteſſe loro il giogo. Per altro erano in Italia
de' cattivi umori in volta. Federigo ſoſpettava, che il Papa ſegretamente lavoraſſe delle mine contra di lui, e teneſſe buone
corriſpondenze co i Lombardi. All'incontro al Papa non mancavano de i gravi motivi d'eſſere disguſtato di Federigo, che diſ-
poticamente taglieggiava non meno i Laici, che gli Eccleſiaſtici del ſuo Regno per adunar teſori, da impiegare non già in
ſoccorſo della Criſtianità in Levante, ma per opprimere i Lombardi. Taccio altri motivi, nell'eſame de' quali io non oſo entrare, perchè i Gabinetti de' Principi ſon chiuſi a gli occhi miei.
Ma non ſi può far di meno di non riconoſcere, che in queſti
tempi era forte imbrogliata la Politica colla Religione, e che
Federigo II. ſpezialmente anteponeva la prima alla ſeconda.
(b)Raynal-
dus in An-
nal. Ecclef. Fuor di dubbio è, che (b) eſſo Federigo ſcriſſe con dell'alterigia una mano di doglianze al ſommo Pontefice, il quale gli riſpoſe in buona forma, tacciandolo d'ingratitudine verſo la Santa Sede, e verſo il Re Giovanni, di maniera che eſſo Imperadore tornò poi a ſcrivere delle Lettere meglio concertate ed umili, perchè conobbe, di quanto pregiudizio gli poteſſe eſſere il
romperla colla Corte di Roma. Abbiamo da Riccardo da S. Ger-
(c)Richard.
de S. Germ.
in Chronic. mano (c), che ſul principio di queſt'Anno Federigo, ben lontano dal voler paſſare in Levante, e dall'adempiere le promeſſe e i giuramenti, intimò a tutti i Baroni e Vaſſalli di tenerſi
pron-

pronti per la fpedizione di Lombardia a Pefcara nel dì 6. di Era Volg.
Amm.1226.
Marzo. Lafciata poi l'Imperadrice in Terracina di Salerno, al
divifato giorno fu in Pefcara ; e di là moffo l'efercito, venne
nel Ducato di Spoleti, dove comandò a i Popoli di quella contrada di accompagnarlo coll'armi in Lombardia. Ricufarono effi di ubbidirlo fenza efpreffo ordine del Papa, di cui erano fudditi. Replicò Lettere più rigorofe colla minaccia delle pene ;
e que'Popoli le inviarono al Papa, il quale rifentitamente ne
fcriffe a lui lamentandofi di un tale aggravio. Allora fu, che
corfero innanzi e indietro le querele di fopra accennate. Quefto ci fa ben intendere, quai giufti motivi fi aveffero allora di
fofpettare, che quefto Principe foffe dietro a calpeftar gl'Italiani, da che niun riguardo avea nè pure pel fommo Pontefice.
Come poterono, il meglio vi provvidero i Lombardi, col rinforzar maggiormente la loro Lega. Nel dì 2. di Marzo nella
Chiefa di S. Zenone nella Terra di Mofio diftretto di Mantova
fu ftipulato lo Strumento d'effa Lega, pubblicato dal Sigonio
(a), in cui i Deputati di Milano, Bologna, Piacenza, Verona, (a)Sigonius
de Regno I-
tal. lib. 17.
Brefcia, Faenza, Mantova, Vercelli, Lodi, Bergamo, Tori-
no, Aleffandria, Vicenza, Padova, e Trivigi, ftabilirono fra
loro una ftretta alleanza di difefa ed offefa per venticinque anni avvenire, in vigore della conceffion loro fatta da Federigo I.
Augufto di poter fare e rinovar Leghe per la propria difefa.
Dalle Lettere di Papa Onorio III. apprendiamo, (b) che anche (b) Raynal-
dus in An-
nal. Ecclef.
il Marchefe di Monferrato, Crema, Ferrara, i Conti di Bian-
drate, ed altri Luoghi e Signori furono di quefta Lega. Da Spoleti fi trasferì l'Augufto Federigo II. a Ravenna, dove celebrò
la fanta Pafqua nel dì 19. d'Aprile ; e perciocchè Bologna e
Faenza gli erano contrarie, pafsò lungi da effe Città, e venne
a poftarfi coll'Armata a S. Giovanni in Perficeto. Di là portoffi
ad Imola, e tanto vi fi fermò, che, come prima, fu cinta di
baftioni e foffe quella Città per difpetto de'Bolognefi. Andava egli differendo la fua venuta a Cremona, per tenervi la pro-
gettata Dieta, fulla fperanza, che il Re Arrigo fuo Figliuolo,
chiamato dalla Germania coll'efercito Tedefco, e molti Principi di quel Regno calaffero. Ma quefti, fecondo l'atteftato di
Gotifredo Monaco (c), venuti fino a Trento, per fei fettima- (c)Godefr.
Monachus
in Chronic.
ne furono aftretti a fermarfi colà, perchè i Veronefi aveano pre-
fa ed armata la Chiufa nella Valle dell'Adige, nè lafciavano
paffar perfona, che andaffe o venifse dalla Germania. Perciò il

Era Volg.
Ann.1226.
Re Arrigo co'suoi, senza poter vedere l'Augusto suo Padre, se ne tornò indietro, con lasciar nondimeno in Trento una trista memoria della sua venuta; perciocchè nella di lui partenza accidentalmente attaccatosi il fuoco a quella Città, la ridusse quasi tutta in un mucchio di pietre. Venne poscia l'Imperador Federigo fino a Parma, e quivi s'accorse, che poche altre Città in Lombardia, oltre a Modena, Reggio, Parma, Cremona, Asti, e Pavia, erano per lui. E portatosi di là a Cremona, vi [a]Chronic. Cremonens. Tom. VII. Rer. Italic. tenne ben la Dieta [a], ma non già col concorso di gente, ch' egli sperava, e senza che alcuno v'intervenisse della Lega Lombarda. Vi spedirono i Genovesi il loro Podestà Pecoraio da Verona con una nobil comitiva. I Lucchesi, i Pisani, e i Marchesi Malaspina, si fecero anch'essi conoscere fedeli ad esso Augusto. Amareggiato al sommo Federigo dall'avere scoperto maggiore di quel, che credeva, il numero de' collegati contra di lui, e tutti preparati a ripulsare coll'armi le offese: sen venne a Borgo S. Donnino, dove mise al bando dell'Imperio, e dichiarò ree di lesa Maestà le Città della Lega, cassando i lor Privilegj. Fece anche fulminar dal Vescovo d'Ildesheim la scomunica contra di que' Popoli, che ne dovettero ben fare una risata.

ERA egli nel Mese di Giugno in essa Terra di Borgo San Donnino, siccome costa da tre suoi Diplomi, [b] spediti in favore [b] Antiqu. Ital. Disser. tat. 27. Pag.795. & 47. & 49. della Città di Modena. Nel primo conferma i suoi Privilegj e diritti ad essa Città, concedendole ancora la facoltà di batter Moneta. Nel secondo annulla l'ingiusto Laudo già profferito da Ubertino Podestà di Bologna intorno a i confini tra il Modenese e Bolognese, con dichiarare minutamente essi confini con de i nomi, oggidì difficili ad intendersi, ma con apparir chiaramente, che la potenza di Bologna col tempo usurpò non poco territorio al Popolo di Modena. Il terzo è una conferma della concordia seguita fra i Modenesi e Ferraresi. Costituì l'Imperadore suo Legato in Italia Tommaso Conte di Savoia; [c] ed avvenne, che i [c] Caffari Annal. Genuens. l. 6. Tom. VI. Rer. Italic. Popoli di Savona, di Albenga, e d'altri Luoghi della Riviera di Ponente, sottrattisi dall'ubbidienza de' Genovesi, si diedero al medesimo Conte di Savoia, e gli giurarono fedeltà: il che sommamente turbò il Popolo di Genova. Trovato che ebbe l'Imperador Federigo sì mal disposti contra di lui gli animi di tante Città di Lombardia, e di non aver seco forze da potersi far rispettare e temere, se ne tornò malcontento in Puglia. Quivi scorgendo, che era tempo di trattar soavemente col Pontefice Ono-

Onorio, ammife alle lor Chiefe gli Arcivefcovi e Vefcovi di Salerno, Brindifi, Confa, Averfa, ed altri, già creati fenza fuo
confentimento; ed infinuò al medefimo Papa di voler lui per arbitro delle differenze, che paffavano fra la perfona fua, e le
Città Lombarde. Niuna difficultà ebbero le fteffe Città di rimetterfi anch'elleno nel fommo Pontefice; e però fpedirono a
Roma i lor Deputati [*a*]. Federigo del pari invió colà per
fuoi Plenipotenziarj gli Arcivefcovi di Reggio di Calabria, e di
Tiro, e il gran Maftro dell' Ordine de' Teutonici. Sentenziò
pofcia il Papa, che Federigo concedeffe il perdono alle Città e
perfone Collegate; e caffaffe tutti i proceffi e le fentenze ema-
nate contra di loro, e nominatamente quella dello Studio e de
gli Scolari di Bologna; e faceffe confermar tutto dal *Re Arrigo*
fuo Figliuolo. Obbligò le Città Collegate a fomminiftrar quattrocento uomini d'armi all'Imperadore in fuffidio di Terra fanta; e che fi reftituiffero tutti i prigioni, e ch' effe faceffero pace
colle Città aderenti all' Imperadore, con altre condizioni, che
io tralafcio. S'accomodò a tutto Federigo per non potere allora
di meno; ma covando nel medefimo tempo un fiero rancore, da
lì innanzi andò ruminando le maniere di vendicarfi. E ben fe
l'immaginavano i Lombardi: perlocchè feguitarono a vegliare
e a fortificarfi per tutto quello, che poteffe occorrere. In quefta occafione fu, che i Bolognefi fabbricarono a i confini del Modenefe [*b*] Caftelfranco, e i Modenefi all'incontro d' effo Caftello
fabbricarono Caftello Leone. Le Croniche di Bologna [*c*] mettono la fondazion di quefti Caftelli all'Anno feguente. Pafsò a
miglior vita in queft'Anno nel dì 4. di Ottobre il mirabil Servo
di Dio *San Francefco* d'Affifi nella Patria fua, con aver veduto
in fua vita l'Ordine fuo già dilatato per tutta quafi la Criftianità. Seguì nell' Anno prefente pace fra i Nobili e popolari di
Piacenza [*d*]. E i Bolognefi mandarono a Mantova in fervigio
de' Collegati Lombardi [*e*] ducento cinquanta cavalieri, e cinquanta baleftrieri, forfe per fofpetti, che poteffe calar gente di
Germania, o per fopire qualche difcordia in quella Città. Da
gli Annali d'Afti [*f*] abbiamo, che in quefti tempi cominciarono gli Aftigiani a preftare ad ufura in Francia, e in altri paefi d'Oltramonti, e vi fecero de i gran guadagni; ma col tempo
di molti guai foffrirono nelle perfone e nella roba. Quefto iniquo e fcandalofo traffico (ed è ben da notare) era in quefti
tempi il più favorito meftiere d'altri Lombardi; ma fopra gli

A a 2 altri

Era Volg.
Anni 1226.

[a] *Richar-
dus de S.
Germano.*

[b] *Annales
Veter Mu-
tinenf.
Tom. XI.
Rer. Italic.*
[c] *Chronic.
Bononienf.
T. XVIII.
Rer. Italic.*

[d] *Chronic.
Piacentin.
Tom. XVI.
Rer. Italic.*
[e] *Matth.
de Griffoni-
bus Hiftor.
Bonon
T. XVIII.*
[f] *Chronic.
Aftenfe
Tom. XI.
Rer. Italic.*

Era Volg
Ann.1226. altri vi fi applicavano, e in effo s'ingraffavano i Preftatori ed Ufurai Fiorentini, ed altri Tofcani, fparfi per Francia ed Inghilterra. Dal che a mio credere ebbe principio la potenza del Popolo Fiorentino. Di così peftilente coftume ho io trat-
(a) Antiq.
Italic. Differt. 16.
(b) Benvenutus T. I. Antiquitat. Italic. tato altrove (a). Benvenuto da Imola ne' fuoi Comenti fopra Dante (b) fcriveva circa il 1390. che anche a' fuoi tempi gli Aftigiani erano ricchiffimi, perchè tutti Ufurai.

Anno di CRISTO MCCXXVII. Indizione XV. di GREGORIO IX. Papa 1. di FEDERIGO II. Imperadore 8.

(c) Antiqu.
Italicarum
Differt. 44.
pag. 909. LEGGESI da me prodotto un Diploma (c), con cui *Federigo II.* Augufto nel dì primo di Febbraio in queft' Anno 1227. rimette in fua grazia, ed affolve da ogni offefa a lui fatta le Città di Milano, Piacenza, Bologna, Aleffandria, Torino, Lodi, Faenza, Bergamo, Mantova, Verona, Padova, Vicenza, Trivigi, Cremona, il Marchefe di Monferrato, il Conte di Biandrate, ed altri Luoghi, affinchè la difcordia non pregiudichi *al negozio della Terra fanta*, fpezialmente caffando la Coftituzione fua, con cui aveva abolito lo Studio pubblico di Bologna. In Bologna appunto s'era ritirato *Giovanni* di Brenna Re di Gerufalemme, da che effo Imperador Federigo, facendo valere i diritti di *Jolanta* Figliuola d'effo Giovanni, e Moglie fua, l'avea fpogliato di quella parte del Regno di Gerufalemme, che reftava libera dal giogo de' Saraceni. In quella Cit-
(d) Chronic.
Bononienfe
T. XVIII.
Rer. Italic. tà, fecondo le Croniche di Bologna (d), fi fermò per fei mefi, nel qual tempo gli morì una Figliuola partoritagli dalla Regina *Berengaria* fua Moglie. Parve a tutti, e maffimamente al Pontefice *Onorio III.* un' infoffribil crudeltà quella di Federigo di avere ridotto, per così dire, in camicia un Principe di tanto valore e prudenza, di cui più che mai abbifognavano gl' intereffi di Terra fanta. Ne fcriffe con fervore effo Papa all' Imperador
(e) Raynaldus in Annal. Eccl. Federigo (e), efortandolo a qualche accordo, e a trattar meglio un sì degno Suocero. Ma l' ambiziofo ed interefsato Federigo fece le orecchie forde, nè un foldo, nè un ritaglio di Stati gli volle concedere. Il perchè moffo a pietà il fuddetto Pontefice, generofamente diede ad effo Re il governo di tutta la Terra, che è da Radicofani fino a Roma, con efcluderne la

Mar-

Marca d'Ancona, il Ducato di Spoleti, Rieti, e la Sabina. Questo tratto di paese abbracciava Acquapendente, Montefiascone, Montalto, Civittavecchia, Corneto, Perugia, Orvieto, Todi, Bagnarea, Viterbo, Narni, Toscanella, Orta, Amelia, ed altre Terre e Città. Intanto non cessava il buon Papa di sollecitare in Lombardia e in Germania i soccorsi di Terra santa, figurandosi pure, che Federigo avesse da compiere il Voto, con cui s'era tante volte obbligato alla spedizione d'Oriente. Ma mentre il buon Pontefice è tutto intento a rimettere la pace fra i Cristiani, e a promuovere l'impresa di Gerusalemme: eccoti la morte, che viene a rapirlo nel dì 18. di Marzo dell'Anno presente [*a*]. In luogo suo succedette *Ugolino* Cardinale e Vescovo d'Ostia, de' Conti di Segna ed Anagni, parente del glorioso Pontefice *Innocenzo III.* Concorrevano in questo personaggio molte delle più eminenti Virtù, che si possano desiderare nel visibil Capo della Chiesa di Dio; e di gran pruove ne aveva egli dato dianzi in varie sue Legazioni. Prese egli il nome di *Gregorio IX.* con giubilo universale del Popolo Romano, e nel dì 21. del suddetto Mese solennemente consecrato andò a prendere il possesso della Basilica Lateranense. S'applicò egli ben tosto a dar compimento alla pace intavolata dal suo Predecessore fra l'Imperador Federigo II. e le Città Collegate di Lombardia, e cominciò a sollecitar lo stesso Imperadore per l'impresa di Terra santa. Mostravasi disposto Federigo al passaggio, giacchè si avvicinava il termine de'due Anni, dopo i quali avea da muoversi [*b*]. E per farlo ben credere, gravò di molte contribuzioni i suoi Popoli, e non meno gli Ecclesiastici. Nel Mese di Luglio arrivò di Germania *Lodovico Langravio* di Turingia con un esercito di Crociati, e passò sino a Brindisi, dove era preparata la Flotta per l'imbarco. Venne Federigo ad Otranto, e lasciata quivi l'Imperadrice, si portò a Brindisi, dove erano concorsi tutti i Crocesegnati sì di Germania, e d'Inghilterra, che d'Italia, e fece allestire i vascelli da trasporto. Si trovò, che di quell'esercito molti erano periti, ed altri s'erano infermati per li caldi della stagione, a'quali non erano usati i Tedeschi, ed anche per l'aria cattiva di Brindisi. Della lor perdita fu incolpato Federigo. Moltissimi per questo se ne tornarono indietro. Imbarcati i restanti, e mandatili innanzi, lo stesso Federigo col Langravio entrò in nave nel dì 8. di Settembre, e con esso lui arrivò ad Otranto. Quivi il Langravio caduto infermo finì di vivere, e l'

[a] *Richardus de S. Germano. Albertus Stadensis. Matthaeus Paris, & alii.*

[b] *Richardus de S. Germ. in Chronic.*

Im-

Era Volg
Anno 1227.
Imperadore forprefo anch'egli da malattia, non potè profeguire
il viaggio. In Roma fu prefa quefta per una finzione, e fi mor-
morò forte di Federigo; anzi, come in tali cafi avviene, giunfero fino a credere, ch'egli col veleno fi foffe sbrigato del Langravio. Però Papa Gregorio pien di fdegno e d'affanno per quefti
fucceffi, fenza commonitorio o citazione alcuna, dichiarò nel dì
29. del fuddetto Mefe Federigo incorfo nella Scomunica, decre-
tata ne' precedenti trattati.

Di ciò informato Federigo, inviò a Roma gli Arcivefcovi di
Reggio di Calabria, e di Bari, e Rinaldo chiamato Duca di Spoleti, e il Conte Arrigo di Malta, a portar le fue fcufe e ragioni,
con foftener vera la malattia fopragiuntagli, con chiamar Dio in
teftimonio di quefto. Dio appunto fcrutatore de' cuori, sa quello
che veramente fu. A buon conto il Pontefice, valutate per nulla quelle giuftificazioni, rinovò nel dì di San Martino la pubbli-
cazion della Scomunica contra di lui, e ne diede avvifo con fue
Lettere a tutta la Criftianità. Federigo anch'egli venuto a Capoa, di là fpedì a tutti i Principi Criftiani un Manifefto pungen-
te, in cui fi ftudiava di giuftificar la fua condotta, (a) e con varie invettive di far conofcere indebite quelle cenfure. Nè contento di ciò, mandollo anche a Roma, e lo fece pubblicamente
leggere nel Campidoglio con licenza del Senato e Popolo Romano, a cui cominciò a far di molte carezze. Inviò eziandio delle
circolari con intimare una gran Dieta in Ravenna nel Marzo dell'
Anno feguente. Ed affinchè il Mondo non credeffe, che per paura e con inganno egli fi foffe ritirato dal paffaggio in Levante,
pubblicò dapertutto, che l'intraprenderebbe nel proffimo venturo
Maggio. Ma ficcome s'era egli di già guadagnato il concetto di
Principe doppio, non avea corfo quefta fua moneta fe non preffo
la gente troppo buona. Intanto la fcomunica e difcordia fuddetta
aprì la porta ad innumerabili difordini e fcandali, che per lungo
tempo fconvolfero tutta l'Italia. Succedette in queft'Anno gran
mutazione in Verona. Siccome di fopra accennammo, era divi-
fo quel Popolo in due fazioni, l'una aderente a *Ricciardo Conte*
di San Bonifazio, e chiamavafi la parte del Marchefe, cioè del
Marchefe d'Efte, o fia Guelfa, e l'altra era la Ghibellina de' Montecchi, aderente a *Salinguerra* di Ferrara e ad Eccelino da Romano. (b) Se l'intefero i Montecchi con Eccelino, allora abi-
tante in Baffano. Coftui meffa infieme quanta gente potè, con
effa marciò per iftrade difaftrofe e non praticate di Valcamonica,

per

per ghiacci e nevi, coll'arrivare all'improvviso a Verona. (a) Era Volg.
Ivi dato all'armi, fecero prigione il Podestà, cioè Guiffredo da Pirovano Milanese; restò anche cacciato dalla Città il Conte Ricciardo co i Nobili del suo partito, i quali si rifugiarono chi a Mantova, chi a Padova, e chi a Venezia. Fu creato Podestà di Verona il suddetto Eccelino, che non istette molto ad atterrar tutti i Palagi e Case del Conte Ricciardo, e de' suoi partigiani; ed è quello stesso, che poscia per le sue crudeltà divenne sì rinomato in tutta l'Italia. Questo fu il vero principio di quella grandezza, a cui a poco a poco andò egli salendo. Non so io dire, se in quest'Anno medesimo, o pure nel seguente succedesse anche una rivoluzion di governo nella Città di Vicenza. (b) Alberico Fratello di Eccelino aveva in quella Città la sua fazione, e veggendola maltrattata dal Podestà, che era Albrighetto da Faenza, nemico de' Fratelli da Romano, ne meditò la vendetta. Comunicato il suo disegno ad Eccelino, questi colle forze de' Veronesi andò diritto a Vicenza, dove levato rumore ognun trasse all'armi, e si fece più d'un combattimento nella Città. Ancorchè i Padovani venissero in soccorso della parte Guelfa, pure arrivato che fu Eccelino, con grande strage mise in rotta i Padovani, e convenne ch'essi co' Guelfi uscissero di Vicenza. Alberico vi fu fatto Podestà; e in questa maniera tanto Verona, che Vicenza presero il partito de' Ghibellini con grave abbassamento della parte del Marchese, o sia della Guelfa. In quest'Anno i Bolognesi, che pur voleano attaccar guerra co i Modenesi, (c) fabbricarono le Castella di Crevalcore, di Budrio, di Serravalle, ed altre a i confini del Modenese. Cominciarono anche ad assalir le Terre Modenesi del Frignano, e vi fu qualche zuffa. Condussero poscia l'esercito sotto il Castello di Bazzano spettante a Modena; ma poco vi profittarono. Fecero in quest'Anno i Genovesi tutto il loro sforzo d'armi per terra e per mare (d), a fin di ricuperare le ribellate Città di Albenga e Savona, animati all'impresa dal saggio lor Podestà Lazzaro di Gherardino Giandone da Lucca. Arrivato il loro esercito sotto Savona, con tal empito e bravura superò le fortificazioni esteriori fatte da quel Popolo, che fu astretto ad implorar misericordia. Di là fuggì co' suoi Savoiardi Amedeo Conte di Savoia, Figliuolo del Conte Tommaso. Anche Albenga mandò a capitolare. Frappostisi poi gli Ambasciatori di Milano per terminar la discordia, che restava fra essi Genovesi e gli Astigiani dall'una parte, e gli Alessandrini e Tortonesi dall'altra:

Era Volg.
Anno 1227.
(a) Chron. Veronense Tom. VIII. Rer. Italic.

(b) Gerard. Maurisius Histor. Antonius Godius Chronic.

(c) Annal. Veter. Mutinens. Tom. XI. Rer. Italic.

(d) Caffari Annal Genuens. l. 6. Tom. VI. Rer. Italic.

altra: fatto fu compromeſſo di quelle differenze nel Comune di Milano, il qual poi diede il ſuo Laudo, con poco piacere nondimeno de'Genoveſi.

Anno di CRISTO MCCXXVIII. Indizione 1.
di GREGORIO IX. Papa 2.
di FEDERIGO II. Imperadore 9.

ERA forte irritato l'Imperador *Federigo* per la ſcomunica contra di lui fulminata da Papa *Gregorio*, che anche nell' Anno preſente fu confermata nel Giovedì ſanto colla giunta di aſſolvere dal giuramento di fedeltà i di lui ſudditi, maſſimamente quei di Puglia e di Sicilia [*a*]. Però ſtudioſſi di farne vendetta, e guadagnò ſotto mano molti Nobili Romani, e ſpezialmente i Frangipani, acciocchè foſſero per lui contra del Papa. Aveano eſſi per cagion di Viterbo delle liti col medeſimo Pontefice. Scoppiò la loro congiura nel terzo dì dopo Paſqua, e ſollevatoſi il Popolo, tali ingiurie ed inſolenze commiſero, che fu obbligato Gregorio a levarſi di Roma. Andò a Rieti, dove intendendo, che Federigo facea contribuir anche gli Eccleſiaſtici pel paſſaggio in Terra ſanta, ſpedì Lettere con ordine di non pagare un ſoldo. Paſsò dipoi a Spoleti, e andò a fiſſare il ſuo ſoggiorno in Perugia. Partorì l'Imperadrice *Jolanta* in queſt' Anno in Andria di Puglia al Marito Auguſto un Principe maſchio, a cui fu poſto il nome di *Corrado*; ma ella ſteſſa morì di quel parto, compianta da tutti. Nell'Aprile Federigo, raunati i Prelati e Baroni del Regno in Baroli, eſpoſta la ſua riſoluzione di paſſar oltre mare, fece una ſpecie di Teſtamento, in cui dichiarò ſuo Succeſſore ed Erede il *Re Arrigo* ſuo Primogenito, e in mancanza di lui il ſecondogenito *Corrado*. Venuto poſcia l'Agoſto, andò a Brindiſi, dove era unita la ſua Flotta, e quivi s'imbarcò, ma non con quell' apparato, che conveniva ad un par ſuo, ed era ſtato da lui promeſſo; e ſciolte le vele al vento, navigò fino ad Accon, o ſia Acri, dove finalmente ſbarcò. Aveva egli premeſſo nell' Anno addietro Riccardo ſuo Mareſciallo con cinquecento cavalieri, ed inviate Lettere al Soldano, portate dall' Arciveſcovo di Palermo; e il Soldano gli avea mandato in dono un Elefante, alcuni Camelli, ed altri prezioſi regali. Non ſenza maraviglia de i Lettori ſcrive il Rinaldi [*b*], che Papa Gre-

[a] *VitaGregorii IX.
P. I. T. III.
Rer. Italic.
Richardus
de Sancto
Germano
in Chronic.*

[b] *Raynaldus Annal.
Ecclef.*

Gregorio IX. fpedì meffi a Federigo per farlo ravvedere; ma Eʀᴀ Volg.
Aɴɴ.1228. ch'egli più oftinato che mai continuò in mal fare, faldo reftando nella difubbidienza. Sicchè fi confiderò delitto in lui il non effere andato oltra mare, e delitto ancora l'andarvi. Il pretendere Federigo, che vera, e non finta fofse ftata la fua infermità, e che perciò ingiufta fofse la fcomunica, cagione fu, ch' egli difpettofamente ferrò gli orecchi alle efortazioni del Pontefice, e fenza voler chiedere afoluzione, cercò di compiere il fuo Voto. Ora certo è, ch'egli in queft'Anno pafsò verfo Terra fanta, e vi pafsò fenza avere ottenuta la liberazion dalla fcomunica, con lafciare in Puglia e Sicilia Rinaldo, chiamato Duca di Spoleti, Balio, o fia Governator Generale del fuo Regno, ficcome perfona, di cui molto fi fidava. Circa quefti tempi il Popolo Romano [a] ufcito in campagna diede il guafto al [a] Richar.
dus de S.
Germano
in Chronic. territorio di Viterbo, e s'impadronì del Caftello di Rispampano. Non lafciarono i Viterbiefi di fare anch'effi quel maggior male, che poterono a i Romani. Andò Papa Gregorio nel Mefe di Luglio da Perugia ad Affifi, dove celebrò la Canonizzazione di *San Francefco* Iftitutor de'Minori, e tornofsene dipoi a Perugia, dove la prefenza fua fervì a quetar le civili difcordie di quel Popolo. Torna poi lo ftefso Riccardo da S. Germano a parlare all'Anno feguente della medefima Canonizzazione, come di funzione allora fatta. A quell'Anno ancora ne parlano gli Annali antichi di Modena [b]. Abbiam dal medefimo Storico, [b] Annales
Veteres Mu-
tinenf.
Tom. XI.
Rer. Italic. che Rinaldo appellato Duca di Spoleti, lafciato dall'Imperador Federigo per Governator Generale del Regno, efsendofi ribellati i Signori di Popplito, fece efercito contra di loro, e li fpogliò di tutte le lor Terre. Quindi o perchè fcoprifse, che la Corte Romana tenea mano a quelle ribellioni, o pure facea preparamenti per invadere la Puglia, ovvero per fua propria malignità, o per ordini fegreti di Federigo, il quale per altro foftenne col tempo di non aver ciò comandato, fe con verità, Dio lo fa; Rinaldo, dico, dall'un canto entrò coll'armi nella Marca d'Ancona, e Bertoldo fuo Fratello fece un'irruzione fu quel di Norcia. Udito ciò, Papa Gregorio pubblicò la fcomunica contra di Rinaldo; e veggendo, ch'egli non defifteva per quefto dal far progreffi nella Marca, efsendo giunte le fue armi fino a Macerata: determinò di ripulfar la forza colla forza, e di metter mano all'armi temporali. Inviò dunque contra di Rinaldo *Giovanni Re* di Gerufalemme unito al *Cardinal Giovanni* dalla

Tomo VII.   B b   Co-

Era Volg.
Ann. 1228.
Colonna con un buon esercito di cavalieri e fanti. E perciocchè
non bastava a farlo ritirare da gli Stati della Chiesa, mise insieme un'altra Armata, alla testa di cui pose Tommaso da Celano, e Ruggieri dall'Aquila, già banditi da Federigo, con disegno di portar la guerra nel cuore del Regno. Spedì anche a Milano (a), e all'altre Città di Lombardia per aver soldati. I
Milanesi gli mandarono cento cavalieri; trenta i Piacentini.
Riuscì in quest'Anno ad Eccelin da Romano (b) di prendere con
frode il Castello di Fonte, cogliendo in esso anche Guglielmo Figliuolo di Jacopo da Campo S. Piero. Fattene doglianze a Padova, quel Popolo diede all'armi, e col Carroccio, e con poderoso esercito andò fin sotto a Bassano, avendo per lor Podestà e
Capitano Stefano Badoero Veneziano.

(a) Galvan.
Flamma
in Manip.
Flor. c. 261.
(b) Rolandini
Chr. lib. 2.
cap. 9.

QUESTA mossa di gente fu cagione, che la Repubblica di
Venezia spedisse Ambasciatori per trattar di concordia, e che la
lite fosse rimessa nel loro Configlio. Fecero istanza i Padovani per
riavere il Castello, come era di dovere, col fanciullo Guglielmo.
Eccelino non ne volle far altro, e convenne, che gli Ambasciatori se ne tornaffero a Venezia malcontenti. Erasi fatto Monaco, e facea una vita da Ipocrita, Eccelino da Onara, padre del
suddetto Eccelino da Romano, e di Alberico, con iscoprirsi in
fine Eretico Paterino. Questi scrisse tosto a i Figliuoli, che si
accomodaffero, perchè non poteano peranche competere colla pofsanza de' Padovani. Per questo, e per le esortazioni di varj amici, finalmente s'indusse il superbo giovane Eccelino a rilasciare,
ma con aria di dispetto, l'occupato Castello. Poco appresso fatto egli Cittadino di Trivigi, seppe commuovere quel Popolo contra de' Vescovi di Feltre e Belluno, in guisa che occupò ad essi
quelle picciole Città. I Padovani, de' quali erano raccomandati
que' Vescovi, spedirono ambascerie per distorre i Trivisani da
quella oppressione. Poichè ne riportarono solamente delle arro-
ganti risposte, chiamati in aiuto loro il Patriarca d'Aquileia, ed
Azzo Marchese d'Este, e formata una bell'Armata, marciarono
fin sotto le mura di Trivigi, prendendo e saccheggiando varie
Terre. Finalmente per interposizione di Gualla Vescovo di Brescia, Legato della santa Sede, e de i Rettori della Lega di Lombardia, tanto si picchiò, che i Trivisani restituirono Feltre e
(c) Annales
Veter. Mu-
tinens.
Tom. XI.
Rer. Italic.
Belluno, e tornò la tranquillità in quelle parti. Non così avvenne a i Modenesi (c). Perchè essi tenevano la parte dell'Imperador Federigo, i Bolognesi fecero un grosso esercito, con cui
                                                      si uni-

si unirono i rinforzi spediti dalle Città di Faenza, Imola, For- Era Volg.
lì, Rimini, Pesaro, Fano, Milano, Brescia, Piacenza, For- Ann.1228.
limpopoli, Cesena, Ravenna, Ferrara, Firenze, e da altre
Città Lombarde (a). Assediarono essi Bolognesi il Castello di (a)Chronic.
Bazzano, che era de' Modenesi, nel dì 4. di Ottobre. Presero Bononiense
T. XVIII.
il Castello di Vignola nel dì 10. d' esso Mese. Ma quì si fermò Rer. Italic.
la loro fortuna. Uscirono in campagna anche i Modenesi con
tutte le forze de' Parmigiani (b) e Cremonesi. Forzarono alla (b)Chronic.
resa il Castello di Piumazzo, e lo distrussero nel dì 14. del Me- Parmense
Tom. IX.
se suddetto. Dopo avere in faccia de' nemici introdotto in Baz- Rer. Italic.
zano un buon rinforzo di gente e di viveri, nel dì 13. diedero
il guasto al territorio Bolognese fino al Fiume Reno. Allora i
Bolognesi presso Santa Maria della Strada attaccarono una battaglia, in cui fu molta mortalità dall' una parte e dall' altra.
Nella Cronichetta di Cremona (c) è scritto, che i Bolognesi (c) Chron.
furono rotti, e molti prigioni menati a Cremona. Altrettanto Cremonens.
Tom. VII.
ha la Cronica di Parma, da cui ancora impariamo, che in tal Rer. Italic.
congiuntura furono liberati molti prigioni Modenesi, ed essere
durato il combattimento dalla mattina fino alla notte. Finalmente i Bolognesi nel dì 14. di Novembre (d) abbandonarono (d) Memor.
l' assedio di Bazzano, con lasciar ivi tutte le lor macchine mi- Potestat.
Regiens.
litari. Venne dipoi l' esercito Bolognese fino a Castelvetro, e Tom. VIII.
quivi succedette un altro fatto d' armi; in cui di nuovo ebbe Rer. Italic.
la peggio, e i Modenesi condussero molti prigioni alla loro Città. In quest' Anno (e) parimente *Bonifazio Marchese* di Mon- (e)Caffari
ferrato con gli Astigiani fece guerra a gli Alessandrini, e al Po- Annal. Ge-
nuens.lib.6.
polo d'Alba, aiutato con gente e danaro da i Genovesi. Colla Tom. VI.
mediazione de' Milanesi si quetò quella discordia. Rer. Italic.

Anno di Cristo mccxxix. Indizione 11.
di Gregorio IX. Papa 3.
di Federigo II. Imperadore 10.

FECE in quest' Anno gran guerra *Giovanni Re* di Gerusalemme
alla Puglia colle forze, che gli avea dato Papa *Gregorio IX.*
Ne descrive tutte le particolarità Riccardo da S. Germano (f). (f) Richar-
dus de S.
A me basterà di darne un breve trasunto. L' esercito Pontifizio, Germano
che si chiamava Chiavisegnato, perchè portava per divisa le in Chron.
Chiavi della Chiesa, sotto il comando di un sì prode Genera-

le,

Era Volg.
Ann.1229.
le, entrato nel Mese di Marzo in Puglia, dopo la presa di varie Terre e Castella, arrivò a Gaeta, e costretta quella Città alla resa, vi spianò il Castello, che l'Imperadore con grande spesa vi avea poc'anzi fabbricato. Prese le Terre di Monte Casino, il Monistero, S. Germano, ed altri Luoghi in que' contorni. Fondi, Arce, e Capoa tennero saldo, e i Conti d'Acquino, ben provvedute le lor Terre, stettero forti nella fedeltà verso di Federigo. Pure Acquino, Sora, a riserva del Castello, e le Città d'Alife, e di Telesa, ed Arpino si renderono all'armi Pontificie, che passarono ad assediar Caiazzo e Sulmona. Furono in questi tempi per ordine di Rinaldo Duca di Spoleti cacciati fuor del Regno tutti i Frati Minori, perchè si dicea, che portavano Lettere Papali a i Vescovi delle Città, esortatorie, acciocchè inducessero gli uomini a renderli alla Chiesa Romana. Sparsero ancora voce, che *Federigo II.* era morto. Furono esiliati per questo anche i Monaci Casinensi. E tale era la guerra, che faceva Papa Gregorio in Puglia all'Imperador *Federigo*, per la quale implorò soccorsi da tutte le Città della Lega di Lom-

(a) Raynal-
dus Annal.
Ecclef. ad
hunc Ann.
num. 33.
& seq
Matthaeus
Paris Hift.
bardia (a), mosse la Francia, la Spagna, l'Inghilterra, la Svezia, ed altri paesi a mandar danari e gente per questa guerra; ed eccitò anche delle ribellioni in Germania contra d'esso Federigo. Tuttavia minore non fu quell'altra guerra, che nello stesso tempo egli fece a Federigo in Levante. Giunto ad Accon, o sia ad Acri, nel Settembre dell'Anno precedente, esso Augusto, fu bensì ricevuto con tutto onore dal Patriarca, Clero, e Popolo, ma insieme con protesta di non poter comunicare con lui, se prima non otteneva l'assoluzion della scomunica dal Papa. Andò poscia in Cipri, e spedì i suoi Ambasciatori al Sultano d'Egitto, per richiedere amichevolmente il Regno di Gerusalemme, come stato appartenente a suo Figliuolo *Corrado*, perchè nato da *Jolanta* legittima erede d'esso Regno. Prese tempo il Sultano a rispondere per mezzo de' suoi Ambasciatori. Intanto arrivarono due Frati Minori con Lettere del Papa, nelle quali proibiva al Patriarca, e a i tre gran Mastri de gli Ordini Militari, l'ubbidire a Federigo, e comandava di trattarlo da scomunicato. Però allorchè volle muovere l'esercito per marciare contra de' Saraceni, trovò i Cavalieri Templarj, ed Ospitalieri, che non voleano militar sotto di lui. Bisognò, che Federigo inghiottisse molti strappazzi, e che si accomodasse in fine a i lor voleri, contentandosi, che l'impresa si facesse non in
nome

nome fuo, ma in quello di Dio, e della Repubblica Criftiana. Andò a Joppe, e quivi attefe a fortificar quel Caftello disfatto, rendendolo Piazza di gran polfo, e lo fteffo fece con altre Caftella fulla via di Gerufalemme. Ma eccoti ful più bello arrivare un fottil naviglio, che gli porta l'avvifo d'effere tutto in confufione il Regno di Puglia per l'invafione dell'armi Pontificie. Allora Federigo a nulla più pensò, che a sbrigarfi dalla Paleftina per accorrere a i bifogni e pericoli del fuo Regno; e ftrignendo, come potè, il trattato di concordia col Sultano, accettò quella capitolazione, che piacque al Saraceno di dargli. Confiftè quefta in pochi articoli. Gli cedeva il Sultano le Città di Gerufalemme, Betlemme, Nazarette, Sidone, con altre Caftella, e Cafali, e con facoltà di poterle fortificare, riferbandofi folamente la cuftodia del Tempio di Gerufalemme, o fia il fanto Sepolcro, con reftar nondimeno libero tanto a i Saraceni, che a i Criftiani il farvi le lor divozioni. Stabilifsi anche una tregua di dieci anni, e la liberazion di tutti i prigioni. Andò polcia Federigo a prendere il poffeffo di Gerufalemme: e ftrana cofa dovette pur parere il ritrovarfi ivi già intimato dal Patriarca l'Interdetto, fe Federigo capitava colà. Contuttociò l'Imperador fi portò alla vifita del fanto Sepolcro, e giacchè niuno fi attentò a coronarlo, posò egli la Corona ful facro Altare, e poi prefala colle fue mani, fe la mife in capo. Non potrà di meno di non iftrignerfi nelle fpalle, chi legge sì fatte vicende. Dopo di che tornato Federigo al mare, con due ben armate Galee frettolofamente, e con felicità di viaggio arrivò a Brindifi in Puglia nel Maggio dell'Anno prefente. Divolgatafi la capitolazione da lui fatta col Sultano, fu ftrepitofamente riprovata in Corte di Roma, chiamato egli un vile e traditore, perchè aveffe lafciato in man de' cani il venerato Sepolcro di Crifto, fenza voler far cafo, che Federigo per neceffità avea ricevuta la legge da chi, fe aveffe voluto, potea negargli tutto; e maffimente perchè il Sultano era ben informato di quanto operava il Pontefice sì in Puglia che in Paleftina contra di Federigo, e fapea la difcordia, che paffava fra effo Imperadore, e il Patriarca, e l'efercito Criftiano. Ed è per altro certiffimo, che Gerufalemme reftò in mano de' Criftiani, e che affaifsime migliaia d'effi andarono a piantarvi cafa, e pacificamente vi abitarono da lì inanzi fotto il comando degli Ufiziali dell'Imperadore. Io per me chino quì il capo, nè ofo chiamar ad efame la condotta

dotta della Corte di Roma in tal congiuntura, ficcome fuperiore a i miei rifleffi, baftandomi di dire, che fecondo l'Abbate Urfpergenfe (a) fece gran rumore per la Criftianità la contradizione praticata dal Pontefice all' imprefa di Federigo in Levante. Anche Riccardo da San Germano (b) lafciò fcritto: *Verifimile videtur, quod fi tunc Imperator cum gratia ac pace Romanæ Ecclefiæ tranfiffet, longe melius & efficacius profperatum fuiffet negotium Terræ fanctæ.* Per la partenza poi di Federigo, andò anche in malora quel poco, ch'egli avea guadagnato in Paleftina; e fpezialmente perchè il Patriarca, e gli Ofpitalieri e Templarj, da che egli fi fu partito, apertamente fi rivoltarono contra di lui. Non fi può leggere fenza patimento la Storia di quefta maledetta difcordia, piena d'invettive e calunnie dall'una parte e dall' altra, e quel che è peggio, di tanti guai de' Popoli, e danno della Criftianità. Io fenza fermarmi paffo innanzi.

GIUNTO che fu in Puglia Federigo, non lafciò di fpedire Ambafciatori al Papa, chiedendo pace, ed efibendofi pronto a far quello, ch'egli ordinaffe. Nulla poterono effi ottenere. Raunò allora Federigo le fue forze, con valerfi ancora de' Tedefchi Crociati ritornati di Levante, e di un gran corpo di Saraceni cavati da Nocera. Nel Settembre venne a Capoa, e portoffi a Napoli per aver foccorfo di gente e di danaro. Intanto Giovanni Re di Gerufalemme, vedendo venire il mal tempo, lafciato andare l'affedio di Caiazzo, fi ritirò a Teano. Federigo ricuperò Alife, Venafro, ed altre Terre; pofcia San Germano, e le Terre della giurifdizione di Monte Cafino, Prefenzano, Teamo, la Rocca di Bantra, Arpino, ed altri Luoghi. Sora, avendo voluto afpettar la forza, fu prefa, e data alle fiamme nella fefta de' Santi Simone e Giuda di Ottobre. Intanto fra il Senato e Popolo Romano, e l'Imperadore, paffavano Lettere e meffaggieri di buona armonia. Quefti profperofi fucceffi dell'armi di Federigo fecero in fine, che il Pontefice cominciò a preftar orecchio ad un trattato di concordia, per cui fpezialmente fi adoperava il gran Maftro dell' Ordine Teutonico. Penfarono i Bolognefi in queft' Anno di rifarfi delle perdite fatte nell'Anno precedente nella guerra co i Modenefi (c), e con gli aiuti di varie Città loro collegate compofto un potente efercito, col Catroccio fi portarono all' affedio di San Cefario Caftello de' Modenefi. Secondo il Sigonio (d), nol prefero; ma le vecchie Croniche dicono di sì, e che lo diftruffero. Non erano per anche moffi di là, che fi videro a fronte l'efer-

(a) Abbas Urfpergenf. in Chronico.
(b) Richard. de S. Germ. in Chronic.
(c) Annales Veter. Mutinenf. Tom. XI. Rer. Italic. Chronicon Parmenfe Tom. IX. Rer. Italic. Chronic. Cremonenf. Tom. VII. Rer. Italic. Chronic. Bononienf. Tom. 18. Rer. Italic.
(d) Sigon. de Regno Ital. lib. 17.

l'esercito de' Modenesi, Parmigiani, e Cremonesi, risoluto di menar le mani. Si azzuffarono in fatti le due Armate, e durò il combattimento d'avanti il Vespro sin quasi a mezza notte a lume di luna. Fecero ogni sforzo i Bolognesi contra il Carroccio de' Parmigiani, e poco vi mancò, che nol perdessero: il che veniva allora riputato per la più gloriosa di tutte le imprese. Ma i Cremonesi dall'un canto, e dall'altro i Modenesi così vigorosamente gl'incalzarono, che finalmente li misero in rotta, e diedero lor la caccia fin quasi alle porte di Bologna. Restò in potere de' vincitori tutto il lor campo colle tende, carra, buoi, e bagaglio. Fu rotto e cacciato in un fosso il lor Carroccio, perchè nacque contesa fra i Parmigiani e Modenesi, pretendendolo cadauna delle parti. Una gran copia di prigioni fu condotta a Modena e Parma, e i Parmigiani traffero alla lor Città molte Manganelle, o sia petriere, prese in tal'occasione, e per gloria le posero nella lor Cattedrale. Le Croniche di Bologna han creduto bene di accennar la battaglia, ma con tacerne l'esito sinistro per loro. Alberico Monaco de' Tre-Fonti (*a*), Storico di questi tempi, ampiamente anch'egli descrive questa battaglia e vittoria. Non contenti di ciò i Modenesi, voltarono con un nuovo alveo il fiume Scultenna, o sia Panaro, addosso alle campagne de' Bolognesi con lor gravissimo danno. Pertanto dispiacendo al Pontefice Gregorio IX. gli odj e le gare di queste Città, spedì ordine a *Niccolò Vescovo* di Reggio di Lombardia, che in suo nome s'interponesse per la concordia. Non fu egli pigro ad eseguir la commessione, e gli riuscì di stabilire fra i Modenesi e Bolognesi una tregua d'otto anni colla restituzion de' prigioni, ed altre condizioni, che si leggono presso il Sigonio, il quale da gli Atti pubblici le estrasse. Godè in quest'Anno la Marca di Verona un'invidiabil pace. I Piacentini (*b*) fecero oste contro la Città di Bobbio, venticinque miglia lungi dalla loro Città, e fu costretto quel Popolo a prestar giuramento di fedeltà a Piacenza. Il Conte di Provenza nell'Anno presente (*c*) col braccio d'alcuni traditori s'impadronì della Città di Nizza, e delle sue fortezze. Resistè un pezzo parte de' Cittadini, ed ebbe anche qualche soccorso da' Genovesi; ma in fine dovette soccombere; e il Conte restò in pieno potere di quella Città. Venne in quest'Anno a morte *Pietro Ziani* Doge di Venezia, dopo ventiquattr'anni di governo. (*d*) Prima ch'egli morisse, fu eletto Doge *Jacopo Tiepolo*, ed avendo fatta una visita all'infermo predecessore, fu ricevuto con disprezzo, ma colla virtù

Era Volg.
Anno 1249.

(a) Alberic. Monachus in Chron.

(b) Chronic. Placentin. Tom. XVI. Rer. Italic.

(c) Caffari Annal. Genuens. l. 6. Tom. VI. Rer. Italic.

(d) Dandul. in Chronic. Tom. XII. Rer. Italic.

tù diffimulò tutto. Abbiamo dal Sigonio (*a*), che nel dì 2. di Dicembre in Milano fu riconfermata la Lega delle Città di Lombardia. V'erano prefenti i Deputati de' Padovani e Veronefi ; ma non apparifce , che giuraffero come gli altri.

Anno di CRISTO MCCXXX. Indizione III.
di GREGORIO IX. Papa 4.
di FEDERIGO II. Imperadore 11.

NEL primo giorno di Febbraio del prefente Anno un' orribile inondazione del Tevere recò immenfi danni alla Città di Roma e a i contorni (*b*); affogò molte perfone e beftie , menò via una prodigiofa quantità di grani, botti di vino, e mobili; ed avendo lafciato un lezzo fetente con de i ferpenti per le cafe, ne forfe poi una mortale epidemia nel Popolo. Servì quefto grave flagello a far ravvedere il Senato e Popolo Romano de gli aggravj ed ingiurie fatte al fommo Pontefice *Gregorio IX.* che per cagion d'effe finquì s'era fermato in Perugia, e però fpediti a lui il Cancelliere, e Pandolfo della Saburra con altri Nobili, il pregarono di voler tornarfene a Roma. Sul fine dunque di Febbraio comparve colà Papa Gregorio, accolto con tutta riverenza ed onore da quel Senato e Popolo. Nella Vita d'effo Papa vien riferito quefto fuo ritorno all'Anno feguente. Riccardo lo mette nel Novembre del prefente. Intanto andava innanzi il trattato già intavolato di pace fra effo Pontefice e *Federigo*, il quale ricuperò in quefto mentre varie altre fue Terre. Mediatori principali erano *Leopoldo Duca* d'Auftria (*c*), Principe, che in quefto medefimo Anno terminò fua vita in San Germano nel dì 28. di Luglio, e *Bernardo Duca* di Moravia, gli Arcivefcovi di Salisburgo e Reggio di Calabria, ed *Ermanno* gran Maftro dell'Ordine de' Teutonici. Fu per quefto tenuto un Congreffo in San Germano, dove intervennero *Giovanni Cardinale* Vefcovo Sabinenfe, e *Tommafo Cardinale* di Santa Sabina, Legati Pontificj, dove fi fmaltirono molte difficultà. La principale era la reftituzion della Città di Gaeta e Sant'Agata, pretefe da Federigo, laddove il Papa intendea di ritenerle in fuo dominio. Finalmente dopo effere andati innanzi e indietro più volte i Pacieri, nel dì 9. di Luglio in San Germano fu conchiufo l'accordo, con obbligarfi Federigo di rimettere ogni offefa a chiunque avea prefe l'armi contra

(b) Vita
Gregor. IX.
P.I.Tom.3.
Rer. Italic.
Richar-
dus de S.
Germano.

di

di lui tanto in Italia, che fuori; e di reſtituire alla Chieſa qua- EaA Volg.
lunque Stato, che i ſuoi aveſſero occupato, ed a varj particolari ANN.123o.
le lor Terre; e•da non mettere più taglie ed impoſte all' uno e
altro Clero. Doveanſi eleggere Arbitri, per decidere entro d'
un Anno il punto controverſo di Gaeta e di Sant'Agata. Fu poi
dopo l'eſecuzion del trattato aſſoluto eſſo Imperadore dalle Cenſure nella feſta di Santo Agoſtino d'Agoſto, e ſi fecero dapertutto grandi allegrezze per queſta pace. Ed oh ſi foſſero due anni prima avute queſte medeſime diſpoſizioni, e Federigo con più
umiliazione, e il Pontefice con più indulgenza ſi foſſero portati
l'un verſo l'altro: che gli affari di Terra ſanta ſarebbono cam-
minati meglio; e ſi ſarebbe riſparmiata un'Iliade di molti guai,
uno de'quali fra gli altri fu notabiliſſimo, cioè l'avere in tal
congiuntura non già avuta la naſcita, ma beaſì ricevuto un confiderabil accreſcimento, e un'aperta profeſſione le maledette fazioni de'Guelfi aderenti al Papa, e de'Ghibellini parziali dell'
Imperadore. Abbiamo dalla Vita di Papa Gregorio (a), ch'egli   (a) Cardin:
ſpeſe in queſta guerra cento venti mila Scudi, e Federigo ſi ob-   de Aragonia
bligò di rimborſarlo. Altri hanno ſcritto, che aſſunſe di pagar-   Vita Grego-
gli cento venti mila once d'oro. Più, o meno, che foſſe, Fe-   rii IX. P.I.
derigo ſe ne dimenticò dipoi, nè gli pagò un ſoldo. Paſsò il   Tom. III.
Pontefice alla Villeggiatura d'Anagni, e colà invitò l'Impera-   Rer. Italia.
dore (b). Comparve egli con magnifico accompagnamento, e   (b) Richar-
ſi attendò fuori della Città nel dì primo di Settembre. Nel dì   dus de S.
ſeguente incontrato da i Cardinali, e dalla Nobiltà, ſi portò al-   Germano
la viſita del Papa; e depoſto il manto, proſtrato a' ſuoi piedi,   in Chronic.
riverentemente glieli baciò, e dopo breve colloquio andò a po-
ſare nel Palazzo Epiſcopale. Nel giorno appreſſo il Papa, che
abitava nel Palazzo paterno, l'invitò ſeco a pranzo, ed amendue con tutta magnificenza aſſiſi alla ſteſſa tavola, depoſto ogni
rancore, almeno in apparenza, ſvegliarono nuova allegrezza ne
gli aſſiſtenti. Dopo di che tennero fra lor due, colla preſenza
del ſolo gran Maſtro dell'Ordine Teutonico, un lungo ragiona-
mento intorno a' proprj affari. Nel ſeguente Lunedì congedato-
ſi Federigo dal Pontefice, ſe ne tornò nel Regno, dove non ſeppe contenerſi dal trattar male i Popoli di Foggia, Caſtelnuovo,
S. Severino, ed altri di Capitanata, che ne' paſſati torbidi s'erano ribellati (c). Ma Riccardo da S. Germano pare, che metta   (c) Raynal-
queſto fatto prima della pace. All'incontro il Papa ſbrigato da   dus Annal.
queſta guerra, e tornatoſene a Roma, atteſe a fabbricar Pala-   Eccleſiaſt.

Era Volg.
Anu.1230. gi e Spedali. Era venuto in Italia *Milone Vescovo* di Beavais Franzese con quello di Chiaramonte, conducendo seco un buon corpo di truppe Franzesi in aiuto del Papa, le quali o non giunsero a tempo alla danza, o furono rimandate [a]. Trovavasi per questo sforzo Milone aggravato da grossi debiti. Il sommo Pontefice per sollevarlo gli diede il governo del Ducato di Spoleti, e della Marca di Guarnieri, o sia d'Ancona: con che egli in tre Anni impinguò la sua borsa. Ma ritornandosene egli dopo quel tempo in Francia, i vicini Lombardi informati del ben di Dio, ch'egli portava seco, gli tesero delle imboscate, nelle quali perdè più di quel, che avea guadagnato. Alberico Monaco è quegli, che racconta il fatto.

[a] Alberic.
Monachus
in Chronico.

COMINCIO' a sconcertarsi in quest' Anno la Marca di Verona [b]. Essendo stato chiamato per Podestà d'essa Città Matteo de' Giustiniani Nobile Veneto, richiamò egli tutti i Nobili, che il suo Antecessore avea mandato a' confini. Capo della fazion Guelfa era *Ricciardo Conte* di S. Bonifazio, che tornato a Verona fu ben accolto dal Podestà. Ingelosita di ciò la parte Ghibellina, appellata de' Montecchi, con intelligenza di Eccelino da Romano, e di Salinguerra dominante in Ferrara, un dì fatta sollevazione, mise le mani addosso al Conte Ricciardo, e cacciollo in prigione con alquanti de' suoi. Il resto de' suoi amici uscì di Città; lo stesso Giustiniani Podestà ne fu cacciato; e la Podesteria fu appoggiata a *Salinguerra*, che corse colà da Ferrara. Anche Eccelino udita questa nuova, precipitosamente volò a Verona per accrescer legna al fuoco [c]. Ridottasi la parte del Conte al Castello di S. Bonifazio, elesse per suo Podestà Gherardo Rangone da Modena, personaggio di gran senno e valore. Questi col deposto Giustiniani ricorse a Stefano Badoero Podestà di Padova, il quale raunato il Consiglio, ascoltò le loro querele: querele tali, che mossero a compassione tutto il Popolo di Padova; di maniera che si prese tosto la risoluzione di aiutar con braccio forte la parte del Conte. Inviarono Ambasciatori a Verona, che parte con amichevoli, e parte con minacciose parole fecero istanza per la liberazione del Conte. Nulla poterono conseguire [d]. Però uscì in campagna nel Mese di Settembre l'armata Padovana col Carroccio, con *Azzo VII.* Marchese d'Este, e co i Vicentini; ed ostilmente entrata nel Veronese, s'impadronì di Porto, di Legnago, e del Ponte dell' Adige, da i quali Luoghi scapparono in fretta Eccelino, Sa-

[b] Roland.
Chronic.
lib. 3. c. I.

[c] Monac.
Patavinus
in Chron.

[d] Paris de
Cereta Chr.
Veronens.
Tom. VIII.
Rer. Italic.

lin-

linguerra, e i Veronefi, che erano accorfi alla difefa. Diedero
pofcia i Padovani il guafto al circonvicino paefe; diftruffero la
Villa della Tomba; prefero Bonadigo; e colla forza coftrinfero
il Caftello di Rivalta alla refa. Ciò fatto fe ne tornarono a Padova. Nè pure per quefti danni s'induffero i Veronefi a mettere in libertà il Conte Ricciardo. Era circa quefti tempi capitato a Padova Frate Antonio da Lisbona dell'Ordine de' Minori, Religiofo di fanta vita, di molta letteratura, mirabil
Miffionario, e Predicatore della parola di Dio. Gli amici del
Conte e del Marchefe d'Efte, a' quali più che a gli altri ftava a cuore la prigionia d'effo Conte, fi avvifarono d'inviar a
Verona quefto infigne Religiofo, fperando che la di lui eloquenza potrebbe ottenere ciò, che non era riufcito coll'armi. Andò
il fanto Uomo, impiegò quante ragioni e preghiere potè co i
Rettori della Lega Lombarda, con Eccelino, con Salinguerra,
e co i lor Configlieri; ma fparfe le parole al vento, e ritor-
noffene a Padova coll'avvifo folo della pertinacia de' Veronefi.
La Cronica Veronefe aggiugne, che anche i Mantovani col loro Carroccio fecero un'irruzione ful Veronefe, prefero e diftruffero il Caftello di Cola, diedero il facco e il fuoco a Traven-
zolo, alla Motta dell'Abbate, all'Ifola de' Conti, che or fi chiama l'Ifola della Scala, e a molte altre Ville del Veronefe: il
tutto per favorire il Conte Ricciardo. Notano gli Annali antichi di Modena [a], che anche la milizia de' Modenefi andò in
foccorfo de' Mantovani contra de' Veronefi. Ebbero i Milanefi [b] guerra in queft'Anno col Marchefe di Monferrato in favore degli Aleffandrini, e fe fi ha da preftar fede a i loro Storici [c], coll'avere affediato ed anche prefo il Caftello di Bom-
baruccio nel Monferrato [Monbravio è detto ne gli Annali di
Genova [d]] mifero tal paura in cuore a quel Marchefe, che
giurò di ftar da lì innanzi a i voleri del Comune di Milano.
Il che fatto paffarono ful territorio d'Afti, e vi diedero il guafto fino a due miglia lungi da quella Città. Anche la Cronica
d'Afti [e] confeffa quefto gran danno, inferito da' Milanefi al
territorio Aftigiano, con aggiugnere, che ciò feguì fra la Fefta
di S. Giovanni Batifta e di S. Pietro, e che i Milanefi v'andarono affiftiti di gente da ventitrè amiche Città. I Genovefi fpedirono un buon foccorfo ad Afti. Pofcia fece il Popolo di Milano guerra in Piemonte contra del Conte di Savoia e di que'
Marchefi, e in onta d'effi fabbricò il Pizzo di Cunio, dove fi

Cc 2 riti-

Era Volg.
Ann.1230.

[a] Annales
Veter. Mu-
tinenf.
Tom. XI.
Rer. Italic.
[b] Gualva-
neus Flam-
ma Manip.
Flor. c 263.
[c] Annales
Mediolan.
Tom. XVI.
Rer. Italic.
[d] Caffari
Annal Ge
nuenf. l. 6.
Tom. VI.
Rer. Italic.
[e] Chronic.
Aftenfe
Tom. XI.
Rer. Italic.

Era Volg.
Ann. 1230.
ritirarono quei di Saviliano e di S. Dalmazio, troppo aggravati dal Conte di Savoia. In una fcaramuccia reftò prefo da effo Conte, o da i Marchefi, Uberto da Ozino, Generale de' Milanefi, che fu poi crudelmente levato di vita. Diede fine a i fuoi giorni nel dì 16. di Settembre *Arrigo da Settala* Arcivefcovo di Milano, in cui luogo fu concordemente eletto *Guglielma* da *Rozolo* nel dì 14. d'Ottobre, che fu uomo di gran vaglia.

(a) Caffari
Annal. Genuenf.
Ne gli Annali di Genova è fcritto (*a*), che in queft'Anno gli Aleffandrini ftanchi della guerra co'Genovefi fecero un compromeffo, e fu fentenziato, che Capriata reftaffe al Comune di Genova. Anche i Popoli d'Afti e d'Alba, Arrigo Marchefe del Carretto, ed altri compromifero le lor differenze nel Comune di Genova: il che diede fine alle lor guerre. Si andavano intanto dilatando per le Città d'Italia gli Eretici Paterini, Catari, Poveri di Lione, Paffaggini, Giufeppini, ed altri, che in fine tutti erano fchiatte di Manichei. Non v'era quafi Città, dove di coftoro non fi trovaffe qualche brigata. Spezialmente in Brefcia le Storie dicono, che la lor Setta avea prefo gran piede. Roma fteffa non ne era efente, nè Napoli. Ora in queft'Anno

(b) Chronic.
Placentin.
Tom. XVI.
Rer. Italic.
Raimondo Zoccola Bolognefe Podeftà di Piacenza (*b*) fece bruciar molti di coftoro. Altrettanto fi andava facendo in altre Città. E nel Mefe di Febbraio in effa Città di Piacenza *fuit Ludus Imperatoris, & Papienfium, & Regienfium, & Patriarchæ in Burgo & in Platea Sancti Antonini.* Do ad indovinare a i Lettori ciò, che fignifichino quefte parole. Quanto a me vo fofpettando, che foffe uno Spettacolo pubblico, in cui fi rapprefentava Federigo Imperadore co'Pavefi e Reggiani, e col Patriarca fuoi aderenti, forfe non con molto onore. I Parmigiani

(c) Chron.
Parmenfe
Tom. IX.
Rer. Italic.
in queft'Anno (*c*) andarono in fervigio de'Piacentini a dare il guafto al territorio di S. Lorenzo, e di Caftello Arquato, Luoghi detenuti da i Nobili fuorufciti di Piacenza. Fecero parimente ofte effi Parmigiani a Pontremoli contra de'Marchefi Malafpina.

(d) Guichen.
non Hiftoire
de la Maif.
de Savoye
Tom. I.
Il Guichenon (*d*) racconta a queft'Anno, che il Popolo di Torino fi fottraffe all'ubbidienza di *Tommafo Conte* di Savoia, e fi diede a *Bonifazio Marchefe* di Monferrato. Il Conte meffa infieme un'Armata fi avvicinò a Torino, disfece il foccorfo, che gli Aftigiani conducevano a gli affediati; nè parendogli propria la ftagione per continuar l'affedio, lafciò bloccata quella Città, e fe n'andò in Savoia. Quefto Scrittore, giacchè gli manca-

Va-

vano gli antichi Storici, fi fuol fervire di moderni, l'autorità
de' quali non di rado è poco ficura. Noi già vedemmo all'Anno 1226. che Torino, ficcome Città libera, entrò nella Lega di
Lombardia, e fu anche pofta coll'altre al bando dell'Imperio
da Federigo II. Imperadore, in tempo che Tommafo Conte di
Savoia era uno de' fuoi più favoriti. Nè può ftare, che gli Aftigiani, per quanto s'è veduto di fopra, menaffero foccorfi a quella Città, quando penavano a difendere fe fteffi da' Milanefi.
Nè fo io credere, che Torino veniffe in potere del Marchefe
di Monferrato. Nulla ne feppe Benvenuto da S. Giorgio. E fe
foffe caduta nelle mani del Marchefe, Principe sì potente, quella bella preda, avrebbe faputo ben cuftodirla. Fu anche guerra nell'Anno prefente in Tofcana. (a) I Fiorentini uniti con gli (a) *Chron.*
Aretini, Piftoiefi, Lucchefi, Pratefi, ed Urbinati, o pure Or- *Bononienf.*
Chronicon
vietani, andarono con poffente efercito e col Carroccio contro a *Senenfe.*
i Sanefi. Disfecero da venti loro Caftella, ed arrivarono fino alle porte di Siena, guaftando tutto il paefe. Nel dì 9. di Luglio
i Sanefi animofamente ufcirono armati dalla porta di Camollia,
ed attaccarono la zuffa; ma foperchiati dalle troppo fuperiori
forze de' nemici, rimafero fconfitti; e i Fiorentini menarono (b) *Ricor-*
prigionieri circa mille ducento fettanta d'effi. Ricordano (b) *dano Mala-*
fpina.
e Giovanni Villano fuo copiatore, mettono quefto fatto fotto *Giovanni*
l'Anno 1229. Gli altri Autori concordemente ne parlano fotto *Villano.*
il prefente (c). (c) *Ptolom.*
Lucenfis in
Annal.Ecc.

Anno di CRISTO MCCXXXI. Indizione IV.
di GREGORIO IX. Papa 5.
di FEDERIGO II. Imperadore 12.

TANTO il Pontefice *Gregorio*, quanto l'Imperador *Federi-*
go (d), mirando con incredibil difpiacere i progreffi, che (d)*Raynal-*
andava facendo l'Erefia de' Paterini, e d'altre fette di Manichei *dus in An-*
nal. Ecclef.
per l'Italia, pubblicarono rigorofiffimi Editti contra di quefti pe-
ftilenti uomini, che infeftavano la Chiefa Cattolica. Circa quefti tempi nella Città di Perugia (e) in cui la Nobiltà e il Popolo (e) *Cardin.*
per cagion del governo aveano in addietro avute non poche riffe *de Aragonia*
Vit. Grego-
e liti fra loro, la difcordia tramontò gli argini, e toccò a i No- *rii IX.*
bili l'ufcir di Città. Si diedero poi quefti a far quanto di male potevano al territorio; e il Popolo anch' egli faceva altrettanto e
peg-

Era Volg.
Ann.1231.
peggio contra d'effi. Con paterno zelo accorfe Papa Gregorio al bifogno dell' afflitta Città, con ifpedir colà il Cardinal *Giovanni dalla Colonna*, il quale con tal efficacia fi adoperò, che calmato il furor delle parti, riduffe in Città gli sbanditi, e rimife la pace, con aver anche il Papa contribuita una buona fomma di danaro per la riparazion de i danni. In queft'Anno parimente contro la mente del Pontefice i Romani fecero ofte a' danni de' Viterbefi nell'Aprile e nel Maggio, e obbligarono quei di Montefiafcone di dar figurtà di non preftar loro aiuto. Prefe dipoi l'Imperador Federigo la protezion di Viterbo, e vi fpedì Rinaldo da Acquaviva fuo Capitano con un buon corpo di milizie per difefa di quella Città. Dovette effere il Papa, che fece quefto trattato, ed impegnò Federigo in favor de' Viterbefi; imperocchè i Romani, da che n'ebbero l'avvifo, impofero in odio del Papa una grave contribuzione di danaro alle Chiefe di Roma. Cadde in queft' Anno dalla grazia di Federigo *Rinaldo*, appellato Duca di Spoleti, quel medefimo, che tanto avea fatto per lui in danno della Chiefa Romana. Federigo fu de' più accorti e maliziofi Principi, che mai foffero. Probabilmente gli nacque fofpetto, che coftui

(a) *Raynaldus in Annal. Ecclef.* teneffe fegrete intelligenze colla Corte di Roma; *(a)* e in fatti s'impegnò forte il Papa dipoi per la fua liberazione. Ora Federigo, prefo il pretefto di fargli rendere conto della paffata amminiftrazion del Regno, nè potendo Rinaldo trovar cauzione idonea, il fece imprigionare con ifpogliarlo di tutti i fuoi beni: dal che prefe motivo Bertoldo di lui Fratello di ribellarfi, e di fortificarfi in Intraduco. In queft'Anno ancora pubblicò effo Imperadore la determinazion fua di tenere una Dieta del Regno d'Italia in Ravenna, la qual Città era allora governata dall'Arcivefcovo di Maddeburgo, Conte della Romagna, e Legato Imperiale di tutta la Lombardia. Ora defiderando egli, che v'interveniffe anche il *Re Arrigo* fuo Figliuolo co i Principi della Germania, pregò il Pontefice Gregorio d'interporre i fuoi ufizj, affinchè le Città collegate di Lombardia non impediffero la venuta del Figliuolo e de i Tedefchi in Italia. Non lafciò il Papa di fcrivere per quefto; ma sì egli, che i Lombardi, affai conofcendo il naturale finto ed ambiziofo di Federigo, e poco fidandofi di lui, feguitarono a ftar con gli occhi aperti, e in buona guardia per tutti gli accidenti, che poteffero occorrere.

A *Roberto* Imperador Latino di Coftantinopoli era fucceduto *Baldovino* fuo Figliuolo in età non peranche atta al governo.

Veg-

Veggendo i Principi Latini di quell'Imperio la neceffità di avere
un qualche valorofo Principe per loro Capo da opporre alla potenza de'Greci (a), che ogni dì più crefceva, prefero la rifoluzion di dare in Moglie al fanciullo Augufto una figliuola di Giovanni di Brenna, già Re di Gerufalemme, con dichiarar lui Vicario e Governator dell'Imperio, fua vita natural durante. Gli
diedero anche il titolo d'Imperadore: il che fi ricava dalle Lettere di Papa Gregorio. Tutto lieto Giovanni per così bell'afcendente, venne a Rieti ad abboccarfi col Papa, e ad impetrar il
fuo affenfo (b). Spedì anche a Venezia per aver tanti Vafcelli
da condur feco mille e dugento cavalli, e cinquecento uomini
d'armi. Preparato il tutto, ed imbarcatofi, e ricuperate nel viaggio alcune Provincie, felicemente arrivò a Coftantinopoli, dove
per atteftato ancora del Dandolo fu coronato Imperadore. Si provò in queft'Anno un terribil flagello di locufte in Puglia. Federigo attentiffimo a tutto, dopo avere in quefto medefimo Anno
pubblicate molte fue Coftituzioni pel buon governo del fuo Regno, ordinò fotto varie pene, che cadauno la mattina prima
della levata del Sole doveffe prendere quattro tumoli di sì per-
niciofi infetti, e confegnarli a i Miniftri del Pubblico, che li
bruciaffero: ripiego utiliffimo, e da offervarfi in fimili cafi, non
ignoti a'giorni noftri. Pafsò nell'Anno prefente a miglior vita
Antonio da Lisbona dell'Ordine de'Minori (c), di cui abbiam
parlato di fopra. Tornato egli da Verona, fi eleffe per fua abitazione un luogo deferto nella Villa di Campo S. Piero, Diocefi
di Padova, con efferfi fabbricata una capannuccia fopra una no-
ce, dove fi pafceva della lettura del vecchio e nuovo Teftamento, con penfiero di fcrivere molte cofe utili al Popolo Criftiano.
Dio il chiamò a sè nel dì 13. di Giugno, con reftare di lui un
tal odore di fantità, comprovata da molti miracoli, che nell'Anno feguente Papa Gregorio IX. trovandofi nella Città di Spoleti
l'aggiunfe al catalogo de'Santi.

A propofito di Spoleti non fi dee ommettere, che Milone Vefcovo di Beauvais, di cui s'è favellato di fopra, coftituito Governatore di quel Ducato dal Papa (d), non fu ricevuto da quel
Popolo. Il perchè raunato un efercito, fi portò a dare il guafto
al diftretto di Spoleti: il che nondimeno a nulla giovò per far
chinare il capo a gli Spoletini. Sommamente premeva a i Padovani (e), e ad Azzo VII. Marchefe d'Efte la liberazione del
Conte Ricciardo da S. Bonifazio, e degli amici carcerati in Ve-
ro-

Margin notes:

Era Volg.
Ann.1231.

(a)Dandul.
in Chron.
Tom. XII.
Rer. Italic.

(b) Richar-
de S. Germ.
in Chronic.

(c) Rolan-
din. Chron.
l. 3. c. 5.

(d) Richar-
dus de S.
Germano
in Chronic.
(e) Roland.
lib. 3. c. 6.
Parif de
Cereta
Chr. Veron.
Monachus
Patavin. &
alii.

Era Volg.
Ann.1231. rona dalla parte Ghibellina. Però fu fpedito in Lombardia Guiffredo o fia Giuffredo da Lucino Piacentino Podeftà di Pavia a
trattarne co i Rettori della Lega Lombarda. Con tal occafione
i Padovani confermarono di nuovo effa Lega. Ciò fatto, dall'
un canto il Popolo di Padova col fuo Carroccio, e i Mantovani
anch' effi col loro, marciarono ful territorio di Verona. Tra
per quefto movimento oftile, e per gli efficaci ufizj dei Rettori di Lombardia, finalmente s'induffero i Ghibellini Veronefi a
mettere in libertà il Conte Ricciardo con gli altri prigioni: il
che ottenuto fe ne tornarono gli eferciti alle loro Città. Cotanto ancora fi maneggiarono i fuddetti Rettori, che nel dì 16.
di Luglio feguì pace fra effo Conte e i Montecchi fuoi avverfarj, nel Caftello di S. Bonifazio: pace nulladimeno, fimile all'
altre di quefti tempi, cioè non diverfe dalle tele de' ragni.

[a] Gualva-
neus Flam-
ma Manip.
Flor. c.264.
Annal. Me-
diolanenfes
Tom. XVI.
Rer. Italic. Gli Storici di Milano [a] fcrivono, che volendo i Milanefi far
vendetta della morte del lor Capitano Uberto da Ozino, inviarono l'efercito loro fotto il comando di Ardighetto Marcellino a danni del Marchefe di Monferrato co i rinforzi loro fom-
miniftrati dalle Città di Piacenza, Aleffandria, e Novara. Formarono un ponte ful Po, prefero il naviglio del Marchefe, e le
Caftella di Buzzala, Caftiglione, Oftia, Ciriale, e Civaffo. All'
affedio di queft' ultima Terra colpito da una faetta il lor Capitano terminò le fue imprefe colla morte; e quefto baftò, perchè fi ritiraffe a cafa l'Armata Milanefe. La venuta dell'Imperador Federigo a Ravenna, e l'aver egli chiamato in Italia
il Re Arrigo fuo Figliuolo coll' Armata Tedefca, ingelosì sì fattamente i Popoli collegati di Lombardia, che raunato un Parlamento in Bologna, giudicarono maggior ficurezza della lor
libertà l'opporfegli, che il fidarfi delle di lui belle parole. Ad
iftanza di Federigo il fommo Pontefice inviò dipoi per fuoi Legati in Lombardia *Jacopo Vefcovo* Cardinale di Paleftrina, e *Ottone Cardinale* di S. Nicolò in carcere Tulliano, con incumben-
za di trattar di pace. Non pafsò queft' Anno fenza difturbi ci-
[b] Chronic.
Placentin.
Tom. XVI.
Rer. Italic. vili in Piacenza [b]. Ne fu cacciato Guiffredo da Pirovano Milanefe lor Podeftà. Fu dipoi concorda'o, che la metà de gli
onori del governo fi conferiffe a i Nobili, e l'altra al Popolo:
il che fece rinvigorire gli antichi odj fra loro. Abbiamo da i
[c] Caffari
Annal. Ge-
nuenf. l. 6.
Tom. VI.
Rer. Italic. Continuatori di Caffaro [c], che Federigo con fue lettere fece intendere al Comune di Genova la Dieta Generale del Regno, ch'egli avea determinato di tenere per la Fefta d'Ogni-

fanti in Ravenna, con ordinare, che vi mandaſſero i lor Deputati. Si trovò l'Imperadore prima di Novembre in quella
Città; ma reſtò differita fino al Natale la Dieta per cagione
che i Lombardi non permettevano di paſſare in Italia a i Principi dell'Imperio. Vennero poi alcuni d'eſſi Principi traveſtiti
per iſtrade non guardate, temendo dapertutto inſidie da eſſi
Lombardi. Per atteſtato di Riccardo da S. Germano tenuta fu
la Dieta ſuddetta in Ravenna con gran magnificenza; e la Cronichetta di Cremona ci fa ſapere, che Federigo vi comparve
colla Corona in capo. In tal congiuntura fece egli un giorno
pubblicare un Editto, comandando ſotto rigoroſe pene, che
niuna delle Città fedeli al ſuo partito poteſſe prendere Podeſtà dalle Città collegate contra di lui. Ebbero un bel dire i
Genoveſi di avere eletto Pagano da Pietraſanta Milaneſe per
lor Podeſtà, nè poter eſſi recedere dal giuramento preſtato:
nulla valſero le loro ſcuſe e ragioni. Tornati poſcia a caſa i
Deputati ſuddetti, vi fu gran dibattimento per queſto nel loro Conſiglio; ma in fine vinſe il partito di chi voleva quel
Podeſtà per l'Anno proſſimo, e fu anche eſeguito. Nè vo' laſciar di riferire ciò, che ha il Sigonio (a), il quale l'avrà pre- (a) Sigon.
ſo da qualche vecchia Storia. Cioè che Federigo diede un ſin- de Regno I-
golare ſpaſſo a i Popoli in Ravenna, coll'aver condotto ſeco tal.l.17.
un Lionfante, de i Leoni, de'Leopardi, de'Camelli, e de gli
uccelli ſtranieri, che ſiccome coſe rare in Italia, furono lo
ſtupore di tutti. Nulla di ciò ha il Roſſi nella Storia di Ravenna.

Anno di CRISTO MCCXXXII. Indizione v.
di GREGORIO IX. Papa 6.
di FEDERIGO II. Imperadore 13.

NEL Gennaio dell'Anno preſente atteſe l'Imperador *Federigo* in Ravenna a ſegreti maneggi per domare, ſe era poſſibile, le Città Lombarde, confederate contra di lui. Suoi inti-
mi Conſiglieri furono Eccelino da Romano, e Salinguerra da Fer- (b)*Gode-
rara, Capi de'Ghibellini, nè mancarono eſſi di attizzarlo contra fridus Mo-*
di *Azzo VII.* Marcheſe d'Eſte, Capo de'Guelfi, il quale non ſi *nachus in
Chronic.*
laſciò già vedere alla Corte. Poi dopo la ſeconda Domenica di *Dandul.*
Quareſima s'imbarcò eſſo Auguſto per andare ad Aquileia (b), e *in Chronic.
Tom. XII.
Rer. Italic.*

Era Volg.
Ann.1232.
quivi abboccarſi col Re ſuo Figliuolo , giacchè queſti non s'era
voluto arriſchiare a paſſar per la Valle di Trento, dove erano
preſe le Chiuſe . O foſſe di ſua ſpontanea volontà, o pure che
qualche buraſca di mare l'obbligaſſe a cangiar cammino, egli paſsò per Venezia , dove fu magnificamente accolto , e concedè varie eſenzioni nel Regno di Puglia e di Sicilia a quel Popolo . Viſitò la Baſilica di San Marco, e vi laſciò de i ſuperbi regali, orna-
ti d'oro e di pietre prezioſe. Un ſuo Diploma dato·in Venezia nel
Marzo di queſt' Anno ſi legge nel Bollario Caſinenſe. Paſsò dipoi
ad Aquileia , dove il *Re Arrigo* ſuo Figliuolo venne a trovarlo
con alcuni Principi di Germania . E quivi celebrò la ſanta Paſqua.

(a) Richo-
bald.in Po-
mar. T. IX.
Rer. Italic.
E' da ſtupire, come Ricobaldo Storico Ferrareſe (*a*), il quale aſ-
ſeriſce d'eſſere ſtato preſente nell' Anno 1293. in Padova alla miracoloſa guarigione di un muto nato , alla tomba di Santo Antonio , e però fiorì nel Secolo preſente, ſcriveſſe, che nel precedente Anno Federigo imprigionò eſſo ſuo Figliuolo. Altrettanto s'ha
(b)Monach.
Patavinus
in Chron.
(c)Annales
Mediolan.
Gualva-
neus Flam.
in Manip.
Flor.
Richardus
de Sancto
Germano
in Chron.
dal Monaco Padovano (*b*) più antico di Ricobaldo. Noi vedremo,
che ciò ſuccedette ſolamente nell' Anno 1235. Notano gli Storici Milaneſi (*c*), che i Legati già ſpediti dal Papa per trattar della Pace co i Lombardi, andarono per trovar Federigo in Ravenna. Egli ſaputa la lor venuta, ſe n' andò a Venezia. Colà ſi portarono anch' eſſi , ed egli prima che arrivaſſero , paſsò ad Aquileia . Perciò credendoſi burlati o ſprezzati da lui , ſe ne tornarono ſenza far altro al Papa . Si traſferì dipoi Federigo circa la Feſta dell' Aſcenſione per mare in Puglia , e nel cammino preſe alcuni Corſari, che infeſtavano l'Adriatico. Due cattive nuove gli
giunſero in queſt' Anno . L'una fu, che Giovanni da Baruto occupò in Soria l'importante Città di Accon, o ſia d'Acri, che era
d'eſſo Imperadore . Il Mareſciallo Riccardo, laſciato ivi per go-
vernarla, andò contra di lui , e reſtò ſconfitto. L'altra fu, che
nel Meſe d'Agoſto il popolo di Meſſina, trovandoſi angariato da
Riccardo da Montenegro Giuſtiziere per l'Imperadore, fece nel
Meſe ſuddetto una ſollevazion contra di lui ; e l'eſempio di queſta Città ſervì per far tumultuare anche Siracuſa, Catania , Ni-
coſia, ed altre Terre di Sicilia . Era duro ſopra i Popoli il governo di Federigo; la voleva d'ordinario contro le loro borſe, e per
poco ſi veniva al confiſco. Di belle Leggi andava egli pubblican-
do; ma le ſue gabelle, dazj, contribuzioni, ed angherie, faceano gridar tutti. In queſt'Anno ancora i Romani più che mai accaniti contro la Città di Viterbo uſcirono in campagna, e dopo

aver

aver dato il guasto al paese, se ne tornarono a casa. Ma venne
fatto anche a i Viterbesi di prendere per tradimento un Castello
appellato Vetorchiano, che era de'Romani; ed avuto che l'ebbero, non tardarono a smantellarlo tutto. N' ebbero gran rabbia i Romani; e siccome attribuivano al Pontefice Gregorio la
colpa di tutto, come quegli che non voleva lasciar distruggere
Viterbo: così mentre egli soggiornava in Rieti, mossero l'armi
loro per fargli dispetto, e giunsero fino a Montefortino, con disegno di assalire la Campania Romana ubbidiente ad esso Papa.
Per fermar questo loro attentato, Papa Gregorio spedì loro tre
Cardinali suoi Deputati, che conchiusero un accordo con esso Popolo Romano; e convenne sborsare una buona somma di danaro, acciocchè se ne ritornasse a casa quell'Armata, sì poco ris-
pettosa al suo legittimo Signore. Trattò in quest'Anno il Papa di pace fra l'Imperadore e le Città Collegate di Lombardia:
al qual fine queste ultime inviarono i loro Agenti ad esso Papa,
mentre dimorava in Anagni; ma nulla si dovette conchiudere
per le diffidenze, che passavano fra le parti.

ABBIAMO da Parisio da Cereta Autore della Cronica antica
di Verona (a), che nel dì 14. d' Aprile Eccelino da Romano (a) Chronic.
Veronense
Tom. VIII.
Rer. Italic.
soggiornando in Verona, fece prigione Guido da Rho Podestà di
quella Città, e i suoi Giudici con tutta la famiglia. Dopo di
che mandò a prendere da Ostiglia un Ufiziale dell'Imperador Federigo, che non mancò di portarsi a quella Città. Da lì a pochi
giorni comparvero ancora colà il Conte del Tirolo, e due altri
Conti con cento cinquanta uomini a cavallo, e cento balestrieri,
che presero il possesso di Verona a nome dell' Imperadore. Ricuperarono poi il Castello di Porto; e rifabbricarono quel di Rivalta. Allora i Mantovani amicissimi della parte del Conte Ricciardo da S. Bonifazio, e di fazione Guelfa, ripresero l'armi
contra de'Veronesi, ed usciti in campagna col loro Carroccio,
presero il Castello di Nogarola, bruciarono varie Ville del distretto Veronese, cioè Ponte Passero, Fragnano, Isolalta, Pove-
rano, l'Isola della Scala, ed altre non poche. I partigiani del
Conte abbandonarono Nogara, con darla alle fiamme. Eccelli-
no da Romano co i Veronesi, avendoli colti nella Terra di Opea-
no, li mise in rotta, e ne fece prigionieri non pochi. Poi circa
il fine d'Ottobre i Mantovani diedero il sacco alla Villa di Cereta. Dall' altra parte i Padovani s'impadronirono di Bonadigo,
e totalmente lo distrussero. Altrettanto fecero alla Villa della

Tomba. Venne anche in lor potere il Caftello di Rivalta. Temo
io, che quefti fatti nella Cronica di Parifio fieno fuori di fito, perchè fomigliano quei, che ho narrato all'Anno 1230. fe non
che dalle Lettere dell'Imperador Federigo fi fa, ch'egli fi lamentava, perchè quafi fotto i fuoi occhi, mentre era in Ravenna,
le Città Lombarde aveano fatta ofte contra de' fuoi fedeli. Seguita a fcrivere Parifio, che in queft'Anno Azzo VII. Marchefe
d'Efte, e Ricciardo Conte di S. Bonifazio, portatifi in aiuto di
Biachino e Guezello da Camino, nel dì 27. di Luglio attaccarono battaglia col Popolo di Trivigi, e il mifero in rotta con far
molti prigioni, i quali furono condotti nelle carceri del Marchefe a Rovigo. Allora fi moffe Eccelino con cento uomini d'armi,
e con cento baleftrieri in foccorfo de' Trivifani; ma null'altro

(a)Chronic.
Senenfe.
Ricordano
cap. 114.
Giovanni
Villani.
fuccedette dipoi. Prefero in queft'Anno i Sanefi (a), condotti
da Gherardo Rangone da Modena lor Podeftà nel dì 28. di Ottobre la Terra di Montepulciano, e ne disfecero tutte le mura e
fortezze. Era quel Popolo collegato co'Fiorentini; per la qual
cofa effi Fiorentini andarono a ofte fopra i Sanefi, con dare il
guafto a parte del loro territorio, e prendere a forza d'armi il
Caftello di Querciagroffa, i cui abitanti furono condotti nelle

(b) Pto'om.
Lucenfis in
Annal.
brevib.
carceri di Firenze. Avendo i Lucchefi (b) affediata Barga infieme co i Fiorentini, ebbero una fpelazzata da i Pifani, Bar-
gheggiani, e Cattanei della Garfagnana. Avvertito l'Imperador Federigo, che i Genovefi (c), non oftante il divieto lor fat-

(c)Caffari
Annal. Ge-
nuenf. l. 6.
to, aveano prefo per lor Podeftà Pagano da Pietrafanta Milanefe, diede ordine, che dovunque fi trovaffero perfone e robe di
Genovefi, foffero prefe: il che fu efeguito. Gran tumulto nacque perciò in Genova. Chi teneva per l'Imperadore, e chi voleva, che fi entraffe nella Lega di Lombardia contra di lui. Ma
Federigo meglio penfando, che non gli-tornava il conto a-difgufta-
re un Popolo sì allora potente in mare, dopo qualche tempo ordinò, che tutto foffe loro reftituito. Grave danno in queft'Anno recarono anche in Lombardia le locufte, che divoravano tutte l'erbe delle campagne: flagello continuato anche ne'due fe-

(d)Chron.
Cremonenf.
Tom. VII.
Rer. Italic.
guenti Anni. Dalla Cronichetta di Cremona (d) abbiamo, che
nel Popolo di quella Città fi rinvigorì la divifione, e fu guerra civile fra loro. Andarono effi Cremonefi in fervigio de'Bolognefi: a qual fine non fo. Fecero anche ofte contra de'Mantovani, bruciarono parecchi luoghi di quel Contado, e prefero
e diftruffero il Ponte, che i Mantovani tenevano ful Po. Io

Mila-

Milano (*a*) si crearono sette Capitani, cadaun de'quali comandava a mille soldati a cavallo, e giurarono tutti di sostenere la lor libertà contra dell'Imperadore, e più tosto di morire in campo, che di fuggire. Mandò in quest'Anno il Sultano d'Egitto a donare a Federigo Augusto un Padiglione di mirabil lavoro (*b*), il cui valore si fece ascendere a più di venti mila marche d'argento. Vi si vedeva con ammirabil artifizio il corso del Sole e della Luna, co'suoi determinati spazj, indicanti con sicurezza l'ore del giorno e della notte. Fu esso riposto in Venosa nel Tesoro Regale. E Federigo poscia nel dì 22. di Luglio ad un solenne convito invitò gli Ambasciatori d'esso Sultano, e del Vecchio della Montagna, Principe de'Popoli detti Assassini. Teneva Federigo buona corrispondenza con costui, e voce comune correva, che uno de'sudditi d'esso Vecchio per ordine del medesimo Imperadore avesse nell'Anno precedente tolto di vita *Lodovico Duca* di Baviera, caduto in disgrazia d'esso Augusto.

Era Volg.
Ann. 1232.
(*a*) *Annales Mediolan. Tom. XVI. Rer. Italic.*
(*b*) *Godefridus Monachus in Chr.*

Anno di CRISTO MCCXXXIII. Indizione VI.
di GREGORIO IX. Papa 7.
di FEDERIGO II. Imperadore 14.

ERA sconvolta per interne sedizioni la Città di Roma in questi tempi, e molti occupavano le Terre della Chiesa Romana. (*c*) Implorò Papa *Gregorio IX.* soccorso da *Federigo II.* ma egli adducendo la non falsa scusa di dover accorrere in Sicilia, dove gli si erano ribellate alcune Città, nulla accudì a i bisogni del Pontefice. Passò a questo fine in Calabria (*d*), dove ammassò un buon esercito, ed intanto ordinò, che si fortificassero il più possibile le Fortezze di Trani, Bari, Napoli, e Brindisi. Volle Dio, che nel Mese di Marzo i Romani scorgendo, essere riposta la lor quiete, e il maggiore lor bene nell'avere in Roma il sommo Pontefice, s'indussero a spedire il Senatore con alcuni Nobili ad Anagni, dove facea allora la Corte Pontificia la sua residenza, per pregare il santo Padre di voler tornarsene a Roma. Non mancarono Cardinali, che il dissuasero, e contrariarono a sì fatta risoluzione; ma egli intrepido volle venire, e fu accolto con dimostrazioni di molto giubilo dal Popolo Romano. Allora fu, ch'egli si accinse a calmar gli odj de'Romani e Viterbesi: al qual fine spedì a Viterbo *Tommaso Cardinale*, per trattare

(*c*) *Raynaldus Annal. Eccles.*

(*d*) *Richardus de S. Germano in Chron.*

tare

Eaa Volg.
Ann.1233.tare di un'amichevol concordia. E questa in fatti fu da lì a qualche tempo stabilita. Intanto Federigo Augusto passato in Sicilia con un vigoroso esercito, riduffe a'suoi voleri Meffina, dove alcuni de gli autori della sollevazione pagarono il fio del loro misfatto fulla forca, ed altri furono bruciati vivi. Catania fenza far' oppofizione, tornò alla di lui ubbidienza. Fu affediato il Caftello di Centoripi, e tuttochè per la fua forte fituazione in un dirupato monte, e per la bravura de i difenfori, faceffe lunga difefa, pure in fine fu obbligato alla refa. Da tal refiftenza irritato Federigo, lo fece atterrar da'fondamenti, e gli abitanti paffati in un altro fito fondarono a poco a poco una nuova Città, a cui per ordine dell'Imperadore fu pofto il nome d'Augufta. In Puglia finalmente il Caftello d'Introduco, dopo un penofo e lungo affedio, fi arrendè alle fue armi. Bertoldo e Rinaldo appellato Duca di Spoleti, che vi fi erano bravamente finquì difefi, afficurati ufcirono fuori del Regno. In queft'Anno ancora tornò alle mani d'effo Imperadore la Città di Gaeta con reftar privata delle vecchie fue efenzioni e del diritto di eleggere i fuoi Confoli, avendovi Federigo meffi i fuoi Ufiziali, e coftituita una Dogana. Aveva egli promeffo di ben trattare quel Popolo, ma era Principe, che mai non perdonava daddovero; e guai a chi avea fallato. Per quefto i Lombardi non s'induffero giammai a fidarfi di lui: gaftigo ben dovuto a que'Principi, che non fan perdonare, nè mantener la parola.

PER la prefa e diftruzione di Montepulciano, fatta nell'Anno addietro da i Sanefi (a), il Comune di Firenze adirato forte, fece in queft'Anno un grande sforzo a fine di vendicarfene. Ricordano (b), e Giovanni Villani (c) ciò riferifcono all'Anno feguente; ma Riccardo da San Germano (d), la Cronica Sanefe, e il Rinaldi (e) ne parlano all'Anno prefente. Ora i Fiorentini mifero l'affedio a Siena, e in vergogna de'Sanefi con un Mangano gittarono entro la Città un afino con altra carogna. Tornati pofcia a Firenze, nel dì 4. del Mefe di Luglio rifecero ofte contra de'medefimi Sanefi; prefero e disfecero Afciano, e quarantatrè altre Caftella e Ville di quel territorio con graviffimo danno d'effi Sanefi. Cagione fu ciò, che compaffionando con paterno affetto Papa Gregorio lo ftato infelice di Siena, s'interpofe per la pace, e a quefto fine fpedì a Firenze Fra Giovanni da Vicenza dell'Ordine de'Predicatori, uomo eloquentiffimo, ed infigne Miffionario di quefti tempi. Dimorava egli allora in Bologna, dove feguita-

(a) Chron.
Senenfe
Tom. XV.
Rer. Italic.
Godius
(b) Ricor-
danus Ma-
lafpina in
Chronic.
(c) Giovan-
ni Villani.
(d)Richard.
de S. Germ.
(e) Raynal-
dus in An-
nal. Eccl.

Era Volg.
Ann. 1233.

to da innumerabil copia di Contadini e Cittadini, colle fervoro-
fe fue Prediche fece infinite paci fra loro, moderò il luffo delle
Donne, con altri mirabili effetti della parola di Dio. Andò quefto buon Servo di Dio a Firenze; ma per quanto faceffe e diceffe,
non potè fmuovere quel Comune dall'oftinato fuo propofito contra
de' Sanefi. Per quefto il Papa fottopofe Firenze all'Interdetto, e fece fcomunicar i Rettori di quella Città. Bolliva intanto, anzi ogni
dì più andava crefcendo la difcordia fra le Città della Marca di
Verona. Se non v'ha difetto nella Cronica Veronefe di Parifio da
Cereta (a) ancora in queft' Anno i Mantovani col loro Carroccio,
e coll'aiuto de' Milanefi, Bolognefi, Faentini, e Brefciani, cavalcarono contra de' Veronefi, e bruciarono e guaftarono molte lor
Ville, fra l'altre Villafranca, Cona, Guffolengo, Seccacampa-
gna, Piovezano, Palazzuolo, ed Ifolalta: il che fatto fi riduffero a cafa. Ora colà ancora per ordine del fommo Pontefice, e
per motivo eziandio di fpontanea Carità, fi portò il fuddetto
buon Servo di Dio Fra Giovanni da Vicenza. Tale era il concetto della fua Virtù, e mirabil facondia, che il Popolo di Padova (b) gli andò incontro, nel venire ch' egli faceva da Monfelice, e meffolo ful Carroccio con gran divozione e giubilo l'introduffe in Città. Predicò egli quivi e per le Ville con indicibil concorfo di gente; pofcia fe ne andò a Trivigi, Feltre, e
Belluno, e quindi a Vicenza, e a Verona, dove Eccelino da
Romano co i Montecchi giurò di ftare a quello, che aveffe ordinato il Papa. Trasferiffi in oltre a Mantova, e Brefcia, predicando dapertutto la Pace, facendo rimettere in libertà i prigioni, e correggendo a modo fuo gli Statuti delle Città. Il che fatto, intimò un giorno, in cui fi doveffero adunar tutte quelle
Città in un luogo determinato per far la pace generale. Scelfe
egli una campagna preffo all' Adige, quattro miglia di fotto da
Verona; e il giorno della fefta di Santo Agoftino, cioè il dì 28.
di Agofto. Fu uno fpettacolo mirabile il vedere in quella giornata comparire al fito prefiffo i Popoli di Verona, Mantova,
Brefcia, Vicenza, Padova, e Trivigi coi lor Carrocci. Vi comparvero ancora il Patriarca di Aquileia, il Marchefe d'Efte, Eccelino, e Alberico da Romano, i Signori da Camino, e una gran
moltitudine d' altre Città, cioè di Feltre, Belluno, Bologna,
Ferrara, Modena, Reggio, e Parma, co i lor Vefcovi, tutti
fenz' armi, e la maggior parte a piedi nudi in fegno di penitenza. Da tanti Secoli non s'era veduta in un fol luogo d'Italia
unio-

(a) Parif.
de Cereta
Chronic.
Veronenf.
Tom. VIII.
Rer. Italic.

(b) Roland.
l. 3. c. 7.
Gerardus
Maurifius
Hiftor.
Antonius
Chronic.
Chronic.
Veronenfe.

unióne di tanta gente. Secondo lo fcandaglio di Parifio vi furo⁻
no più di quattrocento mila perfone. Frate Giovanni da un palco alto quafi feffanta braccia predicò a quefta fmifurata udienza, udito da tutti, e con efortar tutti a darfi il bacio di pace,
e comandandolo anche a nome di Dio, e del Romano Pontefice.
Il che fu prontamente efeguito; ed egli appreffo pubblicò la fcomunica contra chiunque guaftaffe sì bell' opera; anzi per maggiormente affodarla, propofe il Matrimonio del Principe *Rinaldo*, Figliuolo di *Azzo VII.* Marchefe d' Efte, Capo de' Guelfi, e Adelaide Figliuola di Alberico Fratello di Eccelin da Romano, Capo de' Ghibellini: il che fu approvato e lodato da
tutti. Lo Strumento di quefta Pace l'ho io pubblicato nelle mie
Antichità Italiane.

MA quanto durò quefta concordia? Non più che cinque o
fei giorni. Quel che è più, andò anche per terra il concetto
della di lui fantità, che era ben grande. Gherardo Maurifio fcrive di aver co'fuoi proprj orecchi intefo predicare i Frati Minori nella Cattedral di Vicenza, che Fra Giovanni avea rifufcitato dieci morti. Non mancava gente, che portava odio a quefto facro banditor della parola di Dio, e della pace, perchè
era ineforabile contro gli Eretici. Nel Mefe di Luglio n'avea
fatto bruciar vivi in tre giorni feffanta nella piazza di Verona
tra mafchi e femmine de' migliori Cittadini di quella Città.
Altri poi cominciavano a malignare fopra le di lui *intenzioni*,
pretendendo, che tutte le fue mire foffero per abbaffar la parte Ghibellina, e che quefto foffe un fegreto concerto della Corte di Roma contra di Federigo II. Imperadore. Ma quello che
diede il crollo all'autorità e ftima di Fra Giovanni, fu, ch'egli
ito a Vicenza fua patria, fi fece dare dal Popolo un' affoluta
padronanza della Città, tutta ad arbitrio fuo: con che vi mife
quegli Ufiziali, che a lui piacquero, e correffe o mutò gli Statuti della Città, e ne formò de' nuovi. Ito a Verona, anche
ivi fi fece eleggere Signore della Città; volle oftaggi per ficurezza di fua perfona; volle in fua mano il Caftello di S. Bonifazio, Ilafio, Oftiglia, e le fortezze della Città. I Padovani,
che facevano prima da Padroni in Vicenza, corfero colà, e vi
accrebbero la lor guarnigione. Tornato Frate Giovanni colà,
e trovata quefta novità, volle far valere la fua autorità contra chi fe gli opponeva; ma in furia ritornarono a Vicenza i Padovani, e dato di piglio all'armi contra di lui, e
del-

della fua fazione, in fine prefero lui con tutta la fua famiglia, è il cacciarono in prigione nel dì 3. di Settembre . Rilafciato da lì a pochi giorni, fe ne tornò a Verona, nè trovò più ub- bidienza, di modo che mife in libertà fra poco tempo gli oftag- gi, reftituì al Conte Ricciardo il Caftello di S. Bonifazio, e in fine fe ne tornò a Bologna, convinto dell' iftabilità delle cofe umane, e pentito di avere oltrepaffato i termini del facro fuo miniftero . Così ripullulò la difcordia come prima fra que' Po- poli ; anzi parve, che fi fcatenaffero le Furie per lacerar da lì innanzi tutta la Lombardia . Il credito de' Frati Predicatori e Minori era incredibile in quefti tempi per tutte le Città . In alcune aveano anche parte ne' governi . Però nell'Anno prefen- te defiderando i Frati Minori di metter fine alle diffenfioni ver- tenti fra i Nobili e Popolari di Piacenza [a], così efficacemen- te fi maneggiarono, che le parti fecero compromeffo di tutte le lor differenze in Fra Leone dell' Ordine loro . Quefti diede da lì a poco il Laudo, affegnando la metà de gli onori della Repubblica a gli uni, e l' altra metà a gli altri, e col bacio della pace ordinò, che fi confermaffe la fentenza fua . Anche in Modena [b] per le prediche del buon Servo di Dio Fra Ghe- rardo dell' Ordine de' Minori fi fecero moltiffime paci fra il Popolo della Città . Ma febbri sì maligne non fi fradicavano pun- to con quefti innocenti rimedj. Pochiffimo durò la calma in Pia- cenza, ed alteratifi di nuovo gli animi, la Nobiltà fi ritirò al- le fue Caftella, con che fi riaccefe la guerra . Predicando nell' Ottobre di queft'Anno Frate Orlando da Cremona dell'Ordine de' Predicatori nella Piazza d' effa Città di Piacenza, ecco una truppa d'Eretici dar di piglio a' faffi e fpade con ferire mor- talmente effo Predicatore, e un Monaco di S. Savino . Furono prefi coftoro, ed inviati a Roma . Anche in Milano [c] quel Podeftà Oldrado da Lodi cominciò a far bruciare gli Eretici . Ne refta tuttavia la memoria in marmo nella Piazza del Bro- letto, o fia de' Mercatanti, leggendofi fotto l' effige fua fra l'altre parole ancor quefte :

CATHAROS, UT DEBUIT, UXIT.

Andò anche a Parma [d] il fuddetto Fra Gherardo da Mode- na uomo di fanta vita, ed affaiffima gente induffe alla pace, con emendare eziandio gli Statuti della Città, e far affolvere tutti gli fbanditi . Colà in oltre comparve Fra Corneto dell' Ordine de' Predicatori, che colla fua pia eloquenza fi tirava

Tomo VII.   Ee   die-

Era Volg·
Anno 1233.

[a] Chronic. Placentin. Tom. XVI. Rer. Italic.

[b] Annal. Veter. Mu- tinenf. Tom. XI. Rer. Italic.

[c] Gualva- neus Flam- ma Manip. Flor. Coris Iftor. di Milano.

[d] Chronic. Parmenf. Tom. IX. Rer. Italic.

Era Volg.
Ann.1233.

(a) Guiche-
non Hift. de
la Maifon
de Savoye
Tom. I.
(b) Alberic.
Monachus
Trium Fon
sium in Chr.

(c) Antichi-
tà Eftenf.
P. I. c. 40.

dietro tutto il Popolo ; e tanto i Nobili , che i Plebei , uomini e donne per divozione portavano terra a fin d'empiere una Borra, o fia luogo baffo, dove fi fermavano l' acque , preffo alla Chiefa de' Predicatori. Tutto ciò ferva a far conofcere i coftumi di quefti tempi. Il Guichenone *(a)* mette la morte di *Tommafo Conte* di Savoia, Principe di gran fenno e valore nel dì 20. di Gennaio di queft' Anno . Io truovo nella Cronica di Alberico Monaco (*b*), ch'egli mancò di vita nell'Anno precedente, benchè egli ne torni poi a parlare all' Anno 1234. Succedette a lui *Amedeo IV.* fuo primogenito. Ho io in oltre creduto , che effo Guichenon prendeffe abbaglio nel favellare della prima Moglie di *Azzo VII.* Marchefe d'Efte, la quale fenza dubbio Figliuola fu d'effo Conte Tommafo , e Madre della beata *Beatrice I.* d' Efte (*c*). Ebbe quefto Principe quindici Figliuoli, nove, mafchi, e fei femmine . L' una d' effe fu Conteffa di Provenza, e Madre di Leonora Regina d'Inghilterra. Tra i Figliuoli Amedeo fu Vefcovo di Morienna; Guglielmo eletto Vefcovo di Valenza ; Bonifazio eletto Vefcovo di Bellai , e pofcia Arcivefcovo di Canturberì ; e Filippo eletto Arcivefcovo di Lione . Tommafo colle nozze di Giovanna Conteffa di Fiandra acquiftò quel Principato, ma ne reftò di poi fpogliato . I Principi carichi di molti Figliuoli, aveano allora gran cura d' incamminarli per la via Ecclefiaftica, acciocchè veniffero provveduti di nobili e lucrofe dignità in quefta milizia.

Anno di CRISTO MCCXXXIV. Indizione VII.
　di GREGORIO IX. Papa 8.
　di FEDERIGO II. Imperadore 15.

(d) Cardin.
de Aragon.
in Vita Gre-
gorii IX.
P. I. T. III.
Rer. Italic.

(e) Raynal-
dus in An-
nal. Ecclef.

NON poche veffazioni ebbe in queft'Anno Papa *Gregorio* dal Senato e Popolo Romano. (*d*) Tutto dì andavano quefti cercando d'ampliare la loro autorità in pregiudizio di quella del fommo Pontefice , con occupare i di lui diritti temporali, e ftendere la mano anche a gli fpirituali, imponendo aggravj a gli Ecclefiaftici , e traendoli al loro foro . Fu aftretto di nuovo il Pontefice a ritirarfi da Roma a Rieti (*e*) : perlocchè maggiormente faliti in orgoglio i Romani fpedirono nella parte della Tofcana fuddita del Papa, e nella Sabina alcuni Nobili per farfi giurare fedeltà da que' Popoli, ed efigerne i tributi. Tutti quefti fcon-

cer-

certi ebbero verifimilmente origine dall' implacabil loro odio contra di Viterbo , che pafsò contra dello fteffo Papa , perchè il vedevano contrario a i lor difegni di foggiogare e diftruggere quella Città . Diedefi pertanto il Pontefice a procacciar que' mezzi ,
che convenivano per reprimere gl' irriverenti e ribelli Romani .
Scriffe Lettere per tutta la Criftianità a Principi e Vefcovi , per
ottener foccorfo di gente e di danaro ; e cominciò a raunar quante milizie egli poteva . Informato di quefti movimenti *Federigo*
Imperadore , (*a*) venne in Puglia , e all' improvvifo nel Mefe di (a) *Richar-*
Maggio comparve a Rieti a vifitar Papa Gregorio , e ad offerirfi *dus de S.*
pronto al fervigio e alla difefa fua ; e gli prefentò anche il fuo *in Chronic.*
fecondogenito *Corrado* , che feco avea condotto . Gradì il Pontefice l'efibizione , e concertò con lui le operazioni da farfi . L'Autore della Vita d'effo Papa tratta da finzioni tutti quefti paffi di
Federigo . Io non entro a giudicar del cuore de' Principi , tuttochè
affai perfuafo , che doppio foffe quel di Federigo . Solamente so ,
ch' egli col Cardinal *Rinieri* pafsò a Viterbo , per animar quel
Popolo ; e che pofcia per configlio del medefimo Cardinale intraprefe l' affedio di Respampano , Caftello ben guernito di gente e
di viveri da i Romani , che fece una gagliarda difefa . Vi ftette
fotto per lo fpazio di due mefi , e veggendo , che non v'era apparenza di poterlo nè efpugnare , nè condur colle buone alla refa ,
nel Settembre fe ne tornò in Puglia . Tutto ciò fu attribuito a
tradimento , e ad intelligenza co i Romani , i quali udita ch' ebbero la ritirata di Federigo , andarono a rinforzar di viveri quella Terra . Intanto Papa Gregorio , che era paffato a Perugia ,
avea fcritte Lettere alle Città della Lega di Lombardia , affinchè
non fi formalizzaffero , nè s'ingelofiffero della fua amicizia con
Federigo , perchè così portava il bifogno de' proprj affari fenza
pregiudizio de i loro . Anzi le efortò a non impedir la calata di
truppe Tedefche , le quali doveano venire in aiuto fuo , configli-
ando ancora d'inviar Deputati , per trattar di concordia coll'
Imperadore . Avvenne dipoi , che i Romani portati dal loro mal
talento ufcirono , per andare fecondo il lor coftume a dare il guafto al territorio di Viterbo . Erano reftati al fervigio del Papa
molti Tedefchi dati dall' Imperadore , amatori dell' Ecclefiaftica
libertà , e ben difpofti alla difefa di quella Città . Godifredo Mo- (b) *Godefr.*
naco (*b*) fcrive , che l'Imperadore *milites in Civitate Viterbio col-* *Monachus*
locavit : cofa che non fu offervata dal Rinaldi . Lo fteffo vien con- (c) *Matth.*
fermato da Matteo Paris (*c*) , il qual poi magnifica di troppo la *Paris Hift.*
fe- *Anglic.*

ERA Volg.
ANN. 1234. feguente battaglia e vittoria. Coftoro, gente brava, avendo incoraggito il Popolo di Viterbo, arditamente ufcirono contra de'baldanzofi Romani, e diedero loro una buona lezione con is-configgerli, ucciderne, e farne molti prigioni. Nè quì. fi fermò il corfo della vittoria. Paffarono anche nella Sabina, e riduffe-ro di nuovo quelle Terre all'ubbidienza del fommo Pontefice. E pure niun merito di ciò ebbe Federigo, e fi continuò a grida-re contra di lui. Mentre dimorava in Rieti effo Papa Gregorio, [a]
[a]Raynau-dus Annal.
Ecclef.
Chronicon
Bononienf.
canonizzò San Domenico, Iftitutore dell'Ordine de' Predicatori nel dì 3. di Luglio del prefente Anno. Stando pofcia in Perugia, con Lettere circolari infiammò i Principi e le Città della Cri-ftianità al foccorfo di Terra fanta, dove andava fempre più peg-giorando lo ftato de'Criftiani per le difcordie di loro fteffi. Ne aveva dianzi trattato ancora coll'Imperador Federigo, il quale moftrò prontezza a quell'imprefa.

MA inforfero poi nuovi nuvoli, che annientarono tutte le buo-ne difpofizioni; [b] imperocchè incominciò ad averfi in Italia
[b] Richar-dus de S.
Germano
in Chronic.
fentore, che il Re Arrigo, Figliuolo dell'Augufto Federigo II. di-morante in Germania, macchinava ribellione contra del padre. Godifredo Monaco chiaramente lafciò fcritto fotto queft'Anno,
[c] Godofr.
Monachus
inChronico.
che [c] Rex Heinricus Bobardiæ conventum quorumdam Principum habuit, ubi a quibusdam nefariis confilium accepit, ut fe oppone-ret Imperatori patri fuo: quod & fecit. Nam ex tunc cœpit foli-citare quoscumque potuit minis, prece, & pretia, ut fibi affifte-rent contra Patrem, & multos invenit. Fra quelli, che entraro-no in quefta congiura, non fi può mettere in dubbio, che non vi foffero i Milanefi colle Città confederate contra di effo Fede-rigo, ficcome tentati da effo Re Arrigo; fe pure da effi Milane-fi non venne la prima fcintilla di quefto fuoco. Certo dovette-ro contribuire ad avviluppare l'incauto giovane colle lor pro-meffe di farlo Re d'Italia; laonde egli tirò innanzi la tela, che andò poi a ftrafcinarlo nell'ultimo precipizio. Da gli Annali di
[d] Annales
Mediolan.
Tom. XVI.
Rer. Italic.
Milano [d], il cui Autore moftrò di averne veduto il Documen-to, abbiamo, che in queft'Anno Manfredi Conte di Corte Nuo-va, Podeftà di Milano con due Giudici, a nome del Comune, juraverunt fidelitatem Henrico Regi Romanorum Filio Friderici Roglerii Imperatoris. Et tunc facta eft Liga fortis inter ipfum Henricum & Mediolanenfes, ad petitionem Papæ contra Impera-torem Patrem fuum. Et promiferunt ei dare Mediolanenfes Co-ronam Ferream in Mediolano, quam Patri fuo dare numquam
volue-

voluerunt . Anche Galvano Fiamma [*a*] facendo menzione di
quefto fatto all'Anno 1231. cioè fuor di fito, fcrive, che *Hen-*
ricus Rex Alamanniæ cum Mediolanenfibus compofuit ad petitio-
nem Domini Papæ. L'Autore Anonimo della Vita di Papa Gregorio IX. con tante efagerazioni della perfidia di Federigo contra del Pontefice , porgerebbe anch'egli motivo di fofpettare ,
che effo Gregorio aveffe tenuta mano a quefto trattato. Ma l'in-
degnità del fatto, e la faviezza dello fteffo Pontefice, abbaftanza ci poffono perfuadere la falfità di tal diceria. Oltre di che fe
menomo indizio di ciò aveffe trovato l'Imperadore: che doglianze, che fchiamazzi non avrebbe fatto ? egli che sì fpeffo pro-
rompeva in querele contra de'Papi. In fine, ficcome diremo ,
il medefimo Papa aiutò Federigo a fmorzar quefto incendio. Il
Monaco Padovano [*b*] anch'egli con errore di Cronologia, rac-
contando all'Anno 1231. che i Milanefi fecero lega col fuddetto Re Arrigo contra di fuo Padre, foggiugne (e quefto è più da
credere) che lo fconfigliato giovane tramò contra del Padre ,
ideo quia videbatur, quod Imperator plus eo puerum Conradum di-
ligeret & foveret. Abbiamo da i fuddetti Storici Milanefi [*c*],
che avendo l'Imperadore inviati in queft'Anno a Cremona un
Lionfante, ed alcuni Camelli, e Dromedarj in fegno del fuo a-
more: faputofi ciò da i Milanefi, Piacentini, e Brefciani, ufcirono coll'efercito e co i lor Carrocci in campagna fino a Zenevolta. Ivi attaccata battaglia co i Cremonefi , li fecero dare alle gambe. Secondo gli Annali di Modena [*d*], quefto fatto d'
armi fu grande, perchè in aiuto de' Cremonefi fi trovarono i
Parmigiani, Reggiani, Pavefi, e Modenefi. La Cronica di Parma [*e*] ci afficura, che fi combattè con gran vigore, ma fenza vittoria d'alcuna delle parti; e che nello fteffo dì dopo il Vefpro fi fece una tregua fra loro. Prefero anche i Milanefi nel
Mefe di Luglio i condottieri mandati dall'Imperadore con quelle beftie ; ma le beftie fcamparono, e felicemente giunfero a
Cremona. Fecefi anche in Milano una fcelta de'più bravi Giovani, con appellar quella la Compagnia de'Forti, o fia de'
Gaiardi, che s'impegnò alla difefa del Carroccio. Capo ne fu
Arrigo da Monza, fopranominato Mettefuoco, uomo di forza
fmifurata ed eccellente in armi, il quale dicono, che fu Podeftà in varie Città, e Senatore di Roma.

ERANSI collegati i Popolari di Piacenza [*f*] co i Popolari
Cremonefi contra de'loro Nobili fuorufciti. Nel dì dell'Epifania
il Mar-

Marginal notes:

Era Volg.
Ann. 1234.
[a] Gualva-
neus Flam-
ma Manip.
Flor. c. 264.

[b] Monach.
Patavinus
in Chron.

[c] Annal.
Mediolan.
Tom. XVI.
Rer. Italic.

[d] Annales
Veter. Mu-
tinenf.
Tom. XI.
Rer. Italic.
[e] Chron.
Parmenfe
Tom. IX.
Rer. Italic.

[f] Chronic.
Placentin.
Tom. XVI.
Rer. Italic.

Era Volg
Ann. 1234.
il Marchefe Pelavicino con cento Cavalieri di Cremona e molti baleftrieri, unito col Popolo Piacentino, fconfiffe i Nobili fuddetti, che congiunti con quei di Borgo di Val di Taro, di Caftello Arquato, e di Fiorenzuola vennero a battaglia nel luogo di Gravago. Reftarono prigionieri quarantacinque uomini d'armi, e circa ottanta fanti. Pofcia nel Mefe di Giugno il Popolo Piacentino affiftito dal Cremonefe fi portò all'affedio del Caftello di Rivalgario, ma fenza potervi mettere il piede. Nell'Ottobre feguente fi amicarono di nuovo i Nobili Piacentini co i Popolari, e ritornarono in Città a goder la metà de gli onori del Pubblico. La Cronica Veronefe di Parifio [a] nota, che nel dì 24. di Maggio i Brefciani e Mantovani co i lor Carrocci vennero contra de' Veronefi, e diedero alle fiamme Lebeto, Ronco, Opearo, Bovo, la Villa della Palude, l'Ifola Porcaria, Bodolono, e la maggior parte di Cereta. Nel dì primo di Giugno fe ne tornarono trionfalmente per sì belle imprefe a cafa. Eccelino in quel Mefe ufcito coll'efercito di Verona, s'impadronì del Caftello d'Albaredo; e volendo andare a Cologna, trovato per iftrada *Azzo VII.* Marchefe d'Efte, che gli veniva incontro co' fuoi bene in armi, giudicò meglio di tornarfene a Verona. Tornato pofcia in campagna riprefe alcune Caftella; ma altre ne tolfe a' Veronefi Ricciardo Conte di S. Bonifacio unito co' Mantovani. Secondo gli Annali di Modena [b] in queft' Anno i Capitani, o fia Cattanei del Frignano, lafciatifi guadagnare dal danaro, e ribellatifi al Comune di Modena, fi diedero a quel di Bologna [c]. Ed ancorchè tregua ci foffe fra quefte due Città, ftabilita per ordine del Papa, che dovea durare qualche anno ancora, i Bolognefi iniquamente la ruppero, e venuti coll'efercito e col Carroccio a S. Cefario del Modenefe, diedero quella Terra alle fiamme. Ceuta poffeduta da' Mori, fu nell'Anno prefente affediata da i Crocefignati Spagnuoli; e perciocchè i Genovefi mercatanti [d] tenevano in quella Città molto avere, fi vide quefta deformità, che armate dieci delle maggiori e migliori lor navi, furono in foccorfo de gl'Infedeli. Il verno di queft'Anno fu de' più orridi e rigidi, che mai fi provaffero. Alcune Croniche ne parlano all'Anno precedente; l'altre, alle quali io m'attengo col Sigonio, al prefente. Da Cremona fino a Venezia gelò sì forte il Po, che vi camminavano fopra con ficurezza gli uomini e le carra. Pel freddo morirono varie perfone; fi feccarono le viti, gli ulivi, e le noci; venne appreffo

[a] Paris
Chronic.
Veronenf.
Tom. VIII.
Rer. Italic.

[b] Annales
Veteres Mutinenf.
Tom. XI.
Rer. Italic.
[c] Chron.
Bononienf.
T. XVIII.
Rer. Italic.

[d] Caffari
Annal. Genuenf. l. 6.
Tom. VI.
Rer. Italic.

la

la mortalità de'buoi, e d'altri utili animali con varj altri malanni. In vece d'imparare da tanti flagelli, divennero più fieri nelle lor discordie i Popoli, e più ostinati nelle loro iniquità. Otto- ne da Mandello Milanese, persona di gran credito in tutta Lombardia per la sua prudenza e sperienza nell'armi, fu Podestà di Padova [a]. E perciocchè i Trivisani con Alberico da Romano infestavano forte i Signori di Camino, Cittadini e Collegati di Padova, dopo avere il sudetto Podestà adoperate in vano preghiere e minaccie colla spedizione d'Ambasciatori, uscì con tutte le forze de'Padovani contra d'essi. Diede il guasto alle campagne di Trivigi, e delle Terre de'Fratelli da Romano, con arrivar fino a Bassano, a Mussolento, a S. Zenone, a Romano, e con impadronirsi della Terra di Mestre, ma non già del Castello. Si quietò così fiero temporale per l'interposizione de gli Ambasciatori di Venezia, e di varie persone Religiose., di maniera che tutti se ne tornarono alle lor case, lasciando piagnere chi avea patito danno.

Era Volg. Ann.1234.

[a] Roland. lib. 3.6.8.

Anno di CRISTO MCCXXXV. Indizione VIII.
di GREGORIO IX. Papa 9.
di FEDERIGO II. Imperadore 16.

PER provvedere alla ribellione del *Re Arrigo* suo Figliuolo, imprese l'Imperador *Federigo* in quest'Anno il viaggio di Germania insieme col suo secondogenito *Corrado*. [b] Dopo Pasqua si mosse di Puglia coll'accompagnamento di tre Arcivescovi, e d'altri Nobili, ch'egli poi giunto a Fano licenziò e lasciò ritornare alle lor contrade. Seco portava Lettere del sommo Pontefice [c], esortatrici della fedeltà a lui dovuta, indirizzate a i Vescovi e Principi della Germania. A riserva delle sue guardie niuna soldatesca condusse egli seco; ben sapendo, che a chi ha danaro, non manca gente, e che l'oro è il più potente strumento per superar tutte le difficultà. A questo fine egli andò ben provveduto di tesoro ne'suoi bauli. Nel Mese di Maggio imbarcatosi a Rimini passò ad Aquileia, e di là continuò il cammino fino in Germania, dove senza opposizione alcuna arrivò, e fu accolto con tutto onore da i Principi e Popoli. Allora il giovane Re Arrigo al vedere, che niuno alzava un dito in suo favore, prese la risoluzione di andar a gittarsi a'piedi del

[b] Richardus de S. Germano in Chronic. Godefridus Monachus in Chron.

[c] Vita Gregor. IX. P.I.Tom.3. Rer. Italic.

pa-

Era Volg.
Ann.1235.
(a) Trithe-
mius Chr.
Hirsang.
padre, e chiedergli misericordia. Tritemio, Autore assai lontano da questi tempi, scrive (*a*), che si presentò a lui nel dì 2.
di Luglio in Vormazia, e che Federigo al mirarlo, ardente di
sdegno comandò tosto, che fosse cacciato in prigione, nè bastarono le preghiere di quanti erano astanti ad ammollire l'implacabil suo cuore. Per lo contrario da Godifredo Monaco di S.

(b)Godefr.
Monachus
in Chronic.
Alberic.
Monachus
inChronic.
Pantaleone, Storico contemporaneo, abbiamo (*b*), che Arrigo,
benchè convinto della congiura suddetta, pure *in gratiam Pa-*
tris recipitur. Sed non persolvens, quæ promiserat, nec resignans
Castrum Drivels, quod habuit in sua potestate, jussu Patris est
custodiæ mancipatus. Ch'egli ancora fosse rimesso in grazia del
Padre, lo attestano le Lettere di Papa *Gregorio IX.* riferite dal

(c)Raynau-
dus in An-
nal. Ecclef.
Rinaldi (*c*). Alcuni poscia per questo accusarono di crudeltà
Federigo; ed altri credettero, ch'egli non si potesse esentare
dall'assicurarsi di un Figliuolo, sì feroce anche dopo un così nero delitto, e che dava indizj di voler essere un secondo Assalon-
ne. Era vedovo l'Imperador Federigo. Conchiuse in questi tempi con dispensa Pontificia il Matrimonio con *Isabella* Sorella di
Arrigo Re d'Inghilterra. In Vormazia con gran solennità furo-

(d)Godefr.
Monachus
in Chron.
no celebrate le Nozze. Nota il suddetto Godifredo Monaco (*d*)
una particolarità degna di osservazione. Cioè che *Imperator sua-*
det Principibus, ne Hiftrionibus dona solito more prodigaliter ef-
fundant, judicans maximam dementiam, si quis bona sua Mimis
vel Hiftrionibus fatue largiatur. Ho io trattato altrove di que-

(e) Antiqu.
Ital.Differ-
tat. 29.
sta ridicolosa usanza de'Secoli barbari (*e*). Non si faceano Nozze, o altre Feste grandiose di Principi tanto in Italia, che in Germania, e probabilmente anche in altri paesi, che non vi con-
corressero le centinaia di Buffoni, Giocolieri, Comedianti, Can-
tambanchi, ed altri simili inventori di Giuochi e divertimenti
della Corte e del Pubblico. I regali, che lor si faceano non
solamente dal Principe autor della festa, ma da gli altri ancora, che v'intervenivano, o di vesti, o di danaro, o d'altre
cose di valore, erano immensi. Gli esempli presso gli Scrittori sono frequenti. E durò quest'uso, od abuso anche nel Secolo
susseguente 1300. Federigo fece conoscere in tal congiuntura il
saggio suo discernimento col non volere scialacquar donativi in
gente sì fatta, siccome appunto avea praticato anche l'Imperadore *Arrigo II.* nell'Anno 1043. allorchè solennizzò le sue

(f) Otto
Frifingenfis
Chr. lib. 6.
cap. 32.
Nozze con *Agnese* Figliuola di *Guglielmo* Principe del Poitù.
Tenne poscia Federigo (*f*) una gran Dieta in Magonza, dove espe-
se i

se i reati del Figliuolo, per giuſtificar la propria condotta, e insieme per farlo conoſcere indegno della Corona. Crebbe intanto il ſuo odio e ſdegno contra de' Milaneſi e de gli altri Lombardi, che ſempre più andava egli ſcoprendo uniti e riſoluti di difendere la lor Libertà contra il di lui mal animo. Ora il Pontefice, che ben prevedeva, in qual fiera guerra aveſſe a terminar queſta diſcordia, nell'Anno preſente ancora ſi affaticò per eſtinguerla, ſe era poſſibile; e tanto più, perchè ne veniva fraſtornato il ſoccorſo di Terra ſanta. Scriſſe a i Lombardi, affinchè ſpediſſero i lor Deputati a Perugia. Scriſſe a tutti i Prelati, che ſi trovavano alla Corte in Germania, incaricandoli d'interporre i loro ufizj per indurre Federigo a far compromeſſo di quelle differenze nel Papa, Padre comune. Ne fu contento Federigo, ma preſcriſſe un corto tempo al Laudo, cioè ſino al proſſimo Natale del Signore.

SOTTO il preſente Anno tanto Rolandino (a), che il Monacò Padovano (b) parlano delle Nozze di *Andrea II.* Re d'Ungheria con *Beatrice* Figliuola del defunto *Aldrovandino* Marcheſe d'Eſte; e ſcrivono, che eſſa con grandioſo accompagnamento di Nobili della Marca Triviſana, e di *Guidotto Veſcovo* di Mantova, fu inviata dal Marcheſe *Azzo VII.* ſuo Zio paterno in Ungheria. Ma lo Strumento dotale da me dato alla luce (c), ce la fa conoſcere già pervenuta nel Maggio dell'Anno precedente ad Alba Reale. Andrea già avanzato in età, ſecondo i conti d'Alberico Monaco, e d'altri, finì di vivere nell'Anno preſente, con laſciar gravida la Moglie. Allora fu, che *Bela* Figliuolo d'eſſo Re d'una precedente Moglie, il quale di mal occhio avea veduto ammogliato di nuovo il Padre, sfogò l'odio ſuo contro la Regina matrigna, e la tenne come in prigione, paſcendola del pane di dolore. Beatrice, donna di gran coraggio, e d'animo virile, capitati per buona ventura alla Corte d'Ungheria gli Ambaſciatori dell'Imperador Federigo, ſe l'inteſe con loro; e traveſtita da uomo ebbe la fortuna di ſalvarſi, e di tornare in Italia alla caſa paterna (d). Partorì ella, non ſo ſe in Germania, o pure in Italia un Figliuolo appellato *Stefano.* Queſti poi in età competente preſe per Moglie una Nipote di Pietro Traverſara, potente Signore in Ravenna, che gli portò l'ampia eredità di quella nobil Caſa; e paſſato poi per la morte d'eſſa alle ſeconde nozze con Tommaſina de' Moroſini Nobile Veneta, n'ebbe un Figliuolo, appellato *Andrea III.* il quale fu poi Re d'Ungheria. Era in queſti tempi anche la Ro-

ma-

(a) *Monac.*
Patavinus
Chronic.
(b) *Roland.*
lib.3.cap.9.

(c) *Antich.*
Eſtenſi P. I.
cap. 41.

(d) *Riso-*
baldus in
Pomario
Tom. IX.
Rer. Italic.

(a) Rubeus
Hiftor. Ra-
venn. l. 6.
(b) Annales
Cæfen.
Tom. XIV.
Rer. Italic.

magna tutta foffopra per la guerra, che l'una all'altra fi facevano quelle Città. Girolamo Roffi (a) ne parla all'Anno precedente. Nel prefente abbiamo da effo Storico, e dagli Annali di Cefena (b), che i Popoli di Ravenna, Forlì, Bertinoro, e Forlimpopoli, oftilmente vennero a dare il guafto al diftretto di Cefena. Come fe coftoro fe ne fteffero a mietere il grano nelle proprie
campagne, niuna guardia faceano. Ma eccoti il Popolo di Cefena, che armato e ben in ordine arriva loro addoffo, ne fa molta
ftrage, e prende il fiore della nemica milizia, che fu condotto
nelle carceri di Cefena. Anche i Faentini coll'aiuto di due quar-

(c) Matth.
de Griffoni-
bus Memor.
Hiftor.
T. XVIII.
Rer. Italic.
(d) Chronic.
Bononienf
T. XVIII.
Rer. Italic.

tieri di Bologna (c) fecero una fcorreria nel territorio di Forlì,
con arrivar fino alle porte di Forlimpopoli, lafciando quivi, e
pofcia nel Ravegnano funefti fegni della lor nemicizia. Del pari
i Bolognefi (d) continuarono la guerra co' Modenefi. Aveano già
corrotti con danaro i Capitani del Frignano, i quali ribellatifi a
Modena fottomifero al dominio loro ventitrè Caftella di quelle
montagne. Con grandi forze ancora in queft'Anno entrarono nelle pianure di Modena con giugnere fino al fiume Secchia, e recar que' danni, che erano allora in ufo, e poi fe ne tornarono in-

(e) Annales
Veter. Mu-
tinenf.
Tom. XI.
Rer. Italic.
(f) Chronic.
Parmenfe
Tom. IX.
Rer. Italic.
(g) Memo-
riale Potteft.
Regienf.
Tom. VIII.
Rer. Italic.

dietro. Siccome accennammo di fopra, penfando i Modenefi (e)
d'inondar le campagne de' Bolognefi, fecero a Savignano un taglio del fiume Scultenna, o fia Panaro, e ne rovefciarono l'acque
addoffo al loro diftretto; ma il Cronifta di Parma (f) fcrive, che
quefta invenzione tornò piuttofto in utile d'effi Bolognefi. Nè
lieve dovette effere quell'imprefa, perchè per atteftato della Cronica di Reggio (g), iverunt Parmenfes & Cremonenfes, Placentini, & Pontremolenfes in fervitio Mutinæ ad cavandum Scul-
tennam fuper Bononiam. Affediarono anche i Modenefi il Caftello di Monzone, uno di quelli, che loro s'era ribellato nel Frignano, e vi prefero dentro fei Capitani ribelli.

(h) Gualva-
neus Flam.
in Manip.
Flor. c. 268.
(i) Malve-
cius Chron.
Brixian.
Tom. XIV.
Rer. Italic.

PER quanto fcrive Galvano Fiamma (h), i Cremonefi appreffo Rivaruolo prefero ducento cavalieri Brefciani nel Mefe di Maggio; ma riufcì poi a i Brefciani di farne prigionieri trecento altri
de' Cremonefi. Jacopo Malvezzi (i), probabilmente defcriven-
do quefti avvenimenti, folamente ci fa fapere, fecondo il rito
de gli Storici parziali alla fua patria, che i Brefciani avendo raggiunti i Cremonefi al Ponte d'Alfiano, diedero loro una memora-

(k) Chron.
Placentin.
Tom. XVI.
Rer. Italic.

bil rotta con uccifione d'innumerabili, e con far prigionieri ottanta cavalieri, e cinquecento fanti. Tornò in queft'Anno il Popolo di Piacenza (k) a cozzare co i Nobili di tal maniera, ch'effi

furo-

furono forzati ad abbandonar la Città. Ad essi Nobili ancora fu ERA Volg.
Ann.1235.
da i Popolari tolta la Terra di Fiorenzuola. Erano infievoliti
forte i Sanesi (*a*), nè poteano tener forte contra la potenza de' (a) *Ricor-*
Fiorentini: il perchè dimandarono pace, e vi frappose anche i *dan. Mala-*
suoi autorevoli ufizj per commessione del Papa il Vescovo di Pa- *spina c. 122.*
lestrina. Si conchiuse l'accordo, con restar obbligati i Sanesi (*b*) (b) *Annal.*
à rifar le mura di Montepulciano, e furono restituiti i prigioni. *Senenses*
Studiossi parimente il Pontefice Gregorio di ridurre la concordia *Tom. XV.*
nella Città di Verona. (*c*) Per questo inviò colà *Niccolò Vescovo* *Rer. Italic.*
di Reggio, e *Tisone Vescovo* di Trivigi, di cui non truovo men- (c) *Paris*
zione presso l'Ughelli. Corrispofero amendue all'espettazione *Veronens.*
del santo Padre, coll'indurre nel dì 18. d'Aprile le due fazioni *Tom. VIII.*
contrarie, cioè la Guelfa del Conte Ricciardo da S. Bonifazio, *Rer. Italic.*
e la Ghibellina de' Montecchi, a darsi il bacio di pace, (*d*) e a (d) *Gerard.*
giurare di star a i comandamenti del Papa, a nome del quale *Maurisius*
misero ivi il Podestà. Non piaceva un tale stato di cose ad Ec- *Tom. VIII.*
celino da Romano, e però con Lettere e messi (*e*) andò solle- (e) *Roland.*
citando l'Imperador Federigo a calare in Italia con potente eser- *lib. 3. c. 9.*
cito, promettendogli dal suo canto di gran cose. Fu eziandio
creduto, ch'egli in persona si portasse alla Città d'Augusta ad
aggiugnere sproni a chi già correva. Fu in quest'Anno crudelmente ucciso nel Monistero di Santo Andrea in un dì delle Ro-
gazioni *Guidotto* da Correggio, Vescovo di Mantova, dalla Fami- (f) *Monach.*
glia de gli Avvocati (*f*). Levossi per questo a rumore tutto il *Patavinus*
Popolo di Mantova, distrusse le lor case e torri, e gli obbligò *in Chron.*
ad uscire di Città. Si ridussero costoro a Verona ad Eccelino,
rifugio di tutti gli scellerati.

Anno di Cristo MCCXXXVI. Indizione IX. di Gregorio IX. Papa 10. di Federigo II. Imperadore 17.

NULLA potè conchiudere Papa Gregorio del progettato
accomodamento delle controversie vertenti fra l'Imperador *Federigo* e le Città di Lombardia, a cagion della strettezza
del tempo a lui prefisso da esso Augusto. Però si diede principio
in quest'Anno alle tragiche guerre e rivoluzioni, che per tanto
tempo dappoi afflissero questo sconvolto Regno. Qual fosse allora il sistema d'Italia, conviene ora avvertirlo. Non negavano
già

già le Città confederate di riconoscere anch'esse la superiorità ed autorità dell'Imperadore; ma paventavano di molto un Imperador tale, quale fu Federigo II. Gelosissime della lor Libertà, e ricordevoli di quanto avesse operato Federigo Primo, per abbatterla e sradicarla, non sapeano indursi a credere di poter conservarla sotto Federigo Secondo, Principe, la cui mente era grande, ma maggiore l'ambizione, e che avea ereditato i Vizj dell' Avolo, ma non già le Virtù. Sapeano, come egli scorticava i suoi sudditi di Sicilia e di Puglia; che il perdonar di cuore a chi l'avea offeso, era cosa straniera nell'animo suo; ch' egli prendeva le leggi del mantener la fede e parola, non mai dall'onesto, ma solamente dall'utile, o dalla necessità. Però, se gli concedevano poco, temevano, ch'egli vorrebbe poi tutto. Erano anche assai persuasi, che sì interessato e pieno d'ambiziosi e smisurati pensieri, come era, altra mira non avesse, che di ridurre l'Italia tutta sotto un obbrobrioso giogo, e di mutar la Lombardia in una nuova Puglia. Di qui venne, che le Città più forti, come Milano, Brescia, Mantova, Piacenza, Bologna, Padova, ed altre minori, determinarono più tosto di avventurar tutto, che di sottomettersi a chi dall' essere di Principe troppo facilmente passava a quel di Tiranno. Non mancavano altre Città, che teneano per l'Imperadore, come Cremona, Bergamo, Parma, Reggio, Modena, ed altre. Il principal motivo di questo attaccamento era il bisogno e la speranza dell' aiuto di lui per mantenersi in Libertà, da che le più forti Città vicine tutto dì si studiavano di assorbire i lor territorj, e di assuggettarle ancora, se veniva lor fatto, al loro dominio. Che non faceano i Bolognesi contra di Modena; i Piacentini contra di Parma; i Milanesi e Bresciani contra di Cremona? Pavia umiliata dal Popolo di Milano stava allora col capo chino, mostrandosi ubbidiente ed unita co i Milanesi, che le aveano date tante percosse; ma non sì tosto cessò la paura del flagello, che cavatasi la maschera, tornò anch' essa ad abbracciare il partito di Cesare. Erano in egual pericolo, e forse in peggiore stato, gli affari del sommo Pontefice. Se riusciva a Federigo di mettere il piede sul collo de' Lombardi, e di soggiogar tutta l'Italia: che scampo restava a quella sacra Corte contra di un Principe, il quale già avea fomentato le usurpazioni del Senato e Popolo Romano in pregiudizio della legittima ed inveterata autorità e sovranità de' Papi? Potevasi fondatamente temere, ch'egli ridurrebbe il Papa

a pora portare il Piviale di bambagina, stante la disordinata sua voglia di signoreggiare; e vie più perch'egli era in concetto di fina politica, simulatore, e dissimulator mirabile, e quel che è peggio, di poca, se non anche di niuna Religione: del che, se è vero, sarà Iddio Giudice un giorno. Allorchè Papa *Alessandro III.* tanta costanza mostrò contra di *Federigo Primo*, a lui non mancava un forte appoggio alle spalle, cioè il Re di Sicilia e Puglia della schiatta de' Normanni. Ora che Federigo Secondo possedeva ancora quegli Stati, se cadeva a terra l'opposizion de' Lombardi, restava il Romano Pontefice Gregorio IX. tra le forbici, ed esposto alla discrezione, o sia indiscrezione d'un Imperadore, che avrebbe potuto tutto ciò che avesse voluto. Il perchè Papa Gregorio riguardava come suo grande interesse la Lega di Lombardia, ben conoscendo ch'essa sola potea tenere in briglia un Augusto, di cui non permettea la prudenza, che alcun si fidasse.

ALL'incontro Federigo II. odiava a morte questa Lega, benchè solennemente permessa ed approvata dall'Avolo suo Federigo I. considerandola come ingiuriosa a' suoi sovrani diritti, e trattava da ribelli i Lombardi, declamando dapertutto, esigere il suo decoro, ch'egli passasse a domarli. E perciocchè il Papa spinto dal suo zelo paterno, spediva in tutte le Città, siccome abbiam veduto, i Frati Predicatori, e Minori a predicar la pace e la concordia, tutto interpretava fatto in danno suo, stante il praticarsi di far giurare i Popoli di ubbidire a quanto avese loro comandato il Papa. E maggiormente si risentì egli per quello, che avvenne in Piacenza nell'Anno presente. (a) Non mancava in quella Città il suo partito a Federigo, sostenuto spezialmente dalla Nobiltà, di cui capo era Guglielmo de Andito [oggidì quella nobil Famiglia è chiamata de' Landi] con Oberto Pelavicino [oggidì Pallavicino] Marchese. Ma era tutta sfasciata quella Città per l'antica discordia di que' Popolari con essi Nobili, la maggior parte de' quali fuoruscita facea guerra dalle sue Castella alla Città. Trattossi in quest'Anno di accordar queste fazioni, e da amendue fu fatto compromesso in *Jacopo da Pecorara* Cardinale della Chiesa Romana, con esserne dipoi seguita un'amichevol unione, ed aver egli dato per Podestà a tutti Rinieri Zeno Nobile Veneziano. *Exinde Placentini*, dice la Cronica, *Imperatori fuerunt rebelles. Et ipse Potestas fecit destrui domos dicti Domini Guilielmi de Andito, & bannivit eum, & Do-*

(a)*Chronic.
Piacentin.
Tom. XVI.
Rer. Italic.*

Era Volg.
Ann. 1236.

& Dominum Obertum Pelavicinum, & certos de Populo, quia tenebant cum Imperatore contra Ecclesiam . Lagnossi forte di quest' operato dal Legato Pontificio l'Imperador Federigo con Papa Gregorio, quasi che anch' egli si desse a divedere congiurato co i Lombardi contra di lui. Ciò che gli rispondesse in tal proposito il Papa, si può leggere ne gli Annali Ecclesiastici del Rinaldi (a). La conchiusione si è, che ogni dì più andavano crescendo le diffidenze del Papa e di Federigo, ed ognun lavorava di Politica. Arrivò il Pontefice a comandargli (b), che non movesse l'armi contra de' Lombardi, perchè non era peranche spirata la tregua accordata per la spedizione di Terra santa : il che fece maggiormente credere a Federigo, che fra il Pontefice e i Lombardi vi fossero de' forti legami contra di lui; e perciò senza badare ad altro determinò la sua venuta in Italia con una competente Armata di Tedeschi. Lasciò ordine (c) al Re di Boemia, e al Duca di Baviera di far guerra a *Federigo Duca* d'Austria, incolpato di varj delitti; ed essi il servirono bene. Aveva egli già spedito innanzi cinquecento cavalli e cento balestrieri, con ordine di aspettarlo a Verona, Città, che l'accorto Eccelino da Romano avea già ridotta all'ubbidienza sua con iscacciarne il Conte Ricciardo da S. Bonifazio, e i suoi aderenti (d). Giunsero costoro nel dì 16. di Maggio, e presero la guardia di Verona a nome dell' Imperadore, il quale nel precedente Gennaio aveva anche mandato in Italia il Figliuolo *Arrigo* ne' ceppi (e), con una buona scorta sotto il comando del Marchese Lancia. Questo infelice Principe condotto in Puglia, e confinato nella Rocca di S. Felice, e trasportato poscia a quella di Martorano, quivi nell'Anno 1442. come s'ha da Riccardo da S. Germano, e non già nel presente, come scrisse il Monaco Padovano (f), terminò fra gli affanni della carcere i suoi giorni : del che mostrò Federigo pubblicamente un sommo dolore, non so severo o finto. Intanto il Conte Ricciardo suddetto scacciato da Verona, s'impossessò della forte Rocca di Garda colla morte del presidio ivi posto da Eccelino. Per lo contrario venne alle mani d'esso Eccelino l'importante Castello di Peschiera, e in oltre gli venne fatto di espugnar quello di Bagolio. Finalmente nel dì 16. d'Agosto arrivò l'Imperador Federigo a Verona con tre mila cavalli, accolto a braccia aperte e con tutta riverenza dal suo fedel partigiano Eccelino, e da i Ghibellini Montecchi Rettori della Città. Andò poscia coll'esercito a Vacaldo, e vi si fermò

ben

(a) Raymaundus Annal. Ecclesiast.
(b) Cardin. de Aragonia in Vit. Gregorii IX.

(c) Godefridus Monachus in Chronic.

(d) Annales Veronenses Tom. VIII. Rer. Italic.

(e) Richardus de S. German. in Chronic.

(f) Monachi Patavinus in Chronic.

ben quindici giorni , concertando intanto le imprese , che doveano farsi. (*a*) Passato poscia il Mincio, trovò i Cremonesi ,
Parmigiani, Reggiani, e Modenesi, che colle lor milizie vennero ad incontrarlo. Rinforzata che ebbe con tali aiuti la sua
Armata, cominciò a scaricare i primi colpi del suo furore contra il distretto di Mantova, mettendolo a ferro e a fuoco.
Prese Marcheria, e dopo il sacco la distrusse; ma poi conoscen-
dola sito importante pel passaggio del fiume Oglio, ordinò che
tosto si rifabbricasse, e la diede in guardia a i Cremonesi. S'
impadronì di Ponte Vico, e d'altri Luoghi, siccome ancora di
Mosio sul Bresciano, al qual territorio fece similmente quanto
danno potè. Anche il Popolo di Gonzaga di quà dal Pò si diede
a i Ministri d'esso Imperadore. Passò egli dipoi a Cremona per
consolar quella Città tanto a sè fedele, e vi si fermò per alquanti giorni.

SECONDO gli Annali di Milano (*b*), ebbe disegno di passare anche a Pavia, Città, che segretamente teneva per lui; ma
usciti in campagna i Milanesi gl'impedirono l'inoltrarsi. Certo
è, che vennero fino a Montechiaro con tutte le lor forze, e furono quasi sull'orlo di affrontarsi coll'esercito nemico di Federigo, ma in fine giudicarono meglio di star sulla difesa, che
di azzardarsi alle offese (*c*). Che Federigo venisse anche a Parma, s'ha da gli Annali vecchi di Modena. Era per quest'Anno stato eletto Podestà e Rettore di Vicenza *Azzo VII.* Marchese d'Este, il più appassionato di tutti per la parte Guelfa e
per la Lega di Lombardia (*d*). Mandò egli un bando, che
niuno osasse di nominar l'Imperadore; ed avendo esso Augusto
inviati a Vicenza i suoi Messi con Lettere, nè quelli nè queste
volle ricevere. Avea il Marchese, prima che calasse Federigo in
Italia, tentato col Conte di S. Bonifazio di scacciar da Verona
la parte di Eccelino; ma costui più accorto di lui, siccome già
accennai, prevenne il colpo, e spinse fuori di Verona il Conte
co'suoi parziali. Ciò saputosi in Padova, Vicenza, e Trivigi,
que' Popoli in armi diedero un terribil guasto alle Terre e Ville
di Eccelino. Ora mentre l'Imperadore dimorava in Cremona,
minacciando i Milanesi e Piacentini, non vollero star colle mani
alla cintola il Marchese d'Este, i Padovani, Trivisani, e Vicentini. Col maggior loro sforzo, nel dì 3. di Ottobre, che
Rolandino (*e*) osservò essere stato giorno Egiziaco, cioè di mal
augurio, si portarono all'assedio di Rivolta Castello de' Verone-

Era Volg.
ANNO 1236.
(*a*) Memo-
riale Potest.
Regiens.
Tom. VIII.
Rer. Italic.

Annales
Veteres Mu-
tinenses
Tom. XI.
Rer. Italic.

(*b*) Annales
Mediolan.
Tom. XVI.
Rer. Italic.

(*c*) Matth.
Paris Hist.
Angl.

(*d*) Gerard.
Maurisius
Histor.
Roland.
l. 3. c. 9.
Monachus
Patavinus
in Chronic.
Godius in
Chronic.

(*e*) Roland.
ubi supra.

ERA Volg.
ANN.1236.
(a) Annales
Veronenſ.
Tom. VIII.
Rer. Italic.

ſi, con fare nello ſteſſo tempo delle ſcorrerie nel diſtretto di Verona, e guaſtare il paeſe. (a) Eccelino uſcì in campagna con quella gente, che potè raunare, e per quindici dì ſi fermò nella Villa della Tomba dall'altra parte dell'Adige, oſſervando i nemici, che poco profitto faceano ſotto Rivalta, valoroſamente difeſa da quel preſidio. Tuttavia veggendo il pericolo del Caſtello, e creſcere il guaſto del Veroneſe, ſcriſſe all'Imperador caldamente dimandando ſoccorſo. Allora Federigo montato a cavallo moſſe la ſua cavalleria con una marcia sì ſforzata, che in un dì e in una notte arrivò da Cremona ſin vicino al Caſtello di S. Bonifazio. Dato ivi un po' di rinfreſco alla gente e a i cavalli, ſollecitamente continuò il ſuo viaggio. L'avviſo dell'improvviſa ed inaſpettata venuta dell'Imperadore miſe tale ſpavento ne gli aſſediatori di Rivalta, che ſe ne ritirarono in fretta, con laſciar ivi parte delle tende e dell'equipaggio, e le macchine da guerra. L'eſercito Imperiale venendo per la più corta, prima che arrivaſſe quel di Padova, giunſe alle porte di Vicenza. Non avendo voluto renderſi i Vicentini alla chiamata dell'Imperadore, con tal furore, e veriſimilmente coll'aiuto di qualche traditore, la ſua gente co' Veroneſi venne all'aſſalto; entrati per le mura, ed aperta una porta, diedero immantinente un orrido ſacco alla miſera Città, comm   perdo
nare a ſeſſo o grado, tutte quelle crudeltà   in ta-
li occaſioni ſi poſſon   e immagin   in Vicenza, gl'Imperiali nella notte avanti la feſta dell'
tutto, il dì ſeguente   dine
nell'infelice Città, a c

CONSIDERANDO
ſuoi intereſſi il perdere   di   a
pochi giorni perdonò a   o-
ro ſtabili, con ordinare   al

(b) Antonius Godius in Chronic.

'rà per *Porta Nuova*. Non ci volle di più, perchè Federigo da lì Era Volg.
Ann.1236. innanzi fi teneffe ben caro quefto grande Indovino. Pafsò poi co' fuoi Armati effo Augufto (*a*) ful Padovano, facendo grave danno (a) Roland.
lib. 3. c. 10. dovunque paffava; diftruffe la Terra di Carturio; ed arrivato ful Trevifano, fi fermò alquanti dì al Luogo di Fontanella, fperando che Trivigi fe gli rendeffe. Ma dentro v'era per Podeftà Pietro-Tiepolo Nobile Veneziano, perfonaggio molto favio, che tenne in concordia il Popolo, e maffimamente perchè i Padovani aveano inviati dugento cavalieri in aiuto di quella Città. Perciò defraudato delle fue fperanze Federigo, dopo aver licenziato Eccelino, e lafciato a lui e al Conte Gaboardo la maggior parte delle fue truppe, e la cuftodia di Verona e Vicenza, feguitò frettolofamente il fuo viaggio alla volta della Germania, o perchè dubitava, che vi fi tramaffe qualche congiura, di cui fempre incolpava il Papa, o pure unicamente per atterrare il Duca d'Auftria, contra di cui fumava di fdegno. Nella Vigilia del fanto Natale di queft' Anno (*b*) Ricciardo Conte di San Bonifazio, che s'era ritirato a Mantova, con quel Popolo fegretamente ito a Marcheria, ricuperò quella Terra, con uccidervi molti Cremonefi, che vi erano di guarnigione, e condurre il refto prigione a Mantova. I Padovani intanto, riflettendo all'incendio, che s'andava appreffando alla loro Città, tutto dì erano in Configlio, per cercarvi riparo, ma fenza nulla conchiudere. (*c*) Finalmente eleffero fedici de'maggiori della Città, con dar loro balìa per prendere quegli fpedienti, che fi credeffero più proprj. Fecero anche venire il Marchefe d'Efte, al quale, perchè veniva confiderato per la maggiore e più nobil perfona della Marca Trevifana, nel pieno Parlamento della Città diedero il Gonfalone, pregandolo di voler effere lo fcudo della Marca in quelle pericolofe contingenze. Secondo gli Annali di Milano (*d*), in queft' Anno i Pavefi, animati dalla venuta e dalle forze di Federigo Augufto, mettendofi fotto i piedi il giuramento di fedeltà preftato a i Milanefi, fi dichiararono aderenti all' Imperadore, nè folamente ricufarono di diftruggere il Ponte di Ticino, ma ufcirono ancora in armi contra de' Milanefi; i quali ben prefto li mifero in fuga. Galvano Fiamma e il Corio nulla dicono di quefto. Abbiamo anche da Riccardo da San Germano (*e*), che nell'Anno prefente Pietro Frangipane in Roma, foftenendo il partito dell' Imperadore contra del Papa, e contra del Senatore, commoffe ad una gran fedizione il Popolo di quella Città. E intanto moltiplicavano le querele del Pontefice

(b)Galvan.
Flamm.
in Manfcr.
Flor. c.269.
Memoriale
Poteftas.
Regienf.
Tom. VIII.
Rer. Italie.
(c) Roland.
lib. 3. c. 11.

(d) Annal.
Mediolan.
Tom. XVI.
Rer. Italic.

(e) Richar-
dus de S.
Germano
in Chron.

Era Volg.
Ann. 1236.
[a] Raynau-
dus Annal.
Ecclef.
[b] Anna-
les Cafen.
Tom. XIV.
Rer. Italic.
tefice e dell'Imperadore, lamentandofi l'uno dell'altro, come s'
ha da gli Annali Ecclefiaftici [a]. Andarono oftilmente in queft'
Anno i Faentini ad infeftare il territorio di Ravenna fin cinque
miglia preffo a quella Città. [b] Contra d'effi ufcirono i Ravennati con rinforzo di gente ricevuto da Rimini, Forlì, e Bertinoro, credendofi d'ingoiare i nemici; ma ne riportarono una buona
rotta, per cui reftò prigioniera la maggior parte de' Forliveſſ.

Anno di CRISTO MCCXXXVII. Indizione x.
di GREGORIO IX. Papa II.
di FEDERIGO II. Imperadore 18.

[c] Raynau-
dus in An-
nal. Ecclef.

[d] Richard.
de Sanéto
Germano
in Chron.

[e] Godefri-
dus Mona-
chus in Chr.

[f] Chronic.
Auguftan.
apud Fre-
herum.
[g] Pipinus
Chronic.
Tom. IX.
Rer. Italic.
[h] Roland.
lib. 3. c. 11.

GLI affanni di Papa *Gregorio* lievi non erano in quefti tempi
non tanto per li danni già inferiti alla Lombardia dall'Imperador Federigo, quanto per li maggiori, che fi conofcevano
imminenti, fe continuava la guerra. [c] Più che mai dunque feguitò a trattar di concordia, facendone iftanze a Federigo, e ordinando alle Città Collegate d'inviare a Mantova i loro Plenipotenziarj con ifperanza che l'Imperadore darebbe luogo a qualche
convenevole aggiuftamento. [d] Spedì effo Augufto nel Gennaio
del prefente Anno alla Corte Pontificia il gran Maftro dell'Ordine Teutonico, e Pietro delle Vigne, famofo fuo Cancelliere, e
in vece di moftrarfi inclinato ad accordo alcuno, raccomandava
al Papa di preftargli aiuto e favore per domare i Lombardi ribelli, e ricettatori degli Eretici. [e] Trovavafi allora Federigo in
gran fafto ed auge di fortuna, perchè avea quafi ridotto a gli e-
ftremi *Federigo Duca* d'Auftria [Principe per altro degno di perdere tutto] con avergli portate le chiavi i Cittadini della nobil
Città di Vienna. Gloriavafi pertanto di aver guadagnato all'Imperio uno Stato, che fruttava ogni anno feffanta mila Marche d'
argento, cioè l'Auftria e la Stiria: vanti nondimeno, che durarono ben poco, perchè tornato che fu l'Imperadore in Italia, il
Duca rialzò il capo, e giunfe nell'Anno feguente a ricuperar
tutto il perduto [f]. Nella fuddetta Città di Vienna fece Federigo eleggere in queft'Anno Re de' Romani *Corrado* fuo fecondogenito. L'Atto d'effa elezione ci è ftato confervato da Frate Francefco Pipino dell'Ordine de' Predicatori [g], da cui apparifce, che
non peranche a i foli fette Elettori era riferbato il diritto dell'E-
lezione. La Città di Padova [h] in quefti tempi, priva di configlio

glio e di coraggio, non sapeva a qual partito appigliarsi. I sedi- ERA Volg.
ci di Balìa creati da quel Configlio, si scoprì, che teneano segre- ANN. 1237.
te corrispondenze con Eccelino da Romano. Accortosene il Podestà, ordinò bene, che andassero a'confini a Venezia; ma eglino
senza passar colà, si ribellarono al Comune di Padova. Nel Febbraio venne a quella Città per nuovo Podestà Marino Badoero,
che inviò tosto dugento Cavalieri a Carturio, perchè corse voce,
che Eccelino e il Conte Gaboardo aveano mira sopra Monselice
[a]. Non fu falsa la nuova. Arrivò l'Armata Imperiale verso il [a]Gerardus
fine di Febbraio a Carturio, ed espugnato quel Luogo, mise ne' Maurisius
Hiftor.
ferri tutta quella guernigione (e v'erano ben cento nobili Pado- Tom. VIII.
vani) e poscia passata a Monselice ebbe a man salva quella no- Rer. Italic.
bil Terra. Allora fu, che Eccelino e il Conte Gaboardo fecero
venire a Monselice *Azzo VII.* Marchese d'Este, per sapere, s'e-
gli voleva essere amico o nemico dell'Imperadore. Veggendo il
Marchese, che niun capitale potea più farsi di Padova, dove
ogni dì più s'aumentava il disordine, rispose, che sarebbe a i servigi dell'Imperadore, purchè niuna angaria s'imponesse alla sua
gente, nè a'suoi Stati. Ciò fatto, gl'Imperiali conobbero d'avere oramai in pugno la Città di Padova. Nè andò fallita la loro
speranza. Trattarono co i loro corrispondenti Padovani, e in fine tra per la paura dell' armi Cesaree, e pel desiderio di riavere i loro prigioni, fu conchiuso in Padova di pacificamente ammettere gli Ufiziali dell'Imperadore. In fatti nel dì 25. di Febbraio Eccelino col Conte Gaboardo, e con un corpo di truppe
Imperiali fece l'entrata in Padova, e fu osservato, che quando
egli arrivò alla Porta, diede un bacio ad essa: il che dalla gente stolta fu interpretato in bene della Città. Ne fu preso il possesso a nome dell'Imperadore: il che inteso dal Comune di Trivigi, si suggettò anch'esso alle di lui arme vittoriose. Eccelino
intanto facea lo schivo in Padova, ma niuna determinazion del
Consiglio valeva, se non veniva da lui approvata. Ricusò ancora l'ufizio di Podestà, contentandosi di quel, che più importa-
va, cioè d'avere ottenuto da Federigo il Vicariato della Marca
di Trivigi, o sia di Verona. E per isbrigarsi anche dal Conte
Gaboardo, il consigliò di passare in Germania a ragguagliar l'
Imperadore di questi felici avvenimenti, fra'quali non è da tacere, che anche *Salinguerra* sottomise in questo o pure nel precedente Anno a'voleri dell'Imperadore la Città di Ferrara. [b] [b] Roland.
h 4. c. 3.
Nè stette molto Eccelino a dar principio alla sua memorabil ti-

ran-

Era Volg.
Ann.1237.
rannìa in Padova con richiedere oftaggi e mandar prigioni in Puglia ed altrove coloro, che gli erano fospetti, e ch' egli credeva amici del Marchefe d'Efte, trovando continuamente pretefti
per accufar effo Marchefe, come fprezzatore de gli ordini dell'
Imperadore. Poi circa il principio di Luglio coll' efercito de'
Padovani e Veronefi andò a mettere l' affedio al Caftello di S.
Bonifazio, dove fece un gran guafto di cafe co i mangani e co
i trabuchi; ma fenza poter far di più, perchè dentro v' era Leonifio Figliuolo del Conte Ricciardo, a cui, benchè di tenera età,
non mancò il coraggio per una gagliarda difefa. Intanto i Lombardi s' erano impadroniti del Caftello di Pefchiera.

PASSATA la metà d' Agofto arrivò di nuovo in Italia l' Imperador Federigo, e fece incontanente dismettere l' affedio di S.

[a] Annales
Veronenfes
Tom. VIII.
Rer. Italic.
Memor.
Poteftat.
Regienf.
To. eodem.
[b] Roland.
lib. 4. c. 4.
Bonifazio; [a] per attendere a maggiori imprefe, e fpezialmen-
te perchè cominciò ad intavolarfi un trattato del fuddetto Con-
te Ricciardo e de' Mantovani con effo Augufto. Verfo il fine d'
Agofto egli pafsò il fiume Mincio [b], e fi accampò coll' efer-
cito a Goito, avendo feco i Padovani, Veronefi, e Vicentini,
due mila cavalli Tedefchi, e molti Trentini. Quivi fi fermò al-
quanti giorni, per unire gli altri foccorfi, ch' egli afpettava.
Fece venir di Puglia fette mila Saraceni arcieri. Riccardo da S.

[c] Richar-
dus de S.
Germano
in Chronic.
[d] Annales
Veronenfes
Tom. VIII.
Rer. Italic.
Chronic.
Placentin.
Tom. IX.
Rer. Italic.
Germano [c] ne conta dieci mila. I Reggiani e Modenefi colle lor forze accorfero colà. Lo fteffo fecero i Cremonefi e Parmigiani co i lor Carrocci [d]. Stando Federigo in quell' accampamento, a' fuoi piedi fi prefentarono gli Ambafciatori di Mantova, che fi offerirono a i di lui fervigi col Conte Ricciardo da
S. Bonifazio. Gli accolfe egli con volto allegro, perdonò loro le
paffate ingiurie ed offefe, e confermò con fuo Diploma i Privilegj e le confuetudini della loro Città. Anche il Marchefe Azzo Eftenfe comparve colà, e fu ben ricevuto da Federigo. Vi
fi portarono i Cardinali Legati del Papa per avere udienza da lui

[e] Richar-
dus de S.
Germano
in Chronic.
Cardin.
de Aragon.
in Vita Gre-
gorii IX.
P. I. T. III.
Rer. Italic.
[e]. Infuperbito Federigo per l' acquifto di Mantova, nè pur volle
afcoltarli, di modo che fe ne tornarono affai fcontenti di lui a
Roma. Moffa dipoi la poderofa Armata, entrò nel territorio
di Brefcia, con dare il facco e il guafto dapertutto, e nel dì
7. di Ottobre intraprefe l' affedio della forte e ricca Terra di
Montechiaro. L' aveano i Brefciani eletta per loro antemurale;
e però pofto ivi un groffo e valorofo prefidio, che fi difefe,
finchè potè, ma finalmente nel dì 22. del fuddetto Mefe fece
iftanza di capitolare. Reftò prigioniera tutta la guarnigione,

fu

e' fu inviata a Cremona ; ma con grave biafimo di Federigo , perciocchè per atteftato di Rolandino [a], e di Jacopo Malvezzi [b], avea loro promefsa la libertà, fe rendevano la Terra, e' non ofservò loro la fede. Andò tutto l'infelice Luogo a ruba, ed apprefso fu confegnato alle fiamme . Nel dì 2. di Novembre vennero in potere di Federigo [c] le Caftella di Gambara, Gotolengo, Prà Alboino , e Pavone ; di quefte ancora fu fatto un falò. Pafsò dipoi Federigo coll'Imperiale Armata al Caftello di Pontevico con difegno di portarfi di là dal Fiume Oglio, ma ritrovò l'efercito Milanefe [d], rinforzato da gli Alefsandrini, Vercellini, e Novarefi, accampato nell'oppofta riva , e rifoluto di contraftargli il pafsaggio. In quefto mentre i Bologhefi [e], prevalendofi della lontananza de' Modenefi, che erano iti all'ofte dell'Imperadore, occuparono Caftel Leone, o fia Caftiglione , fabbricato da effi Modenefi in faccia a Caftelfranco, e' talmente lo diftrufsero, che appena oggidì ne rimane veftigio. Nelle prigioni di Bologna furono condotti tutti i foldati, che quivi fi trovarono. Prefero anche il Ponte di Navicello, e' fecero fcorrerie per varie Ville del Modenefe. Per molti giorni ftettero le due Armate nemiche dell'Imperadore e de' Milanefi, feparate dal Fiume Oglio, l'una l'altra guardandofi [f]. Ma o fia che per le pioggie , e per gli difagi della ftagione i Milanefi fofsero forzati a decampare ; o pure che preftafsero fede ad una voce fatta fpargere da Federigo , cioè che tornafse indietro l'efercito Cefareo , e veramente alcuni de gli aufiliarj erano ftati licenziati dal campo: certo è, ch'effi Milanefi fi mifero in viaggio, per tornarfene a cafa . A quefto avvifo Federigo ebbe maniera di paffare il Fiume colle fue milizie, e raggiunfe nel dì 27. di Novembre a Corte Nuova l'efercito nemico, che con poca difciplina facea viaggio; nè fi afpettava d'avere da combattere. [g] I primi ad affalire l'ofte Milanefe furono i Saraceni, ma ne reftarono aflaiffimi di effi eftinti ful campo. Entrato in battaglia il nerbo dell'efercito Cefareo, ne feguì un afpriffimo combattimento con grande ftrage dell'una e dell'altra parte. Finalmente piegò e prefe la fuga il Popolo di Milano ; allora fu che molte migliaia d'effi rimafero prigioni.

VI reftò nondimeno da fuperare il corpo di battaglia , che era alla guardia del Carroccio Milanefe , tutta gioventù forte ed animofa, che per quanto sforzo facefsero gl'Imperiali, tenne

fal-

ERA Volg.
ANN. 1237.
[a] Roland.
l. 4. cap. 4.
[b] Malvecius Chron.
Brixian.
cap. 125.
Tom. XIV.
Rer. Italic.
[c] Memor.
Poteftat.
Regienf.
Tom. VIII.
Rer. Italic.
[d] Caffari
Annal. Genuenf. l. 6.
Tom. VI.
Rer. Italic.
[e] Chron.
Bononienf.
T. XVIII.
Rer. Italic.

[f] Annales
Mediolan.
Tom. XVI.
Rer. Italic.
Gualvaneus Flamma Manip.
Flor.
Godefridus
Monachus
in Chron.

[g] Matth.
Paris Hift.
Anglic.

ERA Volg.
ANN.1237.
(a) Memor.
Potestat.
Regiens.
saldo il suo posto, e rispinse sempre i nemici, finchè arrivò la notte, che fece fine alla battaglia. Gran gloria era, come ho già detto di sopra, il prendere il Carroccio a i nemici. (a) Lo stesso Federigo conduceva anch'egli il suo, ma sul dorso d'un Elefante col Gonfalone in mezzo con quattro bandiere ne gli angoli ed alcuni Saraceni e Cristiani ben armati in esso. Da che non era riuscito a Federigo di conquistar quel Carro trionfale de' Milanesi, ansioso pur di questa gran lode, lasciò bensì riposar nel tempo della notte la gente sua, ma senza che si spogliassero dell'armadura, per essere pronti la seguente mane ad assalir di nuovo gli ostinati difensori del Carroccio. Trovò poi fatto giorno, che i Milanesi s'erano ritirati, lasciando il Carroccio spogliato e sfasciato fra la massa dell'altre Carrette, giacchè le strade fangose non aveano permesso loro di condurlo in salvo.

(b) Matth.
Paris.
Richardus de S.
Germano
in Chronic.
Federigo, Principe sommamente vanaglorioso, sparse per tutta Italia, ed Oltramonti questa sua insigne vittoria (b), in cui secondo i suoi conti, facili in tali casi ad essere alterati, e certamente diversi da quei de gli Storici di Milano, e di Cesena, rimasero circa dieci mila Milanesi tra morti e prigioni. Fra questi ultimi si contarono moltissimi Nobili di Milano, Alessandria, Novara, e Vercelli; e spezialmente Pietro Tiepolo, Figliuolo del Doge di Venezia, che era allora Podestà di Milano. Questi poi con altri Nobili condotto in Puglia, fu per ordine di Federigo fatto barbaramente e pubblicamente impiccare sulla riva del

(c) Annal.
Veronenses
Tom. VIII.
Rer. Italic.
mare: (c) la quale onta ed iniquità irritò sì fattamente il Popolo di Venezia, che in fine si dichiarò apertamente contra di lui. In oltre perchè passava ottima intelligenza tra Federigo e il Popolo Romano, il quale anche nel suddetto Mese di Novembre gli avea spediti de gli Ambasciatori, mandò esso Imperadore finò a Roma lo sguarnito Carroccio preso a i Milanesi coll'

(d) Ricobaldi. in Pomar. T.IX.
Rer. Italic.
Iscrizione in versi rapportata da Ricobaldo (d), e da altri, acciocchè questo gran trofeo fosse collocato nel più augusto luogo dell'Italia, cioè nel Campidoglio. E a dì nostri s'è trovata anche memoria di questo in Roma, siccome ho io dimostrato al-

(e) Antiqu.
Italicarum
Dissert. 26.
(f) Godefr.
Monachus
in Chron.
(g) Richardus de S.
Germano
in Chronic.
trove (e). Passò dipoi il vittorioso Federigo a Cremona, e di là a Lodi, Città, che venne alla sua divozione, ed ivi celebrò il santo Natale. Godifredo Monaco (f) scrive, che la solennizzò in Pavia. Varie furono in quest'Anno le vicende di Papa Gregorio IX. (g) Duravano le differenze d'esso Pontefice col Senato Romano. Creato Senatore Giovanni da Poli nel Me-

se di Maggio, insorse una sedizione contra di lui, che maggior-mente si riaccese nel seguente Luglio, talmente che fu deposto esso Giovanni, e sustituito in suo luogo Giovanni di Cencio: per la qual cagione si venne all'armi, e ne seguì molto sangue. Po-scia nell'Ottobre essendo prevaluta la fazione Pontificia contro l'Imperiale in Roma, Papa Gregorio fu dopo lungo tempo di lontananza richiamato. Con grande onore si trovò accolto da i Romani, ma siccome nulla v'era di stabile in tempi sì scon-certati, quando egli si credette in porto, si trovò siccome pri-ma in tempesta; perchè non tardò quel Senato a fargli prova-re di nuovi disgusti, massimamente col tenere aperta corrispon-denza coll'Imperadore. (a) S'aggiunse, che il Popolo di Viter-bo, dianzi sostenuto e colmato di favori dal Papa, da che il vi-de amicato co'Romani, cominciò a voltargli le spalle, e ad oc-cupare i diritti della Chiesa. Nè volendo cedere alle ammonizioni, in fine obbligò il Pontefice a fulminar contra di loro le sacre cen-sure. Erano antiche le ragioni della Chiesa Romana sopra la Sardegna. In quest'Anno ancora i Giudici, o vogliam dire i Regoli di Gallura, di Turri, e d'Arborea, cioè di tre parti di quell'Isola, prestarono il giuramento di fedeltà al Legato di Papa Gregorio IX. il che è da avvertire per quello, che poscia succedette. Gli Atti di questo affare si leggono nelle mie An-tichità Italiane.

ERA Volg.
ANN.1237.

(a)Raynaldus Annal. Ecclef.

Anno di CRISTO MCCXXXVIII. Indiz. XI.
di GREGORIO IX. Papa 12.
di FEDERIGO II. Imperadore 19.

O PER la festa del Natale dell'Anno precedente, o nel Gen-naio presente Federigo Imperadore fu in Pavia. Servì la vicinanza sua ad indurre il Popolo di Vercelli a sottomettersi al di lui dominio. (b) Trovossi egli in essa Città di Vercelli nel dì 11. di Febbraio. Venne anche alla divozione di lui tutto il paese da Pavia fino a Susa, e cominciò a pagargli tributo. Da tanta prosperità di Federigo mossi i Milanesi, che oramai restavano co i soli Bresciani, Piacentini, e Bolognesi, esposti all'ira di lui, (c) gli spedirono Ambasciatori per essere rimessi in sua grazia, offerendo fedeltà e danaro, e facendo altre esibizioni, quali si giudicarono più grate a lui. Trovaronlo inesorabile; li voleva a discre-

(b) Annal. Mediolan. Tom. XVI. Rer. Italic.

(c) Matth. Paris Hist. Angl. Monach. Patavinus in Chron.

ERA Volg
ANN.1238.
difcrezione, nè volle intendere di condizione alcuna, pieno folo d'aftio e di vendetta, e dimentico affatto della Clemenza, una delle Virtù più luminofe de' Principi faggi. Vedremo bene, che Dio feppe abbaffare e confondere quell' orgogliofo Principe, nè lafciò impunita cotanta fua fuperbia. Il Popolo di Milano, udite sì crude rifpofte, ben conofcendo di che foffe capace l'animo barbarico di un tale Augufto, allora determinò di morir piuttofto colla fpada alla mano, che di metterfi nelle forze, cioè nelle prigioni, e fotto le mannaie di quefto da lor chiamato Tiranno. In oltre per attefato di Matteo Paris, cagione fu quefto fuo fiero contegno, che molti Popoli cominciarono a guardarlo di mal occhio, e a fofpirar la fua rovina. Fece dipoi Federigo (a) nella Primavera una fcappata in Germania, per trarre di là in Italia un buon rinforzo di foldatefche, & ordinò al *Re Corrado* fuo Figliuolo di condurle in perfona di qua da' monti. Tornoffene dipoi a Verona nel Mefe d'Aprile. Ebbe egli, ficcome Principe libidinofo e poco timorofo di Dio, in ufo di tener fempre alla maniera Turchefca più concubine, fenza curar punto la fede maritale, e però non mancavano a lui baftardi e baftarde. Una di quefte appellata Selvaggia (b) comparve nel prefente Anno nel dì 22. di Maggio a Verona con bella comitiva. Per maggiormente affodare nel fuo fervigio Eccelino da Romano, sì zelante e profittevol Miniftro fuo, glie la diede in Moglie nel dì della Pentecofte, ed egli ne celebrò con gran pompa le nozze. Ebbe ancora Federigo fra gli altri baftardi fuoi Figliuoli uno, a sè molto caro, che portava il nome d'*Arrigo*, ma che è già conofciuto nella Storia con quello d'*Enzio*. Gli cercò egli in quell'Anno buona fortuna con proccurargli in Moglie *Adelafia*; o fia *Adelaide*; erede in Sardegna de i due Giudicati, o vogliam dire Principati di Torri, e Gallura (c). Forfe la Sardegna venne per tali nozze a poco a poco tutta in potere di lui. Fuor di dubbio è, ch'egli ne fu creato Re dal padre, il quale unì quel Regno all'Imperio con graviffimi richiami nondimeno della Corte Romana, che lo pretendeva fuo, foftenendo Federigo in contrario, ch'era d'antico diritto del Romano Imperio, ed allegando l'obbligo fuo di ricuperare il perduto. Non ceffava egli intanto di ammaffar gente per l'accefa voglia di foggiogar Milano e Brefcia. Molti ne fece venir di Puglia. Il Re Corrado fuo Figliuolo nel Mefe di Luglio (d) arrivò a Verona con molti Principi e un fiorito efercito di Tedefchi. Fino il Re d'Inghilterra fuo Cognato gl'inviò (e) cento uomini a

(a)*Richard. de S. Germ. in Chronic.*

(b)*Annales Veronenfes Tom. VIII. Rer. Italic.*

(c)*Raynaudus in Annal. Ecclef.*

(d) *Richardus de S. Germano in Chronic.*
(e) *Matth. Paris Hift. Angl.*

caval-

cavallo, tutti ben montati e guerniti, e quel che è più, colla giunta di una gran somma di danaro in dono. I Reggiani (a) vi spedirono ducento cavalieri, e mille fanti. I Cremonesi con tutte le lor forze, i Bergamaschi, i Pavesi, ed altri Popoli concorsero ad ingrossar la Cesarea Armata. Era già egli passato a Goito nel dì 28. di Giugno, per quivi far la massa di tutta la gente. (b) Determinò poscia col consiglio d'Eccelino, giacchè gli restavano due ossi duri, cioè Milano, e Brescia, di sbrigarsi da quello, che era creduto più facile, cioè da Brescia, per la cui caduta veniva poi Milano a restar bloccato da tutte le parti. E perciò mosse l'esercito alla volta di Brescia, saccheggiando e ardendo dovunque arrivava; e nel dì 3. d'Agosto strinse d'assedio quella Città.

FRA i Popoli d'Italia portarono sempre mai i Bresciani il vanto d'essere uomini di gran valore, e costanza; e questa volta ancora ne diedero un illustre saggio. Trattavasi dell'ultimo eccidio della lor Patria e di se stessi; però dopo aver dianzi ben provveduta la Città del bisognevole, senza far caso di oste sì sterminata, si accinsero animosamente alla difesa, risoluti, se così avesse portato il caso, di vendere almen caro le loro vite. Fece Federigo mettere in esercizio contra della Città tutte le macchine allora usate per espugnar Fortezze, cioè Torri di legno, Mangani, Manganelle, Trabucchi, ed altre spezie di Petriere. Ma di queste ancora non penuriavano i Bresciani. Per buona ventura aveano essi colto un Ingegnere Spagnuolo, uomo di gran perizia in fabbricar macchine da guerra, che veniva di Alemagna al ser
, ed intimatagli
ttà,
tro-
nch'
ma-

ni di
o i pro-
od am-
di Reg-
ci assicu-
anzi per
rendere la pariglia all'Imperadore, anch'essi attaccavano pe' piedi

Era Volg.
Ann.1238.

(a) Memoriale Potest. Regienf. Tom. VIII. Rer. Italic.

(b) Malvecius Chron. Brixian. Tom. XIV. Rer. Italic.

(c) Memoriale Potest. Regienf. Tom. VIII. Rer. Italic.

ERA Volg.
ANN.1238. di i prigioni Cesarei fuori del Palancato, esponendogli a i colpi delle macchine Tedesche. Nè lasciavano i coraggiosi Bresciani di fare di quando in quando delle sortite con grave danno del campo Imperiale. Massimamente nella notte del dì 9. d'Ottobre allorchè men se l'aspettavano i Tedeschi, s'inoltrarono tanto, ferendo ed uccidendo, che lo stesso Imperadore corse pericolo di restar preso. Durò questo assedio due Mesi e sei giorni. Scorgendo finalmente Federigo, ch'egli gittava il tempo e le fatiche, dopo aver dato il fuoco a tutte le sue macchine, si ritirò coll'Armata a Cremona: avvenimento, che quanto fu di gloria al Popolo Bresciano, altrettanto riuscì di vergogna all'Imperadore, il cui credito cominciò a calare per questo. Secondo le Croniche di Milano (a), si fecero nel presente Anno i Milanesi rendere conto da i Pavesi della fede rotta con darsi all'Imperadore. Uscirono con grandi forze addosso al loro territorio, guastando e bruciando, di maniera che il Comune di Pavia implorò misericordia, e tornò a giurar fedeltà a quel di Milano. Non ci resta alcuna Storia antica di Pavia, che possa assicurarci di questo fatto. Nè ciò s'accorda con quello, che fra poco dirò. Rivolsero poscia i Milanesi i loro sdegni e l'armi contro al distretto di Bergamo, dove diedero un terribil guasto. Non lasciarono di recar quel soccorso, che poterono a Brescia. Anche i Piacentini (b) inviarono mille de' lor cavalieri in aiuto de' Milanesi; e nel distretto di Lodi presero il Castello d'Orio, che appresso fu distrutto. Quivi succedette una battaglia, svantaggiosa ad esso Popolo di Piacenza. Forse è quella, che viene accennata da Alberico Monaco (c), con dire, che Guglielmo eletto Vescovo di Valenza e poi di Liegi, trovandosi di presidio in Cremona per parte dell'Imperadore, co' suoi Borgognoni, diede una sconfitta a i Piacentini, con ucciderne molti, e farne prigioni più di mille. In questo medesimo Anno, se pur non fu nel seguente, i Pavesi colle lor milizie, e con quelle di Vercelli, Novara, Tortona, ed Asti, e col Marchese Lancia, vennero per terra ed acqua al Ponte Nuovo, fabbricato da' Piacentini, per distruggerlo: nel qual tempo anche i Cremonesi co' Bergamaschi si portarono a Lodi a fine, credo io, d'impedire il passo a i Milanesi. Per quanto sforzo facessero que' Collegati contra d'esso Ponte, avendo anche spinto barche incendiarie alla volta d'esso, a nulla servì, perciocchè i Piacentini con altre barche presero que' brulotti, e ne schivarono il danno:

(a) Annales Mediolan. Tom. XVI. Rer. Italic. Gualvaneus Flamma Manip. Flor.

(b) Chronic. Placentin. Tom. XIV. Rer. Italic.

(c) Alberic. Monachus in Chronico.

fic-

ficchè colle mani vote se ne tornarono i lor nemici a casa. Eran- Era Volg?
si già accorti i Padovani (a), che il Lupo era venuto alla guar- Ann.1238.
dìa delle pecore. Eccelino ogni dì facea delle novità, impri- (a) Roland.
lib. 4. c. 5.
gionando or questo, or quello, e principalmente gli amici di Cbronicon
Veronense
Azzo VII. Marchese d'Este. Perciò tutti i buoni cominciarono Tom. VIII.
a spronar lo stesso Marchese, che volesse torre di mano ad Ec- Rer. Italic.
celino quella Città, promettendo di dargli l'entrata per la Porta delle Torreselle. Al Marchese non fu discaro l'avviso, trovandosi anch'egli maltrattato ne' suoi Stati da Eccelino.

FATTO dunque segretamente il preparamento convenevol di
gente tanto de' suoi sudditi, quanto de' fuorusciti Padovani, e de
gli altri suoi amici, nel dì 13. di Luglio [Rolandino, forse
persuaso di queste inezie, avverte che era giorno Egiziaco]
all'improvviso arrivò al Prato della Valle ne' Borghi di Padova, credendo che gli sarebbe secondo il concerto aperta la Porta. Gran rumore tosto si alzò nella Città alla di lui comparsa,
tutte le Porte furono chiuse, ed Eccelino comandò, che tutto il
Popolo fosse in armi. Intanto le milizie Estensi faceano ogni
sforzo per atterrar la Porta delle Torreselle; ma più possa mostravano que' di dentro a difenderla. Avvisato il Marchese da alcuni, che occultamente uscirono di Città, qualmente fallita la
speranza di corrispondenti nella Città, meglio era il retrocedere, e che in essa Città si dava campana a martello contra di
lui, non volle muoversi, e seguitò ad animar la gente all'assalto. Intanto Eccelino co' suoi Tedeschi, e col Popolo armato venne fuori della Città ad assalire i nemici. Non vi fu bisogno di
menar le mani. La gente del Marchese, senza poterla ritene-
te, diede tosto alle gambe. Beato chi le avea migliori. Altro
partito allora non seppe prendere il Marchese, che di racco-
mandarsi al suo cavallo, il quale bravamente il cavò fuori di
pericolo. Molti vi restarono presi, e fra gli altri Jacopo da Carrara, uno de' principali fuorusciti di Padova. Se volle liberarsi, gli convenne cedere il suo Castello di Carrara al Comune di
Padova, o sia ad Eccelino, e riacquistò la sua grazia. Imparò
da questa mala condotta, oppure disgrazia, il Marchese d'Este
ad andare più cauto in avvenire. Ma Eccelino tornato trionfalmente in Padova, ebbe il contento di udire da lì innanzi la
gente, chi per timore, chi per adulazione, trattar lui col nome di *Signore*. Per vendicarsi poi del Marchese, raunò l'esercito, volendo procedere contra la nobil Terra d'Este. Avvertito

Hh 2   ne

EraVolg.
AnnA238.
ne da gli amici, esso Marchese si ritirò alla sua Terra di Rovigo, lasciando tutto in pianti il Popolo d'Este. Venne poi Eccelino nel dì 22. di Luglio. Se gli arrendè pacificamente la Terra senza che ne patissero gli abitanti. Da lì ad alquanti giorni
anche la Rocca o sia il Castello capitolò, e quivi pose Eccelino
in guarnigione un corpo di Saraceni e di Padovani. Colla speranza di avere a sì buon mercato anche Montagnana, Terra del
Marchese, di non minor popolazione, che quella di alcune Città, passò colà coll'Armata, e vi chiamò anche la milizia di Verona, in cui più confidava che in altri. Virilmente si difesero
quegli abitanti, e gli bruciarono anche di bel mezzo giorno il
Bilfredo, cioè una Torre di Legno fatta fabbricare da lui. Sotto v'era egli stesso in quel punto; ma non avvertito scampò. Gli
convenne dunque levar l'assedio, e natogli sospetto, che Jacopo da Carrara e l'Avvocato di Padova avessero tenuta intelligenza
co'nemici, ordinò loro di presentarsi al Podestà di Padova: il che
allegramente risposero amendue di fare. Ma da che si videro in libertà, fuggirono ad Anguillara, che tuttavia teneva la parte del
Marchese, ed era di Jacopino Pappafava, Figliuolo di Albertino
da Carrara, cioè d'un Fratello d'esso Jacopo. Nel Mese poi d'
Agosto il Marchese Azzo tornato ad Este ricuperò quella Terra,
ma non già il Castello. Ed Eccelino scrisse contra di lui all'Imperadore, esortandolo a menar le sue forze addosso a questo Prin-
(a)Roland.
l. 4. c. 7. cipe suo gran nemico, con aggiugnere (a): *Feriendus est Ser-
pens in capite, ut corpus facilius devincatur*. La risposta di Federigo, data nel dì 21. di Dicembre dell'Anno presente, vien
riferita da Rolandino. In essa egli si maraviglia, come avendo il
Marchese Azzo [da noi chiamato il Sesto] a' suoi tempi tanto
operato in aiuto suo, di maniera che si potè nominar suo Balio
ed Aio, ora il di lui Figliuolo *Azzo* degeneri sì sconciamente
dalle azioni del Padre, con promettere poi ad Eccelino la sua venuta in quelle parti verso il fine del Gennaio seguente. Ribel-
(b)Caffari
Annal Ge-
nuens. l. 6.
Tom. VI.
Rar. Italic.
laronsi in quest'Anno a i Genòvesi (b) i Popoli di Savona, Albenga, Porto Maurizio, e Ventimiglia; e però convenne far
guerra contra di loro. Comparvero a Genova due Ambasciatori
dell'Imperador Federigo, che fecero istanza del giuramento di
fedeltà. La risposta de'Genòvesi fu; che invierebbono alla Corte
d'esso Augusto i loro Ambasciatori, siccome fecero in effetto, dappoichè videro ritornata Ventimiglia in loro potere. Prestato che
questi ebbero il giuramento di fedeltà a Federigo, sene tornarono a
casa.

càfa. Quand' ecco fopragiunfero a Genova due altri Ambafciato- Era Volg.
Amm.1238.
ri del medefimo Augufto, che prefentarono Lettere contenenti, co-
me l'Imperadore chiedeva giuramento di *Fedeltà* e di *Dominio*.
Furono effe lette in un pieno Parlamento del Popolo, in cui gran
rumore fu fatto all'udir quella parola *Dominio*. Il Podeftà, che
era Paolo da Sorefina Nobile Milanefe prefe il tempo, e fpiegò
con bella defcrizione gli afpri trattamenti [e diceva ben la verità] che faceva Federigo de' fuoi fudditi in Sicilia e Puglia, e de
gli altri Luoghi, dov' egli comandava. Di più non occorfe. Gli
Ambafciatori furono mandati in pace, e i Genovefi intavolarono
tofto un trattato con Papa *Gregorio IX.* e co i Veneziani contra
dell'Imperadore, che fu fenza gran fatica conchiufo nella Corte
Pontificia. Allora il Pontefice prefe fotto la fua protezione Venezia e Genova. Faenza fu occupata nel dì 3. di Luglio in queft'
Anno da Acarifio. (*a*). A lui dopo un Mefe fu ritolta da Paolo (a) Chron.
Cafen.
Tom. XIV.
Rer. Italic.
Traverfara potente Ravennate. Ma venuta l'Armata de' Bolo-
gnefi cacciò lui fuori con iftrage non lieve de' fuoi, e difefe anche la medefima Città contro gli sforzi del Conte Aghinolfo di
Modigliana, con farlo prigione, e mettere in fuga quei del fuo
partito. Ciò accadde nell'Anno feguente fecondo altre Croniche.
Scrive il Sigonio (*b*), avere Federigo Imperadore nello fteffo (b) Sigon.
de Regno I-
tal. l. 18.
tempo che affediò Brefcia, con un'altra parte della fua grande
Armata fatto l'affedio di Aleffandria, e che quefta venne in fuo
potere. Non ne truovo io parola ne' vecchi Storici; anzi veggo
in contrario una Lettera di Papa Gregorio (*c*) fcritta nel 1240. (c) Raymun-
dus Annal.
Ecclefiaft.
num. 20. ad
Ann. 1240.
nel dì 10. di Maggio a gli Aleffandrini, co' quali fi rallegra
della lor coftanza nella divozion verfo la Chiefa contro gli attentati di Federigo. Ma nello fteffo 1240. ficcome vedremo, fi
fuggettarono poi ad effo Imperadore.

Anno di Cristo MCCXXXIX. Indizione XII.
di Gregorio IX. Papa 13.
di Federigo II. Imperadore 20.

CRESCEVANO di dì in dì i motivi, per li quali era Papa
Gregorio fcontento dell'Imperador Federigo. Gli fpedì e-
gli più Lettere ed ambafciatè; affinchè fi corregeffe (*d*); il ci- (d) Id. in
Annalib.
ad hunc
Annum.
tò ancora; ma vedendo che le parole, preghiere, e minaccie
erano gettate al vento, rotta la pazienza, venne finalmente a i
fat-

fatti, O la continuazion della guerra, ch'egli faceva a i Lombardi, per la confervazion de'quali era forte impegnato il Papa;
ovvero l'occupazion della Sardegna, pretefa dalla Chiefa Romana come incontraftabil fuo diritto; o pure i fegreti maneggi di
lui per incitare i Romani alla ribellione contra d'effo Papa legittimo
lor Sovrano, furono a mio credere gl'impulfi più efficaci, perchè
il Pontefice Gregorio fulminaffe pubblicamente nel dì delle Palme la fcomunica contra di Federigo II. ed affolveffe i fudditi di
lui dal giuramento di fedeltà. Altri non pochi reati d'effo Imperadore vengono efpreffi nella Bolla d'effa fcomunica, che fi
(a) Matth.
Paris Hist.
Angl.
legge nella Storia di Matteo Paris (a), e preffo il Rinaldi ed altri Autori. Confermò dipoi Papa Gregorio nel Laterano quefte
Cenfure nel Giovedì fanto feguente, nè lafciò indietro cofa alcuna per ifcreditare e rendere odiofo Federigo con tacciarlo in-
fino di pubblico Atenfta. Diede nelle fmanie l'Imperadore all'
avvifo di tal novità, e fatto ftendere da Pietro delle Vigne un
Manifefto in fua giuftificazione, lo fpedì a tutte le Corti della
Criftianità, con dolerfi acerbamente del Papa, e caricarlo di varie
ingiuftizie, ch'egli pretendea fatte a sè fteffo, e ad altri. Paffò a fiere minaccie contra del medefimo e de'Cardinali, con altre fcene
e querele defcritte dal Rinaldi ne gli Annali Ecclefiaftici, e più diffufamente rapportate da Matteo Paris. Scacciò pofcia dal Regno
di Sicilia e di Puglia i Frati Predicatori e Minori non nativi del
(b)Richard.
de S. Germ-
ia Chronic.
paefe; occupò l'infigne Moniftero di Monte Cafino (b); richiamò da Roma tutti i fuoi fudditi; impofe nuove taglie e contribuzioni a gli Ecclefiaftici: tutto per far onta e difpetto al Pontefice, e tutto in varj tempi dell'Anno prefente. Lodovico IX. Re
di Francia, che fu poi Santo, per atteftato di Alberico Monaco
(c) Alberic.
Monachus
in Chronic.
(c), inviò i fuoi Ambafciatori a Roma per mitigar l'animo del
Papa verfo di Federigo; ma il Pontefice, uomo di petto forte,
nulla fi moffe per quefto. E nè pur volle afcoltare due Vefcovi
inviati a Roma da Federigo. Anzi fece predicar la Crociata con-
(d) Roland.
lib.4.cap.9.
tra di lui. Vegniamo allo Storico Rolandino (d), da cui abbiamo gli andamenti d'effo Federigo Augufto. Portoffi egli ful fine di Gennaio con funtuofo accompagnamento di milizie e di
Nobiltà a Padova. L'incontro magnifico fattogli da tutto il Popolo di quella Città, gli fu cagione di non poco piacere, e infieme di maraviglia. Circa due Mefi fi fermò egli nell'infigne Moniftero di Santa Giuftina, ben corteggiato da Eccelino, divertent-
dofi alla caccia, e in far buone paffeggiate. Seco era l'Impera-

dri-

drice, che amava più tofto d'effere chiamata Regina. Portoffi anche alla vifita di Monfelice, e vi ordinò alcune fortificazioni. Stando nell' alto di quel monte vagheggiò più volte il bell' afpetto delle Terre e Caftella del Marchefe d'Efte, fparfe per la ricca fottopofta pianura, e conobbe la di lui potenza. Fece anche venir lo fteffo Marchefe con falvo condotto alla Corte, e tenne con lui un fegreto colloquio. Era ben contento il Popolo di Padova del buon volto e delle carezze dell' Imperadore, e dapertutto fi mirava allegrezza, e maffimamente nel dì di Pafqua, in cui Federigo comparve colla Corona in capo. Ma fra pochi giorni così bel fereno fi cambiò in un melanconico nuvolo, perchè giunfero le nuove, ch'egli era ftato fcomunicato dal Papa. Fece ben Federigo in un gran Parlamento efporre da Pietro delle Vigne, uomo dottiffimo in quefti tempi, le ragioni, per le quali teneva per ingiufte e nulle quelle Cenfure: tuttavia nel Popolo reftò non poco di confufione, e in lui cominciarono a crefcere e a lacerarlo le diffidenze e i fofpetti. Perciò fatto venire a Padova Azzo Marchefe d'Efte con tutti coloro, che aderivano al' di lui partito, gli affidò; e intanto l'iniquo Eccelino mife delle fpie per fapere, chi de' Padovani trattava col Marchefe, e tutti i lor nomi ebbe in ifcritto. Di frequenti fegreti configli fi faceano in Santa Giuftina. Non baftò a Federigo d' aver meffe guardie in tutte le Caftella d'effo Marchefe; volle anche per oftaggio il Principe *Rinaldo* di lui Figliuolo, e con belle parole il mandò a ftare in Puglia infieme con Adelafia Figliuola dì contratto gli fponfali. Per non poter di meno, il Marchefe accomodò la fua a effo ad affaiffimi Nobili de' principali di Padova fuoi amici, i quali chi ad un Luogo, chi ad un altro furono mandati a' confini: configli Marchefe.

MA poco ftette Federigo, la cui fortuna retrograda, a provar gli effetti della fua Politica tro Era egli dianzi ftato a Trivigi Alberico da Romano, Fratello d' Ecce lui pel cattivo trattamento da lui fatto a fua Figliuola Adelafia, e a Rinaldo Eftenfe fuo Genero, fubito che intefe, come l' Imperadore s'era meffo in cammino verfo la Lombardia, unitofi con Biachino, e Guezzelo da Camino, occupò la Città di Trivigi, con farvi prigioni tutti gli Ufiziali e foldati poftivi dall' Imperadoradore, a riferva di Jacopo da Morra Pugliefe Podeftà, che ebbe la buona forte di fuggirfene. Probabilmente Alberico non fece un paffo sì ardito fenza configlio ed intelligenza de' vicini Veneziani. A quefto avvifo Federigo battendo i denti, fe ne tornò a Padova, e tofto ordinò un grande efercito contra di Trivigi. Nel Mefe di Maggio, dopo aver fatto prendere l' Orofcopo a Maftro Teodoro fuo Strologo fulla Torre del Comune di Padova, moffe l' Armata, e andò ad accamparfi intorno a Caftelfranco, dove citò i Trivifani a renderfi nel termine d' otto giorni. Paffato il tempo prefiffo, fenza che veniffero a' fuoi piedi, fece una donazione al Comune di Padova della Città di Trivigi con un Privilegio munito di un bel figillone d'oro. In quello fteffo giorno andando il Marchefe d' Efte Azzo VII. al campo con cento cavalieri, s' incontrò in Eccelino, che con circa venti de' fuoi veniva a Cittadella. Portavano amendue l' Aquila nelle lor bandiere. Vi fu chi credè, che quivi aveffe a fuccedere qualche fcena fra quefti due rivali. Ma avendo il Marchefe mandato innanzi a pregar cortefemente Eccelino di ritirarfi alla diritta o alla finiftra, egli fi ritirò, e non ne fu altro. Effendo poi accaduto nel dì 3. di Giugno una grande Eccliffi del Sole, che durò per due ore, Federigo, benchè ne fapeffe la cagione, pure fe ne moftrò turbato, e determinò di ritirarfi da Caftelfranco per andare in Lombardia; e dopo aver tenuto un colloquio col Marchefe d' Efte, con Eccelino, ed altri de' principali della Marca Trivifana, fi mife in viaggio co' fuoi Tedefchi e Pugliefi, de' quali maggiormente fi fidava. Allorchè pervenne nelle vicinanze del Caftello di S. Bonifazio, dicono, che il Marchefe fu avvertito con cenni da un cortigiano dell' Imperadore, amico fuo, come fi trattava di fargli tagliare il capo. Baftò quefto al Marchefe, perchè co' fuoi aderenti fi metteffe in falvo nel fuddetto Caftello, e quantunque Federigo gli fpediffe Pietro dalle Vigne per affidarlo con mille belle promeffe, il Marchefe non fi fentì più voglia di dimorar preffo d' un Principe, che punto non fi piccava di mantener la parola, e tanto più perchè prevaleva nel fuo Configlio il furbo e nemico fuo Eccelino. Paffato che fu l' Imperadore in Lombardia, (a) il Marchefe d' Efte, meffa la fua fperanza in Dio, e raunato un buon efercito, coraggiofamente nel Mefe d' Agofto andò ad Efte. Ricuperò la Terra fenza fatica; quella Rocca, e il Caftello di Baone a forza d' armi; quello di Lucio colla fame; l' altro di

(a) Roland.
lib. 4. c. 14.

Ca-

Calaone col terror de' trabucchi. Affediò dipoi Cerro, dove era ERA Volg:
ANN.1239. un prefidio di Saraceni; venne Eccelino per foccorrerlo, ma non fi attentò; e però tornò alle mani del Marchefe, il quale non per. mife, che foffe fatto infulto alcuno a quegl' Infedeli. Quefte fue profperità tornarono in danno di molti Padovani fuoi amici, o creduti tali, perchè Eccelino crudelmente li levò dal Mondo.

NEL Luglio dell' Anno prefente tolta fu Ravenna all' Impera- dore da Paolo Traverfara (a) coll' aiuto de' Bolognefi e Venezia- (a) Rubeus
Hiftor. Ra-
venn. l. 6. ni, che poi la rinforzarono. (b) Per quefta cagione l' Imperador Federigo col Re Enzio fuo figliuolo naturale venne verfo il Bolo- (b) Richar-
dus de S.
Germano
in Chronic. gnefe, ed imprefe co i Modenefi, Reggiani, Parmigiani, e Cre- monefi l' affedio del Caftello di Piumazzo, intorno a cui confumò gran tempo. L' ebbe in fine per forza, e lo diftruffe col fuoco, facendovi prigioni cinquecento perfone. Di là pafsò ad affediar Crevalcuore, e avutolo con grande ftento, del pari lo atterrò. Il vedere un sì gloriofo Imperadore perderfi dietro a tali bicoc- che (c), e l'impadronirfene anche con fomma difficultà, gli ac- (c) Memor.
Poteftat.
Regienf.
Tom. VIII.
Rer. Italic. crebbe il discredito; e maffimamente perchè nello fteffo tempo i Bolognefi (d) vennero fin vicino a Modena, e vi bruciarono il (d)Chronic.
Bononienf.
T. XVIII.
Rer. Italic. Borgo di San Pietro. Prefero anche a i Modenefi (e) il Caftello di Marano di Campiglio, e Monte Tortore nel Frignano. Do- (e) Annal.
Mutinenf. po sì fegnalate imprefe Federigo, che tenea delle fegrete corri- Tom. XI.
Rer. Italic. fpondenze con molti Nobili Milanefi (f), rivolfe l'armi fue a Tom. XI.
Rer. Italic. quella volta. Pafsò per Merignano, Landriano, e Bafcapè fino alla Pieve di Locate (g), faccheggiando e bruciando il paefe. (f) Annales
Mediolan.
Tom. XVI.
Rer. Italic. Fu difputa in Milano, fe fi avea da ufcire in campagna, o pur da afpettare in Città il nemico. Ma prevalfe il parere di Grego- (g)Gualva-
neus Flam-
ma Manip.
Flor. rio da Montelungo Legato Pontificio, che fece armare anche Che- rici e Frati; e però venne l'efercito Milanefe a poftarfi a Cam- porgnano contra di quello di Federigo. Una parte de' Nobili paf- sò nel campo dell' Imperadore; altrettanto fecero i Comafchi. Ciò non oftante, fe s'ha da credere a Galvano dalla Fiamma, l'Armata Milanefe ftette a fronte del nemico, rovefciò varie ac- que addoffo al campo Imperiale, ed anche in un combattimento prefe il Carroccio de' Cremonefi, e mife quel Popolo e i Pavefi in rotta. I Piacentini anch' effi dal canto loro refpinfero gli sfor- zi de' Cefarei. Chiaritofi Federigo, che non facea buon vento in quelle parti, fe ne venne in Tofcana (b); fu ben ricevuto da i (b)Richard.
de Sancto
Germano
in Chron. Lucchefi, e in Pifa celebrò la fefta del fanto Natale. Aveva egli fpedito il Figliuolo Arrigo, o fia Enzo Re di Sardegna nella Mar-

ERA Volg.
ANN.1239.
[a] Cardin.
dé d'Aragonia
in Vit. Gre-
gorii IX.
P.I.T.III.
Rer. Italic.

ca d'Ancona, acciocchè incominciaffe a far guerra al Papa [a]. Non tardò egli a farvi delle conquifte nel Mefe d'Ottobre. Contra di lui ebbe ordine *Giovanni dalla Colonna* Cardinale di portarfi colla gente, che potè adunare. E il Pontefice Gregorio IX. da che fu ritornato a Roma dalla villeggiatura d'Anagni, ben ricevuto dal Popolo, dopo avere nell'Ottava di San Martino confermata la fcomunica contra di Federigo, alla medefima Cenfura fottomife il fuddetto Re Enzo con tutti i fuoi aderenti per l'invafione fatta nella Marca Anconitana, fpettante alla Chiefa Romana. Dappoichè l'Imperador Federigo [b] fi fu ritirato dal di-

[b]Chronic.
Bononienf.
To. XVIII.
Rer. Italic.
Annales
Veteres Mu-
tinenf.
Tom. XI.
Rer. Italic.

ftretto di Bologna, quel Popolo con tutte le fue forze fi portò all' affedio di Vignola, forte Caftello del diftretto di Modena; e già con briccole, mangani, gatti, ed altre militari macchine aveano atterrata buona parte del muro; quando nel dì 4. d'Ottobre fopragiunfero i Modenefi, Ferrarefi, e Parmigiani con Simone Conte di Chieti Pugliefe, e diedero battaglia. Fu fanguinofa e dura, ma in fine voltarono le fpalle i Bolognefi, ed oltre ad affaiffimi o morti o annegati nel Fiume Scultenna, ne reftarono,

[c] Chron.
Parmenfe
Tom. IX.
Rer. Italic.
[d]Dandul.
in Chronic
Tom. XII.
Rer. Italic.

fecondo la Cronica di Parma [c], circa due mila e fecento prigioni. Minor numero fi legge ne' vecchi Annali di Modena. Strinfero in queft' Anno i Veneziani [d] una forte Lega con Papa Gregorio ad oggetto di torre, fe veniva lor fatto, la Sicilia a Federigo, con obbligarfi al mantenimento di una buona fquadra di Galee. Non folamente per l'indegna morte del Figliuolo del *Doge Tiepolo* erano difguftati i Veneziani dell'Imperadore, ma eziandio perchè avea tolte loro quattordici Galee, e quattro navi cariche di merci, e di frumento, che venivano dalla Puglia nella Marca d'Ancona. O per guadagnare, o per tener più unito al fuo partito *Bonifazio Marchefe* del Monferrato, Federigo Augufto gli fece una ceffione di molte fue ragioni e pretenfioni, e gli confermò alcune Caftella con Diploma dato nel campo preffo Pizzighittone nel dì ultimo d'Agofto dell'Anno prefente, che difteso fi legge nella Storia del Monferrato [e].

[e] Benvem.
da S.Giorg.
Storia del
Monferrat.

Anno di CRISTO MCCXL. Indizione XIII.
di GREGORIO IX. Papa 14.
di FEDERIGO II. Imperadore 21.

TRovossi in graviffime anguftie nell'Anno prefente il Pontefice *Gregorio* per la prepotenza di *Federigo*, Principe anfante di vendetta contra di chi avea feparato lui dalla comunion
de' Fedeli, e renduti pubblici per la Criftianità i fuoi reati. Mentre era effo Federigo in Tofcana nel verno, per quanto potè rav-
vivò ed efaltò dapertutto il partito de' Ghibellini, in guifa che pochi erano que' Luoghi, ne' quali dove più e dove meno non foffe
la fazione fua. Non fi vollero già a lui fottomettere i Fiorentini; [a] ma per lui furono i Pifani e i Lucchefi, i quali nel
prefente Anno infieme col Marchefe *Oberto Pelavicino* occuparono la Garfagnana. Gli giurarono fedeltà anche i Sanefi,
fperando coll'aiuto fuo di mantenerfi contro la potenza di Firenze. Similmente gli Aretini fe gli diedero, perchè trava-
gliati dal poffente Comune di Perugia, che non potè mai in-
durfi a chinare il capo all'Imperadore, e tenne faldo per la Chiefa. Altrettanto avvenne nella Marca d'Ancona. Quivi al Re
Enzo fi diedero alcune Città, e maffimamente Ofimo. Nel Mefe di Febbraio entrato Federigo nel Ducato di Spoleti, Foligno
il ricevette a braccia aperte con altre Terre. Ebbe anche Spello [b], Orta, Città Caftellana, Corneto, Sutri, Montefiafcone, e Tofcanella. Ma ciò, che più affliffe la Corte Pontificia,
fu che l'ingrato Popolo di Viterbo fi gittò nelle braccia di Federigo in odio de' Romani fuoi antichi nemici. Allora fu, che il
Pontefice forprefo da fommi affanni, fi farebbe forfe abbandonato, fe Dio non l'aveffe provveduto di un raro coraggio. Ve-
devafi già Roma attorniata dalle forze di Federigo al di fuori,
e al di dentro i Nobili e il Popolo niuna difpofizione moftravano
a foftener le fatiche della guerra, e della difefa, perchè non
mancava a Federigo in effa Città il fuo partito, guadagnato a
forza di regali, di danaro, e di promeffe. Pertanto Papa Gregorio, rivolte tutte le fue fperanze a Dio, prefe lo fpediente
d'intimare una general Proceffione, in cui portò le facre tefte de'
Santi Apoftoli Pietro e Paolo, e predicò la Crociata contra
di Federigo Imperadore nemico della Chiefa. Tal compunzione
moffe quefto pio fpettacolo nel Popolo Romano, che la maggior

*Era Volg.
Ann. 1240.*

[a] *Vita
Gregor. IX.
P.I.Tom.3.
Rer. Italic.
Ptolom.
Lucenf. An-
nal. brev.*

[b] *Richar-
dus de S.
Germano
in Chronic.*

parte non folo de' Laici, ma anche de gli Ecclefiaftici prefe la
Croce e l'armi in difefa del Papa e di Roma. Ma guai a que'
Crocefignati tali, che capitarono poi nelle mani di Federigo.
Niun d'effi andò efente dopo varj tormenti dalla morte. Perduta la fperanzà di ottenere l'intento fuo fotto Roma, Federigo
nel Mefe di Marzo pafsò in Puglia, ed attefe a far gente, e a
fmugnere le borfe de' fuoi fudditi, ma principalmente quelle de
gli Ecclefiaftici. Non mancava intanto il Papa di muover anch'
egli e Cielo e Terra contra di lui: tanto erano efacerbati gli animi dall'una e dall'altra parte. Trattò in Germania, fi maneggiò in Francia e in Ifpagna, per far eleggere un nuovo Imperadore; ma n'ebbe delle rifpofte di poco fuo gufto. Fece raccogliere da' fuoi Legati in Francia ed Inghilterra groffiffime fomme di danaro dalle Chiefe, e in altre guife, che gli fervirono
non poco in quefti bifogni; e follecitò quanti Popoli e Principi
potè per iftaccarli dal partito di Federigo, ed attaccarli al fuo.
Fra gli altri moffe per mezzo di Gregorio da Montelungo fuo
Legato i Lombardi, i Bolognefi, i Veneziani, e il Marchefe d'
Efte a formar l'affedio di Ferrara. V'intervenne in perfona *Jacopo Tiepolo* Doge di Venezia, e il fuddetto Marchefe, a cui
più che a gli altri premeva una tal conquifta. (*a*) In oltre i
Mantovani, che s'erano già fottratti all'ubbidienza di Federigo, col Conte Ricciardo da S. Bonifazio vi concorfero, e venne-
vi anche Alberico da Romano co i Signori di Camino. Durò l'
affedio dal principio di Febbraio fino al fine di Maggio, o pur
fino al dì 3. di Giugno. Nè apparenza v'era di forzar quella
Città alla refa. Si ricorfe al ripiego di guadagnar con danari
Ugo de' Ramberti, ed altri potenti di Ferrara, che differo di
voler pace. Si fecero di bei patti, e *Salinguerra* venne al campo de' Collegati per confermarli; nientedimeno fecondochè narra Ricobaldo (*b*), egli fu attrappolato dal Legato Pontificio,
che era allora folamente Notaio, uomo di grande attività, ma
di larga cofcienza. Deteftò per atteftato d' effo Ricobaldo quefta frode il Marchefe d'Efte, allegando l'onore e il giuramento:
*cui Legatus perfuafit, ut calcato bonefto & juramento, ample&e-
retur, quod utile fibi foret, ut fcilicet Urbe potiretur, illo efclufo.* Così Salinguerra già ottuagenario fu condotto prigione a Venezia, dove civilmente trattato finì i fuoi giorni in fanta pace;
e la Cafa d'Efte dopo tanti anni rientrò in Ferrara, e maggiormente vi fi ftabilì andando innanzi. Per ordine del Papa ad effo
Mar-

(a) Roland.
l. 5. c. 1.
Monachus
Patavinus
in Chronic.
Tom. VIII.
Rer. Italic.
Annales
Veronenfes,
& alii.

(b) Rico-
baldus in
Pomario,
Tom. IX.
Rer. Italic.

Marchefe Azzo fu in quefto medefimo Anno confegnata Argenta, Terra che gareggiava colle Città.

FECE l'Imperador Federigo nel Mefe di Maggio dare da' fuoi un terribil guafto al territorio Pontifizio di Benevento *(a)*. Pofcia nel feguente Agofto ne ordinò anche l'affedio; ma quel Popolo con vigorofa refiftenza gli fece conofcere l'illibata fua fedeltà verfo la Chiefa Romana. Moffefi poi nell'Agofto fuddetto con poderofa Armata Federigo da Capoa, e il fuo difegno era d'entrare nella Campania Romana; ma o fia, che vi trovaffe più oppofizione di quel che credeva, o pure che foffe configliato a ripigliar più tofto de' paefi, che fi poteffero pretendere fpettanti all'Imperio: certo è, che fen venne a Ravenna *(b)*, dove effendo mancato di vita Paolo da Traverfara Capo de'Guelfi, facile riufcì a lui dopo un breve affedio di rimetterla nel dì 22. d'Agofto fotto la fua ubbidienza. Di là pafsò all'affedio di Faenza, Città, che vigorofamente fi tenne per alquanti Mefi. Inviarono i Veneziani nel Settembre di queft'Anno uno ftuolo di Galee in Puglia, che diede il guafto a Termoli, al Vafto, e ad altre Terre di quelle fpiaggie con riportarne un ricco bottino. E nel Novembre per ordine di Federigo furono fcacciati dal Regno tutti i Frati Predicatori e Minori, a riferva di due nativi del paefe per ciafcuno Convento. Il Podeftà Imperiale di Padova *(c)* ebbe in queft'Anno battaglia con Azzo VII. Marchefe d'Efte preffo il Ponte Roffo, e riufcì vantaggiofa per lui, con aver fatti prigioni molti foldati d'effo Marchefe, fra' quali alcuni Nobili. Per lo contrario nel dì 16. di Maggio il Podeftà di Verona con tutta la cavalleria e fanteria di quella Città andò verfo la Badia, Terra del fuddetto Marchefe Azzo, con intenzione di dar foccorfo al Caftello di Gaibo affediato da effo Marchefe. Ma vergognofamente prefero dipoi effi Veronefi la fuga, e quivi lafciarono tutte le lor barche e carra. Vennero allora alle mani del Marchefe le Caftella di Gaibo, e della Fratta, che per ordine fuo furono diftrutte. Anche i Mantovani fecero ofte contra de' Veronefi, e giunti a Trevenzolo s'azzuffarono con effi, ma con riportarne la peggio. Vi reftò morto fra gli altri il loro Podeftà, che era Gherardo Rangone da Modena, e il lor Capitano Boccad'afino con affaiffimi altri Mantovani fu condotto ne' ceppi a Verona. Gli Aleffandrini, ftati finquì uniti colla Lega Lombarda, fi diedero nell'Anno prefente all'Imperadore, con ricevere per loro Governatore il Marchefe Manfredi Lancia.

(a)*Richard. de S. Germ. in Chronic.*

(b) *Rubeus Hiftor. Ravenn l. 6. Paris de Cereta Annal. Veron. Richardus de S. Germano.*

(c) *Annales Veronenfes Tom. VIII. Rer. Italic. Roland. l. 5. cap. 3.*

Era Volg.
Ann.1240.
(a) Caffari
Annal. Ge-
nuenf. l.6.
Tom. VI.
Rer. Italic.
cia. (*a*). Quefti poi da un lato, e il Marchefe *Oberto Pelavicino*, Vicario dell'Imperadore in Lunigiana, da un altro, oftilmente entrarono nel Genovefato. Inviarono i Milanefi e i Piacentini de i foccorfi a Genova, il cui Popolo virilmente accorfe a
i bifogni, e fece retrocedere i nemici. Savona, ed Albenga
perfiftendo nella ribellione, ebbero un gran guafto da effi Genovefi.

Anno di CRISTO MCCXLI. Indizione XIV.
di GREGORIO IX. Papa 15.
di CELESTINO IV. Papa 1.
di FEDERIGO II. Imperadore 22.

(b) Ricor-
dano Ma-
lafpina
cap. 130.
OSTINATAMENTE continuò l'Imperador *Federigo* per tutto il verno l'affedio di Faenza; (*b*) e perciocchè gli era
mancato il danaro da pagar le truppe, impegnò le fue gioie
e vafellamenti d'oro e d'argento. Nè ciò baftando, ricorfe al
ripiego di far battere moneta di cuoio, facendola prendere come
moneta buona, con promeffa di pagarne il valore, a chi la ri-
portaffe al fuo Teforiere: ficcome poi fece, con cambiarla in
Agoftari d'oro, moneta da lui battuta, cadaun de' quali valeva
un Fiorino d'oro e un quarto. Finalmente nel dì 14. o pure
nel dì 15. d'Aprile dell'Anno prefente, per maneggio di Rinieri Conte di Cunio, quella Città capitolò la refa, falve le
perfone e robe. Tenuto fu gran cofa, che quefto ineforabil Imperadore dopo tanta refiftenza perdonaffe a que' Cittadini. An-
(c) Chronic.
Cafen.
Tom. XIV.
Rer. Italic.
Matthæus
Paris Hift.
Angl.
(d) Richar-
dus de S.
Germano
in Chronic.
che Cefena piegò il capo a i voleri d'effo Augufto (*c*); e quel
Popolo gli confegnò il Caftello nuovo della Città, ch'egli fece
diroccar tutto, per farvi una fortezza di pianta fecondo il gufto fuo. Nello fteffo Mefe d'Aprile (*d*) dopo avere la Città di
Benevento, Città Pontificia, anch'effa fofferto un lungo affedio, fu in fine forzata a renderfi all'armi d'effo Imperadore.
Ne fece egli fpianare da' fondamenti le mura, abbaffar le torri; e fpogliò di tutte le lor armi que' Cittadini: colpo che fommamente affliffe la Corte Romana. Nè di minor moleftia fu l'
efferfi nel Gennaio di queft'Anno il Cardinal *Giovanni dalla Colonna*, per differenze inforte fra il Papa e lui, gittato nel partito dell'Imperadore con aver pofcia afforzata in Roma una fua
fortezza appellata l'Agofta, o fia Lagofta, e fuori di Roma al-
quan-

quante fue Caftella contra del Pontéfice. Ma fopra tutto trafif-
le l'animo dello ftelfo Papa, e della Corte fua, un' altra disavventura, che fece grande ftrepito per la Criftianità. Avea Papa Gregorio mandate nel precedente Anno le Lettere circolari
coll' intimazione di un Concilio Generale, da farfi nel prefente Anno in Roma (*a*). Di quefto Concilio era in gran pena
Federigo II. ben prevedendo, che in effo verrebbe confermata
contra di lui la fentenza della Scomunica, ed anche della depofizione. Però entrato in penfiero d'impedirlo, quanti Prelati
d'Italia incamminati a Roma capitarono nelle fue mani, tutti
li fece fermare, e colla prigionìa e in altre maniere li maltrattò. Una gran frotta di Vefcovi ed Abbati Franzefi s'era già meffa in viaggio per paffare in Italia infieme con *Jacopo Cardinale* Vefcovo di Paleftrina, e *Ottone Cardinale* di S. Niccolò in Carcere. Pel trafporto loro con groffo nolo fu preparata in Genova
una bella Flotta di Galee e d'altri Legni fottili. Molti de' Prelati Franzefi venuti fino a Nizza, colla fcufa, che non baftaffe
al bifogno e alla ficurezza loro l'armamento di Genova, fe ne
tornarono indietro. Gli altri più animofi, arrivarono nel mefe
d'Aprile a Genova, e colà ancora ne giunfero molti altri d'Italia con gli Ambafciatori di Milano, Piacenza, e Brefcia, tutti
per imbarcarfi. Intanto Federigo avea fatti alleftire in Sicilia e
Puglia quante Galee potè, e le inviò col Re Enzo fuo Figliuolo
verfo Pifa, per opporfi alla venuta di quefti Prelati. Ordinò parimente a i Pifani fuoi aderenti di fare ogni poffibile sforzo per
mare, ad oggetto di unitamente procedere contro l'Armata navale de'Genovefi. Non lafciarono i Pifani nel Mefe di Marzo di
fpedire a Genova i loro Ambafciatori con pregar quel Comune
di defiftere da quell'imprefa, perchè aveano comandamento da
Federigo di far loro oppofizione. Stettero faldi nel propofito
loro i Genovefi, animati dalle premurofe Lettere del Pontefice,
che fcrivea non doverfi aver paura di chi era in disgrazia di
Dio. Furono nello ftefo tempo intercette Lettere di Federigo,
per le quali fi fcoprì, ch'egli avea guadagnati al fuo partito
varj Nobili di Genova, e nominatamente alcuni della Cafa Spinola e Doria, la fazion de' quali fu chiamata da lì innanzi de'
Mafcherati: perlocchè il Podeftà fece prendere l'armi al Popolo, e procedette contro i ribelli. Quetato il tumulto, fi moffe
la Flotta Genovefe co i Cardinali e Prelati per paffare alla volta di Roma; e il temerario Capitano, tuttochè configliato di af-

pet-

(a) *Raynau-
dus Annal.
Ecclef.
Caffari
Annal. Ge-
nuenf.lib.6.
Richar-
dus de S.
Germano
in Chron.
Matthæus
Paris Hift.
Anglic.*

ERA Volg.
ANN.1241.

pettare il rinforzo d'altre dieci Galee, e di tirar verſo Corſica,
per non incontrarſi co' nemici, volle andar diritto; e in fatti
gl'incontrò in vicinanza dell'Iſoletta della Melora. Si venne ad
un aſpro combattimento; ma ſiccome d'ordinario i più vinco-
no i meno, coſì reſtò ſconfitta l'Armata Genoveſe, e di venti-
ſette Galee ſole cinque ſi ſalvarono colla fuga. L'altre co i Cardinali portanti de i gran teſori, e col reſto de' Prelati vennero in
potere della Flotta Ceſarea e Piſana. In una ſua Lettera al Re
[a] Matth.
Paris Hiſt.
Angl.
d'Inghilterra [a] Federigo ſcrive, che oltre alle ventidue Galee preſe, ſe ne affondarono tre con circa due mila uomini, e
che circa quattro mila Genoveſi reſtarono prigioni co i ſuddetti
Cardinali, Prelati, ed Ambaſciatori. Succedette queſta infeli-
[b] Richar-
dus de S.
Germano in
Chronic.
ce battaglia [b] nel dì 3. di Maggio, feſta della Croce. Per
ordine di Federigo furono poi condotti i Cardinali e gli altri
prigionieri a Napoli, diſtribuiti per varie Caſtella di quelle
contrade, e inumanamente trattati da lui. Gran doglia che
per queſto colpo ebbe la Corte di Roma. Spedì poi eſſo Auguſto a' danni de' Genoveſi una Flotta di quaranta Galee. In
oltre per terra fece aſſalirli dal Marcheſe Oberto Pelavicino,
e da i Paveſi, Aleſſandrini, Tortoneſi, Vercellini, e da altri
Popoli della Lombardia, e da' Marcheſi di Monferrato e del
Boſco. Ma il bellicoſo Popolo di Genova miſe toſto in mare una
Flotta di cinquantadue tra Galee e Tartane, o ſieno altri Legni; e per terra fece due altri eſerciti, e glorioſamente ſi di-
feſe da tanti nemici.

Nel Meſe di Giugno ito l'Imperadore a Fano, impreſe l'aſſedio di quella Città. Trovandovi una gagliarda reſiſtenza, dopo
aver dato il guaſto al diſtretto, paſſò a Spoleti, e ſe ne impadronì con facilità. E perchè un abiſſo ſi tira dietro l'altro, fece intanto richiedere in preſtito tutti i Teſori delle Chieſe di Puglia
ſì d'oro e d'argento, come di gemme e di ſacri prezioſi arredi; e
convenne darli. Biſogna pure ridirlo: ecco dove andavano in fine a terminare in que' miſeri tempi i doni fatti dalla Pietà Criſtiana a i ſacri Templi. Gran rumore faceva intanto l'avvicina-
mento all'Ungheria di un formidabile, perchè innumerabile eſercito di Tartari Comani, gente inumana e beſtiale; e temevaſi,
che ingoiato il Regno Ungarico, paſſerebbe la tempeſta nella Germania. Aveano già devaſtata la Ruſſia, la Polonia, la Boemia.
Entrarono dipoi nell'Ungheria: vi fecero un mondo di mali. Federigo, giacchè capitò alla ſua Corte di ritorno dalla Terra ſanta
                                                            Ric-

Riccardo Fratello del Re d'Inghilterra, e dell'Imperadrice fua Era Volg. Moglie, lo fpedì a Roma con plenipotenza per trattar di pace Ann.1241. in quel grave bifogno della Criftianità. Secondochè abbiamo da Matteo Paris [*a*], Scrittore, che per lo più fparla di Papa Gre- [a] Matth. gorio, e della venalità e rapacità de' Miniftri Pontificj, Riccardo Paris Hift. trovò il Papa inesorabile. Niuna propofizion d'accordo a lui Anglor. piacque. Sempre infiftè in efigere, che Federigo affolutamente fi fottomettefse all' arbitrio e volontà di lui : al che non avendo voluto acconfentire Riccardo, tornò al Cognato Augufto fenza a- ver fatto nulla. Continuò dunque Federigo la guerra [*b*], e nel [b] Richard. Giugno s'impoffefsò di Terni, ma non già di Narni, nè di Rie- de S. Germ. ti, che refifterono, e coftò loro un grave guafto. Chiamato poi verfo Roma dal Cardinal Colonna ribello del Papa, prefe Tivoli, Monte Albano, e varie Caftella del Moniftero di Farfa, e fi ac- campò a Grottaferrata. Matteo Paris aggiugne, ch'egli per for- za prefe e fmantellò un Caftello, che il Papa avea fatto fabbrica- re appreffo Monforte per li fuoi Nipoti : il che talmente affliffe il fanto Vecchio, che fe ne morì. Ma non conviene cercar altron- de le cagioni della morte di quefto Pontefice, perchè, fe è vero ciò, che fcrive lo fteffo Paris, egli era giunto coll'età fin quafi a cento anni, e pativa di calcoli. Diede dunque fine a' fuoi giorni Papa *Gregorio IX.* nel dì 21.d'Agofto. Più di dieci Cardinali non fi trovarono allora in Roma, a' quali apparteneva l' elezion del Succeffore. Riccardo fcrive, che *de Imperatoris licentia Cardina- les omnes, qui extra Urbem fuerant, pro electione Papæ facienda ad Urbem redeunt.* E ch'egli vi lafciaffe ancora intervenire i due Cardinali, da lui detenuti in prigione, con patto pofcia di ritor- narvi [al qual fine diedero oftaggi] non credo, che s'abbia a mettere in dubbio, da che lo dice efpreffamente Matteo Paris, Scrittore di quefti tempi ; e Riccardo attefta, che furono condot- ti a Tivoli, non per altro, come fi può giudicare, che per quivi dar loro il giuramento del ritorno dopo l'elezione. Entrò poi la difcordia fra que' pochi Cardinali, e durò circa quaranta giorni ; [*c*] ma in fine nell' Ottobre effendo i voti de i più concorfi nel [c] Roland. Cardinal *Giuffredo,* o *Goffredo,* di patria Milanefe, Vefcovo Sa- l. 5. cap. 6. binenfe, egli veramente fu Papa, e prefe il nome di *Celeftino IV.* Patavinus Anche Federigo n'ebbe piacere. Ma effendo egli affai vecchio in Chronic. ed infermiccio, benchè nell' Ognifanti celebraffe folenne Meffa Rer. Italic. nella Bafilica Lateranenfe, ed ordinaffe alcuni Cardinali e Ve- fcovi, pure non paffarono diciafette o pur dieciotto dì, che fu

Era Volg
Ann.1241.
chiamato da Dio a miglior vita, lasciando più che mai desolata la Chiesa e sconvolta l'Italia. Ch'egli non ricevesse il Pallio, nè fosse consecrato, lo scrive Pietro da Curbio nella Vita d'Innocen-

(a)*Vita In-
nocent. IV.
P. I. T. III.
Rer. Italic.*
zo IV. (a) Secondo Matteo Paris (b), corse voce di veleno, voce che facilmente in tempi tali era in voga, ma che presso di noi non dee sì di leggieri meritar credenza.

(b)*Matth.
Paris Hist.
Angl.*
IN questo mentre Matteo Ruffo, o sia Rosso, già creato Senator di Roma da Papa Gregorio IX. avendo assediata Lagosta, o sia l'Augusta, Fortezza del Cardinal Colonna, la costrinse alla resa. Pare eziandio, che Federigo, da che seppe la morte del suddetto Pontefice Gregorio, sospendesse le offese contro gli Stati della Chiesa Romana; e si sa, ch'egli se ne tornò in Puglia, dove a i confini del Regno in faccia a Ceperano ordinò, che si fabbricasse una Città nuova. Quel che è strano, racconta Ric-

(c)*Richard.
de S. Germ.
in Chronic.*
cardo (c), che dopo la morte di Celestino IV. prima ancora, che gli fosse data sepoltura, *de Cardinalibus quidam de Urbe fugerunt, & contulerunt se Anagniam.* C'è luogo di sospettare, che in Roma vi fossero non pochi torbidi, nè si trovasse la libertà convenevole per l'elezione del nuovo Papa. Fors' anche temevano essi della pelle. In fatti vacò poi per gran tempo la santa Sede. Nel Dicembre di quest'Anno l'Imperadrice *Isabella*, sorella del Re d'Inghilterra, dimorando in Foggia, morì di parto, e fu seppellita in Andria. Federigo intanto continuava ad aggravar di nuove imposte e taglie i sudditi suoi.

(d)*Roland.
lib.5.cap.5.*
Tentò in quest'Anno *Eccelino* da Romano di torre la bella Terra d'Este al *Marchese Azzo* per tradimento. (d) Per buona ventura s'ebbe sentore del suo trattato, e presi i traditori, che dianzi pareano de'più fedeli della Casa d'Este, cessò il pericolo di quella Terra. Abbiamo da gli Annali vecchi di Mode-

(e)*Annales
Veter. Mu-
tinens.
Tom. XI.
Rer. Italic.*
na (e), che anche i Bolognesi tramarono con alcuni prigioni Modenesi di levar proditoriamente al Comune di Modena il Castello di Bazzano; e già v'erano entrati alcuni d'essi con armi e vettovaglia. Si scoprì la mena, presi furono que'Bolognesi, e da'Modenesi venne ben rinforzato quel Castello. La Cronica di

(f)*Chronic.
Parmense
Tom. IX.
Rer. Italic.*
(g)*Chronic.
Placentin.
Tom. XVI.
Rer. Italic.*
Parma (f) aggiugne, che poscia in questo medesimo Anno seguì Pace fra essi Bolognesi, Modenesi, e Parmigiani: nella qual congiuntura furono rilasciati tutti i prigioni d'amendue le parti. Il Marchese *Oberto Pelavicino* (g), Vicario dell'Imperadore in Lunigiana, distrusse la nobil Terra di Pontremoli. Si riaccese in quest'Anno la lagrimevol discordia civile fra i Nobili

e Poe Popolari della Città di Milano . (*a*) Capo de' primi era Fra Leone *da Perego* dell' Ordine de' Minori, Arcivefcovo allora di Milano : Capo del Popolo era Pagano dalla Torre, la cui Famiglia, che dicono foffe padrona di Valfafina, cominciò in tali congiunture ad acquiftar gran credito in Milano . Infeftavano intanto i Pavefi il diftretto Milanefe . Fu propofto nel Configlio di far ofte contra di loro ; ma effendo così mal d' accordo fra loro, non fi volle muovere il Popolo . Ufcirono bensì i Nobili e nel dì 11. di Maggio ad un Luogo appellato Gineftre vennero alle mani co i Pavefi ; ma furono fconfitti colla morte e prigionia di molti . A quefta funefta nuova Pagano dalla Torre col Popolo in armi andò ad affalire i vittoriofi Pavefi ; li refpinfe fino alle Porte di Pavia ; e tal terrore mife in quella Città, che tofto fi trattò di pace fra i due Popoli rivali . Fu quefta conchiufa colla liberazion de' prigionieri . Circa quefti tempi i Brefciani (*b*) prefero le Caftella di Gavardo, d' Ifeo, e di Vanzago, togliendole a i Veronefi loro nemici . Pare, che Riccardo da S. Germano parli di quefto all' Anno feguente .

Era Volg. Ann. 1241. (a) *Annales Mediolan.* Tom. XVI. *Rer. Italic. Gualvaneus Flamma Manip. Flor. c.274.*

(b) *Malvecius Chron. Brixian.* Tom. XIV. *Rer. Italic.*

Anno di CRISTO MCCXLII. Indizione xv.
Pontificato vacante .
di FEDERIGO II. Imperadore 23.

TROVAVASI defolata la Sede Apoftolica, perchè priva di Pontefice, e perchè nè pure fra que' pochi Cardinali, che vi reftavano, fapeva entrar la concordia . Erano alcuni d' effi ufciti di Roma, gli altri cozzavano l' un contra l' altro ; tutto andava a finire in lafciar vedova la Chiefa . L' Annalifta Pontificio (*c*) rigetta la colpa d' ogni difordine fopra del folo *Federigo* . Ma convien dire, che la Storia di quefti tempi è alterata di troppo dalle paffioni, dalle calunnie, dalle dicerie, che non ci lafciano difcernere la verità di tutte le magagne d' allora, nè di chi foffe il torto in varj cafi di quella maladetta difcordia . Erano pubblici, erano maiufcoli i vizj di Federigo, ed egli capace di tutto ; ma che dalla parte di Roma fempre fi camminaffe diritto e fenza difetto alcuno, fempre con iftrada contraria all' iniquità di Federigo, poco cofta il dirlo . A noi mancano Storici d' allora, che abbiano fenza parzialità ben efaminati i princi-pj e i progreffi di quefte Tragedie, per poterne ben giudicare .

(c) *Raymaundus in Annal. Ecclef.*

Sap-

Era Volg.
Ann.1242
[a] Matth.
Paris Hist.
Angl.
[b] Albertus
Stadenf. in
Chronic.

[c] Richard.
de S.Germ.
in Chronico.
Sappiamo da Matteo Paris [a], e da Alberto Stadenfe [b];
che gran difcordia fi trovava allora fra i Cardinali. Se Federigo n'era in colpa, come può ftare, ch' egli fcriveffe Lettere sì
obbrobriofe a i medefimi, riferite dallo fteffo Rinaldi, colle
quali fieramente gli accufa e ftrapazza, appunto perchè non s'
accordavano ad eleggere un Succeffore di Pietro, e lafciavano in
tanta confufione la Chiefa di Dio? Ma non più. Nel Mefe di
Febbraio, per atteftato di Riccardo da S. Germano [c], Federigo fpedì il gran Maftro dell' Ordine Teutonico, eletto Arcivefcovo di Bari, con un altro perfonaggio *ad Curiam Romanam
pro pace.* Nulla fe ne fece. Per colpa di chi, nol dice la Storia. Mandò ancora a Tivoli nel Mefe d'Aprile i due Cardinali prigioni: il che può far credere, che li lafciaffe anche andare per l'elezion del Papa, ficcome avea permeffo nell'Anno
precedente. Veggendo poi, che non era da fperar pace dalla
Corte di Roma, nel Maggio feguente ripigliò le oftilità. Il Duca di Spoleti per parte dell'Imperadore diede il guafto al territorio di Narni. Altrettanto fecero i Romani a Tivoli, poffeduto allora dall'Imperadore. Dalle milizie d'effo Augufto affediata la Città d'Afcoli, nel Mefe di Giugno cadde fotto il di lui
dominio. Nel qual Mefe venuto egli nella Marca d'Ancona, fi
fermò all'Avenzana fino al Luglio, e pofcia pafsò a dare il guafto a i contorni di Roma. Nell'Agofto fi riduffe in Puglia.
Non iftava in ozio in quefti tempi *Eccelino* da Romano, figno-
reggiante fotto l'ombra dell' Imperadore in Padova, Vicenza,
e Verona. [d] Giacchè non gli era venuto fatto di occupar colla forza la grofsa Terra di Montagnana, appellata dal Monaco
Padovano *populofa* [e], che era del Marchefe d'Efte, ricorfe
ad un altro ripiego. Cioè fpedì colà, o quivi guadagnò de gl'
incendiarj, i quali in una notte del Mefe di Marzo attaccarono
il fuoco in più parti a quella Terra. Il Marchefe ftando nella Rocca d'Efte, di là mirò queft'incendio, e tofto colla fua
gente cavalcò colà per foccorrerla. Ma avvertito, che veniva,
ed era vicino l'efercito di Verona, e fcorgendo che altri fuochi
faltavano fu per Montagnana, s'avvide del tradimento. Perciò
fatto mettere il fuoco nel refto, e prefi feco quanti uomini e
donne e fanciulli potè di quegli abitanti, con efso loro fe ne
tornò ad Efte. S'impofsefsò di quella Terra Eccelino, e ordinò
tofto, che vi fi fabbricafse un Caftello, o vogliam dire una
Fortezza. Chiamato pofcia in aiuto il Conte di Gorizia, fi por-

[d] Roland.
lib. 5. c. 8.

[e] Monach.
Patavinus
in Chron.
Tom. VIII.
Rer. Italic.

tò

tò Eccelino nel feguente Giugno, per far difpetto ad Alberico
fuo Fratello, a dare un fieriffimo guafto al territorio di Trivigi.
Lo fteffo trattamento fece dipoi a quello d'Efte; e tornato a Padova
attefe da lì innanzi a far fabbricare in quella Città un Caftello con
orride ed infernali prigioni, nelle quali col tempo morì ancora
quell'Architetto, ch'egli aveva fcelto per farle ben tenebro-
fe e fcomode a chi per fua disavventura vi capitava. E ben poco ci voleva fotto quel Tiranno a capitarvi. Alcune altre conquifte di Caftella fatte per Eccelino dalla parte di Vicenza,
fi leggono nella Cronica Vicentina di Antonio Godio [a], Autore, che eziandio rapporta le crudeltà commeffe da lui in
quella Città.

PER vendicarfi i Milanefi de'Comafchi, da'quali reftarono
traditi nell'ultima venuta di Federigo ful Milanefe, [b] fecero ofte contra di loro, mettendo a ferro e fuoco il loro diftretto
fino alle porte di Como. Prefero e fmantellarono le Caftella di
Lucino, e di Mendrifio. S'impadronirono di quello di Bellinzona, e gran·danno recarono ad altri Luoghi. Per atteftato di
Riccardo da S. Germano [c], avea Federigo in Puglia e Sicilia
fatto un armamento di cento cinquanta Galee, e venti Vafcelli,
da fpedire contro a i Veneziani, e Genovefi. Per quefto i Veneziani [d] ufcirono in mare con feffanta Galee; ma nulla ebbero da faticare, perchè la flotta Imperiale comandata da An-
faldo Mari Genovefe, s'inviò contra de'Genovefi: nel qual tempo anche il Marchefe Oberto Pelavicino per terra con grande
sforzo nel dì 20. di Giugno venne fino a Porto Venere, ed imprefe poi l'affedio di Levanto. [e] Aveano gli animofi Genovefi già fatto un preparamento di ottantatrè Galee, ed altri Legni minori; e all'avvifo de'nemici tofto imbarcati volarono in
traccia d'effi. Fu precipitofamente levato l'affedio di Levanto;
la flotta di Federigo sfuggì fempre ogni cimento, qua e là ritirandofi, ma infeguita fempre da'Genovefi; e così terminò l'
Anno fenza vantaggio alcuno delle parti. Ma non lieve guadagno fu per la Lega Pontificia, l'aver indotto nell'Anno prefente a forza di danaro *Bonifazio Marchefe* di Monferrato, *Manfredi* Marchefe del Carretto, e i Marchefi di Ceva, a far pace e
lega co i Genovefi, Milanefi, e Piacentini, con obbligarfi que'
Marchefi nelle mani del Legato Apoftolico di abbandonare la
parte dell'Imperadore, di difendere a tutto lor potere la fanta
Chiefa Romana, e di far guerra viva a i nemici d'effa e de,i

fud-

ERA Volg.
ANN.1242.

[a] *Anto-
nius Godius
Chronic.
Tom. VIII.
Rer. Italic.*

[b] *Annales
Mediolan.
Tom. XVI.
Rer. Italic.
Gualva-
neus Flam-
ma Manip.
Flor. c.276.*
[c]*Richard.
de S. Germ.
in Chronic.*

[d]*Dandul.
in Chronic.
Tom. XII.
Rer. Italic.*

[e] *Caffari
Annal. Ge-
nuenf. l. 6.
Tom VI.
Rer. Italic.*

Era Volg.
Ann. 1242.
(a) Chronic.
Placentin.
Tom. XVI.
Rer. Italic.
Chronicon
Bononienfe
To. XVIII.
Rer. Italic.
(b) Chronic.
Parmenf.
Tom. IX.
Rer. Italic.
(c) Malve-
eius Chron.
Brixian.
Tom. XIV.
Rer. Italic.

suddetti Comuni. Secondo la Cronica di Piacenza (a) il Re Enzo Figliuolo di Federigo fece un'irruzione in queſt' Anno nel Piacentino, aſſediò quivi il Caſtello di Roncarello, diede alle fiamme Podenzano, e molti altri Luoghi di quel diſtretto. Andavaſi intanto ſempre più inſinuando, o aumentando in Lombardia il veleno delle fazioni Guelfa e Ghibellina. La Città di Parma dianzi felice, (b) cominciò nell'Anno preſente a provarne i mali effetti, con eſſere venuta meno la concordia fra i Cittadini. Soggiacque al medeſimo pernicioſo influſſo quella eziandio di Breſcia (c), dove ſi formò una fazione appellata de' Maliſardi, per colpa de'quali perdè quella Città molte Caſtella, e nominatamente in queſt'Anno Pontevico, che que' maligni fazionarj diedero al Comune di Cremona.

Anno di CRISTO MCCXLIII. Indizione I.
d' INNOCENZO IV. Papa I.
di FEDERIGO II. Imperadore 24.

(d) Matth.
Paris Hiſt.
Anglor.

ABBIAMO da Matteo Paris, Autore per altro parzialiſſimo di Federigo Imperadore, (d) che eſſo Auguſto fece di gravi iſtanze, premure, e minaccie a i Cardinali, perchè più non differiſſero l'elezione d'un nuovo Pontefice, perchè la lor diſcordia tornava in infamia d'eſſo Auguſto, credendo i Popoli, che per ſuoi intrighi duraſſe cotanto la Sede vacante. Riſpoſero i Cardinali, che ſe gli premeva tanto la pace e il bene della Chieſa, metteſſe in libertà i Cardinali e gli altri Prelati, che teneva in prigione. Liberò Federigo almeno i Cardinali e i Miniſtri Pontificj, con riportarne promeſſa, ch'eſſi efficacemente accudirebbono alla creazione d'un novello Pontefice, e alla pace fra la Chieſa e l'Imperio. Non veggendone egli poi alcun buon effetto, montato in collera con poderoſo eſercito ſi portò verſo Roma, e cominciò a dare il guaſto a i beni de i Cardinali, e de'Nobili Romani. Nella qual congiuntura i Saraceni infedeli preſero Albano, e vi commiſero le maggiori enormità del Mondo, ſpogliando le Chieſe, e riducendo tutti quegli abitanti all'ultimo eſterminio. Allora i Cardinali mandarono a pregar Federigo di deſiſtere, promettendo di provvedere in breve la Chieſa di Dio d'un ſacro Paſtore. Anche i Franzeſi mandarono Ambaſciatori appoſta a i Cardinali con forti iſtanze per la creazione d'un ſommo Pontefice. Tutto ciò

da

da Matteo Paris, il cui racconto non oserei io sostenere per veridico a puntino. Riccardo da San Germano (a), savio Scrittore, la cui Cronica è da dolersi, che finisca nel presente Anno, altro non dice, se non che nel Mese di Maggio Federigo cavalcò a i danni de' Romani; e che poscia alle preghiere de' Cardinali si ritirò da i contorni di Roma; ed aver egli nello stesso Mese rimesso in libertà il Cardinale Vescovo di Palestrina, il quale andò ad unirsi con gli altri Cardinali in Anagni. E' considerabile, che essi Cardinali non in Roma, ma in Anagni, si raunarono per far l' elezione del Papa: segno, che in Roma non doveano godere la libertà necessaria. E certo l' Imperadore non disturbò punto la loro unione in Anagni. Ora finalmente (b) nel dì 24. di Giugno, festa di San Giovanni Batista, o pure nel dì 26. come ha il Continuatore di Caffaro (c) con altri, concorsero i loro voti nella persona di *Sinibaldo Cardinale* di San Lorenzo in Lucina, di nazion Genovese, della nobil Famiglia de' Conti di Lavagna, o sia de' Fieschi, il quale assunse il nome d' *Innocenzo IV.* Scrivono (d), che si fece da i Baroni della Corte dell' Imperadore gran festa per tal' elezione, sapendo che fra il loro Signore e il nuovo Eletto passava molta amicizia; ma che Federigo se ne rattristò con dire, ch' egli avea perduto un amico Cardinale, ed acquistato un Papa nemico. Narra Matteo Paris (e), che esso Imperadore mise delle guardie per terra e per mare, acciocchè non passassero nel Regno le lettere colla nuova dell' esaltazione d' Innocenzo. Più fede è dovuta a Riccardo da San Germano Italiano, da cui sappiamo, che stando Federigo in Melfi, all' avviso del creato Pontefice, (f) *ubique per Regnum laudes jussit Domino decantari*, cioè dapertutto ne fece cantare il *Te Deum*. Inoltre non tardò molto a spedire ad Anagni al Papa l'Arcivescovo di Palermo, Pietro dalle Vigne, e Mastro Taddeo da Sessa a congratularsi, e a trattare *pro bono pacis. A' qua benigne satis recepti sunt, & benignum ad Principem retulerunt responsum.* La Lettera da lui scritta si legge ne gli Annali Ecclesiastici, e in essa nulla si parla dell' Arcivescovo di Palermo. E da un' altra del Papa si scorge, che questi Ambasciatori non furono già ammessi all' udienza del Pontefice: del che fece dipoi querela esso Federigo. Nel Mese d'Agosto segretamente spedito un buon corpo di Romani a Viterbo, quella Città ritornò all' ubbidienza del Romano Pontefice. Entro v'era la guarnigione Imperiale sotto il comando del Conte Simone di Chieti, il quale con tutti i suoi fu assediato nella Fortezza.

ERA Volg.
ANN. 1243.
(a) Richardus de S. Germano in Chronic.

(b) Raynaldus Annal. Ecclef.
(c) Caffari Annal. Genuenf. l. 6. Tom. VI. Rer. Italic.
(d) Ricordan. Malaspina c. 132. Gualvan. Flamma in Manip. Flor.
(e) Matth. Paris Hist. Angl.

(f) Richardus uti sup.

tezza. Benchè il Papa avesse ricuperata una Città, che era sua, pure se l'ebbe a male Federigo, stante l'essere stata fatta cotal novità, mentre durava la tregua, e si trattava di pace. Il perchè raunato un copioso esercito, nel Mese di Settembre personalmente si portò sotto Viterbo, e vi mise l'assedio, sforzandosi colle minaccie, e colle macchine militari, di vincere la costanza de i difensori. Chiaritosi, che nulla v'era da sperare, e tanto più perchè gli furono bruciate le macchine, si contentò di riaver libero il Conte Simone co'suoi, e ritirossi in Toscana a Grosseto. Matteo Paris scrive, che il Conte Simone colla sua brigata fu condotto prigioniere a Roma. Più è da credere in ciò a Riccardo da S. Germano, che a lui. Sul fine d'Ottobre Papa Innocenzo da Anagni si trasferì a Roma, ricevuto con distinti onori dal Senato, e Popolo Romano. Era capitato alla Corte dell'Imperadore *Raimondo Conte* di Tolosa. S'interpose anch'egli per rimettere la buona armonia; e a questo fine andò a Roma nel Mese d'Ottobre a trovare il Papa, *tractans inter ipsum & Imperatorem bonum Pacis:* colle quali parole Riccardo da S. Germano termina la Cronica sua.

CHE il novello Pontefice onoratamente desiderasse la concordia e la pace, si raccoglie dalla spedizione da lui fatta a Federigo (anche prima ch'egli inviasse a Roma i suoi Ambasciatori, [a] *Petrus* se è vero ciò, che narra Pietro da Curbio [a]) di tre Nunzj A-
de Curbio in postolici, cioè di *Pietro da Collemezzo* Arcivescovo di Roano,
Vita Inno- di *Guglielmo* già Vescovo di Modena, celebre per le sue missio-
centii IV. ni in Livonia, e in altri Settentrionali paesi, e dell'Abbate di
Part. I. S. Facondo, spedito in Italia da *Ferdinando Re* di Castiglia per
Tom. III. lavorare all'unione della Chiesa e dell'Impero: i quai tre sug-
Rer. Italic. getti furono nell'Anno appresso promossi al Cardinalato da Papa Innocenzo. Pietro da Curbio stranamente cambia i nomi di questi Nunzj. Conteneva l'istruzione loro data, che il Pontefice sospirava la Pace; che Federigo rimettesse in libertà il restante de'Prelati e Laici fatti prigioni nelle Galee; che pensasse alla maniera di soddisfare intorno a i punti, per li quali era stato scomunicato; che anche la Chiesa, se mai qualche ingiuria avesse a lui fatta, era pronta a ripararla, esibendosi di rimettere l'esame di tutto in Principi Secolari ed Ecclesiastici; e finalmente, che voleva inchiusi nella Pace tutti gli aderenti alla Chiesa Romana. Ciò che precisamente rispondesse Federigo, non è ben chiaro, se non che da una Lettera del Papa apparisce;

ch'

ch'egli mife in campo varie querèle e doglianzé contra del Papa,
le quali fi leggono ne gli Annali Ecclefiaftici, e a tutte favia-
mente rifpofe Papa Innocenzo. In fomma andarono in fafcio
tutte le fperanze della Pace, e fi tornò a fare preparamenti di
guerra. Di grandi veffazioni ebbe in Roma il Pontefice Innocenzo da i Mercatanti Romani, che aveano preftate al defunto
Papa Gregorio IX. feffanta mila Marche d'argento, e voleano
effere foddisfatti. Continuava intanto la guerra nella Marcha
di Trivigi, o fia di Verona. [a] Ricciardo Conte di S. Bonifa- [a] Paris
zio co i Mantovani conquiftò Gazo, Villapitta, e S. Michele, *de Cereta
Chronic.* Caftella de' Veronefi. Ma *Eccelino* co' Padovani, Vicentini, e *Veronenf.*
Veronefi venne all'affedio del Caftello di S. Bonifazio, fpettan- *Tom. VIII.
Rer. Italic.* te ad effo Conte [b]. V'era dentro il di lui Figliuolo Leonifio [b]Roland.
fanciullo, Nipote dello fteffo Eccelino. S'interpofero perfone *lib.5.c.11.*
religiofe ed amici comuni per l'accordo, e fu conchiufo di rila-
fciar quel Caftello ad Eccelino, e che Leonifio con tutti i fuoi
fe ne ufciffe libero: il che fu efeguito. Fece Eccelino di molte
carezze e regali al giovinetto, che era fuo Nipote, e lafciollo
ire con ficurezza, dove gli piacque. Sotto mendicati pretefti in
queft'Annno effo Eccelino nel dì 4. di Giugno nella pubblica
Piazza di Padova fece decapitare Bonifazio Conte di Panego,
nobile Veronefe di gran riguardo: il che fu di gran dolore e
terrore al Popolo Padovano, perfuafo che il Tiranno aveffe levato di vita un innocente. Parimente in Verona per ordine
fuo [c] furono atterrate le cafe e torri di varj Nobili, ch'egli [c] *Monac.
Patavinus
in Chron.* chiamava traditori; ed alcuni ne fece anche morir ne'tormenti, prendendo con ciò maggior baldanza contra de'Nobili e
Plebei. Perchè i Bolognefi non offervarono i patti giurati nel
precedente Anno, col non rilafciare i prigioni di Parma [d], [d] *Chron.
Parmenfe
Tom. IX.
Rer. Italic.* anche i Parmigiani ritennero i prigioni Bolognefi, e li ferrarono
in uno fteccato di legno fatto preffo le mura della Città, con
farli ftare a ciel fereno. Entrò in queft'Anno oftilmente nel ter-
ritorio di Milano [e] *Arrigo*, o fia *Enzo Re* di Sardegna, Fi- [e]*Chronic.
Placentin.
Tom. XVI.
Rer. Italic.
Annales
Mediolan.
Tom. XVI.
Rer. Italic.
Gualvan.
Flamma
Manipul.
Flor.* gliuolo naturale di Federigo Imperadore, per impedire, che il
Comune di Milano non fabbricaffe la Motta di Marignano, che
era un'alzata di terra fatta a mano per fabbricarvi fopra un Ca-
ftello. Accampoffi in Sairano. Allora con tutte le forze loro
vennero i Milanefi, e il coftrinfero a ritirarfi con poco gufto e
molta vergogna. In lor foccorfo avea fpedito il Popolo di Pia-
cenza fecento cavalieri, che ftettero a Lodi vecchio. Per que-

sta cagione Enzo co i Pavesi passato il Po sopra un Ponte fabbricato ad Arena, calò addosso al Piacentino, e vi bruciò molti Luoghi. Fiera carestia afflisse in quest'Anno la Lombardia, di modo che i poveri si ridussero a mangiar erbe. Innocenzo IV, circa questi tempi concedette a Piacenza il Privilegio dello Studio generale. Crebbe ancora in quest'Anno il partito della Chiesa, (a) Caffari Annal. Genuens. Tom. VI. Rer. Italic. perchè la Città di Vercelli (a) per maneggio di *Bonifazio Marchese* di Monferrato, staccatosi da Federigo, entrò nella Lega di Lombardia. L'esempio suo servì ad indurre il Comune di Novara a fare altrettanto. Con grosso esercito andarono intanto i Genovesi a mettere l'assedio alla tuttavia ribelle Città di Savona, e cominciarono a tormentarla co i mangani e trabucchi. Si raccomandarono con calde lettere i Savonesi al Re Enzo, e spedirono anche all'Imperador Federigo, che si trovava allora nelle parti di Pisa, implorando soccorso. Mise Enzo insieme un'Armata di Pavesi, Alessandrini, Tortonesi, ed altri Popoli, e marciò fino alla Città d'Acqui; ma inteso, che i Genovesi non solamente non moveano piede, ma ogni dì più rinforzavano il loro esercito, non passò oltre, e licenziò l'armamento, contuttochè avesse ordine da Federigo di fare ogni sforzo per soccorrere Savona. Anche i Pisani ad istanza d'esso Imperadore uscirono in mare con ottanta Galee, vantandosi di voler fare di molte prodezze. A questo avviso i Genovesi, lasciato l'assedio di Savona, se ne tornarono alla lor Città, per quivi preparare un potente stuolo di Galee da opporre a gli sforzi nemici. Fecero i Pisani bella mostra da lungi delle lor forze; ma al primo comparir della Flotta Genovese voltarono le prore, contenti d'aver salvata Savona.

Anno di CRISTO MCCXLIV. Indizione II.
d'INNOCENZO IV. Papa 2.
di FEDERIGO II. Imperadore 25.

AH maladetta discordia! Che fiere calamità soffrisse in questi tempi la Cristianità per quella, che bolliva tra l'Imperadore e la Chiesa, non si può abbastanza dire. Orrendi, indicibili furono i danni recati da i Tartari Comani alla Polonia, Stiria, Ungheria, ed altre Provincie Cristiane, senza che niun potesse mettere freno all'empito e alla barbarie di quegl'infedeli.

li. Graviffimi altri malanni patì la Criftianità d' Oriente, per- Eaa Volg.
Ann.1244.
chè le fu di nuovo tolta la fanta Città di Gerufalemme con iftra-
ge d' infiniti Criftiani. La Città d' Accon, o fia d' Acri, che
dianzi s' era ribellata all' Imperador *Federigo*, cominciò a provar
le fcorrerie de' Maomettani fino alle fue porte. L' imperio de'
Latini in Coftantinopoli era già ridotto al verde; e in Lombardia s' andava dilatando l' Erefia de' Paterini, e crefcevano le guerre con tutti i lor funefti effetti. Per foftenere intanto i fuoi impegni, il Papa con ifpedir Collettori voleva danari, e non pochi,
da tutte le Chiefe della Criftianità, e bifognava darne. Più
fpietatamente *Federigo* anch' egli fcannava i fuoi Popoli, e maffimamente gli Ecclefiaftici con impofte e gravezze continue.
Perciò una gran mormorazione dapertutto fra i Criftiani s' udiva,
fpezialmente contra d' effo *Federigo*, il quale in vece d' impiegar
le fue forze [al che era tenuto] contra de' nemici del nome Criftiano, le rivolgeva contro la Chiefa fua Madre. E quì
la gente s' empieva la bocca de' fuoi perverfi coftumi: (*a*) ch' (a) Matth.
Paris Hift.
Anglic.
egli non afcoltava mai Meffa [e pure uno de' fuoi delitti fu l' a-
ver forzato dopo la fcomunica i Preti a dirla in fua prefenza];
che non avea venerazione alcuna per le perfone Ecclefiaftiche;
parlava poco fanamente della Religion Criftiana; teneva per
fue concubine donne Saracene, con altri reati, i quali fe non tutti, per la maggior parte almeno erano fondati ful vero. All' incontro Federigo rigettava la colpa del non potere accudire a i bifogni della Criftianità fulla Corte di Roma, che gli facea quanta guerra potea, e tutto dì andava fottraendo all' ubbidienza
di lui le Città d' Italia, anfiofa folamente della di lui rovina;
nè poter egli accorrere altrove coll' armi, da che per la fua andata in Oriente poco era mancato, che il Papa non gli aveffe
occupati tutti i fuoi Stati d' Italia. Pare nulladimeno, che in
queft' Anno veniffe un buon raggio di faviezza a calmare il di
lui turbolento animo. Mentr' egli era ad Acquapendente, (*b*) (b) Petrus
de Curbio
Vita Inno-
centii IV.
cap. 9.
gli fpedì Papa *Innocenzo IV. Ottone Cardinale* Vefcovo di Porto,
fuo amico, per indurlo alla pace. Gliel aveva anche inviato l'
Anno innanzi, allorchè egli facea l' affedio di Viterbo. Federigo moftrando pur voglia d' accordo, inviò anch' egli a Roma il
Conte di Tolofa, Pietro dalle Vigne, e Taddeo da Seffa con
plenipotenza per lo fofpirato da tutti aggiuftamento colla Chie-
fa. Matteo Paris (*c*) rapporta l' intero Atto di tutto quello, (c) Matth.
Paris Hift.
Angl.
ch' egli accordava sì per la foddisfazion della Chiefa, come pel

per-

Era Volg.
Ann.1244 perdono e per le ficurezze da darfi a tutte le Città aderenti al Papa, e per la reftituzion de gli Stati della Chiefa . Si mettevà già per fatta la Pace, perchè nel Giovedì fanto nella Piazza del Laterano i fuoi Ambafciatori giurarono alla prefenza del Papa, de' Cardinali, di *Baldovino Imperador* di Coftantinopoli venuto a Roma, e di tutto il Senato e Popolo Romano, i capitoli del fuddetto accordo. Ma che? partiti gli Ambafciatori, inforfe fubito un puntiglio . Voleva il Papa, ch'egli reftituiffe tofto le Città della Chiefa, e deffe la libertà a i prigioni: il che fatto, riceverebbe l'affoluzion dalla fcomunica . Pretendeva all' incontro Federigo II. che doveffe precedere l'affoluzione; nè volendo Roma accordar quefto punto, ecco lo fpirito della fuperbia invadere di nuovo il cuor di Federigo, e farlo recedere dal già conchiufo accordo. Studioffi egli di guadagnar fotto mano il Pontefice con ricercare una di lui Nipote per Moglie del Re *Corrado* fuo Figlio (*a*); ma Innocenzo, che preferiva al fuo proprio onore e vantaggio quel della Chiefa, moftrò di non difprezzare l'offerta, ma fi tenne forte in foftenere gl'intereffi del Pontificato, e in guardarfi da gl'impegni e dalle infidie d'un Imperadore, di cui la fperienza troppo avea moftrato quanto poco fi dovea fidare.

(a) *Vita Innocentii IV. cap.* 11. *P.I.Tom.*3. *Rer. Italic.*

ESSENDO ridotto a sì fcarfo numero il Collegio de' Cardinali, Papa Innocenzo ne creò dodici nel Sabbato fra l'Ottava della Pentecofte. Pofcia nel dì 7. di Giugno ufcito di Roma andò a Cività Caftellana, e di là a Sutri. Non fi vedeva egli ficuro nè in Roma, nè fuor di Roma, perchè la maggior parte delle Città della Chiefa erano occupate da Federigo; ed avea che fare con un nemico, le cui arti e il cui cattivo umore davano da fofpettare o temere a tutti. Conofceva in oltre, che fenza effere in paefe di libertà, non fi potrebbe mai domare l'alterigia di Federigo.

(b) *Caffari Annali Ge nuenf. l.*6. *Tom. VI. Rer. Italic.*

Per quefto fpedì fegretamente a Genova (*b*) un Frate Minore ad Obizzo del Fiefco fuo Fratello, e a Filippo Visdomino da Piacenza Podeftà di quella Città, rapprefentando loro i pericoli, ne' quali fi trovava, e pregandoli di venire a prenderlo con una fquadra di Galee. Ne armarono tofto i Genovefi ventidue, oltre ad altri Legni, e fopra d'effe imbarcatofi lo fteffo Podeftà con Alberto, Jacopo, ed Ugo Nipoti del medefimo Papa, nel dì 27. di Giugno arrivò a Cività Vecchia. Fattolo tofto fapere al Pontefice, egli nella notte feguente con pochi familiari, confapevoli della fua intenzione, falito a cavallo, per difaftrofe ftrade e per bofchi,

fi con-

si condusse sano e salvo a Civltà Vecchia nel dì seguente; e po- ERA Volg.
scia nella Festa de'Santi Pietro e Paolo entrato in nave col solo ANN.1244.
Cardinal Guglielmo suo Nipote, ed altri pochi di sua famiglia,
fece sciogliere le vele al vento, e nel dì 7. di Luglio felicemente
pervenne a Genova, dove con incredibil festa e magnificenza d'
apparato fu accolto da'suoi nazionali. Gli altri Cardinali, a riserva di quattro, il seguitarono per terra, e andarono ad aspettarlo a Susa. Udita questa inaspettata partenza del Papa, Federigo, che soggiornava allora in Pisa, rimase estatico; e scorgendo bene, dove andava a parare la determinazion del Pontefice,
allora fu, che spedì di nuovo il Conte di Tolosa con Lettere,
nelle quali si maravigliava forte della risoluzione da lui presa, con esibirsi nondimeno prontissimo a far quanto egli voleva. Il Conte andato a Savona, di là significò il tutto a Papa
Innocenzo; ma senza frutto, perchè il Pontefice tante volte
deluso dalle promesse e parole di Federigo, volle continuar
il suo viaggio alla volta di Lione, dove avea già determinato di
fermarsi. Infermatosi il Pontefice in Genova, appena alquanto
si riebbe, che nè pure giudicandosi sicuro nella Patria, dove
stavano i Mascherati fazionarj dell'Imperadore, fattosi portare
in letto, passò a Varragine (*a*), ed indi a Stella, dove *Man-* (a) *Petrus*
fredi Marchese del Carretto l'accolse con una copiosa mano d'ar- *de Curbio Vita Inno-*
mati per maggior sua sicurezza, perchè non mancavano insidie *centii IV.*
e nemici in quelle parti. Cadde quivi di nuovo malato, e si *cap.15. P.I.T.III.*
dubitò di sua vita; migliorato, e scortato dal Marchese di *Rer. Italic.*
Monferrato arrivò ad Asti nel dì 6. di Novembre, e vi trovò
le porte chiuse, perchè quel Popolo teneva per l'Imperadore;
ma non passò molto, che vennero a dimandargli perdono di
quest'ingiuria. Giunto nel dì 12. del suddetto Mese a Susa,
ebbe la consolazione di trovar otto Cardinali, che quivi l'aspettavano; e con essi non senza gravi incomodi valicate l'Alpi,
felicemente nel dì 2. di Dicembre giunse a Lione, ricevuto onorevolmente da quel Popolo. In essa Città piantò la sua Corte,
alla quale cominciò a concorrere un'infinità di gente da tutte le
parti. Pieno intanto di rabbia Federigo fece chiudere i passi,
affinchè non passassero uomini e danari dall'Italia in Francia: il
che servì a maggiormente screditarlo, qual manifesto persecu-
tor della Chiesa. Scrive Matteo Paris (*b*) una particolarità, (b) *Matth. Paris Hist. Angl.*
della cui verità si può forte dubitare. Cioè, che per li maneg-
gi del Papa, de'Milanesi, e d'altri Italiani, e Tedeschi, fu
pro-

propoſto in Germania d' eleggere in Re il Langravio di Turingia. Penetrataſi queſta mena da Federigo, occultamente ſi traſferì egli in Germania, ed abboccatoſi con eſſo Langravio, e re-
galatolo ben bene, il fece tutto ſuo, e poi ſegretamente ſe ne
ritornò in Italia. Lo creda chi vuole. Di ciò riparleremo anche
nell'Anno ſeguente. Certo bensì è, che ſi ſtaccarono in queſt'
Anno da eſſo Federigo le Città d'Aſti e di Aleſſandria, ed altri Luoghi, con aderire alla Lega di Lombardia, tutta impegnata a favorire il Papa. Nel paſſaggio ancora che fece Papa Innocenzo per gli Stati di *Amedeo Conte* di Savoia, tirò nel ſuo partito quel Principe con dargli in Moglie una ſua Nipote, e concedergli in dote le Caſtella di Rivoli e di Vigliana colla Valle di
Suſa, che erano del Veſcovato di Torino, e dichiararlo ſuo Vicario ſopra tutta la Lombardia. Così ſcrive l'Autore Anonimo
de gli Annali Milaneſi (a), con cui va concorde Galvano Fiamma (b). Tutto ciò nondimeno merita eſame, da che il Guichenone (c) non riconoſce, che queſto Principe prendeſſe in Moglie
alcuna Nipote del Papa. Forſe gli fu ſolamente promeſſa, ed
altro non ne ſeguì dipoi. O pure ſi parla di *Tommaſo Conte* di
Savoia, che poi nel 1251. ſposò veramente una Nipote d' eſſo
Papa. Intanto noi ſappiamo di certo, che Papa Innocenzo paſsò molto tranquillamente nell'Anno preſente per la Moriena,
e per altri paeſi del Conte di Savoia: il che ci porge ſufficien-
te indizio dell'eſſer egli entrato nel partito del Papa. Ciò non
conobbe il Guichenon, il quale appoggiandoſi in gran copia di
racconti di Storici moderni, non può ſovente appagar in tutto
l'animo de i Lettori, deſideroſi di più ſodi fondamenti. Riuſcì in queſt'Anno a Ricciardo Conte di San Bonifazio, ad *Az-*
zo VII. Marcheſe d' Eſte, e al Popolo di Mantova, (d) dopo
lungo aſſedio di prendere e dirupare il Caſtello d'Oſtiglia, che
era de'Veroneſi, Caſtello riguardevole, perchè munito di belle
e forti mura, di alte torri, e grandi foſſe, e difeſo da un lato
dal Po. Fece varj tentativi Eccelino da Romano per diſturbar
quell'aſſedio, o per ſoccorrere quella Terra; ma non potè im-
pedirne la perdita e rovina.

(a) *Annales*
Mediolan.
Tom. XVI.
Rer. Italic.
(b)*Gualva-*
neus Flam-
ma Manip.
Flor. c.278.
(c) *Guiche-*
non Hiſtoire
de la Maiſ.
de Savoye
Tom. I.

(d)*Roland.*
l. 5. c. 12.
Paris de
Cereta An-
nal. Veron.
Tom. VIII.
Rer. Italic.

Anno di CRISTO MCCXLV. Indizione III.
d' INNOCENZO IV. Papa 3.
di FEDERIGO II. Imperadore 26.

DIMORANDO in Lione *Innocenzo* fommo Pontefice, avea
nel Natale dell'Anno precedente intimato il Concilio Generale da tenerfi in effa Città nella Fefta di San Giovanni Batifta
dell'Anno prefente (*a*): al qual fine fpedì le Lettere d'invito per
tutta la Criftianità, con aver citato l'Imperador Federigo a com-
parirvi o in perfona, o per mezzo de' fuoi Proccuratori. Arrivò
pofcia a Lione il Patriarca d'Antiochia, inviato da effo Federigo
con altri fuoi Ufiziali, moftrando premura di ripigliare il trattato di Pace. I Documenti prodotti dal Rinaldi (*b*) ci afficurano,
che Innocenzo IV. con animo paterno condifcefe, purchè Federigo prima del Concilio reftituiffe la libertà a i prigionieri, e rendeffe le Terre della Chiefa, e fi faceffe compromeffo nel Papa fteffo per le differenze de i Lombardi con effo Imperadore. Tornoffene il Patriarca a Federigo per informarlo del negoziato. Ma
bifogna ben dire, che quefto Principe foffe invafato da una cieca
alterigia, e con una ftrana politica conduceffe i proprj affari.
Niuna rifpofta fu data al Papa, e fi giunfe finalmente fenza conclufione alcuna al General Concilio di Lione, fe non che egli prima fpedì colà l'Arcivefcovo di Palermo, e Taddeo da Sefla fuo
Avvocato, acciocchè fofteneffero le ragioni fue. Che v'inviaffe
anche Pietro dalle Vigne, lo fcrive Rolandino (*c*), da cui parimente intendiamo, che ful fine di Maggio effo Imperadore venne
a Verona, ed ivi tenne un gran Parlamento, al quale intervon-
nero l'Imperador di Coftantinopoli, il Duca d'Auftria, e i Duchi di Carintia e Moravia. Dopo molti ragionamenti e confulti
continuati per più dì, niuna rifoluzione fu prefa, fe non che Federigo moftrando intenzione di trovarfi perfonalmente al Concilio di Lione, con quefta apparenza andò fino in Piemonte. Nelle prime feffioni del Concilio, compofto di più di cento quaranta
tra Patriarchi, Arcivefcovi, e Vefcovi, furono propofti dal Papa i reati di Federigo; nè mancò Taddeo da Sefla di addurre
per quanto feppe le giuftificazioni del fuo Padrone, rifpondendo
a capo per capo. Il Vefcovo di Carinola, o pur di Catania, come ha la Cronica di Cefena (*d*), e un Arcivefcovo Spagnuolo, fecero un ampio racconto de i coftumi e della vita di Federigo, con-
chiu-

Marginal notes:
ERA Volg.
ANN.1245.

(a) *Petrus
de Curtio
Vita Innoc.
IV. Part. I.
Tom. III.
Rer. Italic.*

(b) *Raynau-
dus Annal.
Ecclefiaft.*

(c) *Roland.
lib. 5. c 13.*

(d) *Chronic.
Cefen
Tom. XIV.
Rer. Italic.*

Era Volg.
Ann.1245.
[a] Matth.
Paris Hift.
Anglor.
chiudendo, ch'egli era un Eretico, un Epicureo, un Ateifta : a1 che Taddeo rifpofe con forza, pretendendole tutte calunnie [a]; e in oltre chiefe una dilazione per l'avvifo pervenutogli, che l'Imperadore intendeva di venire in perfona al Concilio per giuftificarfi ; o pure perchè il medefimo Taddeo fi lufingava di farlo venire. Si ftentò ad ottenere dal Papa la dilazion di due fettimane; ma Federigo non comparve mai, forfe credendo l'andata fua o pericolofa alla fua dignità, o fuperflua, ovvero perchè lo fpirito dell'umiliazione non era mai entrato, nè fapeva entrare in quel cuore. Non imitò già egli l'Avolo fuo Federigo, perchè non albergava in lui quella Religione nè quel fenno, che l'altro moftrò.

[b] Raynau-
dus Annal.
Ecclef.
Caffari
Annal. Ge-
nuenf.lib.6.
Tom. VI.
Rer. Italic.
Perciò nel dì 17. di Luglio Papa Innocenzo [b] nel Concilio, dopo aver premeffo i delitti principali di Federigo, profferì la fentenza di fcomunica contra di lui, e il dichiarò decaduto dall'Imperio, e da tutti i Regni, con affolvere i fudditi dal giuramento di fedeltà. Taddeo da Seffa con gli altri Proccuratori fuoi compagni, che già avea proteftato contra di tal fentenza, ed appellato al futuro Concilio, fe n'andò tofto a portar la nuova a Federigo, il quale, fecondo Matteo Paris, fremendo di fdegno e di rabbia, fcoppiò in alcune ridicolofe fgarate; e dopo non molto fcriffe dapertutto atroci e velonofe Lettere contra del Papa, le quali maggiormente fervirono a fargli perdere il concetto di vero Criftiano. Rivolfe pofcia il fuo fdegno contra de' Milanefi, perchè informato, qualmente il Pontefice movea tutte le ruote in Germania, per far eleggere un nuovo Re, e già convenivano i voti di molti di que' Principi, disguftati di Federigo, nella perfona di *Arrigo* Langravio di Turingia, feppe ancora, che effi Milanefi con gli altri della Lega di Lombardia aveano fpedito i lor Deputati ad animar quel Principe a prendere la Corona, colla promeffa di affifterlo con tutte le loro forze.

VENUTO dunque da Torino l'Imperadore a Pavia, ufcì in campagna contra d'effi Milanefi, e da un'altra parte li fece affalire anche dal *Re Enzo* fuo Figliuolo. Se vogliam preftar fede a Matteo Paris, fuccedette una fiera e fanguinofa battaglia fra l'Armata d'Enzo, e quella de' Milanefi, e dall'una e dall'

[c] Annal.
Mediolan.
Tom. XVI.
Rer. Italic.
Gualvan.
Flamma
Manipul.
Flor.
altra parte però innumerabil gente, colla peggio nondimeno de' fecondi. Non la raccontano così gli Storici di Milano [c]; e fi può credere, che favolofo fia in parte, ciò, che narra il fuddetto Storico Inglefe. Secondo i Milanefi, moffe Federigo l'efercito da Pavia; ed entrato nel territorio di Milano, diftruffe il Moni-

fte-

ſtéro di Morimondo. Nel dì 21. d'Ottobre ſi accampò ad Abbia-
te ſulla riva del Ticino, volendo pur paſſare quel Fiume ; ma
venutagli incontro ſull'oppoſta riva l'Armata de' Milaneſi, quivi ſtettero per ventun giorno i campi nemici ſenza alcuna azione. Tentò eziandio Federigo di paſſare il Ticinello a Buffalora;
ma gliel impedirono i Milaneſi, co' quali era Gregorio da Montelungo Legato Pontificio. Lo ſteſſo gli avvenne a Caſteno. In
queſto mentre con altro eſercito cioè co i Bergamaſchi e Cremoneſi il Re Enzo paſsò all'improvviſo il Fiume Adda vicino a Caſſano, ed arrivò a Gorgonzuola. Accorſero a quella parte due
delle Porte di Milano ſotto il comando di Simone da Locarno, e
vennero alle mani col Re Enzo, nè ſolamente sbaragliarono il
di lui eſercito, ma fecero anche lui prigione, benchè il ſuddetto Simone, dopo averne ricavato il giuramento di non mai più
entrare nel diſtretto Milaneſe, il rimetteſſe in libertà. Perciò
Federigo ſi ritirò a Pavia, e andoſſene poi a paſſare il verno
in Toſcana a Groſſeto. Avrei creduta miſchiata qualche favola
in queſt' ultimo racconto, ſe l'antica Cronica di Reggio non me
ne aveſſe accertato colle ſeguenti parole [a]: *Enzus Imperato-*
ris filius ſupra Taleatam Addæ cum Reginis, Cremonenſibus, &
Parmenſibus ivit. Et ceperunt Gorgunzolam, ad cujus aſſedium
captus fuit Rex, & recuperatus per Populum Reginum & Par-
menſem. Aſcoltiamo ora il Continuatore di Caffaro, Autore allora vivente [b]. Narra egli, che Federigo nella Primavera venuto da Piſa a Parma; andò poſcia a Verona, e ſpedì un gagliardo eſercito contra de' Piacentini, nel territorio de' quali ſi fermò
più d'un Meſe, dando il guaſto dapertutto, ſenza che quel Popolo ſi moveſſe punto dalla fedeltà verſo la Chieſa. Fingendo
poſcia di voler paſſare al Concilio di Lione, venne a Cremona e
a Pavia, e di là ad Aleſſandria. Gli portarono gli Aleſandrini
le chiavi della Città, e gli ſottopoſero tutte le loro Caſtella.
Di là paſsò a Tortona: del che ingeloſiti i Genoveſi inviarono
toſto delle buone guarnigioni alle lor Caſtella di Gavi, Palodi,
e Ottaggio di quà dall'Apennino. Andarono ad incontrar Federigo i Marcheſi di Monferrato, di Ceva, e del Caretto, con ritirarſi dalla Lega di Lombardia, e far lega con lui. Galvano
Fiamma aggiugne [c], avere altrettanto fatto il Conte di Savoia. Nel Meſe poſcia di Ottobre con potente eſercito uſcì a i
danni de' Milaneſi, i quali con grandi forze il fermarono virilmente al Ticinello, nè il laſciarono mai paſsare. In aiuto d'eſ-

fi Milanefi il Comune di Genova inviò cinquecento baleftieri. Perciò veggendo Federigo inutili i fuoi sforzi, nel dì 12. di Novembre congedò l'Armata, e se n'andò a Grofseto. Di niuna confiderabile e fanguinofa battaglia in effi Annali Genovefi, e in altri, fi trova menzione; e però dovette la fopradetta effere cofa di poco momento. Abbiamo dalla Cronica Piacentina (a), che il Comune di Piacenza fpedì ducento cavalieri in foccorfo de' Milanefi al Ticinello, e che entrato il Re Enzo co i Cremonefi ed altri Popoli ful Piacentino, arrivò fin preffo alla Città, e brucciò lo Spedale di Santa Spirito, e portò via la campana di S. Lazzaro. In queft' Anno ancora dalla Città di Parma Federigo fece fcacciare Bernardo della nobil Cafa de' Roffi, perchè parente del Papa, con diftrugger anche le di lui cafe. In tal congiuntura (b) ufcirono parimente di Parma le nobili Famiglie de' Lupi, e de' Correggiefchi, perchè erano di fazione Guelfa, ed imparentati anch' effi colla Cafa de' Conti Fiefchi. Impadreniffi in queft' Anno (c) Eccelino da Romano delle Caftella di Anoale e di Meftre, e vi fece fabbricar de i Gironi fpezie di Fortezze ufate in que' tempi. Le tolfe a i Trivifani, a' quali ancora ful finire dell' Anno fu occupato Caftelfranco da Guglielmo da Campo S. Piero. Anche dalla Città di Reggio (d) per ordine del Re Enzo furono cacciati e banditi i Roberti, quei da Fogliano, i Lupifini, i Bonifazj, quei da Palude, ed altri di fazione Guelfa, infieme co i Parmigiani, che s' erano ritirati in quella Città. Vedremo, che anche Tommafo da Fogliano Reggiano era Nipote di Papa Innocenzo IV. Aggiungono gli Annali vecchi di Modena (e), che in Reggio ne' primi giorni dell' Anno vennero all' armi i Guelfi e Ghibellini; e che nel dì 3. di Luglio fi tornò a combattere; ma entrate Simone de' Manfredi, e Mariane de' Bozizi con gran gente, ed uniti col Popolo, ne cacciarono fuori i Roberti, e gli altri Guelfi. Parimente da Verona furono forzati ad ufcire quei, che vi reftavano di fazione Guelfa, e quefti fi ricoverarono a Bologna. In effi Annali finalmente fi legge, che anche la Città di Firenze fi moffe a rumore, e toccò a i Guelfi di abbandonar la Patria: tutto per opera e maneggio di Federigo. Secondo Ricordano Malafpina (f), quefta novità di Firenze pare fucceduta folamente nell' Anno 1248. Tolomeo da Lucca (g) di ciò parla all' Anno 1247. e va con lui d'accordo la Cronica di Siena (h). Ma è da preferire Ricordano, del cui parere fono ancora altre Storie. L'Ammirato differifce fino al 1249. l'ufcita de' Guelfi da quella Città.

Ann.

(a) Chronic. Placentin. Tom. XVI. Rer. Italic.

(b) Chronic. Parmenf. Tom. IX. Rer. Italic.

(c) Roland. lib. 5. c. 15.

(d) Memoriale Poteft. Regienf. Tom. VIII. Rer. Italic.

(e) Annales Veteres Mutinenfes Tom. XI. Rer. Italic.

(f) Ricordano Malafpin. Stor. Fiorent. cap. 137.

(g) Ptolem. Lucenf. Annal. brev.

(h) Chronic. Senenfe Tom. XV. Rer. Italic.

Anno di CRISTO MCCXLVI. Indizione IV.
d'INNOCENZO IV. Papa 4.
di FEDERIGO II. Imperadore 27.

DI gran maneggi avea già fatto il Pontefice *Innocenzo* co i Principi della Germania, affinchè si venisse all'elezione d'un nuovo Re, senza nè pure avere riguardo a *Corrado* Figliuolo di *Federigo*, che non era nè scomunicato nè deposto. Alieni da questa risoluzione essendosi trovati il Re di Boemia, i Duchi di Baviera, Sassonia, Brunsvich, e Brabante, e i Marchesi di Misnia e di Brandeburgo : (*a*) ne scrisse loro il Papa Lettere efficaci. Tanto innanzi andò l'affare, che finalmente fu eletto Re *Arrigo Langravio* di Turingia da gli Arcivescovi di Magonza, di Colonia, e di Treveri, e da alcuni altri Principi (*b*) : nuova che sommamente rallegrò il Papa per la conceputa speranza, che col braccio di questo Principe egli schianterebbe Federigo, e tutta la sua Casa. Mandò *Filippo Vescovo* di Ferrara per suo Legato in Germania con un buon rinforzo di danari al Re novello, e con ordine di forzar tutti gli Ecclesiastici a riconoscerlo per tale. Scrisse parimente a i Principi Secolari, pregandoli, ed esortandoli a far lo stesso, con dispensar loro per questo l'Indulgenza plenaria di tutti i loro peccati. Volle in oltre, che i soldati del nuovo Re prendessero la Croce, e godessero di tutte le Indulgenze ed Immunità, come se andassero a militare contro a i Turchi e a gli altri Infedeli : il che servì di cattivo esempio per li tempi susseguenti col vedersi la Religione servire alla Politica. Intanto il Re Corrado, Figliuolo di Federigo, alla cui rovina ancora tendeva tutta questa novità, raunato un forte esercito, marciò alla volta di Francoforte, per disturbar la Dieta, che ivi dovea tenere il Langtavio. (*c*) Venuto alle mani coll'Armata del nemico Re, ne restò totalmente disfatto, di maniera che si giudicava come ridotto a fuggirsene in Italia, se il Duca di Baviera non avesse imbracciato lo scudo per lui. Furono creati nello stesso tempo dal Pontefice due Cardinali Legati acciocchè facessero un'Armata, e commovessero la Puglia e Sicilia contra di Federigo (*d*). E perciocchè occorrevano di grandi spese per sostenere sì strepitosi impegni, s'imposero alle Chiese di Francia, Italia, Inghilterra, e d'altri paesi, non poche gravezze, per cagion del-

Mm 2 le

Marginal notes:
Era Volg.
Ann.1246.

(a)*Raynaudus Annal. Eccles.*

(b)*Albert. Stadensis in Chronic.*

(c)*Monach. Patavinus in Chronic. Tom. VIII. Rer. Italic.*

(d)*Raynaudus Annal. Eccles.*

Era Volg.
Ann. 1246.
(a) Matth.
Paris Hist.
Angl.
le quali ufcirono poi molte doglianze de gl' Inglefi, riferite da Matteo Paris (a), effendo ben probabile, che anche gli Eccle-fiaftici de gli altri paefi fi lamentaffero forte, che il loro da-naro aveffe da fervire in ufo tale. In fatti fi cominciarono va-rie congiure contra di Federigo nella Puglia. Ne erano Autori Teobaldo Francefco, Pandolfo Riccardo, la Cafa de' Conti di S. Severino, ed altri non pochi Baroni. Per atteftato del Conti-

(b) Caffari
Annal. Ge-
nuenf. l. 6.
Tom. VI.
Rer. Italic.
nuatore di Caffaro (b) la volevano anche contra la vita d'effo Im-peradore. Fu in quefti tempi, o pure molto più tardi, come al-tri vogliono, i quali fembrano più veritieri, che anche Pietro dalle Vigne, Gran Cancelliere di Federigo, e fuo Favorito in addietro, cadde dalla fua grazia. Chi fcriffe, perchè trovato, che aveffe parte nelle fuddette congiure; chi perchè nel Con-cilio di Lione non articolaffe parola in favore del fuo Padrone; chi perchè l'avefe voluto avvelenare: del che fu convinto. De i fegreti de i Principi ognun vuol dire la fua. Quel che è cer-to, Federigo il fece abbacinare, lo fpogliò di tutti i fuoi be-ni, e confinollo in una prigione, dove dicono, che da lì a tre anni egli fteffo difperato con dar della tefta nel muro fi abbre-viò le mifere, e infieme la vita. Abbiamo da Matteo Paris, che trovandofi Federigo affediato da tanti turbini da tutte le parti, ricorfe al fanto Re di Francia *Lodovico IX.* acciocchè s'in-terponeffe col Papa per la concordia, con efibirfi di pafsare in Terra fanta colle fue forze, per ricuperare quel Regno, e qui-vi terminare i fuoi giorni, purchè fofse rimefso in grazia del-la Chiefa. Lodovico, perchè avea già prefa la Croce, voglio-fo d'impiegar le fue armi in Oriente in prò della Criftianità, parendogli quefta un'offerta di fommo rilievo, per poter uni-tamente con Federigo promuovere gl'intereffi di Terra fanta, e perchè conofceva, che, durante la difcordia fra la Chiefa e l'Imperio, nulla di bene potea fperare in Oriente: cercò di abboccarfi col fommo Pontefice, e l'abboccamento feguì nel Mo-niftero di Clugnì. Per quanto fi affaticafse il Re a far guftare al Papa quefta propofizione, nulla potè mai ottenere, perfiften-do Innocenzo IV. in dire, che non fi dovea più fidar di Fede-rigo, Principe tante volte provato mancator di parola. Poco ag-guftato fe ne tornò il Re Lodovico alla fua refidenza. Del fuo ardore per quefta pace ne fiamo anche afficurati dal Rinaldi An-nalifta Pontificio.

OLTRE a ciò, per dar animo a i ribelli di Puglia, fi fece cor-

rér voce, che Federigo era morto in Toſcana ; ma Federigo accorſo colà , diſſipò non ſolamente queſta diceria , ma eziandio i
ſollevati colla prigionia d'alcuni; contra de' quali poſcia, e contra de' parenti , e in fine contra chiunque fu o provato, o ſoſpet-
tato complice, egli poſcia con atrociſſimi tormenti infierì . In
una ſua Lettera , ſcritta al Re d'Inghilterra nel dì 15. d'Aprile
del preſente Anno, parla egli de' congiurati depreſſi, con aggiugnere (a), che nel dì ultimo di Marzo eſſendo venuto il *Cardi-* (a) *Matth.*
nal Rinieri col popolo di Perugia e d'Aſſiſi per aſſalire Marino da *Paris Hiſt.*
Ebolo, ſuo Capitano, nel Ducato di Spoleti, queſti gli avea da- *Anglor.*
ta una rotta ; e che oltre a gli ucciſi, da cinque mila n'erano re-
ſtati prigioni. C'è licenza di credere molto meno. Ne gli Annali vecchi di Modena (b) ſi leggono queſte parole : *Eodem Anno* (b) *Annal.*
1246. *Peruſini conflicti fuerunt a Federico Imperatore.* Da una *Veteres*
Lettera poi di Guglielmo da Ocra abbiamo, che Federigo fece in *Tom. XI.*
queſt' Anno pace co i Romani e Veneziani. Niuna menzione di *Rer. Italic.*
ciò s' ha dalla Cronica del Dandolo (c), da cui bensì ſappiamo, (c)*Dandul.*
che circa queſti tempi tornò ſotto la ſignoria di Venezia la Città *in Chronico*
di Zara . Non parlano le Croniche di fatto alcuno riguardevole *Rer. Italic.*
accaduto in queſt' Anno in Lombardia . Ricavaſi ſolamente da
quelle di Piacenza (d), che il *Re Enzo* venne colle genti di Par- (d)*Chronic.*
ma e Cremona ſul Piacentino ad iſtanza di Alberto da Fontana , *Placentin.*
che gli avea promeſſo di dargli la Città . Seguì ancora un conflit- *Tom. XVI.*
to fra lui e i Piacentini . Colle mani vote ſe ne tornò il Re Enzo *Rer. Italic.*
a Cremona . In Parma (e) i Miniſtri dell' Imperadore occuparo- (e)*Chronic.*
no il Palazzo e la Torre del Veſcovo , e tutte le rendite del Ve- *Parmenſe*
ſcovato , con imporre eziandio delle graviſſime taglie e contribu- *Tom. IX.*
zioni a tutti i beni delle Chieſe : meſtiere nello ſteſſo tempo pra- *Rer. Italic.*
ticato da Federigo in Puglia , e ne gli altri paeſi poſti ſotto il ſuo
giogo . *Obizzo* e *Corrado* Marcheſi Malaſpina ſi dichiararono in
queſt' Anno per la Lega di Lombardia (f) ; ma ſecondo l'uſo de' (f) *Caffari*
Marcheſi di quelle parti, Corrado da lì a non molto tornò ad ab- *Annal. Ge-*
bracciar il partito di Federigo. Proſperarono in queſt' Anno gli *nuen.lib.6.*
affari di *Eccelino* da Romano (g), coll' eſſere venuti alle ſue ma- *Tom. VI.*
ni Caſtelfranco, Triville, e Campreto, Caſtella de' Triviſani . *Rer. Italic.*
Ebbe anche per forza il Caſtello di Muſſolento. Coſtui in Verona (g)*Roland.*
fece morire i Nobili da Lendenara, e molti altri in Padova per *lib.5.c. 16.*
ſoſpetti di congiura, che ſi dicea tramata contra di lui . Ne gli (h) *Paris*
Annali Veroneſi (h), i quali in queſti tempi ſi truovano mancan- *de Cereta*
ti e confuſi, vien riferita una battaglia , accaduta di là dal Min- *Chronic.*
cio *Veronenſ.*
Tom. VIII.
Rer. Ital c.

Era Volg.
Anni 1247.
cio fra Ezelino e i Veronesi dall' una parte, e il *Conte Ricciardo*
da San Bonifazio co' Mantovani e fuoruſciti Veroneſi, ed *Azzo VII.*
Marcheſe d'Eſte co' Ferrareſi dall' altra. Niuno reſtò vincitore,
ma molti furono i morti e prigioni, e non pochi cavalli pel troppo caldo vi rimaſero ſuffocati. A qual Anno appartenga tal combattimento, nol ſo dire: probabilmente all' Anno ſeguente, come oſſervò il Sigonio.

Anno di Cristo MCCXLVII. Indizione v. d' Innocenzo IV. Papa 5. di Federigo II. Imperadore 28.

NON ſo io qual fede meriti Matteo Pariſi in un fatto, di cui
non appariſce veſtigio preſſo gli Storici Tedeſchi, benchè
per vero dire, la Germania non ha in queſti tempi Storici alcuno, che ci dia ſicuro lume de' ſuoi avvenimenti. Scrive egli adunque (a), che mentre l'eletto *Re Arrigo* Langravio di Turingia ſi
diſponeva per ricevere ſolennemente la Corona Germanica, il
Re Corrado Figliuolo di *Federigo* con quindici mila combattenti
ſi miſe in aguato, e venuto a battaglia con lui ſbaragliò la di lui
gente con iſtrage di moltiſſimi, e prigionia di molti più, e colla
preſa di tutto il reſto inviategli dal Papa. Per queſto colpo caduto Arrigo in una grave malinconia s'infermò, e diede fine a'
ſuoi giorni. Scrive il Sigonio (b), ch'egli *iſtu ſagitta ſauciu ſu-
gam arripere coactus, haud ita multo poſt dolore confectus interiit.*
Avrà egli preſa tal notizia da Tritemio (c), o dal Nauclero, che
ſcrivono ciò ſucceduto nell' aſſedio d'Ulma. Gli altri Storici dicono, che eſſo Re Arrigo morì nel ſuo letto Criſtianamente per
diſenteria. Quante ciarle mai ſi ſaran fatte per tal morte in tempi sì ſconvolti, tempi sì pieni di bugie, di falſi giudizj, e di ſtra-
bocchevoli paſſioni, interpretando ognuno a ſuo talento i natura-
li avvenimenti delle coſe, come ancora ſi dovette fare a' tempi
di Papa Gregorio VII. per ſimili avvenimenti. Non ſi perdè d'a-
nimo per queſto il Pontefice Innocenzo, ma ſpedito in Germania
il *Cardinal Pietro* Capoccio nel dì 4. d'Ottobre dell' Anno preſente (d), fece eleggere Re di Germania *Guglielmo Conte* d'Ollanda, giovane prode e generoſo in età di circa venti anni, il qual
poi eſſendoſi colla forza impadronito di Aquiſgrana nell' Anno ſeguente, quivi nella feſta d'Ogniſſanti fu ſolennemente coronato da

Gu-

(a) Matth.
Paris Hiſt.
Anglor.

(b) Sigonius
de Regno
Ital. lib. 18.
(c) Trite-
mius An-
nal. Hir-
ſaug.

(d) Raynal-
dus in An-
nal. Ecclef.
Albertus
Stadenf. in
Chronic.
Petrus de
Curbio Vit.
Innoc. IV.
P. I. T. III.
Rer. Italic.

Guglielmo Cardinale Vefcovo Sabinenfe. Gli mandò tofto il Papa un rinforzo di trenta mila marche d'argento, che felicemente arrivò alle di lui mani. Ma non ebbe già quefta felicità la fpedizione di quattordici altre mila marche d'argento, che il Papa ftando tuttavia in Lione avea confegnato ad *Ottaviano Cardinale* di Santa Maria in Via lata infieme con un corpo di foldatefche per foccorfo de' Milanefi, e de gli altri Collegati di Lombardia. Il Continuatore di Caffaro fcrive (*a*), che erano mille e cinquecento cavalli, che il Papa avea fatto affoldare in Lione. *Amedeo Conte di Savoia*, (*b*) perchè amico di Federigo, benchè fi moftraffe parziale del Papa, trovò tante fcufe, che il Cardinale per quafi tre Mefi fu coftretto a fermarfi, e a confumare il danaro nel foldo di quegli armati, i quali in fine licenziati fe ne tornarono alle lor cafe; ed egli, fe vollo paffar in Italia, dovette colla fola fua famiglia guadagnarfi il tranfito per vie inefpite o dirupate. Quetati i rumori della Puglia, venne in queft' Anno Federigo a Pifa, e di là in Lombardia, fenza commettere oftilità veruna. Portoffi dipoi a Torino, fe crediamo a Matteo Paris, per andare alla volta di Lione *cum innumerabili exercitu*, con timore de' buoni, ch' egli penfaffe a far qualche brutto fcherzo al Papa e a i Cardinali foggiornanti in quella Città. Ma quefto efercito, ed efercito innumerabile, è una frottola fpacciata dal buon Paris. Particolarità di tanto rilievo non l'avrebbe ommeffa nella VITA di Papa Innocenzo IV. Pietro da Curbio, che fi trovava allora in Lione. Altro non dice quefto Autore, fe non che Federigo venne a Torino, *ubi cum Comite Sabaudia, & aliis quibusdam Baronibus fibi adhaerentibus nequiter machinans contra fummum Pontificem, ipfum Lugduni circumvenire fraudulentiffime procurabat*. Profittò di quefta congiuntura il Conte di Savoia, per farfi confegnare da Federigo il Caftello di Rivoli. Secondo il fuddetto Autore fi teneva in Lione, che Federigo foffe venuto per ingannar con qualche frode, e non già per opprimere colla forza dell'armi il Pontefice. Per lo contrario Federigo in una Lettera rapportata dall' Annalifta Rinaldi fcriffe, che la rifoluzione da lui prefa di portarfi a Lione gli era venuta da Dio a fine di terminar le difcordie, e giuftificarfi appreffo il Papa e i Franzefi, per quanto io vo credendo, dell' imputazione datagli d' effere un Eretico e mifcredente. Se foffe vera, o finta quefta fua intenzione, non faprei dirlo io: ben fo, che non farebbe mai convenuta a
lui

ERA Volg.
ANN. 1247.

(a) *Caffari Annal. Genuenf. l. 6. Tom. VI. Rer. Italic.*
(b) *Matth. Paris Hift. Angl.*
Petrus de Curbio in Vita Innocentii IV. cap. 23.

Era Volg.
Ann.1247. lui una protesta sì fatta, quand'egli avesse condotto seco un esercito smisurato, capace di accusarlo presso d'ognuno, non già di pacifici, ma bensì di perniciosi disegni. Così dall'Annalista di Genova impariamo, ch'egli venne in Lombardia mansueto come un agnello, e diceva di voler ubbidire a gli ordini del Papa, e dar pace al Mondo; e ciò ad istanza del Re di Francia. Comunque sia, eccoti disturbati i di lui o buoni o perversi disegni dall'avviso di una novità, che il fece smaniar per la collera, e tornare ben tosto indietro.

[a] Chronic.
Parmense
Tom. IX.
Rer. Italic. I Parenti di Papa Innocenzo scacciati da Parma [a], cioè i Rossi, i Correggieschi, i Lupi, ed altri, tenendo buona intelligenza in quella Città, nel dì 16. di Giugno giorno di Domenica, con grosso corpo d'armati vennero alla volta di Parma. Arrigo Testa da Arezzo, che quivi era Podestà per l'Imperadore, ciò presentito, andò loro incontro fino al fiume Taro colla milizia di Parma, e venne con loro a battaglia. O così portasse la fortuna dell'armi, o pure perchè il Popolo di Parma facesse due diverse figure, restò egli morto in quell'azione, i suoi sbandati se ne tornarono alla Città, dove entrarono anche i Nobili fuorusciti col seguito loro. Gherardo da Correggio a voce di Popolo fu immantenente proclamato Podestà, furono prese le Torri, e il Palazzo del Comune, con iscacciarne gli Uffiziali e soldati dell'Imperadore. Trovavasi allora il Re Enzo all'assedio di Quinza-
[b] Annales
Veteres Mu-
tinens.
Tom. XI.
Rer. Italic. no, Castello de'Bresciani. [b] Appena ebbe intesa questa nuova, che senza perdere un momento di tempo venne coll'Armata sua a postarsi alle rive del Taro, per impedire i soccorsi a Parma. Non per questo rimasero i Milanesi di spedirvi mille uo-
[c] Annales
Mediolan.
Tom. XVI.
Rer. Italic. mini d'armi, ciascuno de'quali secondo gli Annali di Milano [c] avea quattro cavalli. Secento ancora (forse *ducento* secondo la Cronica di Piacenza [d]) ne mandarono i Piacentini. Fu con-
[d] Chron.
Placentin.
Tom. XVI.
Rer. Italic. dotta questa brigata per la montagna da Gregorio di Montelungo Legato Apostolico, e da Bernardo figliuolo d'Orlando Rosso, e felicemente arrivò in Parma con somma consolazione di quel Popolo. Essendo volata anche a Torino questa novità, Federigo ben conoscente delle conseguenze, che seco portava, perchè a lui tagliava la comunicazione con Reggio e Modena, Città a lui fedeli, e colla Toscana: precipitosamente venne alla volta di Parma, e in vicinanza d'essa cominciò a trincierarsi. Attesero anche i Parmigiani a far fossi, e a fabbricar palancati, e bitifredi per lor difesa. Ordinò Federigo al Comune di Reggio di

far

far prigioni quanti Parmigiani fi trovavano in quella Città, e fu
ubbidito. Un pari comandamento andò a Modena, e quivi fu
prefa la cinquantina de'cavalieri di Parma, già venuta in foccorfo di Modena, acciocchè i Bolognefi non impedillero il raccolto de'grani; e tutti in oltre gli Scolari di Parma, che erano
allo ftudio delle Leggi in Modena, Città anche allora provveduta di buoni Lettori per la lor gara col Popolo di Bologna. Furono tutti condotti a Federigo, ed incarcerati. Fu anche fconfitta dal Re Enzo la cavalleria di Parma verfo Montecchio, con
reftarvi molti di effi prigioni. Tra quefti, ed altri prefi in diverfi luoghi, ebbe Federigo da mille prigioni Parmigiani, de'
quali barbaramente cominciò a farne morir quattro in un giorno in faccia alla Città, e due nel dì feguente; ed era per feguitar quefta barbarie, fe il Popolo di Pavia moffo a compaffione non aveffe chiefta in dono la loro vita, facendogli conofcere,
che la lor morte nulla ferviva a prendere la Città, e folamente potea rendere lui odiofo a tutto il Mondo. Il folo Colorno
fi tenne faldo in quelle congiunture; tutto il refto del diftretto ebbe il guafto, e venne in potere di Federigo, il quale a
quell'affedio avea ben dieci mila cavalli, e una quantità innumerabile di fanteria di varie Città, con alcune migliaia di Saraceni baleftrieri. Diftruggevano coftoro tutte le cafe, e ne af-
portavano al campo Imperiale tutti i mattoni e i coppi, co'
quali d'ordine di Federigo fi andò fabbricando una Città verfo
l'Occidente in faccia a Parma, con foffe, fteccati, bitifredi, bal-
trefche, ponti levatori, e mulini. Le fu pofto il nome di Vittoria, per far buon augurio all'Imperadore, rifoluto di non
muoverfi di là, fenza aver prefa la nemica Città. Della nuova fua fece egli il difegno, [a] dopo aver fatto prendere da' [a] *Roland.*
fuoi Strologhi l'Afcendente più favorevole; e fu da effi ben fer- *lib. 5.c. 21.*
vito, ficcome vedremo.

L'ASSEDIO di Parma commoffe ben tofto al foccorfo i circonvicini Collegati della Chiefa. *Ricciardo Conte* di S. Bonifazio v'entrò dentro con una fquadra d'armati. I Mantovani fi
fcagliarono addoffo a i Cremonefi, faccheggiando e bruciando
tutto fino a Cafalmaggiore. *Azzo VII.* Marchefe d'Efte co i Ferrarefi, i fuorufciti di Reggio, Biachino da Camino, e infin Alberico da Romano, Fratello di Eccelino, con una mano di Trivifani, accorfero all'aiuto dell'affediata Città. Anche i Genovefi v'inviarono quattrocento cinquanta baleftrieri, e trecen-

to i Conti di Lavagna Nipoti del Papa. Fece all'incontro Federigo venire alla sua armata *Eccelino* da Romano co'Padovani,
Vicentini, e Veronesi. Allorchè egli giunse alla Villa di Gazol-
do passando pel Mantovano, il Marchese d'Este co i Mantovani
nel Mese di Giugno assalitolo, diedero una spelazzata alla sua
gente, e massimamente a i Veronesi, che aveano la retroguardia. Fu anche spedito dal Papa il *Cardinale Ottaviano* de gli
Ubaldini, il quale co i Milanesi, Bresciani, Mantovani, Veneziani, e Ferraresi si accampò nella Tagliata di Parma. Cresceva
intanto ogni dì più la fame in Parma per la mancanza de'viveri. Fecero i Mantovani e Ferraresi venire una gran copia di barche per Po; e perciocchè al loro passaggio si opponeva un Ponte
fabbricato dal Re Enzo su quel Fiume, i Collegati della Chiesa

(a)*Annales
Veronenses
Tom. VIII.
Rer. Italic.*
lo sforzarono e vinsero (*a*): dopo di che introdussero animosamente in Parma una gran quantità di frumento, melica, spel-
ta, orzo, sale, ed altre vettovaglie, delle quali abbisognava l'
afflitta Città. Non istettero oziosi in questo tempo i Bolognesi,
profittando della lontananza de'Modenesi, iti al Campo Impe-

(b)*Chronic.
Bononiense
To. XVIII.
Rer. Italic.*
riale. (*b*) Oltre all'aver anch'essi inviato all'Armata della Chiesa in difesa di Parma mille e quattrocento soldati, a tradimento
cioè per via di danari, tolsero nel Mese di Luglio a i Modene-

(c)*Annales
Veter. Mu-
tinens.
Tum. XI.
Rer. Italic.*
(d)*Sigon.
de Regno
Ital.lib.18.*
si (*c*) il Castello di Bazzano. Diversamente scrive il Sigonio
(*d*), che quel Popolo si arrendè a patti di buona guerra. In
aiuto de'Modenesi accorse allora Eccelino da Romano, e però
andarono ad accamparsi vicino a Bazzano a fronte del Campo Bolognese, con aspettar anche un rinforzo d'uomini d'armi dal
Re Enzo. Vennero poscia alle mani co i Bolognesi nel dì 23. di
Luglio, e vi fu molta perdita di gente dall'una parte e dall'altra, colla peggio nondimeno del campo Bolognese. Ancor quì
il Sigonio discorda da i nostri Annali. Contuttociò essi Bolognesi
s'impadronirono dipoi anche di Montalto, di Savignano, e d'altri Luoghi del Modenese. Jacopino, e Guglielmo suo Nipote,
de'Rangoni da Modena erano dianzi passati al servigio del Re Enzo con venticinque uomini d'armi. Senza licenza dell'Imperadore
si partirono dall'assedio di Parma, e però furono banditi da Modena con tutta la fazione Guelfa, appellata de gli Aigoni. Loro diedero i Bolognesi il Castello di Savignano da abitare. In

(e)*Caffari
Annal. Ge-
nuens.l.6.
Tom. VI.
Rer. Italic.*
quest'Anno i Popoli della Lunigiana, e Garfagnana si ribellarono all'Imperadore (*e*), ed imprigionarono il di lui Vicario nel
Castello di Groppo S. Pietro. Allora *Obizzo Marchese Malaspina*
ricu-

ricuperò le fue Terre di Lunigiana. Vennero anche alla divozion de' Genovefi molte Terre, che dianzi s'erano rivoltate, ma non già Savona, Città oftinata nella fua ribellione. Prefero effi Genovefi una Galèa di Federigo vegnente di Puglia, che conduceva tre Nobili Milanefi della Cafa Pietrafanta, deftinati da effo Imperadore a far cambio con de i prigioni Bergamafchi detenuti in Milano. Fecero in effa Galèa prigioni ducento uomini con Rubaconte uno de' principali Bergamafchi. Per atteftato di Matteo Paris (a), in queft'Anno l'Imperador Federigo diede una fua Figlia per Moglie a *Tommafo* della Cafa di Savoia, già Conte di Fiandra, Fratello di *Amedeo IV*. Conte di Savoia, di *Guglielmo Arcivefcovo* di Canturberì, e d'altri degni perfonaggi di quella nobiliffima Cafa. Gli affegnò in dote Torino e Vercelli colle adiacenze, affinchè impediffe il paffo al Papa, e a gli aderenti di lui per quelle. Quefto matrimonio è negato dal Guichenon (b), e non fenza ragione, perchè lo fteffo Paris afferma, che il Papa nel 1251. maritò con lui una fua Nipote. Chi sa, che non fi trovaffe qualche fondamento allora per difciogliere il Matrimonio contratto con una Figliuola d'un Imperadore fcomunicato e morto? Intanto quefto paffo di Matteo Paris viene a mettere in dubbio il dirfi dal fuddetto Guichenone, che la Città di Torino nel 1243. riconobbe per fuo Signore Amedeo Conte di Savoia.

(a) Matth. Paris Hift. Anglor.

(b) Guichenon Hiftoire de la Maif. de Savoye Tom. I.

Anno di CRISTO MCCXLVIII. Indizione VI. d'INNOCENZO IV. Papa 6. di FEDERIGO II. Imperadore 29.

MEMORABILE fu queft'Anno per la gloriofa liberazion di Parma. Avea la rigida ftagion del verno fatto ritirare a'quartieri buona parte de gli eferciti Pontificio e Cefareo, efiftenti fotto Parma. (c) *Federigo* nondimeno ftette coftante all'affedio nella fua Città di Vittoria. Nel Gennaio dell'Anno prefente la cavalleria de' Parmigiani a Collecchio reftò fconfitta da i fuorufciti di Parma. Perchè reftò prefo nella zuffa Bernardo de'Roffi, fu pofcia da effi iniquamente uccifo; ma ne fecero lo fteffo dì un'efecranda vendetta i Parmigiani col dar morte a quattro de' più Nobili della fazione Imperiale. Ebbero effi un'altra disavventura. Erano venuti i Mantovani con fette

(c)Chronic. Parmenfe Tom. IX. Rer. Italic.

grof-

Era Volg.
Ann.1248.
groffe navi incaftellate su per Po, per vietare a' Cremonefi la fabbrica d'un Ponte su quel fiume. Paffarono al difpetto de'Cremonefi ; ma venuto loro addoffo il *Re Enzo*, abbandonarono quelle navi, e fi diedero alla fuga, reftandovi molti d'effi prigioni. Federigo, gran vantatore delle cofe profpere, e folito ad impicciolir le contrarie [coftume nondimeno familiare di tutti i tempi] in una fua Lettera (*a*) fcriffe, che erano ftate prefe cento navi tra grandi e picciole in quefta occafione. Tali perdite furono in breve ben compenfate. Paffata la metà di Febbraio in un giorno di Martedì, cioè nel dì 18. di quel Mefe, per quanto io vo conghietturando [la Cronica di Reggio (*b*) dice *XII. exeunte Februaio*, che in quell'Anno biffeftile vien ad effere il dì 18.] un foldato Milanefe, fecondochè vien raccontato da Rolandino (*c*), per nome Bafalupo, perfuafe al Legato Pontificio Gregorio da Montelungo, a Filippo Visdomini Piacentino Podeftà di Parma, e a gli altri Baroni difenfori di Parma, che s' avea da affalire la Città Vittoria dell'Imperadore, avendo egli offervato, che ne era molto fminuita la guarnigione, e che Federigo ogni dì di buon tempo ne ufciva, per folazzarfi alla caccia del Falcone, fuo favorito efercizio. (*d*) Fu rifoluta l'imprefa, ed ufcito l'efercito Collegato andò vigorofamente a dar l'affalto alla nemica Città. Se ne ftavano sbadigliando gl'Imperiali, non mai immaginandofi una tal vifita; e quantunque foffero fuperiori di numero, e ben fortificati, pure talmente s'invilirono, che dopo qualche contrafto prefero la fuga. Entrati i vittoriofi Pontific̨j fecero man baffa contra de'Pugliefi, e principalmente contra de' Saraceni ; a moltiffimi de' Lombardi diedero quartiere;

(a) Raynaldus in Annal. Eccl.

(b) Memoriale Poteft. Regienf. Tom. VIII. Rer. Italic.
(c) Roland. Chronic. lib. 5. c. 22.

(d) Monach. Patavinus in Chron. Tom. VIII. Rer. Italic.
Chronicon Parmenfe Tom. IX. Rer. Italic.
Chronic. Placentin. Tom. XVI.

Petrus de Curbio Vita Innocentii IV. P. I. T. III. Rer. Italic.
nel Concilio avea fatto da Avvocato di Federigo. Lafciovvi anche la vita il Marchefe Lancia. Il teforo trovato nella Camera Imperiale in danaro, gioielli, vafi d'oro, d'argento, Corone, ed altre cofe preziofe, fu ineftimabile. Circa due mila fi contarono di uccifi, più di tre mila furono i prigioni. Prefo anche il Carroccio de'Cremonefi, tenuto per gioia di gran prezzo, trionfalmente fu condotto a Parma. *Berta* era il nome d'effo Carroccio. Federigo, che fi trovava alla caccia tre miglia lungi di là, ragguagliato del fatto, fenza penfarvi molto, fpronò co i fuoi alla volta di Borgo S. Donnino, e di là fenza fermarfi pafsò a Cremona, portando feco non so fe più di rabbia, o pure di malinconia. Furono i fugitivi infeguiti fino al Taro, e molti ancora

cora

eora de' Parmigiani per due miglia di là andarono facendo de' prigioni. La Città Vittoria data alle fiamme, col suo falò terminò il trionfo de' Parmigiani, che poi non vi lasciarono pietra sopra pietra. Grande strepito fece per tutta Italia, e ne' paesi oltramontani questo glorioso successo della parte Pontificia, e ne venne un gran crollo a gli affari di Federigo in Italia. ERA Volg. ANN.1248,

ERA tornato a Padova sul principio di quest' Anno *Eccelino* da Romano (*a*); e giacchè era andata a male l'impresa di Parma, pensò egli a far delle nuove conquiste. Nelle Città di Feltre e Belluno signoreggiava Biachino da Camino, aderente alla parte Guelfa. Eccelino nel Mese di Maggio, presi seco i Padovani e Vicentini, ostilmente s'inviò verso Feltre. Nel viaggio una Gazza venne a posarsi sopra la bandiera d'Eccelino, e fu sì piacevole, che si lasciò prendere. Parve questo ad Eccelino un buon augurio, e ordinò che fosse da lì innanzi la buona Gazza delicatamente nudrita in Padova. Feltre non fece molta resistenza; ed Eccelino passò anche sotto Belluno; ma ritrovatovi del duro, riserbò ad altro tempo l'impresa. Nella Cronica eziandio di Verona si legge (*b*), che esso Eccelino, venuto l'Ottobre dell'Anno presente, co i Popoli di Verona, Padova, Vicenza, Feltre, e Belluno [secondo Rolandino, non peranche Belluno era suo,] passò sul Mantovano, e per lo spazio d'un Mese diede il guasto a quelle campagne, e menò via molti prigioni. Fu in quest' Anno, (*c*) che Papa *Innocenzo* fulminò la scomunica contra di quel Tiranno, cioè contra del crudele Eccelino. Ricuperarono i Parmigiani (*d*) nell'Anno presente le Castella di Bianello, Cuvriaco, Guardasone, e Rivalta. Nè si dee tacere, che al Conte Ricciardo da San Bonifazio, il quale tanto si segnalò nella difesa della lor Città, donarono il Palazzo dell'Imperadore, che era posto nell'Arena. Erasi staccata la Città di Vercelli da Federigo; la fece egli in quest' Anno ritornare all'ubbidienza sua. Ma Novara secondo la Cronica Piacentina (*e*), si diede in quest' Anno al Legato del Papa e a i Milanesi. I Bresciani (*f*) anch'essi ritolsero a i Cremonesi il Castello di Pontevico. Nuovi guai recò ancora la potenza de' Bolognesi al Comune di Modena con torgli Nonantola, San Cesario, e Panzano. Da gli Annali di Genova (*g*) abbiamo, che i Pisani, e il *Marchese Oberto* Pelavicino, aveano fatto un grande armamento per muover guerra a i Genovesi, i quali si prepararono per ben riceverli. La rotta de gl'Imperiali sotto Parma fece lor calare l'orgoglio. Aggiungono, che Federigo venne sino ad

(a)Roland. lib.5.c.23.

(b) Paris de Cereta Chronic. Veronens. Tom. VIII. Rer. Italix.

(c)Raynaudus Annal. Ecclef.

(d) Memor. Poteslat. Regienf. Tom. VIII. Rer. Italic.

(e)Chronic. Placentin. Tom. XVI. Rer. Italic.

(f) Malvecius Chron. Brixian. Tom. XIV. Rer. Italic.

(g) Caffari Annal. Genuenf.lib.6. Tom. VI. Rer. Italic.

Asti,

EraVolg.
Ann.1248 Asti, e spedì suoi Messi a *Lodovico Re* di Francia, il quale era
già in procinto di passare il Mare contra de gl'Infedeli, con esibir
di nuovo se stesso, e tutte le sue forze per la medesima sacra spedizione, purchè gl'impetrasse l'assoluzione della scomunica e deposizione. Ma nulla di ciò fu fatto; e Federigo si fermò tutto il
verno in Lombardia senza recare offesa alcuna a i Crocesignati,
o ad altri popoli. Succederono bensì molte novità nella Roma-

(a)Chronic.
Bononie·se
To. XVIII.
Rer Italic.
Chronicon
Casen.
Tom. XIV.
Rer. Italic. gna. (a) Spedito colà il *Cardinale Ottaviano* de gli Ubaldini,
prese seco tutta la milizia di Bologna, e nel Mese di Maggio andò a mettere l'assedio a Forlì, che dopo pochi giorni capitolò la
resa. Altrettanto amichevolmente fecero le Città di Forlimpopoli, Cervia, Cesena, Imola, e Ravenna. Con questi Popoli poi
passò nel Mese di Giugno ad assediar Faenza, che tuttavia era in
potere di Tommaso dalla Marca, creato Conte della Romagna
da Federigo. Tenne forte quella Città per quindici giorni, dopo
i quali si diede al Cardinale. Anche Malatestino [si comincia ora
ad udir questa Famiglia, che col tempo salì ben alto] fece ribel-

(b) Rubeus
Histor. Ra-
venn. l. 6. lare Rimini all'Imperatore. Crede Girolamo Rossi (b), che queste Città venissero sotto la signoria della Chiesa, e che il Pontefice dichiarasse allora Ugolino de' Rossi suo Nipote Conte della
Romagna. Più probabile a me sembra, che fossero prese a nome
di *Guglielmo Re* di Germania e de' Romani, creatura del Papa
per le ragioni, che andando innanzi accennerò. Il Ghirardacci

(c)Ghirar-
dacci Istor.
di Bologna
Tom. I. (c) altro non conobbe, se non che que' popoli giurarono di stare
a i comandamenti del Papa e de' Bolognesi, conservando la libertà delle loro Città. Tal guerra fu fatta in quest'Anno in Germania da Guglielmo, nuovo Re coronato in Aquisgrana, al *Re
Corrado* Figliuolo di Federigo, che fu costretto a ritirarsi in Italia presso il Padre. Non farei io sigurtà della verità di questo rac-

(d) Matth.
Paris Hist.
Anglor. conto, che è di Matteo Paris (d), perchè della venuta di esso
Corrado in Puglia non v'ha menomo vestigio in altre Storie di
questi tempi.

Anno di CRISTO MCCXLIX. Indizione VII.
d'INNOCENZO IV. Papa 7.
di FEDERIGO II. Imperadore 30.

(e)Jonvill.
Nangius.
Vincentius
Bellnacens. SI accinse nell'Anno precedente il santo Re di Francia *Lodo-
vico IX.* a compiere il suo voto di Terra santa, (e) e rau-
nato

náto un poffente efercito fi mife in viaggio, accompagnato da Ro- Ea a Volg
berto Conte d'Artois, e da Carlo Conte d'Angiò e di Provenza, Ann. 1248.
fuoi Fratelli, e da molti Vefcovi e Baroni di Francia. Gli forni-
rono i Genovefi (*a*) un copiofo ftuolo di Galee e di navi da traf- (a) Caffari
porto a nolo. Seco era *Ottone Cardinale* Vefcovo Tufcolano, Le- Annal Ge-
nuenf. l. 6.
gato Apoftolico. Imbarcatofi co' fuoi arrivò felicemente all'Ifola Tom. VI.
di Cipri, dove pafsò il verno. Venuta la primavera il piiffimo Rer. Italic.
Re fciolfe le vele verfo l'Egitto, e profperofi furono i principj
della fua fpedizione, perchè giunto colà verfo la fefta dell'Afcenfion del Signore, s'impadronì dell'importante Città di Damiata, dove fi trovò gran copia d'armi, vettovaglie e ricchezze.
Per la folita inondazione del Nilo gli convenne far paufa tutta
la State. Pofcia nel Novembre ufcì coll'Armata in campagna,
e più d'una volta ruppe i Saraceni, che ardirono d'azzuffarfi con
lui. Per quefti progreffi del Re Criftianiffimo di grandi fperanze concepì tutta la Criftianità; ma dove andaffero quefte a finire, lo vedremo all'Anno feguente. Pafsò in queft'Anno in Puglia Federigo, nè fi fa, ch'egli faceffe imprefa militare in alcun paefe. Abbiamo bensì da Matteo Paris (*b*), che mentre (b) Matth.
Marcellino Vefcovo di Arezzo nelle parti d'Ancona per ordine Paris Hift.
Angl.
del Pontefice facea guerra a Federigo, e a i Ghibellini fuoi aderenti, cadde nelle mani de' Saraceni, pofti da effo Imperadore
alle guardie di quelle contrade. Dopo tre mefi e più di prigionia d'ordine di Federigo fu pubblicamente impiccato: facrilega crudeltà, che fece orrore a tutti i buoni, ed accrebbe il di-
fcredito & odio comune contra di Federigo. Scrive ancora Pietro da Curbio (*c*), Cappellano del Papa, ch'egli deteftando l' (c) Petrus
opere buone del fanto Re di Francia, chiufe i paffi e porti del de Curbio
Vita Innoc.
fuo Regno, perch'egli non paffaffe di là, nè foffero portate vet- IV. Part. I.
tovaglie all'Armata navale di lui, e de' Crocefiguati. Ma che Tom. III.
dobbiamo noi credere alla Storia tanto difcorde ed appaffionata Rer. Italic.
di quefti tempi.? Tutto il contrario fcrive Matteo Paris con
dire, che S. Lodovico, dimorando in Cipri, fpedì a Venezia
per aver foccorfo di viveri. Gli fpedirono i Veneziani fei navi
cariche di grano, vino, e d'altri comeftibili, e un corpo ancora di combattenti. Lo fteffo fecero altre Città ed Ifole: *hoc Fre-
derico non tantum permittente, fed propitius perfuadente. Similiter & ipfe Fredericus, ne aliis inferior videretur, maximum
eidem victualium diverforum transmifit adminiculum.* Aggiugne,
che il fanto Re per quefto rinforzo fcriffe al Papa, *ut reciperet
ipfum*

Era Volg.
Ann.1249.
*ipfum Fredericum in gratiam fuam, nec amplius tantum Eccle-
fiæ amicum ac benefactorem impugnaret vel diffamaret, per quem
ipfe & totus exercitus Chriftianus, ab imminenti famis difcri-
mine refpiravit.* Anche la Regina Bianca Madre del Re ne fcriffe con premura al Papa; ma quefti non fi potè mai piegare, e
più che mai feguitò ad impugnar Federigo. Abbiamo in fine
[a] Petrus
de Vineis
l.3.Epift.23
una Lettera di Federigo fcritta a S. Lodovico [a], in occafione
d'inviargli de' viveri e de' cavalli, dove efprime il defiderio di
andare a trovarlo in perfona alla Crociata: dal che fi truova impedito per la guerra, che gli faceva il Papa. E pure Pietro
dà Curbio non ebbe fcrupolo di fcrivere tutto al rovefcio. Che
poi il Cardinal Capoccio in quefti tempi, fpedito per Legato
dal Pontefice verfo la Puglia, faceffe ribellar varie Terre e Baroni al medefimo Federigo, lo abbiamo dallo fteffo Paris. Era
reftato in Lombardia Vicario del Padre il *Re Enzo*. Fumava
egli di collera contra de' Parmigiani per l'antecedente rotta,
e contra de' Bolognefi a cagion de' danni inferiti a' Modenefi, e
alla Romagna, per opera loro ribellata a fuo Padre. Fecero in
[b] Chronic.
Parmenf.
Tom. IX.
Rer. Italic.
queft' Anno i Parmigiani [b], uniti co' Mantovani uno sforzo
alla volta di Brefcello, che era ftato rovinato infieme con Guaftalla da Eccelino, durante l'affedio di Parma. Rifabbricarono
effi quel Caftello, e vi mifero buona guarnigione. Afficurato
così il paffo del Po, conduffero alla lor Città grani, fale, ed
altre vettovaglie, delle quali penuriavano. Ma un giorno all'
improvvifo eccoti comparire il Re Enzo co i Cremonefi fino alle Porte di Parma. Matteo Paris fcrive, che entrarono anche
in Parma le fue genti, e dopo aver fatta gran copia di prigioni fe ne andarono. Non è cofa sì facile da credere. Venne
pofcia a Modena, menando feco una bell'Armata di Cremone-
[c] Chronic.
Bononienf.
To. XVIII.
Rer. Italic.
[d] Chronic.
Brixianum
Tom. XII.
Rer. Italic.
Annales
Veronenfes
Tom. VIII.
Rer. Italic.
Annales
Veteres Mu-
tinenfes
Tom. XI.
Rer. Italic.
fi, Tedefchi, ed altri Popoli, a' quali fi aggiunfero i Modene-
fi. Erano venuti i Bolognefi [c] con poderofo efercito fino al-
la Foffalta, circa due miglia lungi da Modena. La Cronica di
Brefcia [d] ha, che i Brefciani, ed altri Collegati Lombardi
furono in aiuto d'effi Bolognefi, i quali aveano allora per Po-
deftà Filippo de gli Ugoni Brefciano. Le Città ancora della
Romagna loro fpedirono rinforzi di gente. Nel Mercoledì 26.
di Maggio fi venne ad una terribil battaglia, in cui dopo gran
mortalità di gente l'animofo Re Enzo non folamente reftò fconfitto, ma ancora con affaiffimi de' fuoi, e con Buofo da Dovara,
Capo de' Cremonefi, fu fatto prigione da i Bolognefi, i quali
trion-

trionfalmente il conduſſero alla lor Città , e confinaronlo nelle ERA Volg.
ANN.1249. loro carceri . In eſſe ſopraviſe egli per più di ventidue anni, trattato nondimeno con aſsai onore e civiltà da quel Comune . per quante Lettere ſcriveſe dipoi Federigo ſuo Padre , e per quante eſibizioni di riſcatto faceſe a i Bologneſi , per riavere in libertà il Figliuolo, nulla potè mai ottenere, riputando gran gloria quel Popolo l'avere un riguardevol prigione , Re e Figliuolo , ſe ben baſtardo , d'un Imperadore . Quando non ſia ſcorretto il teſto di Pietro da Curbio , è da ſtupire , come egli abbia ſcritto [a], che queſta vittoria de'Bologneſi accadde *XIII.* *Kalendas Januarii, Anno, quo capta eſt Victoria.* [a] *Petrus*
de Curbio
Vita Inno-
centii IV.
P.I. T.III.
Rer. Italic.

COSTERNATI intanto i Modeneſi per coſì grave diſgrazia ſi ritirarono alla lor Città , attendendo a ben provvederla e fortificarla, perchè già miravano da lungi qual tempeſta loro ſovraſtaſe . In fatti nel Meſe di Settembre ſi preſentò ſotto Modena il Cardinale Ottaviano con tutte le forze de' Bologneſi , e de gli Aigoni , [b] cioè della fazione fuoruſcita di Modena, e la ſtrinſe d'aſsedio. Se vigoroſa fu l'offeſa, minore non fu la difeſa. Gittarono un dì gli aſsedianti con una Briccola, o ſia macchina da lanciar pietre, un Aſino morto co' ferri d'argento entro la Città con altra carogna. Da queſta ignominia irritato il generoſo popolo Modeneſe fece una ſortita con tal empito, che tolſe a i Bologneſi la Briccola, e la miſe in pezzi. Eſsendoſi dunque oſtinatamente ſoſtenuti i Modeneſi per più di tre meſi, nè veggendo ſperanza di ſoccorſo, diedero orecchio ad un trattato di pace offertogli dal Cardinale. [c] Si ſtabilì eſso nel dì 15. di Dicembre. Nè già ſuffiſte ciò, che narra il Monaco Padovano [d], cioè che Modena ſi ſottometteſse a i Bologneſi. Reſtarono eſsi nella lor libertà, obbligati nondimeno di ſtar fedeli alla parte Pontificia, e di ricevere ne' biſogni guardie nella loro Città. Si leggono i Capitoli d'eſsa Pace preſſo il Sigonio [e]. Tornarono allora alla Patria i Rangoni con gli altri fuoruſciti di Modena, e fu levato alla Città l'Interdetto, a cui in queſti tempi erano ſottopoſte tutte le Città aderenti a Federigo. Ad eſso Imperadore fu attribuito a delitto il non averne permeſso l'oſservanza nelle Città della Puglia. Ora nello ſteſso tempo, che l'armi Pontificie erano addoſso a'i Modeneſi, anche i Parmigiani co i fuoruſciti Reggiani fecero oſte contro la Città di Reggio, e diſtruſsero alcuno de' ſuoi Borghi. Secondo la Cronica antica di Reggio [f], nel Giugno Simo- [b] *Memo-*
riale Poteſt.
Regienſ.
Tom. VIII.
Rer. Italic.

[c] *Annales*
Veter. Mu-
tinenſ.
Tom. XI.
Rer. Italic.
[d] *Monach.*
Patavinus
in Chronic.
Tom. VIII.
Rer. Italic.
[e] *Sigonius*
de Regno I.
tal. lib. 18.

[f] *Memor.*
Poteſtat.
Regienſ.

Simone de' Manfredi bandito da Reggio, occupò ad essi Reggiani le Castella di Novi, Arola, e Santo Stefano. Il Sigonio aggiugne, che i Reggiani col Re Enzo ad Arola vi fecero prigione
tutta la guarnigione, e in oltre ducento cavalieri Parmigiani,
che venivano per guardia a quel Castello. Volle poi Enzo far
uccidere questi prigionieri in faccia a Parma; e l' avrebbe fatto il crudele, se avvertito, che i Parmigiani poteano con usura
rendergli la pariglia, non fosse desistito da questo inumano disegno. In quest'Anno i Manfredi Faentini, Famiglia, che comincia ora a farsi udire nella Storia, occuparono la Città di
Faenza, mettendo in fuga la guardia, che v'era de' Bolognesi (a). E secondo gli Annali di Cesena (b), i Conti di Bagnacavallo co i loro partigiani s'impadronirono della Città di Ravenna, con iscacciarne Guido da Polenta, e la fazione Guelfa,
siccome osservò ancora Girolamo Rossi (c). Perciò dal Cardinale Ottaviano furono i Raveguani dichiarati nemici e ribelli della Chiesa Romana, del Re Guglielmo, e de' Bolognesi. Così
tornarono di nuovo ad imbrogliarsi gli affari della Romagna.

E a proposito del Re Guglielmo, ho io altrove (d) prodotto un suo Documento nell'Anno 1249. con cui a dì 2. d'Ottobre
dà in Feudo a Tommaso da Fogliano, Nobile Reggiano, Nipote, e Maresciallo di Papa Innocenzo IV. i diritti, che *ratione*
Imperii a lui competevano *in Civitate, distrittu, & Episcopatu*
Cerviensi, & in Bertonoro, & territorio, & distrittu suo &c.
Da gran tempo la Chiesa Romana non avea più dominio in quella Provincia, anzi nè pur vi pretendeva. Spettava essa all'Imperio; e per chiarirsene meglio, si osservi, che il Papa stesso
quegli fu, che impetrò questo dono al Nipote dal Re Guglielmo,
e nella Bolla di confermazione confessa il medesimo Papa, che
quei sono Stati dell'Imperio. Perciò si legge bensì nella sentenza profferita contra di Federigo nel Concilio di Lione dell'Anno
1245. per uno de' suoi reati l'aver egli occupata la Marca d'Ancona, il Ducato di Spoleti, e Benevento; ma non si fa già doglianza, perch'egli facesse il Padrone nella Romagna. Finalmente si noti presso l'Ughelli (e) una concessione fatta dal suddetto Tommaso da Fogliano, come *Conte della Romagna*, di alcune
Castella al Vescovo di Sarsina nel dì 18. Agosto del 1259. dove
chiaramente dice, esser quelli *di giurisdizione Imperiale*. An-
diamo ora a Padova. Da che *Eccelino* seppe la prigionia del
Re Enzo, considerando che anche Federigo suo Padre era in
Pu-

(a) Matth.
de Griffoni-
bus Histor.
To. XVIII.
Rer. Italic.
(b) Chronic.
Cesen.
Tom. XIV.
Rer. Italic.
(c) Rubeus
Histor. Ra-
venn. l. 6.
(d) Pisana
Espesizione
cap. 29.

(e) Ughell.
Ital. Sacr.
T. II. in Epi-
scop. Sarsin.

Puglia, e mal fano: (*a*) cominciò a formar penfieri di ftabilir meglio la fua fortuna, e con indipendenza ancora da effo Imperadore. S'impadronì dunque nell'Anno prefente della Città di Belluno, che era de' Signori da Camino. Pofcia occupò con frode la forte Terra e Rocca di Monfelice, togliendola a gli Uffiziali e foldati di Federigo. Levò poi dal Mondo fotto varj pretefti alcuni, che gli faceano ombra in Padova. Era egli avanzato in età: contuttociò menò Moglie nel Settembre di queft' Anno Beatrice, Figliuola di Buontraverfo da Caftelnuovo. E fenza pur condurla a cafa, nello fteffo Mefe moffe l'Armata de' Padovani, Vicentini, e Veronefi, e andò fino a Porto, e a Legnago (*b*). Poi fegretamente fatta una contramarcia, la notte della Vigilia di S. Matteo fi prefentò alla nobil Terra d'Efte, dove un traditore per nome Vittaliano da Arolda gli diede una Porta. Il Popolo forprefo da quefta inafpettata novità, fe ne fuggì chi qua e chi là. (*c*) Fu data a facco la Terra, ed incontanente formato l'affedio della Rocca con' beftredi, o fia bitifredi, cioè torri di legno, petriere, e trabucchi, che continuamente dì e notte flagellavano le mura, le torri, e il Palazzo del Marchefe. Alcuna di quelle macchine dicono che rotava per aria pietre pefanti più di mille e ducento libre; il che a' noftri dì potrebbe parer cofa incredibile. Fece anche venir colà dalla Carintia de' minatori, che gli promifero di far delle ftupende mine. Dopo un Mefe d'affedio gli affediati diedero la Fortezza ad Eccelino con onefta Capitolazione. Impadroniffi dipoi di Vighizuolo e di Vefcovana, Luoghi tutti del Marchefe, e fecè diftruggerli. Non tentò per allora Cerro e Calaone, perchè Fortezze di buon polfo, e folamente gli baftò di bloccarle, acciocchè non v'entraffero viveri. Dopo un anno ancor quefte vennero in fuo potere. Tale fu il danno, che nell'Anno prefente ebbe *Azzo VII.* Marchefe d'Efte, trovandofi egli in Ferrara per Podeftà, fenza che apparifca alcun fuo movimento in foccorfo di quelle fue Terre. Dopo avere *Jacopo Tiepolo* Doge di Venezia rinunziata la fua Dignità a cagion della vecchiaia, terminò i fuoi giorni nel dì 9. di Luglio dell'Anno prefente (*d*). In fuo luogo fu fuftituito *Marino Morofino*.

Era Volg.
Ann.I 249.
(a) *Roland.
lib. 6. c. 1.
& fequ*

(b) *Paris de
Cereta Annal. Veron.
Tom. VIII.
Rer. Italic.*

(c) *Monac.
Patavianf
in Chron.
Tom. VIII.
Rer. Italic.*

(d) *Dandul.
in Chronico
Tom. XII.
Rer. Italic.*

Anno di CRISTO MCCL. Indizione VIII.
d'INNOCENZO IV. Papa 8.
di FEDERIGO II. Imperadore 31.

Era Volg.
Ann.1250.

NON pafsò l'Anno prefente fenza memorabili avvenimenti. Lagrimevole fu quello della facra fpedizione del
fanto Re di Francia *Lodovico IX*. in Egitto. Già egli era padrone di Damiata; fi magnificava dapertutto in quelle parti la fua
probità, e il valore delle fue armi per varie rotte date a i Saraceni, talmente che (fe pure è mai verifimile ciò, che raccon-

[a]*Joinvill.* ta il Jonville [*a*]) dopo le difgrazie, che fra poco accennerò,
avendo que' barbari uccifo il loro Sultano, fu dibattuto non poco fra loro, fe doveano proclamar Lodovico Re di Francia per
loro Imperadore. Eranfi in oltre coloro ridotti a chieder pace

[b]*Nangius.* [*b*], e ad efibirgli la reftituzion di Gerufalemme e de gli altri
Matthæus
Paris & Luoghi di Terra fanta tolti a i Criftiani, purchè rendeffe loro
alii. la Città di Damiata. La fuperbia, la difcordia, l'avarizia de'
Configlieri e Baroni del Re non permifero, che fi accettaffe così
vantaggiofa offerta. Inviofli poi l'Armata Regale alla volta del
Cairo, ma fu arreftata in cammino dalla Fortezza di Maffora.
Quivi ftando, nè potendo ricevere viveri da Damiata, perchè i
Saraceni prefero i paffi per terra e per acqua, l'efercito per la
fame e per le malattie epidemiche infortevi cominciò a venir
meno, e calando ogni dì più il numero de' combattenti, il Re
anch'egli infermo determinò di tornarfene a Damiata. Ma nel
viaggio affaliti i Criftiani dall'immenfo efercito di quegl'Infedeli, nel dì cinque d'Aprile furono fconfitti, e il fanto Re co'
Principi fuoi fratelli, e con un gran numero di Baroni, e dodici mila di gente baffa, rimafe prigione. Non so fe abbia buon

[c]*Giovan-* fondamento il dirfi da Giovanni Villani [*c*], che il Re fu mef-
ni Villani
Iftor. lib. 6. fo ne'ceppi. Forfe fu su i primi giorni. I più antichi Scrittori
cap. 36. fcrivono, ch'egli dipoi fu onorevolmente trattato da que'barbari. Per liberarfi convenne rendere Damiata, promettere di
pagare fettanta mila bifanti Saraceni. Il Villani fuddetto dice
ducento mila di Parigini. Ma i più accertati rifcontri fono,
che il rifcatto fuo e di tutti i Baroni, e del refto de' prigioni
afcendeffe ad ottocento mila bifanti d'oro. Fecefi una tregua,
che fu mal efeguita da que'perfidi. Doveano rimettere in libertà molte migliaia di prigionieri; nè pur mille ufcirono dalle

lor

ERA Volg.
ANN. 1250.

lor mani. Continuò pofcia il piiſſimo Re, venuto ad Accon, o
fia Acri, a foggiornare in quelle parti circa due Anni, attendendo a fortificar que' pochi Luoghi, che reſtavano in poter de' Criſtiani. Penuriava di viveri la Città di Parma. Perchè quella di
Reggio tuttavia ſtava coſtante nel partito Imperiale, ſi moſſe,
a fine di condurvene con ſicurezza, l'eſercito de' Bologneſi, Modeneſi, Ferrareſi, e fuoruſciti Reggiani, e nel dì 8. di Giugno,
o per dir meglio nel dì 15. fino al fiume Croſtolo ne conduſſe
una gran quantità [a], che fu ricevuta da i Parmigiani, e felicemente introdotta nella lor Città. Venuto Ugo de' Sanvitali
da Parma alla Nobil Terra di Carpi, che era allora ſotto la
giuriſdizione di Modena, quell' Arciprete gliela conſegnò, ed e-
gli cominciò a farvi il padrone. Alterato per queſto affare il
Comune di Modena, miſe al bando tutti i Carpigiani, e già ſi
diſponeva per procedere oſtilmente contro quella Terra e diſtrug-
gerla. Ma i Carpigiani prevennero il colpo con iſcacciarne il
ſuddetto Ugo, e allora i Modeneſi colà ſpedirono una buona
guarnigione per aſſicurarſi in avvenire da ſomiglianti inſulti.
Anche i Milaneſi [b], per ſovvenire al biſogno di Parma, vi
ſpedirono in queſt'Anno quattro mila moggia di biade; ma nel
paſſare pel Piacentino, quel Popolo preſe e ritenne per sè tutto quel grano. Diverſamente parla di ciò la Cronica di Parma.
O ſia che già in Piacenza foſſero de' mali umori, e a cagion d'eſſi
veniſſe fatto queſto aggravio a i Milaneſi e Parmigiani, che pur
erano lor Collegati; ovvero che di qua prendeſſe origine la diſcordia: certo è che in queſt'Anno la fazion Ghibellina prevalſe
ſe nella Città di Piacenza [c], e quel Popolo per tanti anni in
addietro sì attaccato alla Chieſa, voltò mantello: cotanto erano
allora iſtabili gli animi de' Popoli Italiani. Ritiroſſi per queſto
il Cardinale Legato del Papa da quella Città, ed anche i Nobili cedendo alla forza de' Popolari, ſi riduſſero alle lor Caſtella.

AVEANO i Cremoneſi eletto per loro Podeſtà nell'Anno preſente il *Marcheſe Oberto*, o ſia Uberto Pelavicino, Signor potente, e Ghibelliniſſimo, per deſiderio ſpezialmente di vendicarſi
dell' inſopportabile affronto ricevuto da i Parmigiani, che nella
vittoria del 1248. aveano preſo il loro Carroccio. Figurandoſi
dunque di poter prendere Parma, che ſcarſeggiava allora di vettovaglie, il Marcheſe Oberto con groſſo eſercito d'eſſi Cremoneſi, e de' fuoruſciti di Parma, da Borgo San Donnino s'incamminò a quella volta. Arditamente, benchè con forze diſuguali, uſcì
il Po-

[a] *Annales
Veteres Mu-
tinenſ.*
Tom. XI.
Rer. Italic.
Chronic.
Parmenſe
Tom. IX.
Rer. Italic.
*Memoriale
Poteſtat.
Regienſ.*
Tom. VIII.
Rer. Italic.

[b] *Annales
Mediolan.*
Tom. XVI.
Rer. Italic.

[c] *Chron.
Placentin.*
Tom. XVI.
Rer. Italic.

Era Volg.
Ann.1250.
(a)Monacb.
Patavinus
in Chronic.
Memoriale
Poteſlat.
Regienſ.

il popolo di Parma (a) contro i nemici, conducendo il ſuo Carroccio appellato Biancardo; e nel Giovedì 18. di Agoſto in un Luogo chiamato Agrola attaccò un fieriſſimo combattimento. Nel furor della battaglia s'alzò una voce de' fuoruſciti : *alla Città*, *alla Città*; il che udito da' Parmigiani, abbandonato il conflitto, furioſamente retrocederono per prevenire il tentativo de' nemici. Tale fu la calca d'eſſi al Ponte della Città, che queſto ſi ruppe; nè ſolamente precipitarono, e ſi annegarono nell' acqua della foſſa coloro, che v'erano ſopra, ma aſſaiſſimi altri di quei, che venivano dietro, incalzati non meno da i ſuoi, che da i Cremoneſi. Perì per quell'accidente, e per le ſpade de' nemici gran quantità di Cittadini di Parma, e ne reſtarono prigionieri tre mila pedoni, ed aſſaiſſimi cavalieri, giacchè era loro tolto l'ingreſſo nella Città. Furono tutti condotti a Cremona in trionfo, trionfo ſopra tutto, ſecondo l'opinione d'allora, nobilitato dalla preſa ancora del Carroccio Parmigiano, per cui ſi fece gran feſta da' Cremoneſi. Reſtò in Parma per lungo tempo la memoria di queſto infelice giorno, nominato *la mala zobia*. Scrive il Sigonio,

(b)Sigonius
de Regno
Ital.lib.18.
(c) Antonio
Campo Iſto-
ria di Cre-
mona.

(b) ch' eſſi prigioni furono dipoi tormentati e ingiuriati, acciocchè ſi riſcattaſſero; ma ſe crediamo ad Antonio Campo (c), cavate loro le brache per iſcherno e vergogna, furono rimeſſi in libertà. Con queſta vittoria tal credito ſi acquiſtò il Marcheſe Oberto Pelavicino, che a poco a poco in altiſſimo ſtato ſalì, ſiccome andremo vedendo. Da lì a tre dì eſſendo aſſediato Mozana Caſtello di Parma da Alverio da Palù, o ſia da Palude, e giunta nuova, che i Mantovani venivano in aiuto di Parma, animoſamente eſſi Parmigiani corſero a liberar quel Caſtello, e vi fecero prigioni cento de gli aſſedianti. Anche i Reggiani diedero il guaſto a Novi, e preſero Campagnola con ducento ſeſſanta uomi-

(d) Annales
Mediolan.
Tom. XI.
Rer. Italic.
Gualvan.
Flamma
Manipul.
Flor. c.284.

ni. Dal vedere, che i Milaneſi (d) in queſt'Anno preſero a i Lodigiani le Caſtella di Fiſſiraga, Brignate, e Zinido, ſi può conghietturare, che il Comune di Lodi coll' eſempio di Piacenza ſi ſtaccaſſe dalla Lega di Lombardia, ed abbracciaſſe il partito Imperiale. Molti nondimeno de' Milaneſi pel ſoverchio caldo morirono in eſſa ſpedizione; laonde quello fu poi chiamato *l'eſercito della Caldana*. Nell' Agoſto dell'Anno precedente (e) aveva

(e) Roland.
l. 6. cap. 3.
& ſeq.

Eccelino da Romano data la Podeſteria di Padova ad Anſedifio de' Guidotti, Figliuolo d'una ſua Sorella, fatto dalla Natura per eſſere Miniſtro d'un crudele Tiranno. Coſtui nell' Anno preſente per ſua iniquità, & ordine ancora dell'inumano ſuo Zio, levò

vò

vò di vita molti nobili Cittadini di Padova a cagione d'alcuni ver- Era Volg
fi fatti contra di Eccelino, o fotto altri pretefti. Fra quefti fpe- Ann.1250.
zialmente fi contò Guglielmo da Campo S. Piero, uno de' più co-
fpicui non folo di Padova, ma anche della Marca d'Ancona.

PASSO' *Federigo* Imperadore l'Anno prefente in Puglia, fenza che refti memoria d'alcuna fua particolare azione, od imprefa. Probabilmente pativa egli qualche fconcerto nella fanità.
Nondimeno Pietro da Curbio fcrive (*a*), ch'egli in quefti tem- (a)*Petrus de*
pi cacciò fuori del Regno i Frati Predicatori, e Minori, che *Curbio Vit.*
Innoc. IV.
troppo a lui erano fofpetti; alcuni ancora ne fece tormentare e *P. I. T. 3.*
morire. Ma s'è di fopra veduto, ch' egli non afpettò a queft' *Rer. Italic.*
Anno a bandire i Religiofi fuddetti. Affalito fu egli da una mortale difenteria nel Caftello di Fiorentino in Capitanata di Puglia,
e nel dì 13. di Dicembre, fefta di Santa Lucia, per confenfo de'
migliori Autori (*b*) cefsò di vivere. Le circoftanze della fua (b) *Caffari*
Annal. Ge-
morte poffo ben io riferirle, ma con protefta di non faper che *nuenf.*
mi credere a quegli Storici e tempi, che niuna mifura ebbero *Monachus*
Patavinus
ne gli odj e nelle paffioni, nè fi ftudiavano di depurar la veri- *in Chronic.*
tà dalle dicerie del volgo. Ricordano Malafpina (*c*), e il fuo *Tom. VIII.*
Rer. Italic.
copiatore Giovanni Villani (*d*), ed anche Saba Malafpina (*e*), *Albertus*
fcriffero, che gli era ftata predetta la fua morte in Firenze, e *Stadenfis.*
Ricordano
però non volle mai entrare nè in Firenze, nè in Faenza, fen- *Malafpin.*
za avvederfi, che in Fiorenzuola [Fiorentino era appellato quel *ed altri.*
Luogo] dovea trovarlo la morte. Quefto racconto ha ciera d' (c) *Ricor-*
dan. Mala-
una fandonia, dedotta forfe dal non effer egli entrato per qual- *fpina Iftor.*
che accidente in quelle Città. Aggiugne Ricordano, che Man- *cap. 143.*
(d) *Giovan-*
fredi fuo figliuolo baftardo per voglia *d'avere il Teforo di Fede-* *ni Villani*
rigo fuo Padre, *e la Signoria del Regno di Sicilia*, con un guan- *Iftor. l. 6.*
(e) *Saba*
ciale poftogli fulla bocca, l'affogò. Anche quefta può effere *Malafpina*
una ciarla. Niuno de gli Autori più antichi ne parla; nè è pun- *Hift. l.1.c.2.*
(f)*Petrus de*
to ciò verifimile, perciocchè Federigo avea de' Figliuoli legitti- *Curbio in*
mi, chiamati al Regno, nè Manfredi vi potea allora afpirare; *Vita Innoc.*
IV. cap. 29.
e fe quefti aveffe occupato i tefori del Padre, ne avrebbe ren- (g)*Monach.*
duto buon conto al Re Corrado. Finalmente fcrive, che Fede- *Patavinus*
in Chronic.
rigo II. morì *fcomunicato e, fenza penitenza*. Lo fteffo viene af- *Tom. VIII.*
ferito da Pietro, da Curbio, Cappellano di Papa Innocenzo IV. e *Rer. Italic.*
(h)*Guillel-*
Scrittore della fua Vita (*f*), e dal Monaco Padovano (*g*). E *mus de Po-*
pure Guglielmo dal Poggio, Storico di quefti tempi (*h*), Al- *dio apud*
Du-chesne
berto Stadenfe (*i*) Scrittore parimente contemporaneo, e Mat- *cap. 49.*
teo Paris [non già il fuo Continuatore] che fcriveva anch'egli (i) *Albert.*
Stadenf. in
allo- *Chronic.*

ERA Volg.
ANN.1250.
[a] Matth.
Paris Hiſt.
Angl.
[b] Baluz.
Tom.I. Mi-
ſcellan.

[c]Nicolaus
de Jamſilla
Hiſtor.
Tom. VIII.
Rer. Italic.

allora le ſue Storie [a], affermano, eſſer egli morto compun-
to, e penitente, con avere ricevuta l'aſſoluzione de' ſuoi peccati dall'Arciveſcovo di Salerno. E lo ſteſſo ſi vede confermato da
una Lettera ſcritta da Manfredi al *Re Corrado* ſuo Fratello, pubblicata dal Baluzio [b]. Il cattivo concetto, in cui era Federigo,
facea, che ſolamente ſi penſaſſe e credeſſe il male di lui. In queſt'
Anno ancora aveva egli ſpedito al Sultano per la liberazione del
Re di Francia prigioniere. Da i malevoli ſuoi fu interpretato,
che la ſpedizione foſſe tutta a fine contrario. Per altro a Federigo non mancarono delle rare doti, accennate da Niccolò da Jamſilla [c], affezionato partigiano di Manfredi ſuo Figliuolo; cioè
gran cuore, grande intendimento ed accortezza; amore delle
Lettere, ch'egli fu il primo a richiamare e dilatare nel ſuo
Regno; amore della giuſtizia, per cui fece molti bei regolamenti; conoſcenza di varie Lingue, ed altre prerogative. Ma queſti ſuoi pregi furono di troppo offuſcati dalla ſfrenata ſua Ambizione, per cui ſi miſe in penſiero di abbattere la libertà de'Lombardi, ſenza mai volere ammettere la Pace di Coſtanza, e di
abbaſſare ſconciamente anche l'autorità e potenza del Romano
Pontefice, e de gli altri Eccleſiaſtici. La Religione, che in lui
era ben poca, veniva perciò bene ſpeſſo calpeſtata dalla ſua Politica. Quindi le diſcordie e guerre; e da eſſe la neceſſità di ſcor-
ticare i ſudditi, e il preteſto d'affliggere con iſmoderate gravezze le perſone Eccleſiaſtiche e le Chieſe. Colla ſua crudeltà, colla ſua luſſuria diede ancora frequenti occaſioni di ſparlare di lui;
e principalmente la doppiezza ſua, e il non attener parola, gli
tirarono addoſſo la ſolita pena, che non gli era creduto, nè pur
quando parlava di cuore e daddovero. In ſomma laſciò egli dopo di sè fama e nome più toſto abbominevole, di cui non ſi can-
cellerà sì di leggieri la memoria. Fece teſtamento, in cui dichiarò ſuo erede nel Regno di Sicilia *Corrado* Re de'Romani e
di Germania. V'ha chi ſcrive, aver egli laſciata la Sicilia e
Calabria ad *Arrigo* fanciullo, a lui partorito da Iſabella d'Inghilterra ſua terza Moglie. Non così parla il ſuo Teſtamento. Co-
ſtituì ancora Balio, o ſia Governatore del Regno in lontananza d'
eſſo Corrado *Manfredi* ſuo Figliuolo baſtardo, a cui laſciò in retaggio il Principato di Taranto con quattro altri Contadi. Ordinò, che ſi reſtituiſſero alla Chieſa tutti i ſuoi Stati e diritti, purchè anch'eſſa reſtituiſſe quelli dell'Imperio. L'altre ſue diſpoſizioni ſi leggono nel ſuo Teſtamento, pubblicato in queſti ultimi tempi da varie perſone.   Ann.

Anno di CRISTO MCCLI. Indizione IX.
d'INNOCENZO IV. Papa 9.
Imperio vacante.

SE foffe con disgusto o piacere intesa in Lione da Papa Inno-
cenzo la morte di *Federigo II.* non ha bisogno il Lettore,
ch'io lo decida. Dirò bensì, ch'egli più che mai non solo si ac-
cinse a promuovere in Germania gli affari del *Re Guglielmo* sua
creatura, e a deprimere, per quanto gli era possibile, il *Re Cor-*
rado, non meno odiato da lui, che il suo padre Federigo, con
iscomunicarlo ancora, e dichiararlo decaduto da ogni diritto so-
pra i Regni; ma eziandio più che mai senza risparmio d'Indul-
genze plenarie e di Crociate [a] si diede a commuovere i Ve-
scovi, Baroni, e Popoli della Germania, Sicilia, e Puglia con-
tra di lui. Tutto ciò s'ha da gli Annali Ecclesiastici del Rinaldi,
e da Metteo Patis. Nè andarono a voto i maneggi del Pontefi-
ce. Ribellaronsi [b] le Città di Foggia, Andria, e Barletta, e
quel che è più Napoli e Capoa; e questo esempio fu seguitato
da i Conti di Caserta e Cerra della Casa d'Acquino, che posse-
devano allora quasi tutto il paese posto tra il Garigliano e il Vol-
turno. Papa Innocenzo IV. promise a tutti de i gran privilegj,
e gagliarda assistenza di soccorsi. Manfredi, giovane allora d'an-
ni dicidotto, ma savio e grazioso, che avea preso le redini del
governo a nome del Re Corrado suo Fratello, non perdè tem-
po ad accorrere con quante forze potè contra de'sollevati, e gli
riuscì di ridurre alla primiera ubbidienza le tre prime Città, e
di assicurarsi di quelle di Avellino ed Aversa. Mise poi l'assedio
a Napoli, e diede il guasto a quel territorio, ma per quanto egli
si studiasse di tirar fuori della Città i Napoletani per dar loro
battaglia, essi più accorti di lui si tennero sempre alla sola dife-
sa delle mura. Una Cronica di Sicilia [c] aggiunge, che anche
Messina, Castello S. Giovanni, ed altri Luoghi si ribellarono a
Corrado in Sicilia. Intanto il Pontefice Innocenzo, omai libero
dalla paura di Federigo, per dar più calore alle sollevazioni del-
la Puglia, e a gli altri affari dell'Italia, dopo Pasqua si mosse da
Lione, e venuto a Marsilia, per la Provenza e per la riviera del
Mare felicemente arrivò a Genova patria sua [d]. Trovò quel-
la Città in gran festa e magnificenza non solamente per la venu-
ta sua, ma ancora perchè le Città di Albenga e Savona con al-

Tomo VII.   Pp   tri

Margin notes:

ERA Volg.
ANN.1251.

[a] *Matth.*
Paris Hist.
Angl.

[b]*Nicolaus*
de Jamsilla
Histor.
Tom. VIII.
Rer. Italic.

[c]*Chronic.*
Sicil. c. 26.
Tom. X.
Rer. Italic.

[d]*Caffari*
Annal. Ge-
nuens. l.6.
Tom. VI.
Rer. Italic.

tri Luoghi dianzi ribelli, fcorgendo la difficultà di poterfi fofte-
nere, dappoichè era mancata la vita e potenza di Federigo Im-
peradore, erano tornate all' antica ubbidienza del Comune di
(a) *Matth.* Genova. Quivi fcomunicò il Re Corrado, (a) i Pavefi, Cremo-
Paris Hift. nefi, ed alcuni Popoli del partito Imperiale. Sciolfe dalla fcomu-
Angl. nica *Tommafo di Savoia*, già Conte di Fiandra, e gli diede per
Moglie una fua Nipote con ricca dote. Concorfero alla Città di
Genova i Podeftà, e gli Ambafciatori di tutte le Città e de i
Principi, che erano del fuo partito, e particolarmente quei di
Milano, Brefcia, Mantova e Bologna. Diede loro il Papa beni-
gna udienza; e perchè defideravano, ch' egli paffaffe per le lo-
ro Città, determinò di compiacerli. Sul fine dunque di Giugno
venuto a Gavi e Capriata, fu quivi accolto dalla milizia Mila-
(b) *Annal.* nefe (b) e fcortato, perchè Vercelli tuttavia feguitava la parte
Mediolan. Imperiale, e nel dì 7. del Mefe fuddetto entrò in Milano, ac-
Tom. XIV. coltovi con grandiofo e mirabil incontro, e fomma divozione da
Rer. Italic. quel Popolo, e prefe alloggio nel Moniftero di Santo Ambrofio.
E perciocchè era morto in Genova il loro Podeftà, ne diede loro
un nuovo, cioè Gherardo de' Rangoni da Modena. Fermoffi poi
per varj affari il Pontefice in quella Città lo fpazio di feffanta-
quattro giorni   uno de' più importanti
foffe quello di
Lodi. Nata in quella Città difcordia fra due Famiglie potenti
(c) *Gualva-* (c), cioè fra i Viftarini e gli Averganghi, quefti ultimi ricorfi
neus Flam- a Cremona, v' introduffero un prefidio Ghibellino. Mife per
ma Manip. quefto il Papa l'Interdetto in quella Città, perchè allora fi con-
Flor. c.285. tava per delitto da gaftigar coll' armi fpirituali il feguitar la
fazione Imperiale. Ciò udito i Milanefi, fenza farfi molto pregare da Sozzo de' Viftarini, moffero il loro efercito, ed entrarono anch' effi in Lodi, e cominciarono
a' Cremonefi. V' era anche E

(d) *Paris* nica Veronefe (d) v'intervennero folamente gli Ambafciatori di
de Cereta quel Tiranno, cioè Federigo dalla Scala, e Rinieri dall'Ifola.
Annal. E fecondo la Cronica di Matteo Griffone (e), Buofo folamen-
Veronenf. te nell'Ottobre di queft' Anno fu rilafciato dalle carceri di Bolo-
Tom. VIII. gna. Finalmente i Cremonefi, non potendo refiftere alla forza
Rer. Italic. de' Milanefi, voltarono le fpalle, e Lodi reftò in potere d' effi
(e) *Matth.* Milanefi, che ne diedero il dominio per dieci anni a Sozzo de'
de Griffoni- Viftarini, e vi diruparono il Caftello dell' Imperadore. Scrivono
bus Memor.
Tom. 18.
Rer. Italic.   i fud-

i fuddetti Storici Milanefi, che nel Mefe d'Aprile di queft'Anno ERA Volg.
ANN. 1251. fu ftabilita una pace perpetua fra le Città di Milano e Pavia. Della verità di quefto fatto è da dubitare ; imperciocchè Parifio da Cereta afferifce, che i Pavefi continuarono nella Lega de'Cremonefi Ghibellini, e con effi ancora fi trovarono all'affedio di Lodi.

RICUPERARONO i Milanefi in queft'Anno il Caftello di Caravaggio, e in pena della ribellione lo diftruffero. Da Milano pafsò dipoi Papa Innocenzo a Brefcia nel Mefe di Settembre, e di là a Bologna, dove nel dì 8. di Ottobre confecrò la Chiefa di San Domenico. Oltre a Pietro da Curbio (*a*), gli Annali vecchi di Modena (*b*) mettono il fuo cammino per Brefcia, Mantova, Ferrara, e Bologna, con pofcia foggiugnere, che pafsò anche per Modena : il che pare, che non ben fi accordi. Nella Cronica di Reggio (*c*) fi ha, ch'egli da Mantova venne a San Benedetto di Polirone, pofcia a Ferrara, e a Bologna. Ricobaldo fcrive (*d*), che effendo egli fanciullo, il vide predicare al popolo in Ferrara nella fefta di San Francefco di Ottobre. Andò finalmente il Pontefice, paffando per la Romagna, a pofarfi e a fiffare la fua refidenza in Perugia, perchè non fi fidava di Roma, dove bollivano molte fazioni, nè vi mancavano partigiani dell'Imperio. Prefero in queft'Anno i Cremonefi il Caftello di Brefcello ful Po, che era de'Parmigiani (*e*), e ne conduffero prigionieri a Cremona i foldati, che vi ftavano in guardia. Continuò la guerra fra il popolo e i Nobili fuorufciti di Piacenza. S'impadronirono quefti ultimi della Rocca di Bardi, e disfecero un corpo di fanti e cavalli, che colà venivano per foccorfo. Unitofi co i popolari di Piacenza, il *Marchefe Oberto* Pelavicino, e colla milizia Cremonefe, andò ai danni de'Parmigiani, e prefe le Caftella di Rivalgario, e di Raglio, che poi diede alle fiamme : nel qual tempo il popolo di Piacenza diftruffe il Ponte ful Po per paura di Milano. Tolfero ancora effi popolari Piacentini alcune altre Caftella a i Nobili con isfogare la lor rabbia contra le infenfate mura. In quefto medefimo Anno Eccelino da Romano colla milizia di Verona, Padova, Vicenza, e Trento, per venti giorni ftette nel diftretto di Mantova, fpogliando e guaftando il paefe (*f*). Ma ecco nel Mefe di Ottobre calare in Italia *Corrado Re* di Germania. Bifogna ben cre-

(a) *Petrus de Curbio Vita Innocentii IV. P. I. T. III. Rer. Italic.*
(b) *Annales Veter. Mutinenf. Tom. XI. Rer. Italic.*
(c) *Memor. Poteftat. Regienf. Tom. VIII. Rer. Italic.*
(d) *Ricobald. in Pomar. T. IX. Rer. Italic.*
(e) *Chronic. Parmenfe Tom. IX. Rer. Italic.*
(f) *Paris de Cereta*

Rer. Italic. che effo Corrado fi potè arrifchiare a venirfene di qua dall'Alpi.

E ve-

Era Volg.
Ann.1251.
(a) Mattb.
Paris Hiſt.
Angl.
E veramente Matteo Paris (*a*) fa abbaſtanza intendere, che Guglielmo cominciò ad eſſere in diſpregio preſſo i Principi Tedeſchi. Arrivato che fu Corrado a Verona, ricevè quante dimoſtrazioni di gioia e riſpetto potea mai deſiderare da Eccelino. Paſsò dipoi coll'eſercito ſuo di Tedeſchi, e con quello de i Veroneſi, Padovani, e Vicentini di là dal Mincio, ed accampatoſi al Caſtello di Goito, quivi tenne un Parlamento co i Cremoneſi, Paveſi, Piacentini, ed altri popoli del ſuo partito. Dopo quindici giorni ritornato a Verona continuò il ſuo viaggio con diſegno di paſſar a buona ſtagione per mare in Puglia. Tanto il Monaco Padovano,

(b)Monach.
Patavinus
in Chron.
Tom. VIII.
Rer. Italic.
Paris de
Cereta An-
nal. Veron.
Annales
Mediolan.
& alii.
(c)Rayman-
dus Annal.
Eccleſ.
che Pariſio da Cereta, ed altri Storici (*b*), ſcrivono, che in queſt' Anno il Principe *Rinaldo* Figliuolo di *Azzo VII.* Marcheſe d'Eſte, che già per oſtaggio fu mandato in Puglia da Federigo II. Imperadore, terminò i ſuoi giorni in quelle contrade. Papa Innocenzo IV. in una Lettera (*c*) ſcritta nel Giugno di queſt' Anno a *Pietro Cardinale* Legato per indurre Manfredi a voler ſottomettere e cedere il Regno alla Chieſa Romana, fra l'altre coſe gli raccomanda la liberazione del ſuddetto Rinaldo. Alcuni Scrittori tengono, che Manfredi o per iniqua ſua politica, o per ordine del Re Corrado, ſe ne sbrigaſſe col veleno. Chi ci può aſſicurar della verità in tempi di tante dicerie e calunnie? Quel che è certo, reſtò di lui un picciolo Figliuolo, a cui fu poſto il nome d'*Obizzo*. Giacchè le cattive congiunture de' tempi aveano privato il Marcheſe del caro ſuo Figliuolo; ſi fece egli portare a Ferrara il Nipotino, e riconoſcendo in eſſo le fattezze e lo ſpirito del defunto Figliuolo, il dichiarò poi ſuo erede; e noi a ſuo tempo il vedremo padrone di Ferrara e d'altre Città. In queſti tempi *Eccelino* da Romano più che mai ſeguitò ad infierire contra de' Padovani. Le di lui crudeltà minutamente vengono riferite da Rolandino

(d)Roland.
lib. 6. c. 15.
& ſequ.
(e) Ricor-
dano Ma-
laſpin.Iſtor.
cap. 144.
(*d*). teſtimonio di veduta. Sul principio di queſt' Anno nel dì 7. di Gennaio il popolo di Firenze (*e*), da che ebbe inteſa la morte di Federigo II. ſi moſſe a rumore, e rimiſe in Città la fazion Guelfa fuoruſcita, e fece loro far pace co i Ghibellini. Ma poco andò, ch'eſſi Ghibellini furono forzati a ritirarſi fuori di Città. Fecero poi oſte i Fiorentini nel meſe di Luglio a Piſtoia, che ſi reggeva in queſti tempi a parte Ghibellina. I Piſtoleſi venuti con loro a battaglia, ne rimaſero ſconfitti a Monte Robolino.

(f)Chronic.
Senenſe
Tom. XV.
Rer. Italic.
Ebbero i medeſimi Fiorentini guerra ancora co i Saneſi (*f*), perchè queſti ricettarono i lor banditi, ed erano in lega co i Piſani e Piſtoleſi di fazion Ghibellina. Abbiamo dalla Cronica

di

di Reggio *(a)*, che gli Aleffandrini e Milanefi una tal rotta ERA Volg;
diedero al popolo di Tortona, che la maggior parte d' effo re- ANN.1251.
ftò prigioniere. (a) Memo-
riale Poteſt.
Regienſ.
Tom. VIII.
Rer. Italic.

Anno di CRISTO MCCLII. Indizione x.
d' INNOCENZO IV. Papa 10.
Imperio vacante.

ABBIAMO di certo, che il *Re Corrado* nel dì 4. di Dicembre dell'Anno precedente fi partì da Verona, e fatto il
viaggio per Vicenza e Padova, s'imbarcò in mare coll'aiuto di
Eccelino, e pafsò a Porto Naone *(b)*. I conti fuoi erano di po- (b) Sigon.
de Regno
Ital.lib.19.
ter giugnere in Puglia per mare in pochi giorni, con rifoluzione di tener in Foggia per la fefta del Natale un general Parlamento. In qual tempo precifamente v'arrivaffe egli, non è ben
chiaro. Niccolò da Jamfilla *(c)* fcrive, ch'egli sbarcò a Sipon- (c)Nicolaus
de Jamſilla
Tom. VIII.
to nell'Anno prefente, fenza fpecificarne il giorno. Altrettan- Rer. Italic.
to abbiamo dalla Cronica Cavenfe *(d)*. Non può certamente (d)Chronic.
Cavenſe
ftare ciò, che fi legge nel Diario di Matteo Spinelli *(e)*, cioè Tom. VII.
Rer. Italic.
che *alli 26. d' Agoſto 1251. venne lo Re Corrado coll' armata* (e) Matteo
de' Veneziani, e sbarcò a Pefcara, e alla Montagna di Sant' An- Spinelli
gelo. Nel tempo fuddetto Corrado nè pur era giunto in Lom- Diario,
Tom. VII.
bardia. E il Continuatore di Caffaro *(f)* fcrive, ch' egli non Rer. Italic.
già fi fervì di Legni Veneziani, ma *tranfiens per Marchiam ve-* (f) Caffari
Annal. Ge-
nit in partibus Iſtriæ & Sclavoniæ, ibique fexdecim Galeas Re- nuenſ.lib 6.
gni, quæ feriè paratæ erant, ipfum Regem cum fua comitiva le- Tom. VI.
vaverunt, & ipfum in Apuliam traduxerunt. Giunto quefto Rer. Italic.
Principe in Puglia, ricevè gli ofequj e il giuramento di fedeltà
da i Baroni, e fpezialmente fece buona accoglienza a *Manfre-*
di Principe di Taranto fuo Fratello con lodare la fua condotta,
e prendere da lui tutte le neceffarie informazioni dello ftato prefente de gli affari. Avendo pofcia, o moftrando premura della
grazia di Papa *Innocenzo* *(g)*, che avea già fulminata la fco- (g) Petrus
de Curbio
munica contra di lui, e di tutti i fuoi aderenti: gli fpedì Bar- Vita Inno-
tolomeo Marchefe di Hoemburgo Tedefco, l' Arcivefcovo di Tra- centii IV.
ni, e Guglielmo da Ocra fuo Cancelliere, fuoi Ambafciatori P. I. T.III.
per ottener l' Inveftitura del Regno di Sicilia, e Puglia, e la Rer. Italic.
fucceffion nell' Imperio, con efibirfi pronto a far quello, che
aveffe il Papa ordinato. Furono quefti cortefemente accolti; ma
nul-

nulla fruttarono i lor maneggi, stando saldo il Pontefice a pretendere, che quel Regno per li reati di Federigo suo Padre fosse decaduto alla Chiesa Romana. Da ciò irritato Corrado non guardò più misura alcuna, ed attese a debellar chiunque si era ribellato, ed aveva alzato le bandiere del Romano Pontefice. L'armi sue adunque rinforzate da'Saraceni di Nocera e Sicilia, piombarono addosso a i Conti d'Aquino, con ispogliarli di tutte le loro Terre [a], e con prendere e saccheggiare Arpino, Sezza, Acquino, Sora, S. Germano, ed altri Luoghi, che prima s'erano dati al Papa. Verso la festa di S. Martino ostilmente s'inviò l'esercito suo contra di Capoa; ma quella Terra senza fare resistenza, e con rendersi schivò l'eccidio delle persone. Altro non vi restava, che la Città di Napoli, la qual negasse ubbidienza. Questa confidata nella sua situazione, nelle forti mura, e nella speranza de'soccorsi del Papa, si accinse ad una gagliarda difesa. Passò dunque lo sdegnato Re all'assedio di quella Città nel dì primo di Dicembre, secondochè è scritto nel Diario di Matteo Spinelli [b], dove nondimeno si truovano slogati gli Anni. Egli dice del 1251. ma ha da essere il presente. Nella Cronica Cavense [c] è scritto, che fu dato principio all'assedio di Napoli nel dì 18. di Giugno dell'Anno seguente. Non può stare. In vece di Giugno sarà ivi scritto Gennaio. Durò di molti mesi quell'assedio. Ma in questi tempi si raffreddò non poco il Re Corrado verso del fratello Manfredi, anzi concepì astio contra di lui, non ben si sa, se per sospetti conceputi in vederlo sì savio ed amato da i Popoli, o pure per mali ufizj fatti contra di lui da i malevoli, fra' quali spezialmente si distinse Matteo Ruffo, nato nella Città di Tropea in Calabria, che di povera fortuna per la sua abilità era arrivato sotto l'Imperador Federigo II. a i primi gradi della Corte, e da lui fu lasciato Aio del Figliuolo Arrigo, e Vicebalio della Sicilia. Era questi nemico dichiarato di Manfredi. Ma non mancò prudenza a Manfredi per navigare in mezzo a tanti scogli. Destramente rinunziò a Corrado i Contadi di Gravina, Tricarico, e Montescaglioso. Ed ancorchè il Re gli sminuisse anche la giurisdizione nel Principato di Taranto, che solo gli restò; e tuttochè Corrado ordinasse, che Galvano e Federigo Lancia, e Bonifazio d'Anglone, parenti dal lato materno di Manfredi, uscissero del Regno: pure Manfredi non ne mostrò risentimento alcuno, e seguitò con allegria e fedeltà ad aiutare il Re fratello in tutte le di lui imprese.

IN-

[a]Nicolaus de Jamsilla Histor.

[b]Matteo Spinelli Diario.

[c]Chronic. Cavense.

INTANTO in Lombardia, ceſſato il timore di Federigo II. che teneva uniti in più Città gli animi de' Cittadini, e ſucceduta la troppa libertà, queſta cominciò a generar la diſcordia. Sopra tutto in Milano inſorſero gare e diſſenſioni fra il Popolo e i Nobili. Nel dì 6. d'Aprile, Sabbato in Albis dell'Anno preſente [a], nel venire da Como a Milano *Fra Pietro* da Verona dell'Ordine de' Predicatori, Inquiſitore, ed uomo di ſanta vita, fu da Carino ſicario de gli Eretici in vicinanza di Barlaſſina ſacrilegamente ucciſo, e poi nel ſeguente Anno canonizzato e poſto nel catalogo de' Martiri da Papa Innocenzo IV. Preſo il ſicario, e meſſo nelle mani di Pietro Avvocato da Como, allora Podeſtà di Milano [b], dopo dieci giorni di prigionia, fu laſciato fuggire. Gran ſollevazione per queſto forſe in Milano; fu imprigionato il Podeſtà; dato il ſacco al ſuo Palazzo; ed appena potè egli ottenere in grazia la vita. Allora i Nobili propoſero di dare il dominio della Città a *Leone de' Perego* Arciveſcovo. Non ſolamente ſi oppoſero i Popolari, ma ſuſcitarono anzi una lor pretenſione, cioè, che non a i

a quei dell'ordine Popolare ſi conferiſſero nicati della Metropolitana. Si venne alla forza; fu cacciato di Città l'Arciveſcovo, ſvaligiato il ſuo Palazzo; e maggiormente per queſto crebbe l'izza fra il Popolo e la Nobiltà. Capo del Popolo fu Martino dalla Torre   Nobili Paolo da Sore-
                                                    Capitano il *Marcheſe*
Manfredi Lancia, che venne con mille cavalli al ſuo ſervigio. Così gli Annali di Milano [c]. Ma Gualvano Fiamma differiſce fino all'Anno 1256. queſta pernicioſa novità, e ne' tornano a parlare allora gli ſteſſi Annali. *Gregorio da Montelungo* Legato Apoſtolico [d], in ricompenſa de' tanti ſervigi da lui preſtati alla Chieſa Romana ne gli Anni addietro, promoſſo al

ne il poſſeſſo. Morì all'incon S. Bonifazio, laſciando dopo di ſè un glorioſo nome, e un figliuolo appellato Lodovico, che in prodezza non ſi laſciò vincere dal Padre. Ne gli Annali accaduta nel Febbraio dell'Anno ſuſſeguente. Senza inorridire non ſi poſſono leggere nelle Storie di Rolandino [f], del Monaco Padovano, e di Parſio da Cereta, le crudeltà praticate in queſti tempi dal Tiranno *Eccelino* da Romano contra de' Cittadini di Verona e di Padova. Fecero nell'Anno preſente i Parmi-

Note marginali:
Era Volg.
Ann.1252.

[a] Bolland. in Act. Sanctor. ad diem 29: Aprilis.

[b] Gualvaneus Flamma Manip. Flor. c.286.

[c] Annales Mediolan. Tom. XVI. Rer. Italic.

[d] Monac. Patavinus in Chron. Tom. VIII.

Cereta Annal. Veron. Tom. VIII. Rer. Italic.
[f] Roland. lib.6. c 17. & ſequ.

ErA Volg. migiani ofte contro il Caftello di Medefano (*a*); e quantunque
Ann.1252. *Oberto Marchefe* Pelavicino co' fuorufciti di Parma e co i Cremo-
(a)*Chronic.* nefi accorreffe in aiuto de gli affediati, tuttavia s'impadroniro-
Parmenfe
Tom. IX. no d'effo Caftello, e fimilmente di quei di Berceto e Miaro.
Rer. Italic. Abbiamo da Matteo Paris (*b*), che i Romani eleffero per loro
(b)*Matth.*
Paris Hift. Senatore per l'Anno vegnente Brancaleone di Andalò Bologne-
Angl. fe, uomo giufto, di gran petto, ma di non minor rigidezza,
il quale ricusò di accettare, fe non gli veniva accordata cotal
Dignità per tre anni, non oftante lo Statuto di Roma. Nella
(c) *Petr. de* Vita di Papa Innocenzo (*c*) vien dipinto Brancaleone per un
Curbio Vit.
Innoc. IV. gran Ghibellino, e nemico del Papa. Con quefta condizione fu
P. I. T. 3. accettato, e ito pofcia a Roma tenne in efercizio le forche e
Rer. Italic. le mannaie per gaftigar la gente troppo fediziofa ed avvezza a
non rifpettar le Leggi. In queft'Anno poi fecondo·il fuddetto
Paris, o pure nel 1254. fecondo Pietro da Curbio, che fembra
meritar in ciò maggior credenza, i Romani difguftati della fuperbia ed infolenza del popolo di Tivoli, coll' efercito fi portarono contra quella Città. La prefero e diroccarono con fiero
efterminio; e fe que' Cittadini vollero falvar la vita, convenne, che andaffero fcalzi e colle corde al collo a chiedere mifericordia in Roma. Per quello nondimeno, che vedremo all'
Anno 1254. non fuffifte quefta rovina di Tivoli. Guerra gran-
(d) *Ricord.* de fu del pari in Tofcana (*d*) tra i Fiorentini, Lucchefi, ed
Malafpin.
cap. 152. Orvietani Guelfi, e i Sanefi e Pifani Ghibellini. Ebbero gli ulti-
Chronicon mi una rotta a Montalcino.
Senenfe
Tom. XV.
Rer. Italic.

Anno di CRISTO MCCLIII. Indizione XI.
d'INNOCENZO IV. Papa 11.
Imperio vacante.

CONTINUO' il *Re Corrado* con gran vigore l'affedio di Na-
poli, avendo condotto colà un copiofo apparato di quelle
(e)*Chronic.* macchine (*e*), colle quali fi faceva allora guerra alle Città e For-
Cavenfe,
Tom. VII. tezze. E perciocchè v'entravano di quando in quando de i rin-
Rer. Italic. frefchi per mare, ful principio di Maggio ferrò ancora quel paffo
(f) *Matteo* con un poffente ftuolo di Galee, fatto venir di Sicilia (*f*). Volle
Spinelli
Diario, ben egli, che fi deffe un generale affalto a quella Città nel dì 25.
Tom.VII. d'Aprile, con promeffa di tre paghe a quella Nazione, che pri-
Rer. Italic. ma v'entraffe. Ma vi reftarono morti da fecento Saraceni, e po-
co

co men di Tedeschi : laonde non più si pensò a soggiogar Napoli colla forza, ma bensì colla fame. Si ridussero in fatti que' Cittadini (*a*) a nutrirsi ancora co' più vili e laidi cibi ; nè più potendo, si renderono in fine a discrezione nel fine di Settembre , come ha il Diario dello Spinelli , o pure nel dì 10. di Ottobre , come si legge nella Cronica Cavense. Alcuni scrivono, che a forza di mine fu espugnata quella Città, e che entrato l'esercito Tedesco, vi sparse gran sangue degli abitanti. Lo Spinelli anch'egli scrive, che Corrado vi *fece gran giustizia, e grande uccisione*. E da stupire, come Pietro da Curbio, e Saba Malaspina, Scrittori Pontificj, non parlino di questo macello di gente, che certo non dovea scappare alla lor penna. Ma ne parla bene Bartolomeo da Neocastro (*b*) , Autore di questo Secolo ; e per questo i Napoletani concepirono un odio implacabile contro la Casa di Suevia. La Cronica del Monistero Cavense ha solamente, ch'egli mandò in esilio molti de' Napoletani, ed è fuor di dubbio, che fece abbattere e spianare le belle mura di Napoli e di Capoa , affinchè non venisse più voglia a que' popoli di ribellarsi. Passò dipoi Corrado a Melfi , e quivi celebrata la festa del santo Natale, tenne un parlamento de' Baroni del Regno. Queste prosperità di Corrado furono cagione, che il Pontefice colla sua Corte cominciasse in quest' Anno una tela nuova in rovina della Casa di Suevia. Cioè spedì in Inghilterra (*c*) Alberto da Parma uno de' suoi familiari ad offerir la Corona di Sicilia a *Riccardo Conte* di Cornovaglia , Fratello di quel *Re Arrigo*, e ricco Principe. Insorsero delle difficultà in questo maneggio. O sia che questo trattato venisse, come vuol Pietro da Curbio (*d*), a scoprirsi , e *Carlo Conte* d'Angiò e di Provenza, Fratello del Re di Francia si esibisse al Papa ; o pure che il Papa non trovando buona disposizione in Inghilterra , chiamasse a mercato esso Conte d'Angiò ; certamente pare , che fin d'allora Carlo vi accudisse. Accadde dipoi, che il *Re Arrigo* trattò di ottenere per suo Figliuolo *Edmondo* il Regno di Sicilia , promettendo di gran cose. Pietro da Curbio asserisce, che fu conchiuso questo contratto col Re Inglese, il quale cominciò a far preparamenti per effettuarlo. All'incontro dal Rinaldi (*e*) sotto quest' Anno son rapportate le condizioni, colle quali il Papa esibiva a Carlo Conte d' Angiò il Regno di Sicilia , Ducato di Puglia, e Principato di Capoa. Quivi è nominato il suddetto Alberto da Parma, come Legato del Papa. Così il Rinaldi. Contuttociò tengo io per fermo, che quel Documento appartenga a i tempi di Urbano IV. e non a i presenti.

Tomo VII.   Qq   GRAN

ERA Volg.
ANN.1253.

(a) *Saba Malaspina lib. 1. c. 3.*

(b) *Bartholomæus de Neocastro c. 3. T. 13. Rer. Italic.*

(c) *Matth. Paris Hist. Angl.*

(d) *Petr. de Curbio in Vita Innoc. IV. cap. 31. Par. I. T. 3. Rer. Italic.*

(e) *Raynaudus in Annal. Ecclef.*

Era Volg.
Ann.1253.
(a) Matth.
Paris Hist.
Angl.

(b) Petrus
de Curbio
Vita Inno-
centii IV.
c.32.&seq.

(c)Chronic.
Parmens.
Tom. IX.
Rer. Italic.

(d)Gualv.
Flamma
Manipul.
Flor.c.287.
(e)Roland.
lib.7.c.3.
& sequ.
Monachus
Patavinus
in Chronic.
Tom. VIII.
Rer. Italic.

GRAN premura fecero in queſt'Anno i Romani a Papa Innocenzo IV. per farlo ritornare a Roma, e ſe vogliam credere a
Matteo Paris, (a) minacciarono anche Perugia, ſe ne impediva, o non ne ſollecitava la venuta. Mal volentieri ſi riſolveva
il Pontefice a compiacerli, ben conoſcendo la difficultà di trovar
quiete fra que' torbidi ed iſtabili cervelli d'allora, avvezzi a comandare, e non ad ubbidire. Andò egli ad Aſſiſi (b) nella Domenica in Albis, vi dedicò la Chieſa di S. Franceſco; viſitò Santa Chiara inferma, che nel dì 30. di Giugno fu chiamata da Dio
alla Patria de' Giuſti; e paſsò egli la State in quella Città. Poſcia nel dì 6. d'Ottobre ſi miſe in viaggio verſo Roma, dove dal
Senatore, dal Clero, e Popolo Romano, fu incontrato fuori della Città, e introdotto con ſommo giubilo ed onore. Pietro da
Curbio ſcrive, che eſſo Senatore, cioè Brancaleone, avea fatto
il poſſibile, perchè il Papa non veniſſe, e andò poi macchinando
ſempre contra di lui. Matteo Paris per lo contrario atteſta, ch'egli
fu in ſuo favore; ed avendo il Popolo Romano cominciato a muovere pretenſioni di groſſiſſimi crediti per le ſpeſe da lor fatte a fin di
ſoſtenere il Pontefice ne' tempi di Federigo II. Brancaleone quetò con dolci parole il lor furore, e conſervò la pace. Tornò
poſcia il Re Corrado ad inviare a Roma il Conte di Monforte
ſuo Zio, ed altri Ambaſciatori per placare il Papa, ed impetrar
l'Inveſtitura del Regno. In Lombardia la Città di Parma (c)
nell'Anno preſente fece qualche mutazione, pacificandoſi co'Cremoneſi, e col Marcheſe Oberto Pelavicino Capo de' Ghibellini in
queſte parti; Giberto da Correggio, ſopranominato della Gente,
preſe allora un gran predominio in Parma. V'entrarono anche
i Ghibellini fuoruſciti. Altrettanto fu fatto in Reggio, dove
furono richiamati i Guelfi. Per l'accordo ſuddetto il Comune
di Cremona reſtituì a Parma il Caſtello di Breſcello, e tutti i
prigionieri Parmigiani, che dianzi barbaramente erano trattati
nelle carceri Cremoneſi. Si riaccefe in queſti tempi la guerra
fra i Milaneſi e Paveſi. Nel dì 10. di Maggio l'eſercito di Milano col Carroccio (d), avendo paſſato il Ponte di Vigevano,
s'impadronì della Terra di Gambalò, e cinſe poſcia d'aſſedio
Mortara. Ancor queſta Terra fu preſa; ma facendo gran difeſa il Caſtello, venne l'eſercito Paveſe per ſoccorrerlo. Interpo-
ſtiſi intanto alcuni mediatori, fra i due Popoli ſi rinovò la pace.
Più che mai continuarono in queſti tempi le orride crudeltà d'
Eccelino in Padova (e), e ne gli altri Luoghi a lui ſottopoſti.

Pa-

Papa Innocenzo rinovò per quefto le fcomuniche contra di lui, e dichiarollo Eretico; ma altro ci voleva, che tali eforcismi a vincere uno fpirito sì maligno. Monte ed Araldo da Monfelice fra gli altri, imputati di tradimento, furono condotti a Padova. Gridando effi ad alta voce di non effere traditori, Eccelino, che era a tavola, calò al rumore, nè volle afcoltar ragione. Allora Monte fcagliatofi in furia addoffo al Tiranno, il rovefciò a terra, e dopo avere indarno cercatogli addoffo, fe avea qualche coltello, il prefe per la gola per fuffocarlo, e co i denti e coll'unghie gli fece quanto male potè. S'egli trovava armi, in quel dì la Terra fi farebbe fgravata dal peggiore di tutti gli uomini. Ma accorfi i familiari del Tiranno, tanto fecero, che meffo in pezzi Monte col Fratello, liberarono Eccelino dal pericolo, ma non già dalle ferite, a curar le quali vi vollero molti giorni. Empiè in quefti tempi l'iniquiffimo Tiranno le infernali fue carceri di Cittadini Padovani e Veronefi, sì Ecclefiaftici che Laici. Tutto era terrore, tutto difperazione fotto di quefto Barbaro, a cui ogni menoma parola od ombra di fofpetto ferviva di motivo per incarcerare, o tormentare, o levar di vita le perfone.

Anno di CRISTO MCCLIV. Indizione XII.
di ALESSANDRO IV. Papa 1.
Imperio vacante.

MENTRE il *Re Corrado* foggiornava in Melfi, *Arrigo* fuo fratello legittimo, nato da *Ifabella* d'Inghilterra, giovinetto di belle doti ornato, fu a vifitarlo, e nello fteffo tempo infermatofi cefsò di vivere. Voce tofto fi fparfe, che Corrado col veleno aveffe tolto dal Mondo l'innocente fanciullo; e non lafciò Papa *Innocenzo* di avvalorar quefto fofpetto, per ifcreditar Corrado preffo il Re d'Inghilterra Zio d'Arrigo (a). Cercò all'incontro Corrado di far credere falfa così nera accufa. Se con fondamento, o nò, Dio folo ne può effere giudice. Fuor di dubbio è bensì, che Corrado in quefti tempi caricò di contribuzioni e gravezze la Puglia (b); e a quelle Terre e Città, che erano pigre al pagamento, andavano addoffo o Saraceni o Tedefchi, che faceano pagar con ufura. Furono in tal congiuntura meffe a facco le Città d'Afcoli, Bitonto, ed altre; e

(a) *Matth. Paris Hift. Angl. Nicolaus de Jamfilla Hiftor. Tom. VIII. Rer. Italic.*
(b) *Matteo Spinelli Diario, Tom. VII. Rer. Italic.*

Qq 2   fe

ERA Volg.
ANN.1254.
se *Manfredi* Principe di Taranto con buona maniera non provvedeva, era imminente la diftruzion di quelle contrade. Sotto
il prefente Anno parla Matteo Paris di una battaglia, feguita
fra l'efercito Pontificio, comandato da *Guglielmo Cardinale* Nipote del Papa, e quello di Corrado, colla morte di quattro mila foldati Papalini. Forfe egli intende di una zuffa di cui parlerò più abbaffo, ma che non merita titolo di fanguinofa, molto
meno di grande. Fu citato di nuovo Corrado dal Pontefice a comparire in Roma, per giuftificare, fe potea, la fua innocenza.
[a]*Raynau-
dus Annal.
Ecclef.*
[a]. Spedì egli colà di nuovo il Conte di Monforte, e *Tomma-
fo Conte* di Savoia, a dir le fue ragioni, e ad ottenere una proroga. Ma nel Giovedì fanto di nuovo fi udì confermata e aggravata contra di lui la Papale fcomunica. Preparavafi egli intanto a ripaffare in Germania per far guerra al fuo competitore
Guglielmo d'Ollanda, quando cadde infermo vicino a Lavello,
e fcomunicato nel più bel fiore de gli anni cedette alla violenza del male nel dì 21. di Maggio, nella notte dell'Afcenfion
b]*Nicolaus
de Jamfilla
Tom. VIII.
Rer. Italic.
Sabas Ma-
lafpina
Hiftor. l. 1.
cap. 4.
Caffari
Annal Ge-
nuenf. l. 6.
Tom. VI.
Rer. Italic.*
del Signore [b]. Autore della fua morte comunemente fu creduto Manfredi, che col mezzo di Giovanni Moro, Capitano de'
Saraceni, e favorito di Corrado il faceffe avvelenare, sì in vendetta de gli Stati a lui tolti, come per farfi ftrada al Regno di
Sicilia. Ma avendo Corrado un picciolo Figliuolo per nome *Cor-
radino*, a lui partorito in Germania dalla *Regina Ifabella* fua
Moglie nel dì 25. di Marzo del 1252. a cui toccava il Regno;
e l'aver egli lafciato nel fuo teftamento per Governatore della
Sicilia Bertoldo Marchefe di Hoemburch, e non già Manfredi,
il quale fi moftrò anche alieno da tale impiego: pare che non
s'accordi col fopraddetto difegno. Maraviglia fu, che anche i
nemici della Corte di Roma non attribuiffero ad effo Manfredi
quefto colpo, come Matteo Paris afferifce fatto dianzi per altro
veleno dato al medefimo Corrado. Conofcendofi l'impoffibilità
di chiarire in cafi tali la verità, a me bafta di avere accennato
ciò che allora, e molto più poi fi diffe, fpezialmente da gli
[c] *Ricor-
dan. Mala-
fpin. c.146.*
Storici Guelfi, nemici di Manfredi [c]. S'impoffefsò il nuovo
Balio e Governatore del Regno Bertoldo di tutto il teforo di Corrado; e perciocchè quefti nel fuo teftamento avea raccomandato il Figliuolo Corradino alla Sede Apoftolica, e ordinato al
Marchefe di Hoemburch di fare ogni poffibile per metterlo in
grazia del Papa, affinchè poteffe fuccedere nel Regno di Sicilia, furono immediatamente fpediti Ambafciatori ad effo Inno

cen-

cenzo. Ma niuna apertura si trovò a trattato di pace. Il Ponte- ERA Volg.
fice saldo in dire, ch'egli voleva prima il possesso del Regno, ANN.1254.
e che poi si esaminerebbe, se alcun diritto vi avea il fanciullo
Corradino, rigettò ogni proposizione d'accordo. Cassò per tanto tutti gli Atti e le disposizioni testamentarie di Corrado; citò il Marchese Bertoldo Balio del Regno, come occupatore di
uno Stato devoluto alla Chiesa; e per dar più calore a' suoi disegni, celebrata in Assisi la festa della Pentecoste, si mosse colla Corte [a]; e nel viaggio pacificati i Popoli di Spoleti e Ter- [a] *Petrus*
ni, che erano in rotta fra loro, per Orta, e Civita Castellana *de Curbio*
arrivò alla Basilica Vaticana. Dopo aver quivi celebrata solen- *Vita Inno-*
ne Messa, e predicato con raccomandare a i Romani i presenti *centis IV.*
affari, andò a posarsi in Anagni, con avere intanto spediti ordi- *Rer. Italic.*
ni in Lombardia, Genova, Toscana, Marca d'Ancona, Patri-
monio, e Ducato di Spoleti, per fare copiosa leva di soldati.
Comparve ad Anagni *Manfredi* Principe di Taranto con altri Baroni a trattar d'accordo, e per quindici dì un gran dibattimento si fece; ma quando era già per sottoscriversi la capitolazione, si ritirò il Principe con gli altri. Scopertosi intanto, che
Pietro Ruffo Vicebalio in Sicilia [b], Riccardo da Montenegro, [b]*Nicolaus*
ed altri Baroni, guadagnati dal Pontefice, lavoravano sott' ac- *de Jamsilla*
qua, Bertoldo Marchese d'Hoemburch depose il Baliato, e tan- *in Histor.*
to fece egli con altri del partito della Casa de' Suevi, che il
Principe Manfredi accettò benchè con ripugnanza almeno appa-
rente quell'ufizio. Attese pertanto Manfredi a raunar un esercito; ma mancandogli il principale ingrediente, cioè il danaro, nè potendone ricavare da Bertoldo, che tutto avea occupato; trovato in oltre, che i Baroni camminavano con doppiezza, e i Popoli stanchi del barbarico governo de'Tedeschi,
inclinavano a mutar padrone: egli fu il primo a sottoporsi all'
ubbidienza del Pontefice, e a cedere alle contingenze del tempo, salvi nondimeno i diritti del Re suo Nipote, e i suoi proprj. All'esempio suo tennero dietro gli altri Baroni; alcuni nondimeno l'aveano preceduto.

MENTRE il Pontefice tuttavia dimorava in Anagni [c], i Ro- [c] *Petrus*
mani, che da gran tempo assediavano Tivoli, venuta lor meno *de Curbio*
la speranza di forzar quella Città alla resa, spedirono ad esso Pa- *cap.* 40.
pa, acciocchè trattasse di pace, e non mancò egli di farlo, tuttochè disgustato del Senatore, che non lasciava andar viveri ad A-
nagni, nè prestar danari al Papa, nè far leva di gente per lui.

Nel

ERA Volg.
ANN.1254.
Nel dì 8. di Ottobre Papa Innocenzo arrivò a Ceperàno su i confini del Regno, e nel dì seguente entrò pel Ponte in esso Regno, incontrato da Manfredi Principe di Taranto, che accompagnato da molti altri Baroni fu a baciargli i piedi, e l'addestrò per un tratto di strada. Io non so che mi dire del Diario di Matteo Spinelli, che troppo discorda da' migliori Scrittori nell' assegnare i tempi. Egli fa giunto il Papa a Napoli per la festa di San Pietro con altre cose, che non battono a segno. Passò dipoi il Pontefice ad Acquino, a San Germano, a Monte Casino, accolto dapertutto con segni di singolare onore ed affetto. Davanti a lui marciava coll' esercito *Guglielmo Cardinale* di Sant' Eustachio, parente del medesimo Papa, il quale da tutti facea prestare giuramento di fedeltà alla Chiesa Romana, anzi pretese, che Manfredi lo prestasse anch'egli: al che non volle egli mai acconsentire, pretendendo, che ciò fosse contro i patti stabiliti col Papa. Con questo felice passo camminavano gli affari del sommo Pontefice, e già egli si contava per Padrone della Puglia, quando un accidente occorse, da cui restò non poco turbata la Corte Pontificia. Era il Papa passato a Teano, dove fu sorpreso da incomodi di sanità, che più non l'abbandonarono. (a) Quivi trovandosi il Principe Manfredi, ebbe delle liti con Borello da Anglone, Barone molto favorito nella Corte Pontificia, per aver egli impetrato dal Papa il Contado di Lesina, ancorchè appartenente a Monte Santo Angelo, che era d'esso Manfredi, ed averne anche inviato a prendere il possesso. Ricorse Manfredi al Papa; niuna risoluzione fu presa. S'aspettava in que' dì alla Corte il Marchese Bertoldo. Volle Manfredi andare ad incontrarlo, e preso commiato dal Papa, si mise in cammino. Non molto lungi da Teano ad un passo stretto si trovò il suddetto Borello con una truppa d'uomini armati, fu creduto per insultare il Principe nel suo passaggio. Allora i familiari di Manfredi s'inoltrarono per riconoscere, che intenzione avessero; e Borello co' suoi prese la fuga verso la Città. Inseguito da alcuni del Principe [dicono contra volontà di lui] fu ferito, e morto da un colpo di lancia nella schiena. Grande strepito si fece per questo nella Corte del Papa, il quale intanto passò a Capoa. Era giunto Manfredi ad Acerra con pensiero di portarsi a Capoa per giustificarsi; ma fu consigliato di raccomandar piuttosto la sua causa al Marchese Bertoldo. Vi mandò apposta Galvano Lancia suo Zio. Bertoldo ne parlò al Papa e a' Ministri; e la risposta fu, che Manfredi venisse in persona, e si ascolterebbo

(a) Nicolaus de Jamsilla Tom. VIII. Rer. Italic.

mo le sue discolpe. Se veniva, già risoluta era la di lui prigionia. Il perchè Galvano Lancia gli significò, che facea brutto tempo per lui, e che si ritirasse ben tosto, e con gran cautela verso Lucera, o sia Nocera de' Pagani. Colà in fatti dopo aver passati molti pericoli ed incomodi, senza che alcuno osasse di dargli ricetto, sul principio di Novembre arrivò una notte Manfredi. Per buona ventura non vi si trovò Giovanni Moro, Governatore di quella Città, il più ricco e potente de' Saraceni quivi abitanti. Fatto sapere alle sentinelle, che era ivi il Principe Figliuolo di Federigo Imperadore, questi amantissimi di suo Padre, non fidandosi di poter aver le chiavi dal Vicegovernatore, determinarono di rompere la Porta, e d'introdurlo. Detto fatto, tanto si ruppe della Porta, che il Principe entrò. Fu incredibile la festa, che secero perciò i Saraceni. Il condussero al Palazzo, dove si trovarono molti tesori dell'Imperador Federigo, del Re Corrado, di Oddone Marchese fratello del Marchese Bertoldo, e quei spezialmente di Giovanni Moro, il quale da lì a poco tempo fu ucciso da suoi Saraceni in Acerenza. Si esibì tutto il popolo di Nocera a' servigi di Manfredi, e giurarono fedeltà al Re Corradino e a lui. Allora Manfredi messa mano ne' suddetti tesori, cominciò ad affoldar gente, e a lui da tutte le parti concorsero i Tedeschi sparsi per la Puglia: di modo che in breve ebbe un gagliardo esercito in piedi, ed uscì in campagna alla volta di Foggia, dove era accampato il Marchese Oddone con un corpo assai poderoso di gente Pontificia. Si diede alla fuga Oddone dopo breve combattimento; e Foggia presa per forza fu saccheggiata. Niccolò da Jamsilla fa ben conoscere, che questa fu una vittoria, ma non già vittoria di gran rilievo, come vien descritta da Matteo Paris, se pur d'essa parla, come vogliono alcuni Scrittori Napoletani. La verità nondimeno si è, che questa qualunque si fosse, diede tal terrore al grosso esercito Pontificio, (a) accampato allora a Troia, che come se avessero alle reni l'Armata di Manfredi, disordinatamente di notte prese la fuga, con lasciar indietro molto del loro equipaggio; nè si credettero in salvo il Cardinale Legato, ed altri, finchè non giunsero a Napoli, dove era allora la Corte Pontificia.

MA ritrovarono, che già Papa *Innocenzo IV.* soprafatto dalla malattia, era passato a miglior vita. Il Rinaldi (b) fa accaduta la sua morte nel dì 7. di Dicembre. Il che vien confermato da Pietro da Curbio (c), che il dice defunto in Napoli nel-

Era Volg *Ann.1254.*

(a) *Sabas Malaspina lib.1.cap.5.*

(b) *Raynaldus Annal. Ecclesiast.*
(c) *Petrus de Curbio in Vit. Innocent. IV. cap.42.*

Era Volg. nella Festa di Santo Ambrosio. Niccolò da Jamsilla, e Bernardo
Ann.1254. di Guidone, mettono la sua morte nel dì 13. del Mese suddetto; Altri nel dì 10. ma si dee stare all'asserzione de'primi. L'
infelice successo di Foggia portò al cuore ancora de' Cardinali
esistenti in Napoli un grave scompiglio, di maniera che se non
era il Marchese Bertoldo, che facesse lor animo, già pensava-
no a ritirarsi verso Roma. Nel dì 21. del suddetto Mese di Dicembre, secondo il Rinaldi, o più tosto, siccome scrive chiaramente Pietro da Curbio, nel Sabbato giorno 12. del suddetto
Mese, fu eletto Pontefice *Rinaldo Vescovo* d'Ostia da Anagni
della nobil Famiglia de'Conti di Segna, e parente de i predefun-
ti Papi Innocenzo III. e Gregorio IX. Prese il nome di *Alessandro IV.* e portò sulla sedia di S. Pietro delle prerogative ben degne del sommo Pontificato. Buono e mansueto, nè portato a
maneggiar le chiavi e la spada con tanto imperio, e con tante
gravezze a gli Ecclesiastici, come avea praticato il suo Predecessore, *revocat & cassat, quæ in gravamen multorum suus*
[a] *Stero*   *constituerat Antecessor;* son parole di Arrigo Sterone [a]. Fu
in Chronic. guerra in quest'Anno [b] fra i Pisani dall'una parte, e i Fio-
Augustano. rentini e Lucchesi dall'altra. Sulle prime riportarono i Pisani
[b] *Caffari* de i vantaggi, poscia ebbero molte buffe e danni, in guisa che
Annal. Ge- vennero in parere di chieder pace. Se ne trattò per parecchi
nuens. l. 6. giorni, e convien ben credere, che il Comune di Pisa si sentis-
Tom. VI. se debole, da che per ottenerla fece compromesso delle sue dif-
Rer. Italic. ferenze in Guiscardo da Pietra santa Milanese, Podestà di Firenze. Questi poi diede un Laudo, condennando i Pisani a restituire a'Lucchesi le Castella di Motrone e Monte Topolo; a i Genovesi Ilice e Trebiano con altre condizioni, per le quali tenendosi aggravato il Comune di Pisa non volle accettar quella sentenza: il che fu cagione di nuova guerra. In questo medesimo
Anno nel Mese d'Agosto fecero oste i suddetti Fiorentini con-
[c]*Ricorda-* tra di Volterra [c], che si reggeva a parte Ghibellina. Usciti
no Malasp. disordinatamente i Volterrani furono incalzati, e con esso loro
cap. 155. entrarono anche i Fiorentini nella Città. Gran cosa fu, che si
Ptolom. salvarono dal sacco. Ne furono cacciati i Ghibellini, lasciato
Lucens.An- presidio in quelle fortezze. Anche Poggibonzi, già ribellato,
nal. brev. tornò per forza sotto la signoria de'Fiorentini. Fecero guerra
Tom. XI. in quest'Anno i Bolognesi [d] alla Città di Cervia. Se ne im-
Rer. Italic. padronirono, e vi misero un Podestà, che a loro nome la gover-
[d]*Chronic.* nasse. Di ciò nè pure una parola si legge presso Girolamo Ros-
Bononiens.
To. XVIII.
Rer. Italic.   si nel-

fi nella Storia di Ravenna. Dalle Croniche di Milano [*a*] altro
non fi ricava fotto il prefente Anno, fe non che qualche combattimento feguì fra i Nobili e Popolari di quella Città; e che
fu chiamato colà un certo Beno de'Gonzani Bolognefe, a cui fu
data balfa di cavar danari dal Popolo. Coftui fapendo ben efercitare il per altro facile meftiere di pelare chi non può refiftere, inventò nuovi Dazj e gabelle, ed introduffe ogni mala ufan-
za in quella Città. Come il Popolo dominante allora fi lafciaffe calpeftare e fpolpare da coftui per quattro Anni, non fi sa
intendere. Secondo la Cronica Piacentina [*b*] il *Marchefe Ober-*
to Pelavicino, che già fignoreggiava in Cremona, feppe così
ben maneggiarfi, che dal Popolo di Piacenza fu eletto per loro
Signore perpetuo. Tentò di fare lo fteffo anche in Parma coll'
aiuto della fazion Ghibellina efiftente in quella Città [*c*], e a
quefto fine pafsò ad affalir Borgo S. Donnino e Colorno. Gli
veniva fatto, fe alzatofi un vil Sartore Parmigiano, e divenuto Capo Popolo, non aveffe coftretto i Ghibellini colle minaccie
a defiftere dal loro proponimento. Perciò il Marchefe Oberto
fe ne tornò a Cremona fenza far altro. Il Sigonio, che narra
quefto fatto, l'avrà prefo dalla Cronica del Salimbeni, che fi
è perduta. Era il Marchefe Pelavicino fuddetto gran fofteni-
tore della parte Ghibellina, e perciò amico di Eccelino. Alcuni Scrittori Guelfi cel rapprefentano non inferiore al medefimo Eccelino nella crudeltà e fierezza, forfe con qualche ingiuria del vero. Abbiamo bensì in queft'Anno da Rolandino
[*d*] e da Parifio da Cereta [*e*], una ferie d'altri inumani fatti d'effo Eccelino, che ogni dì più peggiorava nella fua terribil tirannia.

Anno di CRISTO MCCLV. Indizione XIII. di ALESSANDRO IV. Papa 2, Imperio vacante.

SEPPE ben prevalerfi del profperofo afpetto di fua fortuna
Manfredi Principe di Taranto, ed anche nel verno attefe a
far delle conquifte. La Città di Barletta, a riferva del Caftello, venne alla fua divozione [*f*]. Venofa mandò ad offerirgli
le chiavi. Trovavafi tuttavia nella Corte Pontificia Galvano
Lancia, Zio materno d'effo Manfredi, uomo di gran deftrez-

Tomo VII.   R r   za e

Side notes (right margin):

ERA Volg.
ANN. 1254.
[a] *Annales*
Mediolan.
Tòm. XVI.
Rer. Italic.
Gualvan.
Flamma
Manipul.
Flor.

[b] *Chron.*
Placentin.
Tom. XVI.
Rer. Italic.

[c] *Sigonius*
de Regno I-
tal. lib. 19.

[d] *Roland.*
lib. 7. c. 10.
[e] *Paris*
de Cereta
Chronic.
Veronenf.
Tom. VIII.
Rer. Italic.

[f] *Nicolaus*
de Jamfilla
Hiftor.
Tom. VIII.
Rer. Italic.

za e prudenza, che facea vista d'essere forte in collera contra del Nipote per la sua ribellione. A tutto a un tempo egli si ritirò da Napoli, e passò ad Acerenza con ricevetne il possesso a nome di Manfredi: il che fatto, andò a trovare il Nipote a Venosa. L'arrivo suo riempiè d'inesplicabil contento Manfredi, che troppo abbisognava del consiglio e braccio di un sì fidato Consigliere. Quantunque la Città di Rapolla fosse Feudo, dianzi conceduto ad esso Galvano, pure dimorava ostinata in favor della Chiesa. Andò colà Galvano coll'Armata del Principe; adoperò in vano le chiamate; colla forza in fine la sottomise, e l'imprudente resistenza di que' Cittadini costò la vita a molti, e la desolazione della loro Città. Melfi, Trani, Bari, ed altri Luoghi non vollero rimaner esposti a somigliante pericolo, e si diedero a Manfredi: con che a riserva delle Città della Provincia d'Otranto, quasi tutta la Puglia cominciò ad ubbidire a i suoi cenni. Non sapeva digerire il nuovo Papa *Alessandro IV.* colla Corte Pontificia, che Manfredi niuno Ambasciatore peranche avesse inviato a prestargli almeno l'ubbidienza, dovuta a lui, come Vicario di Cristo. Se gli fece insinuare da più persone, che inviasse con isperanza di riportarne de i vantaggi; ed egli in fine vi spedì due suoi Segretarj ben istruiti con sufficiente mandato di trattar di concordia. Iti essi a Napoli, ne cominciarono di fatto il trattato. In questo mentre Manfredi coll'esercito andò a mettersi in possesso della Guardia de' Lombardi, come Luogo spettante al suo Contado d'Andria. S'ebbe non poco a male la Corte Pontificia, che trattandosi di pace egli seguitasse le ostilità, temendo ch'egli non venisse alla volta di Napoli; laonde egli per compiacerla se ne ritirò, e prese il viaggio verso d'Otranto, per l'avviso giuntogli, che Manfredi Lancia suo parente era stato sconfitto dal Popolo di Brindisi, il quale avea anche presa e distrutta la Città di Nardò. Intanto il Papa dichiarò suo Legato in Puglia *Ottaviano* de gli Ubaldini Cardinale di Santa Maria in Via Lata, con ordine di ammassare un possente esercito contra di Manfredi. Ora dunque, e non prima, come con errore scrisse Saba Malaspina (*a*), questo Cardinale cominciò a presiedere all'armi del Pontefice. Da ciò presero motivo i Ministri di Manfredi di rompere il trattato di pace, e se ne tornarono al loro padrone. Passato Manfredi alla volta di Brindisi, saccheggiò quel paese; assediò, ma indarno, quella Città; venne a' suoi comandamenti Lecce. Pose anche l'assedio alla

alla Città d'Oria, che seppe vigorosamente difendersi. Stando Era Volg.
egli quivi ricevette la buona nuova, che Pietro Ruffo Calabrese, Ann.1255.
Conte di Catanzaro, che finquì aveva esercitato in Sicilia l'ufizio
di Vicebalìo e Governatore di quell'Isola, uomo palese nemico
suo, e che teneva gran filo colla Corte del Papa, cacciato via
da i Messinesi, s'era ritirato in Calabria a i suoi Stati. Gli
ordini spediti colà a queste avviso da Manfredi, con un corpo
di combattenti, e l'odiosità conceputa anche da i Calabresi contra d'esso Pietro Ruffo, cagion furono, che que' Popoli si solle-
varono contra di lui, di modo che divenuto ramingo fu infine
forzato a cercare rifugio nella Corte Pontificia.

In quest'Anno la Città di Trento si levò dall'ubbidienza di
Eccelino da Romano (*a*), dove quel Popolo doveva aver fatta (a)*Chronic.*
anch'esso pruova di quella crudeltà, ch'egli seguitava ad eserci- *Veronense*
tare in Padova, e nell'altre Città a lui sottoposte. Spedì egli a *Rer. Italic.*
quella volta un gagliardo esercito, a cui solamente riuscì di da- *Monach.*
re un terribil guasto a molte Castella e Ville di quel distretto. *Patavinus in Chron.*
Oberto Marchese Pelavicino, già divenuto Signor di Cremona e *Tom. VIII.*
Piacenza (*b*), di volontà de' Piacentini distrusse anch'egli nell' *Rer. Italic.*
Anno presente una mano di Castella di quel territorio, che pro- (b)*Chronic.*
babilmente appartenevano a i Nobili fuorusciti della medesima Cit- *Placentin.*
tà. Abbiamo da gli Annali d'Asti (*c*), che in questi tempi *Tom- Tom. XVI.*
maso Conte di Savoia cominciò la guerra contra de gli Astigiani *Rer. Italic.*
con levar loro il Borgo di Chieri. Ed essendo Guiscardo da Pie- (c)*Chronic.*
trasanta Milanese Podestà di Lucca, fece fabbricar due Borghi *Astense*
nella Versilia sottoposta a Lucca (*d*). All'uno pose il nome di *Tom. XI.*
Campo Maggiore, all'altro di *Pietra Santa* dal suo cognome. *Rer. Italic.*
Del che fo io menzione, acciocchè si conosca la falsità del famoso Decreto, attribuito a *Desiderio* Re de' Longobardi, scolpito in (d) *Ptolom.*
marmo nella Città di Viterbo, lodato dal Sigonio, stampato dal *Lucens. Annal. brev.*
Grutero fra l'altre Iscrizioni, dove è parlato di Pietrasanta, di *Tom. XI.*
cui esso Re vien fatto autore. Di tale impostura ho io ragiona- *Rer. Italic.*
to altrove (*e*). In Giberto da Correggio, detto della Gente,
Podestà di Parma, era stato fatto compromesso (*f*) da i Mode- (e) *Antiqu.*
nesi e Bolognesi per le differenze loro intorno alla picciola Pro- *Italic. Dissert. 27.*
vincia del Frignano, in buona parte occupata dalla potenza d' (f) *Annales*
essi Bolognesi al Popolo di Modena. Chiara cosa era secondo la *Veter. Mutinens.*
giustizia, che se ne dovea fare la restituzione. Abborrivano i *Tom. IX.*
Bolognesi la pronunzia del Laudo, figurandosi bene qual esser *Rer. Italic.*
dovesse, e la tirarono sempre a lungo; ma in fine Giberto lo

prof-

Era Volg.
Ann.1255.
profferì con obbligare il Popolo di Bologna a dimettere a' Modenesi l'usurpato possesso di quella contrada. Ma perchè non sanno mai i potenti, che in qualche maniera sieno entrati in possesso de gli Stati de' meno potenti, persuaderſi d'avere il torto, e che per loro ſia fatta la Legge di Dio, che obbliga a restituire: i Bolognesi lasciarono cantare il Giudice, e seguitarono a ritener quel paese, finchè poterono. Mentre questi piccioli affari ſi faceano in Lombardia, non perdeva oncia di tempo

(a)Nicolaus
de Jamſilla
Hiſtor.
Tom. VIII.
Rer. Italic.
Manfredi per migliorare quei del Re Corradino ſuo Nipote, (a) o più tosto i suoi proprj in Puglia e Calabria. Eranſi i Messineſi, dappoichè ſi furono sbrigati da Pietro Ruffo, invogliati di reggerſi a Repubblica, e già col penſiero ſi fabbricavano un largo dominio tanto in Sicilia, che in Calabria alle ſpese de' vicini. A questo effetto con potente armamento di gente e di navi paſſarono in Calabria; ma poco durarono i lor castelli in aria, perchè ebbero delle percoſſe dalle ſoldateſche di Manfredi, per le quali la Città di Reggio con altri Luoghi venne alla di lui ubbidienza. Continuava intanto Manfredi l'aſſedio d'Oria, con averla anche ridotta alle estremità, di modo che ſe aveva un po' più di pazienza, ſi arrendeva quel popolo. Ma giunto gli l'avviso, che il Cardinale Legato Ottaviano de gli Ubaldini alla testa d'una poſſente Armata, accompagnato dal Marcheſe Bertoldo da Hoemburch, e da Oddone, e Lodovico ſuoi Fratelli, i quali benchè Tedeschi, s'erano tutti dati al ſervigio del Papa, entrava in Puglia: Manfredi rotto ogn'indugio, s'inviò a Nocera. Quivi meſſo inſieme un forte eſercito di Saraceni, Tedeschi, e Pugliesi, marciò poſcia nel dì primo di Giugno, per impedire gli avanzamenti del Pontificio, pervenuto ſino a Frequento; e andò a postarſi fra eſſo e la Guardia de' Lombardi, dove era di guarnigione un corpo di gente Papalina. Stettero per più dì a fronte le due Armate; e per quanto ſi studiaſſe Manfredi di tirare ad una campal battaglia i nemici, che pur erano ſenza alcun paragone ſuperiori di forze, non vollero eſſi giammai dargli questo piacere.

Cos ſtando le cose, arrivò di Germania un Mareſciallo ſpedito al Papa, e al Principe, dal Duca di Baviera a nome della Regina Iſabella, Madre di Corradino, con propoſizioni di pace. Diede moto il ſuo arrivo ad un trattato di tregua, che fu stabilita, finchè il Mareſciallo e i Meſſi del Principe foſſero andati e ritornati dalla Corte Papale. Ritiroſſi perciò Manfredi alla marina

di

di Bari, quand' ecco in Trani riceve nuova, che il Cardinale Legato s'era inoltrato verso Foggia col suo esercito, e gli avea tolta la comunicazione con Nocera sua importante Città. Non poteva egli credere un tal tradimento. Ma verissimo fu, e in oltre
la Città di Sant'Angelo s'era data in tal'occasione al Legato. A-
nimosamente allora si mosse Manfredi, e senza mostrar' apprensione alcuna de' nemici, passò alla volta di Nocera; ed avendo
rinforzato il suo esercito, venne da lì a pochi giorni ad accamparsi in faccia all'Armata nemica sei miglia lungi da Foggia, e
ricuperò colla forza la suddetta Città di Sant'Angelo. Veggendo
poi, che i nemici niun movimento faceano, attendendo solo a ben
trincierarsi con fosse e steccati sotto Foggia, s'avvicinò anch'egli
a quella Città, e quivi formò de' buoni trincieramenti, talmente che l'Armata Pontificia, la quale dianzi meditava di far l'assedio di Nocera, si trovò come assediata da quella di Manfredi.
Bertoldo Marchese ottenuti dal Legato ottocento cavalli, passò
in questo mentre alla marina di Bari, e tolse al Principe le Città
di Trani, Barletta, e l'altre di quella contrada, eccettochè Andria. Ma questo furbo navigava a due contrarj venti, perciocchè
nello stesso tempo trattava segretamente di comporsi col Principe
Manfredi. Spedì costui al campo del Legato, che scarseggiava di
viveri, un copiosissimo convoglio. Manfredi informatone dalle
spie, o pur dallo stesso Bertoldo, lo sorprese. Mille e quattrocento uomini della scorta vi restarono uccisi; da quattrocento cinquanta furono i feriti e prigioni. Tutto quel gran treno venne al
campo di Manfredi. Entrata dunque la fame, e le malattie nell'
esercito Pontificio, il Cardinale Legato propose un accordo, che
fu accettato da Manfredi. Con esso si rilasciava al Re Corradino
e al Principe il Regno, con obbligo di prenderne l'investitura dal
Papa, a riserva di Terra di Lavoro, che restava in potere della
Chiesa Romana. Sottoscritta la capitolazione, il Cardinale pregò Manfredi di perdono per chiunque avea prese l'armi contra di
lui. A tutti egli rendè la sua grazia, e nominatamente al Marchese Bertoldo, e a' suoi Fratelli. Ma il Papa, che intanto avea
mosso il Re d'Inghilterra alla conquista del Regno di Sicilia per
Edmondo suo Figliuolo, e già ne avea spedita l'Investitura,
credendo alle larghe promesse di quel Re, ricusò di accettar l'
accordo fatto dal Legato. Gl'Inglesi dipoi non si mossero, e il
Papa deluso venne a perdere il buon boccone della Terra di Lavoro. Saba Malaspina (*a*) non tace la divolgata opinione, che
fra

Era Volg.
Ann.1255. fra il Cardinale Ottaviano, e il Principe Manfredi paſſaſſero ſegrete intelligenze. A buon conto un temporale gran vantaggio
egli avea proccurato alla Corte Pontificia, che ſel laſciò fuggir
di mano. Mentre che tali coſe ſuccedeano in Puglia, Pietro Ruſ-
fo con un corpo di ſoldateſche Papaline tornò in Calabria per
riacquiſtar que' paeſi. Fu quivi anche predicata la Crociata contra di Manfredi, come ſe ſi foſſe trattato di andar contro a i
Turchi ed Infedeli. Ma gli Uſiziali di Manfredi diſſiparono que'
turbini, e il Ruffo ſe ne tornò dolente a Napoli. Non ſopraviſ-
ſe poi molto alle ſue diſgrazie, perciocchè ſtando in Tertacina,
fu ucciſo da un ſuo familiare. Saba Malaſpina ſcrive ciò fatto
per ordine di Manfredi, e deteſta un tale operato; ma, quando
ciò ſia vero, dovette credere Manfredi di aver giuſto titolo di
trattar coſì, chi s'era moſtrato ſì ingrato ed infedele all' Imperador Federigo, e a' ſuoi Succeſſori, da' quali era ſtato cotanto
beneficato, e ch'egli poi ſì paleſemente tradì. Si riduſſe il Papa in queſt' Anno colla ſua Corte a Roma, non trovandoſi più
ſicuro in Napoli, da che ſi era rifiutata la concordia. Nè è da
tacere, che il Pontefice approvò, che Corradino s'intitolaſſe Re
di Geruſalemme, ma non già di Sicilia, perchè queſto Regno ſi
pretendeva devoluto alla ſanta Sede.

Anno di CRISTO MCCLVI. Indizione XIV. di ALESSANDRO IV. Papa 3. Imperio vacante.

S'ERA finquì aſſai poco miſchiato nelle coſe d' Italia Guglielmo d'Olanda, già creato Re de' Romani e di Germania.
(a) Matth.
Paris Hiſt.
Angl.
Stero Hiſt.
Auguſtan. (a) Di molte guerre aveva egli avuto colla Conteſſa di Fiandra,
e co i Popoli della Friſia. Ma dopo eſſer giunto nel preſente Anno a domar queſti ultimi, caduto in un aguato a lui teſo da i
medeſimi, miſeramente laſciò ivi la vita. Trattoſſi dunque da
i Principi Tedeſchi di eleggere un Succeſſore. Papa Aleſſandro
(b) Raynau-
dus Annal.
Eccleſ. con Lettere (b) aſſai forti incaricò gli Elettori Eccleſiaſtici di
non promuovere Corradino Figliuolo del Re Corrado, con intimar la ſcomunica contro a chiunque diverſamente faceſſe. Im-
brogliaronſi per queſto, e per altri accidenti, que' Principi, e
andò ſì avanti la diſcordia inſorta fra loro, che paſsò tutto queſt'
Anno, ſenza che poteſſero convenire in alcuno de' Candidati.

Ten-

Tenne Manfredi nella festa della Purificazion della Vergine in
Barletta un gran Parlamento. (*a*) Quivi diede il Principato di
Salerno a Galvano Lancia, altro suo Zio materno. Degradò da
tutti i suoi onori Pietro Ruffo; e fatto processo contra Bertoldo Marchese, e contra de'suoi fratelli, li condannò ad una perpetua prigione, dove finirono i lor giorni. Era già stato spedito in Calabria da Manfredi il suddetto Federigo Lancia suo Vicario, acciocchè riducesse la Sicilia alla di lui ubbidienza. Tali
ordini con somma destrezza egli eseguì. Per suoi maneggi il popolo di Palermo si ritirò dalla suggezion de'Ministri Pontificj, e
fece prigione Frate Ruffino dell'Ordine de'Minori, che col titolo di Legato Apostolico si faceva ubbidire in quelle parti. Crebbe con ciò ogni dì più in Sicilia il credito e il partito di Manfredi, e formossi ancora in favore di lui un esercito di Siciliani. Allora Federigo Lancia passò col suo dalla Calabria contra
Messina, Città che non tardò molto a riconoscere per Signore
Manfredi. Con che la di lui Signoria si stese per quasi tutta
la Sicilia e Calabria. Essendo intanto ritornati dalla Corte Pontificia i suoi Ambasciatori coll'avviso dell'accordo rigettato dal
Papa, veggendosi Manfredi libero, mosse le sue bandiere verso Terra di Lavoro. Gli vennero incontro i Deputati spediti da
Napoli con offerirgli la Città, e pregarlo di voler dimenticare
le ricevute offese. Manfredi era Principe benigno ed amorevole;
ben sapea, che la Clemenza si tira dietro l'amore de'Popoli, e
però passato a dirittura a Napoli, non solamente perdonò a quel
Popolo, ma fece di gran bene a quella nobil Città. Quivi ancora ricevette i Delegati di Capoa, che si sottomisero alla di lui
signoria. Altrettanto sospirava di fare il Popolo d'Aversa, ma
essendovi dentro un buon presidio Papalino, non ardiva di alzare un dito. Passò dunque Manfredi all'assedio di quella Città,
a cui furono dati varj assalti, ma indarno tutti. La vicinanza
nondimeno della sua Armata recò tal coraggio a que' Cittadini, che alzato rumore un dì, uccisi non pochi de gli stipendiati del Papa, e ricevuto soccorso da quei di fuori, venne ancora
quella Città alle mani di Manfredi. Riccardo da Avella, uomo
potente, dopo aver difeso fino a gli estremi il Castello, volendo poi fuggire, colto fu messo a pezzi. Furono sì fortunati
successi cagione, che l'altre Città di Terra di Lavoro alzarono
le bandiere di Manfredi, fuorchè Sora, ed Arce, dove stavano
di presidio alcuni Tedeschi postivi dal Marchese Bertoldo. In-

Era Volg.
Ann.1256.
(a)*Nicolaus
de Jamsilla*
Tom. VIII.
Rer. Italic.

vios-

vioſsi dipoi l'infaticabil Manfredi a Taranto per deſiderio di
ſoggiogare l'oſtinata Città di Brindiſi. Ebbe il contento di veder
venire quel popolo a'ſuoi piedi, e di riceverlo in grazia ſua.
La ſola Città d'Ariano, forte per la ſua ſituazione, reſtava in
quelle parti ripugnante al ſuo dominio. Molti di Nocera, fin-
gendoſi banditi da' ſuoi, s'introduſsero colà, e levato rumore
una notte, tal confuſione produſsero, che gli ſteſsi Cittadini ſi
ſcannarono l'un l'altro. Coſì fu preſa la Città e diſtrutta; e
il reſto de gli abitanti diſtribuito per altri Luoghi del Regno.
L'Aquila, Città nuova, perchè ne gli Anni addietro fondata
dal Re Corrado, era già pervenuta ad una gran popolazione, e
finquì avea tenuta la parte del Papa. All'intendere i continuati progreſsi di Manfredi, giudicò, che più non era da indugiare
a ſottoporſi, e però a lui ſpediti ſuoi Ambaſciatori il riconobbe per ſuo Signore. Ma ſecondo Saba Malaſpina [a] fino all'
Anno 1258. queſta Città ſi tenne per la Chieſa; e ne abbiamo
anche delle pruove dal Rinaldi [b].

[a] Sabas
Malaſpina
Hiſtor.
lib.2.cap.1.
[b] Raynau-
dus Annal.
Eccleſ.

COSI procedevano gli affari della Sicilia e della Puglia. Paſ-
ſiamo ora ad un avvenimento della Marca di Trivigi, o ſia di
Verona, che fece grande ſtrepito in queſt'Anno per tutta Italia. I gemiti de'miſeri Padovani per le enormi crudeltà di Eccelino da Romano [c], le iſtanze continue di Azzo VII. Marcheſe d'Eſte, e i tanti richiami de'circonvicini e de gli eſiliati,
moſsero a compaſſione il buon Papa Aleſſandro IV. e a deſiderio
di rimediarvi. Dichiarò dunque ſuo Legato nella Marca di Trivigi Filippo, eletto Arciveſcovo di Ravenna, il quale venuto a
Venezia, ed ammaſsato un eſercito di Croceſignati, con dichiarar Podeſtà de'fuoruſciti Padovani Marco Querino, e Mareſciallo dell'Armata Marco Badoero, ſi diſpoſero ad entrare nel Padovano. Anſediſio Podeſtà di Padova, perchè Eccelino colle forze de'
Popoli di Padova, Vicenza, e Verona, era nel Meſe di Maggio
paſsato ſul Mantovano, luſingandoſi di poter mettere il piede
in quella Città, preſe molte precauzioni, per impedire l'ingreſſo dell'Armata nemica; ma per giudizio di Dio eſse facilitaro-
no più toſto la di lui rovina. Sul principio di Giugno coraggio-
ſamente entrò il Legato Apoſtolico nel territorio di Padova; preſe Concadalbero, Cauſelve, e Pieve di Sacco; ed avanzandoſi
ogni dì più, e creſcendo l'Armata ſua per l'arrivo delle genti
ſpedite per cura del Marcheſe d'Eſte da Ferrara, Rovigo, ed
altri Luoghi, a dirittura paſsò fin ſotto Padova, e nel dì 19.

[c] Roland.
lib 8. c.1.
Monach.
Patavinus
in Chronic.
Chronic.
Veronenſe
& alii.

di

di Giugno s'impadronì con poco spargimento di sangue de' Borghi di quella Città. Nel giorno seguente dato di piglio all' armi con gran giubilo tutta l'oste Crocesignata diede un generale assalto alla Città. Fu condotta una Vigna, o sia Gatto, macchina sotto la quale speravano gli aggressori di rompere le Porte di Ponte Altinate. Tanta quantità di pece, zolfo, e d'altra materia accesa, fu gittata addosso a quella macchina, che il fuoco attaccatosi ad essa, servì ad accendere, e ridurre in cenere la Porta stessa. Portatone l'avviso ad Ansedisio, allora gli cadde il cuore per terra; e perchè un buon Padovano il consigliò di capitolare col Legato, affinchè la Città non andasse a sacco, l'iniquo con una stoccata nel petto, per cui restò morto, gl'insegnò a non dar più de i pareri a i Tiranni. In somma costui pien di spavento, salito a cavallo, per la Porta di S. Giovanni prese la fuga, nè i suoi furono lenti a tenergli dietro. Entrò dunque l'Armata de' Crociati vittoriosamente in Padova nel dì 20. di Giugno; male nondimeno per gl'innocenti Cittadini, che dianzi miseri, maggiormente divennero tali per la sfrenata avidità de' vincitori. Costoro avendo presa la Croce più per isperanza d'arricchire, che per voglia di conseguir le Indulgenze plenarie, appena furono dentro, che diedero il sacco a quante case e botteghe erano nella Città; nè altro fecero per sette giorni, che ruberie, lasciando spogliata di tutto l'infelice cittadinanza, non senza biasimo de' Comandanti, i quali in tanto tempo niun provvedimento trovarono all'inestimabil danno de gli abitanti. Furono allora aperte le orrende carceri di Eccelino, che erano in Padova. Essendosi anche renduta la Terra di Cittadella, dove Eccelino avea dell'altre diaboliche prigioni; uscì alla luce una gran copia d'infelici, quivi più tosto seppelliti, che rinchiusi. A riserva di pochissimi Luoghi, tutte le Castella e Terre del Padovano si diedero al Legato, e tornarono sotto l'ubbidienza della Città. Anche il Marchese Azzo VII. ricuperò la sua Terra d'Este coll'altre della Scodesia; ma non potè per allora riavere Cerro e Calaone, fortezze quasi inespugnabili per la lor situazione. Fecero poscia i Padovani nell'Anno seguente un Decreto, da me altrove rapportato [a], che si dovesse sollennizzar da lì innanzi con Processione universale la felice liberazione della lor Città; la qual funzione si fa anche oggidì.

DOPO avere Eccelino dato il guasto alla maggior parte del

[a] Antiqu. Ital. Dissertat. 29. pag. 851.

Tomo VII.   Ss   Man-

ERA Volg.
ANM.1256.
(a) Paris
de Cereta
Chronic.
Veronenf.
Tom. VIII.
Rer. Italic.
Rolandin.
l. 9. cap. 7.

Mantovano fenza poter nuocere alla Città, alla quale impresa (a) concorfe ancora co i Cremonefi il *Marchefe Oberto* Pelavicino, decampò per venire a Verona, ed accorrere al foccorfo di Padova. Al paffaggio del Mincio gli arriva davanti uno tutto fudato ed anfante. Che nuova? diffe Eccelino. Ed egli: cattive. Padova è perduta. Eccelino il fece tofto impiccare. Da lì a poco ne arriva un altro. Che nuove? Rifpofe, che con fua permeffione voleva parlargli in fegreto. Coftui ebbe più giudizio, e gli pafsò bene. Continuò il Tiranno la marcia fino a Verona; fenza permettere un momento di pofata all'efercito ftanco; e quivi infofpettito dei Padovani, che erano feco, tutti li fece imprigionare e fpogliare di quanto aveano. Per atteftato di Rolandino, erano undici mila perfone tra Nobili e plebei, ed Eccelino con una crudeltà, di cui mai più non fi perderà la memoria, quafi tutti li fece parte uccidere, e il refto morire di ftento: non tornandone forfe ducento a Padova. Potrebbefi nondimeno dubitare di qualche efagerazion di Rolandino in sì gran numero d'infelici Padovani. Intanto il Legato Apoftolico Filippo attefe a rinforzare il fuo efercito. Era volato a Padova Azzo Marchefe d'Efte. Fece egli venire un buon rinforzo di gente da' fuoi Stati, e da Ferrara. Vi accorfero tutti i banditi da Verona e Vicenza, e vennero più brigate di Bolognefi, comandate in certa guifa dal famofo Fra Giovanni dell'Ordine de' Predicatori: il che è da notare per conofcere i coftumi di quefti tempi. S'ebbero ancora da Venezia e Chioggia affaiffimi baleftrieri. Premeva al Legato di ridurre Vicenza al fuo partito, e verfo colà moffe l'Armata nel dì 30. di Luglio; e nel dì primo d'Agofto andò ad accamparfi a Longare; e nello fteffo tempo vi arrivò anche Alberico da Romano, Fratello di Eccelino, con un corpo di Trivifani, facendofi credere fedele alla Chiefa: del che tutti fi ftupirono, e ne venne grande bisbiglio. Allora fu creato Capitan Generale dell'efercito il Marchefe d'Efte con plaufo d'ognuno. Ma da lì a poco levatofi un fufurro, che Eccelino con un formidabil efercito fi avvicinava, entrò tale timor panico nell'Armata de' Crocefignati, che per quanto faceffero il Legato e il Marchefe, i Bolognefi furono i primi a tornarfene a cafa; ed altri di mano in mano a ritirarfi: laonde il Legato giudicò meglio di ridurre l'efercito a Padova. Sofpetto corfe, che Alberico da Romano aveffe fegretamente fatto fpargere quefto terror nella gente. Per atteftato della Cronica di Verona (b), la Terra di Legnago full'Adige, acclamando in queft'Anno il Marchefe

(b) Paris de
Cereta ubi
fup.

Az-

Azzo d'Efte, fi fottraffe all'ubbidienza di Eccelino, e di Verona. ERA Volg
ANN.1256.
Lo ftefso fece quella ancora di Cologna. Tirarono pofcia i Padovani una gran fofsa quafi di tre miglia fuori della Città con ifteccati, torri di legno, e petriere difpofte in varj fiti, e quivi s'accampò l'efercito Pontificio, afpettando il Tiranno. Colà fece venire il Marchefe Azzo tutta la cavalleria di Ferrara, e dovea in breve arrivare anche la fanteria. Gran copia di Mantovani, e il Patriarca d'Aquileia con isforzo numerofo di gente accorfero alla difefa di Padova. Arrivò ful fine d'Agofto Eccelino, diede varj affalti alle fortificazioni nemiche, ributtato fempre, tuttochè fuperiore al doppio di forze a i Padovani: il perchè fcornato fe ne tornò a Vicenza, dalla qual Città con belle parole fece ufcire la milizia urbana, facendola ftare ne' borghi, e dentro difpofe una buona guarnigione di Veronefi e Tedefchi.

SECONDO la Cronica di Milano (a) fu in queft'Anno gran divifione fra i Nobili e popolari di Milano. Ognun voleva comandar le Fefte. Guerra eziandio fi fece fra i Cittadini e fuorufciti di Piacenza (b). Ma in Tofcana fu ben più fiera. Ufcirono in campagna i Fiorentini, Lucchefi, e Genovefi collegati contro a i Pifani (c). A tutta prima i Lucchefi rimafero fpelazzati; ma accorfi i Fiorentini fconfifsero l'ofte Pifana vicino al Serchio; e fu in pericolo la ftefsa Città di Pifa. Tolfero i Genovefi a i Pifani il Caftello d'Ilice. La debolezza in cui reftò allora il Popolo Pifano, il ridufse a chiedere pace. E l'ottennero con reftituire a i Lucchefi Motrone, dimettere il Caftello di Corvara, che fu diftrutto, e quello di Mafsa, che fu reftituito al *Marchefe Bonifazio* Malafpina. Circa quefti tempi cominciò il *Marchefe Oberto* Pelavicino (d), ficcome capo de' Ghibellini in Lombardia, ad aver qualche dominio anche in Pavia. Leggiamo pofcia nelle Croniche d'Afti (e), che nell'Anno prefente ad iftanza e per ordine del Papa tutti gli Aftigiani, che erano in Francia, furono prefi da i foldati del fanto *Re Lodovico*, e confegnati a *Tommafo Conte di* Savoia, o pur detenuti per lungo tempo nelle carceri di Parigi. Perderono gli Aftigiani quanto aveano in Francia, e nella lunga guerra, che ebbero col fuddetto Conte di Savoia, fpefero più di ottocento mila Lire. L'origine della disgrazia di quefto popolo fi ha da Matteo Paris (f), dal Guichenone (g), e da Antonio Poeta Aftigiano (h), fecondo i quali nel precedente Anno cominciò la guerra fra efso Tommafo Conte di Savoia, e il Popolo d'Afti. Occupò il Conte Chieri a gli Aftigiani. Ufciti con grande sforzo

(a)*Chronic.*
Mediolan.
Tom. XVI.
Rer. Italic.
(b)*Chronic.*
Placentin.
Tom. XVI.
Rer. Italic.
(c)*Caffari*
Annal. Genuenf.
Tom. VI.
Rer. Italic.
Ptolomeus
Lucenfis
Tom. XI.
Rer. Italic.
Ricordano
Malafpina.
& alii.
(d)*Chronic.*
Parmenf.
Tom. IX.
Rer. Italic.
(e)*Chronic.*
Aftenfe
Tom. XI.
Rer. Italic.
(f) *Matth.*
Paris Hift.
Angl.
(g) *Guichenon Hift. de*
la Maifon
de Savoye.
(h) *Anton.*
Aftenf.
Tom. XIV.
Rer. Italic.

gli

gli Aftigiani, ruppero il Popolo di Chieri, e poi prefero Moncalieri, dove fecero prigione l'Abbate di Sufa loro gran nemico. A quefta nuova il Conte Tommafo, che era in Torino, ammaffato l'efercito fuo venne a dar battaglia a gli Aftigiani a Montebruno, ma fe ne andò egli fconfitto, e gran copia di Torinefi vi reftò prigione. Tornato a Torino, fecefi una matta follevazione contra di lui, e da quel Popolo fu detenuto prigione, con intimazione di non rilafciarlo, fe prima non facea reftituire i lor Cittadini. Matteo Paris ne attribuifce la cagione al fuo duro governo. Diedero pofcia i Torinefi barbaramente effo Conte in mano a gli Aftigiani, e con ciò liberarono la lor gente. La difavventura di quefto illuftre Principe, già Conte ancora di Fiandra, e parente de i Re d'Inghilterra e di Francia, fece gran rumore dapertutto. Papa Aleffandro IV. ne fcriffe Lettera di condoglienza alla Regina d'Inghilterra, rapportata da Matteo Paris, e l'efortò a far prendere tutte le perfone e i beni de' Torinefi ed Aftigiani, che foffero nel fuo dominio. Altrettanto fece il fanto Re di Francia nel fuo per ordine dello fteffo Papa. Prefero pofcia gli Aftigiani Foffano ed altre Terre del Conte, ed arrivarono fino alla Valle di Sufa, con egual felicità in altri fatti d'armi. Abbiamo da Matteo Paris, che venne in Italia l'Arcivefcovo di Canturberì per liberare il Conte fuo Fratello, Moffe i Savoiardi a fare l'affedio di Torino, ma fenza profitto; e dopo avere inutilmente confumate immenfo fomme di danero, fe ne tornò in Inghilterra, con lafciar tuttavia prigione il Fratello. Aggiugne il medefimo Storico, che nell'Anno prefente i Romani ftanchi della feverità ed ineforabil giuftizia di Brancaleone d'Andalò Bolognefe lor Senatore, il cacciarono in prigione. A lui volea gran male la Nobiltà, e più la Corte Pontificia. Segretamente fe ne fuggì fua Moglie, e venuta a Bologna, e però, che gli oftaggi de' Romani quivi dimoranti foffero ben cuftoditi. Ricorfi i Romani al Papa fecero, ch'egli fcriveffe al Comune di Bologna intimando l'Interdetto alla Città, fe non rendeva gli oftaggi. Sofferirono i Bolognefi più tofto l'Interdetto, ben conofcendo, che qualora gli aveffero dati, v'andava la tefta del loro concittadino. Quefto avvenimento ci fa comprendere, con quali coftumi fi regolaffero allora le Città Italiane, o almen qual precauzione aveffe prefa Brancaleone, perchè affai conofcente delle iftabili tefte de i Romani d'allora, i quali prefero dipoi per loro Senatore Manuello Maggi Brefciano.

Po-

Potrebbe nondimeno essere, che questi oftaggi e l' Interdetto fuddetto appartenessero all' Anno 1260. siccome vedremo.

Anno di CRISTO MCCLVII. Indizione XV.
di ALÉSSANDRO IV. Papa 4.
Imperio vacante.

ERA Volg.
ANN.1257.

FINALMENTE le dissensioni de' Principi di Germania, per l' elezione di un nuovo Re de' Romani, andarono a terminare in uno Scisma. (a) Verso la metà di Gennaio gli Arcivescovi di Magonza e Colonia, *Lodovico Conte* Palatino del Reno, ed *Arrigo* suo Fratello Duca di Baviera elessero *Riccardo Conte* di Cornovaglia, Fratello del Re d' Inghilterra. Da molti altri Principi fu riprovata questa elezione. Però circa la metà di Quaresima dell' Anno seguente l' Arcivescovo di Treveri, il Re di Boemia, il Duca di Sassonia, il Marchese di Brandemburgo, e molti altri Principi acclamarono Re anch'essi *Alfonso Re* di Castiglia e di Lione. Venuto in Germania Riccardo, nel dì dell' Ascension del Signore fu coronato in Aquisgrana. (b) Il Pontefice *Alessandro IV.* stette neutrale in mezzo a questa contesa de i due Re, senza aderire ad alcuno. Si agitò la causa nella Curia Romana; ma non fu mai decisa; e però l' Italia niun pensiero si prese di questi due Re, quantunque i medesimi non cessassero di procacciarsi qui de i partigiani. *Eccelino* da Romano fra gli altri si dichiarò in favore del Re di Castiglia; e questo Re scrisse anche lettere al Comune di Padova per attestato di Rolandino. Lo stesso avrà fatto all' altre Città d'Italia; nè Riccardo dovette dimenticare un somigliante uffizio; ma niun d'essi visitò mai queste contrade. Restavano tuttavia in Sicilia (c) disubbidienti a Manfredi Piazza, Aidona, e Castrogiovanni. Federigo Lancia, messo all' ordine un gagliardo corpo d' Armata, andò a cignere d'assedio Piazza, Città allora assai ricca e popolata. Vi trovò dentro gran copia di difensori, e difensori, che non conosceano, cosa fosse paura, di maniera che quasi ne parea disperato l' acquisto. Pure dopo molti sanguinosi assalti per forza v' entrò, e vi gastigò i principali. che s'erano mostrati sì ardenti contro la Casa di Suevia. Questo successo indusse la Città d' Aidona a sottomettersi volontariamente al Conte Federigo, il quale non si attentò di assediar Castrogiovanni, perchè Città o Castello troppo

po

(a) *Stero Annal. Augustan. Matthæus Paris Hist. Angl. Roland. lib.II. c. 2.*

(b) *Monach. Patavinus in Chronic. Tom. VIII. Rer. Italic.*

(c) *Nicolaus de Jamsilla Histor. Tom. VIII. Rer. Italic.*

Era Volg.
Ann.1257.
po forte, ma fece ben mettere a facco e fuoco tutto il fuo Contado, e la riftrinfe con un vigorofo blocco. Quefto nulladimeno
baftò a far prendere a quel Popolo la rifoluzione di arrenderfi a
buoni patti: con che Manfredi già divenuto padrone di tutto il
Regno di quà dal Faro, nulla ebbe in Sicilia, che più contra-
ftaffe al fuo volere e dominio. Non feppe trovar pofa *Azzo VII.*
Marchefe d'Efte, finchè vide le Rocche di Monfelice, e le due
(a) Roland.
l. 10. c. 13.
fue Fortezze di Cerro e Calaone in potere di Eccelino. (*a*) Ad
effe aveva egli già pofto il blocco. Gli riufcì nella Primavera di
queft'Anno di guadagnar con danari e promeffe di molti vantaggi Gherardo e Profeta Capitani del Tiranno, che tuttavia difendeano i Gironi fuperiori di Monfelice; e in quefta màniera liberò quell'importante fito. Nè pafsò molto, che fe gli renderono
ancóra le Caftella di Cerro e Calaone: con che nulla reftò in
quelle parti al Tiranno. Dimorava intanto effo Eccelino in Ve-
(b) Parif.
de Cereta
Chronic.
Veronenf.
Tom. VIII.
Rer. Italic.
rona (*b*), nè più potendo dar pafcolo all'inumano fuo genio con-
trà de' Padovani, fi diede a sfogarlo contra de' Nobili e Popolari
d'effa Verona. Fece egli prendere in queft'Anno Federigo e Bonifazio Fratelli della Scala, Famiglia, che comincia ad apparire diftinta in quella Città, e tutti i loro aderenti, ed incolpa-
tili di voler dare la Città di Verona a i Mantovani, e al Marchefe Azzo, li fece nel Mefe d'Ottobre ftrafcinare a coda di
cavallo, e bruciar pofcia vivi. A forza ancora di tormenti
fece morire Anfedifio fuo Nipote, per non aver faputo difendere Padova, permettendo Iddio, che quefto iniquo Miniftro
delle crudeltà del Zio riceveffe da lui fteffo il meritato gaftigo.
In quefto medefimo Anno nel dì 8. di Maggio Alberico da Romano, il quale dominava in Trivigi, effendo, o pure fingendo d'effere nemico di Eccelino fuo Fratello, e di feguitar
le parti della Chiefa, fi cavò in fine la mafchera, e fece
non folamente pace, ma anche Lega con effo Eccelino, con
dargli in oftaggio tre fuoi Figliuoli. Seguitò dipoi Alberico ad
efercitare anch'egli la crudeltà contra de' Cittadini di Trivigi,
afsaiffimi de' quali sbanditi dalla patria, fi rifugiarono fotto l'
ali de' Padovani e Veneziani.

ERA inforta nel precedente Anno una fiera difcordia civile fra
i Guelfi e Ghibellini di Brefcia. Prevalfero gli ultimi, confidati
nelle forze di *Eccelino*, e del *Marchefe Oberto* Pelavicino, che allora mettevano a facco il Contado di Mantova. Incarcerarono, o
fecero fuggire molti de gli aderenti alla Chiefa. Ebbero nondi-

me-

meno tanto giudizio di non ammettere nella lor Città il perfido Eccelino, che già era giunto a Montechiaro con isperanza d'entrarvi; ed elessero per loro Governatore Griffolino, uomo saggio ed amante della patria. Nell'Anno presente *Filippo* da Fontana Ferrarese, Legato Apostolico, ed Eletto di Ravenna, soggiornando in Mantova, spedì colà (*a*) Frate Everardo dell'Ordine de' Predicatori, uomo di molta dottrina e destrezza, il quale con tal facondia si adoperò, che la libertà e i beni furono restituiti a i Guelfi incarcerati e fuorusciti. Questo buon principio diede animo al Legato di passare con poco seguito alla stessa Città di Brescia, dove riconciliò gli animi alterati di que' Cittadini, promettendo tutti di star saldi nell'antica divozione verso la Chiesa Romana. Fecesi anche una riguardevol mutazione in Piacenza. (*b*) Si reggeva quella Città a parte Ghibellina; ne era Signore e capo il Marchese Oberto Pelavicino. Formata una potente congiura nel dì 24. di Luglio levarono i Guelfi rumore; cacciarono dalla Città il suddetto Marchese, ed Ubertino Lando suo fedel seguace; e spogliarono d'armi e cavalli tutta la gente loro, con eleggere dipoi per loro Podestà Alberto da Fontana. Questi fece dipoi guerra a gli aderenti de' Landi, col condennarli e bandirli dalla Città. Non minor commozione civile fu in questi tempi in Milano. (*c*) Continuando *Leone da Perego* Arcivescovo coll'assistenza de' Nobili a pretendere il governo della Città, a questo suo ambizioso disegno ripugnavano forte i Popolari, disgustati anche di molto per la prepotenza d'essi Nobili, e per un vecchio iniquo Statuto, in cui altra pena non s'imponeva ad un Nobile, che ucciso avesse uno del Popolo, se non di pagare sette Lire e denari dodici di Terzuoli. Essendo appunto in questi tempi stato ammazzato da Guglielmo da Landriano Nobile un Popolare, per avergli fatta istanza d'essere pagato: il popolo di Milano prese l'armi si sollevò, e avendo alla lor testa Martino dalla Torre, obbligò l'Arcivescovo e la Nobiltà ad uscir di Città. Si ritirarono questi nel Sepaio, e ricevuto da i Comaschi un gagliardo rinforzo di gente, tentarono poi di rientrare in Milano, e più volte vennero alle mani coi Popolari, ma sempre colla peggio. Interpostosi poi Papa Alessandro co i Cardinali, ne seguì pace, e mandati a i confini molti de' Nobili, l'Arcivescovo col resto se ne tornò in Città. Allora fu, che Martino dalla Torre prese per Moglie una Sorella di Paolo da Sorecina Podestà de' Nobili; e il Popolo chiamato al Sindicato Beno de' Gonzani Bolognese allo-

ra

Era Volg Ann.1257.

(a) *Malvecius Chron. Brixian. Tom. XIV. Rer. Italic.*

(b) *Chronic. Placentin. Tom. XVI. Rer. Italic.*

(c) *Annales Mediolan. Tom. XVI. Rer. Italic. Gualvan. Flamma Manipul. Flor. c.291.*

ERA Volg.
ANN.1257.

ra Podeſtà, che tante angherie avea fatto in addietro in Milano, il condennarono a pagar dodici mila Lire. E perciocchè
egli non potè, o non volle pagare sì groſsa ſomma, l'ucciſero,
e il ſuo corpo come di un cane gittarono nelle foſse. Andava
in queſti tempi a diſmiſura creſcendo la potenza de' Bologneſi.
Erano già padroni d'Imola, Cervia, e d'altri Luoghi. Nell'
Anno precedente, ſiccome diffuſamente narra il Sigonio (a),
e s'ha ancora dalla Cronica di Bologna (b), ſteſero la loro giurisdizione ſopra Faenza, Forlì, Forlimpopoli, e Bagnacavallo,
di maniera che buona parte della Romagna riceveva da eſſi Podeſtà, e ubbidiva a i loro comandamenti. Cagione fu queſta
alto loro ſtato, ch'eſſi ridendoſi del Laudo profferito da Giberto Podeſtà di Parma, non vollero reſtituire al Comune di Modena le Caſtella del Frignano. Mancava a i Modeneſi quel buon
Recipe, che per sì fatti mali occorre; perciò fecero ricorſo alle Città di Lombardia, acciocchè interponeſsero i lor buoni uſizj, con far loro coſtare la forza delle proprie ragioni. Unitamente dunque col Podeſtà di Modena (c) ſi portarono a Bologna gli Ambaſciatori di Milano, Breſcia, Mantova, Ferrara,
Parma, e Reggio; ma per quante eſortazioni e preghiere ado-
peraſsero, non ſi potè eſpugnare l'avido e ſuperbo cuore de'
Bologneſi. Portarono allora i Modeneſi le lor doglianze al Papa, il quale per timore, che queſta Città non ſi gittaſse in
braccio al partito de' Ghibellini, ſcriſse nel dì 7. d'Agoſto da Viterbo una Lettera, rapportata dal Sigonio, al Veſcovo di Mantova, dandogli commeſſione di ordinare a i Bologneſi l'eſecuzione del Laudo, ma di non ſottoporre all'Interdetto Bologna
ſenza ſuo nuovo ordine. Non appariſce, che il Veſcovo faceſſe più profitto de gli altri interceſsori. In queſt'Anno finalmente, ſecondo il Guichenon (d), uſcì delle prigioni d'Aſti Tommaſo Conte di Savoia; e ciò ſi può dedurre ancora da Matteo
Paris (e); che all'Anno ſeguente il dice arrivato in Inghilterra. Il trattato della ſua liberazione fu conchiuſo in Torino, nel
dì 18. di Febbraio, e in eſso il Conte forzato dalla neceſſità rinunziò a tutti i ſuoi diritti ſopra la Città di Torino, e ſopra
altri ſuoi Luoghi. Dal Continuatore di Caffaro (f) all'Anno
1259. ſi ricava, ch'egli diede a gli Aſtigiani in oſtaggio i ſuoi
Figliuoli.

(a) Sigon.
de Regno
Ital.lib.19.
(b)Chronic.
Bononienſ.
To. XVIII.
Rer. Italic.

(c) Annales
Veteres Mu-
tinenſ.
Tom. XI.
Rer. Italic.

(d) Guiche-
non Hiſtoire
de la Maiſ.
de Savoye
Tom. I.
(e) Matth.
Paris Hiſt.
Angl.
(f) Caffari
Annal. Ge-
nuenſ.
Tom. VI.
Rer. Italic.

Anno di CRISTO MCCLVIII. Indizione I.
di ALESSANDRO IV. Papa 5.
Imperio vacante.

ERA già il finquì Principe di Taranto *Manfredi* in pacifico ERA Volg.
poffeffo di tutto il Regno di Sicilia di qua e di là dal Faro. ANN.1258.
Non mancavano a lui voglie di maggiore ingrandimento, nè
Configlieri, che le fomentaffero, e ne promoveffero il compimento. Benchè intorno alle cose di lui non ci reftino da quì innanzi, se non Iftorici Guelfi, talvolta sofpetti di troppo mali-
ziare, e di alterar la verità fecondo le loro paffioni: pure non
ci mancherà lume per difcernere quello, che fia più probabilmente da credere ne gli avvenimenti fpettanti a lui. Pensò dunque Manfredi, e vi avea penfato anche molto prima, di affumere il titolo e la dignità di Re di Sicilia. A quefto fine fece egli
fpargere voce, che Corradino fuo Nipote in Germania foffe
mancato di vita. Niccolò da Jamfilla (a) pare, che ci voglia (a)*Nicolaus*
dare ad intendere, che tal fama naturalmente, e fenza frode *de Jamfilla*
forgeffe e prendeffe piede; ma non fi fallerà giudicando, che *Hiftor.*
Tom. VIII.
artificiofamente foffe diffeminata, acciocchè tenuto per eftinto il *Rer. Italic.*
legittimo erede della Corona di Sicilia, fi faceffe apertura alla
fucceffion di Manfredi. E ciò poi farebbe più chiaro del Sole,
qualora foffe fuor di dubbio, quanto vien raccontato da Ricordano, (b) da Giovanni Villani (c), e da altri Guelfi, cioè che (b) *Ricor.*
Manfredi mandò fuoi Ambafciatori in Suevia per avvelenar *dano Ma-*
lafpin.Iftor.
Corradino; e credendo effi d'aver fatto il colpo, fe ne tornaro- *cap. 147.*
no in Sicilia veftiti di gramaglia afferendo la di lui morte. Le (c) *Giovan-*
ni Villani,
crede io favole. Saba Malafpina (d) altro non dice, fe non che *ed altri.*
fi fecero correre certe lettere finte, come fcritte da Baroni Te- (d) *Sabas*
Malafpina
defchi, coll'avvifo della morte di Corradino, fondate fors'anche *lib. 1.*
fopra qualche grave malattia di lui, che diedero da dubitar di
fua vita. Baftò quefto per indurre, come vuole il Jamfilla, i
Prelati e Baroni del Regno a fare iftanza a Manfredi di prendere lo fcettro del Regno. Più verifimile è, che dalle fegrete in-
finuazioni dello fteffo Manfredi foffero moffi a far quefto paffo.
Comunque fia, nel dì 11. d'Agofto nella Cattedral di Palermo
fu egli folennemente coronato Re da tre Arcivefcovi col concorfo e plaufo d'innumerabili Prelati, Baroni, e Popolo. Ed abbondavano bene in lui, anche per confeffione de' fuoi avverfa-

rj, moltiffime di quelle prerogative, che rendono l'uomo degno
di regnare. Giovane di bell'afpetto, faceva fua gloria la cor-
tefia, l'affabilità, e la clemenza, fenza avere ereditata la crudeltà de'fuoi Maggiori. Singolar fu la fua Prudenza, e l'intendimento fuperiore di lunga mano all'età; grande il fuo amore
verfo le Lettere e i Letterati, ed egli ftelfo ben iftruito delle
Scienze, e dell'Arti più nobili; ma fopra tutto rifplendeva in
lui la generofità e la gratitudine in premiare chiunque gli preftava fervigio. E fpezialmente nel tempo della coronazione fi
diffuferò le rugiade della fua liberalità e magnificenza con pro-
fufione di donativi al Popolo, e di Contadi, Baronie, ed altri
Ufizj, de'quali principalmente furono a parte i fuoi Zii mater-
ni Marchefi Lancia, ed altri fuoi parenti, e molti Lombardi,
de'quali più che d'altri fi fidava. Ch'egli foffe Principe di poca fede, di minor pietà, e dedito a' piaceri e alla luffuria, lo
dicono gli Scrittori Pontificj. Certo è, che la politica mondana, e l'ambizione ebbero il primato nel fuo cuore, e fu da i più
riprovato, l'aver egli occupato il Regno dovuto al Nipote. Cre-

(a)Matth.
Paris Hift.
Angl. ad
Ann. 1256.
deva anch'egli non poco alla Strologia. Scrive Matteo Paris (a),
efferfi nell'Anno 1256. venuto a fapere, che Manfredi creduto
fin allora baftardo, in una malattia della Madre, Figliuola del
Marchefe Lancia di Lombardia, era ftato legitimato dall'Imperador Federigo II. fuo Padre, coll'averla fpofata. Quefte erano

(b)Sabas
Malafpina
lib. 1. c. 5.
ciance del volgo. Racconta ancora Saba Malafpina (b), Scrittore nimico di Manfredi, che non effendo peranche egli coronato,
per parte del Re Corradino vennero in Italia due Ambafciatori
con ordine di trattar col Papa di accordo per fuccedere nel Regno di Sicilia. Verfo il Caftello della Molara furono prefi, fpogliati, e l'un d'effi ucciso, l'altro ferito da Raule de' Sordi Nobile Romano. Autore di quefta fceleraggine vien detto Manfredi da effo Malafpina, quafichè allora non fi trovaffero nel
diftretto Romano, e in altri Luoghi, di que' Nobili affaffini,
che andavano a caccia di chi avea cariche le valige d'oro; e non
confeffaffe egli, che quefto Nobile era un folenniffimo fcialacqua-
tore e malvivente, capace perciò fenza gli fproni altrui di così neri attentati. Per lo contrario abbiamo da Matteo Spinelli

(c)Matteo
Spinelli
Tom. VII.
Rer. Italic.
(c), che nel dì 20. di Febbraio del 1256. [nel fuo tefto fono
fconcertati tutti gli anni. Forfe è l'Anno 1259.] vennero a Barletta gli Ambafciatori della Regina Ifabella, Madre del Re Corradino con quei del Duca di Baviera fuo Fratello, a trovare il
Re

Re Manfredi. Fecero conoscere, che Corradino era vivente, o. ERA Volg.
pretesero che si gastigasse chi avea detta la menzogna di sua ANN.1258.
morte. Manfredi con saggio e bel sermone rispose loro, che il
Regno era già perduto, ed averlo egli, siccome ognun sapeva,
conquistato coll'armi e con immense fatiche; nè essere di dovere, nè di utilità, che lo rinunziasse ad un fanciullo, incapace di
sostenerlo contra de' Papi, implacabili nemici della Casa di Suevia. Che per altro avrebbe tenuto il Regno sua vita naturale durante, e poi vi sarebbe succeduto Corradino. Con queste belle
parole, e con regali magnifici, anche pel Duca di Baviera, ris-
pedì gli Ambasciatori. Da Palermo ripassato il Re Manfredi in (a) Sabas
Puglia (a), tenne Corte bandita, e un gran Parlamento in Fog- Malaspina.
gia, dove rallegrò i Popoli concorsi da tutte le parti colla solen- lib. 2. c. 1.
nità di varj spettacoli e giuochi. Indi coll'esercito passò addosso
alla Città dell'Aquila, che finqul avea pertinacemente tenute
inalberate le bandiere della Chiesa. Danno non venne alle persone e robe de gli abitanti, che furono poi costretti ad uscirne,
e la Città per pena fu data alle fiamme.

IN questi tempi avendo il popolo Romano trovato colle pruo- (b) Matth.
ve Manuello de' Maggi (b), Senatore troppo parziale de' Nobili, Paris ad
levatosi a rumore andò colla forza a liberar dalle carceri Branca- hanc Ann.
leone già Senatore, e il rimise nell'Ufizio primiero. Allora egli
cominciò ad esercitare spietatamente il rigore della giustizia contra de' potenti Romani, che calpestavano il popolo, e fece infin
presentare alle forche due della nobil Casa de gli Annibaldeschi.
Fu co i suoi fautori scomunicato dal Papa: del che non fecero eglino conto, pretendendo di avere un privilegio di non potere essere
scomunicati. Tali minaccie poi si lasciarono uscir di bocca contra
del Pontefice e de' Cardinali, che Papa Alessandro colla Corte non
veggendosi sicuro, si ritirò a Viterbo. Ciò dovette succedere nell'
Anno precedente, perchè si veggono Lettere quivi allora date dal
Papa. Nel presente Anno Brancaleone col popolo Romano fu in
procinto di portarsi coll'armi a distruggere Anagni, patria dello
stesso Pontefice. Per placarlo, bisognò, che il Papa con umili parole mandasse a pregarlo di desistere da così crudele disegno. Durò fatica Brancaleone a frenare il furor del popolo, e da lì innanzi tenne buona corrispondenza col Re Manfredi, che gli promise
ogni assistenza ed aiuto. Poscia per abbassare la potenza della Nobiltà Romana, che colle case ridotte in forma di fortezze commet-
teva mille insolenze, fece diroccare da cento quaranta loro Torri;

Tt 2 e in

Era Volg.
Ann. 1258.
e in questa maniera tornò la quiete e tranquillità in Roma. Ma
non passò l'Anno presente, che fu anche lo stesso Brancaleone atterrato dalla morte, e il suo capo per memoria del suo valore, o
per dir meglio della sua eccessiva giustizia e crudeltà, posto sopra una colonna entro di un vaso prezioso. Per consiglio di lui fu
eletto Senatore Castellano di Andalò Bolognese suo Zio dal popolo Romano, senza voler dipendere dall'assenso del Papa, che fece tutto il possibile per impedirlo. Prosperarono in quest'Anno in
Lombardia gli affari dell'empio *Eccelino* da Romano con somma
afflizione di tutti i buoni. Guardavansi con occhio bieco in Brescia le due fazioni de' Guelfi e Ghibellini, benchè riconciliate poc'
(a) *Malve-cius Chron. Brixian. Tom. XIV. Rer. Italic.*
anzi. Eccelino (*a*) con segrete Lettere soffiava nel fuoco. Tentarono i Ghibellini di cacciar la parte contraria nel dì 29. d'Aprile, essendo con loro Griffo, o sia Griffolino Podestà della Città.
Si venne all'armi; si combattè tutta la notte; nel dì seguente
restarono sconfitti gli amici di Eccelino, Griffo preso con altri; il
resto colla fuga si salvò a Verona e Cremona. Già dicemmo uniti
in lega Eccelino, ed *Oberto* Pelavicino Marchese. Perchè i Bresciani erano venuti all'assedio di Torricella occupata da i lor fuorusciti, mosse il Marchese l'esercito de' Cremonesi, per dar soccorso a gli assediati, e nello stesso tempo sollecitò Eccelino a muoversi dall'altro canto. Allora Eccelino con quante forze potè di
Tedeschi, e delle milizie di Verona, Feltre, Vicenza, e d'altri
(b) *Roland. lib. 11. c. 9.*
Luoghi, (*b*) marciò alla volta del Mincio, e passatolo in fretta
andò ad unirsi coi Cremonesi. Intanto il Legato Pontificio *Filippo Arcivescovo* di Ravenna, al primo movimento de' Cremonesi
avendo chiamati in aiuto i Mantovani, che v'accorsero colla loro
milizia, uscì in campagna coll'esercito Bresciano, e con tutti i
suoi Crocesignati, e andò a Corticella presso al fiume Oglio. Ma
arrivata nel suo campo la nuova, che Eccelino s'era accoppiato
co i Cremonesi, ben conoscendo d'essere inferiore di forze, propose di ritirarsi a Gambara, e che si aspettasse Azzo Marchese d'
Este, il quale a momenti dovea giugnere collo sforzo de' Ferraresi, e de' suoi Stati. Parve a Biachino da Camino, e a i principa-
(c) *Paris de Certa Chronic. Veronenf. Tom. VIII. Rer. Italic.*
(d) *Monac. Patavinus in Chron. Tom cod.*
(e) *Malvec. Chr. Brix. Tom. XIV. Rer. Italic.*
li Bresciani una viltà il retrocedere. (*c*) Da lì a poco eccoti si
veggono da lungi sventolar le bandiere di Eccelino. All'armi,
all'armi. Si diede la battaglia nel dì 28. d'Agosto, secondo Rolandino, ma secondo il Monaco Padovano (*d*), e Jacopo Malvezzi (*e*), nel dì 30. Atterriti sul principio, in breve sbaraglia-
ti rimasero i Bresciani, e preso il Legato del Papa con *Damiano*

Cossa-

Coffadoca Vefcovo eleto di Verona, Simone da Fogliano di Reggio Podeftà di Mantova, e molti altri Nobili, e gran quantità
di Popolo. Nel dì feguente *Cavalcante da Sala* Vefcovo, e gli
altri Cittadini rimafti in Brefcia, tutti sbigottiti, credendo di
far cofa grata ad Eccelino, liberarono Griffo, e gli altri prigioni; ma fcioccamente, e in propria rovina; perciocchè coftoro
aprirono le porte della Città ad Eccelino, il qual vittoriofo
col Marchefe Oberto, e Buofo da Doara, ne prefe il poffeffo.
Il Vefcovo, i Preti, e gran copia d'altri Cittadini Guelfi, fi
fottraffero colla fuga a quel flagello del genere umano. Aveva
Eccelino, per atteftato di *Parifio da Cereta*, nel primo dì di
Febbraio dell'Anno prefente fatto morir ne'tormenti moltiffimi Veronefi, tanto Nobili, che Plebei. Non dimenticò già egli
il fuo barbarico coftume, giunto che fu in Brefcia. Ivi ancora
le carceri e le mannaie fi tennero in efercizio, e le Chiefe fpogliate, e le Torri de' principali Nobili per ordine fuo furono
fpianate. Doveva effere il dominio di Brefcia la metà de'Cremonefi, e in fatti ful principio fu divifa la Città, e l'una parte d'effa affegnata al Marchefe Pelavicino e a Buofo da Doara. Ma Eccelino la volea tutta, e ne trovò a fuo tempo la maniera. Intanto a riferva della Terra de gli Orci, tutto il territorio di Brefcia venne in poter del Tiranno. Per quefta disavventura di Brefcia, Città di tanto nerbo, fu un gran dire
per tutta Italia, e n'ebbe un fommo cordoglio e terrore la parte della Chiefa. Ma i giudizj di Dio fono ben diverfi da quegli de gli uomini, e ce ne avvedremo all'Anno fufeguente.

Nel dì 4. d'Aprile dell'Anno prefente coll' interpofizione
del fuddetto *Filippo* Legato del Papa s'erano accordati infieme i Nobili e Popolari di Milano con iftabilire una Concordia,
che fu appellata la Pace di Santo Ambrofio (*a*). Il Corio, (*b*) (a)*Annales
Mediolan.
Tom. XVI.
Rer. Italic.*
che ne vide lo Strumento, rapporta diftefamente tutte le con-
dizioni d'effa. Ma fecondo il peffimo ufo di tempi tali durò
quefta ben poco. Nella Fefta di S. Pietro di Giugno, *Martino*
dalla Torre Capo del Popolo cacciò di Città *Leone da Perego*
Arcivefcovo colla fazione de'Nobili, i quali fi ridufero a Cantù, e pofcia andarono in foccorfo de' Rufconi potenti Cittadini di Como, i quali voleano abbattere la parte contraria de'
Vitani. Ma accorfo in aiuto de gli ultimi il fuddetto Martino
con un poffente corpo di Milanefi, toccò a i Rufconi di sfog-
giare da Como, e i Vitani ne reftarono padroni. Ebbe non-

*Gualvan.
Flamma
Manipul.
Flor. c.292.*
(b) *Corio
Iftor. di Mi-
lano.*

dime-

Era Volg.
Ann. 1258
[a] Chron.
Placentin.
Tom. XVI.
Rer. Italic.
dimeno un'altra cagion di fofpirare nell'Anno prefente la Città di Milano. Suddita de' Milanefi era da gran tempo la nobil
Terra di Crema [a]. Entrata anch'ivi la difcordia fra i Cittadini, i Benzoni, Famiglia potente, chiamarono il Marchefe O-
berto Pelavicino, il quale ben volentieri con cinquecento cavalli ne andò a prendere il poffeffo e dominio, con ifcacciarne la
contraria fazione. L'emulazione ancora, che d'ordinario regnava fra quelle Nazioni Italiane, che fi trovavano allora poffenti
in mare, e intente alla mercatura, era già paffata in aperta

[b] Dandul.
in Chronic.
Tom. XII.
Rer. Italic.
[c] Caffari
Annal. Ge-
nuenf. l. 6.
Tom. VI.
Rer. Italic.
guerra tra i Veneziani [b] e Genovefi per accidente occorfo in
Accon. Il Continuatore di Caffaro [c] defcrive il principio e
progreffo della lite, per cui reftarono aggravati i Veneziani. E
quantunque s'interponeffe co' fuoi paterni ufizj Papa Aleffandro
IV. e andaffero innanzi e indietro Lettere ed Ambafciatori, pure non ne venne concordia, e continuò il mal animo dell'una verfo dell'altra Nazione. Fecero Lega i Veneziani co' Pifani, Provenzali, e Marfiliefi, e con gran flotta navigarono tutti in Oriente. Colà comparvero ancora con poffente sforzo di Galee e di
navi i Genovefi. Nel dì 24. di Giugno fi affrontarono quefte
Armate navali, e dopo un oftinato combattimento la vittoria fi

[d] Annales
Pifani
Tom. VI.
Rer. Italic.
dichiarò in favore de' Veneziani e Pifani [d], con prendere venticinque Galee de' vinti. Reftarono perciò i Genovefi in molto
abbaffamento in quelle parti, e fu diftrutta in Accon la lor bel-
liffima Torre, e fpogliati i lor magazzini. A quefte nuove il
buon Papa Aleffandro, confiderando il grave pregiudizio, che
da ciò rifultava a gl'intereffi della Criftianità in Soria, rinforzò
le fue premure per la Pace. Intimò tofto una tregua; ottenne
da Veneziani la libertà de' prigioni; e finalmente ftabilì fra quefti Popoli la concordia, con alcune condizioni nondimeno, che
forfe furono molefte a i Genovefi. Crefcendo anche in Bologna

[e] Muffab.
de Griffani-
bus Hiftor.
Bononienf.
Tom. 18.
Rer. Italic.
[e] ogni dì più le difcordie civili, che ordinariamente nafcevano dalle pazze parzialità e fazioni Guelfa e Ghibellina, ovvero
dall'incontentabil ambizione di fopraftare nel comando a gli
altri: in queft'Anno vennero alle mani in effa Città i Geremii
e i Lambertazzi, Famiglie delle più potenti, cadauna delle quali tirava feco il feguito d'altre nobili Cafate, e ne fuccedette
la morte di molti. Quel folo, che potè ottenere con tutti i
fuoi sforzi il Podeftà, fu di mettere tregua fra le parti: il che
per allora fopì, ma non eftinfe l'incendio, che continuò poi
per anni parecchi.

Anno

Anno di C R I S T O MCCLIX. Indizione II.   Era Volg.
Ann.1259.
di A L E S S A N D R O IV. Papa 5.
Imperio vacante.

SE nel precedente Anno s'affollarono le calamità sopra l'Italia,
il presente abbondò di consolazioni. Non era uomo *Eccelino*
da sofferir compagni nel dominio di Brescia. [*a*] Per isbrigarsi   [a] *Roland.*
dunque da Buoso da Doara, che col *Marchese Oberto* Pelavicino   *lib.II.c.12.*
comandava alla metà di quella Città, siccome ancora a Cremo-
na, propose d'inviarlo per Podestà a Verona. Buoso, persona ac-
corta, che prevedeva i pericoli imminenti a chi si metteva in
mano d'un Tiranno sì sanguinario, ricusò con bella maniera, e
poi stette ben in guardia per non essere colto. Non finì poi la faccenda, che il Marchese Oberto, e Buoso dovettero cedere ad Eccelino la signoria intera di Brescia, e ritirarsi a Cremona. Ma
rimasero ben inaspriti per questo tradimento; e perciò Oberto
segretamente si collegò con *Azzo VII.* Marchese d'Este, co' Ferraresi, Padovani, e Mantovani; e Buoso anch'esso trasse nella
stessa Lega Martino dalla Torre col popolo signoreggiante in Milano, mercè di una concordia stabilita fra loro per conto di Crema. Ma nè pure stette in ozio Eccelino. Fece anch'egli una segreta Lega co i Nobili di Milano. Non abbiamo Storico alcuno
Milanese, che ci abbia ben discifrato lo stato allora di quella Città. Il solo Fra Galvano dalla Fiamma, dell'Ordine de' Predica-   [b] *Galva-*
tori [*b*] scrive, che sul fine di Marzo nacque dissensione fra lo   *neus Flam-*
stesso Popolo dominante in Milano. Volle l'una delle parti per   *ma Manip.*
suo Capo Martino della Torre, l'altra Azzolino Marcellino. Pre-   *Flor. c.293.*
valse il Torriano colla morte dell'altro. Allora i Nobili paventando la forza di questo Capo, e del Popolo, elessero per loro
Capo Guglielmo da Soresina, e si fecero forti. A fin di quetare sì fiere turbolenze, si trasferì a Milano Filippo Arcivescovo
di Ravenna Legato del Papa, che mandò a'confini i due suddetti
Capi. Il che vien anche asserito dall'Autore de gli Annali Milanesi [*c*] senza por mente, che tuttavia Filippo Legato era dete-   [c] *Annal.*
nuto prigione in Brescia da Eccelino, e che per conseguente all'   *Mediolan.*
Anno precedente prima della prigionia di lui dovrebbe apparte-   *Tom. XVI.*
ner questo fatto. Avendo Martino rotti i confini, se ne tornò a   *Rer. Italic.*
Milano, e fece stare colla testa bassa la Nobiltà. Il perchè Guglielmo da Soresina ed altri Nobili, andati a Verona, promisero
ad

EaA Volg.
Ann.1259.
ad Eccelino di dargli in mano la Città di Milano. L'Autore
de gli Annali fuddetti di Milano ci vorrebbe far credere, che
Leone Arcivefcovo colla fazion de' Nobili foffe cacciato fuori
di Milano, e ch'egli ftefso ricorrefse ad Eccelino, con offerirgli il dominio di Milano : il che non fembra verifimile. A mio
credere, parte de' Nobili reftata in Milano, e non già tutti, fe
l'intefe con Eccelino. Lo ftefso pare, che fi pofsa ricavare da
Rolandino, e dal Monaco Padovano (*a*), e chiaramente lo dice Guglielmo Ventura (*b*). Comunque fia, fappiamo di certo,
che Eccelino, ficcome vedremo, fi mofse alla volta di Milano,
lufingandofi già d'avere in pugno quella nobiliffima Città. Ma
fi vuol prima avvertire, che nell'Aprile del prefente Anno (*c*)
i Padovani s'impadronirono di Lonigo, e di Cuftoza, togliendole a i Vicentini. Arrivati anche alla grofsa ed abbondante Terra di Tiene, le diedero il facco e il fuoco. Pofcia nel Mefe
di Maggio prefero la Terra di Freola, e ben fortificatala vi lafciarono un fufficiente prefidio. Ad Eccelino tuttavia dimorante in Brefcia fu portata quefta nuova, ed efsa fu *la fortuna di
molti poveri Veronefi* accufati di tradimento, imperciocchè avendo egli fpedita una brigata di Tedefchi a Verona per condurre
que'miferi a Brefcia, udito il fatto di Freola, montò in sì gran
collera, che fatti fermar per iftrada i Tedefchi, in perfona
correndo il Mefe di Giugno mofse l'Armata, e portatofi colà
ripigliò quella Terra; e tutto quel Popolo, che umilmente e tofto fe gli arrendè, fece legare, grandi e piccioli. Molti d'effi
levò dal Mondo, nè lafciò andarne alcuno fenza fegno della fua
barbarie, con aver (*d*) fatto cavar gli occhi, o tagliare il nafo, o un piede ad alcuni, e caftrare i reftanti. Fu quefto l'ultimo fpettacolo della crudeltà di quel moftro.

(a)*Monach.
Patavinus
in Chron.
Tom. VIII.
Rer. Italic.*
(b)*Ventura
Chronic.
Aftenf. c. 2.
Tom. XI.
Rer. Italic.*
(c) *Roland.
l. 11. c. 16.*

(d) *Paris
de Cereta
Chronic.
Veronenf.
Tom. VIII.
Rer. Italic.*

TORNATO a Brefcia il Tiranno, attefe ad accrefcere l'Armata fua, con affoldar nuova gente, e raunar tutti gli amici, per
paffare alla fofpirata conquifta di Milano. Ad afficurarfi bene della felicità di così bella imprefa altro non ci mancava, che fapere
il giorno favorevole, in cui fi dovea muovere l'Armata fua ; e
quefto dipendeva dal faper leggere nel Libro delle Stelle. Teneva egli a tal fine molti Strologhi in fua Corte, che gli rivelarono
il punto precifo ; fe con certezza, fi vedrà fra poco. Racconta
il Monaco Padovano (*e*), che nella di lui Corte onorati fi vedeano Salione Canonico di Padova, Riprandino Veronefe, Guido
Bonato da Forlì, e Paolo Saraceno colla barba lunga, che pareva
un

(e)*Monach.
Patavinus
in Chronic.*

un altro Balamo : tutti Strologhi a lui cari. Sul fine dunque d' Era Volg.
Ann. 1259.
(a) Roland.
lib. 12. c. 2.
Agosto (a), fingendo di voler far l'assedio de gli Orci, s'inviò co-
là con tutto l'esercito, e con un magnifico treno, seco conducendo tutta ancora la milizia di Brescia. Diede il guasto a i contorni:
nel qual tempo anche il Marchese Oberto Pelavicino con Buoso da
Doara, e coll' Armata de' Cremonesi, andò ad accamparsi a Soncino in faccia a gli Orci col fiume Oglio interposto, per vegliare
a gli andamenti di quel serpente. Mossesi ancora a tali avvisi
Azzo Marchese d'Este colla milizia Ferrarese, ed unitosi co' Mantovani, andò a postarsi a Marcheria sull'Oglio, per essere a tiro
di darsi mano co i Cremonesi, secondo i bisogni. Nello stesso tempo Martino della Torre con un potente esercito di Milanesi uscì
in campagna, e venne fino a Pioltello, o sia a Cassano presso all'
Adda, mostrandosi pronto in aiuto de' Cremonesi, qualora fosse
occorso. Eccelino intanto, rimandata a casa la fanteria Brescia-
na, e ritenuti solo i cavalieri, una notte all'improvviso valicò il
fiume Oglio a Palazzuolo ; e continuato il viaggio fino all' Adda,
per un guado fatto prima riconoscere, passò anche l'altro fiume
nel dì 17. di Settembre, e s'avviò speditamente verso Milano.
Da quattro o cinque mila cavalli menava egli con seco. V'ha ancora chi dice più. Era spedita quella illustre Città, se a tempo
non giugneva al campo Milanese l'avviso de' Fiumi valicati da
Eccelino. Allora Martino dalla Torre, che ben intese, dove mirava l'astuto Tiranno, precipitosamente fece marciar l'esercito,
ed ebbe la fortuna di entrare in Milano, prima che vi si avvici-
nasse il nemico, e di rompere con ciò tutti i di lui disegni. A
questo avviso Eccelino diede nelle smanie, nè ad altro pensò,
che ad impossessarsi della nobil Terra di Monza, o pure a tornarsene a Brescia. Virilmente si accinsero alla difesa i Cittadini
di Monza, in guisa che svanito ancor questo colpo, Eccelino passò a Trezzo, al cui Castello fece dare un furioso assalto, ma con
trovarvi dentro chi non avea men cuore de'suoi. Dati dunque alle fiamme i Borghi di quella Terra, si ridusse a Vimercato,
dove lasciò prendere posa alla sua gente. Mostrava egli aldifuo-
ri sprezzo de'suoi avversarj, ma internamente era combattuto da
molesti pensieri per vedersi in mezzo a paese nemico, e co i
possenti Milanesi alle spalle, e con Fiumi grossi da valicare. E
più poi si conturbò, allorchè gli venne nuova, che il Marchese d'Este co' Ferraresi, Cremonesi, e Mantovani s'era inoltra-

to fino all'Adda, per contraſtargli il paſſo, ed avea anche preſo il Ponte di Caſſano, alla cui guardia egli avea dianzi laſciate alcune delle ſue ſquadre. Allora furibondo con tutti i ſuoi preſe il cammino alla volta di Caſſano, perchè ſe vogliam credere a ciò, che taluno racconta [a], un Diavolo gli avea predetto, che morrebbe ad Aſſano. Interpretò Eccelino queſta parola per Baſſano, Terra ſua, e de'ſuoi Maggiori; ma ſi raccapricciò poi all'udire Caſſano. Sarà ſtata queſta un'immaginazione del volgo. Ora con tal vigore ſpinſe egli la ſua gente contro i difenſori del Ponte, che quaſi quaſi pareano inclinati a cedere; ma eccoti una ſaetta, che va a ferire Eccelino nel piè ſiniſtro, e ſe gli conficca nell'oſſo.

[a] Annales
Mediolan.

PER tale accidente corſe lo ſpavento in tutte le di lui brigate; ma egli moſtrando intrepidezza, ſi fece portar di nuovo a Vimercato, dove aperta la piaga, e cavatane la freccia, i chirurghi il curarono. Salì egli animoſamente a cavallo nel dì ſeguente, ed informato di un guado nell'Adda, con andire ſi miſe a paſſarlo, e gli venne fatto di condurre di là tutti i ſuoi ſquadroni. Ma intanto ecco comparire Azzo Marcheſe d'Eſte co i Ferrareſi e Mantovani, ed Oberto Pelavicino Marcheſe, e Buoſo da Doara co i Cremoneſi, e circondare il nemico eſercito. I primi a dare di ſproni a'cavalli per ſalvarſi furono i Breſciani. Il che veduto da Eccelino, col reſto della gente ſua, ma di paſſo, e ſenza moſtrar paura, s'inviò per cercare ricovero ſul territorio di Bergamo. Non glielo permiſero i Collegati, i quali avventatiſi addoſſo alle di lui brigate, immantenente le sbandarono, con farne aſſaiſſimi prigioni. Il più illuſtre ed importante fra queſti fu lo ſteſſo Eccelino, al quale dappoichè reſtò preſo, un indiſcreto ſoldato diede due o tre ferite in capo, per vendetta di un ſuo Fratello, a cui il Tiranno avea fatto tagliare una gamba. Il Malvezzi [b] ſcrive, che tali ferite gli furono date da Mazzoldo de'Lavelonghi nobile Breſciano, prima ch'ei foſſe preſo. Il feliciſſimo giorno, in cui queſta inſigne vittoria avvenne, fu il 27 di Settembre [c], feſta de'Santi Coſma e Damiano. A folla correva la gente per mirar preſo un uomo sì diffamato per la ſua indicibil crudeltà, come ſi farebbe ad un orribiliſſimo moſtro ucciſo, caricandolo ognuno d'improperj, e i più voglioſi di finirlo. Ma il Marcheſe, e Buoſo da Doara non permiſero, che alcuno gli faceſſe oltraggio; anzi condottolo a

[b] Malvezius Chron.
Brixian.
Tom. XIV.
Rer. Italic.
[c] Monach.
Patavinus.
Gualvanus
Flamma.

Son-

Soncino, quivi il fecero curare con carità da i migliori Medici .
Tali nondimeno erano le fue ferite, che da lì ad undici giorni
in età di circa fettanta anni fe ne morì tal quale era vivuto ,
fenza alcun fegno di penitenza, e fenza mai chiedere i Sacramenti della Chiefa. Come fcomunicato fu feppellito fuor di luogo facro in un'arca fotto il portico del Palazzo di Soncino. Oltre a quello, che diffufamente della crudeltà inudita , e de gli
altri efecrandi coftumi di Eccelino, fcriffero Rolandino e il Monaco Padovano, è da vedere Guglielmo Ventura, che nella Cro- [a] *Ventura*
nica d'Afti [*a*] fa un'efatta dipintura di quel poco di bene , e *Cronic.*
di quell' infinito male , che fi trovava in quefto sì fpietato Ti- *Aftenf.*
ranno. Avvertì egli, che quanti ciechi, ftorpi, ed altri fegna- *cap.* 2.
ti dalla mano di Dio, o de gli uomini, andavano limofinando *Tom. XI.*
per Italia, tutti diceano d'effere ftati conci così da Eccelino : del *Rer. Italic.*
che egli fi vendicò. L'Autore eziandio della Cronica di Piacen-
za [*b*] parla delle buone e ree qualità di Eccelino. Pur troppo [b] *Cbronic.*
è vero, che a niuno de' Tiranni è mancato qualche lodatore. *Placentin.*
  NON fi può già efprimere il giubilo e la fefta, che per tut- *Tom. XVI.*
ta la Lombardia fi fece all'udire tolto dal Mondo l'affaffino di *Rer. Italic.*
tanti Popoli, il cui nome era troppo in orrore, e facea tremare
anche i lontani. D'altro non fi parlava allora, che di quefto felice avvenimento. Certificati della fua morte i Padovani corfero
a Vicenza per liberar quella Città dal prefidio poftovi dal Tiranno [*c*]. Non potendola avere, ne bruciarono i Borghi, e fe ne [c] *Roland.*
tornarono a cafa. Da lì a tre dì fuggiti i foldati di Eccelino, i *l. 12. c. 10.*
Vicentini fi mifero fotto la protezion de' Padovani, i quali pofcia a poco a poco fe ne fecero affoluti padroni. Parimente fi fottomife la Terra di Baffano a Padova, con che crebbe di molto
la potenza di quefta Città. A cagion di tali vicende in Trivigi
non fi credette più ficuro Alberico da Romano, Fratello dello
fteffo Eccelino, perchè ben confapevole dell' odio immenfo de'
Trivifani, e de'circonvicini Popoli, ch'egli s'era comperato colla fua crudel tirannia, non inferiore a quella del Fratello. Però
quel Popolo, affiftito dalla forza della Repubblica Veneta, fatta
follevazione, fi rimife in libertà, e prefe per fuo Podeftà Mar- [d] *Monach.*
co Badoero nobile Veneziano [*d*]. Altrettanto fece la Città di *Patavinus.*
Feltre. Finalmente la Città di Verona ricuperò anch'effa la libertà; richiamò Lodovico Conte di S. Bonifazio, e gli altri fuorufciti; ed eleffe per fuo Podeftà Maftino dalla Scala, la cui Cafa dopo qualche tempo giunfe alla fignoria di quella Città. La

sola Città di Brefcia si trovò oftinata in non voler quella pace, che l'altre Città aveano abbracciata. Vi fignoreggiava allora la fazion Ghibellina, e per quanto di forza e di preghiere adoperassero i fuorufciti Guelfi, foftenuti dalle Città aderenti alla Chiefa, non poterono mai ottenere di ripatriare. S'interpose fra le (a)*Malvec.* *in Chron.* *Brixian.* parti difcordi l'aftuto Marchefe Oberto Pelavicino (*a*), e girò l'affare in maniera, che introdottofi in Brefcia, si fece eleggere Signore di quella Città dal Popolo, lafciando così delufi i fuorufciti, de' quali poi si dichiarò nemico. Avendo egli trovato quivi tuttavia carcerato *Filippo Arcivefcovo* di Ravenna, Legato del Papa, benchè pregato con efficaci Lettere da effo Pontefice, non si feppe indurre a rilafciarlo. Volle Dio, che ciò non oftante il buon Prelato riacquiftaffe la libertà. Aiutato da chi gli volea bene, una notte si calò egli felicemente con una fune dal Palazzo, in cui era cuftodito; ed ufcito con fegretezza fuori della Città, dove trovò preparato un cavallo, fenza punta fermarfi, arrivò all'amica Città di Mantova. Teneva in quefti tempi il Marchefe Oberto fuddetto corrifpondenza col *Rè* *Manfredi*, e ne ricavava de' buoni aiuti di borfa per foftenere il partito de' Ghibellini in Lombardia. De gli amici ne avea in abbondanza per le Città di quefta Provincia, perchè confiderato come Capo d'efsa fazione dopo la morte di Eccelino.

NELLA Lega, ch'effo Marchefe Oberto avea fatta nel dì 11 di Giugno dell'Anno prefente in Brefcello con Azzo Marchefe d'Efte e d'Ancona, con Lodovico da S. Bonifazio, appellato Conte di Verona, e co i Comuni di Mantova, Ferrara, e Padova, la quale diftefamente vien rapportata da Antonio Campi (b)*Anton.* *Camp.Ifor.* *di Cremon.* Storico Cremonefe (*b*), si legge: *Quod Domini Marchio Eftenfis, & Comes Veronæ, & Communia Mantuæ, Ferrariæ, & Paduæ, babeant femper, teneant, & foveant excellentiffimum Dominum Manfredum Regem Siciliæ in amicum, & dent operam, quod dictus Dominus Rex ad concordiam reducatur cum Ecclefia.* Per quefto accordo fu il Marchefe Oberto afsoluto da non fo qual Re-(c)*Raynaldus Annal.* *Ecclef.* ligiofo dalla fcomunica; ma ficcome ofserva il Rinaldi (*c*), Papa *Aleffandro IV.* dichiarò nulla tale affoluzione, nè volle ammettere Oberto, e la Lega fuddetta, s'egli non rinunziava all'amicizia e Lega del Re Manfredi. Prima che terminaffe il pre-(d)*Chronic.* *Placentin.* *Annales* *Mediolan.* *Gualvan.* *Flamma* fente Anno, Martino della Torre, capo de' Popolari dominanti in Milano, (*d*) all'avvifo che dopo la morte di Eccelino i nobili Milanefi fuorufciti s'erano rifugiati in Lodi, accolti quivi dal-

dalla potente Famiglia da Sommariva, coll'esercito andò sotto quella Città, nè solamente costrinse a partirne i Nobili, ma ancora divenne egli padrone di quella Città. Ciò non ostante, in considerando l'odio, l'invidia, e la forza de' Nobili Milanesi nemici suoi, e temendo d'essere un dì o l'altro abbattuto, prese la risoluzione di gittarsi anch'egli nelle braccia del Marchese Oberto Pelavicino, figurandosi di poter continuare la sua autorità sotto l'ombra di lui. Operò dunque, che il Popolo Milanese prendesse per Signore esso Marchese solamente per cinque anni col salario annuo di quattro mila Lire. Si trasferì pertanto Oberto a Milano con secento cavalli ed altra soldatesca, parte Cremonese, e parte Tedesca, e ricevuto con grande onore da i Milanesi, diede principio al suo governo, e dipoi vi lasciò per Governatore Arrigo Marchese di Scipione suo Nipote. Ed ecco che quando si credea a terra la fazion Ghibellina per la morte di Eccelino, risorger essa vigorosa più che mai. Aggiungono gli Storici Milanesi, che Oberto coll'andare del tempo non corrispose alle speranze de' Torriani, studiandosi di abbassarli, ma non gli venne già fatto; e noi vedremo tuttavia signoreggiare in Milano la Famiglia dalla Torre. Sollevaronsi in quest'Anno [a] gl'istabili Romani contra del loro Senatore, cioè contra di Castellano di Andalò, Zio del defunto Brancaleone, verisimilmente per maneggio del Papa, che nol potea sofferire; e creati due Senatori, andarono ad assediarlo in una delle fortezze di Roma, dove egli s'era ritirato. Bravamente si difese Castellano, confidato sempre di non averne male, dà che in Bologna erano ben guardati gli ostaggi a lui pure dati da i Romani. Nella gionta alle Storie di Matteo Paris si legge, che nel presente Anno Papa Alessandro IV. scomunicò il Re Manfredi. Lo stesso abbiamo dalla Cronica di Fra' Pipino [b], e vien anche confermato da gli Storici Napoletani. Abbiamo dal Guichenon [c], che *Tommaso Conte* di Savoia, e già di Fiandra, Principe rinomato per molte sue azioni, mancò di vita nel dì primo di Febbraio di quest'Anno: il che viene eziandio asserito da gli Annali di Genova [d]. Da questo Principe discende la Real Casa di Savoia, oggidì regnante in Sardegna, Savoia, Piemonte, Monferrato, e in altre Città. Perchè gli Astigiani non s'inducevano a rilasciare i di lui Figliuoli, dati loro in ostaggio, venne in quest'Anno a Genova il *Cardinale Ottobuono* del Fiesco, Zio materno d'essi Principi per passare ad Asti, e trattare della lor libertà.

[a] *Matth. Paris Hist. Angl.*

[b] *Pipini Chronic. Tom. IX. Rer. Italic.*
[c] *Guichenon Hist. de la Maison de Savoye Tom. I.*
[d] *Caffari Annal. Genuens. l.6. Tom. VI. Rer. Italic.*

Pro

ERA Volg.
ANN.1259. *Pro liberatione Nepotum ejus, Filiorum quondam Domini Thomæ, Comitis Sabaudiæ.* Sono parole del Continuatore di Caffaro. Che esito avesse il suo negoziato, non apparisce. Fu bensì del tumulto in Genova al ritorno di questo Cardinale, perchè si temeva, ch'egli facesse maneggio per far deporre Guglielmo Boccanegra, il quale nell'Anno 1257. era stato creato Capitano del Popolo di Genova contro la fazion de' Nobili. Ma si quetò il rumore. Cominciò nell'Anno presente *Carlo Conte* d'Angiò e di Provenza a mettere il piede nel Piemonte, dove li sottoposero alla di lui Signoria la Città d'Alba, e le Terre di Cunio, Monte Vico, Piano, e Cherasco. E gli Aretini (*a*) una notte sorpresero la Città di Cortona, che era fortissima; ne disfecero le mura e le fortezze; e la suggettarono al loro dominio, non senza grave sdegno e doglianza de' Fiorentini.

(a) Ricordan. Malaspin. c.160.

> Anno di CRISTO MCCLX. Indizione III.
> di ALESSANDRO IV. Papa 6.
> Imperio vacante.

ANDAVANO alla peggio gli affari dell'Imperio de' Latini in Levante. (*b*) Però *Baldovino Imperadore*, e il Despota della Morea vennero in persona in Italia a chiedere soccorsi ad esso Manfredi, e al Papa. Avrebbe desiderato il Pontefice di prestar loro aiuto; ma le forze mancavano. Il solo Manfredi sarebbe stato valevole colle sue forze a quell'impresa, se non si fosse scusato col non essere in grazia della Sede Apostolica, e colla necessità di dovere star in buona guardia contro gli attentati della Corte di Roma, la quale facea continui maneggi per torgli il Regno, e darlo ad altro Principe. Voglioso il Despota di levar di mezzo gl'intoppi, andossene nel Gennaio di quest'Anno a trovare il Pontefice, e trattò seco di pace. Condiscendeva il non superbo Papa Alessandro IV. a riconoscere Manfredi per Re, ed a concedergli l'Investitura, a condizione, ch'egli restituisse gli Stati e i Beni tolti a i fuorusciti, e scacciasse dal Regno tutti i Saraceni, siccome nemici della Religione, e gente, che niun rispetto portava alle Chiese, e faceva mille mali in tempo di guerra. Al primo punto consentiva Manfredi; al secondo non seppe accomodarsi. Non si fidava egli de' nazionali suoi sudditi Cristiani, ben sapendo, che non mancavano maniere alla Corte di Roma di guadagnar-

(b) Matteo Spinelli Diario, Tom. VIII. Rer. Italic.

 gliarli, e conoscendo assai l'istabilità de' suoi Baroni. La speranza
di mantenersi era da lui posta nelle numerose brigate de' Saraceni
di Nocera, che Roma non avrebbe mai potuto guadagnare. Il
perchè sospettando, che la Corte Pontificia, qualora egli si fosse
spogliato del braccio di quegl' Infedeli, più facilmente l'avrebbe
potuto opprimere, rigettò la proposizione; e piuttosto pensò a
tirarne de gli altri, non so se dalla Sicilia, o pure dall' Affrica,
giacchè non ignorava i trattati, che si andavano facendo per muovere contra di lui l'armi di qualche potente Principe Cristiano.
In fatti ne fece venir moltissime bande, che approdarono a Taranto e ad Otranto nel Mese di Maggio. Poscia nel seguente Luglio li mandò addosso alla Campania Romana, ed egli stesso [seguita a dire lo Spinelli] *andò in Romagnia, e tutta la voltò sof-
sopra.* Col nome di *Romagnia* altro non si dee intendere, se non
la Romania Greca, dove per difesa del Despota suo Suocero, Ni-
ceforo Gregora (*a*) confessa, che il Re Manfredi spedì le sue trup- (a) *Niceph.*
Gregora
Histor.
pe. Nulla poi parlando Saba Malaspina, Storico Pontifizio di
questi tempi d'invasione fatta da Manfredi ne gli Stati della Campania, suddita della Chiesa, questa si può sospettare insussisten-
te, o pur cosa di poco momento. In questi tempi il partito Ghibellino della Lombardia, Toscana, e Marca d'Ancona, fatto ricorso al patrocinio di Manfredi, trovò buona accoglienza nella
sua Corte. Poche erano le Città, i cui popoli non fossero guasti
dalle pazze parzialità, e però divisi fra loro. Insigne ed ostinata
era questa divisione nella Marca suddetta; (*b*) ed avendo i Ghi- (b) *Sabat*
Malaspina
lib.1.cap.2.
bellini implorata l'assistenza di Manfredi, egli spedì colà Perci-
valle da Oria suo parente con della cavalleria, il quale trovò re-
sistente a' suoi comandamenti la Città di Camerino. L' ebbe finalmente a patti; ma quel Popolo da lì a poco per paura di lui se
ne fuggì, lasciandola abbandonata. Ancor qui la Storia è molto
digiuna. Ma non così quella di Toscana. Perchè i Ghibellini fuorusciti di Firenze s'erano ritirati a Siena, Città della stessa fazio-
ne, i Fiorentini le mossero guerra (*c*). Non aveano i Sanesi for- (c)*Ricorda-*
no Malasp.
ze da potere resistere alla potenza di Firenze; per questo i fuor-
usciti, seguendo il consiglio di Farinata de gli Uberti, lor capo,
ed uomo accortissimo, spedirono Ambasciatori al Re Manfredi
per impetrar soccorso. Con gran fatica ne ottennero cento uomini d'Armi Tedeschi. Trovandosi poi essi fuorusciti a Siena, in
tempo che i Fiorentini erano venuti a oste contra di quella Città, un dì avendo ben' imboracchiata questa squadra d' ausiliarj,
con-

Era Volg.
Ann. 1260.
consigliatamente la spinsero addosso al campo nemico, ad oggetto di maggiormente impegnare Manfredi alla lor difesa. Un fiero squarcio nelle masnade Fiorentine secero i Tedeschi caldi del vino; ma in fine restarono tutti morti; e l'insegna di Manfredi, strascinata pel campo, fu poi trionfalmente recata in Firenze. Rimandarono i Sanesi e i fuorusciti i loro Ambasciatori a Manfredi con ventimila Fiorini d'oro, e raccontate le immense prodezze di que' pochi Tedeschi, e lo strapazzo fatto da' Fiorentini alla di lui bandiera, l'indussero a spedire in Toscana Giordano da Anglone, Conte di S. Severino, con ottocento cavalli. Con questo rinforzo, e coll'aiuto de' Pisani, e de gli altri Ghibellini di Firenze, ebbero i Sanesi un corpo di mille ottocento cavalieri, la maggior parte Tedeschi, e sparsero voce di voler assediare Montalcino.

PER mezzo di due Frati Minori ingannati fece nello stesso tempo lo scaltro Farinata segretamente intendere a i Rettori di Firenze, che quei di Siena darebbono loro una Porta della Città, purchè loro facessero un regalo di dieci mila Fiorini, e venissero con grande esercito a prenderne il possesso, sotto la finta di andare a fornir Montalcino. Caddero nella ragna i Fiorentini. Richiesero la loro amistà, ed avuta gente da Bologna, Lucca, Pistoia, Samminiato, S. Geminiano, Volterra, Perugia, ed Orvieto, misero insieme un' Armata di più di trenta mila persone, e v'ha chi la fa ascendere fino a quaranta mila [a].
[a] Chronic.
Senens.
Tom. XV.
Rer. Italic.
Col Carroccio e con fasto grande, come se andasse ad un trionfo infallibile, si mosse l'oste Fiorentina; ed arrivata che fu a Montaperti nel dì 4. di Settembre, in vece di veder comparir le chiavi di Siena, eccoti uscirle addosso colla cavalleria Tedesca tutto il Popolo di Siena in armi, ed attaccar battaglia. Non s'aspettavano i Fiorentini un incontro sì fatto; pure ordinate le schiere, si accinsero al combattimento; ma perchè molti traditori, ch'erano nel campo loro, passarono in quel de' Sanesi, atterrita la cavalleria Fiorentina, si levò tosto di mezzo colla fuga, lasciando la misera fanteria alla discrezion de' nemici. La mortalità di questi si fa ascendere da Ricordano a due mila e cinquecento; da altri a quattro mila. De' rimasti prigioni Ricordano parla solamente di mille e cinquecento di quelli del popolo, e de' migliori di Firenze e di Lucca: il che non può stare.
[b] Sabas
Malaspina
l. 2. cap. 4.
Saba Malaspina [b] ne fa presi fin quindici mila; e questo par troppo. Eccede poi ogni credenza il dirsi ne gli Annali
di

di Pisa [a], che dieci mila furono gli eftinti, e venti mila i prigionieri. Quel che è certo, la fconfitta fu grandiffima, e delle più memorande di quefti tempi; e tale fi compruova da gli effetti: il che fuol effere il più veridico fegno delle grandi, o picciole fconfitte. Sì fbigottita, sì infievolita reftò per quefto colpo la Città di Firenze, che le nobili Famiglie Guelfe, per non foggiacere a gl'infulti de' vincitori Ghibellini, fenza penfar punto alla difefa, come avrebbono potuto fare, floggiarono, e andarono a piantar cafa in Lucca. Fecero il fimile i Guelfi di Prato, di Piftoia, di Volterra, di S. Gemignano, e d' altre Terre e Caftella di Tofcana, coll' abbandonar le loro patrie, le quali fi cominciarono da lì innanzi a reggere a parte Ghibellina. Nel dì 17. di Settembre entrò il Conte Giordano colle fue brigate, e con gli ufciti Fiorentini nella Città di Firenze; ed appreffo avendo devuto tornare in Puglia, lafciò per Vicario in Tofcana Guido Novello de' Conti Guidi. Tennefi in Empoli un Parlamento da i Sanefi, Pifani, Aretini, e da gli altri Caporali Ghibellini, dove ufcì fuori la matta propofizione di diftruggere affatto Firenze, come principal nido della parte Guelfa. Guai fe non v'era Farinata de gli Uberti, che caldamente fi opponeffe a sì cruda voglia: quella bella Città era full' orlo della total fua rovina. In fomma gran cambiamento di cofe avvenne queft'Anno in Tofcana, perchè a riferva di Lucca, tutta quella Provincia traffe a parte Ghibellina. Erafi, come dicemmo, ritirato Alberico da Romano con tutta la fua Fami-

era tenuto da tutti [b]. Ma i Tr   delle tante ingiurie ricevute da quefto Tiranno, e anfiofi di fradicar dal Mondo la terribile e micidial razza de' Signori da Romano, ufcirono in campagna ful principio di Giugno, e ricevuti foccorfi da Venezia, Padova, Vicènza, e da altri Luoghi, ftrinfero d' affedio il fuddetto Caftello, e cominciarono a tempeftarlo colle petriere, e con tutte le macchine e gli ordigni di guerra, che fi ufavano in quefti tempi [c]. Tutto ciò a nulla avrebbe fervito, fe non fi foffe adoperata un' altra più poffente macchina, cioè l'oro, con cui Mefa da Porcilia, Ingegnere o pur Comandante della cinta inferiore d' effo Caftello, fi lafciò guadagnare. Sovvertì coftui alquanti Tedefchi del prefidio, i quali nel dì 23. d' Agofto in un affalto fingendo di difendere, aiutarono gli affedianti ad im-

[a] Annales Pifani Tom. VI. Rer. Italic.

[b] Roland. lib. 12. c. 13. & fequ.

[c] Chronic. Veronenf Tom. VIII. Rer. Italic.

padronirſi di quelle fortificazioni. Diſperato Alberico ſi riſugiò colla Moglie e co' Figliuoli nella Torre ſuperiore; ed affinchè ſi ſalvaſſero i ſuoi uomini, giacchè ſapea, che la feſta era fatta per lui, diede loro licenza di renderſi a buoni patti. Nel dì 26. del Meſe ſuddetto fu conſegnato Alberico con ſua Moglie Margherita, e quattro ſuoi Figliuoli maſchi, e due Figliuole, in mano de' vincitori, che ne fecero gran tripudio. Marco Badoero Podeſtà di Trivigi tanto tempo lor concedette, quanto occorreva per confeſſarſi. Poſcia ſu gli occhi del Padre furono ſenza miſericordia alcuna tagliati a pezzi gl'innocenti fanciulli colla lor giovane Madre; e finalmente colla morte di Alberico ſi diede fine a quell'orrida Tragedia. Obbliarono in tal congiuntura que' Popoli le leggi dell'umanità; ma ſì fiero era l'odio di tutti contra del Tiranno, ſì grande la paura, che laſciando in vita alcun rampollo di coſì potente e crudel Famiglia, a cui non mancavano parenti ed amici, poteſſe un dì riſorgere in danno loro, che ad occhi chiuſi la vollero affatto ſterminata dal Mondo.

CELEBRE ancora fu l'Anno preſente per una pia novità, che ebbe principio in Perugia, chi diſſe da un Fanciullo, chi da un Romito, il quale aſſerì d'averne avuta la rivelazione da Dio.

(a) Caffari
Annal. Ge-
nuenſ.lib.6.
Tom. VI.
Rer. Italic.
Hermic.Sto-
ro Annal.
Auguſtan.

(a) Predicò queſti al Popolo la penitenza, con rappreſentar imminente un graviſſimo flagello del Cielo, ſe non ſi pentivano, e non faceano pace fra loro. Quindi uomini e donne d'ogni età iſtituirono proceſſioni con diſciplinarſi, ed invocare il patrocinio della Vergine Madre di Dio. Da Perugia paſsò a Spoleti queſta popolar divozione, accompagnata da una compunzione mirabile, e di là venne in Romagna. L'un Popolo proceſſionalmente talora fino al numero di dieci, e di venti mila perſone, ſi portava alla vicina Città, e quivi nella Cattedrale ſi diſciplinava a ſangue, gridando Miſericordia a Dio, e Pace fra la gente. Commoſſo il Popolo di queſt'altra Città andava poſcia all'altra, di maniera che non paſsò il verno, che ſi dilatò una tal novità anche oltramonti, e giunſe in Provenza, e Germania, e fino in Polonia. Nel dì 10. d'Ottobre gl'Imoleſi la portarono a Bologna (b), e venti mila Bologneſi vennero ſucceſſivamente a Modena (c); altrettanti Modeneſi andarono a Reggio, e Parma, e coſì di mano in mano gli altri portarono il rito fino a Genova, e per tutto il Piemonte. Ma Oberto Pelavicino Marcheſe, e i Torriani non permiſero, che queſta gente entraſſe ne' territorj di Cremona, Milano, Breſcia, e Novara; e il Re Manfredi anch' egli

(b)Annali
Veter. Mu-
tinenſ.
Tom. XI.
Rer. Italic.
(c)Chronic.
Bononienſ.
To. XVIII.
Rer. Italic.

égli ne vietò l'ingreſſo nella Marca d'Ancona, e nella Puglia, paventando eſſi qualche frode politica ſotto l'ombra della divozione: del che fa gran doglianza il Monaco Padovano (*a*). Gli effetti prodotti da queſta pia commozion de' Popoli, furono innumerabili paci fatte fra i Cittadini diſcordi colla reſtituzion della patria a i fuoruſciti; e le Confeſſioni e Comunioni, che erano aſſai traſcurate in coſì barbari tempi; e le converſioni, non ſo ſe durevoli, delle meretrici, de gli uſurai, e d'altri malviventi e ribaldi; e l'iſtituzione delle Confraternite ſacre in Italia, che a mio credere (*b*) ebbero allora principio ſotto nome di Compagnie de i Divoti, o de i Battuti, con altri beni concernenti il miglioramento della Pietà e de' coſtumi, troppo allora diſordinati nelle Città Italiane. Ma perciocchè tal divozione nacque e ſi diffuſe ſenza l'approvazione del ſommo Pontefice, nè mancavano in eſſa diſordini per la confuſion degli uomini colle donne, (*c*) per gli alimenti di tanti pellegrini, o per la miſchianza ancora d'alcuni errori, venne eſſa meno in poco tempo, e fu anche riprovata da molti. Perchè i Bologneſi non voleano rendere gli oſtaggi de' Romani, ſe prima non era meſſo in libertà Caſtellano di Andalò lor Cittadino, Senatore di Roma, (*d*) Papa *Aleſſandro IV.* ſottopoſe in queſt'Anno all' Interdetto la lor Città, per cui ſi partirono molti Cherici, e li privò eziandio dello Studio. S'accrebbero per queſto le diſſenſioni civili in quella Città fra non poche Famiglie nobili, e ne ſeguirono combattimenti ed ammazzamenti. Tali diſcordie nondimeno non impedirono, che eſſendo venuti all'armi i Guelfi e Ghibellini di Forlì, non accorreſſe colà l'eſercito de' Bologneſi, con far prigioni, e condurre a Bologna aſſaiſſimi della fazion Ghibellina. La Cronica Bologneſe ha, che in occaſione della divozion de' Battuti, o ſia de' Flagellanti, giunta a Roma, quel Popolo rilaſciò tutti i prigioni, e fra gli altri la Famiglia del ſuddetto Caſtellano; e ch'egli medeſimo ebbe la ſorte di poterſene fuggire. Ma o forſe tal fuga accadde nell'Anno ſeguente, o pure non per queſto i Bologneſi s'induſſero a licenziar gli oſtaggi, volendo prima, che foſſe rifatto il danno, e rimediato all'affronto. Circa queſti tempi per opera di un giovane Tedeſco Monte di Trapani in Sicilia ſi ribellò al *Re Manfredi* (*e*); e portatoſi a quella volta Federigo, o ſia Feſto Maletta Vicario del Re, vi fu proditoriamente ucciſo dal medeſimo Tedeſco. Ma accorſovi il Marcheſe Federigo Lancia Capitan Generale.

X x 2   nera-

Marginal notes:

Era Volg. Ann. 1260.

(*a*) *Monach. Patavinus in Chronic. Tom. VIII. Rer. Italic.*

(*b*) *Antiq. Italic. Diſſert. 75.*

(*c*) *Longin. Hiſt. Polon. lib. 7.*

(*d*) *Chronic. Bononienſe To. XVIII. Rer. Italic.*

(*e*) *Sabas Malaſpina lib. 2. c. 5.*

ERA Volg.
ANN.1260. nerale della Sicilia obbligò quel Popolo alla refa. Durava tuttavia lo fdegno del Marchefe Oberto Pelavicino contra de' Piacentini, dappoichè era ftato fcacciato dalla fignoria di quella
Città. Fu rimeffa la decifione di tal controverfia (a) in Bufo
(a) Chron.
Placentin.
Tom. XVI.
Rer. Italic. da Doara, e in Martino dalla Torre, i quali profferirono un
affai ragionevole Laudo. Ma i Cittadini di Piacenza nol tollero
accettare. Irritato per quefto il Marchefe Oberto, formato un
efercito di Cremonefi, Milanefi, Brefciani, Aftigiani, Cremafchi, e Comafchi, oftilmente entrò nel diftretto di Piacenza, ed
impadronitofi del Caftello di Ponte Nura, con farvi prigioni
ducento fettanta uomini, dopo averlo ben guernito e fortificato, fe ne tornò a Cremona. Tolto fu loro anche Noceto da i
fuprufciti; ed avendo effi fpedito colà alcune fquadre d'armati
per ricuperarlo, furono quefte fconfitte, e bruciati poi e prefi altri Luoghi del diftretto di Piacenza. Per le quali disavventure fi trattò di nuovo di pace, e tornarono i Landi e Pelavicini
fuorufciti in quella Città.

Anno di CRISTO MCCLXI. Indizione IV.
di URBANO IV. Papa 1.
Imperio vacante.

DIMORAVA tuttavia in Viterbo Papa *Aleffandro IV.* quando Iddio il chiamò a miglior vita nel dì 25. di Maggio dell'
(b) Henric.
Stero.
Theodoric.
Vallicolor.
in Vita
Urbani IV.
P. I. T.III.
Rer. Italic.
Nangius,
& alii. Anno prefente (b), per premiare la fua placida pietà, e rara u-
miltà, per le quali Virtù egli fi aftenne fempre dall' imbrogliare
il Mondo con guerre: febbene riportò per quefto il titolo di fem-
plice e di troppo buono da chi o non affai conofce lo fpirito della
Chiefa, od è pieno folamente dello fpirito del Mondo. Rauna-
ronfi i Cardinali per l'elezione del fucceffore. Erano folamente
otto, e nè pur quefte otto tefte feppero per più di tre Mefi accordarfi ad eleggere alcun di loro: tanto avea faputo penetrare in
quel picciolo drapello la difcordia e l'invidia. Per accidente capitò alla facra Corte *Jacopo Patriarca* di Gerufalemme, nato ben-
(c) S. Anto-
nin.Par.III
Tit. 19. sì in Troia di Francia, di padre plebeo (c), ma di elevato ingegno, di molta prudenza, di gran fapere, e d'altre belle doti ornato, per le quali era già falito in alto, e meritò ancora di giugnere al non più oltre. Giacchè apparenza non fi vedeva, che i
Cardinali dal loro grembo cavaffero un nuovo Papa, s'avvifarono
essi

eſſi di follevare alla Cattedra di San Pietro il ſuddetto Patriarca. Nel dì dunque 29. d'Agoſto l'eleſſero, ed egli aſſunſe il nome di Urbano IV. Siccome uomo di petto e di maſſime diverſe dal ſuo Predeceſſore, non tardò a far conoſcere il ſuo ſdegno contra di Manfredi, occupatore del Regno di Sicilia, e a preparare i mezzi per abbatterlo. Il Rinaldi ſeguitando il Summonte Autore moderno, e gli ſlogati racconti di Matteo Spinelli, crede (a), che in queſt' Anno *Roberto Conte* di Fiandra veniſſe in Italia con buon eſercito, e ſpedito dal Pontefice minacciaſſe d'entrare in Puglia, a cui ſi opponeſſe colle ſue forze Manfredi. Se queſto accadeſſe veramente nell'Anno preſente, io non ardirei di aſſerirlo. Abbiamo bensì di certo, che trovando eſſo Papa Urbano sì ſminuito il Collegio de' Cardinali, nel Dicembre di queſt'Anno fece una promozione al Cardinalato di nove perſonaggi, inſigni non meno per la bontà della vita, che per la Letteratura. Quanto a *Manfredi*, circa queſti tempi egli cominciò un trattato d'alleanza con *Jacopo Re* d'Aragona, eſibendo al di lui Figliuolo *Pietro* per Moglie *Coſtanza*, a lui nata da *Beatrice* Figliuola di *Amedeo Conte* di Savoia, e ſua prima Moglie. Gli offeriva anche dote groſſa. Il non aver Manfredi Figliuoli Maſchi, fece in fine credere aſſai vantaggioſo queſto partito a gli Aragoneſi. E quantunque il Papa faceſſe di grandi maneggi per diſturbar tali nozze, pure ſi concluſero, e Coſtanza nobilmente accompagnata paſsò a Barcellona nell'Anno ſeguente. Uno ſtrano accidente occorſe pure circa queſti tempi in Sicilia. All'oſſervare alcuni, che un certo pitocco, per nome Giovanni da Cocchiera, o ſia da Calcara, uomo aſsai attempato, (b) raſſomigliava forte nelle fattezze il defunto Imperador *Federigo II.* cominciò una voce, che s'andò ſempre più ingroſſando, che Federigo era vivo. Negava il pezzente d'eſſere tale; ma non mancarono perſone, che per loro fini particolari l' induſſero in fine a ſpacciarſi per deſſo: coſa, che cagionò de i gravi tumulti per tutta l'Iſola. Si ritirò coſtui nella Città d'Agoſta, e quivi cominciò a trattarſi da Principe, e a ſoſtener bene il ſuo perſonaggio nella Commedia con folla di gente baſſa, che gli preſtava fede. Ma Riccardo Conte di Marſico preſe così ben le ſue miſure, che trucidati alcuni de' ſuoi partigiani, e sbandati gli altri, diede all'impoſtore quel guiderdone, che conveniva al ſuo merito. Si trasferì poſcia in Sicilia il Re Manfredi, per quetare i moti di que' Popoli, e ſpezialmente di chi mirava di mal'occhio la Caſa di Suevia. Tenne un general Parlamento in Palermo, ricevet-

(a) *Raynaudus Annal. Ecclef.*

(b) *Sabas Malaſpina. Continuator Nicolai de Janſill. Bartholomæus de Neocaſtro.*

Eaa Volg.
Ann.1261.
cevette de' confiderabili donativi , ne fece egli de gli altri fecondo il fuo coftume, e con ciò riforfe dapertutto la pace.

PASSO' queft'Anno per Milano il *Cardinale Ottaviano* de gli
[a]*Gualva-
neus Flam-
ma Manip.
Flor.c.297.*
Ubaldini, che veniva di Francia [a]. Ne partì mal foddisfatto
de'Torriani, e feco conduffe alla Corte Pontificia *Ottone* della
nobil Cafa de' Visconti di Milano, che era allora folamente Canonico nella Terra di Defio; Ottone, diffi, che vedremo in breve Arcivefcovo di Milano. Giunto in Bologna effo Cardinale [b],
[b]*Chronic.
Bononienfe
To. XVIII.
Rer. Italic.*
per commeffione avutane dal Papa, trattò della liberazion de
gli oftaggi Romani; ed ottenutala levò l'Interdetto alla Città,
e reftituì tutti i privilegj a que'Cittadini. Fecero in queft'Anno Lega i Nobili ufciti di Milano col Comune di Bergamo, nè
folamente furono ammeffi in quella Città, ma infieme con effi,
paffato il fiume Adda, prefero ed incendiarono Licurti Caftello
de'Milanefi. Allora il Popolo di Milano tutto in armi ufcì in
campagna, pieno di mal talento contra de'Bergamafchi, i quali fenza voler afpettare la lor vifita, fpedirono tofto per aver
pace. L'ottennero, ma a condizion di rifar tutti i danni al Popolo di Licurti, e di licenziare i Nobili Milanefi: il che ebbe effetto. Si riduffero molti di que'Nobili a Brianza, ed occuparono il Caftello di Tabiago; ma corfo colà Martino dalla Torre con
buono sforzo di gente, obbligò i difenfori alla refa, e tutti li
conduffe incatenati nelle carceri di Milano. In queft'Anno Giacomazzo de'Trotti, e parecchi altri, già ftati della fazion di
[c]*Chronic.
Eftenfe
Tom. XV.
Rer. Italic.*
Salinguerra, fecero in Ferrara [c] una congiura contra di *Azzo VII. Marchefe* d'Efte loro Signore. Scoperta la trama, e prefi, lafciarono il capo fopra il patibolo. Nella Cronica di Bologna ciò vien riferito all'Anno feguente. *Nella Città d'Afti eb-*
[d]*Guillel-
mus Ventu-*
be principio una fiera nimicizia tra i Solari e i Guttuarj [d],

  cipali
   ed al

Rer. Italic.

Rer. Italic.
Città per quattro anni avvenire, ed egli ne venne a prendere
il poffeffo con grandiofo accompagnamento, e poi fe ne tornò
a Cremona. Visconte Pelavicino fuo Nipote, lafciato da lui fuo
Vicario in Piacenza, da lì a non molto ito con ifchiere armate
a Tortona, induffe quel Popolo a metterfi nella fteffa maniera
[f]*Raynau-
dus Annal.
Ecclef.*
fotto la fignoria del Marchefe Oberto fuo Zio. Tolta fu in queft'
Anno a i Latini la Città di Coftantinopoli da i Greci [f].

          Vi

VI entrò *Michele Paleologo*, il quale s'era fatto proclamare Imperador d'Oriente. *Baldovino Imperador* Latino sulle navi de' Veneziani fuggito si ritirò a Negroponte. Nè si dee tacere una vergognosa azione de' Genovesi d'allora. [a] L'implacabil odio, ch' essi aveano conceputo contra de' Veneziani per la rotta lor data ad Accon, congiunto coll' avidità del guadagno, li spinse a far lega con esso Paleologo, il qual diede loro in premio la Città di Smirna con varie esenzioni e privilegj [b]. Un forte aiuto per questo di galee, navi, e gente, contribuirono essi Genovesi al Greco, per debellare i Latini. Furono perciò scomunicati da Papa Urbano; ma essi più che mai continuarono a far quanto di male poterono a i Veneziani. In Toscana [c] il Conte Guido Novello, Vicario del Re Manfredi, nel Mese di Settembre co i Ghibellini Toscani fece oste contra di Lucca, rifugio de' Guelfi sbanditi. Tolse a quel Comune Castelfranco, Santa Maria a Monte, e Calvoli; ma non potè aver per assedio Fucecchio. Non veggendo i suddetti fuorusciti Fiorentini rimedio alcuno alle lor calamità, si avvisarono di spedire in Germania a chiamar *Corradino*, Figliuolo del già Re Corrado, acciocchè venisse in Italia, per opporlo al Re Manfredi; ma non vi acconsentì la Regina sua Madre tra per l'età troppo giovanile del Figliuolo, e per la conoscenza della difficultà dell' impresa. Benchè Dio avesse liberata la Marca di Trivigi, o sia di Verona, dalle barbariche mani della Casa da Romano, pure i Veronesi [d] seguitavano la lor persecuzione contra di Lodovico Conte di S. Bonifazio. Ora questi nell' Anno presente con altri fuorusciti di Verona, e il Marchese Azzo Estense co i Ferraresi, ostilmente si mossero, ed arrivarono fin cinque miglia presso a Verona, con credenza di poter entrare in quella Città, dove probabilmente aveano delle intelligenze. Andò loro fallito il colpo. Nel tornarsene indietro s'impadronirono di Cologna, Sabbione, Legnago, e Porto. Queste ultime due Terre da lì a nove mesi tornarono sotto la signoria di Verona. Fu istituito in quest'Anno in Bologna [e] l'Ordine Militare della beata Vergine Maria da Loteringo di Andalò, e Gruamonte de' Cacciamemici, nobili Bolognesi, da Schianca de'Liazari, e Bernardino da Sesso, nobili Reggiani, e da Rinieri de gli Adelardi, nobile Modenese, co' quali s'unirono molti altri Nobili d'esse Città. Furono appellati dal Popolo Frati Gaudenti, o sia Godenti, perchè teneano le lor Mogli, e possedevano i lor beni sen-

Era Volg.
Ann.1261.

[a] *Caffari Annal. Genuens. l. 6. Tom. VI. Rer. Italic.*

[b] *Monac. Patavinus in Chron.*

[c] *Ricordano Malaspin. cap. 171.*

[d] *Paris de Cereta Chronic. Veronens. Tom. VIII. Rer. Italic.*

[e] *Memoriale Potest. Regiens. Tom. VIII. Rer. Italic. Ghirardacci Istor. di Bologna nell'Indice.*

Eaa Volg.
Ann.1261. senza fatica o pericolo alcuno, dandofi bel tempo, con godere intanto varj privilegi, diverfamente da quel che praticavano i tre infigni Ordini Militari, iftituiti in Terra fanta.
Col tempo venne meno queft' Ordine, ma fervì d'efempio ad
iftituirne de gli altri, che tuttavia fiorifcono a i noftri giorni.

Anno di CRISTO MCCLXII. Indizione v.
di URBANO IV. Papa 2.
Imperio vacante.

D URAVA tuttavia la contefa dell' Imperio fra *Riccardo Conte* di Cornovaglia, e *Alfonfo Re* di Caftiglia, eletti amendue Re in difcordia, fenza che il Papa fopra ciò prendeffe rifoluzione alcuna, per timore di difguftar l' uno, fe favoriva l'altro. (*a*) Impazientatifi per così lunga e perniciofa
vacanza alcuni Principi di Germania, inclinavano già ad eleggere *Corradino* di Suevia, Figliuolo del Re Corrado. Giuntane
la notizia al Pontefice *Urbano IV.* fcriffe a gli Elettori delle forti Lettere, affinchè non faceffero quefto paffo, tanto abborrito
dalla Corte Romana, con intimar la fcomunica a chiunque con-
traveniffe. Altre mifure prefe nello fteffo tempo, per abbattere
in Italia il *Re Manfredi*. Leggefi una fua Lettera a *Jacopo Re*
d'Aragona, il quale avea fcritto al Papa, per rimettere in grazia di lui effo Manfredi, giacchè quefti sì bramofo di pace, non
trovava fe non durezze nella Corte Pontificia. Urbano rigetta
fopra di Manfredi tutta la colpa del non efserfi fatta la pace, e
fi diffonde in ifcreditarlo per quanto può, cominciando da gl'
indecenti fuoi natali, ed efagerando varie fue colpevoli azioni,
vere o credute vere, con efortare in fine il Re ad aftenerfi dalle nozze della Figliuola di Manfredi con fuo Figliuolo *Don Pietro*, e a non proteggere un palefe nemico della Chiefa Romana.
La Lettera è fcritta in Viterbo nel dì 26. di Aprile; e da efsa
apparendo, che non era peranche effettuato il Matrimonio di
Coftanza coll'Infante Don Pietro, è fallare chi lo riferifce all'
Anno 1260. Fece di più il Pontefice. Cercò ancora di mandare
a terra co' fuoi maneggi la Lega fatta da *Lodovico IX.* poi Santo Re di Francia col fuddetto Re d'Aragona, e il progettato
matrimonio d'*Ifabella* Figliuola dell'Aragonefe con *Filippo* primogenito d'efso Re Lodovico, quantunque con gran pompa ne
fofse-

(a)Raynau-
dus Annal.
Ecclefiaft.

foſſero ſtati ſolennizzati gli Sponſali. Il matrimonio nondimeno ſi fece, dappoichè furono date ſicurezze al Papa di non dare aſſiſtenza alcuna nè a gli Aragoneſi, nè a Manfredi in pregiudizio della ſanta Sede. Ma il maggior colpo di politica, adoperato dalla Corte Romana, fu di eſibire a quella di Francia il Regno della Sicilia. Poſe il Papa di nazion Franzeſe gli occhi ſopra *Carlo Conte* d'Angiò e Provenza, parendogli il più atto a queſta impreſa; e perocchè egli era Fratello del Re Lodovico, ne trattò a dirittura col Re medeſimo, con fargli guſtare la bellezza e la facilità dell'acquiſto. Da una Lettera del Papa ſi ſcorge, che il Re, ſiccome Principe di delicata coſcienza, non ſapeva accomodarſi alla propoſizione per timor di pregiudicare a i diritti dell'innocente *Corradino*, diſcendente da chi avea con tanti ſudori ricuperato quel Regno dalle mani de gl'Infedeli, e a gli altri diritti, che aveva acquiſtato *Edmondo* Figliuolo del Re d'Inghilterra per l'inveſtitura della Sicilia a lui data dal defunto Papa *Aleſſandro IV*. Ma il Pontefice gli levò queſti ſcrupoli di teſta, e andò diſponendo anche l'animo di Carlo Conte d'Angiò a così bella impreſa.

TENEVA Martino dalla Torre (a) nelle carceri una gran copia di nobili Milaneſi, fatti prigioni nell'Anno precedente. Fu meſſo in conſiglio, che ſi aveſſe a far di loro. Erano di parere alcuni de' Popolari, che con levarli di vita, ſi toglieſſe lor l'occaſione di far più guerra alla lor dominante fazione. Martino riſpoſe: *Quanto a me non ho mai ſaputo far un Uomo, nè generar un Figliuolo. Però nè pur voglio ammazzare un Uomo.* Seguendo queſta onorata Maſſima, li mandò tutti a' confini, chi a Parma, chi a Mantova, e Reggio. Il Popolo di Aleſſandria in queſt'Anno ſi riconciliò co i ſuoi fuoruſciti, e li rimiſe in Città, con prendere per Podeſtà il Conte Ubertino Landi Piacentino (b). Ma nel Novembre la Famiglia del Pozzo fu forzata ad uſcire di quella Città. I Saneſi (c), che nell'Anno addietro s'erano impadroniti di Montepulciano, e vi aveano fabbricato un Caſſero, cioè una Fortezza, nel preſente ſcacciarono dalla lor Città la parte Guelfa. In tanto il Conte Guido Novello, Vicario del Re Manfredi in Toſcana (d), a petizione de' Piſani, e colle lor forze ancora, tornò a far oſte ſopra le Terre de' Luccheſi. Preſe Caſtigliano, ſconfiſſe l'eſercito Luccheſe, e gli uſciti di Firenze, e fece molti prigioni. Ebbe dipoi il Caſtello di Nozzano, il Ponte a Serchio, Rotaia, e Sarzana. Ne gli Annali Piſani (e) ſi veggono diffuſamente narrati i fatti de' Piſani contra de' Luccheſi, e non già ſotto l'Anno

Era Volg̃
Ann. 1262.

(a) Gual'v.
Flamma
Manipul.
Flor. c.298.
Annales
Mediolan.
Tom. XVI.
Rer. Italic.

(b) Chronic.
Placentin.
Tom. XVI.
Rer. Italic.
(c) Chronic.
Senenſe
Tom. XV.
Rer. Italic.

(d) Ricordan. Malaſpin. c.173.

(e) Annales Piſani
Tom. VI.
Rer. Italic.

prefente, ma bensì fotto il fuffeguente, per cagione probabilmente della differente Era : il che vien anche atteftato da Tolomeo da Lucca (a). Perciò nell'Anno a mio credete feguente, il
Comune di Lucca al vederfi così fpelato, e col timore anche di
peggio, e in oltre per defiderio di riavere i fuoi prigioni, molti
de' quali prefi nella rotta di Monte Aperto, penavano tuttavia
nelle carceri di Siena, fegretamente cominciò a trattare col Conte Guido di fare i fuoi comandamenti. Si convenne dunque, che
Lucca riaveffe i fuoi prigioni, e le fue Caftella; che entraffe nella Lega de' Ghibellini di Tofcana; e che prendeffe Vicario, coll'
obbligo di cacciar dalla Città gli ufciti di Firenze, ma non già
alcuno de' fuoi Cittadini. Ciò accordato ed efeguito, non rimafe
in Tofcana Città nè Luogo, che non fi reggeffe a parte Ghibellina; e nulla giovò, che il Papa vi mandaffe per fuo Legato il Cardinal Guglielmo, con ordine di predicar la Croce contra de gli
Ufiziali del Re Manfredi. Per quefta cagione gli ufciti Fiorentini colle lor Famiglie dopo molti ftenti fi riduffero a Bologna, Città, che gli accolfe con molto amore. Tolomeo da Lucca mette
quefti fatti all'Anno feguente. L'efempio del Marchefe Oberto
Pelavicino, divenuto Signore di Cremona, Brefcia, Piacenza,
ed altre Città, e quello di Martino dalla Torre, dominante in
Milano; fervì a i Veronefi per creare in queft'Anno (b) Capitano della lor Città Maftino della Scala: Dignità, che portava
feco la fignoria. Così la Famiglia della Scala diede principio al
fuo dominio in quell'illuftre Città. Depofero i Genovefi (c) nell'
Anno prefente il loro Capitano Guglielmo Boccanegra, venuto
già in odio del Popolo, perchè a guifa di Tiranno s'era dato a governar la Città; e prefero per Podeftà Martino da Fano Dottore
di Leggi. Effendo mancata in Guglielmo Figliuolo di Paolo la potente e nobil Cafa da Traverfara in Ravenna, e rimaftavi una fola Figliuola, per nome Traverfana (d) Stefano Figliuolo di Andrea
Re d'Ungheria, e di Beatrice Eftenfe, la prefe per Moglie, e ne
ebbe in dote quell'ampia eredità. Stava quefto povero Principe (e)
nella Corte del Marchefe Azzo VII. d'Efte, fuo Zio materno, che
il trattava da par fuo, giacchè il Re Bela fuo fratello barbarامen-
te gli negava fino il vitto e il veftito. Si truova egli ne gli Strumenti d'allora (f) intitolato Dux Sclavaniæ, e preffo Girolamo
Roffi (g) Dominus Domus Traverfariorum. Toltagli poi quefta
Moglie dalla morte, pafsò alle nozze con Tommafina della nobil
Cafa Morofina di Venezia, che gli partorì Andrea; e quefti poi
fu Re d'Ungheria.

An-

Anno di CRISTO MCCLXIII. Indizione VI.
di URBANO IV. Papa 3.
Imperio vacante.

ERA Volg.
ANN.1263.

ERANO ben gravi in quefti tempi gli sconcerti della Criftianità. (*a*) In Soria andavano a precipizio gli affari di que' Criftiani; i Tartari e i Saraceni desolavano quel poco, che loro reftava, e colle fcorrerie giugnevano fino ad Accon. Era in pericolo anche Antiochia. Aggiungafi la rabbiofa guerra, che durava fra i Veneziani e i Genovefi, per cui già erano accaduti fra loro varj conflitti. I Greci già tornati in poffeffo di Coftantinopoli, minacciavano gli Stati, de' quali erano rimafti padroni i Latini, e fpezialmente l'Acaia. Per proccurar dunque rimedio a tanti malanni, il Pontefice *Urbano* fcriveva caldiffime Lettere al fanto Re di Francia *Lodovico*, richiedeva, ed anche minacciando, danari dalle Chiefe di Francia e d'Inghilterra, ma con ritrovar que' Prelati poco compiacenti a contribuire per varie ragioni, ch'effi adducevano. E fi può ben credere difapprovato da molti, che il Papa col non volere dar pace al *Re Manfredi* in Italia, nè permettere l'efaltazione di *Corradino* in Germania [mentre *Alfonfo Re* di Caftiglia, e *Riccardo* d'Inghilterra contendevano tuttavia fra di loro] lafciaffe in un totale fconvolgimento per l'avverfione alla Cafa di Suevia quefti due Regni, che avrebbono potuto aiutar la caufa comune della Criftianità. Ed appunto in queft'Anno effo Papa citò di nuovo Manfredi a comparire (*b*), per giuftificarfi, fe potea, di varj reati a lui oppofti. Manfredi volea in perfona venire alla Corte Pontificia, e giunfe con tal difegno fino a i confini del Regno; ma perchè gli parve di non aver fufficiente ficurezza da metterfi in mano di chi era sì fortemente alterato contra di lui, non andò più innanzi. In vece fua fpedì Ambafciatori, acciocchè umilmente allegaffero le fcufe e giuftificazioni fue; ma quefte non ebbero la fortuna d'effere afcoltate (*c*). Anzi furono interpretati per frodi ed inganni tutti i paffi di Manfredi, perchè concordia non fi voleva con lui, e intanto fecondo la Cronica di Reggio (*d*), con cui va d'accordo Giovanni Villani (*e*), o era conchiufo, o certamente era vicino a conchiuderfi il trattato di dare il Regno della Sicilia e Puglia a *Carlo Conte* d'Angiò e di Provenza. Gli fconvolgimenti, che in quefti tem-

(a)*Raynaudus in Annal. Eccl.*

(b) *Continuatur Nicolai de Jamfilla. Sabas Malafpina lib.2.cap.7.*

(c) *Theodoricus de Vallicolor. in Vit. Urbani IV. P.I. To.3.*

(d) *Memor. Poteftat. Regienf. Tom. VIII. Rer. Italic.*

(e)*Giovanni Villani lib. 6. c. 90.*

tempi accaddero in Inghilterra, difobbligarono il Papa da ogni impegno dianzi contratto con quel Re per conto della Sicilia. Accomodoſſi anche a tal contratto il buon Re di Francia *Lodovico IX.* perchè non poca fuggezione gli recava eſſo Conte Carlo ſuo Fratello, da che sì ſpeſſo facea de' Tornei, con tirare a ſè i Baroni di Francia. Molto più volentieri vi acconſentì lo ſteſſo Carlo, pel defiderio di conquiftare un sì bel Regno: al che tuttodì l'iftigava ancora *Beatrice* ſua Moglie, ſiccome quella, che ardeva di voglia d'avere il titolo di Regina, per non eſſere da meno delle ſue Sorelle Regine di Francia, e d'Inghilterra. Per altro non ſi può negare, che non foſſe il Conte Carlo degno di qualſivoglia maggior fortuna, perchè Principe di maeſtoſo aſpetto, e il più prode, che foſſe allora nell'armi, di raro intendimento e ſaviezza; nè ſi poteva eleggere dopo i Re Principe alcuno, che foſſe al pari di lui capace di condurre a fine sì rilevan-

(a)*Caffari
Annal. Genuenſ. l.6.
Tom.VI.
Rer. Italic.* te impreſa. Secondo gli Annali di Genova (a), la flotta Genoveſe, compoſta di trentotto Galee, ſiccome collegata con *Michele Paleologo*, nuovo Imperador de' Greci, andò per *impedire*, che i Veneziani non portaſſero ſoccorſo a Negroponte, e venne con eſſo loro alle mani; ma ſi partì malcontenta da quel conflitto. Navigò poſcia verſo Coſtantinopoli, e non eſſendoſi potuta accordare col Paleologo, ſe ne tornò dipoi a Genova, ricevuta dal Popolo con aſſai richiami ed accuſe. Abbiamo dal Dandolo

(b)*Dandul.
in Chronic.
Tom. XII.
Rer. Italic.*
(c)*Gualvaneus Flamma Manip.
Flor. c.299.* (b), che nella ſuddetta battaglia preſero i Veneziani quattro Galee de'Genoveſi. Mancò di vita nell'Anno preſente per atteſtato di Galvano Fiamma (c) *Leone da Perego* Arciveſcovo di Milano nella Terra di Legnano, e quivi fu vilmente ſeppellito. Nell'elezione del Succeſſore s'intruſe la diſcordia, di maniera che l'una parte eleſſe *Raimondo dalla Torre*, Fratello di *Martino* Signore di Milano, che era allora Arciprete di Monza, e l'altra *Uberto da Settala* Canonico ordinario del Duomo. Si prevalſe di tale ſciſma il Papa per crearne uno a modo ſuo coll' eſcluſione di amendue gli eletti, giacchè in queſti tempi cominciarono i Papi a metter mano nell'elezion de' Veſcovi con giugnere in fine a tirarla tutta a sè, quando nel Secolo Undecimo tanto s'era fatto, per levarla a gl'Imperadori e Re Criſtiani, e reſtituirla a i Capitoli e Popoli, ſecondo il preſcritto de gli antichi Canoni. Contrario in queſti tempi a gl'intereſſi temporali della Corte Pontificia era il governo e dominio de i Torriani, e del *Marcheſe Oberto* Pelavicino in Milano, perchè di fa-

zion Ghibellina, e però trovandofi col Cardinale Ottaviano de ERA Volg. ANN. 1263.
gli Ubaldini *Ottone Visconte*, ad iftanza d'effo Cardinale fu quefti creato Arcivefcovo di Milano: cofa notabile per la Storia di
Lombardia, perchè di quì ebbe i fuoi principj la fortuna e potenza de i Visconti di Milano. Informato di ciò Martino della
Torre, fe l'ebbe forte a male, tra per veder tolta alla fua Cafa l'infigne Mitra di Milano, e perchè Ottone, ficcome di Ca-
fata Nobile, avrebbe tenuto il partito de gli altri Nobili fuorufciti fuoi nemici, ed oppofti al governo Popolare dominante in
Milano: nel che non s'ingannò. Gli Annali Milanefi (*a*), ed (a) *Annales Mediolan. Tom. XVI. Rer. Italic.*
altri Autori, mettono prima di queft'Anno la morte di Leone,
e l'elezion di Ottone. E veramente par difficile l'accordar ciò,
che fegue, colla Cronologia di Galvano.

PER ordine dunque del Pontefice venne il nuovo Arcivefco-
vo Ottone in Lombardia, (*b*) e andò nel dì primo d'Aprile (b) *Stepha- nardus de Vimercato, Tom. IX. Rer. Italic.*
a pofarfi in Arona, Terra della fua Menfa ful Lago Maggiore.
A quefto avvifo i Torriani col Marchefe Oberto fecero ofte fopra quella Terra, e non men coll'armi, che coll'oro faggiamente adoperato, la riduffero a i lor voleri. Ottone fecondo i patti
ufcito libero di là, fe ne tornò a Roma; e i Torriani fpianarono nel dì cinque di Maggio la Rocca d'Arona, ed appreffo quelle eziandio d'Anghiera e di Brebia, fpettanti all'Arcivefcovato
(*c*). Nè di ciò foddisfatti occuparono l'altre Terre e rendite de (c) *Chronic. Placentin. Tom. XVI. Rer. Italic.*
gli Arcivefcovi: per le quali violenze fu meffa la Città di Mi-
lano fotto l'Interdetto. Ma non andò molto, che gravemente
s'infermò Martino dalla Torre, ed allorchè vide in pericolofo
ftato la fua vita, il Popolo Milanefe eleffe in fuo Signore il di
lui Fratello *Filippo*. Morì pofcia Martino, e gli fu data fepoltura nel Moniftero di Chiaravalle nel dì 18. di Dicembre, preffo Pagano dalla Torre fuo Padre. In quefto medefimo Anno la
Città di Como più che mai fu fconvolta da due fazioni, l'una
de' Rufconi, e l'altra de' Vitani. La prima eleffe per fuo Signore Corrado da Venofa; e l'altra il fuddetto Filippo dalla Torre. Prevalfe la poffanza di Filippo, e perciò a lui reftò l'in-
tero dominio anche di quella Città. Parimente in Verona (*d*) (d) *Paris de Cereta Chronic. Veronenf. Tom. VIII. Rer. Italic.*
Maftino dalla Scala maggiormente affodò il fuo dominio, con
ifcacciarne Lodovico Conte di S. Bonifazio, e tutti i fuoi aderenti, cioè la parte Guelfa; nè da lì innanzi la Cafa de' Nobili da S. Bonifazio, che tante prerogative in addietro avea go-
dute in quella Città, vi potè da lì innanzi rientrare, per ricuperar

Era Volg.
Ann. 1263.
[a] Matth.
de Griffoni-
bus Memor.
Bononienf.
Tom. 18.
Rer. Italic.
perar almeno in parte l'antico fuo decoro. Non mancarono in queſt'Anno delle diffenſioni civili nella Città di Bologna [a], per le quali feguirono ammazzamenti, e furono banditi più di ducento tra Nobili, Dottori, e Popolari. Anche la Città d'Imola venne lacerata dall'animoſità delle fazioni ; e perciocchè ne fu cacciata la parte de'Geremei, i Bologneſi andarono colà a campo, e riebbero quella Città, con ifpianarvi dipoi i ferragli e le foſſe. Nè perciò quivi la pace allignò. Per la feconda volta, fe pure non fu una fola, Pietro Pagano, il più potente di quella Città, non folamente ne fcacciò la parte de'Britti, ma anche il Podeſtà meſſovi da' Bologneſi, con diſtruggere le lor cafe e torri. Sdegnato per queſto infulto il Comune di Bologna vi fpedì l'efercito, che rimife in dovere quel Popolo. Ciò

[b] Sigonius
de Regno I
tal. lib. 19.
forfe appartiene all'Anno feguente. Aggiugne il Sigonio [b], che anche in Faenza fi provò il medefimo perniciofo influſſo delle fazioni, con averne quel Popolo fatta ufcire la Famiglia degli Acariſi, ed efferfi fottratta dal dominio de' Bologneſi. Ma non afpettò effa l'armi, per tornare all'ubbidienza del Comun di Bologna. Da una Lettera di Papa Urbano IV. all'Arcivefcovo di Ravenna, data in Orvieto nel dì quinto di Gennaio dell'

[c] Rubeus
Hiftor. Ra-
venn. lib.6.
Anno prefente, e riferita da Girolamo Roſſi [c], vegniamo a conofcere, che effo Pontefice avea fatto de' proceſſi *contra Uberſum Pelavicinum, necnon & adverſus quasdam Communitates, & quosdam Nobiles ac Magnates Provinciæ Lombardiæ*, cioè contra le Città e i Principi, che teneano la parte Ghibellina, quafi che il Ghibellinifmo foſſe diventato un gran delitto, e folamente foſſe buon Criſtiano, chi era della parte Guelfa.

ED era ben infelice in queſti tempi la maggior parte dell' Italia. Niuna quaſi delle Città e Terre da'confini del Regno di Puglia fino a quei della Francia e Germania, andava efente da queſte maledette fazioni, cioè de'Nobili contrarj al Popolo, o pur de'Guelfi nemici de'Ghibellini. Ripofo non v'era. Ora a gli uni, ora a gli altri toccava di floggiare, o di andarſene in efilio. E ne avvenivano di tanto in tanto fedizioni, civili riſſe, e combattimenti, colla rovina delle cafe e torri di chi andava di fotto. Da Roma ſteſſa per tali diviſioni era bandita la quiete, di modo che il Pontefice Urbano poco fidandofi di quell'iſtabile Cittadinanza, meglio amò di fiſſar la fua ſtanza in Orvieto. Le Città ancora più forti, anfiofe di ſtendere la lor ſignoria, per poco faceano guerra alle vicine di minor poſſanza. Con tutto poi

to poi lo studio de' sacri Inquisitori, e non ostante il rigor delle
pene, in vece di sradicarsi l'Eresia de' Paterini, o sia delle varie Sette de' Manichei, questa andava più tosto crescendo. Altro poi tuttodì non si udiva, che Scomuniche ed Interdetti dalla parte di Roma. Bastava d'ordinario seguitare il partito Ghibellino, e toccar alquanto le Chiese, perchè si fulminassero le
Censure, e si levassero i sacri Ufizj alle Città. Per tacere de
gli altri Luoghi, tutto il Regno di Puglia e Sicilia si trovò sot-
toposto all'Interdetto; ed uno de' gravi delitti dell'Imperador
Federigo II. e del Re Manfredi, fu l'averne voluto impedir l'
esecuzione. Se per tali Interdetti, che portavano un grande
sconcerto nelle cose sacre, ne patissero, e se ne dolessero i Popoli; e se crescesse perciò, o pur calasse la Religione e la Divozion de' Cristiani, e ne provassero piacere o dispiacere gli Eretici d'allora: ognuno per sè può figurarselo. S'aggiunsero le guerre, e talvolta le Crociate, fatte dalla Chiesa, non più contro
a i soli Infedeli, ma contro a gli stessi Principi Cristiani, e per
cagion di Beni temporali: il che produceva de' gravi incomodi
al Pubblico. Per sostenere i lor proprj impegni, se i Principi
dall'un canto aggravavano le Chiese, e commettevano mille
disordini, anche i Papi dall'altro introdussero per tutta la Cristianità delle gravezze insolite alle Chiese, delle quali diffusamente parla Matteo Paris [a], con esprimere tutte le cattive
conseguenze, che ne derivavano. In somma abbondavano in
questi tempi i mali in Italia, e della maggior parte d'essi si
può attribuir l'origine alla discordia fra il Sacerdozio e l'Imperio, risvegliata sotto Federigo I. Augusto, e continuata, anzi
cresciuta dipoi sotto i suoi Discendenti. Noi, che ora viviamo,
dovremmo alzar le mani al Cielo, che ci tratta sì bene. Certamente nè pur mancano guai a i nostri tempi; e quando mai
mancheranno alla Terra, paese de' Vizj? Tuttavia brevi mali
sono i nostri, anzi cose da nulla, in paragon di quelli, che
nel presente Secolo Terzodecimo, e ne' due antecedenti, e suf-
feguenti patì la misera Italia. Finirò il racconto di quest'Anno, con dire, che in Parma [b] fu gran discordia fra le parti della Chiesa e dell'Imperio, se si aveva da accettar per Signore il Marchese Oberto Pelavicino. Si venne finalmente ad
un accordo, con cui promisero i Parmigiani di aiutare in qual-
sivoglia occasione esso Marchese, e di pagargli ogni anno mille
Lire di salario, obbligandosi all'incontro anch'egli di non venir
mai

ERA Volg.
ANN. 1267.

[a] Matth.
Paris Hist.
Angl.

[b] Chronic.
Parmense
Tom. IX.
Rer. Italic.

ERA Volg.
ANN.1263.
mai a Parma fenza il confentimento di quel Popolo. Quefto
accordo, benchè sì difcreto, fu motivo baftante al Papa per
mettere l' Interdetto in Parma. E chi non fi maraviglierà de'
(a)Chronic.
Senenf.
Tom. IX.
Rer. Italic.
tempi d'allora? Secondo la Cronica di Siena (*a*) nell' Anno prefente i Guelfi fuorufciti d'efsa Città furono fconfitti alla Badia di
Spineta da i Ghibellini Sanefi e Tedefchi, e ne reftarono molti
prigioni, che poj con danaro fi rifcattarono.

Anno di CRISTO MCCLXIV. Indizione VII.
di URBANO IV. Papa 4.
Imperio vacante.

(b)Raynau-
dus in An-
nal. Ecclef.
L'ANNO fu quefto, in cui il Romano Pontefice *Urbano IV.*
iftituì la Fefta del Corpo di Crifto (*b*). E perciocchè egli
finalmente fi avvide, che il fulmine de gl' Interdetti sì allora frequenti, fi volgeva in danno della fanta Religione, e raffreddava
anche i buoni nel culto di Dio, e ne gli efercizj *della Pietà:* tem-
però il rigor di quel rito, incognito per tanti Secoli alla Chiefa di
Dio, e introdotto folamente per gaftigar Popoli cattivi, e non già
Popoli innocenti, con permettere a porte chiufe, ed efclufi gli
fcomunicati, l'ufo delle Mefse e de' Sacramenti. Se non nel precedente Anno, certamente nel prefente, fu ftabilito l'accordo fra
il Pontefice e *Carlo Conte* d'Angiò e di Provenza. Siccome fu
accennato di fopra, avea prima efso Papa efibito il Regno di Sicilia e di Puglia al fanto Re di Francia *Lodovico IX.* per uno de'
fuoi Figliuoli; ma quefti non volle accudire a sì fatto acquifto,
in cui conveniva adoperar l'armi per levarlo a *Corradino,* che vi
avea fopra delle buone ragioni, e per difpofsefsarne *Manfredi,*
amendue Principi Criftiani. Contentofsi bensì, che il fuddetto
Carlo fuo Fratello accettafse l'offerta fattagli dal Pontefice con
quelle condizioni, che fi leggono ne gli Annali Ecclefiaftici del
Rinaldi. Accadde, che in quefti tempi faltò in tefta al Popolo Romano di volere per Senatore e Capo un Principe potente. Una
parte proponeva il Re Manfredi; un'altra il Conte d'Angiò, e di
Provenza; e fu ancora propofto *Pietro* primogenito di *Jacopo Re*
d'Aragona. Al Papa non piacque cotal novità per giufta paura,
che un Principe di molta pofsanza pregiudicafse di troppo all'autorità temporale Pontificia in Roma, e mafsimamente fe la Dignità
fofse conferita in vita al nuovo Senatore. Il perchè egli ftefso,

per

per efcludere gli altri due mal veduti concorrenti, aiutò l'efaltazione del Conte Carlo fua creatura al grado Senatorio, ma con
certi patti, ch'egli non ebbe difficultà di accettare, perchè altrimenti proteftava il Papa di non volergli attener la promeffa del
Regno di Sicilia (*). Acconciati che furono quefti affari, fpedì
Carlo a Roma un fuo Vicario a prendere il poffeffo della Dignità
Senatoria. Non erano ignoti a Manfredi quefti trattati del Papa
tendenti alla fua rovina; e però anch'egli cominciò a far de' preparamenti. Nè folamente fi tenne fulla difefa, ma diede principio alle offefe, con inviare un groffo corpo di Saraceni e Tedefchi
ful territorio Romano, e con tirare nel fuo partito Pietro da Vico, Signor potente nelle parti del Patrimonio di San Pietro (b).
Fu occupata dall'armi di Manfredi la Città di Sutri, e ricuperata da Pandolfo Conte dell'Anguillara colla rotta de' Saraceni.
Per effo Manfredi in Roma fteffa il partito de' Ghibellini andava
macchinando delle fedizioni, e Riccardo de gli Annibaldi s'impadronì d'Oftia. Ma andarono a voto le trame e i tentativi
del fuddetto Pietro da Vico, che avendo intelligenze in Roma,
fi penfava di potervi entrare. Reftò coftui fconfitto da i Romani. E quantunque l'efercito di Manfredi fotto il comando di
Percivalle d'Oria avefe prefo molte Caftella, pure in vicinanza di Rieti ebbe una grave percoffa dall'efercito Pontificio
Crocefignato: giacchè Urbano avea fatta predicar la Croce
contra di Manfredi, affolvendo chiunque l'avea prefa per andar contro gl'Infedeli, purchè militafe contra di quefto più
vicino nemico.

SUCCEDERONO altri combattimenti ora profperi, ed ora
contrarj fecondo l'ufo della guerra, che io tralafcio, per dire,
che intanto dopo efferfi trattenuto Papa Urbano circa due anni
in Orvieto, ben trattato e ricevuto da quel Popolo, gli convenne in fine ritirarfene mal foddisfatto. Perchè gli Orvietani prefero il Caftello di Bizunto, e lo ritennero per sè contro la volontà del Papa, egli fe ne partì, e andò a Perugia. Informato-
fi per iftrada, appena fu giunto in quella Città, che diede fine a'fuoi giorni nel dì due d'Ottobre; e fù creduto (c), che
una gran Cometa, la quale cominciò a vederfi d'Agofto, e fpar-
ve, allorchè egli mancò di vita, avefe predetta la fua morte.
Le azioni illuftri di quefto Pontefice fi veggono defcritte in verfi da Teodorico di Valcolore (d), dal Rinaldi (e), e da altri.
Vacò dipoi la fanta Sede quattro mefi e cinque giorni, non

Era Volg.
ANN. 1264.

(a) *Sabas*
Malafpina
l. 2. c. 10.

(b) *Contin.*
Nicolai de
Jamfilla.
Sabas ne
fupra.
Theodoric.
Vallicolor.
in Vita Ur-
bani IV.
Par.I T. 3.
Rer. Italic.

(c) *Ricarda-*
no Malafp.
cap. 175.
(d) *Theodo-*
ricus Valli-
color ubi
fupra.
(e) *Raynau-*
dus Annal.
Ecclef.

Era Volg.
Ann.1264
[a]Monach.
Patavinus
in Chronic.
Tom. VIII.
Rer. Italic.

potendosi accordare i Cardinali nell'elezione del Successore, benchè tempi sì pericolosi e sconcertati esigessero un pronto rimedio. In quest'Anno ancora *Azzo VII.* Marchese d'Este [a], mentre governava in istato pacifico la Città di Ferrara, pagò il tributo della natura, correndo il dì 17. di Febbraio, nell'Anno cinquantesimo di sua età, e ventesimo quarto del suo Principato in Ferrara: Principe di gloriosa memoria per l'insigne sua Pietà, per la sua Clemenza, e per altre Virtù, costantissimo sempre nel partito della Chiesa, contro tutti gli sforzi di Federigo II. Augusto, di Eccelino, e d'altri suoi nemici. Leggonsi le sue lodi presso il Monaco Padovano. L'Autore della Cronica

[b] Chron.
Patavin.
Tom. VIII.
Rer. Italic.

picciola di Ferrara [b], tuttochè gran Ghibellino, confessa, che chiunque ancora de' Ferraresi era della fazion Ghibellina, con vere lagrime onorò la di lui sepoltura. Di due *Beatrici Estensi* Monache, le quali per le loro Virtù meritarono il titolo di Beate, l'una fu sua Sorella, l'altra Figliuola. Lasciò egli erede de' suoi Stati *Obizzo* suo Nipote, nato dal Figliuolo *Rinaldo*, a lui premorto. Appena fu ritornato il Popolo dal dì lui funerale, che nella Piazza si tenne un general Parlamento, dove di comun consenso fu proclamato Signor di Ferrara il suddetto

[c] Antich.
Estensi
P. III.
c. 2.
[d]Annales
Veteres Mu-
tinens. Mu-
ratori.
Tom. XI.
Rer. Italic.
[e]Chronic.
Parmense
Tom. IX.
Rer. Italic.
Memoriale
Potestat.
Regiens.
Tom. VIII.
Rer. Italic.
[f] Ricor-
dano Ma-
laspin.
cap. 174.
[g]Chronic.
Parmense
Tom. IX.
Rer. Italic.

Marchese Obizzo [c], a cui fu conferito un'ampia balìa. Secondo gli Annali vecchi di Modena [d], e per attestato d'altri Scrittori [e], circa la metà di Dicembre, la fazione de gli Aigoni, cioè de' Guelfi di Modena, capi de' quali erano Jacopino Rangone, e Manfredi dalla Rosa, cacciò fuori della Città la parte Ghibellina, appellata de' Grasolfi. Accorsero nel dì seguente in aiuto d'essi Guelfi il Marchese d'Este, cioè Obizzo suddetto, con assai brigate di Ferraresi, e Lodovico Conte di S. Bonifazio co' Mantovani. Abbiamo da *Ricordano Malaspina* [f], che anche i fuorusciti Guelfi di Toscana, abitanti allora in Bologna, intervennero a questa cacciata de' Ghibellini da Modena, e vi restarono morti alcuni d'essi. Ed affinchè gli usciti non si ritirassero a Gorzano, quel Castello fu preso e smantellato. La mutazion di Modena si tirò dietro quella di Parma [g]. Ivi ancora vennero alle mani i Guelfi co' Ghibellini. De' primi erano capi i Rossi. Finalmente dopo varj combattimenti e bruciamenti di case, i Ghibellini si diedero per vinti nel dì 29. di Dicembre, e furono eletti due Podestà: cioè Giberto da Correggio, e Jacopo Tavernieri, con licenziare Manfredi de' Pii da Modena, allora Podestà, e Matteo da Gorzano parimente Mode-
de-

denese, eletto per l'Anno venturo, che erano di fazion Ghibelli-Era Volg
Ann. 1264.
na. Ebbero origine i movimenti di queste due Città dalla nuova
già sparsa, che Carlo d'Angiò Conte di Provenza preparava un
poderoso esercito per passare in Italia contra del Re Manfredi, e
in soccorso della parte Guelfa. Di qui prese animo anche *Filip-*
po dalla Torre, signoreggiante in Milano [a], di abbracciare il [a] *Gualva-*
neus Flam-
ma Manip.
partito de' Guelfi, con liberarsi del *Marchese Oberto* Pelavicino, *Flor. c.300.*
Annales
Mediolan.
la cui condotta era già finita. Partissi da Milano con amarezza
grande il Pelavicino, e giunto a Cremona in odio de' Torriani *Tom. XVI.*
Rer. Italic.
fece prendere quanti Mercatanti Milanesi passavano per Pò. Uni-
ronsi ancora con lui i Nobili fuorusciti di Milano, da che videro
sempre più allontanarsi la speranza di rientrar nella Patria. Seguì perciò guerra fra essi Torriani, e il Marchese Oberto, ma
senza avvenimenti degni di memoria. Intanto si sottomisero volontariamente al dominio d'esso Filippo dalla Torre le Città di
Bergamo, Novara, Vercelli, e Lodi, la qual'ultima forse solamente ora e non prima, come già Galvano dalla Fiamma ci avea
fatto sapere, elesse per suo Signore il suddetto Filippo.

Anno di CRISTO MCCLXV. Indizione VIII. di CLEMENTE IV. Papa 1. Imperio vacante.

FINALMENTE nel dì nove (come vuole il Rinaldi [b],) o
pur nel dì cinque (come ha Tolomeo da Lucca [c]) di Feb- [b] *Rayman-*
dus Annal.
Eccles.
braio del presente Anno fu eletto da' Cardinali per Successore di [c] *Ptolom.*
San Pietro, *Guido Vescovo* Sabinense, nato nella Terra di Santo *Lucens. Hi-*
stor. Eccles.
Egidio della Provenza, o sia della Linguadoca, personaggio di *lib. 22 c.30.*
rara bontà di vita, e di singolare umiltà. Avea avuto Moglie e
Figliuoli. Rimasto vedovo si arrolò nella milizia Clericale; fu
creato Vescovo d'Anicy, o pure di Aux; poscia Arcivescovo di
Narbona, e Cardinale; e finalmente assunto al Pontificato Romano. Perch'egli si trovava allora in Francia, impedito dal passare in Inghilterra, tennero i Cardinali segreto lo Scrutinio, e a
lui spedirono con egual segretezza l'avviso dell' elezione caduta
nella di lui persona. Sen venne egli perciò incognito a Perugia,
dove dopo molta resistenza prestò il suo consenso, e dopo essere
stato consecrato, ed aver preso il nome di *Clemente IV*. andò a
mettere la sua residenza in Viterbo. Furono da lui approvate tut-

te

te le determinazioni del suo Predeceffore intorno alla conceffione
del Regno di Sicilia e Puglia a *Carlo Conte* di Provenza, e alla
sua venuta in Italia. Moffesi in fatti questo Principe nella primavera dell'Anno presente da Marfilia con venti Galee, accompagnato da *Luigi di Savoia*, e venne alla volta di Roma. Non avea
tralasciato Manfredi di prendere le possibili precauzioni per fraftornare l'arrivo del Competitore. Una confiderabil flotta di Ga-
*(a) Sabas
Malaspina
lib. 2. c.17.* lee e di Navi *(a)*, tanto sue, che de' Pifani, fu inviata alla sbocca-
tura del Tevere. Quivi con travi, pali, e faffi si cercò d'im-
pedire il paffaggio di qualunque groffo Legno, che voleffe falire
su per quel Fiume. Tale era anche la copia e forza del suo armamento navale, che si figurava l'Ammiraglio di Manfredi di
potere a man falva far prigione lo fteffo Conte Carlo, se ofava
di portarsi colà. Ma eccoti una fiera tempefta, che obbligò quella flotta a ftaccarsi da que' lidi, e a tenersi alto in mare, con prendere la via di Ponente, per incontrare, se le veniva fatto, la
flotta nemica. Questo fu la fortuna del Conte, il quale tuttochè
anch'egli foffe forte sbattuto da quell' *orrido temporale*, e si trovaffe in manifefto pericolo della vita, pure sen venne spinto da i
rabbiofi venti fino alla spiaggia Romana, dove falito in un picciolo legno, quasi miracolofamente approdò a terra, e giunse al
Moniftero di San Paolo fuori di Roma. Quetata poi la furia del
mare, pervennero anche le sue Galee alla foce del Tevere, e levati gli oftacoli, liberamente entrò nel Fiume, e sbarcò a Roma
mille uomini d'armi, tutta gente valorofa, e avvezza al meftier
della guerra. Nel Mercordì prima della Pentecofte, cioè nel dì
*(b) Bernar-
dus Guid.
in Vit. Cle-
mentis IV.* 24. di Maggio, *(b)* fece il Conte Carlo la sua entrata in Roma
con così magnifico incontro, plaufo, e giubilo di tutto il Popolo
Romano, che non v'era memoria di folennità sì feftofa per ono-
rar l'arrivo d'altri Principi venuti a quella gran Città. Sbalordi-
to rimafe il Re Manfredi all' udire, come con tanta felicità foffe
giunto l'emulo suo, ed aveffe fchivata l'oppofizion della sua Armata navale, tanto superiore di forze. Senza nondimeno perderfi
d'animo, attefe a fortificarsi e premunirsi a' confini: al qual fine
richiamò dalla Tofcana, dalla Marca d'Ancona, e da altri Luoghi tutte le fchiere de' fuoi Tedefchi, e d'altri foldati sparfi per
quelle contrade. Tenuto pofcia un Parlamento di tutti i Baroni
e Vaffalli del Regno, efpofe loro i motivi e la neceffità della difefa e dell' aiuto di cadauno, moftrando una viva speranza nella
lor fedeltà e bravura. Delle belle parole e promeffe n'ebbe quante

te ne volle; ma ne gli animi loro già bollivano altri defiderj, e ognun penfava a' proprj intereffi e vantaggi, fenza metterfi cura de' pubblici. Niuna impreſa tentò in queſt'Anno il Conte Carlo, perchè aſpettava per terra il groſſo della ſua cavalleria e fanteria. (*a*) S'inoltrò bensì nel diſtretto di Roma l' eſercito di Manfredi, ſulla ſperanza ch'egli uſciſſe di Roma, e veniſſe a battaglia; ma il Conte, moſſo ancora dalle ſaggie eſortazioni del Papa, nulla volle azzardare, trovandoſi ſcarſo di gente ſua, e poco fidandoſi de' Romani, fra' quali non pochi erano guadagnati da i danari di Manfredi. Venuto il Meſe di Settembre, arrivò per mare a Roma la ſua Conſorte *Beatrice*, che fu accolta con ſommo onore ed allegrezza dal Popolo Romano.

Era Volg. Ann. 1265.

(a) Monac. Patavinus in Chron. Tom. VIII. Rer. Italic. Raynaudus Annal. Ecclef.

VEGNIAMO ora alla Lombardia, che nell'Anno preſente fu quaſi tutta in armi per la calata dell'eſercito Franzeſe, raccolto per ordine del Conte ſuddetto. Prima nondimeno, ch'eſſo valicaſſe l'Alpi, la Città di Reggio (*b*), finquì di parte Ghibellina, cangiò mantello. Nel dì *6*. di Febbraio arrivarono colà i Modeneſi con gli uſciti di Reggio, e co i Guelfi Fiorentini e di Toſcana. Fu diſmurata e loro aperta la Porta del Caſtello da i Nobili Fogliani e Roberti, e ſulla Piazza ſi venne ad un aſpro combattimento co i Seſſi, e colla parte Ghibellina, fra i quali ſi diſtinſe, e paſsò poi in proverbio il Caca, o ſia Cacca da Reggio, uomo di ſtatura gigantéſca, e di mirabil forza, che con una mazza alla mano ſi facea far piazza dovunque giugnea. Se gli ferrarono addoſſo uniti dodici Gentiluomini Fiorentini colle coltella, e lo ſteſero a terra. Dopo di che i Seſſi e i lor ſeguaci preſero la fuga, e ſi ritirarono a Reggiuolo. Coſì i Reggiani cominciarono a governarſi a parte Guelfa, e da lì a qualche tempo fecero tregua con gli uſciti, e ceſsò ogni oſtilità. Secondo la Cronica di Parma (*c*), ſeguì nell'Anno preſente una battaglia tra *Guglielmo Marcheſe* di Monferrato, e Oberto da Scipione, Nipote del *Marcheſe Oberto* Pelavicino, nell'Aleſſandrino preſſo Nizza della Paglia. Rimaſero prigionieri cinquecento cavalieri d'eſſo Oberto da Scipione. Intorno a che è da avvertire, che per atteſtato di Benvenuto da S. Giorgio (*d*), nel precedente Anno 1264. nel dì 14. di Maggio, Carlo Conte di Provenza avea fatta Lega col ſuddetto Marcheſe di Monferrato contra di Manfredi, e di Oberto Marcheſe Pelavicino. In virtù d' eſſa alleanza fece eſſo Marcheſe di Monferrato guerra nell'An-

(b) Memor. Poteſtat. Regienſ. Tom. VIII. Rer. Italic. Annales Veter. Mutinenſ. Tom. XI. Rer. Italic. Ricordano Malaſpin. cap. 174.

(c) Chronic. Parmenſe Tom. IX. Rer. Italic.

(d) Benven. da S. Giorgio Chron. del Monfe- rato, To 23. Rer. Italic.

ERA Volg. no presente al Nipote d'esso Pelavicino. Calò per la Savoia sul
ANN.1265. fine della State di quest'Anno l'Armata oltramontana de' Crocesignati [giacchè si guadagnava Indulgenza Plenaria a prendere l'armi contra di Manfredi], inviandosi verso Roma, per
trovar Carlo Conte d'Angiò e di Provenza, e passar dipoi contra d'esso Manfredi. La Cronica di Parma la fa ascendere a
[a] Chronic. sessanta mila combattenti; quella di Bologna [a] a quaranta
Bononiense mila. Meglio è stare a gli Annali vecchi di Modena [b], che
To. XVIII.
Rer. Italic. la dicono composta di cinque mila cavalli, quindici mila fanti,
[b] Annales e dieci mila balestrieri. Ne era Capitan Generale Roberto Fi-
Veter. Mu-
tinenf. gliuolo del Conte di Fiandra, accompagnato da copiosa Nobil-
Tom. XI. tà oltramontana. Trovò il Marchese di Monferrato collegato,
Rer. Italic.
e i Torriani col Popolo di Milano favorevoli, da' quali ricevè
abbondante provvisione di vettovaglia. Ma nemici ed opposti a
questa gente erano il Marchese Oberto Pelavicino, e Buoso da
Doara co i Cremonesi, Pavesi, Piacentini, ed altri Ghibellini
di Lombardia, i quali condotti dall'interesse della lor fazione,

[c] Matteo contrastarle il passo. V'andò anche il Conte Giordano [c],
Spinelli spedito colà da Manfredi con quattrocento lancie, e una bella
Diario,
Tom. VIII. compagnia di Napoletani a cavallo. Pertanto fu d'uopo, che
Rer. Italic. l'esercito Franzese prendesse la volta pel territorio di Brescia,
nella qual Città il Marchese Pelavicino avea posto un buon presidio. Passarono essi l'Oglio a Palazzuolo, e giunti fin sotto le
mura di Brescia, vi gittarono dentro molte saette nel dì 9. di
Dicembre. Se non veniva lor meno la vettovaglia, forse prendevano quella Città, molto sbigottita. Arrivati a Monte Chiaro, quivi trovarono giunti in aiuto loro Obizzo Marchese d'E-
ste, Signor di Ferrara co i Ferraresi, e Lodovico Conte di S. Bonifazio co i Mantovani. Uniti poi con essi, diedero varj assalti
a Monte Chiaro, e se ne impadronirono, siccome ancora d'altre
Terre, che quasi tutte distrassero con farvi prigioni quattrocen-
[d] Malvec. to cavalli, e mille fanti del Marchese Pelavicino. [d] Commi-
Chr. Brix.
Tom. XIV. sero dapertutto le enormità, che si possono immaginare, senza
Rer. Italic. ricordarsi d'essere Cristiani, e Crociati. Non si attentò mai essi
i di far fronte a questa Armata nemi-
ca, deludendo con ciò le speranze di Manfredi. Ricordano Ma-
[e] Ricarda- lafpina [e], Dante, ed altri, incolpano di tradimento Buoso da
no Malafp.
cap. 178. Doara, che corrotto dal danaro de' Franzesi, talmente dispose
le co-

le cose, che i nemici senza contrasto passarono. Più verisimile è, ch'eglino tali forze non avessero da poter avventurare una battaglia con sì poderoso esercito nemico.

COMUNQUE sia, pervenuti i Franzesi sul Ferrarese, vi trovarono preparato dal suddetto Marchese Obizzo un ponte sul Po, per cui valicarono il Fiume. Scrive il Sigonio [a], che dieci mila Bolognesi marciarono a Mantova in soccorso dell' Armata Franzese. Io non ne truovo parola ne gli Scrittori d'allora, e nè pur nelle Croniche di Bologna. Certo non susfiste il dirsi da Ricordano, che l'esercito Franzese passò per Parma. Con esso bensì andarono ad unirsi i Guelfi fuorusciti di Toscana in numero di più di quattrocento cavalieri, tutti riccamente guerniti d'armi e di cavalli, de' quali era condottiere il Conte Guido Guerra. Passando poi per la Romagna, Marca d'Ancona, e Spoleti, se crediamo a Ricordano e ad altri Autori, arrivarono finalmente a Roma circa le Feste del Natale. Ma sapendosi, che quell'esercito era tuttavia sul Bresciano verso la metà di Dicembre, non può stare un sì frettoloso arrivo d'esso a Roma. Saba Malaspina [b] dopo aver narrata la Coronazione del Conte Carlo fatta nel dì dell'Epifania dell'Anno seguente, scrive: *Jam Gallicorum post hæc superveniens multitudo circumfluit; jam totus Regis Karoli exspectatus exercitus Romam venit.* Però verso la metà del Gennaio susseguente dovette l'Armata suddetta comparire alla presenza del suo Signore in Roma. Avea fatto in quest'Anno, prima del finquì mentovato successo, la Città di Brescia [c] de i movimenti, per sottrarsi alla signoria del Marchese Oberto Pelavicino. Per questo presi alcuni di que' Nobili furono condotti nelle carceri di Cremona. Un segreto concerto fu fatto dipoi, che *Filippo dalla Torre*, Signor di Milano, di Bergamo, e d'altre Città, venisse con assai brigate a Brescia in un determinato giorno del Mese d'Agosto, per sostenere la sollevazione del Popolo. Accadde, che il Torriano, allorchè si disponeva per cavalcare a quella volta, sorpreso da subitaneo malore, cessò di vivere. Non peranche s'era data sepoltura al di lui cadavero nel Monistero di Chiaravalle, che *Napo*, o sia *Napoleone* dalla Torre suo Parente si fece proclamar Signor di Milano. Rimasero per questo accidente in grave sconcerto i Bresciani. Fecero bensì due tentativi per liberarsi dall'oppressione del Pelavicino, ma questi ridondarono solamente in loro danno. Moltissimi

[a] *Sigon. de Regno Ital. lib. 20.*

[b] *Saba Malaspina lib. 3. c. 1.*

[c] *Malvecius Chron. Brixian.*

Era Volg.
Ann. 1265.mi de'Nobili furono prefi, e mandati a penar nelle prigioni di
Cremona; ad altri non pochi fu dopo i tormenti levata la vita:
il che fempre più accrebbe l'odio di quel Popolo verfo chi allora li fignoreggiava.

Anno di Cristo mcclxvi. Indizione ix. di Clemente IV. Papa 2. Imperio vacante.

PRIMA di procedere coll'armi contro al nemico *Manfredi*,
volle *Carlo Conte* d'Angiò e di Provenza effere folennemente coronato Re di Sicilia e di Puglia. La funzione fu fatta
per ordine di Papa *Clemente IV.* nella Bafilica Vaticana (*a*),
correndo la fefta dell'Epifania, o fia nel dì 6. di Gennaio. Effendo ftati fpediti colà dal Papa cinque Cardinali appofta, ricevè il Conte con *Beatrice* fua Moglie la Corona; e v'intervenne un'immenfa folla di Romani, che compierono *la fefta* con
varie allegrezze e giuochi. Preftò il Re Carlo allora il giuramento, e il ligio omaggio alla Chiefa Romana pel Regno di Sicilia di là e di qua dal Faro, di cui fu inveftito dal Papa. A-
vrebbe avuto bifogno l'Armata fua, che giunfe ne' giorni feguenti, di un lungo ripofo, perchè arrivò a Roma sfiatata e
malconcia pel lungo viaggio, e per molti affanni patiti. Ma
troppo era fmunta la borfa del Re Carlo, nè maniera aveva e-
gli di foftentar tanta gente, avendo già confunte le groffe fomme prefe da i preftatori. Fece ben egli al Pontefice iftanza di
foccorfo d'oro, ma con ritrovare anche il di lui erario netto e
fpazzato al pari del fuo. Però ancorchè il verno non fia ftagion
propria per guerreggiare, maffimamente per chi guida migliaia
di cavalli: pure per neceffità, e fulla fperanza di provvedere al
proprio bifogno colle fpoglie de'nemici, durante ancora il Mefe di Gennaio, intrepidamente col fuo fiorito efercito marciò alla volta di Ceperano per entrare nel Regno. Era con lui *Riccardo Cardinale* di Santo Angelo, Legato del Papa, per muovere i Popoli a prendere la Croce per la Chiefa. Non avea intanto Manfredi lafciato di far quanti preparamenti potea per ben
riceverlo. Un groffiffimo prefidio ancora avea meffo in S. Germano, fperando, che quel Luogo faceffe lunga refiftenza al nimico, per aver tempo di ricevere varj corpi di gente, che fi af-

(a)*Raynau-
dus Annal.
Ecclefiaft.
Ricordano
Malafpina.
Monach.
Patavinus,
& alii.*

pet-

pettavano dalla Sicilia, Calabria, Toſcana, ed altri Luoghi. Er Volg.
Ann. 1266.
Fra l'altre provviſioni avea ſituato al Fiume Garigliano il Con-
te di Caſerta con groſſe ſquadre per difendere quel paſſo. Ma
a gli animoſi ed arditi Franzeſi nulla era, 'che poteſſe reſiſtere;
innanzi a loro camminava il terrore, perchè creduti non diverſi da i Paladini favoloſi di Francia; e il verno ſteſſo ſi veſtì d'
un'inſolita placidezza per favorirli. Paſsarono i Franzeſi il Garigliano per la proditoria ritirata del Conte di Caſerta. Fu preſo a forza d'armi S. Germano, e andò a fil di ſpada quaſi tutta quella numeroſa guarnigione, con incoraggirſi maggiormente i vincitori pel ſaccheggio, frutto ſempre guſtoſo della vittoria. Acquino, e la Rocca d'Arci non fecero reſiſtenza. Da coſì ſiniſtri avvenimenti allora più che mai Manfredi venne a conoſcere, non poter egli far capitale alcuno ſulla volubilità e poca fede de' Regnicoli. V'erano fra queſti non pochi, che ricordevoli delle crudeltà ed avanie di Federigo II. e di ſuo Figliuolo
Corrado, odiavano la Caſa di Svevia. Altri guadagnati dall'
oro, o dalle promeſſe della Corte di Roma, e del Re Carlo. Altri infine amanti delle novità per la facile ſperanza di ſtar meglio, o pur di creſcere in fortuna. Contuttociò Manfredi ſenza
avvilirſi atteſe a far le diſpoſizioni opportune, e colle ſue forze
paſſato a Benevento, quivi ſi accampò. Non aveva egli trala-
ſciato di mandar perſona a parlare di accordo al Re Carlo. La
riſpoſta di Carlo fu queſta in Franzeſe: *Diſe (a) al Sultano di* (a)Giovan-
ni Villani
lib. 7. c. 5.
Nocera [coſì appellava Manfredi, perchè ſi ſerviva de'Saraceni]
ch'io con lui non voglio nè pace nè tregua; e che in breve o io
manderò lui all'Inferno, o egli me in Paradiſo.

Non perdè tempo il Re Carlo a muoverſi verſo Benevento,
per trovare l'Armata nemica, ardendo di voglia di decidere con
un fatto d'armi la conteſa del Regno. Fu meſſo in diſputa nel
Conſiglio di Manfredi, ſe meglio foſſe il tenerſi ſolamente in difeſa, tanto che arrivaſſero gli aſpettati rinforzi, o pure il dar
toſto battaglia, per cogliere i Franzeſi ſtanchi e ſpoſſati per le
marcie sforzate. O ſia, che prevaleſſe l'ultimo partito, o che
l'impaziente Carlo uſciſſe ad attaccare il nemico, ovvero che i (b)Monach.
Patavinus
in Chronic.
Saraceni in numero di dieci mila, ſenza aſpettarne il comanda-
mento, moveſſero contra de'Franzeſi, (*b*) a poco a poco nel Tom. VIII.
Rer. Italic.
dì 26. di Febbraio dell'Anno preſente [chiamato 1265. da al- Chronic.
Parmenſe
cuni Scrittori, che cominciano alla Fiorentina l'Anno nuovo ſo- Tom. IX.
lamente nel dì 25. di Marzo] s'impegnarono le ſchiere in un' Rer. Italic.

Era Volg.
Anni 266.
(a) Sabas
Malafpina
lib.3. c.10.
(b) Ricorda-
no Malafp.
cap. 179.

orrida battaglia, defcritta minutamente da Saba Malafpina (a),
da Ricordano (b), e da altri Scrittori. A me bafterà di accen-
narla. Combatterono con gran vigore i Saraceni e Tedefchi dell'
efercito di Manfredi. Si trovarono effi in fine malmenati e fo-
prafatti da i Franzefi; laonde volle allora Manfredi muovere la
terza fchiera compofta di Pugliefi, ma fenza trovare ubbidienza
ne' Baroni di cuore già guafto. Allora lo sfortunato, ma coraggiofo Principe determinò di voler più tofto morire Re, che di
ridurfi privato colla fuga a mendicar il pane. E fpronato il cavallo andò a cacciarfi nella mifchia, dove fenza effere conofciu-

(c) Ricbo-
bald. in Po-
mar. T.IX.
Rer. Italic.
(d) Franci-
fcus Pipin.
Chronic.
l.3. c.43.
Tom. IX.
Rer. Italic.

to, da più colpi fu privato di vita. Racconta Ricobaldo (c),
e dopo lui Francefco Pipino (d), che in quefti tempi andarono
in difufo per l'Italia le fpade da taglio, o fia le fciable, e fi
cominciò ad ufar quelle da punta, o fia gli ftocchi, de' quali fi
fervivano i Franzefi. Per effere gli uomini d' armi tutti veftiti
di ferro, poco profitto faceano addoffo a loro i colpi delle fciable. Ma allorchè effi alzavano il braccio per ferire, i Franzefi
colle punte de gli ftocchi li foravano fotto le afcelle, e in quefta maniera li rendevano inutili a più combattere. Strage grande fu fatta, maffimamente de' Saraceni; grande fu la copia de'
prigioni, fra' quali fi contarono i Conti Giordano, Galvano, Federigo, e Bartolomeo, Parenti di Manfredi, ad alcuni de'quali,
cioè a Galvano e Federigo fu data dipoi la libertà ad iftanza di
Bartolomeo Pignatelli Arcivefcovo di Meffina; ed altri furono
fatti morire dall'ineforabil Re Carlo. Il bottino fu ineftimabile, e ne arricchirono tutti i vincitori, e alle mani del Re Carlo pervennero i tefori di Manfredi, e di molti de' Baroni di lui.
Nè contenti i vincitori di tante fpoglie, rivolfero l' infaziabil
loro avidità addoffo a i miferi Beneventani, fenza che *loro* gio-
vaffe punto l'effere fudditi del Papa. Dato fu un terribil facco alla Città, fatto macello d'uomini e fanciulli, sfogata la li-
bidine, e fenza che le Chiefe fteffe godeffero efenzione alcuna
dall'infame sfrenatezza di quella gente. Se coftoro fi foffero moffi per divozione a prendere la Croce, e fe foffero ben impiegate
le Indulgenze plenarie, ognuno può ben figurarfelo. Ma quel-

(e) Ricord.
Malafpina
cap. 180.
Memorial.
Poteftat.
Regienf.
Tom. VIII.
Rer. Italic.

lo, che maggiormente rallegrò il Re Carlo, e diede compimento alla fua vittoria, fu la morte di Manfredi. Se ne fparfe tofto
la voce, ma fi ftette tre dì a fcoprirne il cadavero. (e) Tro-
vollo un ribaldo, e poftolo a traverfo fopra un afino, l'andava
moftrando pel campo. Fece il Re Carlo I. riconofcerlo per deffo

dal

dal Conte Giordano, e da gli altri nobili prigionieri; e perciocchè era morto fcomunicato, ordinò, che foffe feppellito preffo il Ponte di Benevento in una vil foffa, fopra cui ogni foldato
per compaffione e memoria gittò una pietra. E tal fine ebbe
Manfredi già Re di Sicilia, Principe degno di miglior fortuna,
perchè a riferva dell'aver egli violate le leggi per voglia efor-
bitante di regnare, e di qualche altro reato dell'umana condizione, tali doti fi unirono in lui, che alcuni giunfero a dirlo
non inferióre a Tito Imperadore, Figliuolo di Vefpafiano (a). (a) *Franci-*
Reftò memoria di lui nella Città di Manfredonia, fatta da lui *scus Pipi-*
fabbricare di pianta, con trafportarvi il Popolo di Siponto, mal *nus Chron.*
fituato dianzi, perchè in luogo d'aria cattiva. *lib. 3. c. 6.*

LA rotta, e morte di Manfredi divolgatafi per tutta Puglia e
Sicilia, cagion fu, che non vi reftò Città e Luogo, che non in-
alberaffe le bandiere del Re Carlo, e con fefte e giubili incredibili. La fola Città di Nocera, nido de'Saraceni, dove fecondo
gli Scrittori Napoletani, s'era ricoverata la *Regina Sibilia* Moglie di Manfredi con *Manfredino* fuo picciolo Figliuolo e una Figliuola, fi tenne forte. Colà fi portò con buona parte dell'efercito *Filippo Conte* di Monforte, e l'affediò; ma ritrovato troppo
duro quell'offo, fe ne partì con lafciar nondimeno ftrettamente
bloccata effa Città. Certo è, fecondo le Lettere di *Papa Clemen-*
te, e per atteftato della Cronica di Reggio, che in queft'Anno
effa Regina co'Figliuoli e col teforo del Marito fu prefa nella
Città di Manfredonia, il che vien confermato dal Monaco Padovano. Altre Storie ancora affermano, che i Saraceni di Nocera
fi fottomifero in queft'Anno al Re Carlo, nè afpettarono a farlo
dopo la rotta di Corradino, di cui parleremo a fuo luogo. Entrò
pofcia il vittoriofo Re Carlo in Napoli, che prima gli avea fpedite le chiavi; e andò quel popolo quafi in eftafi al veder comparire la Regina Beatrice con carrozze magnifiche e dorate, e copia di Damigelle, tutte riccamente adobbate, ficcome gente
non avvezza a fomiglianti fpettacoli. Offerva Ricobaldo (b), che (b) *Rico-*
i coftumi de gl'Italiani erano ftati in addietro affai rozzi, dati al- *baldus in*
la parfimonia, voti d'ogni fafto e vanità; e ne dice anche a mio *Pomario,*
credere, più di quel che era, come ho dimoftrato altrove (c). *Tom. IX.*
Rer. Italic.
Per altro la venuta de'Franzefi quella fu, che cominciò ad in- (c) *Antiq.*
trodurre il luffo, e qualche cofa di peggio, e fece mutar i coftu- *Italic. Dif-*
mi de gl'Italiani. Trovò il Re Carlo nel Caftello di Capoa il te- *fert. 23. &*
25.
foro di Manfredi quafi tutto in oro. (d) Fatti votare que'fac- (d) *Ricord.*
Malafpina
chet- *cap.181.*

chetti in una fala alla prefenza fua e della Regina Beatrice, *e* comandato che veniffero le bilance, diffe ad Ugo del Balzo Cavalier Provenzale di partirlo. *Che bifogno c'è di bilance?* rifpofe allora il prode Cavaliere. E co' piedi fattene tre parti, *quefta*, diffe, *fia di Monfignore il Re; quefta della Regina; e queft' altra de' voftri Cavalieri.* Piacque cotanto al Re un atto di tale magnanimità, che incontanente gli donò la Contea d'Avellino, e il creò Conte. Diedefi poi il Re Carlo ad ordinare il Regno. S'erano figurati i Popoli di quelle contrade, che colla venuta de' Franzefi, e fotto il nuovo governo tornerebbe il Secolo d'oro, fi leverebbono le gabelle, le angherie, e le contribuzioni paffate, ed ognun goderebbe un' invidiabil tranquillità e pace. Si trovarono ben tofto delufi, e ingannati a partito. Le foldatefche Franzefi ne' lor paffaggi e quartieri a guifa del fuoco portavano la defolazion dapertutto. *(a)* Ebbe il Re Carlo in mano da un Gezolino da Marra tutti i Libri e Regiftri delle rendite e de gli ufizj del Regno, e di tutte le giurisdizioni, dazj, collette, taglie, ed altri aggravj de' popoli. Non folamente *volle il Re intatti tutti* quefti ufi od abufi; ma ficcome in addietro fi camminava affai alla buona in rifcuotere cotali carichi, iftituì egli de' nuovi Giuftizieri, Doganieri, Notai, ed altri Uffiziali del Fifco, che rigorofamente fpremevano il fangue da i popoli, e cominciarono ad accrefcere in profitto del Re, o proprio, i pubblici pefi e le avanie, di modo che altro non s'udiva, che fegreti gemiti e lamenti della mifera génte, con augurarfi ognuno, quando non era più tempo, l'abbandonato e perduto Re Manfredi. E' un Autor Guelfo, uno Storico Pontificio, che l'attefta, cioè Saba Malafpina. Secondo lui ravveduti que' Popoli andavano dicendo: *O Re Manfredi, noi non ti abbiam conofciuto vivo; ora ti piangiamo eftinto. Tu ci fembravi un lupo rapace fra le pecorelle di quefto Regno; ma da che per la noftra volubilità ed incoftanza fiam caduti fotto il prefente dominio, tanto da noi defiderato, ci accorgiamo in fine, che tu eri un agnello manfueto. Ora sì, che conofciamo, quanto foffe dolce il governo tuo, pofto in confronto dell' amarezza prefente. Riufciva a noi grave in addietro, che una parte delle noftre foftanze pervenijfe alle tue mani; troviamo a doffo, che tutti i noftri beni, e quel che è peggio, anche le perfone vanno in preda a gente ftraniera.* Tali erano di que' popoli le querele: querele offervate prima e dipoi anche in altri popoli, fempre malcontenti dello ftato prefente, e che ripongono la fpe-

ran-

(a) Saba Malafpina lib. 3. c. 16.

ranza di ſtar meglio, o men male colla mutazion de'governi, ma
con diſingannarſi poi delle loro mal fondate idee.

A MOLTE altre avventure e mutazioni in Italia diedero moto i paſſi proſperoſi di Carlo Re di Sicilia, con atterrire i Ghibellini, ed influire coraggio alla parte Guelfa pel rimanente d'Italia. Abbiamo dalla Cronica di Ceſena (*a*), che avendo Manfre- (a)*Chron.*
di ritirate le ſue armi dalla Marca d'Ancona, per valerſene in *Ceſen.*
propria difeſa, fu ſpedito colà *Simone Cardinale* di San Martino, *Rer. Italic.*
e Legato Apoſtolico, il quale nel dì ultimo di Gennaio s'impadronì della Città di Jeſi, e poſcia d'altre Città e Caſtella d'eſſa Marca. Non diſſimili cambiamenti di coſe avvennero in Lombardia.
Nel dì 30. di Gennaio dell'Anno preſente ſi levò a rumore il Po- (b)*Malve-*
polo di Breſcia (*b*), e meſſa a fil di ſpada, o pure in fuga la guar- *cius Chron.*
nigione, che ivi teneva il *Marcheſe Oberto* Pelavicino, ſi rimiſe *Brixian.*
in libertà. Giunta queſta diſpiacevol nuova al ſuddetto Marcheſe, *Tom. XIV.*
furibondo paſsò co' Cremoneſi di là dall'Oglio, mettendo a ſacco *Rer. Italic.*
il territorio Breſciano, uccidendo e facendo prigioni quanti incon-
trava. Diſtruſſe da' fondamenti le Terre di Quinzano, Orci,
Pontevico, Volengo, Uſtiano, e Canedolo. Ricorſero i Cittadini Breſciani per ſoccorſo a i Milaneſi, e richiamarono in Città i
lor fuoruſciti Guelfi. Vennero perciò a Breſcia *Raimondo dalla*
Torre Veſcovo di Como, *Napoleone*, o ſia *Napo*, e *Franceſco*
Fratelli parimente della Torre con molte ſquadre, e co i ſuddetti
uſciti, i quali furono incontrati fuor della Città dal Clero e Popolo con rami d'ulivo: dopo di che fu fatta una ſolenne concordia e pace fra loro, e data la ſignoria di quella Città a i Torriani
ſuddetti. Reſtò quivi per Governatore Franceſco dalla Torre, il
quale ito poſcia con bella comitiva a trovare il Re Carlo, fu da
lui fatto Cavaliere, e Conte di non ſo qual Luogo. In Vercelli
era Governatore di quella Città *Paganino* fratello parimente
del ſuddetto Napo. (*c*) Entrati in eſſa Città occultamente i (c)*Stepha-*
Nobili Milaneſi Ghibellini fuoruſciti, il preſero, e nel condur- *nardus*
lo a Pavia, barbaramente l'ucciſero. Trovavaſi allora in Mila- *Tom. IX.*
no Podeſtà meſſovi dal Re Carlo Emberra del Balzo Provenza- *Rer. Italic.*
le (*d*). Coſtui con alcuni de'Torriani fatto conſiglio per vendi- (d)*Annales*
car la morte di Paganino, avendo in prigione i figliuoli, fra- *Mediolan.*
telli, o parenti degli ucciſori ſuddetti, ne fece condurre cinquan- *Tom. XVI.*
tadue ſopra le carra, e ſcannarli con crudeltà eſecrabile, ripro- *Rer. Italic.*
vata da tutti i buoni, e dallo ſteſſo Napo Torriano, il quale *Gualvan.*
poi diſse: *Ah che il ſangue di queſti innocenti tornerà ſopra* *Flam. Ma-*
de' *nipul. Flor.*
cap. 302.

ERA Volg.
ANN.1266.
(a) Chron.
Piacentin.
Tom. XVI.
Rer. Italic.
de' miei figliuoli. Per tale iniquità fu poi fcacciato da Milano il fuddetto Emberra. Fu anche la Città di Piacenza (*a*) a rumore per liberarfi dalle mani del Marchefe Oberto Pelavicino, ma non riufcì in bene lo sforzo de' Guelfi. Furono poi fpediti due Legati Pontificj in Lombardia, per ridurre a concordia le divifioni de' Popoli. Iti a Cremona trovarono nata, o fecero nafcere difcordia fra il Marchefe Oberto, e Buofo da Doara, per tanti anni addietro sì uniti ed amici. Con quefto mezzo ottennero, che il Marchefe Oberto dimettefse la fignoria di Cremona, e fi ritirafse. Ma che quefta mutazion di Cremona accadefse nell'Anno feguente, s'ha da altro Storico, (*b*) ficcome vedremo. Anche i Piacentini l'indufsero con ufar le buone e le brufche a rinunziare al dominio della loro Città. Il perchè egli fi ricoverò a Borgo S. Donnino, dove attefe à fortificarfi. Fece parimente follevazione ful fine di Febbraio la fazione Guelfa in Parma (*c*), e a forza d'armi obbligò la contraria Ghibellina a sloggiare. E perciocchè quefta occupò Colorno nel dì primo d'Agofto, i Parmigiani fecero ofte, prefero quella *Terra*, e menarono afsai prigioni nelle carceri della loro Città. Nè pur la Tofcana efente fu da mutazioni. Si mofsero a rumore i Guelfi popolari di Firenze nel dì 11. di Novembre, (*d*) con fare gran ragunata, e ferragli; e perciocchè il Cónte Guido Novello Vicario del fu Re Manfredi, prefe la piazza, e fece vifta di voler combattere, cominciarono a fioccar fafsi dalle torri e cafe, e a volar frecce da tutte le bande contra di lui e di fua gente. Secondo Ricordano, aveva egli ben millecinquecento cavalieri all'ordine fuo. Tolomeo da Lucca (*e*) ne mette folamente fecento. Contuttociò figurandofi egli, che maggior fofse la congiura e pofsanza del Popolo, sbigottito fi fece recar le chiavi della Città, e sconfigliatamente ne ufcì con tutti i fuoi armati, e andofsene a Prato. Conofciuto pofcia lo fpropofito fuo, volle tornar la mattina vegnente per tentare di rientrarvi o amichevolmente o colla forza; ma vi trovò de' buoni catenacci, e la gente fulle mura ben difpofta alla difefa. Mandarono pofcia i Fiorentini ad Orvieto per foccorfo, e n'ebbero cento cavalieri, che baftarono a foftenerfi in quel frangente. Tornati pofcia in Città i fuorufciti Guelfi, conchiufero pace cu'Cittadini di fazion Ghibellina, e per maggiormente afsodarla, contrafsero varj matrimonj fra loro.

(b) Memoriale Poteft.
niale Regienf.
Tom. VIII.
Rer. Italic.

(c) Chronic.
Parmenfe
Tom. IX.
Rer. Italic.

(d) Ricord.
Malafpin.
cap. 184.

(e) Prolom
Lucenf. Annal. brev.
Tom. XI.
Rer. Italic.

(f) Annal.
Pifani
Tom. VI.
Rer. Italic.
CERCARONO anche i Pifani (*f*) di ricuperar la grazia del fom-

Sommo Pontefice , e di liberar la Città dall'Interdetto e dalle Cenfure incorfe per la loro aderenza al Re Manfredi . Con ri- metterfi a quanto aveffe ordinato il Papa, e con depofitare in Ro- ma trenta mila lire, furono riconciliati nel dì 15. d'Aprile dell' Anno prefente. Durando tuttavia la guerra fra i Genovefi [a] **[a]** *Caffari* e i Veneziani, mifero i primi in corfo ventifette Galee, delle qua- *Annal. Ge-* li fu Ammiraglio Lanfranco Borborino. Arrivato coftui a Tra- *nuenf. l. 7.* pani in Sicilia, ebbe nuova, che lo ftuolo delle Galee Venezia- *Tom. VI.* ne fi trovava in Meffina; e benchè fi diceffe, che quello era in- *Rer. Italic.* feriore di forze, e i Configlieri più faggi voleffero battaglia, a- derì al parere de' vili , e ritiroffi a terra , con far legare ed in- catenar le fue Galee . Giunfero i Veneziani , ed accortifi dello sbigottimento de' nemici, a dirittura dirizzarono le próre addof- fo alle Galee, e tutte nel dì 23. di Giugno a man falva le prefe- ro, effendofi gittati in mare e fuggiti a terra i Genovefi. Tre d' effe diedero i vincitori al fuoco , l'altre ventiquattro ritennero, con far prigione chiunque non s'era fottratto colla fuga. Porta- ta la dolorofa nuova a Genova, armò tofto quel Comune altre venticinque Galee fotto il comando d'Obertino Doria , il quale pafsò fino nell'Adriatico in tràccia de'nemici, ma fenza incon- trarfi in loro. Prefe egli la Canea, e tutta la confegnò alle fiam- me; nè avendo potuto far di più, ritornò alla Patria . D'altri danni vicendevolmente dati e ricevuti da quefti due emuli Popo- li, parla il Continuatore di Caffaro, ficcome ancora il Dando- lo [b], il quale non ebbe notizia del fatto di Trapani, teftè ac- **[b]** *Dandul.* cennato. Eranfi ridotti i nobili Ghibellini fuorufciti di Modena *in Chronic.* [c], appellati i Grafolfi, nel Caftello di Monte Vallaro, fra'qua- *Tom. XII.* li furono i principali Egidio figliuolo di Manfredi de' Pii, quei di *Rer. Italic.* Gorzano, e i Conti di Gomola, in numero di circa mille perfo- *[c]* *Annales* *Veter. Mu-* ne. La fazion Guelfa di Modena, fopranominata de' gli Aigoni, *tinenf.* avendo prefi al foldo molti Tedefchi , e ottenuti de i rinforzi da *Tom. XI.* Parma, Reggio, Bologna, e da i Guelfi di Tofcana, fi. portò all' *Rer. Italic.* affedio di quel Caftello. Vi feguirono di molte prodezze dall'una parte e dall'altra ; ed ancorchè Manfredi de' Pii, accorfo da Mon- tecuccolo con altri Grafolfi e molti foldati Tedefchi, e cavalieri di Tofcana , e ducento cavalieri di Bologna della fazion Lamber- taccia, fi foffero raunati per dar foccorfo all'affediato Caftello, non fi attentarono pofcia a paffar più oltre . Il perchè preffati dalla mancanza de' viveri e dalla forza , gli affediati, dopo efferfi di- fefi per più di cinque fettimane, capitolarono la refa, falve le lo- ro perfone. Anno

Anno di CRISTO MCCLXVII. Indizione x.
di CLEMENTE IV. Papa 3.
Imperio vacante.

ERA Volg.
ANN.1267.

DAPPOICHE' fu il *Re Carlo* in pacifico poffeffo della Sicilia
e Puglia, ficcome Principe infaticabile e di grandiofi penfieri, rivolfe il fuo ftudio ad abbaffare e fradicare, fe gli veniva
fatto, il partito de' Ghibellini in Italia. Spedì a quefto fine in
Tofcana ad iftanza fpezialmente de' Fiorentini e Lucchefi il Conte Guido di Monforte con ottocento cavalieri Francefchi (*a*): Arrivò quefti a Firenze nella Pafqua di Rifurrezione; ma non afpettarono già l'arrivo di quefta troppo fofpetta gente i Ghibellini Fiorentini, e ritiraronfi volontariamente chi a Siena, e chi a Pifa.
Allora fu, che il popolo di Firenze diede la fignoria della lor Città per dieci anni avvenire al Re Carlo, il qual fece alquanto lo
fchivo, ma in fine accettò la proferta, e cominciò a mandar colà
i fuoi Vicarj. Occuparono ancora i Guelfi Fiorentini *tutti i beni*
de i fuorufciti Ghibellini, con dividerfeli fra loro. In quefti tempi fu effo Re Carlo dichiarato dal Papa Vicario della Tofcana,
vacante l'Imperio. Da i documenti recati dal Rinaldi (*b*) apparifce, che il Pontefice non gli diede, nè egli prefe quefto grado,
fe non per pacificare ed unire i Popoli della Tofcana, con obbligo di deporlo, fubito che foffe creato un Re de'Romani, o un
Imperadore con approvazione della Sede Apoftoiica. Ma i Ghibellini chiedevano, chi aveffe dato Diritto al Papa per far da Padrone del Regno d'Italia. Inoltre fpacciavano tutte quelle belle
parole, e tutti que' movimenti per furberie, tenendo per fermo,
che fotto le apparenze di Paciere fi nafcondeffe *il vero difegno di*
atterrare affatto la parte Ghibellina ed Imperiale, e di occupare
il dominio di tutta l'Italia: il che fe riufciva, ben fi sa di che
capace fia l'umana ambizione. Ad abbandonar gli acquifti effa
ha troppo abborrimento; e al Riccio baftò il poter folamente entrar nella tana. In fatti nel Luglio del prefente Anno le genti
d'effo Re Carlo co' Fiorentini Guelfi cominciarono la guerra contro a i Sanefi, che tenevano a parte Ghibellina. In quefto mentre le mafnade Tedefche di Siena e di Pifa con intelligenza de'
Ghibellini di Poggibonzi, entrarono in quella Terra: perlochè
il Maliscalco del Re Carlo, lafciati ftare i Sanefi, imprefe l'affedio di Poggibonzi. Arrivò a Firenze lo fteffo Re Carlo nel Mefe d'

(*a*) *Ricor-*
dan. Mala-
fpin. c.185.

(*b*)*Raynau-*
dus in An-
nal. Ecclef.

fe d'Agofto, ricèvuto còn fommo onore da quel Popolò, e quivi fece di molti Cavalieri. Pafsò dipoi in perfona colla fua cavalleria fotto a Poggibonzi, per dar calore a quell' affedio, ed impedire il foccorfo, che minacciavano di dargli i Sanefi e Pifani.
Nel Dicembre per difetto di vettovaglia fi arrendè quella Terra con buoni patti. Di là pafsò il Re Carlo ful Pifano, prefe
molte Caftella, ed ebbe Porto Pifano, dove fece diroccar quelle
Torri. L'unica fperanza del partito Ghibellino d'Italia era ri-
pofta in *Corradino* Figliuolo del fu *Re Corrado*. A lui perciò
quei di Tofcana e di Lombardia, e i malcontenti ancora del Regno di Puglia, inviarono meffi, e Lettere fegrete, follecitando-
lo con ingorde promeffe a calare oramai in Italia, per ricuperar
la Sicilia e Puglia, come fignoria a lui legittimamente fpettante. (*a*) Fra gli altri andarono in Germania per muoverlo ed in-
coraggirlo Galvano e Foderigo Marchefi Lancia, e Corrado e
Marino Fratelli Capece da Napoli, ingrati al Re Carlo, che
avea loro donata la vita e libertà. Non durarono gran fatica
quefti mantici ad accendere il fuoco. Corradino era giovane di
quindici in fedici anni, ben provveduto di fpiriti guerrieri, e
vogliofo di gloria e d'imperio; e però non oftante l'oppofizion
della Madre, determinò di venire al conquifto della Sicilia. A
quefto fine con quattro mila cavalli, ed alcune migliaia di fanti
difcefe in Italia (*b*) e fi fermò in Verona, per dar tempo a i
maneggi, che in fuo favore fi andavano facendo da i fuoi aderenti. Ma venutogli meno il danaro, a poco a poco vendute l'
armi e i cavalli, la maggior parte di quelle fue truppe fe ne tornò in Germania. Aveva egli affunto il titolo di Re di Sicilia, e
creato fuo Capitan Generale e Vicario di quel Regno Corrado
Capece, che venuto a Pifa fi diede a muovere Cielo e Terra
contra del Re Carlo. Per quefto fu effo Corradino citato dal Papa, e poi fcomunicato con tutti i fuoi fautori, ficcome ufurpatore di un titolo, che folamente fi dovea conferire da i fommi
Pontefici, Sovrani della Sicilia e Puglia. Ora avvenne, che trovandofi in Tunifi a i fervigi di quel Re, *Arrigo* e *Federigo* Fratelli di *Alfonfo* Re di Caftiglia, perchè fcacciati dal Regno paterno, Corrado Capece con una Galea de' Pifani per guadagnar-
li in aiuto del Re Corradino, fi portò colà. E gli riufcì il colpo, perchè già nata diffidenza di loro nel Re di Tunifi, non fi
vedeano più ficuri fra i Saraceni. Pertanto Federigo con una mano di foldati Spagnuoli e Saraceni fece vela alla volta della Si-

Era Volg.
Ann. 1267.

(a) *Saba
Malafpina
lib. 3. c. 17.*

(b) *Monach.
Patavinus
in Chronic.
Tom. VIII.
Rer. Italic.*

Era Volg.
Ann.1267. cilia, e dopo aver prefo quivi alquante Terre, alzò le bandiere di Corradino, fpargendo e magnificando per tutta l' Ifola la
venuta di quefto Principe: il che fufcitò ne gli affezionati alla
Cafa di Svevia il defiderio di fcuotere il troppo pefante giogo
Franzefe. Corrado d'Antiochia, Figliuolo di Federigo cioè di
un baftardo di Federigo II. Augufto, prefe allora il titolo di Vi-
cerè della Sicilia, e non andò molto, che la maggior parte dell'
Ifola acclamò il nome di Corradino; e benchè i Franzefi faceffero varj sforzi, per diffipar quefto nuvolo, tuttavia ne reftò fconvolta la Sicilia, e più d'una volta rimafero effi fconfitti. Di
[a] Bartho-
lomaus de
Neocaſtro
Tom.XIII.
Rer. Italic. quefti movimenti parla Bartolomeo da Neocaftro [a], e il tefto da me dato alla luce, li mette fotto l' Indizione XI. cioè
fotto l' Anno feguente; ma in buona parte appartengono al prefente. Venne *Arrigo di Caftiglia*, fratello del fuddetto Federigo, anch'egli da Tunifi, e sbarcò verfo Roma con trecento cavalieri Spagnuoli. Andò alla Corte Pontificia, e cominciò a far
broglio per effere inveftito del Regno della Sardegna, e per altri onori: al che non gli mancava aftuzia ed *eloquenza*. Intanto nata fedizione nel Popolo di Roma, fu data balìa ad Angelo
[b] Sabas
Malaſpina
lib.3.c.19. Capoccia di nominare un nuovo Senatore [b]; ed egli procla-
mò il fuddetto Arrigo, credendolo per fua nobiltà e perizia nell'Armi, atto al buon governo e freno di quella fempre
inquieta Città; e quantunque vi fi opponeffero molti Cardinali, e Baroni, che già aveano fubodorato di che piè egli
zoppicaffe, pure fu alzato al grado di Senatore di Roma.
Ch'egli ad iftanza del Re Carlo fuo Cugino, come vogliono
alcuni, foffe promoffo a quefta dignità, nol veggio affiftito da
autentiche pruove. Delle fue iniquità parleremo all' Anno feguente.

RINCRESCEVA forte a *Napo Torriano* Signor di Milano, e
a quel Popolo, l'Interdetto pofto a quella Città (già erano quattro Anni) per non voler effi ammettere *Ottone Visconte* Arcivefcovo, e per avere in oltre ufurpati i beni tutti di quell'Arcivefco-
[c] Stepha-
nardus
Poem.T.IX
Rer. Italic.
Gualva-
neus Flam-
ma Manip.
Flor.c.303. vato. [c] Spedirono effi al Papa i loro Ambafciatori, per liberarfi da quel gaftigo. Perchè non furono ammeffi dalla Corte
Pontificia, ricorfero al Re Carlo, il quale defiderofo di tirar nel
fuo partito i Milanefi, fpedì con loro a Viterbo, dove foggiornava Papa Clemente, i fuoi Ambafciatori con lettere di buon
inchioftro in loro favore. Fu data loro udienza; efpofero tutte
le ragioni del Popolo di Milano, rigettando in Ottone, e ne'

Nobili fuorufciti la colpa di tutti i paffati difordini. Ma alza- ERA Volg. ANN. 1267.
tofi l'Arcivefcovo Ottone, con tale energia perorò la fua cau-
fa, e feppe così vivamente dipignere la tirannia de' Torriani e
della Plebe, e de gli atroci aggravj da lor fatti alla Nobiltà Milanefe, che moffe tutti a compaffione. Laonde non altro poterono ricavarne gli Ambafciatori Milanefi, fe non che, fe loro
premeva la reftituzion de' divini ufizj, accettaffero e lafciaffero
entrare in Città il loro Paftore. Differo effi di ubbidire, e fi
prefe la rifoluzion di fpedire appofta un Legato Apoftolico a Milano, per veder l'efecuzione di quefte promeffe. Se crediamo
al Corio [a], nel Maggio di queft' Anno il Podeftà di Milano [a] Corio, Iftor. di Mi-lano.
coll' efercito Milanefe e Bergamafco, e i lor Carrocci, paffato
il Ticino, oftilmente procederono contra de' Pavefi; e meffo l'
affedio alla Terra di Vigevano, talmente la flagellarono colle
pietre de' Mangani, che l' obbligarono alla refa. Nè i Pavefi,
benchè lontani folamente quattro miglia colla loro Armata, ardirono di tentarne il foccorfo. Galvano Fiamma riferifce quefto fatto all' Anno feguente. Secondo le Croniche di Reggio
[b], e di Modena [c], folamente in queft' Anno il *Marchefe* [b] Memor. Poteftat. Regienf.
Oberto Pelavicino perdè il dominio di Cremona, e ritiroffi alle Tom. VIII. Rer. Italic.
fue Cafte   re ftato sì poco accorto, che [c] Annales Veter. Mu-tinenf.
un Prete   le a Tom. XI.
beffarlo,   [d] Rer. Italie. [d] Caffari
racconta un tal fatto   he tem- Annal. Ge-
po avvenne una pari   lui s'era
fervito il Legato per Pelavicino; e quando co-
ftui fi lufingava di rimaner di Cremona, la d Tom. VI. Rer. Italic.
del Legato   effo fuori della
Città. [e]
venne verfo Cremona Tom. IX. Rer. Italici
dogli fra' Cittadini una gran copia di aderenti. Trovanfi allora i Parmigiani infieme co i Modenefi e con alquanti Reggiani all'affedio di Borgo S. Donnino. Avvertiti del pericolo,
in cui era Cremona e il Legato Pontificio, frettolofamente marciarono in loro aiuto. Con quefto rinforzo i Cremonefi fcacciarono tutti i partigiani di Buofo, demolirono le lor cafe, e
quindi coll' efercito fuo, e de' Milanefi, Brefciani, ed altri Guelfi, fi portarono ad affediar la Rocchetta, Luogo fortiffimo full'
Oglio, dove s'era rifugiato il fuddetto Buofo. Ma per paura
di Corradino giunto a Verona, fe ne ritirarono fra qualche tem-

Era Volg.
Ann.1267.
[a] Chronic.
Placentin.
Tom. XVI.
Rer. Italic.

[b] Annales
Veteres Mu-
tinenf.

[c] Matteo
Spinelli
Diario,
Tom. VII.
Rer. Italic.
Monach.
Patavinus
in Chron.
[d] Caffari
Annal. Ge-
nuenf.lib.8.

po. Continuarono i Parmigiani in queſt' Anno la guerra cóntro al Marcheſe Pelavicino, e gli tolſero alcune Caſtella, che furono appreſſo diſtrutte. Giunto a Piacenza [a] il Legato Pontificio non ſolamente diſturbò la Lega intavolata da quel Popolo co' Paveſi, ma eziandio fece uſcire da quella Città il Conte Ubertino Landi, ſeguace della parte Ghibellina, e diroccar le caſe di molti ſuoi aderenti. Oltre a ciò induſſe i Piacentini a ricevere un Podeſtà a nome di Carlo Re di Sicilia. Comperarono in queſt'Anno i Modeneſi [b] per tre mila Lire il Caſtello della Mirandola colla Motta de' Papazzoni, e ſmantellarono tutte le fortificazioni di que' Luoghi. Mancò di vita in queſt'Anno la *Regina Beatrice*, Moglie del Re Carlo, [c] poco avendo goduto della nuova ſua grandezza. Saba Malaſpina differiſce la di lei morte all'Anno ſeguente. Fu levato nell'Anno preſente l'Interdetto della Città di Genova [d], e colà ſi portarono gli Ambaſciatori de i Re di Francia e di Sicilia col Legato del Papa, per maneggiar o pace o tregua fra quel Popolo e i Veneziani, affinchè amendue poteſſero accudire alla ricupera di Terra ſanta, dove il ſanto *Re Lodovico IX.* diſegnava di ritornare. Niuna conchiuſione ſi dovette prendere al vedere, che eſſi Genoveſi armarono venticinque Galee, e le ſpedirono contra de' nemici. Queſte nel corſo preſero due Galee Veneziane, ed arrivate ad Accon s'impadronirono della Torre delle moſche, ed aſſediarono quel Porto. Eſſendo poi l'Ammiraglio Luchetto Grimaldi paſſato con dieci Galee a Tiro, per trattar Lega con Filippo da Monforte Signore di quella Città, arrivarono ventiſei Galee de' Veneziani ad Accon, e ne preſero cinque de' Genoveſi, eſſendoſi ſalvate l'altre colla fuga. I Tortoneſi in queſt'Anno ſcacciarono anch'eſſi la parte Ghibellina, e ſeguitarono quella della Chieſa, con prendere per loro Signore *Guglielmo Marcheſe* di Monferrato, al quale s'era anche data nell'Anno precedente la Città d'Ivrea.

Anno

Anno di CRISTO MCCLXVIII. Indizione X.
di CLEMENTE IV. Papa 4.
Imperio vacante.

SUL principio di quest'Anno fi moffe *Corradino* da Verona con
più di tre mila cavalli, [*a*] e paffato l'Adda pel diftretto di
Cremona e di Lodi fe ne andò a Pavia, Città, che fola con Verona teneva il fuo partito in Lombardia. Dopo efferfi fermato in
effa Città più di due Mefi, per le Terre di *Manfredi Marchefe* del
Carretto pafsò al Porto di Vada [*b*], e trovate quivi dieci Galee
Pifane, imbarcatofi felicemente arrivò a Pifa nel dì 7. d'Aprile,
accolto come Imperadore da quel Popolo [*c*]. *Federigo* giovane
Duca d'Auftria, ma folamente di nome, perchè in poffeffo dell'
Auftria e della Stiria era allora *Ottocaro Re* di Boemia, conduffe
per la Lunigiana la di lui cavalleria fino a Pifa. Saba Malafpina
[*d*] con errore dà il nome d'Arrigo a quefto Duca. Fu cofa confiderabile, che di tante Città Guelfe di Lombardia niuna fi opponeffe al paffaggio di quefta nemica Armata. Tutti ferrarono gli
occhi; e i Torriani fpezialmente, benchè Guelfi, in occulto erano per Corradino; ficcome poco contenti del Papa. Vollero i Popoli ftare a vedere, che fucceffo foffe per avere quefto movimento d'armi, da cui dipendea la decifione del Regno di Sicilia e Puglia, per prendere poi le loro mifure fecondo l'efito dell'imprefa.
Ad iftanza de' Pifani Corradino fece ofte fopra il territorio di Lucca, Città fedele al Re Carlo, e vi diede un gran guafto. [*e*] Ri-
belloffi in tal congiuntura Poggibonzi al Re Carlo, e a' Fiorentini. Pafsò dipoi Corradino a Siena. Mentre egli quivi dimorava,
Guglielmo di Berfelve Malifcalco del Re Carlo volle colla fua
gente d'armi metterfi in cammino alla volta d'Arezzo, per vegliare a gli andamenti di Corradino. Ma giunto fenza ordine al
Ponte a Valle full'Arno, fu colto in un'imbofcata dalle fquadre
d'effo Corradino, disfatta la fua gente, e la maggior parte con
effo lui prefa, e condotta nelle prigioni di Siena. Gran rumore
fece per tutta Tofcana, ed altrove, quefto fatto, e ne montaro-
no in fuperbia i Ghibellini, prognofticando da ciò maggiori for-
tune nell'andare innanzi. Molto prima che Corradino arrivaffe
in Tofcana, era ritornato in Puglia il *Re Carlo*, non tanto per
accignerfi alla difefa del Regno, quanto ancora per contenere o
rimettere in dovere i Popoli, che per la fama della venuta di Cor-
radi-

[*a*]*Monach.
Patavinus
in Chronic.
Tom. VIII.
Rer. Italic.*
[*b*]*Caffari
Annal. Ge-
nuenf lib.*8.
*Tom. VI.
Rer. Italic.*
[*c*]*Anna-
les Pifani
Tom. VI.
Rer. Italic.*
[*d*]*Sabas
Malafpina
lib.*4.*c.*7.

[*e*]*Ricorda-
no Malafp.
cap.*191.

Era Volg.
Ann. 1268
radino o già s'erano fottratti alla di lui ubbidienza, o vacillava-
no nella fedeltà. L'incoftanza e la volubil fede di quella gente è
una febbre vecchia, che fi rifveglia fempre ad ogni occafione di
novità. Sopra tutto davano da penfare al Re Carlo i Saraceni di
Nocera, corpo potente di gente, chiaramente fcorgendo, che
quefti farebbono i Gianizzeri di Corradino. O fia che effi, ficcome Popolo di credenza contraria alla Religion Criftiana, temendo troppo del Re Carlo, creatura del Romano Pontefice, aveffero di buon'ora alzate le infegne di Corradino, cominciando la ribellione con delle oftilità ne' circonvicini Luoghi, oppure che
fembraffero difpofti a ribellarfi : certo è, che fu pubblicata contra di effi Saraceni la Crociata, e fi portò il Re Carlo all'affedio
di effa Lucera, ma con trovarvi della refiftenza da non venirne
a capo fe non dopo lunghiffimo tempo : e di quefto egli fcarfeg-
giava. Continuò pofcia Corradino il fuo viaggio alla volta di Roma, fenza far cafo alcuno nè de i Meffi a lui inviati dal Papa per
fermare i fuoi paffi, nè delle fcomuniche terribili fulminate contra di lui in Viterbo nel Giovedì fanto dal Pontefice *Clemente IV.*

(a) Raymun.
dus in An-
nal. Eccl.
(*a*) In Roma fu accolto con incredibile onore da *Arrigo di Caftiglia* Senatore, e dal Popolo Romano, che in tempi sì torbidi
nella volubilità ad alcun altro non la cedeva. I motivi o pretefti,
che adduceva Arrigo d'efferfi ritirato dall'amicizia del Re Carlo
fuo Cugino, e di avere abbracciato il partito di Corradino, erano per aver egli preftata gran fomma di danaro a Carlo, allorchè quefti imprefe la fpedizion della Sicilia, fenza averne giammai potuto ricavare il rimborfo con tutte le iftanze fue. Aggiu-
gneva, che il Re Carlo l'aveva contrariato nella Corte Pontificia, ed impedita l'Inveftitura per lui del Regno della Sardegna.
Noi poffiam anche credere, che per parte di Corradino gli foffero ftate fatte di larghe promeffe di ricompenfe e di Stati.

ORA quefto malvagio Principe Arrigo col tanto avere abitato
(b) Sabat
Malafpina
l. 3. c. 18.
e converfato in Tunifi co'Saraceni, (*b*) s'era imbevuto di molte
loro fcellerate Maffime, nè avea portato con feco a Roma altro,
che il nome di Criftiano. Creato Senatore, quanti Guelfi quivi
fi trovavano, traffe dalla fua. Prefe con frode, e mandò in varie Fortezze Napolione e Matteo Orfini, Giovanni Savello, Pietro ed Angelo Malabranca, Nobili, che più de gli altri poteano
far fronte a' fuoi difegni. Quindi cominciò a raunar foldati, e
per avere di che foftenerli, fi diede a faccheggiar le Sagreftie delle Chiefe di Roma, con afportarne i vafi e gli arredi facri, e i
depo-

depofiti di danaro, che i Romani d'allora, fecondo l'ufo anche
de gli antichi, foleano fare ne' Luoghi facri. Dopo quefto infame
preparamento arrivato Corradino a Roma, attefe con Arrigo ad
ingroffar l'efercito fuo. Vi concorrevano Ghibellini da tutte le
parti, e vi fi aggregarono moltiffimi Romani sì Nobili che Popolari, tutti lufingandofi di tornar colle bifaccie piene d'oro da quella imprefa. Spedirono anche i Pifani in aiuto di Corradino ventiquattro Galee ben armate (*a*) fotto il comando di Federigo (a) *Idem*
Marchefe Lancia. Ed effendo quefta Flotta arrivata a Melazzo *l.4. cap.4.*
in Sicilia per fecondare la quafi univerfal ribellione di quell'Ifola, ventidue Galee Provenzali inviate dal Re Carlo, uniteſi con
altre nove Meſſineſi, andarono ad affalirla (*b*). Tal vigore fu (b) *Bartho-*
quello de' Pifani in incontrarle, che i Provenzali fi diedero alla *lomeus de*
fuga, lafciando i Legni Meſſineſi alla difcrezion de' nemici, i *Neotaſtro*
quali dipoi tentarono anche di prendere la fteffa Città di Meſſi- *cap. 8.*
na, ma con andare a voto i loro sforzi. Afcefe a sì gran copia *Ror. Italic.*
e potenza l'efercito adunato da Corradino, che non v'era chi
non gli prediceffe il trionfo, a rifeva del buon *Papa Clemen-*
te, il quale dicono, che prediffe la rovina di Corradino, e mirò compaffionando l'incauto giovane, incamminato qual vittima
alla fcure. Con effo Corradino adunque marciavano già turgidi
per la creduta infallibil vittoria *Federigo Duca* d'Auftria, *Arri-*
go di Caftiglia Senatore di Roma co' fuoi Spagnuoli, i Conti Galvano e Gherardo da Pifa, e i Capi de' Ghibellini Romani, cioè
gli Annibaldefchi, i Sordi, ed altri Nobili e fuorufciti di Puglia.
Circa dieci mila cavalli fi contavano in queft' Armata oltre alla
folla della fanteria. Per opporfi a un sì minacciofo torrente il
Re Carlo, dopo avere abbandonato l' affedio di Lucera, venne
con tutte le fue forze all' Aquila (*c*), e confortato da' fuoi, s' (c)*Ricorda-*
inoltrò fino al piano di S. Valentino, o fia di Tagliacozzo, po- *no Malaſp.*
che miglia lungi dal Lago Fucino, o fia di Celano. Era di lun- *cap. 192.*
ga mano inferiore di gente al nimico; ma fua fortuna volle, *Giovan-*
che poco dianzi foffe capitato alla fua Corte Alardo di Valbe- *ni Villani*
rì, o fia di Valleri, Cavaliere Franzefe, che per vent'anni avea *l. 7. c. 26.*
militato in Terra fanta contra de gl'Infedeli, perfonaggio di rara prudenza e fperienza ne' fatti di guerra. Quefti il configliò
di far due fchiere della fua Armata (*d*), e di tenerfi egli in ri- (d)*Ricobal-*
ferva con cinquecento de' più fcelti cavalieri dietro un monticel- *dus in Pom.*
lo, afpettando l'efito della battaglia. Si azzuffarono gli eferci- *Tom. IX.*
ti nel dì 23. d'Agofto. Afpro e fanguinofo fu il combattimen- *Ror. Italic.*
to;

to ; ma infine perchè i più fogliono prevalere a i meno ; cominciarono i Franzefi e Provenzali a rinculare e a romperfi .
Stava il Re Carlo fopra un poggio mirando la ftrage de'fuoi ,
e moriva d'impazienza d'ufcire addoffo a i nemici ; ma fu dal vecchio Alardo ritenuto fempre, finchè fi vide rotto affatto il fuo campo, e le genti di Corradino tutte difperfe, parte in infeguire i
fugitivi, e far de'prigioni , e parte perduti dietro allo fpoglio
de gli uccifi . Allora *Alardo* rivolto al Re Carlo gli diffe: *Ora*
è il tempo, *o Sire*. *La vittoria è noftra*. E dato di fprone a i
frefchi cavalli piombò addoffo al troppo difordinato efercito nemico , che fenza aver tempo e maniera di raccoglierfi , parte
lafciò quivi la vita, parte reftò prigioniere , e gli altri cercarono di falvarfi colla fuga. Corradino e molti de'Baroni fuoi ,
che ftanchi dalla fatica, e oppreffi dal gran caldo, s'erano trat-
ti gli elmi, ficcome perfuafi dell'ottenuta vittoria, veggendo
la ftrana mutazion di fcena, fi diedero a fuggire.

ERANO con Corradino il giovinetto Duca d'Auftria, e i
Conti Galvano e Gherardo da Pifa. Prefero effi *traveftiti la via*
della Maremma con penfiero di tornarfene a Roma , ovvero a
Pifa. Arrivati ad Aftura noleggiarono una barchetta ; ma perchè furono riconofciuti per perfone d'alto affare, Giovanni [da
altri è chiamato Jacopo] de' Frangipani Signore di quel Caftello, colla fperanza di ricavarne un gran guiderdone dal Re Carlo,
li prefe, e mandogli al Re, che a quefta nuova vide con immenfo gaudio coronata la memorabil fua vittoria, giacchè Arrigo di Caftiglia con altri Nobili era anch'egli rimafto prigioniere . Cuftodito fu nelle carceri di Napoli Corradino fino al
principio d'Ottobre, nel qual tempo tenuto *un gran Parlamen-*
to, dove intervennero i Giurifconfulti, *i Baroni*, *e Sindici* delle *Città*, fu propofta la caufa di quefto infelice Principe. Ricobaldo Storico Ferrarefe dice d'avere intefo da Gioachino di Reggio, il quale fi trovò prefente a quel giudizio, che i principali
Baroni Franzefi e i Giurifconfulti, e fra gli altri Guido da Suzara Lettor celebre di Leggi in Modena e in Reggio, dimorante allora in Napoli, foftennero, che giuftamente non fi potea
condennare a morte Corradino, perchè a lui non mancavano
ragioni ben fondate per cercare di ricuperar il Regno di Sicilia
e Puglia, conquiftato con tanti fudori da' fuoi Maggiori fopra i
Saraceni e Greci, fenza aver egli commeffo delitto alcuno, per
cui ne doveffe effere privato. Si allegava, che l'efercito di Cor-
radi-

radino avea faccheggiate Chiefe e Monifteri ; ma fi rifpondeva, non coftare, che ciò foffe feguito per ordine d'effo Corradino ; e forfe non averne fatto altrettanto e peggio anche le
milizie del medefimo Re Carlo ? Un folo Dottor di Leggi fu
di parere contrario, ed è credibile, che altri ancora de' Baroni
beneficati dal Re Carlo, per timore della Cafa di Suevia, con-
figliaffero la morte di Corradino . In fomma al barbarico fen-
timento di quefti tali fi attenne effo Re Carlo, figurandofi egli,
finchè viveffe Corradino, di non poterfi tenere per ficuro pof-
feffore del Regno. Però nel dì 29. di Ottobre del prefente Anno
[e non già nell'Anno feguente, come taluno ha fcritto] eret-
to un palco fulla Piazza, oppure ful lido di Napoli, fu condotto colà il giovinetto Corradino, che dianzi avvertito dell'ultimo
fuo deftino, avea fatto teftamento, e la fua confeffione. L'innumerabil Popolo accorfo a sì funefto fpettacolo non potea contenere i gemiti e le lagrime (*a*) . Fu letta la feral fentenza (a) *Bartho-*
da Roberto da Bari Giudice, al quale, fe crediamo a Giovanni *lomeus de*
Villani (*b*), finita che fu la lettura, *Roberto* Figliuolo del *Neocaftro*
Conte di Fiandra, Genero del Re Carlo, diede d'uno ftocco nel (b) *Giovan-*
petto, dicendo, che a lui non era lecito di fentenziare a morte *l.7. c. 29.*
sì grande e gentil Signore: del qual colpo colui cadde morto ,
prefente il Re, e non ne fu fatta parola. Lafciò *Corradino* la
tefta ful palco, e dopo lui furono decollati *Federigo Duca* d'Auftria, il *Conte Gherardo* da Donoratico di Pifa su gli occhi del
Conte Galvano fuo Padre, al quale medefimamente fu dipoi fpic-
cato il capo dal bufto. Altri fcrivono, che Galvano Lancia fu
allora decapitato . Vennero i lor cadaveri vilmente feppelliti ,
ma fuori di facrato, come fcomunicati. D'altri Nobili ancora,
decollati in quell'infaufto giorno, fanno menzione varj Scrittori . Così nell'infelice Corradino ebbe fine la nobiliffima Cafa di
Suevia, e in Federigo la linea de i vecchi Duchi d'Auftria,
con paffar dipoi dopo qualche tempo quel Ducato nella Famiglia de gli Arciduchi d'Auftria, che gloriofamente ha regnato,
e regna fino a dì noftri. Un'infamia univerfale fi acquiftò il Re
Carlo preffo tutti gli allora viventi, ed anche preffo i pofteri,
e fin preffo i fuoi fteffi Franzefi, per quefta fua crudeltà; e fu
offervato, che da lì innanzi gli affari fuoi, benchè pareffero allora giunti al più bell'afcendente, cominciarono a declinare, con
piovere fopra di lui graviffime difgrazie. Enea Silvio (*c*), che (c) *Æneas*
fu poi Papa Pio II. e varj Storici Napoletani, e Siciliani , fcri- *Silvius in Hift. Auftr. apud Boecl.*

Era Volg.
Ann.1268.
vono, che Corradino ful palco quaſi in ſegno d'inveſtitura gittò un guanto al Popolo, con cui egli inteſe di chiamare all'eredità di quel Regno *Don Pietro* d'Aragona, marito di *Coſtanza*,
Figliuola del fu *Re Manfrrdi*, con altre particolarità ch'io tra-
laſcio. Ma probabilmente queſte furono invenzioni de' tempi
ſuſſeguenti, per dar più colore a quanto operarono gli Aragoneſi. Portata in Sicilia la nuova della disfatta e prigionia di Corradino, cominciarono que' Popoli a ritornare dalla ribellione all'
ubbidienza del Re Carlo. Ed avendo egli poſcia ſpedita colà la
ſua Armata navale ſotto il comando del Conte Guido di Monforte, o ſia di Guglielmo Stendardo, riduſſe tutto il reſto dell'
Iſola alla ſua divozione col macello di gran gente, ſenza di-
(a) Sabas
Malaſpina
lib.4.c.18.
ſtinguere gl'innocenti da i rei, (*a*) con far prigione Corrado
di Antiochia Capo de' ſollevati. Coſtui reſtò privo de gli occhi,
e infine impiccato inſieme con Nicolò Maleta. *Federigo di Caſtiglia*, e *Corrado Capece* ſulle navi Piſane ſi ſalvarono a Tuniſi dallo ſdegno del Re Carlo, il quale non la finì di ſfogar l'a-
nimo ſuo vendicativo ſopra i Popoli della *Sicilia* e *Puglia*, con
devaſtar Città e Terre, fare ſtrage de' prigioni, ed imporre
eſorbitanti aggravj a' ſudditi di quelle contrade, con laſciare
a' ſuoi Franzeſi una sì ſfrenata licenza, che pareva a que' Popoli d'eſſere caduti in una deplorabile ſchiavitù, peggiore che
quella de' Barbari.

(b)Raynau-
dus Annal.
Ecclef.
ABBIAMO da gli Annali Eccleſiaſtici (*b*), che Papa *Clemente IV.* ſiccome Pontefice di ſanti e placidi coſtumi, ſcriſſe al Re
Carlo, pregandolo per ſuo bene ancora di mitigare il furor ſuo,
e de' ſuoi contra de' miſeri Siciliani e Pugliesi, e di abbracciar la
clemenza: tanto è lontano, ch'egli conſigliaſſe la morte di Corradino, come ſparſero voce i malevoli. Oltre a ciò ſcriſſe al ſanto *Re Lodovico*, acciocchè anch'egli adoperaſſe gli uſizj col Fratello. Ma Carlo fece le orecchie di mercatante, e ſeguitò il
corſo della vendetta. Se n'ebbe col tempo a pentire. Iddio intanto levò l'ottimo Pontefice da gli affanni del noſtro Mondo,
con chiamarlo alla quiete e felicità dell'altro. Accadde la di
(c) Bernar-
dus Guid.
in Vit.Cle-
mentis IV.
lui morte in Viterbo (*c*) nella Vigilia di Santo Andrea, o ſia
nel dì 29. di Novembre, vegnendo il dì 30. e in eſſa Città gli
fu data ſepoltura. Gran tempo reſtò dipoi vacante la Cattedra
di S. Pietro. Dopo la prigionia di Arrigo di Caſtiglia, a cui per
cagion della parentela col Re Carlo fu ſalvata la vita, e dopo
alcuni anni renduta anche la libertà, aveva il Papa ſuddetto
rein-

reintegratò effo Re Carlo nel grado di Senatore di Roma: e perciò venuto a Roma ne ripigliò il poffeffo, e tornò ad efercitar quella carica per mezzo d' un fuo Vicario (*a*), con aggiugnere a'fuoi titoli ancor quefto. In mezzo a tante fue politiche e militari occupazioni non dimenticò il Re fuddetto di penfare ad un'altra Moglie, e quefta fu *Margherita di Borgogna*. Ne gli Annali di Milano (*b*) è fcritto, ch'effa arrivò in quella Città nel dì 10. d'Ottobre, e vi fu ricevuta con baldachino pofto fopra dodici afte, portate da i Nobili, e con altri onori, giuochi e concorfo d'innumerabil Popolo. Nel dì 16. d' effo Mefe giunfe a Parma; (*c*) nel dì 19. a Reggio, e di là a Bologna. In tutte quefte Città trattata fu colla magnificenza convenevole ad una gran Regina. Portoffi in queft'Anno nel Mefe di Novembre a Milano (*d*) un Legato Apoftolico per riconciliar quel Popolo colla Chiefa Romana, e col loro Arcivefcovo *Ottone Vifconte*. Se voleano effere liberati dall' Interdetto, dimandò egli, che tutti giurafsero fedeltà alla fanta Sede, cioè d'efeguire i di lei comandamenti; che riconofcefsero Ottone per legittimo loro Paftore; gli reftituifsero i beni, e gli permettefsero l'ingreffo e la permanenza nella Città; e che non mettefsero contribuzioni al Clero. Tutto promifero i Torriani dominanti, e il Popolo. Diedero anche idonea figurtà: con che tolto fu l'Interdetto, afsoluti gli fcomunicati, e pofti gli Ufiziali dell' Arcivefcovo in poffefso de'beni ufurpati. Se ne tornò il Legato a Roma, per far venir Ottone alla fua refidenza, nel qual tempo mancò di vita il Papa. Per tal nuova giubilarono forte i Torriani, nè più fi curarono d'adempiere le promefse fatte. Teneva tuttavia il *Marchefe Oberto* Pelavicino gran Ghibellino le Terre di Scipione, Pellegrino, Gislagio, Landafio, Bufseto, Piffina, ed altri Luoghi (*e*); ma era la fua principal dimora in Borgo S. Donnino, da dove affiftito da i fuorufciti Parmigiani, facea guerra alla Città di Parma. Del pari il Conte Ubertino Lando, altro Ghibellino, poffedendo la Rocca di Bardi, Compiano, Monte Arficcio, ed altre Terre, unito con gli ufciti di Piacenza infeftava non poco quella Città. Raunarono i Parmigiani coll'aiuto di tutte le loro amiftà un efercito di circa trentamila perfone, e formarono l'affedio di Borgo S. Donnino. Nel dì 21. di Ottobre feguì accordo e pace fra gli uomini di quella Terra e i Parmigiani (*f*). Se n'andò con Dio il Marchefe Pelavicino, e i fuorufciti di Parma con giubilo univerfale rientrarono

Era Volg.
Ann. 1268.
(a)*Monach. Patavinus in Chronic. Tom. VIII. Rer. Italic.*
(b)*Annales Mediolan. Tom. XVI. Rer. Italic.*
(c) *Memor. Poteftat. Regienf. Tom. VIII. Rer. Italic.*
(d) *Gualv. Flamma Manipul. Flor. c. 304.*

(e)*Chronic. Placentin. Tom. XVI. Rer. Italic.*

(f)*Chronic. Parmenfe Tom. IX. Rer. Italic.*

Era Volg.
Ann.1268.
rono di concordia nella loro Città. Ma i Parmigiani nel dì 13.
di Novembre contro i patti poco prima stabiliti, essendo iti al
suddetto Borgo di S. Donnino, smantellarono affatto quella Terra, con distribuirne gli abitanti in varie circonvicine Castella.
Formarono anche un decreto di non poterla mai più rifare, affinchè non fosse più in istato di molestar con guerre la Città di
Parma, siccome tante volte in addietro era avvenuto. Similmente i Piacentini ebbero gran guerra col Conte Ubertino Lando, e avendo prese le Castella di Seno, e di Scipione, distruffero l' ultimo contro i patti. Compiè il corso di sua vita in
quest'Anno *Rinieri Zeno* Doge di Venezia (*a*), e in luogo suo
fu eletto *Lorenzo Tiepolo* nel dì 23. di Luglio. Restò in tal occasione stabilita la forma, con cui oggidì si fa l' elezione del
nuovo Doge. Furono delle commozioni in Brescia (*b*) fra i
Cittadini delle due fazioni. Perchè i Ghibellini gran festa aveano fatto per la venuta di Corradino, i Guelfi nel dì 14. di Novembre, dato di piglio all' armi, vollero cacciar di Città gli
avversarj. Frappostosi Francesco Torriano *Governatore* quetò *il*
tumulto, col mandare a'confini in Milano alcuni Guelfi nobili
e popolari. Ma nel dì 14. di Dicembre di nuovo furono in armi i Guelfi, e fecero uscir di Città non solamente parecchi de'
Ghibellini, ma anche lo stesso Francesco dalla Torre, e *Raimondo Vescovo* di Como suo Fratello. Rifugiaronsi gli usciti in
varie Castella; e i Veronesi prevalendosi di questa divisione, s'
impadronirono di Desenzano, Rivoltella, e Patengolo.

(a)*Dandul.*
in Chronic.
Tom. XII.
Rer. Italic.

(b)*Malvecius Chron.*
Brixian.
Tom. XIV.
Rer. Italic.

Anno di CRISTO MCCLXIX. Indizione XII.
Santa Sede vacante.
Imperio vacante.

A LTRO non rimaneva in Puglia, che la Città di Lucera, o
sia Nocera, nido de gl'Infedeli, cioè de'Saraceni, la quale al *Re Carlo* ricusasse ubbidienza. Ne imprese egli l'assedio (*c*),
e tanto vi stette sotto, che quel popolo dopo essersi ridotto a pascersi d'erba, e dopo aver perduta gran gente, si diede a discrezione nelle mani d'esso Re. Divise egli i sopravivuti per varie
provincie, affinchè non potessero più alzar la testa e raunarsi; e
molti d'essi abbracciarono, almeno in apparenza, la fede di Gesù Cristo (*d*). Furono diroccate le muraglie di quella Città, e
quan-

(c) *Sabas*
Malaspina
lib. 4. c. 20.

(d) *Monac.*
Patavinus
in Chron.
Tom VIII.
Rer. Italic.

quanti Criſtiani diſertori ivi ſi trovarono, furono ſenza miſeri- Era Volg.
Ann.1269.
cordia tutti meſſi a filo di ſpada. Giunta a Napoli la nuova *Re-*
gina Margberita di Borgogna, Moglie del Re Carlo, ſi ſolenniz-
zò il ſuo arrivo con incredibil magnificenza ed allegrezza. Ne laſciò una deſcrizione Saba Malaſpina. Feſta ſi fece ancora in To-
ſcana per li proſperi avvenimenti de' Guelfi. (*a*) Erano venuti (a) *Ricor-*
dan.Mala-
*ſpin. c.*194.
nel Meſe di Giugno al Caſtello di Colle in Valdelſa i Saneſi colle
masnade de' Tedeſchi, Spagnuoli, Piſani, e co i rinforzi de gli
uſciti di Firenze, e d'altri Ghibellini, ſotto il comando di Pro-
venzano Selvani Governatore di Siena, e del Conte Guido Novello. A queſto avviſo ſi moſſe Giambertoldo Vicario del Re Carlo in Firenze, co' ſuoi Franzeſi, co' Fiorentini, e con altri aiuti
delle Terre Guelfe di Toſcana ; e dato loro battaglia li ruppe e
ſconfiſſe, con grandiſſima perdita de' Saneſi. A Meſſer Proven-
zano, che reſtò preſo, fu mozzo il capo, e portato ſopra una lancia per tutto il campo. Andarono poſcia i Fiorentini in ſoccorſo
de' Luccheſi contro a i Piſani ; fu preſo da loro per forza il Caſtello d'Aſciano ; giunſero fino alle Porte di Piſa, e quivi i Luccheſi per vergogna de' Piſani fecero battere moneta. Ma nello
ſteſſo Anno l'acque del Fiume d'Arno per diſordinato diluvio, e
perchè i legnami condotti da eſſe fecero roſta al Ponte di Santa
Trinita, crebbero tanto, che allagarono la maggior parte di Firenze, e ſi levarono finalmente in collo quel Ponte, e l'altro alla Carraia. Ceſſò di vivere nel Meſe di Maggio il *Marcheſe O-*
berto Pelavicino in uno de' ſuoi Caſtelli, ſe crediamo al Sigonio,
ſenza cercar l'aſſoluzione dalle ſcomuniche. Ma ci aſſicura l'Au-
tore della Cronica di Piacenza (*b*), dopo varj elogi della ſua pru- (b) *Chron.*
Placentin.
Tom. XVI.
Rer. Italic.
denza, affabilità, e potenza, ch'egli ricevette tutti i Sacramen-
ti della Chieſa, e con grande eſemplarità morì fra le braccia de'
Religioſi, ridotto dopo la ſignoria di tante Città in aſſai baſſo ſtato. Continuarono nulladimeno Manfredi ſuo Figliuolo, e i di lui
Nipoti a poſſeder molte Caſtella, e lungamente ſoſtennero dipoi
il decoro di quell'antica e nobil Famiglia. Peggior condizione fu
quella di Buoſo da Doara, (*c*) che tanta figura aveva anch' egli (c) *Annales*
Veter. Mu-
tinenſ.
Tom. XI.
Rer. Italic.
fatta nel Mondo ne gli anni addietro. Iti nel Meſe di Luglio i
Cremoneſi coll' oſte loro alla Rocchetta, dove egli ſoggiornava,
il coſtrinſero in fine a capitolarne la reſa. Fu diroccata quella
Fortezza, ed egli ritiratoſi nelle montagne, fece ben varj sforzi
per ringambarſi, ma in fine dopo qualche anno poveramente terminò i ſuoi giorni. E' conſiderabile una notizia a noi conſervata
dal-

Era Volg.
Ann.1269. dalla suddetta Cronica di Piacenza. Le mire del Re Carlo tendevano alla signoria di tutta l'Italia, secondato in ciò per amore o per forza da i Papi. A questo fine mandò suoi Ambasciatori alle Città di Lombardia, e questi ottennero, che si tenesse in Cremona un gran Parlamento, in cui fu esposto il desiderio d'esso Re di ottenere il dominio di tutte le Città, che seguitavano la parte della Chiesa, o sia la Guelfa, con promettere a tutti protezione, e molti vantaggi. Concorrevano a darsegli i Piacentini, Cremonesi, Parmigiani, Modenesi, Ferraresi, e Reggiani. Ma di contrario parere furono i Milanesi, Comaschi, Vercellini, Novaresi, Alessandrini, Tortonesi, Torinesi, Pavesi, Bergamaschi, Bolognesi, e il Marchese di Monferrato, consentendo bensì di averlo per Amico, ma non già per Signore. Per questa discordia finì il Parlamento, senza che il Re Carlo riportasse alcun frutto delle sue alte idee. Il popolo di Piacenza nell'Anno presente, ricevuti de i rinforzi da Milano e da Parma, si portò all'assedio della Rocca di Bardi, posseduta dal Conte Ubertino Lando, e vi consumò intorno di molta gente. Dopo cinque Mesi l'ebbero a patti, e vi posero un buon presidio. Ma il Conte Ubertino virilmente seguitò più che prima a far guerra a Piacenza, e le tolse alcune Castella, uccidendo, e menando prede in gran copia.

(a) Gualvaneus Flamma c. 305. ACCADDE in quest'Anno (a), che Napo, o sia Napoleone Signor di Milano e di Lodi, essendosi portato a quest'ultima Città, fu insultato dalla potente Famiglia de' Vestarini, gittato da cavallo, e vilmente trattato. Tornossene a Milano, pieno di confusione e vergogna, ma più dello spirito della vendetta. Nè differì il farla. Con potente esercito andò colà, ed espugnata la Città nel dì di Santa Margherita, mandò nelle prigioni di Milano Sozzino de' Vestarini; due suoi figliuoli fece crudelmente morire; ordinò la fabbrica di due Fortezze in quella Città; ed esaltò la Famiglia Guelfa di Fissiraga, la quale col tempo usurpò quel dominio. Fecero oste nell'Anno presente i Modenesi colla lor fanteria e cavalleria nel Frignano contro Guidino da Montecuccolo, (b) Memoriale Potest. Regiens. Tom. VIII. Rer. Italic. per cagione d'un Castello da lui tolto a i Serafinelli (b). Ma sopraggiunto il Conte Maghinardo con gran quantità di cavalleria Bolognese, si venne ad una fiera zuffa, in cui rimase sconfitto l' esercito Modenese, e quasi tutti i Reggiani accorsi in aiuto d'essi (c) Malvecius Chron. Brixian. Tom. XIV. Rer. Italic. Modenesi vi lasciarono la vita. Covando i Torriani Signori di Milano un fiero sdegno contra de' Bresciani (c), ostilmente nell'Anno precedente erano entrati nel loro territorio, ed aveano prese le

le Terre di Capriolo, e Palazzuolo, mentre che i Bresciani si tro- Era Volg. ANN. 1267.
vavano all' affedio di Minervio. Per comporre questa difcordia,
s' erano interpofti *Filippo Arcivefcovo* di Ravenna, e Legato Pontificio, *Obizzo Marchefe* d'Este e Signor di Ferrara, e *Lodovico
Conte* di San Bonifazio, con riufcir loro di far ritirare l'armi de'
Torriani, e di liberar Minervio dall' affedio. Ma perciocchè in-
fiftevano i Torriani, che foffero rimeffi in Brefcia i fuorufciti, al
che confentivano i Nobili della Città, fi follevò il Popolo di contrario parere nel dì 28. d'Agofto d'effo Anno contra de'Nobili, e
parte di loro fpinfe fuori della Città, e parte prefi ritenne nelle
carceri. Il perchè in queft'Anno il Re Carlo, che facea l'amore
a quefta sì potente Città, v'inviò fuoi Ambafciatori, per mettervi pace, e v'andarono quegli ancora de' Bologneſi. Fu in fine
conchiufo, che i prigioni foffero inviati a' confini nella Città d'Alba, di cui, ficcome ancora d'altre Terre nel Piemonte, era allo-
ra Signore il Re Carlo. (a) Ma nel viaggio da Frate Taione, e (a) *Caffari Annal. Ge- nuenf. l. 8. Tom. VI. Rer. Italic.*
da Buofo da Doara, che era ancor vivo, furono liberati, con re-
ftar prigioni cento cavalieri, che li fcortavano. Nè mancarono
novità in Verona. Vi fu uccifo Turifendo de'Turifendi (b), uno (b) *Parif. de Cereta Chronic. Veronenf. Tom. VIII. Rer. Italic.*
de' Maggiorenti, ed effendo fuggiti dalla Città molti ivi detenuti
prigioni, s'impadronirono effi delle Terre di Legnago, Villa Fran-
ca, Soave, e d'altre Caftella. Fatta anche Lega con Lodovico
Conte di San Bonifazio, e con gli altri ufciti di Verona, cominciarono contra di *Maftino della Scala* Signor di
guerra, che durò per più di due ann   cagione cotali novità, che la maggior parte de' nobili Veronefi, de' quali ci confervò Parifio da Cereta il catalogo, furono cacciati da Verona e
banditi : con   ente affodò la fua fignoria fopra il Popolo
tra le Terre
vennero funefte, diffenfio
(c) I Conti di Cafalalto   (c) *Platina Hift. Man-*
de' Bonacoffi, fecero colla forza sloggiare i
tutti i loro aderenti; e pofcia Pinamonte avendo proditoriamen- XX. *Rerum Italicar.*
te prefe l'armi col Popolo, ne fcacciò gli fteffi Conti, ed arri-
vò a farfi proclamar Signore di Mantova : in quali Anni precifamente feguiffero tali mutazioni, nol so io dire. Il Platina nella
Storia di Mantova, che le defcrive, e moftra mifchiato in quelle turbolenze *Obizzo Marchefe* d'Efte, ficcome quegli, che afpirava al dominio di Mantova, non ne affegna gli Anni : difet-

Era Volg.
Ann.1269.
to non lieve della Storia fua. Ma veggafi all'Anno 1272. Cef-
far dovette in quefti tempi anche la potenza di *Lodovico Conte*
di S. Bonifazio, foftenuta per molti anni nella Città di Mantova. Che nell'Anno prefente i Piacentini, i Milanefi, e parecchi altri Popoli di Lombardia giuraffero fedeltà a *Carlo Rè* di
Sicilia e Puglia, e il prendeffero per loro Signore, lo fcrive l'
Autore della Cronica di Piacenza (*a*). Ma queft'ultima partita
non par molto fuffiftente. Verifimilmente altro non fecero, che
dichiararfi aderenti al Re Carlo, e metterfi fotto la di lui protezione, ma non già fotto la di lui fignoria.

(a)Chron.
Placentin.
Tom. XVI.
Rer. Italic.

Anno di CRISTO MCCLXX. Indizione XIII.
Santa Sede vacante.
Imperio vacante.

L'ANNO fu quefto, in cui *Lodovico IX.* fanto Re di Francia volle compiere il fecondo voto della *fpedizione fua*
contro gl'Infedeli. (*b*) Sul principio di Marzo fi mife in viaggio col Cardinale d'Albano Legato Apoftolico, e con un fiorito
efercito pafsò in Provenza, dove folamente ne' primi giorni di
Luglio imbarcata la gente, fciolfe le vele. Battuta quell'Armata da una furiofa tempefta, approdò a Cagliari in Sardegna, e
di là poi dirizzò le prore verfo l'Affrica. Perchè il Bey, o fia
il Re di Tunifi, gli avea fatto fperare di volerfi convertire alla
Fede di Crifto, e per altri motivi, prevalfe il motivo di sbarcare colà. Si trovò, che quel Barbaro avea tutt'altro in cuore,
che d'abbracciar la Religion Criftiana; anzi coll'arrivo de'Franzefi fece metter ne'ferri tutti quanti i *Mercatanti* e gli *Schiavi*
Criftiani di Tunifi, che erano alquante migliaia. Fu dunque
determinato di ufar la forza, e non fi tardò a prendere il Caftello di Cartagine, dove il fanto Re fi trincierò, afpettando
intanto l'arrivo di *Carlo Rè* di Sicilia colla fua Flotta, che dovea portar un poderofo rinforzo di gente, di munizioni, e di viveri. Ma il Re Carlo oltre l'efpettazione tardò un mefe ad arrivar colà: nel qual tempo per gli ecceffivi caldi, per la diverfità del clima, e per la penuria dell'acqua dolce, s'introduffe
nella Regale Armata il fluffo di fangue con febbri maligne, che
cominciarono a fare ampia ftrage dell'alta e baffa gente. Vi
perì *Giovanni Triftano* Conte di Nivers, Figliuolo del Re, e
poco

(b)Nangius.
Monachus
Patavinus
in Chronic.
Guillelmus
de Podio.
Gesta S.Lu-
dovici; &
alii.

poco appreſſo il *Cardinale Legato Radolfo*, con altri Nobili. Ed ERA Volg.
ANN.1270. infermatoſi lo ſteſſo Re ſanto *Lodovico*, nel dì 25. d'Agoſto con ammirabil coſtanza d'animo, raſſegnazione al volere di Dio, e atti di ſoda Pietà, volò a ricevere in Cielo quella Corona, ch' egli amò e deſiderò più che l'altra della Terra, laſciando in una total coſternazione l'Armata ſua. Arrivato in queſto tempo il Re Carlo con una potentiſſima Flotta, rincorò gli animi abbattuti, e fatto dichiarare Re di Francia *Filippo* Figliuolo primogenito del defunto Re, ottenne, che ſi ſtrigneſſe d'aſſedio la Città di Tuniſi. Durò circa tre Meſi queſta impreſa con varie ſcaramuccie; e veggendo il Re Saraceno l'oſtinazion de'Criſtiani, ſi riduſſe in fine a pregar di pace, o tregua (*a*), e queſta (a) *Caffarò*
Annal. Ge-
nuenſ. l.9.
Tom. VI.
Rer. Italia. fu conceduta, per poterſi tirar con onore da quel paeſe. L'accordo fu ſtabilito, con obbligarſi colui di sborſare cento cinque mila Fiorini d'oro, o pure oncie d'oro, da pagarſi la metà di preſente, e l'altra fra due anni; di liberar tutti gli Schiavi Criſtiani; di permettere l'eſercizio libero, e la predicazion della Religione di Criſto; e finalmente di pagar da lì innanzi annualmente al Re di Sicilia quaranta mila Scudi di tributo. Il che fatto, nel dì 28. di Novembre tutto l'eſercito Franzeſe e Siciliano s'imbarcò, e voltò le prore alla volta della Sicilia. Il non avere il Re Carlo moſtrato alcun penſiero di ſoccorrere Terra ſanta, al quale oggetto s'erano impoſte tante contribuzioni a i Popoli e alle Chieſe, e tanti aveano preſa la Croce, diede motivo ad una univerſal mormorazione, gridando tutti, ch' egli unicamente per ſuo vantaggio, e per renderſi tributario il Regno di Tuniſi, avea promoſſa la Crociata, ed eccitato il ſanto Re Fratello a fermarſi colà. Sopra tutto ſe ne ſtomacò, e ne fece dell'aſpre doglianze *Edoardo Principe* d'Inghilterra, il quale nel tempo dello ſteſſo trattato arrivò a Tuniſi, e veleggiò poſcia verſo di Accon, per dare un vero compimento al ſuo voto. Ma nel ultimo giorno di Novembre arrivata la Flotta Franzeſe e Siciliana alla viſta di Trapani in Sicilia, fu ſorpreſa da sì orrida tempeſta, che la maggior parte o reſtò preda del mare, o andò a romperſi in terra colla morte, chi dice di quattro, chi di molte più migliaia di perſone, e colla perdita del danaro pagato da i Saraceni, e d'altri innumerabili arneſi. Il Continuatore di Caffaro, allora vivente, ſcrive, che vi perirono infiniti uomini. Trovavanſi in quell'Armata ben dieci mila Genoveſi, parte per combattere colle lor navi contra de gl'Infedeli, e par-

ERA Volg. te per armare le Galee Franzeſi. Commiſe il Re Carlo in sì fu-
ANN.1270 neſta congiuntura un'azione delle più nere, che ſi poſſono immaginare; imperciocchè di tutto quello, che ſi potè ſalvare e ricuperar dal naufragio, egli ſi fece padrone, allegando un'em-
pia Legge del Re Guglielmo, e una lunga, ma infame conſue-
tudine, che tutte le robe de' naufraganti erano del Fiſco. Nè
giovò a i Genoveſi il dire, che per ſervigio della Crociata e
di lui ſteſſo erano venuti, nè il produrre le convenzioni ſe-
guite con lui, per cui era promeſſa ſicurezza alle lor perſone, e robe, in caſi ancora di naufragio. Nel tribunale di
quell' avido Principe riuſcì inutile ogni ragione e doglianza.

Fu in queſt' Anno una ſtrepitoſa ſollevazione in Genova,
Città ſempre piena di mali umori in que'tempi, cioè di fazioni, parzialità, e diſcordie. Per cagione della Podeſteria di Ventimiglia ſi venne all'armi nel dì 28. di Ottobre. I Doria, e
gli Spinoli, Famiglie potentiſſime, inſorſero contra i Grimaldi
e Fieſchi, e s'impadronirono del Palazzo del Podeſtà. Queſti ſi
rifugiò nelle caſe de' Fieſchi; ma quivi ancora perſeguitato, fù
preſo, e poi licenziato colla paga a lui dovuta di tutto l'Anno.
In quello ſteſſo giorno furono proclamati Capitani di Genova
[a]Chronic. [a] con mero e miſto imperio *Oberto Spinola*, e *Oberto Doria*,
Placentin. che preſero il partito de' Ghibellini, o ſia dell'Imperio, nè Luo-
Tom. XVI. go alcuno ſi contò, che non ſi ſottometteſſe alla loro autorità:
Rer. Italic. il che produſſe pace e quiete per tutto il Genoveſato. Non ceſ-
ſava intanto la guerra fra il Popolo di Breſcia ſignoreggiante
[b]Malvec. nella Città, e i Nobili fuoruſciti. [b] Quivi ſi trovava un Meſ-
in Chron. ſo del Re Carlo per nome Ugo Staca. Coſtui con una gran turba
Brixian. di Cittadini, dopo eſſere ſtato a Gambara, ſe ne tornava alla
Tom. XIV. Città. Nella Villa di Leno fu aſſalito improvviſamente da gli
Rer. Italic. uſciti, che moltiſſimi ucciſero del ſeguito ſuo. Queſto colpo fece riſolvere i Cittadini di alzar le bandiere del Re Carlo, e di
acclamarlo per loro Signore nel dì 30. di Gennaio. Carlo vi
miſe per Governatore l'Arciveſcovo di Santa Severina, e ſpedì ad eſſa Città una Compagnia d'uomini d'armi per lor ſicu-
[c] Ptolom. rezza. Ciò non oſtante continuarono gli uſciti a far guerra, ma
Lucenſ.An- con loro ſvantaggio, alla Città. Nell' Anno preſente i Piſani
nal. breu. [c], oramai conoſcendo di non poter contraſtare colla poſſanza
Tom. XI. del Re Carlo, e de'Guelfi di Toſcana, fecero pace co' Lucche-
Rer. Italic. ſi, e cercarono ed ottennero la grazia del medeſimo Re. Un pa-
[d] Annal. ri accordo ſeguì fra i Saneſi [d] e i Fiorentini, per cagion del
Senenſes
Tom. XV.
Rer. Italic.

qua-

quale ritornarono in Siena i Guelfi ufciti ; ma non pafsò gran E R A Volg.
tempo, che effi Guelfi nulla curando i patti fatti, fcacciarono Ann.1270.
dalla Città i Ghibellini : ficchè non reftò in Tofcana Città, che
non fi reggeffe a parte Guelfa. E i Fiorentini fotto alcuni pretefti disfecero il Caftello di Poggibonzi, che era de' più belli e
forti della Tofcana, e riduffero quel Popolo ad un Borgo nel
piano. Cominciò in queft' Anno la guerra fra i Veneziani [a] [a]Dandul.
e Bolognefi. Aveano i Ferrarefi, Padovani, e Trivifani nega- in Chronic.
to al Doge di Venezia foccorfo di grani in tempo di grave ca- Tom. XII.
reftia, avendone bifogno per loro fteffi. Sdegnato egli impofe
delle nuove gabelle alle mercatanzie, e fece guardare i Porti
dell' Adriatico, acciocchè niuno conduceffe vettovaglie, fe non
a Venezia, nè paffava Sale in terra ferma. Se ne difguftarono
forte i Bolognefi, perchè loro ne veniva gran danno; e quantunque inviaffero Ambafciatori a dolerfene, non ne riportarono, fe
non delle amare ripofte. Era allora al fommo la potenza de'
Bolognefi, giacchè comandavano alla maggior parte della Romagna. Però adunato un efercito di circa quaranta mila perfone, andarono al Po di Primaro, e quivi piantarono un Caftello, o fia Fortezza, fecondo l'ufo di que' tempi. Venne pertanto fpedita da Venezia una flotta di molte navi per impedir quel
lavoro, con trabucchi e mangani dall' altra riva del Po; ma i
Bolognefi non reftarono per quefto di compierlo, nè fi attentarono i Veneziani di difturbarli. Dopo la morte di Aldigieri Fontana avendo tentato in vano i fuoi parenti, potente Famiglia
di Ferrara [b], di torre il dominio di quella Città ad Obizzo [b] Richo-
Marchefe d'Efte, fe ne fuggirono, ritirandofi ful Bolognefe a bald.in Po-
Galiera, da dove cominciarono a danneggiare il territorio di Fer- mar. T.IX.
rara. Ottennero pofcia perdono dal Marchefe; purchè andaffe- Rer. Italic.
ro a' confini nelle Città, ch' egli loro affegnò. Annales
Veter. Mu-
tinenf.
Tom. XI.
Rer. Italic.

Anno di CRISTO MCCLXXI. Indizione XIV. di GREGORIO X. Papa I. Imperio vacante.

Filippo nuovo Re di Francia, e Carlo Re di Sicilia fuo Zio,
fen vennero a Viterbo, a fine di follecitare i difcordi Cardinali all' elezione di un Papa. Avvenne, che colà ancora fi portò il Conte Guido di Monforte, Vicario allora per effo Re Carlo

EaA Volg.
Ann.1271.
[a] Raymun-
dus Annal.
Ecclesiaft.
Ricordano
Malaspin.
cap. 196.

in Tofcana [*a*]. Nudriva coftui un immenfo odio contro la Real Cafa d'Inghilterra , perchè il *Conte Simone* fuo padre era ftato ucciso, e ben giuftamente per gli fuoi demeriti, dal Re d'Inghilterra. Per quefto mal talento commife effo Conte Guido una delle più abbominevoli azioni, che poffano cadere in mente d'uomo, e Criftiano. Imperocchè avendo trovato in Chiefa attento alla facra Meffa *Arrigo*, Figliuolo di *Riccardo d'Inghilterra*, Re de' Romani, ch' era venuto co i fuddetti due Re dalla Crociata di Tunifi , crudelmente quivi uccife quell' innocente Principe . Nè di ciò contento, perchè gli fu ricordato, che fuo Padre era ftato ftrafcinato, tornò indietro, e prefo pe' capegli quel cadavero, lo ftrafcinò fuori di Chiefa. Sotto gli occhi, per così dire, di quei due Re fu commeffo quefto efecrabil fatto, e non fe ne vide rifentimento alcuno, non fenza graviffimo lor biafimo, fe non che il Re Carlo gli levò il Vicariato della Tofcana. Se ne fuggì queft' empio affaffino, ma il colfe a fuo tempo la mano di Dio, perchè finì malamente i fuoi dì nelle prigioni di Sicilia. Benchè nulla aveffero operato le premure de i fuddetti Re , per *indurre il Collegio* de' Cardinali ad accordo, di maniera che attediati fi partirono da Viterbo : pure da lì ad alcuni Mefi fi applicarono effi

[b] Caffari
Annal. Ge-
nuenf. l. 9.
Tom. VI.
Rer. Italic.

Cardinali daddovero a dare un nuovo Papa alla Chiefa di Dio [*b*]. Di grave fcandalo era ftato a i Popoli Criftiani il vedere, che da tanto tempo non aveano faputo i quindici Cardinali accordarfi nell' elezione d'alcun di effi : colpa della loro ambizione, che anteponeva il privato intereffe a quel della Repubblica Criftiana. Fecero effi adunque un Compromeffo nel dì primo di Settembre in fei Cardinali, i quali fenza perdere tempo, nominarono Papa *Tedaldo*, appellato ancora *Tebaldo*, della nobil Cafa de' Viſconti di Piacenza, non Cardinale, non Vefcovo, ma folamente Ar-

[c] Ptolom.
Lucenf. An-
nah brev.
Tom. XI.
Rer. Italic.
Ricobal-
dus in Pom.
Tom. IX.
Rer. Italic.
Sabas Ma-
lafpina
l. 5. c. 8.

cidiacono di Liegi [*c*], perfonaggio nondimeno di fanti coftumi, che fi trovava allora in Accon, o fia in Acri di Soria, dove faticava in fervigio della Criftianità. Parve maráviglíofa quefta elezione, perchè egli nè pure era conofciuto da alcuno de' Cardinali ; e pur tutti confentirono in lui, e fe ne applaudirono bene a fuo tempo : così bella riufcita fece quefto digniffimo Succefsore di San Pietro. Spedì il facro Collegio Ambafciatori ad Accon a notificargli la fua promozione. Accettò egli l'elezione, e prefe dipoi il nome di *Gregorio X.* con incredibil giubilo de' Criftiani Orientali, che concepirono di grandi fperanze d'aiuti per la ricuperazione di Terra fanta , ftante il piiffimo zelo già fpeti-

men-

mentato di quefto infigne perfonaggio per li progreffi della Cro- ErA Volg.
Ann.1271.
ciata. Si difpofe egli intanto pel fuo ritorno in Italia : del che
parleremo all'Anno feguente. Cominciò in queft'Anno a decli-
nar la potenza de'Torriani. [a] Dopo effere ftati i Comafchi [a] Gualva-
neus Flam-
ma Manip.
fotto il loro governo per dieci anni, fi ribellarono, e prefo Ac-
curfio Cotica Vicario di *Napo dalla Torre*, tanto il ritennero, Flor. c.307.
Annales
che fu rilafciato Simone da Locarno, il quale per nove anni era Mediolan.
ftato detenuto prigione in una gabbia di ferro in Milano. Ri- Tom. XVI.
voltatefi ancora contra de' Torriani le due nobili Famiglie Mi- Rer. Italic.
lanefi Caftiglioni e Birago, fi unirono co'nobili fuorufciti: del
che fdegnato forte Napo Torriano, oftilmente entrò nel Seprio,
e vi prefe e diroccò il Caftello di Caftiglione. In molte angu-
ftie fi trovava il Popolo di Piacenza [b] per l'afpra guerra, che [b] Chronic.
Placentin.
gli faceva il Conte Ubertino Lando co i Nobili fuorufciti di Tom. XVI.
quella Città. Il perchè trattarono nel loro Configlio di darfi a Rer. Italic.
Carlo Re di Sicilia. Gran dibattimento, gran difcordia fu ne'
partiti; ma finalmente la vinfe l'affermativa, e fi giurò fedeltà ad effo Re, con lafciare libertà a tutti i banditi di ritornare in Città nel termine d'un Mefe, purchè fi fottometteffero
al Re. La maggior parte d'effi vi ritornò.

PASSO' in queft'Anno per Reggio di Lombardia [c] *Filip-* [c] Memor.
Poteftat.
po Re di Francia, conducendo feco l'offa del fanto fuo Genito- Regienf.
re *Lodovico IX.* e di *Giovanni Triftano* fuo Fratello. Correva- Tom. VIII.
Rer. Italic.
no tutti i Popoli a venerar la caffa del Re defunto, riguardan-
dolo tutti come un Principe fanto, e quefta fi deponeva nelle
Chiefe con molti doppieri accefi all'intorno. E però reftò in
quefte parti una diftinta divozione verfo di lui, tenendofi tuttavia care le di lui Monete, per appenderle al collo de'Figliuoli-
ni. Nel dì primo d'Aprile arrivò effo Filippo a Parma, ed aven-
do le fue foldatefche bruciate quindici cafe a Colorno [d], ri- [d] Chronic.
Parmenfe
fece quel danno con adeguato pagamento. Grave. careftia pa- Tom. IX.
tirono in queft'Anno i Reggiani e Parmigiani: ciò non oftante Rer. Italic.
fecero ofte al Caftello di Corvara, dove dimorava con affai banditi Jacopo da Palù, e prefolo dopo tre Mefi d'affedio, poco
dappoi lo fmantellarono. Continuando la guerra fra i Vene-
ziani e Bolognefi [e] al Po di Primaro, nel primo dì di Settem- [e] Annales
Bononienfe
bre vennero alle mani i due nemici eferciti, e toccò la peggio To. XVIII.
Rer. Italic.
a i Veneziani. Confeffa il Dandolo [f], che i fuoi lafciarono [f] Dandul.
in preda a i Bolognefi le lor tende e bagagli; ma che fopra- in Chronico
giunti altri Capitani con gente affai, uccifero molti de'Bologne- Tom. XII.
Rer. Italic.
fi, e

Era Volg.
Ann.1271. ſi , e fortificarono il Caſtello di Santo Alberto , poſto ſul Po d'
Argenta. Fecero guerra i potenti Bologneſi anche al Comune di
Modena contro il tenor della pace , nel Meſe d' Agoſto , per l'
ingiuſta lor pretenſione, che i Modeneſi nulla aveſſero da poſſe-
dere di là dal Fiume Panaro. Preſero all'improvviſo il Caſtello
(a) Annales
Veteres Mu-
tinenſ.
Tom. XI.
Rer. Italic. di S. Ceſario: (a) il che udito in Modena , ſi diede toſto campana a martello , e il Popolo tutto in armi corſe a quel Caſtello , e impetuoſamente ſuperate le foſſe , quanti Bologneſi vi trovarono , o fecero prigioni, oppure ucciſero. Preſero anche i Bologneſi le Caſtella di Savignano, di Montecorone, e Monteombra-
ro , e le atterrarono. Nè di ciò contenti vennero coll'eſercito fino al Ponte di Santo Ambroſio, e al Ponte di Navicello; ma da
i Modeneſi accorſi alla difeſa virilmente furono riſpinti . In tal
congiuntura accorſero i Parmigiani amici ſempre fedeli in aiuto
(b) Memor.
Poteſtat.
Regienſ. di Modena (b). Ma nè pur Bologna era eſente da guai . Mali
trattamenti faceano i Nobili al Popolo , ſpezialmente togliendo
loro le Donne. Si afforzarono per queſto i Popolari , e formata
un'unione fra loro, che fu appellata la Lega o Compagnia della Giuſtizia, mandarono a'confini ottanta d'eſſi Nobili : il che
diede principio all'abbaſſamento di Bologna , Città, che allora
ſi trovava in una grande auge di potenza, fortuna, e ricchezze.
Preſero in queſt' Anno i Cremoneſi il Caſtello di Malgrate per
(c) Annales
Veter. Mu-
tinenſ.
(d) Annal.
Eſtenſes
Tom. XV.
Rer. Italic. ſagacità di Jacopino Rangone da Modena (c) lor Podeſtà ; il
quale per queſto fatto fu confermato nella Podeſteria dell'Anno
ſeguente. In Ferrara (d) Giacomaccio de'Trotti, con altri aderenti alla fazion Ghibellina del fu Salinguerra, fecero una congiura contra di Obizzo Marcheſe d'Eſte , Signore della Città ;
ma eſſendo queſta venuta alla luce, laſciarono coſtoro il capo ſopra d'un palco. Portoſſi nell'Anno preſente in Iſpagna Guglielmo Marcheſe di Monferrato , e quivi preſe per Moglie Beatrice
Figliuola di Alfonſo Re di Caſtiglia, ſopranominato l'Aſtrologo,
con varj patti, de quali fa menzione Benvenuto da S. Giorgio
(e) Benven.
da S. Gior-
gio Iſtor.
del Monfer-
rato, To 23.
Rer. Italic.
(f) Gualv.
Fiam. Ma-
nipul. Flor.
cap. 306. (e). Se s'ha da preſtar fede a Galvano Fiamma (f), Alfonſo,
ſiccome eletto Re de'Romani, dichiarò ſuo Vicario in Italia eſſo Marcheſe, e mandò ottocento cavalieri con eſſo lui, i quali
fecero guerra a Milano ; ma rimaſero in breve ſterminati da
Napo Torriano. Per queſto ſi acceſe un odio grande fra eſſo Napo e il Marcheſe.

Anno di CRISTO MCCLXXII. Indizione xv. di GREGORIO X. Papa 2.

Imperio vacante.

ERA Volg.
ANN.1272.

NEL primo giorno di Gennaio dell' Anno prefente approdò a Brindifi il nuovo Pontefice eletto *Gregorio X.* venendo di Soria (*a*). Arrivato che fu a Benevento, quivi fu ad inchinarlo il *Re Carlo*, che pofcia con magnificenza ed onore l'accompagnò nel refto del viaggio. Fu incontrato a Ceperano da molti Cardinali, e da gli Ambafciatori di Roma, che il pregarono di trasferirfi a quella Città. Ma egli continuò il cammino fino a Viterbo. Portatofi poi a Roma nel dì 27. di Marzo fu confecrato; con gran folennità ricevè la Tiara Pontificia, e il giuramento di fedeltà e d'omaggio dal Re Carlo. Venuto pofcia ad Orvieto principalmente fi applicò a i foccorfi di Terra fanta. Intimò a quefto fine un Concilio Generale da tenerfi in Lione, e fece maneggi co i Popoli di Venezia, Pifa, Genova, e Marfilia, per ottenere da effi la lor quota di Galee per quella facra imprefa (*b*). Ma perciocchè i Veneziani aveano guerra co' Bolognefi in terra, e per mare co' Genovefi, fpedì l'Arcivefcovo d'Aix con titolo di Legato Apoftolico, acciocchè trattaffe di pace fra loro, e non potendola egli conchiudere, ordinaffe a que' Comuni d'inviare i lor Plenipotenziarj alla Corte Pontificia. Dalle memorie rapportate dal Rinaldi vegniamo in cognizione, che tuttavia i Sanefi e Pifani ricufavano di riconofcere il Re Carlo per Vicario della Tofcana, e gli ultimi aveano occupati alcuni Luoghi in Sardegna. Intimò loro il Pontefice le Cenfure, e la privazione del Vefcovato (*c*), fe nel termine prefiffo non ubbidivano. Fece pofcia una promozione di cinque Cardinali, uno de' quali fu *San Bonaventura*, Miniftro Generale dell' Ordine de' Minori, infigne Dottore della Chiefa. Trovandofi tuttavia alla Corte Pontificia *Ottone Visconte* Arcivefcovo di Milano, (*d*) fi prefentò al Papa implorando il fuo aiuto contro la prepotenza de' Torriani Signori di Milano, che lui e tanti Nobili teneano banditi dalla patria. Intanto effi Torriani faceano gran guerra a i Nobili fuorufciti, i quali nondimeno crefciuti in forze per l'affiftenza de' Comafchi faceano tefta; ed eleffero per loro Capitano Simone da Locarno, uomo di grande fperienza ne' fatti di guerra. Abbiamo dalla Cronica di Parma (*e*), che Guido e Matteo da Correggio Parmigiani,

dopo

(a) *Vita Gregorii X. P.I.To.III. Rer. Italie.*

(b) *Raynaudus in Annal. Ecclef.*

(c) *Ptolom. Lucenf. in Annalibus brevib. Tom. XI. Rer. Italie.*

(d) *Annales Mediolan. Tom. XVI. Rer. Italie.*

(e) *Chronic. Parmenfe Tom. IX. Rer. Italic.*

dopo effere ftati per lungo tempo come Signori di Mantova, furono in queft' Anno fcacciati da quella Podefteria per opera di *Pinamente de' Bonaceffi* Mantovano loro Nipote. Coftui non folamente occupò quel dominio, ma fi unì co' Veronefi a parte Ghibellina, efiliò la maggior parte de' Guelfi di quella Città, e cagion fu di non pochi altri mali. Fecero i Pavefi ofte contro la Terra di Valenza, e fu in loro aiuto il Conte Ubertino Lando (*a*) con cinquanta uomini d'armi. Portatofi a Brefcia il fuddetto Arcivefcovo d'Aix (*b*), per trattar di concordia fra quel Comune e i Torriani di Milano, così faggiamente conduffe l'affare, che nel Mefe d'Ottobre nella Villa di Cocaglio, dove fi trovarono i Deputati delle parti, ftabilì pace fra loro, con pagare la Città di Brefcia fei mila e trecento Lire Imperiali a i Torriani. Rimafero fagrificati in tal congiuntura i Nobili Ghibellini ufciti di quella Città, perchè lafciati alla difcrezion del Re Carlo, e mandati furono a' confini. Loro ancora furono tolte varie Caftella, e diftrutte dal popolo di Brefcia, fra' quali fi contarono *Seniga*, gli *Orci*, *Palazzuolo*, e *Chiari*. Dopo tanti anni *di prigionia in Bo*logna (*c*) arrivò al fine di fua vita nel dì 14. di Marzo *Enzo Re* di Sardegna, e con grande onore data gli fu fepoltura nella Chiefa de' Frati Predicatori. Ma inforfero in quella Città gravi difcordie fra le due fazioni de' *Geremii* Guelfi, e de' *Lambertacci* Ghibellini. Gli Annali di Bologna (*d*), e il Ghirardacci (*e*) ne parlano all' Anno feguente, ma fuor di fito a mio credere. L'antica Cronica di Reggio (*f*), e quel che è più, Ricobaldo (*g*) Storico di quefti tempi, e Fra Francefco Pippino (*b*), ne danno relazione fotto il prefente Anno. Aveano, ed han tuttavia i Bolognefi fcolpito in marmo un Privilegio, che dicono conceduto da *Teodofio minore Augufto* nell'Anno 433. dopo *Crifto alla lor Città*, e fu da me dato alla luce (*i*); che è la più fconcia impoftura, che fi truovi fra le tante de'Secoli ignoranti. Perchè in effo i territorj del territorio Bolognefe fi fan giugnere fino al fiume *Scultenna*, o fia *Panaro* verfo il diftretto di Modena, quel potente Comune volle finalmente far valere le fue ragioni fondate fopra quel Documento ridicolofo bensì, ma da effi o per malizia, o per goffaggine tenuto qual' incontraftabil Decifione contra de' Modenefi, antichi poffeffori di varie Caftella di là dal fuddetto Fiume, e di molti più ne' Secoli precedenti. Ah ignoranza de' barbarici Secoli di quant' altre novità e difordini fei tu ftata la madre!

(*a*)*Chronic. Placentin. Tom. XVI. Rer. Italic.*
(*b*)*Malvec. Chr. Brix. Tom. XIV. Rer. Italic.*
(*c*) *Annales Veteres Mutinenf. Tom. XI. Rer. Italic.*
(*d*) *Annal. Bononienf. To. XVIII. Rer. Italic.*
(*e*) *Ghirardacci Iftor. di Bologna.*
(*f*) *Memorial. Poteft. Regienf. Tom. VIII. Rer. Italic.*
(*g*)*Ricobaldus in Pom. Tom. IX. Rer. Italic.*
(*b*) *Pippin. Chronic. Bononienf. Tom. eod.*
(*i*)*Antiqu. Italicarum Differt. 34.*

FE-

FECERO dunque i Bolognefi un Decreto, in cui obbligarono qualfifia lor Podeftà di ricuperare il territorio fino al Panaro, e lo fecero intagliare in marmo, e giurare ad ogni nuovo Pode- ftà. E nell'Anno prefente prevalendo il partito de' Lambertaz- zi, fu prefa la rifoluzione di procedere a i danni de' Modene- fi, coll'adunare un groffo efercito, e menar in Piazza il Carroc- cio, per dar principio alla guerra. A quefto avvifo i Modene- fi ricorfero alle loro amiftà per aiuto. Cento uomini d'arme da tre cavalli per uno mandarono i Cremonefi. Due mila fanti, e molti cavalieri vennero da Parma. I Reggiani, ficcome amici de' Bolognefi, permifero, che molti de' fuoi privatamente venif- fero in foccorfo de' Modenefi. *Obizzo Marchefe* d'Efte anch' egli con tutte le forze de' Ferrarefi fu in armi, per foftenere i loro intereffi. O fia, che quefto gagliardo armamento de' Modenefi faceffe mutar penfiero a i più favj de' Bolognefi, o pu- re che la fazion Guelfa de' Geremii fe l'intendeffe co' Modene- fi; certo è, ch'effi Geremii non fi vollero muovere contra di Mo- dena, e fu gran lite fra effi e i Lambertazzi. Temendo dun- que gli ultimi, che fe ufcivano di Bologna, la fazion contraria introduceffe in quella Città Obizzo Eftenfe Signor di Ferrara, reftarono, ed altro non ne feguì per conto di Modena. Anzi fi ottenne dipoi, che quel Decreto e Marmo pregiudiziale a i Mo- denefi foffe abolito. Carlo Re di Sicilia, che nullameno fotto l' ombra di Paciere andava macchinando il dominio di tutta l'Ita- lia, fcoprì in queft'Anno l'animo fuo verfo la Città di Geno- va. (a) Col mezzo del *Cardinale Ottobuono* del Fiefco fece ve- nire alla Corte Pontificia tutti i banditi e confinati di quella Città, col pretefto di promuovere la concordia d'effi con gli Ambafciatori di Genova, i quali fi trovavano anch'effi in Ro- ma. La conchiufione fu, che tutti que' Nobili banditi, i Gri- maldi fpezialmente e i Fiefchi col Cardinale fuddetto, per quan- to era in loro potere, fuggettarono la lor pátria ad effo Re Carlo. Fu fegreta la capitolazione, e non ne trafpirò notizia a gli Ambafciatori fuddetti; ma gli effetti poco appreffo la fcoprirono. Cominciarono que' Nobili fuorufciti delle oftilità con- tro la patria; e il Re Carlo in un determinato giorno, fenza far precedere sfida alcuna, fece prendere quanti Genovefi fi trovaro- no in Sicilia e Puglia colle loro mercatanzie e navi. Per buona ventura fi falvarono due ricche navi, che erano approdate a Mal- ta, non effendo riufcito alla furberia dell' Ufiziale del Re Gar-

(a) Caffari Annal. Ge- nuenf. lib. 9. Tom. VI. Rer. Italic.

lo di mettervi l'unghie addosso. Fu afflitta da grave carestia in quest'Anno ancora la Lombardia.

Anno di CRISTO MCCLXXIII. Indizione I.
di GREGORIO X. Papa 3.
di RIDOLFO Re de' Romani I.

L'OPERE del santo Pontefice *Gregorio X.* fecero ben conoscere in quest'Anno, ch'egli non cercava se non il pubblico bene, e la pace dapertutto. Per mancanza di un Re ed Imperadore era da gran tempo in rotta buona parte dell'Italia, (a) e sempre più le fazioni e civili discordie si rinvigoravano nelle Città. Il perchè questo buon Pontefice promosse in Germania presso que' Principi l'elezione di un nuovo Re de' Romani, senza attendere quella del tuttavia vivente *Alfonso* Re di Castiglia. Al Regno dunque della Germania e de' Romani fu promosso, non da i soli sette Elettori, ma dalla *maggior parte* de' Principi Tedeschi, *Ridolfo Conte* di Habspurch, Signore di buona parte dell'Alsazia, Principe di tutte le Virtù ornato, e Progenitore della gloriosa augusta Casa d'Austria. Ricevette egli la Corona Germanica in Aquisgrana un Mese appresso. Passò in quest'Anno per Orvieto, dove dimorava la Corte Pontificia, *Odoardo* nuovo Re d'Inghilterra, che venendo di Terra santa, se n'andava a ricevere la Corona lasciatagli dal defunto *Re Arrigo* suo Padre (b). Fece egli istanza al Papa, che fosse fatto rigoroso processo contra del *Conte Guido* da Monforte per l'empio assassinamento del Principe *Arrigo* d'Inghilterra. In fatti il Papa sottopose costui a tutte le pene spirituali e temporali. Nel passare da Forlì trovò esso Re, che i Bolognesi (c), cioè la fazion Guelfa de' Geremii, per fare dispetto a quella de' Lambertazzi, la quale favoriva i Forlivesi, era ita all'assedio di quella Città. Frappose il valoroso Principe i suoi ufizj per quetar quella guerra; ma non vi trovò disposizione ne' Bolognesi, troppo allora gonfj per la lor buona fortuna. La vigorosa resistenza fatta da i Forlivesi, cagione fu, che il campo Bolognese, dopo aver dato il guasto a quel territorio, se ne ritornò a casa. Nel dì 20. di Maggio del presente Anno, e non già del precedente, passò il Re suddetto per Reggio, e poscia per Milano, alla volta della Francia. Aveva già il Pontefice liberata dall'Interdetto la

Cit-

Città di Siena; e perchè gli premea forte l'intimato Concilio Generale in Lione per l'Anno vegnente, volendo difporre il tutto, fi moffe da Orvieto, a fine di paffar in Francia. Arrivò a Firenze (*a*) nel dì dieciottefimo di Giugno, e perchè fentì le doglianze de'Ghibellini ufciti di quella Città, ficcome Pontefice amator della pace, nè attaccato ad alcun de'partiti, mife ogni fuo ftudio per rimetterli in Firenze. Santo Antonino rapporta (*b*) una bella parlata, che effo Papa fece, o fi finge che faceffe, in detestando le fazioni de'Guelfi e Ghibellini, con dimoftrar la pazzia di quefti nomi ed impegni, e i graviffimi danni cagionati da effi. In fomma tanto fi maneggiò, che nel dì 2. di Luglio con gran folennità fu fatta la pace, dati malevadori ed oftaggi per mantenerla, e fulminata la fcomunica contro chiunque la rompeffe. Ma non fi può abbaftanza dire, qual foffe la malignità, o beftialità di quefti tempi. Appena fatta la pace e venuti i Sindachi de' Ghibellini in Città per darle compimento, fu loro detto all'orecchio, che fe non partivano, aveva ordine il Malifcalco del Re Carlo d'ucciderli. Si trovava allora il *Re Carlo* in Firenze, nè gli dovea piacere il riforgimento de'Ghibellini contrarj a'fuoi difegni. Vero o non vero che foffe, que' Sindachi fe n'andarono con Dio, e fecero faperne al Papa il perchè. Veggendo il buon Pontefice in tal guifa delufe le fue paterne intenzioni, tofto fi ritirò da Firenze, con lafciar la Città interdetta, e paffò alla villeggiatura in Mugello preffo il *Cardinale Ottaviano* de gli Ubaldini, portando feco non lieve fdegno contra del Re Carlo. Nel dì 27. di Settembre fu in Reggio (*c*), e di là paffò a Milano. Tali finezze furono a lui e alla fua Corte ufate da *Napo*, o fia Napoleon dalla Torre, che il Papa fi compiacque di promuovere al Patriarcato d'Aquileia *Raimondo dalla Torre* di lui Fratello. Dopo il Pontificato Romano era quello in que' tempi il più ricco Benefizio d'Italia, perchè i Patriarchi godevano il riguardevol Principato del Friuli. Ottone Visconte, che veniva accompagnando il Papa, fi teneva in pugno in tal congiuntura il pacifico fuo ftabilimento nell'Arcivefcovato di Milano. (*d*) Tale e tanta dovette effere l' induftria ed eloquenza de i Torriani, che il Papa gli ordinò di ritirarfi per allora a Piacenza, e di venir pofcia al Concilio di Lione; dopo di che l'afficurava di rimetterlo in Milano nella fua Sedia. Fu detto, che i Milanefi, fe Ottone voleva pure fpuntarla, con rientrare al loro difpetto in Milano, gli volevano tor re la

Era Volg. Ann. 1273.

(a) Ricardano Malafp. cap. 198.

(b) S. Antonin. P. III. Tit. 20. c. 2.

(c) Memor. Poteftat. Regienf. Tom. VIII. Rer. Italic.

(d) Stephanardus Tom. IX. Rer. Italic. Guelvan. Flamma Manipul. Flor. c. 309.

Era Volg.
Ann. 1273.

(a) Corio,
Istor. di Milano.

(b) Ptolom.
Lucensis
Tom. XI.
Rer. Italic.

(c) Caffari
Annal. Genuenf. l. 9.
Tom. VI.
Rer. Italic.

(d) Chronic.
Astense
Tom. XI.
Rer. Italic.

re la vita. Stimò dunque meglio il Papa di farlo fermare in Piacenza, ma con riportare da questo ripiego non poco biasimo presso gli aderenti di Ottone. Pretende il Corio (a), che il Papa si lasciasse poco vedere da i Milanesi, e si partisse sdegnato contra de' Torriani. Ma il Patriarcato conceduto a Raimondo, pare, che non s'accordi con sì fatta relazione. Abbiamo da Tolomeo da Lucca (b), che in quest'Anno il primogenito di Ridolfo Re de'Romani, per ricuperare o sostenere i diritti Imperiali, fu inviato a dare il guasto alle Terre del Conte di Savoia, e che tornando pel Reno a casa, essendosi sommersa la barca, si annegò.

ERANO forte in collera con *Carlo Re* di Sicilia i Genovesi (c), da che intesero l'aggravio indebito lor fatto nel precedente Anno colla prigionia delle persone e robe de' lor nazionali. Tuttavia senza volergli rendere la pariglia, concederono tempo di quaranta giorni a tutti i di lui sudditi di Sicilia, Puglia, e Provenza, per ritirarsi co i loro averi, premessa l'intimazione, che dopo tal tempo sarebbono trattati da nemici. Mosse dunque il Re Carlo da tutte le parti guerra a i Genovesi. Il Vicario della Toscana co'Lucchesi, Fiorentini, Pistolesi, ed altri Popoli, le diede principio nella Riviera orientale, e il Maliscalco di Provenza nell'occidentale. Gli Alessandrini, e i Marchesi di quelle contrade d'ordine del Re Carlo presero anch'essi l'armi contra de gli Stati di Genova di qua dall'Apennino. I soli Piacentini si scusarono di non volere far loro la guerra; e i Pavesi, perchè di fazion Ghibellina, accorsero in aiuto de' Genovesi. Molte Castella furono prese, molte ricuperate; e in mezzo a tanti avversarj seppe ben sostenersi la potenza de' Genovesi. Probabilmente fu circa questi tempi, che il medesimo Re Carlo inquietò non poco la Città d'Asti (d). Guglielmo Ventura scrive, ch'egli signoreggiava per tutto il Piemonte. Sotto il suo giogo stavano Alba, Alessandria, Ivrea, Torino, Piacenza, e Savigliano. Bologna, Milano, e la maggior parte delle Città di Lombardia gli pagavano tributo. Il Popolo d'Asti, siccome geloso della propria libertà, l'ebbe sempre in odio. Ma per liberarsi dalle vessazioni, nell'Anno 1270. comperarono da lui collo sborso di tre mila Fiorini d'oro una tregua di tre anni. Finita questa, ne pagarono altre undici mila per la tregua di tre altri anni. Ma accadde nel Marzo di quest'Anno, che mandando gli Astigiani a Genova parecchi torselli di pan-

no

no Francefe, e di varie tele, furono que' panni prefi da *Jacopo*
e *Manfredi Marchefi* del Bofco a Cofsano. Perciò gli Aftigiani
con un efercito di circa dieci mila pedoni e pochi cavalieri, fi
portarono a dare il guafto a Cofsano. Quivi ftando, nel dì 24.
di Marzo, eccoti giugnere i Marefcialli Provenzali del Re Carlo con groffo efercito di Franzefi, e Lombardi, che, fconfitto
il campo de gli Aftigiani, ne condufse prigioni circa due mila
ad Alba. Ogerio Alfieri ne conta folamente ottocento. Se non
erano i Pavefi, che inviaffero ad Afti ducento uomini d' armi,
quella Città cadeva nelle mani de' Provenzali. Fecero gli Aftigiani iftanza al Sinifcalco del Re Carlo per la liberazion de' loro prigioni, allegando la Tregua, che tuttavia durava. Coftui
entrato in furore non altra rifpofta diede a i meffi, fe non che
fe gli levaffero davanti, e diceffero a i fuoi, che qualora non
fi rifolveffero di fervire al Re Carlo fuo Signore, morrebbono
in carcere tutti gli Aftigiani. E poi fi voleva far credere alla
buona gente, che il Re Carlo era il Pacificator dell' Italia, nè
altro cercava, che il pubblico bene delle Città. A i fatti s'ha
da guardare, e non a i nomi vani delle cofe. Ora quefto modo
di procedere del Re Carlo mife il cervello a partito al Comune
d' Afti, Città allora affai ricca. Affoldarono que' Cittadini mille e cinquecento uomini a cavallo di diverfi paefi. Chiamarono
in loro aiuto il Marchefe di Monferrato, nemico anch' effo del
Re Carlo, perchè chiaro fi conofceva, ch' egli tendeva alla Monarchia d'Italia, ed avea già occupate varie Terre del Monferrato. Per mare eziandio vennero di Spagna ducento uomini d'
armi, che *Alfonfo Re* di Caftiglia mandava al fuddetto Marchefe Genero fuo. Con tali forze cominciarono gli Aftigiani a
far guerra alla Città d'Alba, e alle Terre del Re Carlo, nè folamente tennero in dovere chiunque li voleva offendere, ma
tolfero molti Luoghi a i nemici. Per maggiormente affodarfi e
falvarfi da gli attentati del Re Carlo, fu anche ftabilita Lega
fra i Genovefi, Pavefi, Aftigiani, e il fuddetto Marchefe di
Monferrato *Guglielmo*. Ma è ben da ftupire, come il fanto
Pontefice *Gregorio X.* (a) per cagione di quefta Lega fulminaffe la (a)*Reynau-*
fcomunica contra di que' Popoli, e contra del Marchefe, quà- *dus in An-*
fichè foffe un delitto il difenderfi dalla prepotenza del Re Car- *nal. Eccl.*
lo, nè foffe più lecito a' Principi, e alle Città libere d' Italia
il far delle Leghe. Gran polfo che doveva avere nella Corte
Pontificia il Re Carlo, per cui impulfo poffiam credere emana-
te

Era Volg.
Ann.1273.
(a)Chronic.
Estense
Tom. XV.
Rer. Italic.
te queste Censure. Ubaldino da Fontana in Ferrara (a) nella pubblica Piazza d'essa Città tentò di uccidere il *Marchese Obizzo* d'Este Signor di Ferrara; ma vi lasciò egli la vita, trucidato dalla Famiglia del Signore.

Anno di CRISTO MCCLXXIV. Indizione II. di GREGORIO X. Papa 4. di RIDOLFO Re de' Romani 2.

(b)Raynaudus Annal.
Ecclef.
Labbe
Concil.
Ptolomeus
Lucensis,
& alii.
MEMORABILE si rendè l'Anno presente per l'insigne Concilio Generale, tenuto da Papa *Gregorio X.* in Lione, (b) al quale intervennero circa cinquecento Vescovi, settanta Abbati, e mille altri fra Priori, Teologi, ed altri Ecclesiastici dotati di qualche Dignità. Gli fu dato principio nel dì 7. di Maggio, e quivi si fece la riunion de'Greci colla Chiesa Latina: il che recò estrema consolazione ad ognuno. *Michele Paleologo* Imperador de'Greci, uomo accorto, paventando forte la Crociata de'popoli d'Occidente, promossa con zelo inesplicabile dal buen Papa Gregorio, e vivendo ancora in non poca gelosia delle forze e dell'ambizione di *Carlo Re* di Sicilia, si studiò con questo colpo di rendere favorevole a se stesso il Pontefice, e i Principi Latini. Furono eziandio fatti molti de i regolamenti intorno alla Disciplina Ecclesiastica, e si trattò con vigore della ricupera di Terra santa. E perciocchè le maggiori speranze del Papa erano riposte nel nuovo eletto Re de'Romani *Ridolfo* Conte di Habspurch, che avea presa la Croce, si studiò egli di pacificare *Alfonso Re* di Castiglia, il quale continuava le sue pretensioni sopra il Regno d'Italia, e solennemente ancora confermò l'elezione d'esso *Ridolfo*. Questi all'incontro confermò alla Chiesa Romana tutti gli Stati, espressi ne'Diplomi di Lodovico Pio, Ottone I. Arrigo I. e Federigo II. e si obbligò di non molestare il Re Carlo nel possesso e dominio del Regno di Sicilia, con altri patti, che si possono leggere ne gli Annali Ecclesiastici del Rinaldi. Due gran lumi perdette in quest'Anno l'Italia, e la Chiesa di Dio. Il primo su *Tommaso da Aquino* dell'Ordine de'Predicatori, della nobilissima Casa de'Conti d'Aquino, Ingegno mirabile ed Angelico, Teologo di sì profondo sapere, che dopo Santo Agostino un altro simile non aveva avuto la Cristiana Repubblica. (c) Da Parigi, nella cui Università era egli stato con infinito plauso pubblico Lettore,

(c) Ptolom.
Lucensis
Hist.Ecclef.
lib. 22.
Tom. XI.
Rer. Italic.

tore, venuto a Napoli nell'Anno 1272. s'era ivi fermato per ordine del Re Carlo, affinchè vi leggeſſe Teologia. Ma dovendoſi tenere il Concilio, in cui ſarebbe occorſo di diſputar co i Greci, Papa Gregorio comandò, ch'egli veniſſe a Lione per coſì importante affare. Miſeſi Fra Tommaſo in viaggio; ma infermatoſi per via, giacchè non v'era vicino Convento alcuno del ſuo Ordine, ſi fermò nel Moniſtero de' Ciſtercienſi di Foſſanova nella Campania. Quivi dopo qualche Meſe paſsò a miglior vita nel dì 7. di Marzo dell'Anno preſente in età di ſoli quarantanove anni, o al più cinquanta, con ammirarſi tuttavia, come egli tante Opere, ed Opere inſigni, poteſſe compiere in un sì limitato corſo di vita. Io non ſo qual fede ſi poſſa preſtare a Dante (a), che cel rappreſenta tolto dal Mondo con lento veleno, fattogli dare dal Re Carlo per timore, che non faceſſe de' mali ufizj alla Corte Pontificia a cagion della perſecuzione da lui fatta a i Conti d'Aquino ſuoi Fratelli. Fu egli poi canonizzato, e poſto nel Catalogo de' Santi, e dopo molti anni traſportato a Toloſa il ſacro ſuo Corpo. Gran perdita parimente ſi fece nella perſona di Fra *Bonaventura da Bagnarea* dell'Ordine de' Minori (b), inſigne Teologo anch' eſſo, già creato Cardinale della ſanta Romana Chieſa, e Veſcovo d'Albano. Trovavaſi egli al Concilio in Lione; quivi nel dì 15. di Luglio terminò il corſo della vita terrena, e ducento anni dipoi fu canonizzato, ſenza intenderſi, perchè la Feſta ſua ſi celebri nel dì precedente, ſe forſe egli non morì nella notte fra l'un giorno e l'altro: il che ſuol produrre diverſità di contare preſſo gli Storici. Secondo le Storie Milaneſi (c) *Napo dalla Torre* Signor di Milano ſpedì una ſolenne ambaſceria a riconoſcere per Re de' Romani e d'Italia Ridolfo, con offerirgli il dominio delle Città. Fu gradito non poco queſt'atto dal Re Ridolfo, e però dichiarò ſuo Vicario in Milano eſſo Napo, e mandogli il Conte di Lignì con un corpo di truppe Tedeſche per difeſa ſua contra de' Paveſi, e de' Nobili fuoruſciti. *Caſſone*, o ſia *Gaſtone*, Figliuolo di Napo, fu poi dichiarato Capitano di tali truppe.

IN queſt'Anno ancora vennero trecento uomini d'armi a Pavia (d), inviati dal *Re Alfonſo* di Caſtiglia. Con queſti e con tutto il loro sforzo i Paveſi, gli Aſtigiani, e *Guglielmo Marcheſe* di Monferrato andarono a dare il guaſto al territorio d'Aleſſandria, e ſtettero otto giorni addoſſo a quel Popolo. Non ſapendo gli Aleſſandrini come levarſi d'attorno queſto fiero temporale, chieſero capitolazione; e fu convenuto, ch'eſſi rinunziaſſero al domi-

Era Volg.
Ann.1274.

(a) *Dante Purgator. cap.* 20.

(b) *Bolland. Act. Sanct. ad diem* 14.*Julii.*

(c)*Gualva. neus Flamma Manip. Flor.c.*310. *Annales Mediolan. Tom. XVI. Rer. Italic.*

(d)*Chronic. Aſtenſe Tom. XI. Rer. Italic.*

dominio del Re Carlo, con che cefferebbono le offese. Nel Mese poscia di Giugno paffarono a i danni della Città d'Alba, e di Savigliano. Prefero Saluzzo, e Ravello : il che diede motivo a *Tommafo Marchefe* di Saluzzo di abbandonar la Lega del Re Carlo, e di unirfi con gli Aftigiani. Tornati nel diftretto d'Alba, diedero il guafto al paefe fino alle porte di quella Città, e gli Aftigiani fecero quivi correre al Pallio nel dì di San Lorenzo in vitupero de' nemici. Vollero gli Ufiziali del Re Carlo far pruova della lor bravura, e diedero battaglia, ma con riportarne la peggio, effendo rimafto ferito in volto Filippo Sinifcalco d'effo Re, e Ferraccio da Santo Amato Marefciallo con circa cento quaranta Provenzali. Per quefte traverfie il fuddetto Sinifcalco fi ritirò in Provenza, e lafciò campo ad Alba, Cherafco, Savigliano, Mondovico, o fia Mondovì, e Cuneo, di levarfi di fotto alla fignoria del Re Carlo, il cui dominio in Piemonte fi venne in quefta maniera ad accorciare non poco. Vi confervò egli nulladimeno alcune Città. (a) S'impadronirono gli Aftigiani anche del Caftello e della Villa di Coffano, i cui *Signori andarono in* Puglia a cercar da vivere alle fpefe del Re. Miglior mercato non ebbe effo Re Carlo nella guerra contra de' Genovefi. (b) Prefero bensì le fue Galee in Corfica il Caftello d'Aiaccio, fabbricato e fortificato quivi dal Comune di Genova; ma i Genovefi meffo infieme uno ftuolo di ventidue Galee andarono in traccia delle Provenzali, nè trovandole in Corfica, paffarono a Trapani in Sicilia, e bruciarono quanti legni erano in quel Porto. Iti i medefimi a Malta, diedero il facco all'Ifola del Gozzo, e poi venuti a Napoli, dove foggiornava lo fteffo Re, per ifcherno fuo alzarono le grida, e fommerfero in mare le Regali bandiere; e nel tornare a Genova, prefero molti Legni d'effo Re Carlo. Quindi nella Riviera di Ponente gli ritolfero Ventimiglia. Seguì poscia una zuffa fra effi, e il Sinifcalco del Re al Caftello di Mentono, dove rimafero fconfitti effi Genovefi; ma nulla potè fare contra di effi la potente Flotta di lui, che era venuta fino in faccia del Porto di Genova.

IN Modena (c) divampò nell'Anno prefente un grave incendio, che durò poscia gran tempo. Prevalendo la fazione de' Rangoni e Bofchetti, furono obbligati i Fraffoni, quei da Saffuolo, e da Savignano co i loro aderenti di ufcire della Città. Ingrofsati poscia i fuorufciti vennero fino al Montale, ed accorfi i Rangoni col Popolo, attaccarono battaglia. Vi fu grande

ftra-

(a) *Ptolom. Lucenf. Hiftor. Ecclef. l.23.cap.26*
(b) *Caffari Annal. Genuenf.lib.9. Tom. VI. Rer. Italic.*
(c) *Annales Veter. Mutinenf. Tom. XI. Rer. Italic.*

ſtrage dall'una parte e dall'altra ; ma la peggio toccò a i Ran- ERA Volg.
goni. Più ſtrepitoſi ſconcerti ſuccederono in Bologna nel Meſe ANN.1274.
di Maggio. (*a*) Vennero alle mani i Geremii, cioè la fazione (a)*Annal.*
Guelfa, co i Lambertazzi ſeguaci della parte dell'Imperio, e ſi *Bononienſ.*
fecero ammazzamenti e bruciamenti di caſe non poche per pa- *To. XVIII.*
recchi giorni. In ſoccorſo de' Guelfi ſi moſſe la milizia di Parma *Rer. Italic.*
(*b*), Cremona, Reggio (*c*), e Modena. Era appena giunta al Reno (b)*Chronic.*
queſta gente, che i Lambertazzi giudicarono meglio di far certi *Parmenſe*
patti colla fazion contraria; e però ceſſato il rumore e biſogno, *Tom. IX.*
ſe ne tornarono indietro i Collegati. Ma che ? Da lì a pochi *Rer. Italic.*
giorni ſi ricominciò la danza di prima, e la concordia andò per (c)*Memor.*
terra. Il perchè la parte della Chieſa richieſe le ſue amiſtà, e *Poteſtat.*
in aiuto ſuo marciarono i Parmigiani, Reggiani, Modeneſi, *Regienſ.*
Ferrareſi, e Fiorentini. All'avviſo di tanti ſoccorſi, che ven- *Tom. VIII.*
vano, i Lambertazzi ſloggiarono ſenza contraſto nel dì 2. di Giu- *Rer. Italic.*
gno: Secondo altri vi fu gran battaglia, e ferro e fuoco ſi a-
doperò; ma in fine non potendo reggere i Lambertazzi alla forza ſuperiore de' Guelfi, uſcirono della Città vinti, e ſi ritirarono a Faenza, con laſciar prigionieri molti del loro partito.
Furono atterrati varj Palagi e Caſe de' fuoruſciti; e il Ghirardac- (d)*Ghirar-*
ci ſcrive (*d*), che quindici mila Cittadini ebbero in tal congiun- *dacci Iſtor.*
tura il bando. Nel Meſe d'Ottobre il Popolo di Bologna, rin- *di Bologn.*
forzato da i Guelfi circonvicini, fece oſte contra le Città della
Romagna, che s'erano ribellate. Scacciò d'Imola i Ghibellini,
e vi miſe un buon preſidio. Paſsò dipoi ſotto Faenza, e diede
il guaſto a quelle contrade; ma ritrovando ben guernita e rigo-
glioſa la Città per gli tanti uſciti di Bologna, ſe ne ritornò a
Caſa ſenza far maggiori tentativi. Secondo il Corio (*e*), fu (e)*Corio*
guerra in queſt'Anno fra i Paveſi e Novareſi collegati, e il *Iſtor. di Mi-*
Comune di Milano. *lano.*

Anno di CRISTO MCCLXXV. Indizione III.
di GREGORIO X. Papa 5.
di RIDOLFO Re de' Romani 3.

GRAN voglia nudriva *Alfonſo* Re di Caſtiglia di abboccarſi (f)*Vita*
col Pontefice *Gregorio* X. e ne fece varie iſtanze, a fine *Gregorii X.*
di far valere le ſue pretenſioni ſopra il Regno d'Italia. (*f*) Il *P.I.To.III.*
Papa, che già era tutto per l'eletto e coronato Re *Ridolfo*, *Rer. Italic.*
Raynau-
dus Annal.
Ecclefiaſt.

ERA Volg.
ANN.1275.
premendogli di quetare il Re Caſtigliano, e di metter fine à
queſte differenze, ſi portò appoſta a Beaucaire in Linguadoca,
dove venne a trovarlo Alfonſo. Sfoderò egli tutte quante le ſue
ragioni ſopra il Romano Imperio, e ſi lamentò del Papa, che
aveſſe approvato in competenza di lui il Re Ridolfo. Ma il
Pontefice anch'egli allegò le ſue; e queſte unite alla di lui coſtanza, dopo un dibattimento di parecchi dì, induſſero il Re a
fare un' ampia rinunzia delle ſue pretenſioni, e ſe ne tornò in
Iſpagna. Scrivono altri, ch'egli ne partì diſguſtato. Comunque
ſia, o ſi pentiſſe egli della rinunzia fatta, o non la faceſſe,
certo è, che ritornato a caſa aſſunſe il titolo d'Imperadore, e
mantéveva corriſpondenze in Italia, ſpezialmente col Marcheſe
di Monferrato ſuo Genero. Ma altro ci voleva a conquiſtar l'Italia, che lo ſtarſene colle mani alla cintola in Iſpagna, per veder quando facea la Luna. Il Papa informato de' ſuoi andamenti, gli fece ſapere all'orecchio, che ſe non deſiſteva, avrebbe
adoperate le Cenſure contra di lui; al qual ſuono egli abbaſsò
la teſta, e s'accomodò a' voleri del Pontefice. Egualmente deſiderava Ridolfo Re de' Romani un abboccamento con Papa Gregorio. (a) Fu ſcelta a queſto oggetto la Città di Loſanna, dove arrivò nel dì 6. d'Ottobre eſſo Papa, e comparve nel dì di S.
Luca anche Ridolfo. Reſtò ivi concertato, che il Re nell'Anno
ſeguente con due mila cavalli veniſſe a prendere la Corona Imperiale per la Feſta d'Ogniſanti. Si trattò della Crociata, e ſecondo alcuni Storici allora ſolamente fu, che Ridolfo colla Regina ſua Moglie preſe la Croce. Furono di nuovo confermati
alla ſanta Sede tutti gli Stati, con particolar menzione della Romagna e dell'Eſarcato di Ravenna. Sen venne poſcia il buon
Pontefice a Milano verſo la metà di Novembre, e quivi ſi laſciò
vedere in pubblico. Grandi carezze ed onori gli fecero i Torriani, e riuſcì loro di ſtaccarlo dalla protezion dell'Arciveſcovo
Ottone, di maniera che partito da Milano il Papa, con laſciare
in iſola eſſo Arciveſcovo, queſti come diſperato ſi ritirò a Biella. Nel dì 22. di Novembre arrivò il Pontefice a Piacenza (b)
ſua patria, e vi ſi fermò alquanti giorni per rimettere la quiete
e pace in quella Città. Nel dì 5. di Dicembre alloggiò una ſola notte in Parma (c), e continuato il viaggio arrivò a Firenze. (d) Non volea paſſare per quella Città, perchè allora ſot-
topoſta all'Interdetto; ma fattogli credere, che eſſendo l'Arno
troppo groſſo, non ſi potea valicare, ſe non valendoſi de' Ponti di

(a) Annal.
Colmar.
Ptolomæus
Lucenſ. Hi-
ſtor. Eccleſ.
Tom. XI.
Rer. Italic.
Bernardus
Guid.

(b) Chronic.
Placentin.
Tom. XVI.
Rer. Italic.
(c) Chronic.
Parmenſe.
Tom. IX.
Rer. Italic.
(d) Ricor-
dan. Mala-
ſpin. c.202.

ti di Firenze, pafsò per colà, e benediffe quanti furono a vederlo paffare; ma appena ufcito, replicò l'Interdetto e le fcomuniche contra de' Fiorentini. Tolomeo da Luca (*a*) fcrive, ch'egli
fi fermò per un Mefe in Firenze, per trattar di pace fra que'
Cittadini. Ma non può ftare, avuto riguardo alla fua entrata
in Firenze, e al tempo di fua morte. Andò finalmente a far la
fua pofata in Arezzo.

  TROVANDOSI affai difordinata la Cronologia de' fatti di Milano in quefti tempi, tanto preffo Galvano Fiamma (*b*), che
no gli Annali di Milano (*c*), non fi può ben accertare quel,
che fuccedè nell'Anno prefente in quelle parti. Abbiamo dalla
Cronica di Piacenza, che i Pavefi colle loro amiftà cavalcarono
a i danni di Milano per le gagliarde iftanze de' Capitani e Val-
vaffori, o fia de' fuorufciti di quella Città. Il Conte Ubertino
Lando con cento cavalieri fuorufciti di Piacenza andò ad unirfi
con loro. E quefta verifimilmente è la guerra defcritta dal Corio. Per atteftato di lui, i Pavefi, Novarefi, e i Nobili ufciti
di Milano con gli Spagnuoli ful principio del prefente Anno s'
impadronirono del nuovo Ponte fabbricato da i Milanefi ful Ticino. Per cagione di tali movimenti, e per timore di peggio, i
Torriani nel dì dicianovefimo di Gennaio ftrinfero Lega con gli
Ambafciatori di Lodi, Como, Piacenza, Cremona, Parma,
Modena, Reggio, Crema, e fuorufciti di Novara. Ma quefto
non impedì i progrefi de' Pavefi, e de' lor Collegati, imperciocc-
chè prefero alcune Caftella de' Milanefi, e diedero loro altre fpelazzate, che fi poffono leggere preffo il fuddetto Corio. Fu fcoperto in Piacenza un trattato fegreto del Conte Ubertino Lando, Capo de gli ufciti, per rientrare in quella Città: il che coftò la vita, o pur varj tormenti a molti, e non pochi fi fuggirono di Piacenza.

  APPENA venne il tempo da poter ufcire in campagna, che
l'infellonito popolo Guelfo di Bologna fece ofte contra de' proprj
Nazionali, cioè contra de' Lambertazzi Ghibellini rifugiati in
Faenza. (*d*.) Giunfero fino alle porte di quella Città, in tempo
che i Faentini con gli ufciti Bolognefi erano andati per liberare
alcune Caftella occupate da i nemici. Nel tornarfene coftoro a
Faenza, fcontrarono al Ponte di San Procolo due miglia lungi da
quella Città l'Armata Bolognefe, e trovandofi tagliati fuori, per
neceffità vennero a battaglia. Menarono così ben le mani, che
andò in rotta il campo de' Bolognefi, e vi furono non pochi mor-

ERA Volg.
ANN.1275.

(a) Ptolom.
Lucenf. An-
nal. brev.
Tom. XI.
Rer. Italic.

(b) Gualv.
Flam. Ma-
nipul. Flor.
cap. 301.
(c) Annales
Mediolan.
Tom. XVI.
Rer. Italic.

(d) Memo-
riale Potef.
Regienf.
Tom. VIII.
Rer. Italic.
Annales
Bononienf.
To. XVIII.
Rer. Italic.

ti,

Era Volg.
Ann. 1275.
ti, feriti, e prefi. La vergogna e rabbia di tal percoſſa fu cagione, che i Bologneſi vogliofi di rifarfi, chiamate in aiuto tutte le
loro amiſtà di Parma, Modena, Reggio, e Ferrara, formarono
un potentiſſimo efercito, di cui fu Generale *Malatefta da Verucc-
cbio*, Cittadino potente di Rimini. Prepararonfi anche i Faentini per ben riceverli, eſſendo accorfo in loro aiuto il popolo di
Forlì ; e fcelfero per lor Capitano *Guido Conte* di Montefeltro,
il più accorto e valorofo Condottier d'armi, che in que' dì aveſ-
fe l'Italia. Fino al Ponte di San Procolo arrivò il poderofo efercito de' Bologneſi, e cominciò a dare il guaſto al paefe. Allora
il prode Conte Guido mandò a sfidare il Malateſta Capitano de',
Bologneſi ; e però fcelto il luogo, e ordinate le fchiere nel dì 13.

(a) Ricobal-
dus in Pom.
Tom. IX.
Rer. Italic.
di Giugno fi diede principio ad una fiera battaglia. Ricobaldo (a)
non fa menzione di sfida, ma bensì che oſſervata dal Conte Guido la troppa confidenza, e mala capitaneria de' nemici, andò ad
aſſalirli. Tale fu l'empito e la bravura de' Faentini, e de' fuorufciti Bologneſi, che fu meſſa in fuga la cavalleria nemica, colla
morte e prigionia di molti. Allora l'abbandonata fanteria diede
anch' eſſa alle gambe. Circa quattro mila d'eſſi fanti fi riſtrinſe-
ro alla difefa del Carroccio ; ma attorniati e baleſtrati dal vittoriofo efercito de' Faentini e Forliveſi, furono obbligati a renderfi
prigionieri fenza colpo di fpada. De' foli Bologneſi reſtarono ſul
campo più di tre mila e trecento perfone, e vi morirono aſſaiſſi-

(b) Chrom.
Forolivien.
To. XXII.
Rer. Italic.
(c) Rubeus
Hiſtor. Ra-
venn. l. 6.
Ricobald.
in Pomario.
Tom. IX.
Rer. Italic.
(d) Ricord.
Malaſpina
cap. 201.
Ptolom.
Lucenſ. An-
nal. brev.
Tom. XI.
Rer. Italic.
(e) Gazata
in Chronic.
Regienſ.
To. XVIII.
Rer. Italic.
(f) Corio
Iſtorie di
Milano.
mi nobili e plebei de gli altri Collegati. Afcefe a molte migliaia
il numero de' prigioni, ed immenfo fu il bottino di padiglioni,
tende, carriaggi, ed altri arnefi, per li quali ricchi ed allegri i
vittoriofi fe ne tornarono a Faenza. A queſte difavventure ne
tennero dietro dell' altre. Cervia, per tradimento tolta dall' ubbidienza de' Bologneſi, fi diede al Comune di Forlì (b). Cefena
fece anch' eſſa de' patti co i vincitori. E i Lambertazzi s'impa-
droniro no di varie Caſtella del Bolognefe : con che s'infievolì di
molto la potenza di Bologna, che faceva in addietro paura a tutti
i vicini. Di queſta congiuntura profittò anche *Guido Novello* da
Polenta, ricco Cittadin di Ravenna (c), perchè entrato in quella Città, fe ne fece Signore con ifcacciarne i Traverfari, e gli
altri fuoi avverfarj. I Guelfi di Tofcana (d), cioè i Fiorentini,
Lucchefi, Sanefi, Piſtolefi, ed altri col Vicario del Re Carlo,
fecero oſte in queſt' Anno nel Mefe di Settembre contro i Pifani,
e dopo averli ſconfitti ad Afciano, prefero quel Caſtello. Abbiamo ancora dalla Cronica di Sagazio Gazáta (e) e dal Corio (f),

e da

e da altri documenti di questi tempi, che il *Re Ridolfo* spedì in queſt' Anno Ridolfo ſuo Cancelliere in Italia alle Città di Milano, Cremona, Piacenza, Parma, Reggio, Modena, Crema, Lodi, ed altre, nelle quali fece giurare a que' popoli l'oſſervanza de' precetti della Chieſa, e la fedeltà all'Imperadore. Seco era *Guglielmo Veſcovo* di Ferrara Legato Apoſtolico. E queſto giuramento preſtarono ad eſſo Ridolfo anche le Città della Romagna (*a*), giacchè il Re Ridolfo nel confermare i Privilegj alla Chieſa Romana, proteſtò di farlo *ſine demembratione Imperii;* e la Romagna da più Secoli dipendeva da i ſoli Imperadori, o Re d'Italia, ſiccome fu altrove provato (*b*). Mancò di vita in queſt' Anno nel dì 16. d'Agoſto *Lorenzo Tiepolo* Doge di Venezia, e in luogo ſuo reſtò eletto *Jacopo Contareno*. (*c*) Sotto il ſuo governo ebbero i Veneziani lunga guerra con gli Anconitani, e più d'una volta la lor Armata navale fu all'aſſedio di quella Città, ma con poco onore e profitto.

(a) *Chron. Forolivien. To. XXII. Rer. Italic.*

(b) *Piena Eſpoſizione de i Diritti Ceſarei ed Eſtenſi ſopra Comacchio.*

(c) *Dandul. in Chron. Tom. XII. Rer. Italic.*

Anno di CRISTO MCCLXXVI. Indizione IV.
d'INNOCENZO V. Papa 1.
di ADRIANO V. Papa 1.
di GIOVANNI XXI. Papa 1.
di RIDOLFO Re de' Romani 4.

UN ottimo Pontefice, Pontefice di ſante intenzioni, mancò in queſt' Anno alla Chieſa di Dio. Cioè infermatoſi in Arezzo Papa *Gregorio X.* nel dì 10. di Gennaio, allorchè più v'era biſogno di lui per compiere la Crociata in Oriente, diede fine a' ſuoi giorni (*d*). Siccome la vita ſua era ſtata illuſtre per la ſantità de' coſtumi, coſì la morte ſua fu onorata da Dio con molte miracoloſe guarigioni d'infermi per interceſſione ſua: laonde ſi meritò il titolo di Beato. Chiuſi in Conclave i Cardinali, ſecondo la Coſtituzione fatta dal medeſimo defunto Pontefice nel Concilio di Lione, vennero nel dì 21. d'eſſo Gennaio all'elezione di un nuovo Pontefice. Cadde queſta nel *Cardinal Pietro* da Tarantaſia dell' Ordine de' Predicatori, Veſcovo d'Oſtia, e Teologo inſigne, il qual preſe il nome d'*Innocenzo V.* Paſsò egli da Arezzo a Roma, dove fu coronato, e portoſſi poi ad abitare nel Palazzo Lateranenſe. Avendogli ſpedita i Genoveſi (*e*) una nobile Ambaſceria, tanto ſi adoperò il buon Pontefice, benchè malato,

(d) *Ptolom. Lucenſ. Hiſt. Eccl. Tom. XI. Rer. Italic. Bernardus Guid. Raynaudus Ann. Eccl.*

(e) *Caffari Annal. Genuenſ. l. 9. Tom. VI. Rer. Italiæ*

lato, che conchiuse pace fra il *Cardinale Ottobuono* del Fiesco
e i fuoruscititi di Genova dall'una parte, e il Comune di Genova dall'altra. Ma mentre egli andava disponendo di far molte
imprese in servigio della Chiesa di Dio, la morte il rapì nel dì
22. di Giugno. Pertanto in un nuovo Conclave raunati i Cardinali elessero Papa nel dì 12. di Luglio il suddetto Ottobuono del
Fiesco Genovese, Cardinal Diacono di Santo Adriano, Nipote
d'Innocenzo IV. il quale assunse il nome d'*Adriano V.* e levò
tosto l'Interdetto da Genova patria sua. Era egli vecchio ed infermiccio; però venuto a Viterbo per cercare miglior aria della
Romana nella state, quivi nel dì 18. d'Agosto trovò la morte,
senza essere passato al Sacerdozio, e senza aver ricevuta la consecrazione e corona. Furono dunque duramente rinserrati dal Po-
[a]*Bernard.*
Guid.
Ptolomaeus
Lucensis,
& alii. polo di Viterbo in un Conclave i Cardinali [a], e questi se non
vollero morir di fame, si accordarono nel dì 13. di Settembre
ad eleggere Papa *Pietro* Figliuol di Giuliano, di nazion Porto-
ghese, nato in Lisbona, comunemente chiamato Pietro Ispano,
Cardinal Vescovo Tuscolano, uomo di molta Letteratura sì nella Filosofia Aristotelica alla moda secca de' suoi tempi, che nella Medicina. Questi prese il nome di *Giovanni XXI.* benchè dovesse dirsi *Giovanni XX.* e portatosi a Roma, fu coronato colla
[b]*Raynau-*
dus Annal.
Ecclesiast.
  Martinus
Polonus.
[c]*Chronic.*
Forolivien.
To. XXII.
Rer. Italic. tiara Pontificia. [b] Annullò egli la Costituzion di Papa Gregorio X. intorno al Conclave, che il suo Antecessore avea sospesa,
e rinovò le scomuniche e gl'Interdetti contra de' Veronesi e Pavesi, i più costanti nel Ghibellinismo. La Cronica di Forlì [c],
seguitando a mio credere le dicerie del volgo, ha le seguenti
parole: *Papa quatuor mortui, duo divino judicio, & duo vene-*
no exhausto.

[d]*Gualva-*
neus Flam-
ma Manip.
Flor. c.311.
[e]*Annales*
Mediolan.
Tom. XVI.
Rer. Italic.
[f]*Sigonius*
de Regno
Ital. TENGO io per fermo, che le avventure di *Ottone Visconte*, narrate da Galvano Fiamma [d], e dall'Autore de gli Annali Milanesi [e], sotto l'Anno precedente, appartengano al
presente: del che parimente si avvide il Sigonio [f]. Dappoichè si fu esso Ottone Arcivescovo di Milano ritirato a Biella, i
Nobili fuoruscititi di Milano, trovandosi come disperati, si ridussero a Pavia, dove indussero Gotifredo Conte di Langusco ad essere lor Capitano, con fargli sperare la signoria di Milano. Alla vista di così ingordo guadagno assunse egli ben volentieri il
baston del comando, e con quante forze potè, passato sul Lago
Maggiore s'impadronì delle due Terre e Rocche di Arona ed
Anghiera. Unironsi anche i Popoli delle circonvicine Valli con
lui.

lui. Venne perciò *Casson dalla Torre* co' Tedeschi inviati a Milano dal *Re Ridolfo*, e con altre soldatesche all' assedio d' Anghiera e d' Arona, con riacquistar quelle Terre e Rocche. Durante l' assedio d' essa Anghiera, volendo il Conte di Langusco dar soccorso a gli assediati, vi restò prigioniere con assai Nobili fuorusciti di Milano. Condotti questi a Gallerate, [*a*] quivi con orrida barbarie a trentaquattro d' essi fu mozzo il capo; è fra questi infelici si contò Teobaldo Visconte, Nipote dell' Arcivescovo Ottone, e Padre di Matteo Magno Visconte, di cui avremo molto a parlare. Si accorò a questa nuova l' Arcivescovo Ottone, e gridò: *Perchè non ho perduto io più tosto l' Arcivescovato, che un sì caro Nipote?* Poscia venuto a Vercelli, trovò quivi la Nobiltà fuoruscita, che il pregò d' essere lor Capo, e Generale d' Armata. Se ne scusò, con dire, che non conveniva ad un Vescovo il vendicarsi, ma bensì il perdonare; nulladimeno s' eglino avessero deposti gli odj e l' ire, avrebbe assunto il comando. Ito con essi a Novara, ed ammassata gran gente, venne ad impadronirsi del Castello di Seprio. Finì in male questa impresa, perchè da' Torriani fu disperso l' esercito suo, ed essendo egli fuggito a Como, gli furono serrate le porte in faccia. Ridottosi a Canobio sul Lago Maggiore, tanto perorò, tanto promise, che tirò quel Popolo ed altri a formare una picciola flotta di barche, colle quali prese Anghiera, ed imprese l' assedio di Arona, al quale per terra accorsero anche i Pavesi e Novaresi col Marchese di Monferrato. Ma sopragiunto Casson dalla Torre co i Tedeschi, e con tutto il Popolo di Milano, li fece ben tosto sloggiare, e spogliò il campo loro. Se ne fuggì Simon da Locarno colle barche, e questi andato poi per ordine dell' intrepido Ottone a Como, per veder di muovere quel Popolo in aiuto suo, destramente accese la discordia fra i Comaschi, volendo l' una parte col Vescovo della Città aiutar l' Arcivescovo, e l' altra stare unita co i Torriani. Si venne alle mani; lungo fu il combattimento; ma in fine prevalsero i fautori del Visconte, e furono scacciati gli aderenti alla Casa della Torre [*b*]. Ricevuta questa lieta nuova, l' Arcivescovo Ottone volò a Como, e quivi attese a prepararsi per cose più grandi.

I MANEGGI del Conte Ubertino Lando, gran Ghibellino e capo de' Nobili fuorusciti di Piacenza, ebbero in quest' Anno esito felice. [*c*] Imperciocchè amichevolmente e con onore fu rice-

(margin notes:)

Era Volg.
Ann. 1276.

[a] *Stephanard. Poem. lib. 2. Tom. IX. Rer. Italic.*

[b] *Gazata Chron. Regiens. To. XVIII. Rer. Italic.*

[c] *Chronic. Placentin. Tom. XVI. Rer. Italic.*

FraVol.
Ann.1276.
[a] Annales
Veteres Mu-
tinenf.
Tom. XI.
Rer. Italic.

ricevuto in quella Città , e solennemente giurata concordia e pace fra il Popolo e la Nobiltà . Anche in Modena [a] fu conchiuso accordo tra la fazion dominante de' Rangoni e Boschetti, e l'altra de' Graffoni , da Saffuolo , e da Savignano usciti , la quale rientrò nella Città. Riuscì in quest'Anno al Popolo Guelfo di Bologna di ricuperar Loiano, e varie altre Castella, occupate da gli avversarj Lambertazzi : il che fece crescere il coraggio a i Cittadini dopo le tante passate disgrazie . Tornarono i

[b] Ricord.
Malaspin.
cap. 203.

Fiorentini [b], Lucchesi, ed altri Guelfi di Toscana a far oste contra de' Pisani Ghibellini. Aveano questi tirato un gran fosso, lungo otto miglia poco di là dal Ponte d'Era, per difesa del loro territorio, e fortificatolo con isteccati e bertesche. Chiamavasi il Fosso Arnonico. Ma trovarono modo i Guelfi di valicarlo, e di dare addosso a i Pisani, i quali si raccomandarono alle gambe ; e tal fu la loro paura, che dimandarono da capitolare. Seguì dunque pace fra que' Popoli, con aver dovuto i Pisani rimettere in Città il Conte Ugolino con tutte l'altre Famiglie Guelfe già sbandite, e restituire Castiglione e Cotrone a i Lucchesi con

[c] Ptolom.
Lucenf. An-
nal. brev.
Tom. XI.
Rer. Italic.
Chronic.
Parmenfe
Tom. IX.
Rer. Italic.

altri patti [c]. Mediatori di questa pace furono due Legati del Papa , e gli Ambasciatori di Carlo Re di Sicilia. In questa maniera si pacificarono ancora i Pisani co i Genovesi. Ad una voce tutte le Croniche asseriscono , che memorabile fu l'Anno presente per le pubbliche calamità della Lombardia. Si fece sentire un grave tremuoto ; le pioggie per quattro Mesi furono dirotte , di maniera che tutti i fiumi traboccarono fuori del loro letto, e inondarono le campagne con mortalità di molte persone

[d] Caffari
Annal. Ge-
nuenf.
Tom. VI.
Rer. Italic.
Chronicon
Placentin.
Memorial.
Poteftat.
Regienf.
Tom. VIII.
Rer. Italic.

e di bestie affaississime. [d] Si tirò dietro questo disordine l'altro del non poter seminare, e del guastarsi le biade di chi pur volle metterle in terra. Per mancanza dell'erbe un'infinità di bestie perì; e le povere genti estenuate dalla fame si dispersero per la Terra , cercando come poter fuggire la morte . Cadde per giunta a tanti guai nella Vigilia di Santo Andrea una smisurata neve, che durò in terra fino al dì primo d'Aprile dell' Anno seguente. In somma se i Popoli divisi combattevano l'un contra l'altro, anche il Cielo facea guerra a tutti . Nè si dee

[e] Chronic.
Forolivien.
To. XXII.
Rer. Italic.
[f] Chronic.
Cæfen.
Tom. XIV.
Rer. Italic.

tralasciare, che *Guido Conte* di Montefeltro [e] co i Forlivesi e Faentini costrinse coll'assedio la Terra di Bagnacavallo a rendersi al Comune di Forlì. Ma in essa Città di Forlì Paganino de gli Argogliosi, e Guglielmo de gli Ordelaffi, de' principali d'essa Città, passando di buona intelligenza co' Bolognesi, [f] ten-

taro-

tarono di farſi mutazione di ſtato; e una notte a queſto fine attaccarono il fuoco al Palazzo del Pubblico. Ma accorſo il Popolo, nè potendo eſſi reſiſtere alla piena, ſe ne fuggirono con gli altri Guelfi a Firenze, dove ſi ſtudiarono di ſommuovere quel Comune contra di Forlì. Secondo la Cronica di Parma l'uſcita de' Guelfi da Forlì accadde nell'Anno ſeguente.

Anno di CRISTO MCCLXXVII. Indizione V.
di NICCOLO' III. Papa I.
di RIDOLFO Re de' Romani 5.

SOGGIORNAVA Papa Giovanni XXI. in Viterbo, e non ſolo ſperava, ma ſi promettea con franchezza una lunga vita, e ſe ne laſciava intendere con chiunque trattava còn lui; ma queſti conti gli andarono falliti. [a] S'era egli fatta fabbricare una bella camera preſſo al Palazzo della Città. Queſta gli cadde un giorno, o pure una notte addoſſo, e da quella rovina reſtò sì mal concio, che da lì a ſei giorni, cioè nel dì 16. di Maggio, o pure nel ſeguente finì di vivere. Se ſi eccettua la ſua affabilità con tutti, e la ſua liberalità verſo i Letterati, maſſimamente poveri, nel reſto egli ci vien dipinto da gli Scrittori, come uomo pieno di vanità, che nelle parole e ne' coſtumi non moſtrava prudenza e diſcrezione, e ſpezialmente ebbe un difetto, che non ſe gli può perdonare. [b] Cioè amava egli poco i Monaci e i Frati; e dicono, che ſe Dio nol levava preſto dal Mondo (e fu creduto anche, che il levaſſe per queſto) egli era per pubblicar qualche decreto contra di loro. Potrebbe ciò far ſoſpettare, che le penne de' Religioſi, da i quali unicamente abbiamo le poche memorie della ſua vita, aveſſero oltre il dovere aggravata la fama di queſto Pontefice, [c] con giugnere fino a dire, aver egli ſcritto un Libro pieno d'ereſie: coſa manifeſtamente falſa, e non ſaputa da alcuno de gl'Italiani. Durò la vacanza della ſanta Sede ſei Meſi, e in queſto mentre inſorſero delle differenze fra *Ridolfo Re* de' Romani, e *Carlo Re* di Sicilia. Con tutte le belle promeſſe fatte dall'ultimo di rilaſciar tutto ciò, che ſpettava all'Imperio, dappoichè foſſe eletto ed approvato dalla ſanta Sede un Re de' Romani, od un Imperadore: non dovette egli permettere, che i Popoli della Toſcana, della quale s'intitolava Vicario, preſtaſſero il giuramento di fedeltà ad eſſo Re Ridol-

[a] *Ptolom. Lucenſis. Nangius, Rynaudus Annal. Ecclef.*

[b] *Ptolom. Lucenſis Hiſt. Ecclef.*

[c] *Siffridus in Chronic.*

ERA Volg.
ANN.1277.
(a)Raynaldus Annal.
Ecclef.
fo; ed effendo tuttavia Senator di Roma, non gli piacea, che
alcun veniſſe a prender ivi la Corona. (a) Nacque perciò nebbia di rancore fra queſti due Principi; e perciocchè Ridolfo ſi
preparava per calare in Italia, il ſacro Collegio de' Cardinali il
pregò di ſoſpendere la ſua venuta, finchè foſſe ſtabilita una buona concordia fra lui e il Re Carlo. Finalmente nel dì 25. di Novembre, feſta di Santa Catterina, i prima diſcordi Cardinali,
ſtretti dal Popolo di Viterbo, concorſero co i lor voti nell'elezione di *Giovanni Gaetano* della nobil Caſa de gli Orſini Romani,

(b) Ptolom.
Lucenf. Hiſtor. Ecclef.
Tom. XI.
Rer. Italic.
Jordanus
inChronico.
Memorial.
Poteſt.
Regienſ.
Bernardus
Guid.
Cardinal Diacono di S. Niccolò in Carcere Tulliano, (b) perſonaggio d'animo grande, e di non minore attività e prudenza,
ed amatore de' Religioſi, e ſopra tutto de' Frati Minori. Preſe
egli il nome di *Niccolò IIIr.* Non tardò a paſſar colla ſua Corte
a Roma, dove nella feſta di Santo Stefano fu ordinato Prete,
poi conſecrato e coronato. Fece anch' egli ſapere al Re Ridolfo,
ſe non erano prima acconce le ſue differenze col Re Carlo, che
ſoſpendeſſe la ſua venuta in Italia, come ſi può credere, così
imboccato da i Miniſtri del Re Carlo, il quale troppo gran mano allora avea nella Corte Pontificia, per non dire, ch'egli vi
facea da padrone.

DA che fu in Como *Ottone Visconte* Arciveſcovo di Milano,
dichiarò Capitano de'Nobili Milaneſi fuoruſciti Riccardo Conte
di Lomello, il quale venne a trovarlo con groſſa cavalleria e fanteria di Paveſi e Novareſi (c). Unito queſto gagliardo rinforzo
(c)Gualvaneus Flamma Manip.
Flor, c.313.
Annales
Mediolan.
Tom. XVI.
Rer. Italic.
Memor.
Poteſtat.
Regienſ.
Tom. VIII.
Rer. Italic.
Stephanard. Poem
Tom. IX.
Rer. Italic.
co i Comaſchi, dopo la preſa di Lecco, e d'altre Caſtella, paſsò l'Arciveſcovo colla ſua Armata alla Terra di Deſio. Allora
i Torriani con potente eſercito di cavalli e pedoni moſſero da
Milano, e vennero per fermare il corſo dell'Armata nemica. Si attaccò nel dì 21. di Gennaio, feſta di Santa Agneſe, un'atroce e ſanguinoſa battaglia; ma perciocchè chiunque militava dalla parte dell'Arciveſcovo, dicea daddovero; laddove da quella
de' Torriani molti non per genio, ma per non poter di meno,
aveano preſe l'armi: in fine la vittoria ſi dichiarò favorevole
all'Arciveſcovo. Non ſolamente rimaſe ſconfitto l'eſercito de'
Torriani, ma molti di loro ſteſſi vennero alle mani de'Comaſchi, che poi li rinſerrarono nelle carceri di Monte Baradello.
Fra queſti ſi contò lo ſteſſo *Napo*, o ſia *Napoleone*, Signor di
Milano, *Moſca* ſuo Figliuolo, *Guido*, *Herech*, o ſia Rocco,
Lombardo, e *Carnevale*. *Francesco* dalla Torre, che era il ſecondo Padrone di Milano, reſtò ucciſo da'villani. Non fu a tem-

po per intervenire a questo fatto d'armi *Caffone*, o fia Gaftone dalla Torre Figliuolo del fuddetto Napo, che con cinquecento cavalli fi trovava a Cantù. Ma udita ch'egli ebbe l'infaufta nuova della rotta de'fuoi, fenza perdere tempo, fpronò alla volta di Milano, dove trovò le porte chiufe. Entrato per forza, vide un altro dolorofo fpettacolo, cioè il Popolo, che dava il facco alla cafa fua, e de'fuoi parenti, e ftava in gran copia armato al Broletto. Volle fcacciare il Popolaccio intento al faccheggio, e ne ammazzò anche molti; ma fcorgendo che la gente della Città non gli preftava più nè ubbidienza nè aiuto, anzi temendo d'effere foprafatto dalla moltitudine, ufcì della Città, e cavalcò verfo Lodi. Ivi ancora trovò mutata la fortuna, perchè i Lodigiani gli ferrarono le porte in faccia: laonde fi ritirò a Cremona, e da gli fteffi Cremonefi fu pregato di andarfene; e però fi trasferì a Parma.

OTTONE Arcivefcovo, dopo aver falvata la vita a Napo dalla Torre, s'inviò col vittoriofo efercito alla volta di Milano. Gli venne incontro proceffionalmente il Clero e Popolo, gridando: *Pace, Pace*. Ed ebbero pace in fatti, perchè Ottone diede rigorofi ordini, che niuna vendetta faceffero i Nobili, nè foffe recato male o danno alcuno alle perfone e robe de' Cittadini. Vifitò prima d'ogni altra cofa la Bafilica Ambrofiana, e poi di comune confenfo del Popolo e de'Nobili fu acclamato Signor di Milano nel temporale. Fecero ofte i Pavefi nell'Aprile e Maggio al Caftello della Pietra *(a)*, dove fi erano afforzati i Nobili fuorufciti della loro Città, che tenevano la parte della Chiefa, cioè la Guelfa. Colà ancora in aiuto de'Pavefi fi portarono i Milanefi col loro Carroccio, e col rinforzo d'altre Città Ghibelline. Ma per effere venuta in foccorfo de gli affediati tutta la milizia di Parma, con affai cavalleria fpedita da Reggio, Modena, e Brefcia, fu d'uopo, che gli affedianti fi ritiraffero con poco lor gufto. Mirabil cofa è il vedere, come in quefti tempi foffero fempre in moto le milizie delle Città libere, e or qua or là, per propria difefa, e per foftenere i collegati, o la loro Fazione. Interpoftifi poi varj Pacieri, nel dì 15. di Novembre fi conchiufe concordia e pace fra gli ufciti di Pavia, e le Comunità di Cremona ed Aleffandria dall'una parte, e il Comune di Pavia e il Marchefe di Monferrato dall'altra: con che furono rilafciati tutti i prigioni. Alcuni masnadieri banditi da Parma e Cremona occuparono Guaftalla, che era in quefti tempi fotto il dominio di Cremona; ma effen-

ERA Volg. ANN.1277.

(a)*Cbronic. Parmenfo Tom. IX. Rer. Italic.*

dovi

Era Volg.
Ann.1277.
dovi preſtamente accorſi gli uomini di Caſtel Gualtieri, fu ricuperata quella Terra, e condotti que' malfattori incatenati a Cremona. Erano marciati alla volta di Ravenna ſecento cavalieri,
(a) Annal.
Bononienſ.
To. XVIII.
Rer. Italic.
ch'erano al ſoldo di Bologna (a), con ſeſſanta altri di que' Cittadini, per portare una buona ſomma di danaro a quella Città.
Aſſaliti per iſtrada da i Lambertazzi, ne reſtarono cento ſul campo, e circa ducento preſi col danaro furono condotti nelle carceri
di Faenza. Eſſendoſi ritirati a Firenze i Guelfi uſciti di Forlì (b),
(b)Chronic.
Forolivien.
To. XXII.
Rer. Italic.
cominciarono una tela co i Fiorentini, e co i Geremii Guelfi dominanti in Bologna, facendo loro infallibilmente ſperare l'acquiſto della Città di Forlì. Entrarono a braccia aperte in queſto
trattato eſſi Geremii, ed inviarono a Firenze per oſtaggi venticinque Figliuoli de' Nobili. Impegnarono anche per due anni le
gabelle per pagar la gente, che ſi aſſoldava. Il Podeſtà di Parma
con tutta la milizia di quella Città, e ducento cavalieri Reggiani, ed altrettanti Modeneſi, vennero in ſervigio d'eſſi Bologneſi.
Quattrocento pure Ravegnani andarono ad unirſi con loro. Marciò queſt'Armata nel dì 4. d'Ottobre ad Imola; e nello ſteſſo tempo il Conte Guido Selvatico da Dovadola, Capitano de' Soldati
ammaſſati in Firenze, e de'fuoruſciti di Forlì, paſsò di qua dall'
Apennino, e preſe molte Caſtella de' Forliveſi. Ribellaronſi allora a Forlì molti Caſtellani, e ſi fortificarono ſpezialmente in
Civitella e Valbona. Per opporſi a i loro avanzamenti uſcì in
campagna il Conte Guido da Montefeltro co i Forliveſi, e nel dì
14. di Novembre a forza d'armi ricuperò Civitella: il che baſtò
a mettere tal paura nel Conte Selvatico e ne' Fiorentini, che laſciando indietro molti cavalli, arneſi ed equipaggio, più che in
fretta ripaſſarono l'Apennino. Intanto i Bologneſi da Imola s'erano inoltrati fino al Ponte di San Procolo; ma inteſa la ritirata
de' Fiorentini, giudicarono ſaviezza il ritornarſene anch'eglino a
caſa. Era Signor di Verona in queſti tempi Maſtino dalla Scala.
Contra di lui fu fatta una congiura da molti Cittadini, tutti an-
(c)Chronic.
Veronenſe
Tom. VIII.
Rer. Italic.
noverati da Pariſio da Cereta (c); e coſtoro nel dì 17. di Ottobre
il fecero levar di vita da quattro aſſaſſini. A queſto avviſo Alber-
Memoriale
Poteſtat.
Regienſ.
Tom eod.
to dalla Scala ſuo Fratello, che era allora Podeſtà di Mantova,
(d) colla cavalleria di quella Città corſe a Verona, nè dimenticò
(d)Chronic.
Placentin.
Tom. XVI.
Rer. Italic.
di far aſpra vendetta de'congiurati, con reſtarvi tormentato ed
ucciſo chiunque gli cadde nelle mani. Gli altri, che fuggirono,
ebbero il bando, e furono confiſcati tutti i lor beni. Per volere
di quel popolo ſuccedette eſſo Alberto nel dominio di Verona.

Pre-

Pretende Albertino Muffato Storico Padovano (*a*), che gli Scaligeri, o vogliam dire i Signori dalla Scala, veniffero da baffi e
fordidi progenitori, venditori d'olio, effendo ftato portato Maftino I. dal favore della dominante Plebe a così alto grado. Gli e-
ruditi Veronefi meglio di me fapran dire, fe ciò fuffifta. Poffo
ben io afferire, che ancora in queft'Anno provò la Lombardia (*b*)
un terribil caro di viveri, ed inondazioni d'acque; fu inoltre una
gran mortalità d'uomini, e di beftiame per tutta l'Italia.

ERA Volg.
ANN.1277.
(a) Muffa-
tus Hiftor.
l.10.Rubr.2

(b)Chronic.
Parmenfe.

Anno di CRISTO MCCLXXVIII. Indiz. V².
di NICCOLO' III. Papa 2.
di RIDOLFO Re de' Romani 6.

A COSE grandi tendevano i penfieri del Romano Pontefice
Niccolò III. Il più ftrepitofo affare fu quello d'indurre *Ridolfo Re* de' Romani a rilafciare il dominio e poffeffo della Romagna, allegando la donazione fattane alla Chiefa Romana da Pippino Re di Francia, e confermata poi da diverfi fuffeguenti Imperadori. (*c*) Era da più Secoli in ufo, che non oftante i Diplomi e le donazioni, o conceffioni di quel paefe, continuarono i Re
d'Italia e gl'Imperadori a ritenere il dominio dell'Efarcato di
Ravenna, fenza che fe ne lagnaffero i Romani Pontefici: del
che a me fono afcofi i motivi e le ragioni. Ora il magnanimo
Papa Niccolò fece di vigorofe iftanze al Re Ridolfo per l'effet-
tiva ceffione della Romagna, non gli parendo convèniente, che
Ridolfo riteneffe come Stato dell'Imperio quello, che col fuo fteffo Diploma dicea d'aver conceduto alla Chiefa di Roma. Gran
dibattimento fu quefto vi fu; ma perchè Ridolfo non voleva ini-
micarfi un Pontefice di sì grand' animo, in tempo maffimamente che era nata guerra fra lui, ed *Ottocaro* formidabil Re di
Boemia, e Signore dell' Auftria e Stiria; per timore ancora,
ch' effo Papa non paffaffe a fomentare i difegni ambiziofi del
Re Carlo contra dell'Imperio; e finalmente per liberarfi dalle
cenfure, nelle quali era incorfo, o fi minacciava, che voleanfi
fulminare contra di lui full'efempio di Federigo II. per non
aver finora adempiuto il Voto della Crociata: certo è, ch'egli
forzato venne alla ceffion della Romagna in favore della Chiefa
Romana. E ficcome Ridolfo fpedì un fuo Ufiziale a metterne
il Papa in poffeffo, così il Papa invìò i fuoi Legati a quellè
Cit-

(c) Ptolom.
Lucenf. Hi-
ftor. Ecclef.
Tom. XI.
Rer. Italic.
Ricordano
Malafpin.
Giovan-
ni Villani,
ed altri.

ERA Volg.
ANN. 1278.

(a) Raynaldus in Annal. Ecclef.
(b) Chronic. Parmenfe Tom. IX. Rer. Italic.
(c) Sigon. de Regno Ital. lib. 20.

(d) Ricordano Malafp. cap. 204.
Giovanni Villani.
S. Antonin.

Città per farfi riconofcere Signore e Sovrano d' effe Terre. Intorno a quefto affare fon da vedere gli Annali Ecclefiaftici del Rinaldi (a). L' Autore della Cronica di Parma (b) fcrive, che *Semper Romani Pontifices de Republica aliquid volunt emungere, quum Imperatores ad Imperium affumuntur*. Non fi sa, che Ferrara e Comacchio riconofceffero la Sovranità Pontificia. Bologna (c) la riconobbe, ma con certe condizioni e riferve. Alcune Città fi diedero liberamente al Papa, altre negarono di farlo. Ma certo non cadde punto allora in penfiero alla Corte di Roma di pretendere Città dell' Efarcato Modena, Reggio, Parma, e Piacenza, come gli adulatori de gli ultimi Secoli cominciarono a fognare o a fingere con ingiuria della verità patente.

L' ALTRO grande affare, a cui s' applicò il Pontefice, fu quello di abbaffar la potenza di *Carlo Re* di Sicilia. Covava egli in fuo cuore non poco d'odio contra di lui. Ricordano Malafpina (d) ne attribuifce l' origine all' aver egli richiefta per Moglie d' un fuo Nipote una Nipote d'effo Re Carlo, con riportarne la negativa, avendo rifpofto il Re, che non era degno il lignaggio d' un Papa di mifchiarfi col fuo Regale, perchè la di lui fignoria non era ereditaria. Così almeno fi diffe; e che quefto Pontefice foffe appaffionato forte per l'efaltazione della fua Famiglia, di maniera che alcuni l' hanno fpacciato per autore del Nepotifmo, lo accennerò fra poco. Noi non falleremo credendo, che ad effo Papa difpiaceffe forte la maniera tirannica, con cui il Re Carlo governava la Puglia e Sicilia, e il mirarlo far da Padrone in Roma, come Senatore, con volere effo Re raggirare a fuo modo la Corte Pontificia, maffimamente nell'occafion della Sede vacante, effendofi detto, che i fuoi maneggi nell'ultimo Conclave erano ftati forti, per impedir l' elezione del medefimo Pontefice Niccolò, e per farla cadere in qualche Cardinal Franzefe. Crebbe ancora la di lui avverfione, perchè trattandofi di riunir la Chiefa Greca colla Latina, il Re Carlo per foftener le pretenfioni di *Filippo* fuo Genero all' Imperio d' Oriente, guaftava tutte le orditure del Papa, col dar fomento a gli Scifmatici ribelli dell' Imperador Greco *Michele Paleologo*, Principe inclinato all' unione e pace delle Chiefe. La conclufione di tutto quefto fi è, che il Papa induffe il Re Carlo a rinunziare al Vicariato della Tofcana, per foddisfare alle premure del Re Ridolfo; ed infieme al grado di Senatore di Roma. Dopo di che

che fece una Coſtituzione (*a*), in cui rammemorando la Dona-
zion benchè falſa di Coſtantino, proibiſce da lì innanzi l'eſaltare al poſto di Senatore alcuno Imperadore, Re, Principe, Duca, Marcheſe, Conte, e qualſivoglia perſona potente. Calò la
teſta il Re Carlo, perchè anch'egli temeva, che ſe ricalcitraſ-
ſe, un Papa di tanto nerbo gli rivolgeſſe contra l'armi del Re
Ridolfo e de gl'Italiani.

SECONDO la Cronica di Parma (*b*), nel precedente Anno i
Torriani cacciati da Milano cominciarono la guerra contra di
Otton Visconte, Arciveſcovo e Signore di quella Città. Nel Meſe di Giugno entrò *Caſſon dalla Torre* co' ſuoi parenti in Lodi:
alla qual nuova i Milaneſi col Carroccio, e i Paveſi anch'eſſi col
Carroccio loro, ſi portarono ad aſſediar quella Città. Ma venuto *Raimondo dalla Torre* Patriarca d'Aquileia con un groſſo corpo di cavalleria e di baleſtrieri Furlani, con cui ſi unì la milizia di Cremona, Parma, Reggio, e Modena, queſto eſercito fece levar quell'aſſedio. Nulla di ciò ſi legge preſſo gli Storici Milaneſi ſotto il ſuddetto precedente Anno, perchè tali fatti ſon
da riferire al preſente, nel quale ſi ſa che i Torriani fecero gran
guerra a Milano (*c*). *Caſſon dalla Torre*, uomo d'intrepidezza
mirabile, ſecondo il Corio (*d*), entrò di Maggio, ſiccome poco
fa è detto, in Lodi con truppe Tedeſche e Furlane, e co i ſuo-
ruſciti di Milano, e diede principio alle oſtilità con iſcorrere fino alle porte di Milano e far prigioni circa mille tra Nobili e
Popolari. Atterrito da queſto avvenimento Ottone Arciveſcovo,
per rimediarvi, e per rinforzare il partito ſuo, giudicò bene
di condurre per Capitano de' Milaneſi *Guglielmo Marcheſe* di
Monferrato, Principe di gran potenza. Imperciocchè, ſe è vero
ciò, che ha l'Autore della Cronica di Piacenza (*e*), egli era
Capitano e Signore anche di Pavia, Novara, Aſti, Torino, Alba, Ivrea, Aleſſandria, e Tortona, ed in queſto medeſimo Anno nel dì 3. di Luglio ebbe la Signoria di Caſale di Monferrato
per dedizion di quel Popolo. Ma il Capitanato di Pavia l'ebbe
egli molto più tardi, e così d'altre Città, ſiccome diremo. Benvenuto da S. Giorgio (*f*) cita lo Strumento, con cui nel dì 16.
d'Agoſto i Milaneſi conduſſero per lor Capitano eſſo Marcheſe
colla provviſione annuale di dieci mila lire, e di cento lire ogni
giorno, per anni cinque avvenire. Venne il Marcheſe a Milano
con cinquecento uomini d'armi, e poi di Settembre conduſſe
tutte le forze ſue e de'Milaneſi e Paveſi contra di Lodi. Diede

ERA Volg.
ANN. 1278.
(a) C. Fun-
damentum,
de Election.
in Sexto.

(b) Chronic.
Parmenſe
Tom. IX.
Rer. Italic.

(c) Gualv.
Flamma
Manipul.
Flor. c. 315.
Annales
Mediolan.
Tom. XVI.
Rer. Italic.
(d) Corio,
Iſtor. di Mi-
lano.

(e) Chronic.
Placentin.
Tom. XVI.
Rer. Italic.

(f) Benven.
da S. Gior-
gio Iſtor.
del Monfer-
rato, To. 23.
Rer. Italic.

Era Volg.
Ann.1278. de il guasto al paese, prese qualche Castello di poca resistenza; ma all'udire che i Cremonesi e Parmigiani, aiutati anche da i Reggiani e Modenesi, s'appressavano con grande sforzo in aiuto de' Torriani, se ne tornò bravamente a Milano. Abbiamo nondimeno da Galvano Fiamma, che passarono male in quest' Anno gli affari de' Milanesi, perchè Casson dalla Torre prese Marignano, Triviglio, Caravaggio, ed altri Luoghi; ridusse quasi in cenere Crema; diede il guasto al territorio di Pavia; altrettanto fece all' Isola di Fulcherio; ed ebbe tal coraggio, che con una scorreria arrivò fin sotto Milano, e scagliò l' asta sua contra di Porta Ticinese. Nel dì 10. d'Agosto s' impadronì ancora di Cassano e di Vavrio, e menò da ogni parte gran quantità di prigioni: cose tutte, che obbligarono Ottone Arcivescovo e i Milanesi, siccome abbiam detto, a chiamare Guglielmo Marchese di Monferrato e a dargli la bacchetta del comando militare. In queste liti fra i Milanesi e Torriani non si vollero mischiare i Piacentini.

SPEDI' in quest' Anno il Pontefice *Niccolò III.* a Bologna *Fra Latino* dell' Ordine de' Predicatori, suo Nipote, cioè Figliuolo d'una sua Sorella, Cardinale, Vescovo d'Ostia, e Legato della Romagna, Marca, Lombardia, e Toscana, acciocchè trattasse di pace fra le Città di quelle contrade, e fra i Geremii e i Lambertazzi usciti di Bologna. Così calde furono intorno a ciò le

[a] *Matth. de Griffoni- bus Histor. Bononienf. To. XVIII. Rer. Italic. Ghirar- dacci Istor. di Bologna. Sigonius de Regno I- tal. lib. 20.
[b] *Ricord. Malaspina cap. 205.*
[c] *Chronic. Patavin. Tom. VIII. Rer. Italic.*
[d] *Chronic. Estense Tom. XV. Rer. Italic.*
[e] *Raynau- dus in An- nal. Ecclef. num. 77.* premure del Papa, così efficaci i maneggi del Cardinale Legato, e di *Bertoldo Orsino* Conte della Romagna, Fratello d'esso Papa, [a] che quantunque s'incontrassero di molte opposizioni, pure si disposero gli animi a ricevere la concordia, a cui si venne poi nell' Anno seguente, siccome appresso diremo. Passò dipoi in Toscana [b] il medesimo Cardinale Latino, ed entrò in Firenze nel dì 8. di Ottobre, con porre anch' ivi le fondamenta della pace, che seguì nell' Anno vegnente fra i Guelfi e i Ghibellini. Ebbero nel presente guerra i Padovani co i Veronesi [c], e coll' esercito si portarono all' assedio della Terra di Cologna. Uniti con esso loro furono a questa impresa i Vicentini sudditi, ed *Obizzo* [d] *Marchese* d'Este, e Signor di Ferrara, il quale, siccome collegato, o pur come principale, andò colle sue genti in aiuto loro. Durò quell' assedio quarantadue giorni; in fine l'ebbero a patti, e sembra, che la restituissero al suddetto Marchese, i cui Antenati ne erano stati padroni. Da gli Annali Ecclesiastici abbiamo [e], che il Pontefice Niccolò stese il suo desiderio della pace non

sola

folo alle Città della Romagna, ma anche a quelle della Lombar- ERA Volg.
dia, con aver data facoltà a' fuoi Miniftri di affolvere dalle cen-ANN.1278.
fure, e liberar dall'Interdetto il *Conte Guido* di Montefeltro, il
Marchefe di Monferrato, le Città d'Afti, Novara, Vercelli, Pavia, e Verona, purchè giuraffero di fottometterfi a i comandamenti del Papa. Non piacevano già al *Re Carlo* quefti paffi,
perch'egli tendeva ad effere l'arbitro dell'Italia, e il Papa molto
più di lui pretendeva a quefta gloria. Nè fi dee tacere, che in
queft'Anno [a] effendo receduto *Ottocaro* fuperbo e potente Re [a] *Æneas*
di Boemia dalla convenzione ftipulata con *Ridolfo* Re de' Romani *Silvius in*
per gli affari del Ducato d'Auftria, ed avendo già ricominciata la *Hift. Auftr.*
guerra contra di lui: nel dì 26. d'Agofto fi venne ad un fieriffi- *Annalib.*
mo fatto d'armi fra i due nemici eferciti in vicinanza di Vienna. *Chronic.*
Reftò fconfitta l'Armata Boema, e lo fteffo Re Ottocaro vi lafciò *Colmar.*
la vita: per così gloriofa vittoria altamente crebbe in credito e
potenza il Re Ridolfo.

Anno di CRISTO MCCLXXIX. Indiz. VII.
di NICCOLO' III. Papa 3.
di RIDOLFO Re de' Romani 7.

PER opera del *Cardinale Latino* Legato Apoftolico, e di *Ber-*
toldo Orfino Conte di Romagna, feguì nell'Anno prefente
pace e concordia fra i Geremii Guelfi fignoreggianti in Bologna,
[b] e i Lambertazzi Ghibellini fuorufciti. Rientrarono quefti ul-[b] *Matth.*
timi nella patria nel dì 2. d'Agofto, e nel dì 4. fi fece una folen-*de Grifonib.*
ne riconciliazione delle medefime fazioni, con fefte grandi, ed *To. XVIII.*
universale allegrezza. Anche in Faenza il fuddetto Cardinale Le-*Rer. Italic.*
gato accordò infieme gli Accarifi co i Manfredi fuorufciti, e i lor *Sigonius*
feguaci. Parimente in Ravenna il Conte Bertoldo colla pace con-*de Regno*
chiufa fra i Polentani e i Traverfari [c], rimife la quiete. Ma *Ghirardac-*
non andò molto, che in Bologna fi fconcertarono di nuovo gli af-*ci Iftor. di*
fari per quel maledetto veleno, che infettava allora univerfal-*Bologna.*
mente il cuore de gl'Italiani. Truovo io quì dell'imbroglio, for-[c] *Chronic.*
fe nato dall'Anno Pifano, adoperato da qualche Storico. Il Sigo-*Forolivien.*
nio (fe pure fin quì egli giunfe colla fua Storia) differifce [d] *Rer. Italic.*
l'entrata de' Lambertazzi in quella Città, e la lor replicata ufci- [d] *Sigon.*
ta, fino all'Anno feguente: nel che vien egli feguitato dal Ghi-*de Regno I-*
tardacci. Per lo contrario Ricobaldo [e] Storico di quefti tem-*tal. lib.20.*
[e] *Ricobal-*
dus in Pom.
Tom. IX.
Rer. Italic.

ERA Volg.
ANN.1279.
(a) Memoriale Potest. Regienf. Tom. VIII. Rer. Italic.
(b) Matth. de Griffonibus Hiftor. Bononienf. To. XVIII. Rer. Italic.
(c) Pipinus Chronicon Bononienf. Tom. IX. Rer. Italic.
(d) Annales Veter. Mutinenf. Tom. XI. Rer. Italic.
(e) Chronic. Parmenfe Tom. IX. Rer. Italic.
(f) Chronic. Forolivien. Tom. 22. Rer. Italic.
(g) Chronic. Cafen. Tom. XIV. Rer. Italic.

pi, l'Autore della Cronica di Reggio (a), anch'effo contemporaneo, Matteo Griffone (b), Frate Francefco Pipino (c), gli Annali vecchi di Modena (d), e la Cronica di Parma (e), concordemente fcrivono, che nell'Anno prefente tornarono i Lambertazzi in Bologna, e pofcia nel Mefe di Dicembre di nuovo fi riaccefe la guerra civile fra effi e la contraria fazione de' Geremii. Perlocchè pare da anteporre quefta fentenza all'altre. Tuttavia la Cronica di Forlì (f), che fembra molto efatta, la Mifcella di Bologna, e gli Annali di Cefena (g) vanno d'accordo col Sigonio. Sia come effer fi voglia, o foffe la troppa alterigia de' Lambertazzi, o pur la durezza de gli altri nel non volerli ammettere a i pubblici Ufizj, tengo io per fermo, che correndo il dì 20. ovvero il 21. di Dicembre [altri dicono nella vigilia del Natale] dell'Anno prefente fi levò rumore in Bologna; e i Lambertazzi furono i primi a prendere l'armi con impadronirfi della Piazza, ed uccidere chiunque de' Geremii veniva loro alle mani, e con attaccar fuoco a una cafa de' Lambertini. Allora i Geremii, fanti e cavalli, raunati vennero al *conflitto*, e sì virilmente affalirono gli avverfarj, che li mifero finalmente in rotta, e gli obbligarono a fuggirfene di Città. Molti dall'una parte e dall'altra rimafero morti; e dappoichè furono ufciti i Lambertazzi, le lor cafe [e quefte furono in gran copia] pagarono la pena de' lor padroni, con reftare fpogliate, e pofcia diftrutte: coftume pazzo di tempi sì barbari: che non merita già altro nome il voler gaftigare le infenfate mura, e il deformare la propria Città, per far difpetto e danno a gli ufciti fuoi Fratelli. Si rifugiarono di nuovo gli ufciti Lambertazzi in Faenza, e tornò come prima a rinvigorirfi la guerra fra effi e Bologna. S'erano moffi i Modenefi, Reggiani, e Parmigiani, per foccorrere in quefta occafione la fazion de' Geremii; ma non vi fu bifogno del loro aiuto. Mirava *Guglielmo Marchefe* di Monferrato, Capitano del Popolo di Milano, la difficultà di abbattere colla forza i Torriani, i quali s'erano ben fortificati in Lodi, aveano già prefe parecchie Terre e Caftella del Milanefe, e teneano nelle lor carceri molte centinaia di Milanefi, e fpezialmente Nobili. (h) Però ficcome volpe vecchia, ed uomo ufato alle cabbale, cercò per altra via di tagliar loro le penne. Ottenuta pertanto licenza da' Milanefi, moffe propofizioni fegrete di aggiuftamento con *Caffone dalla Torre*, e con *Raimondo* pure dalla Torre, Patriarca d'Aquileia. Reftò conchiufa la pace nel

(h) Gualv. Flam. Ma-nipul. Flor. cap. 316. Annales Mediolan. Tom. XVI. Rer. Italic. Memorial. Poteftat. Regienf. ut fupra.

nel Mese di Marzo, colla remiffion delle ingiurie e de i danni Era Volg. Ann. 1279.
dati, colla vicendevol liberazion de' prigioni, e con patto che
i Luoghi prefi ful Milanefe fi depofitaffero in mano di perfone amiche, e fi reftituiffero a i Torriani tutti i lor beni allodiali.

OTTENUTO che ebbe il Marchefe quanto voleva, e maffimamente i prigioni, fi fece poi beffe de i Torriani, nè loro
mantenne alcun patto, (a) e poi ripigliò Trezzo, e l'Ifola di (a) Ventura Chronic. Aftenfe cap. 13. Tom. XI. Rer. Italic.
Fulcherio. Con pubblico manifefto, mandato al Papa, a tutti
i Re e Principi, fi dolfero i Torriani di quefto tradimento; e
perchè ne fecero gran doglianza col Marchefe fteffo, ebbero per
rifpofta, aver ben egli fatte quelle promeffe, ma che andaffero
eglino a cercare chi loro le manteneffe, perch' egli a ciò non s'
era obbligato. Tentò pofcia il Marchefe con frodi di ricuperar
altre Caftella: il che non gli venne fatto. Anzi Gotifredo dalla Torre con cinquecento cavalieri entrato nel Caftello d'Ozino,
cominciò afpra guerra contro a' Milanefi, fece affaiffimi prigioni, e diede preffo Albairate una rotta al Podeftà ed efercito de'
Pavefi. Ottone Visconte veggendo così crefcere le forze de' Torriani, ordinò al Marchefe di far venir dal Monferrato cinquecento fanti. Mife poi l'affedio al Caftello d'Ozino, che in fine fu prefo e diroccato. Abbiamo anche dalla Cronica di Par-
ma (b), che effo Marchefe con tutta la poffanza de' Milanefi (b) Chronic. Parmenfe Tom. IX. Rer. Italic.
cavalcò all'Adda con difegno di fare un letto nuovo a quel Fiu-
me, acciocchè non veniffe a Lodi. Allora i Parmigiani con tutta la milizia andarono in aiuto de' Torriani a Lodi, dove erano
anche i Cremonefi; nè di più vi volle, perchè il Marchefe, abbandonato il cavamento, fi ritiraffe con poco garbo a Milano.
Effendo ftata bruciata in Parma nel dì 19. d'Ottobre per fentenza dell'Inquifitore una Donna nomata Todefcha, come ere-
tica, una mano di cattivi uomini corfe al Convento de' Frati
Predicatori, diede il facco a quel luogo, percoffe e ferì molti
di que' Religiofi, ed uno ne uccife vecchio e cieco: per la quale violenza i Frati la mattina feguente colla Croce inalberata fe
n'andarono da Parma a Firenze, per lamentarfene col Cardinale Latino Legato Apoftolico. Tennero lor dietro a Reggio, Modena, e Bologna, il Podeftà, il Capitano, gli Anziani, e i Canonici di Parma, fempre fcongiurandoli di tornare indietro, promettendo di rifar loro qualunque danno, che afferiffero loro fatto; ma a nulla giovò. Proceffarono i Parmigiani tutti que' mal-

fat-

ERA Volg.
ANN.1279.

fattori, e li gaftigarono con várie pene; rifecero ancora tutti i danni. Ciò non oftante, e quantunque il Comune di Parma niuna ingerenza aveffe avuta nel misfatto : pure il Cardinal Latino citò il Podeftà, il Capitano, gli Anziani, e il Configlio con dodici de' principali di Parma a comparire davanti a lui in Firenze in un determinato tempo. Spedirono i Parmigiani il Capitano del Popolo con fei Ambafciatori colà; ma per quanto fapeffero dire in ifcufa del Comune, niun conto fu fatto delle loro ragioni, e fi fulminò la fcomunica contra gli Ufiziali del Pubblico, e la Città fu aggravata coll'Interdetto. Così fi operava

[a] Memor.
Potestat.
Regienf.
Tom. VIII.
Rer. Italic.

in quefti tempi. Effendo ftata tolta a i Reggiani [a] da Tomafino da Gorzano, e da i Signori da Banzola la Pietra di Bismantoa, celebre per la menzione, che ne fanno Donizone e Dante: nel Mefe di Maggio il Popolo di Reggio coll'aiuto de' Parmigiani, Modenefi, e Bolognefi, la ftrinfe d'affedio, e dopo quindici dì a buoni patti la ricuperò. La Città d'Afti anch' effa riebbe alcune centinaia di fuoi Cittadini, che erano prigioni in Provenza, con promettere a Carlo Re di Sicilia il pagamento di trenta cinque mila Lire d'Imperiali, pel quale fi

[b] Caffari
Annal. Genuenf. l. 9.
Tom. VI.
Rer. Italic.

fecero malevadori alcuni ricchi Genovefi [b]. Del refto nel primo dì di Maggio dell'Anno prefente una terribile fcoffa di Tremuoto fi fentì per quafi tutta l'Italia. Il maggior danno, ch'effa recò, fu nella Marca d'Ancona, dove due parti di Camerino andarono a terra, e vi perirono molte perfone. Fabriano, Matelica, Cagli, San Severino, Cingoli, Nocera, Foligno, Spello, ed altre Terre ne rifentirono un grave nocumento.

Anno di CRISTO MCCLXXX. Indizione VIII.
di NICCOLÒ III. Papa 4.
di RIDOLFO Re de' Romani 8.

[c] Raymondus Annal.
Ecclefiaft.

LE Lettere fcritte nel Gennaio di queft' Anno dal Pontefice Niccolò III. a Bertoldo Orfino fuo Fratello e Conte della Romagna, e rapportate dal Rinaldi [c], ci afficurano, che nel Dicembre antecedente era feguita l'efpulfion de' Lambertazzi da Bologna. In effe a lui e al Cardinale Latino Legato Apoftolico ordina il Papa di cercare rimedio al difordine accaduto, di punire i delinquenti, e di riftabilire la pace fra le difcordi fa-

fazioni. Ma di fieri intoppi fi trovarono: cotanto erano inafpri- EraVolg.
ti ed infelloniti fra di loro gli animi de'Geremii dominanti in Ann.1280.
Bologna, e de'Lambertazzi efclufi. [*a*] Fece il Conte Bertoldo [a]Ghirar-
dacci Iftor.
di Bologn.
venire a Ravenna i Sindachi dell'una e dell'altra parte, e ri-
gorofi comandamenti impofe a tutti. E' da ftupire, come il Ghirardacci, che ne rapporta gli Atti fatti fotto l'Anno prefente,
non fi accorgefse, che la cacciata de i Lambertazzi dovea efsere
feguita nel precedente Dicembre. Ma mentre il Pontefice era
tutto pieno di gran penfieri per regolare il Mondo Criftiano a
modo fuo, eccoti l'ineforabil falce della morte, che troncò tut-
ti i fuoi vafti difegni. [*b*] Trovavafi egli nella Terra di Soria- [b]Bernard.
Guid. in
Vita Ni-
colai III.
P.I.Tom.3.
Rer. Italic.
Jordanus
in Chronic.
no prefso Viterbo, e colpito da un accidente apopletico, fenza
poter ricevere i Sacramenti della Chiefa, chiufe gli occhi alla
vita prefente nel dì 22. d'Agofto. Era preceduta in Roma una
terribil innondazione del Tevere, che fecondo gli ftolti fu poi
creduta indizio della morte futura del Papa. La frefca di lui
età, e il temperato modo del fuo vivere, aveano fatto credere, che la fua vita fi ftenderebbe a moltiffimi anni avvenire ;
ma fallaci troppo fono i prognoftici de'mortali; e fu affai, che
non correffe fofpetto di veleno in così inafpettata e fubitanea
morte, fapendofi, che l'aver egli con tanta altura efercitato il
governo fuo, gli avea tirato addoffo l'odio di parecchi, e maffimamente di *Carlo Re* di Sicilia. Molte furono le di lui Virtù,
e maffimamente la magnificenza, [*c*] da cui fpinto fabbricò un [c]Ptolom.
Lucenf. Hi-
ftor. Ecclef.
Tom. XI.
Rer. Italic.
funtuofo Palagio per li Pontefici preffo S. Pietro, con un ampio
e vago Giardino, cinto di mura e torri a guifa d'una Città, e
un altro in Montefiafcone. Rinovò egli quafi tutta la Bafilica
Vaticana. L'Epitafio fuo fi legge nella Cronica di Frate Fran-
cefco Pipino [*d*]. Ma reftò aggravata la di lui memoria dalla [d]Francif.
Pipinus
Chronic.
Bononienf.
Tom. IX.
Rer. Italic.
foverchia anfietà d'ingrandire ed arricchire i proprj parenti. [e]Ricord.
Malafpin.
cap. 204.
Spogliò di varie Terre i Nobili, [*e*] e maffimamente di Soria-
no i fuoi Signori, imputati d'erefia, per inveftirne i proprj
Nipoti. Tolfe alla Chiefa Caftello Santo Agnolo, e diello ad
Orfo fuo Nipote. Creò più Cardinali fuoi parenti; e Bertoldo
Orfino fuo Fratello, Conte della Romagna. Faceva eleggere
tutti i fuoi congiunti per Podeftà in varie Città. Fu anche det-
to, [*f*] che le grandiofe fue fabbriche furono fatte col danaro [f]Francif.
Pipinus
Chronic.
raccolto dalle Decime, ordinate in foccorfo di Terra fanta, e
ch'egli fegretamente aveffe mano nel trattato contra del Re Carlo per la ribellion di Sicilia, ficcome appreffo diremo. Ma il

ERA Volg.
ANN.1280.
(a) Ptolom.
Lucenf.
Hift. Eccl.
Tom. III.
Rer. Italic.
Jordanus.
Platina,
Blondus,
& alii.

fuo più gran progetto di novità [fe pure è vero] fu quello, di cui dicono (a), ch'egli trattò col *Re Ridolfo*. Cioè di formar quattro Regni del Romano Imperio. Il primo era quello della Germania, che dovea paffare in retaggio a tutti i difcendenti d'effo Ridolfo Re de' Romani. Il fecondo il Regno Viennefe, o fia Arelatenfe, che abbracciava il Delfinato e parte dell'antica Bor-gogna. Quefto dovea effere dotale di *Clemenza* Figliuola d'effo Re Ridolfo, maritata dipoi con *Carlo Martello* Nipote di *Carlo* Re di Sicilia, e de' fuoi difcendenti. Il terzo della Tofcana, e il quarto della Lombardia: i quai due ultimi, Regni egli meditava di conferire a i fuoi Nipoti Orfini. Quefto Pontefice, che facea tremar tutti, s'era anche fatto dichiarar Senatore perpetuo del Popolo Romano, ed avea pofto dipoi per fuo Vicario in quell'U-fizio Orfo fuo Nipote. Ma appena s'intefe la certezza di fua mor-

(b) Vita
Nicolai III
P.I.T.III.
Rer. Italic.

te (b), che gli Annibaldefchi, Famiglia potente in Roma, fi follevarono co i loro aderenti, e vollero per forza aver parte nel Senatorato, di modo che uopo fu di crear due Senatori, l'uno Or-fino, e l'altro Annibaldefco, fotto il governo de' quali fuccede-rono pofcia molti omicidj, diffenfioni, e malanni; e tutti quefti

(c) Sigon.
de Regno
Italiæ.
(d)Chronic.
Bononienfe
To. XVIII.
Rer. Italic.
(e) Ghirar-
dacci Iflor.
di Bologna.
(f)Memor.
Poteflat.
Regienf.
Tom. VIII.
Rer. Italic.
(g) Annales
Veter. Mu-
tinenf.
Tom. XI.
Rer. Italic.
(h) Chron.
Parmenfe
Tom. IX.
Rer. Italic.
(i)Chronic.
Eftenfe
Tom. XV.
Rer. Italic.
(k) Matth.
de Griffon.
To. XVIII.
Rer. Italic.

impuniti. Parimente allora il popolo di Viterbo difcacciò vergo-gnofamente dalla fua Podefteria Orfo de gli Orfini, Nipote del defunto Papa; e pafsò all'affedio di un Caftello. Ma venuto il Conte Bertoldo con affai foldatefche, e con quelle ancora di To-di, li fece dare alle gambe, e prefe molti uomini, e tutte le lor tende. Durò poi la vacanza del Pontificato quafi fei Mefi.

IN queft'Anno, a mio credere, accaddero le difgrazie della Città di Faenza, e non già nel feguente, come ha il Sigonio (c) [fe pure fon di lui, e non giunte fatte a lui, le memorie di que-fti tempi] e come la Cronica Mifcella di Bologna (d), e dopo effa il Ghirardacci (e), il quale imbrogliò la Storia fua con dif-ferire fino ad effo Anno 1281. la ripatriazione de' Lambertazzi, e la loro feconda cacciata. Seguito io qui l'Autore della Cronica di Reggio (f), che fioriva in quefti tempi, e la Cronica antica di Modena (g), di Parma (h) e l'Eftenfe (i), e la Bolognefe di Matteo Griffoni (k). Per atteftato di tali Scrittori, Tibaldello da Faenza della Cafa nobile de' Zambrafi, ma fpurio, effendo malcontento de' Lambertazzi rifugiati in Faenza [dicono a cagio-ne di una porchetta a lui rubata] fi mife in penfiero di fterminar-li. Con quefto mal animo ito a Bologna, concertò co i Geremii di tradire la patria, e di darne loro la tenuta. In fatti una notte ebbe

ebbe maniera il traditore di aprir' una Porta, per cui entrato l'esercito Bolognese e Ravegnano s'impadronì della Piazza, e poi si diede alla caccia di que' Lambertazzi, che si trovavano nella Città, giacchè un' altra parte d'essi era colla metà del Popolo di Faenza all' assedio d'un Castello. Molti ne furono uccisi, altri presi, ed altri ebbero la fortuna di salvarsi colla fuga. Mossero le lor milizie in tal congiuntura i Parmigiani, Reggiani, e Modenesi, per dar braccio a i Geremii Guelfi, loro collegati, ed arrivati ad Imola vi si fermarono parecchi giorni, finchè i Bolognesi avessero ben' assicurata la lor conquista di Faenza. L'iniquo Tibaldello, cacciato per questo da Dante nell' Inferno, ebbe per ricompensa la Nobiltà di Bologna, e varj privilegj; ma Dio fra due anni il chiamò al suo tribunale nella battaglia di Forlì. Se crediamo al Ghirardacci, il proditorio acquisto di Faenza seguì nella notte antecedente al dì 24. d'Agosto, e per questo sì egli, come gli altri Storici Bolognesi, asseriscono istituito il pubblico spettacolo, che tuttavia dura, della Porchetta nella festa di San Bartolomeo. Ma sarebbe prima da accertar bene, se nel dì suddetto accadesse la presa di Faenza. Nella Cronica di Parma, di Reggio, e nell' Estense vien questa riferita al dì dieci di Novembre. Matteo Griffoni la mette nel dì 13. di Dicembre. In quest' Anno ancora *Guido Conte* di Montefeltro s'impadronì di Sinigaglia per tradimento, e vi uccise barbaricamente circa mille e cinquecento persone (a). Fu cacciata da Vercelli la parte Ghibellina nel Mese di Settembre. In quest' Anno *Guglielmo Marchese* di Monferrato co i Milanesi, ed altri collegati, andò a dare il guasto al territorio di Lodi. Il perchè i Parmigiani e Reggiani colla lor cavalleria e fanteria si portarono in soccorso de' Torriani, e di quella Città. Fu guerra eziandio nell' Anno presente fra i Padovani e Veronesi. In aiuto de' primi marciò *Obizzo Marchese* d'Este, Signor di Ferrara. Scrive uno Storico di Padova essere stato sì magnifico il carriaggio d'essi Padovani, che occupava lo spazio di quindici miglia. La credo una spampanata. Ma con un trattato di pace si mise fine a tutte le ostilità. Avendo *Jacopo Contareno* Doge di Venezia per la sua troppo avanzata età rinunziato al governo, (b) venne sustituito in suo luogo *Giovanni Dandolo*.

(a) *Gazeta in Chronic. Regienf. Tom. eod.*

(b) *Dandul. in Chronic. Tom. XII. Rer. Italic.*

Anno di Cristo mcclxxxi. Indizione ix.
di Martino IV. Papa 1.
di Ridolfo Re de' Romani 9.

Era Volg.
Ann.1281.

GIACCHE' non era riufcito a *Carlo Re* di Sicilia di far eleggere a modo fuo un Romano Pontefice nella precedente vacanza della fanta Sede : del che egli s'era trovato molto male :
tanto ftudio mife quefta volta, che ottenne l'intento fuo. Adoperò infin le violenze ; imperciocchè non effendo allora chiufo il
Conclave, perchè era ftata abolita la coftituzione di Gregorio X.
ed opponendofi a tutto potere due Cardinali della Cafa Orfina ,
cioè *Matteo Roffo*, e *Giordano*, acciocchè non fi eleggeffe un Papa Franzefe : [a] il Re Carlo moffe il Popolo di Viterbo, dove
erano i Cardinali, e Riccardo de gli Annibaldefchi Signore della
Città medefima, a rinferrare in una camera que' due Cardinali,
col pretefto che impediffero l'elezione. V'aggiunfero pofcia il
terzo, cioè *Latino Cardinale*, Vefcovo d'Oftia, Nipote anch'
effo del defunto Niccolò III. e li riduffero a pane ed acqua , di
modo che volere o non volere, convenne che i Cardinali Italiani
concorreffero ad eleggere quel Papa, che piacque al Re Carlo,
cioè un Papa Franzefe. Fu non fenza ragione creduto, che le
difgrazie fopravenute poco appreffo al medefimo Re, fuffero un
gaftigo della mano di Dio contra chi sì fconciamente s'abufava
della potenza fua in danno e fcandalo della Chiefa. Videfi dunque alzato fulla Sede di S. Pietro nel dì 22. di Febbraio *Simone
Cardinale* di Santa Cecilia, Franzefe di nazione, perchè nato
a Mompincè in Brie, ma chiamato da gl'Italiani Turonenfe, perchè era ftato Canonico e Teforiere della Chiefa di S. Martino di
Tours. Egli prefe il nome di *Martino IV.* tuttochè fecondo il
retto parlare fi doveffe nominar folamente Martino II. Non
mancò egli di far fubito conofcere l'eccelfiva gratitudine fua al
Re Carlo, con ifpofar come fuoi proprj tutti i di lui intereffi.
Una nondimeno delle prime fue imprefe fu di ritirarfi ad Orvieto, e di fcomunicar que' Viterbefi, che aveano ufata violenza a
i Cardinali, e di fottoporre all'Interdetto la Città medefima.
Pofcia ottenne effo Papa da i Romani il grado di Senator perpetuo con facoltà di fuftituire ; e pofevi in fuo luogo il Re Carlo,
creandolo di nuovo Senatore di Roma, fenza far cafo della Coftituzione contraria di Niccolò III. [b] Non foleva mettere Ufi-

zia-

[a] *Ricorda-
no Malafp.
Giovan-
ni Villani.
Raynaudus
Ann. Eccl.
S. Antonin.
Jordanus
in Chronico,
& alii.*

[b] *Vita
Martini IV.
P.I.Tom 3.
Rer. Italic.
Jordanus
in Chronic.
Ptolomeus
Lacenf. Hi-
ftor. Ecclef.
Tom. XI.
Rer. Italic.*

ziale o Governatore nelle Città dello Stato Ecclefiaftico, che non fofse prefo dalla Cafa e Famiglia del medefimo Re Carlo. Parimente ad iftanza d'efso Re, che meditava di portar le fue armi contro all'Imperador di Coftantinopoli, fcomunicò l'Imperador Greco *Michele Paleologo:* il che tornò in danno graviffimo non meno del Re, che della Chiefa ftefsa. E veramente di grandi preparamenti di genti e di navi faceva allora il Re di Sicilia per invadere l'Imperio Greco; fors'anche avrebbe egli efeguita con buon fuccefso così vafta imprefa, fe non fi fofse da quì a non molto attaccato il fuoco alla cafa propria; del che parleremo all'Anno feguente.

NEL verno di queft'Anno s'inviò *Guglielmo Marchefe* di Monferrato con *Beatrice* fua Moglie alla volta della Spagna, per vifitare *Alfonfo Re* di Caftiglia Suocero fuo. [a] Per iftrada fu ritenuto prigione da *Tommafo Conte* di Savoia fuo Cognato, perchè Fratello della prima fua Moglie. Se volle liberarfi, fu coftretto a far ceffione delle ragioni fue fopra Torino, Colegno, Pianezza, ed altre Terre; ed anche di pagar fei mila lire di Bifanti, con dare oftaggi per quefto. Andofsene dipoi in Ifpagna, dove finì di vivere la fua Moglie Beatrice, e fervito da due Galee Genovefi fe ne tornò in Italia, feco menando cinquecento cavalieri Spagnuoli, cento baleftrieri, e buone fomme di danaro, con aver dato ad intendere al Suocero, che ridurrebbe tutta l'Italia all'ubbidienza di lui. Efsendo venuto a Lodi [b] *Raimondo dalla Torre* Patriarca d'Aquileia con cinquecento uomini d'arme Furlani, fi unirono co i Torriani i Cremonefi, ed altri Popoli della lor fazione, ed ufciti in campagna andarono nel Contado di Milano, per prendere il Borgo di Vavrio. Allora anche i Milanefi con grande sforzo di loro genti, e con gli aiuti de' lor Collegati cavalcarono per impedire i difegni de' Torriani. Che in quefto efercito fofse anche il Marchefe di Monferrato, lo aferifcono gli Storici Milanefi [c], e il Ventura nella Storia d'Afti [d]. Dalla Cronica di Parma pare che fi ricavi, che nò. Comunque fia, nel dì 25. di Maggio, fefta di S. Dionifio Arcivefcovo di Milano, fi affrontarono quefte due Armate, [e] e fi fece un oftinato e fanguinofo fatto d'armi. Rimafero fconfitti i Torriani; vi perdè la vita il valorofo *Caffon dalla Torre* col Podeftà di Lodi, Scurta dalla Porta Parmigiano; ed oltre ad ottocento prigioni condotti a Milano, moltiffimi furono i morti nel campo, e gli annegati nel Fiume Ad-

[a] *Benven. da S. Giorgio Iftor. del Monferrato,* To.23. *Rer. Italic.*

[b] *Corio Iftor. di Milano.*

[c] *Annales Mediolan.* Tom. XVI. *Rer. Italic.*
[d] *Ventura Chronic. Aftenf.* Tom. XI. *Rer. Italic.*
[e] *Chronic. Forolivien.* To. XXII. *Rer. Italic.*

ERA Volg.
ANN.1281.
(a) Chronic.
Parmense
Tom. IX.
Rer. Italic.
da. *Raimondo dalla Torre* intefa quefta disavventura, col capo
bafso fe ne tornò ad Aquileia. Abbiamo dalla Cronica di Parma (*a*), che il fuddetto Marchefe Bonifazio ficcome Capitano
de' Milanefi, colla gente e col Carroccio di quel Comune, e i
Vercellefi, Novarefi, Tortonefi, ed Aleſandrini fi accamparono dipoi a Santa Criſtina fenza ufcire del lor territorio. Erafi
tenuto in Parma nel precedente Agoſto un Parlamento delle Città Guelfe, in cui s'era rifoluto di dar foccorfo a Lodi, occorren-
done il bifogno. Queſto venne; ma perchè durava ancora qualche antica ruggine fra i Parmigiani e Cremonefi, per avere l'un
Popolo all'altro tanti anni prima tolto il Carroccio, fi determinò di farne la vicendevol reſtituzione. Quello di Parma era
chiamato *Regoglio* [credo che fia in vece di *Orgoglio*] e quello de' Cremonefi fi appellava *Gaiardo*. Nella Cronica Eſtenfe

(b) Chronic.
Eſtenfe
Tom. XV.
Rer. Italic.
(c) Campi
Iſtor. di
Cremona.
(*b*) quello de' Cremonefi è chiamato *Berta*, e queſto nome, o
pur di *Bertazzuola* gli vien anche dato da Antonio Campi (*c*).
Fu dunque fatto il cambio di queſti Carrocci con indicibil gaudio di amendue le Città nel dì *6*. di Settembre. L'Autore della
fuddetta Cronica Eſtenfe, che più minutamente racconta le particolarità di queſto fatto, fra l'altre cofe fcrive, che il Podeſtà
di Modena in perfona fi portò con aſai altri Nobili a Parma,
per maggiormente condecorar quella funzione: il che ci dà a conofcere, quai foſero i coſtumi e i genj di queſti tempi. Ciò
fatto i Parmigiani con tutta la lor cavalleria e fanteria marciarono in aiuto di Lodi, e fi andarono a poſtare fulla riva dell'
Adda in una Terra chiamata Grotta. Lungi di là un miglio fi
accamparono i Cremonefi a Pizzighittone con tutte le lor forze.
Cento uomini d'armi v'andarono da Reggio, altrettanti con fecento pedoni da Modena; e cinquanta dal Marchefe d'Eſte vi furono fpediti. Diede bensì l'efercito Milanefe aſaiſimo danno
al diſtretto di Lodi, ma fenza fare di più; e gli convenne tornare indietro con perdita di molti uomini e cavalli. Nel feguente Dicembre Buofo da Boara [non fo fe Figliuolo o Nipote dell'
altro, che fiorì circa il 1260. o pure lo ſteſſo] entrò con quattrocento cavalli ed altrettanti fanti in Crema, e cominciò la
guerra contra di Cremona. Per queſta novità i Piacentini, Parmigiani, e Brefciani con poſſente milizia corfero di nuovo a fo-
ſtener Cremona. La Cronica di Parma parla di queſto folamente all'Anno feguente.

LE premure del defunto Papa *Niccolò III.* erano ſtate da padre

dre nel proccurar dapertutto la pace fra i Guelfi e Ghibellini . ERA Volg.
ANN.1281.
Diverse ben furono le massime di *Martino IV*. cioè di un Ponte-
fice, che si lasciava menare pel naso come sua creatura da *Car-*
lo Re di Sicilia , il quale non potea patire i Ghibellini fautori
dell'Imperio. Eransi ridotti in Forlì tutti, per così dire, i Ghibellini della Romagna, sbanditi dalle loro Città. Contra di questi il Papa e il Re Carlo fecero preparamento grande d'armi
nell'Anno presente (*a*); e tanto più perchè *Guido Conte* di Mon- (a) Chron.
Forolivien.
Tom. 22.
tefeltro, Capitano di Forlì, nel Marzo ed Aprile avea fatto del- Rer. Italic.
le scorrerie fino a Durbeco, e alle porte di Faenza , dove se-
condo gli Annali di Modena (*b*), diede una spelazzata a i Guel- (b) Anna-
les Veteres
fi; e poscia era passato nel Maggio sul Ravegnano, spogliando Mutinens.
e bruciando senza opposizione alcuna que' paesi. All'avviso del Tom. XI.
formidabil temporale, che si disponeva contra di loro, il Comu- Rer. Ital.
ne di Forlì, e la parte de' Lambertazzi, spedirono Ambasciatori supplichevoli alla Corte Pontificia, dimorante allora in Orvieto col Re Carlo, e con gli Ambasciatori della parte contraria,
cioè de' Geremii Guelfi di Bologna . Ma furono mal veduti , e
mal ricevuti, in guisa che senza poter ottenere nè giustizia nè
misericordia dal Papa, e vituperosamente rigettati, forza fu che
se ne riternassero come disperati a casa, con aver gittati i passi
al vento. In questi tempi esso Pontefice creò Conte della Romagna *Giovanni d'Eppa*, o sia d'Appia, o de Pà Franzese, Consigliere del Re Carlo. Costui colle milizie dategli dal Papa e
dal Re, venne a Bologna con ordine di far aspra guerra a Forlì, e a tutti i Ghibellini; e nel mese di Giugno co i Popoli di
Bologna, Imola, e Faenza passò ostilmente sul distretto di Forlì, facendo precedere comandamenti ed intimazioni al Conte
Guido e a i Lambertazzi d'andarsene con Dio. Dopo di che
avendo seco un'immensa quantità di guastatori, fece in più volte quanto danno potè al territorio Forlivese, con giugnere fino
alle porte, ma nulla di più osò per ora. Il Conte Guido si con-
tenne sempre con riguardo. Fulminò il Papa contra de' Forlivesi le scomuniche più fiere, e pose l'Interdetto alla Città con
farne uscire tutti gli Ecclesiastici sì Secolari che Regolari ; e forse per la prima volta si cominciò ad udire quella detestabil invenzione di gastigo e pena, cioè che anche fuori dello Stato
Ecclesiastico fossero confiscati in favore del Papa tutti i beni
e le robe de' Forlivesi : gastigo, che cadeva ancora sopra gl'innocenti mercatanti, e sopra coloro eziandio, che per non par-

tici-

ERA Volg.
ANN.1281.
ticipar di quelle brighe s'erano ritirati altrove, nè aveano parte alcuna ne gli affari del governo di Forlì. L'Autore della Cronica di Parma scrive, che fu in oltre pubblicata in quella Città la scomunica contra chiunque avesse roba di alcun Forlivese, e non la rivelasse a i Nunzj del Papa, sotto pena di pagare del proprio, e di non essere assoluto nè in vita nè in morte. In Parma più di tre mila lire si ritrovarono, che furono perciò consegnate a i Deputati Pontifizj. Veggasi un poco, che strani frutti produsse la barbarie ed ignoranza di questi Secoli. Fece in quest'Anno Lega co i Veneziani (*a*) Carlo Re di Sicilia, risoluto di far la guerra a *Michele Paleologo* Imperador de' Greci: per la quale impresa seguitava ad ammanire una sterminata copia di Galee, uscieri, ed altre cose necessarie. Non poche istanze ebbero ancora da lui i Genovesi per entrare in lega, venendo loro esibita una parte del conquisto; ma se ne scusarono, siccome assai conoscenti, di che pelo fosse quel Regnante; anzi spedirono una Galea apposta al Paleologo per avvertirlo di ciò, che si macchinava contra di lui.

(a)*Caffari Annal. Genuenf.l. 10. Tom. VI. Rer. Italic.*

I LUCCHESI in quest'Anno (*b*) fecero oste contra di Pescia, la presero, e il pazzo furor de' soldati la ridusse in cenere. Tutto ciò avvenne, per quanto fu creduto, perchè il Popolo di quella Terra si era suggettato al Cancelliere del *Re Ridolfo*, a cui si pretendea, che non avesse da sottomettersi, se prima non compariva la conferma di lui fatta dal Papa: tutti pretesti inventati da i Guelfi; imperciocchè per attestato del Rinaldi (*c*), Papa Martino con sue Lettere, date in Orvieto nel dì 21. di Maggio dell'Anno corrente, e rapportate dal medesimo Annalista, avea scritto a tutte le Città e Baroni della Toscana, che riconoscessero per Ministri del Re Ridolfo il Vescovo Gurcense, e Ridolfo Cancelliere, da lui spediti per suoi Vicarj in Toscana. Ma sappiamo da Giachetto Malaspina (*d*), che verisimilmente per segrete insinuazioni del Re Carlo, niuna delle Città di quella Provincia, da Pisa e Santo Miniato in fuora, volle prestar fedeltà ed ubbidienza a gli Ufiziali del Re Ridolfo: laonde il Vicario del Re Ridolfo si ritirò colle sue masnade in essa Terra di Santo Miniato, condennò i Popoli disubbidienti, e cominciò guerra contra de' Fiorentini e Lucchesi; ma con sì poco frutto, che da lì a non molto se n'andò con Dio, e tornossene come beffato in Germania. Veggasi ora, se erano tutte frodi, siccome dicemmo, quelle del Re Carlo, allorchè si

(b)*Ptolom. Lucenf.Annal. brev. Tom. XI. Rer. Italic.*

(c)*Raynaudus Annal. Ecclef.*

(d)*Jachett. Malaspina cap. 213. Giovanni Villani.*

fece

fece dichiarar Vicario della Toſcana da Papa Clemente IV. con promeſſa di ritirarſi, creato che foſſe un Re de' Romani.

Anno di CRISTO MCCLXXXII. Indizione X.
di MARTINO IV. Papa 2.
di RIDOLFO Re de' Romani 10.

ERA Volg.
ANN.1282.

CELEBRE fu in queſt' Anno il Veſpro Siciliano, celebre l'orditura di quella ſì ſtrepitoſa rivoluzione. Con verga di ferro governava il Re Carlo il Regno di Sicilia e di Puglia. Da nuovi Dazj, gabelle, taglie, e confiſchi erano al ſommo aggravati que' Popoli. La ſuperbia de' Franzeſi ogni dì più creſceva; inſopportabile era la loro incontinenza, e la violenza fatta alle donne. Di queſti diſordini parlano tutti gli Scrittori d'allora (a), ed anche i più parziali dell nazion Franzeſe. Più volte i miſeri Siciliani ricorſero a i Papi per rimedio, rappreſentando loro, che la ſanta Sede avea creduto di dare un Re e un Paſtore a que' popoli, e loro avea dato un Tiranno e un Lupo. E ben ſi leggono ne gli Annali Eccleſiaſtici (b) i buoni uſizj, che più volte fecero i Romani Pontefici in favore e ſollievo d'eſſi Popoli; con eſortare il Re Carlo a ſgravarli, e a guadagnarſi il loro affetto e non già l'odio. Ma Carlo niun conto faceva di ſì fatte eſortazioni, e colla febbre addoſſo de' Conquiſtatori ad altro non attendeva, che a raunar moneta e gente, per far colle miſerie del ſuo Popolo, ſe gli riuſciva, miſeri anche gli altri popoli. Ora accadde, che Giovanni da Procida, nobile Salernitano, uomo di mirabil' accortezza, Letterato, e ſpezialmente peritiſſimo della Medicina, entrò in penſiero di guarire anche i mali politici della Sicilia. Era egli ſtato cariſſimo a Federigo II. Auguſto, e al Re Manfredi; ed appunto per queſto ſuo attaccamento alla Caſa di Suevia gli erano ſtati confiſcati tutti i ſuoi beni dal Re Carlo. Ritiratoſi egli in Aragona, cominciò ad incitare il Re Pietro e la Regina Coſtanza ſua Moglie, Figliuola del fu Re Manfredi, alla conquiſta del Regno Siciliano, e a far valere le ragioni della Caſa di Suevia, unico rampollo di cui era reſtata eſſa Regina Coſtanza. Ma perchè a ſì grande impreſa, e contra del Re Carlo Principe bellicoſiſſimo e di alta potenza, non baſtavano punto le forze del Re Pietro, per mancanza maſſimamente del *fac totum* delle guerre, cioè della pecunia: Giovanni di Procida aſſunſe egli di provvede-

(a) *Bartholomaus de Neocaſtro Hiſt. Sicul. Tom. XIII. Rer. Italic. Sabas Malaſpina.* Ricordano *Malaſpina.* (b) *Raymaudus in Annal. Eccleſ.*

re a

Era Volg.
Ann. 1282.
re a tutto . Pafsò pertanto traveftito in Sicilia , e vi trovò difpofti gli animi a cangiar mantello ad ogni buon vento che fpiraffe .
Andò a Coftantinopoli , e fece toccar con mano all'Augufto *Paleologo*, che non v'era altro mezzo da falvarlo dalla potenza del
Re Carlo , che il fargli nafcere la guerra in cafa ; e che contri-
buendo egli un poffente foccorfo di danaro , a *Pietro d'Aragona*
dava l'animo di far calare gli ambiziofi penfieri al Re di Sicilia .
Si trasferì dipoi Giovanni di Procida alla Corte Pontificia , e in
una fegreta udienza trovò Papa *Niccolò III.* nemico del Re Carlo , e pronto anch'effo a contribuire pel di lui abbaffamento .
Portate quefte difpofizioni in Aragona , e infieme un buon rinforzo di moneta , il Re Pietro fi diede a far gran leva di gente , e a
preparar navi per una fpedizione importante , con far vifta di
voler paffare in Affrica contra de' Saraceni *(a)* . Informato di quefto armamento il *Re Carlo* da *Filippo* Re di Francia fuo Nipote , fece che Papa *Martino IV.* fpediffe perfona appofta per inda-
gar , quali mire aveffe il Re Pietro , e per comandargli di non
condurre le fue armi contra di alcun Principe Cattolico . *Pietro*,
il più accorto di quanti allora regnaffero nella Criftianità , non
volle fcoprire il luogo , dove egli mirava ; anzi rifpofe , che fe
l'una delle fue mani fapendolo lo rivelaffe all' altra , fubito la
mozzerebbe . E con belle parole rimandò il Meffo al Papa . Ma
il Re Carlo , che molto fe fteffo , poco o nulla ftimava il Re d'A-
ragona , dopo aver detto per difpetto al Papa : *Non vi dif' io ,
che Pietro d'Aragona è uno fellone briccone ?* fi addormentò , nè
cercò più oltre di lui , fenza ricordarfi di quel proverbio : *Se ti
vien detto , che hai perduto il nafo , mettivi la mano.*

BENCHE' foffe mancato di vita il Pontefice Niccolò III. ful
quale , più che fopra altri , fondava il Re Pietro le fue fperanze ,
pure cotanto fu animato e confortato da Giovanni da Procida , e
da i fegreti impulfi de' Siciliani , che diede le vele al vento , e
pafsò in Affrica verfo la Città di Bona , cominciando quivi la
guerra contra de' Mori colla prefa di Ancolla , per afpettare , fe
i Siciliani dicendo da dovero fi rivoltaffero ; e ciò non fuccedeu-
do per tornarfene quetamente a cafa . Ora avvenne , che nel dì
30. di Marzo dell'Anno prefente , cioè nel Lunedì di Pafqua di
Rifurrezione , nell'ora del Vefpro [fcrivono altri nel Martedì 31.
del fuddetto Mefe] i Palermitani prefe l'armi inforfero contra
de' Franzefi *(b)* , e quanti ne trovarono , tutti mifero a filo di
fpada ; e andò sì innanzi quefto furore , che nè pure perdonarono

(a) *Gia-
chetto Ma-
lafpina*.
*Giovanni
Villani l.7.
cap. 56. &
feq.*

(b) *Bartho-
lomeus de
Neocaftro*
Tom. XIII.
Rer. Italic.
*Nicolaus
Specialis*
Chron. Si-
cul. cap. 38.
Tom. X.
Rer. Italic.
*Jordanus
in Chron.*
Caffari
Annal. Ge-
nuenf. l. 10.
Tom. VI.
Rer. Italic.

a don-

a donne e fanciulli, e nè pure alle Siciliane gravide di Franzefi. Per quefto fatto divenne poi celebre il nome di *Vefpro Sici-*
liano. Falfo è, che in tutte le Terre di Sicilia, e ad un' ora fteffa, fuccedeffe il macello de' Franzefi. Falfo, che i Palermitani
acclamaffero tofto per Re loro Pietro d'Aragona. Alzarono effi
bensì le bandiere della Chiefa Romana, proclamando per loro
Sovrano il Papa. Ufcì pofcia in armi il Popolo di Palermo, e
traffe nella fua Lega alcun altro Luogo della Sicilia. Intanto
Meffina col più dell'altre Città dell'Ifola fi tenne quieta per offervare, dove andava a terminar quefto gran movimento. Ma
non pafsò il Mefe d'Aprile, che le tante ragioni e i fegreti maneggi de' Palermitani induffero anche i Meffinefi a ribellarfi, col
la morte ed efpulfione di quanti Franzefi fi trovarono in quelle
parti, e colla prefa di tutte le Fortezze. Portata la dolorofa
nuova della ribellion di Palermo al Re Carlo, che fecondo il
fuo folito dimorava allora in Orvieto alla Corte Pontificia, per
infegnare al Papa fua creatura, e a i Cardinali, come s'avea da
governare il Mondo: non è da chiedere, s'egli fe ne turbaffe e
crucciaffe. Tuttavia rivolti gli occhi al Cielo, fu udito dire (*a*):
Iddio Signore, dappoichè v'è piaciuto di farmi contraria la mia
fortuna, piacciavi almeno, che il mio calare fia a piccioli paf-
fi. Trattò col Papa di quel che fi avea da fare, e volò tofto a
Napoli, confolato, perchè non s'udiva peranche tumulto alcuno in Meffina. Ma da che giunfe l'altro avvifo, che anche i
Meffinefi aveano prefe l'armi contra di lui, allora andò nelle
fmanie, ed ordinò, che faceffero vela verfo di Meffina le tante Galee e navi da lui preparate per affalire il Greco Imperio,
ed egli col refto dell'Armata di terra s'inviò alla volta della Calabria. Non fi può preftar fede a Bartolomeo da Neocaftro, che
racconta avere condotto il Re Carlo in quefta fpedizione ventiquattro mila cavalli, e novanta mila fanti, fenza contare i
marinari, e cento feffanta Galee, oltre all'altre navi da trafporto, e barche minori. O è guafto il fuo tefto, o egli amplificò
di troppo le forze di Carlo, acciocchè maggiormente rifaltaffe
la gloria de' fuoi Meffinefi. Giovanni Villani fcrive, che menò
feco più di cinque mila cavalieri tra Francefchi, Proenzali, ed
Italiani; e fra quefti erano cinquecento ben in arnefe, inviati-
gli dal Comune di Firenze. Ed ebbe cento trenta tra Galee, U-
fcieri, e Legni groffi. Comunque fia, abbiam di certo, ch'egli
paffato il Faro imprefe ful fine di Luglio l'affedio di Meffina,

accom-

ERA Volg.
ANN.1282. accompagnato da *Gherardo Bianco* da Parma, Cardinale, Vefcovo Sabinenfe, e Legato Apoftolico. Entrò in Meffina quefto faggio Porporato, e con tale energia parlò a quel Popolo, che l'induffe ad abbracciare il partito della mifericordia fenza afpettare
il furor dell'armi. Ma portate da lui al Re Carlo le condizioni,
colle quali defideravano i Meffinefi di renderfi, non piacquero
al Re, e fi diede principio alle offefe della Città, a gli affalti,
e alle battaglie. I Meffinefi anch'effi, contandofi già tutti per
morti, fi diedero ad una gagliarda difefa tale, che fi rendè
memorabile per tutti i Secoli.

INTANTO i Palermitani, confiderando le ftraordinarie forze del Re Carlo, e il pericolo, che lor fopraftava, aveano fpediti Ambafciatori a *Papa Martino*, chiedendogli mifericordia.
Furono quefti obbrobriofamente rimandati con villane parole.
Anche i Meffinefi, fecondochè abbiamo da Giachetto Malafpina
(a)*Giachet-
to Malafp.
cap. 212.*
(b)*Giovan-
ni Villani
lib. 7. c. 63.* (*a*), da Giovanni Villani (*b*), e da altri, da che intefero la
prefa di Milazzo, tornarono ad implorar la mediazione del
Cardinal Legato, per arrenderfi. Entrò egli nella Città, e quel
Popolo efibiva la refa, fe il Re perdonava loro il misfatto, e
voleano pagargli i tributi ufati al tempo del Re Guglielmo il
buono. Portata quefta rifpofta al Re Carlo, e avvalorata dalle
preghiere del Legato, che accettaffe quel mifero e pentito Popolo, fellonefcamente rifpofe, che fi maravigliava di sì ardita
propofizione, e che in altro modo non perdonerebbe loro, fe
non gli davano ottocento oftaggi a fua elezione, per farne quello che a lui piaceffe; e voleva, che pagaffero colte e dogane,
come allora fi praticava, altrimenti fi difendeffero. Ciò intefo
da' Meffinefi, determinarono di voler più tofto morir tutti colla fpada alla mano, che di andar morendo in prigioni e tormenti per iftrani paefi. Ebbe ben poi a mangiarfi le dita il Re
Carlo per la fmoderata fua alterigia e crudeltà. S'egli ufava
della clemenza, Meffina tornava fua, e per le fteffe vie avrebbe avuto il refto della Sicilia, perchè que' Popoli erano allora fenza Capitani, e fenza guarnimenti e forze da guerra. Ma a chi
Dio vuol male, gli toglie il fenno. E Dio appunto per tanta
inumanità ed orgoglio il pagò di buona moneta. Bartolomeo da
Neocaftro tace quefti trattati di refa de' Meffinefi, anzi fcrive,
che il Re Carlo fece loro i ponti d'oro, perchè fi arrendeffe-
ro, ma ch'eglino rigettarono ogni offerta. Credendofi pofcia *il
Re* di poter con un generale affalto vincere la Terra, fi trovò

for-

forte ingannato; perchè sì virilmente si difefero i Cittadini, e Era Volg.
ripararono le breccie, che rimafe inutile il fuo sforzo. Fin le Ann.1282.
donne e fanciulli tutti con follecitudine mirabile, portando chi
acqua, chi calce e pietre, preftarono ogni poffibile aiuto con_
tro a i nemici, e in loro lode furono poi fatte e cantate da_
pertutto varie Canzoni.

IN tale ftato erano le cofe di Meffina, quando *Pietro Re* d'A_
ragona, ricevuta un'ambafceria de'Palermitani, venne diritta-
mente a sbarcare a Trapani con cinquanta Galee ed altri legni,
con ottocento uomini d'armi, e dieci mila fanti, tutta gente
agguerrita e di gran coraggio. Vi arrivò nel dì 30. d'Agofto
(*a*), e fra due giorni entrò in Palermo, ricevuto con altiffime
acclamazioni da quel Popolo, e quivi fu coronato Re di Sicilia. (a) Caffari Annal. Ge-
Tutti tremavano dianzi: tanta era la paura della potenza e nuenf l.10. Tom. VI. Rer. Italic.
del rigore del Re Carlo. Ad ognuno allora tornò il cuore in pet_
to; e fparfa quefta nuova per l'altre Terre ribellate a'Franzefi, fe ne fece gran fefta, credendofi allora ognuno in falvo. I fo_
li Meffinefi furono gli ultimi a faperlo. Spedì pofcia il Re Pietro due fuoi Ambafciatori al Re Carlo, i quali ottenuta licenza
d'andare, fi prefentarono davanti a lui nel dì 16. di Settembre
con intimargli da parte di Pietro Re d'Aragona e di Sicilia di
levarfi dall'affedio di Meffina: altrimenti che fra poco verreb_
be egli in perfona a far pruova delle forze fue. All'avvifo
dell'inafpettato sbarco dell'Aragonefe era rimafto pieno di ma_
raviglia e di doglia il Re Carlo. Ricevuta poi quefta ambafcia-
ta, fremeva per la collera, e la rifpofta fua, data nel dì feguente, fu, che intimaffero al Re Pietro di levarfi dal Regno di
Sicilia, e di non fomentar de i ribelli, perchè se ne avrebbe a
pentire, e fi tirerebbe addoffo anche la nemicizia del Papa, del
Re di Francia, e de gli altri Principi della Criftianità. Leggon-
fi preffo il Villani (*b*), e preffo Fra Francefco Pipino (*c*) delle (b) Giovan- ni Villani lib.7.c.70.
Lettere, che fi dicono in tal congiuntura fcritte dall'un Re all'
altro. Dubito io, che fieno fatture de i Novellifti d'allora. (c) Francif. Pipinus
Tenuto configlio dal Re Pietro, fu determinato fecondo il pare- l 3.cap.15. Tom. IX.
re dell'accorto Giovanni da Procida, che fi mandaffe la Flotta
Catalana a forprendere nel Faro di Meffina le Galee del Re Car- Rer. Italic.
lo, che quivi ftavano ancorate fenza difenfori. Trafpirò quefta
rifoluzione, e faputafi da effo Re Carlo, fu creduto neceffario
che il Re levaffe l'affedio: altrimenti, se veniva rotta la co_
municazion colla Calabria, potea perir tutta l'Armata di terra
Tomo VII.   K k k   per

per mancanza di viveri. Però lafciati folamente due mila cavalli in aguato, per tentare di forprendere i Meffinefi, fe ufcivano
a fpogliare il campo, giacchè per la fretta reftò ivi un'immenfa,
copia di tende, bagaglie, ed arnefi da guerra : il Re Carlo col
refto di fua gente precipitofamente, e come fconfitto, fcampò in
Calabria. Ma non potè provvedere così per tempo al bifogno,
che non fopragiugneffe nello Stretto di Meffina l'Ammiraglio
del Re Pietro, cioè *Ruggieri di Loria*, il più valorofo ed avven-
turato condottiere d'armate navali, che foffe allora, il quale
con feffanta Galee cariche di Catalani e Siciliani, prefe ventinove tra Galee groffe e fottili del Re Carlo, fra le quali cinque
del Comune di Pifa, che erano al di lui fervigio. Pafsò anche
alla Catona, e a Reggio di Calabria, e vi brució ottanta Ufcieri, cioè barche groffe da trafporto, che trovò difarmate alla fpiaggia; e quefto fu gli occhi dello fteffo Re Carlo, il quale per la
rabbia cominciò a rodere la fua bacchetta, e poi confufo, dopo
aver dato comiato a i Baroni e a gli amici, fi ritirò a Napoli. I
Meffinefi, fe il Re non levava l'affedio, erano già ridotti alle
eftremità, per effere venuta meno ogni forta di vittovaglia. Scoperto anche l'aguato, fi tennero rinchiufi, finchè videro ritirati
in Calabria i due mila cavalli nemici. Intanto marciò il Re Pietro da Palermo, rinforzato dall'efercito Siciliano, e dopo avere
ricuperato a patti di buona guerra Milazzo, arrivò nel dì 2. d'
Ottobre a Meffina, ricevuto con giubilo inefplicabile da quel Popolo gloriofo, che era come rifufcitato da morte a vita. Interdetti e Scomuniche furono fulminate dal Papa contra del Re
Pietro, e de' Siciliani per tali novità. Ma per ora abbaftanza
di quefto.

TROVAVASI in gravi anguftie ed affanni ful principio dell'
Anno prefente la Città di Forlì; e i Lambertazzi, ed altri fuorufciti Ghibellini colà rifugiati, non trovavano più fcampo, perchè fi vedevano battuti dall'un canto dall'armi fpirituali del Papa, e dall'altro attorniati dall'armi temporali d'effo Pontefice,
del Re Carlo, de' Bolognefi e de gli altri Guelfi di Romagna,
Lombardia, e Tofcana. Come refiftere a tanti nemici un pugno
di gente? Però il *Conte Guido* da Montefeltro, (a) i Forlivefi,
e gli altri fuorufciti, fpedirono un'altra ambafceria ad Orvieto a
Papa *Martino IV.* per fupplicarlo di aver mifericordia di loro.
Furono brufcamente ricevuti anche quefta fiata gli Ambafciatori, ed ebbero per rifpofta, che Forlì non avrebbe mai perdono
e pa-

e pace, se prima non iscacciava tutti i forestieri maschi e femmine. A questo disse il Deputato de' Lambertazzi e degli altri fuorusciti, che erano pronti ad ubbidire e ad andarsene, ma che supplicavano Sua Santità di assegnar loro un sito da potervi abitare, giacchè iniquamente erano stati cacciati dalle lor patrie, nè aveano luogo per loro abitazione. Nè pur questo poterono impetrare, ma ignominiosamente furono licenziati, e caricati di scomuniche. Se qui alcuno cercasse il comun Padre de' Fedeli, forse nol troverebbe: colpa a mio credere del Re Carlo, che inesorabile contra de' Ghibellini, aveva anche la fortuna di poter prescrivere quanto voleva alla Corte di Roma. Così non avea fatto il precedente Pontefice *Niccolò III.* Ebbe dunque ordine Giovanni d'Eppa o sia d'Appia, Conte della Romagna, di rinforzar la guerra contra di Forlì, nella quale impresa il Papa andava impiegando il danaro sborsato dalla pietà de' Fedeli, perchè servisse in soccorso di Terra santa. Ora il Conte della Romagna, dopo aver maneggiato un trattato segreto con alcuni de' Cittadini di quella Città, perchè gli dessero una Porta, (*a*) su questa speranza comparve sotto Forlì sull' imbrunir della notte precedente al dì primo di Maggio con un potente esercito (*b*). A Guido Conte di Montefeltro, e Capitano de' Forlivesi, non era ignoto questo trattato; anzi dicono, che ne fu egli stesso il promotore, siccome astutissimo, e gran Maestro di guerra. Aveva egli ordinato, che tutti i Cittadini preparassero buona cena, e lasciassero aperta una porta. Ed allorchè i nemici arrivarono, egli con tutta la gente atta all'armi uscì fuori della Città per un' altra. Entrò Giovanni d'Eppa con parte dell'esercito nell'aperta Città, nè trovandovisi resistenza alcuna, le soldatesche si sparsero per la Terra e per le case a darsi bel tempo co i cibi e vini lor preparati; e tolte le briglie a i lor cavalli, li misero alle greppie e al riposo. Allorchè fu creduto che fossero ben satolli ed ubbriachi, e andati a dormire: il Conte Guido colla sua gente rientrò per una Porta, che tuttavia si custodiva per lui, e diede addosso a i nemici, che senza poter raccogliere sè stessi, nè ordinare le loro armi e cavalli, restarono per la maggior parte vittima delle spade de' Forlivesi. (*c*) Dicono altri, che il Conte Guido andò prima ad assalire e sconfiggere la parte dell'Armata, che Giovanni d'Eppa avea lasciato di fuori in un determinato luogo, e poscia rientrato in Città fece del resto, con altre particolarità, ch' io tralascio per dubbio della lor sussistenza.

Cer-

Era Volg.
Ann. 1282.

(a) *Ptolom. Lucens. Annal. brev. Tom. XI. Rer. Italic.*
(b) *Giachetto Malasp. cap.* 215. *Giovanni Villani l.* 7. *cap.* 70.

(c) *Chronic. Forolivien. To. XXII. Rer. Italic.*

Era Volg.
Ann.1282. Certamente cadono molti inverisimili nella maniera, con cui dicono condotto questo fatto. E si può dubitare, che il tempo e
le ciarle del volgo accrescessero delle favole alla verità dell'avvenimento. Favole sembrano ancora tanti altri fatti attribuiti in queste guerre a *Guido Bonato*, Filosofo e Strologo famoso di que'
tempi, e Cittadino di Forlì, narrati nella Cronica di quella Cit-
(a) Chron.
Parmense
Tom. IX.
Rer. Italic.
(b) Pipinus
Chronicon
Bononiens.
Tom. IX.
Rer. Italic.
(c) Ricobal-
dus in Pom.
To. eodem. tà. Per attestato della Cronica di Parma (a), con cui vanno d'
accordo Fra Francesco Pipino (b), e Ricobaldo (c), il Conte
della Romagna entrò in un Borgo di Forlì, ebbe una Porta della Città, e vi prese molte Case per forza. Ma per sagacità e
valore del Conte Guido da Montefeltro e de' Forlivesi egli restò
sconfitto. Due mila e più, la maggior parte Franzesi, vi lascia-
sono la vita, e quasi tutto il resto vi rimase prigione. Fra gli
altri, che perirono nella fossa di quella Città, si contò Tibaldello de gli Zambrasi, che avea tradita Faenza. E vi morì il Conte Taddeo da Montefeltro nemico del Conte Guido, con altri no-
(d) Chronic.
Bononiense
To. XVIII.
Rer. Italic. bili Bolognesi, e della Romagna. La Cronica di Bologna (d),
che per errore mette questo fatto sotto il dì 7. di *Giugno*, va
annoverando la cavalleria venuta da diverse parti all'esercito del
Conte della Romagna, e la fa ascendere a tre mila e quattrocento cavalieri. Nulla dice dello stratagema suddetto del Conte
Guido; e solamente parla di un fiero combattimento seguito
ne' Borghi di Forlì colla disfatta de' Guelfi. Altrettanto ab-
(e) Vita
Martin.IV.
P I. T. III.
Rer. Italic. biamo dalla Vita di Papa Martino (e). Giovanni d' Eppa
falso è che morisse in quel conflitto. Egli per attestato di
Ricobaldo arrivò a Faenza sano e salvo con circa venti cavalli, e fu poi adoperato dal Papa in altre militari imprese.
(f) Gualv.
Flam. Ma-
nipul. Flor.
cap. 319. VEGGENDO i Lodigiani (f) ridotti in pessimo stato gli as-
sati de' Torriani, e temendo di restar eglino la vittima dello sdegno de' Milanesi, trattarono di pace con *Ottone Visconte* Arcivescovo di Milano, il quale volentieri vi acconsentì, purchè rinun-
ziassero alla protezion de' Torriani. Seguitarono essi nondimeno,
per attestato della Cronica di Parma, a tener la parte Guelfa.
Di quì prese maggior orgoglio *Guglielmo Marchese* di Monferrato, e cominciò di Capitano, ch' egli era, a far da Signore di
Milano, in pregiudizio dell'autorità dell'Arcivescovo. Ottenne
di poter mettere un Vicario, e un Podestà in Milano a piacimen-
to suo, e vi mise Giovanni dal Poggio Torinese. L' Arcivescovo, come uomo accorto, mostrava di non curarsene, ma conoscendo, dove il Marchese mirasse, cominciò segretamente a ti-

rare

rare nel fuo partito alcune delle Cafe più forti di Milano, cioè quelle di Caftiglione, Carcano, Mandello, Pofterla, e Monza, e a difporre i mezzi per liberarfi dalla prepotenza del Marchefe. Minacciava intanto effo Marchefe i Cremonefi, e però ad iftanza di quel Popolo tenuto fu un Parlamento in Cremona, dove intervennero i Piacentini, Parmigiani, Reggiani, Modenefi, Bolognefi, Ferrarefi, e Brefciani, tutti di parte Guelfa. Rifoluto fu di fpedire Ambafciatori al Papa, per ricavarne de i foccorfi, e di tenere in effa Cremona una taglia di foldati di cadauna Città per difefa di quella. E perciocchè Buofo da Doara era entrato in Soncino, e s'era anche ribellato al Comune di Cremona il Caftello di Riminengo, i Parmigiani, Piacentini, e Brefciani colle loro forze marciarono a Cremona, e paffarono dipoi a dare il guafto a Soncino. Nel dì 2. di Luglio il Marchefe di Monferrato co i Milanefi, Aftigiani, Novarefi, Aleffandrini, Vercellefi, Comafchi, e Pavefi, venne fino a Vavrio, e quivi fi accampò, con ifpargere voce di voler pacificare tutta la Lombardia. Ma le apparenze erano, che egli meditaffe d'entrare nel Cremonefe. (a) Allora tutte le Città Guelfe fuddette inviarono le lor milizie a Paderno in aiuto di Cremona. Furono anche richiefti di foccorfo il Marchefe d' Efte, il Conte della Romagna, e i Comuni della Tofcana; ed ognuno promife de' buoni rinforzi, fe fi foffe dovuto venire ad un fatto d'armi. Giunfe il Marchefe a poftarfi due miglia lungi da Crema, e i Collegati piantarono in faccia di lui il lor campo. Si trombettava ogni dì, ma niuno ufcì mai per volere battaglia, nè i Milanefi voleano entrar nel Cremonefe, perchè durava la tregua fra loro: ficchè il Marchefe nel dì 12. di Luglio fenza far altro, fi ritirò, e lo fteffo fecero gli avverfarj Guelfi. Diedero i Cremonefi il guafto fino alle porte di Soncino, la qual Terra riebbero poi per tradimento nel dì 11. di Novembre. Mandarono i Parmigiani una taglia de' lor foldati in fervigio del Papa contra Forlì, ed ottennero, che fi levaffe l'interdetto dalla loro Città, con effervi tornati folennemente i Frati Predicatori, che già n'erano ufciti.

FECE in queft' Anno Giovanni d'Eppa Conte di Romagna l'affedio della Terra di Meldola, e dopo avervi inutilmente confumati alquanti Mefi, fu forzato dalla penuria de' viveri, e dalla perverfa ftagione a ritirarfene. Il Conte d'Artois, ed altri Principi Franzefi, fpediti dal Re di Francia, paffarono per Parma e
Reg-

ErA Volg.
Ann. 1282.

(a) Memoriale Poteft. Regienf. Tom. VIII. Rer. Italic.

Reggio nell' Ottobre dell' Anno prefente, menando feco una gran quantità di cavalli e fanti in aiuto del Re Carlo dopo la perdita della Sicilia. Tennefi una nobiliffima Corte bandita in Ferrara per la fefta di San Michele di Settembre dell' Anno prefente, e ne' fuffeguenti giorni, (*a*) perchè *Azzo VIII.* Figliuolo d'*Obizzo* *Marchefe* d'Efte e Signor di Ferrara, fu creato Cavaliere, e prefe per Moglie *Giovanna* Figliuola di *Gentile Orfino*, Nipote del fu Papa Niccolò III. e Figliuolo di *Bertoldo* già Conte della Romagna. A tanti fconvolgimenti d'Italia fi aggiunfe in queft' Anno anche il principio d'un' afpra e funeftiffima guerra (*b*) fra i Genovefi e Pifani, Popoli amendue potenti per terra e per mare. Nacque la lor difcordia dall' avere i Genovefi inviate quattro Galee in Corfica per gaftigare il Giudice di Cinarca, che avea fatto non pochi aggravj alla lor Nazione. L'aveano effi ridotto in camicia. Fu prefa da i Pifani la protezion di coftui con pretenderlo loro Vaffallo, e gli Ambafciatori adoperati per quefto affare, in vece di rimettere la pace, fecero faltar fuori la guerra, che andò a finire nella rovina di Pifa. Si diedero tutti e due quefti Comuni a fare un mirabil preparamento di Galee e d'altri Legni. Vennero anche i Pifani a Porto Venere, e diedero il guafto a quel paefe; ma nel ritornare a cafa, levatafi una crudel tempefta fpinfe diecifette delle lor Galee alla fpiaggia, e le ruppe colla morte di molta gente. Anche i Perugini inferocirono nell' Anno prefente contro la Città di Foligno (*c*), non fo per quali difgufti. Studioffi ben Papa Martino di fermare il loro armamento colla minaccia delle fcomuniche; ma fenza farne cafo effi procederono innanzi con guaftar tutto il paefe fino alle porte di quella Città. Non mancò già il Papa di fcomunicare quel popolo; ma effo maggiormente irritato per quefto, ed imbeftialito fece un Papa e varj Cardinali di paglia, e dopo avere ftrafcinati per la Città que' fantocci, fopra una montagna li brucciò, dicendo: Quefto è il tal Cardinale, quefto è quell' altro. Sorfe ancora ne' medefimi tempi guerra in Roma fra gli Orfini e gli Annibaldefchi (*d*). Erano i primi odiati dal Re Carlo per la memoria del loro Zio; e però unito il Vicario d'effo Re, che efercitava l'ufizio di Senatore, andò con gli Annibaldefchi a dare il guafto fino a Paleftrina, dove s'erano ritirati gli Orfini.

Era Volg. Anno 1282.

(a) *Chronicon Eftenfe Tom. XV. Rer. Italic.*

(b) *Caffari Annal. Genuenf. l. 10. Tom. VI. Rer. Italic.*

(c) *Memor. Poteftat. Regienf. Tom. VIII. Rer. Italic.*

(d) *Vita Martini IV. P. I. Tom 3. Rer. Italic.*

Anno

Anno di CRISTO MCCLXXXIII. Indiz. XI.
di MARTINO IV. Papa 3.
di RIDOLFO Re de' Romani 11.

ERA VOL
ANNM.1283.

NON iftette già colle mani alla cintola *Pietro Re* d'Aragona, da che ebbe dato fefto alle cofe della conquiftata Sicilia, ma rivolfe il penfiero anche alla vicina Calabria. (*a*) Già
aveva egli nel dì 6. di Novembre fpedite quindici Galee con
alcune migliaia de' fuoi bellicofi fanti Catalani verfo la Catona,
dove era un prefidio di due mila cavalli, ed altrettanti fanti,
poftovi da *Carlo Principe* di Salerno, primogenito del Re Carlo, lafciato ivi dal Padre, per opporfi a i tentativi de' nemici,
Nella notte del dì 6. di Novembre i Catalani affalirono sì vigorofamente quella guarnigione, che parte ne uccifero, e il re-
ftante mifero in fuga. Nel dì 11. feguente s'impadronirono ancora della Scalea, e vi fu pofto un prefidio di cinquecento Catalani, che cominciarono ad infeftare i contorni di Reggio. Effendofi ritirato il Principe Carlo nel piano di S. Martino, per non
reftar troppo efpofto a gli attentati de' nemici, il Popolo di Reggio fi diede incontanente al Re Pietro, il quale nel dì 14. di
Febbraio fece la fua folenne entrata in quella Città. L'efempio di Reggio feco traffe anche la Città di Gieraci. Avea il Re
Pietro già fpedito ordine, che la *Regina Coftanza* fua Moglie
co' Figliuoli veniffero in Sicilia. Vi arrivò effa nel dì 22. d'Aprile; fu riconofciuta per legittima Padrona della Sicilia; e l'Infante *Don Giacomo* fuo fecondogenito fu accettato per fucceffore di quella Corona, giacchè il Re Pietro fuo Padre veniva obbligato da' fuoi affari a tornarfene in Catalogna. Il motivo della fua partenza fu quefto. Nell'Anno precedente avea il Re
Carlo mandato a dire al Re Pietro delle villane parole, trattan-
dolo da traditore e fellone, e per mantenerglielo in buona forma, lo sfidò a combattere con lui a corpo a corpo. Più fapo-
rita nuova di quefta non potea giugnere al Re Pietro, che in
coraggio e valore, non cedeva punto al Re Carlo, ma il fupe-
rava di molto nell'accortezza. Si trovava egli con poca moneta, e fe il Re Carlo colle fue forze aveffe continuata la guerra in Calabria e Sicilia, gran pericolo v'era di foccombere col
tempo. Il meglio era di addormentarlo, di guadagnar tempo
con accettare il propofto Duello, e di farlo intanto ufcire d'

Ita-

(a) Bartho-
lomæus de
Neocaftro
Tom. XIII.
Rer. Italic.

Italia. (a) Diede dunque per rifpofta, che manterrebbe in campo e in paefe neutrale al Re Carlo il fuo legittimo diritto e poffeffo della Sicilia, e però fu concertato con folenne promeffa e giuramento, che da effi Re, e da novanta nove cavalieri eletti per cadauna delle parti, fi farebbe il combattimento in Bordeos di Guafcogna, ottenutane prima licenza dal Re d' Inghilterra, padrone allora di quella Città. Chi reftaffe vincitore, chetamente ancora farebbe padrone della Sicilia; e chi mancaffe alla promeffa, verrebbe dichiarato infame, e privato del titolo di Re con altre graviffime pene. Il dì primo di Giugno fu deftinato per quefta infigne battaglia. Portato a *Papa Martino* l' avvifo di così ftrepitofa rifoluzione, tanto è lungi, che v' interveniffe l' approvazione fua, come fcrive il Villani dopo

il Malafpina (b), che anzi la deteftò (c), e fece quanto potè per diffuadere il Re Carlo, moftrandola contraria non meno alla politica, che alla cofcienza, ed intimando la fcomunica contra chiunque paffaffe ad efeguirla. Non fi fermò per quefto il coraggiofo Re Carlo; fcelti i fuoi cavalieri tra Franzefi, Provenzali, ed Italiani, che tutti fecero a gara per effere di quel numero, fu nel dì prefiffo a Bordeos, paffeggiò co' fuoi armati il campo; ma finì la giornata, fenza che fi lafciaffe vedere il Re d' Aragona. Delufo in quefta maniera il Re Carlo fe ne tornò a Parigi, malcontento di non aver potuto combattere, e d' avere inutilmente perduto il tempo; ma contento per effere fecondo l' opinione fua divenuto l' Aragonefe fpergiuro in faccia del Mondo, e caduto nell' infamia, e nell' altre pene prefcritte nella convenzione. Pubblicò pertanto dapertutto un Manifefto, dove efponeva le dislealtà e finzioni di Pietro, e le pene da lui incorfe. Ma Pietro anch' egli ne divolgò un altro in fua difefa. E quì non s' accordano gli Scrittori. V' ha chi tiene, non effer egli punto andato a Bordeos; ed altri, ch' egli vi andò traveftito, e fegretamente fi lafciò vedere al Sinifcalco del Re d' Inghilterra, con proteftare d' effere pronto a combattere, ma che non potea farlo, non trovandofi ficuro in quel Luogo, da

che *Filippo Re* di Francia s' era poftato con più di tre mila cavalieri una fola giornata lungi da Bordeos (d), e nella fteffa Città era concorfa troppa copia di Franzefi. Prefo pertanto un atteftato di fua comparfa dall' Ufiziale del Re Inglefe, rimontato a cavallo, frettolofamente fe ne tornò in Aragona. Se ciò fia finzione o verità, nol fo dire. Quand' anche fuffifteffe la fegreta fua

an-

andata a Bordeos, giacchè fcrive l'Autore della Cronica di Reggio, (*a*) ch'egli fu veduto nel dì 30. di Giugno in vicinanza di quella Città: tuttavia non fi sa, ch'egli menaffe feco i cavalieri, che dovea condurre; e però fembra poterfi conchiudere, che quefta fcena fu fatta per deludere il Re Carlo, e non già per decidere con un Duello, cioè con poco cervello, la controverfia della Sicilia da lui poffeduta, quantunque anch'egli aveffe già fcelti i fuoi cavalieri, per dare un bel colore all'inganno. Ho io rapportato altrove (*b*) alcuni Atti pubblici, fpettanti a quefta Tragedia, o pure illufione fatta al Re Carlo dallo fcaltro Re d'Aragona, apparendo da effi, che fra le condizioni v'era, che il Re d'Inghilterra doveffe effere prefente al combattimento, ed è certo ch'egli non venne a Bordeos, nè mai confentì a dare il campo, nè ad afficurarlo: il che folo baftava ad ifcufare e difcolpare il Re Pietro.

QUI nondimeno non terminò la faccenda. Il Pontefice Martino prefe di quì motivo per aggravar le cenfure contra del Re Pietro, e pafsò a dichiararlo non folamente ingiufto ufurpatore del Regno della Sicilia, ma anche decaduto da quelli d'Aragona, Valenza, e Catalogna, (*c*) con appreffo conferirli a *Carlo di Valois*, fecondo Figliuolo del Re Filippo di Francia, il quale doveva in avvenire riconofcerli in feudo, e prenderne l'inveftitura dal Romano Pontefice. Come foffe creduto giufto e lodevole quefto Papal Decreto, lo lafcerò io decidere ad altri. Ben so, che i Signori Franzefi, i quali fpezialmente in quefti ultimi tempi hanno impugnata l'autorità, che fi attribuifcono i fommi Pontefici di deporre i Re e di trasferire i Regni, allora a man baciata riceverono quefto regalo degli altrui Stati, loro fatto da Papa Martino, e tentarono in vigor d'effo d'occuparli, ficcome vedremo. Abbiamo da Bartolomeo di Neocaftro, che furono in queft'Anno fpedite dal Re Carlo verfo Puglia venti Galee di Provenzali. Dirizzò quefta Flotta le vele verfo Malta, dove quel Caftello tuttavia fi tenea fedele ad effo Re, benchè affediato da i Siciliani, per dargli foccorfo. (*d*) N'ebbe contezza il valente Ammiraglio di Sicilia *Ruggieri di Loria*, e tutto allegro con dieciotto Galee ben'armate fciolfe da Meffina, per andare a trovarlo. Arrivato al Porto di Malta attaccò la zuffa, e fu quefta terribile di più ore; ma in fine diece d'effe Galee Provenzali furono prefe da i Siciliani, e condotte a Meffina; l'altre dieci maltrattate fe ne tornarono con indicibil fretta al loro paefe. Miglior

Era Volg. Ann. 1283.

(*a*) *Memorial. Poteft. Regienf. Tom. VIII. Rer. Italic.*

(*b*) *Antiqu. Italicarum Differt. 39.*

(*c*) *Raynaudus in Annal. Ecclef.*

(*d*) *Nicol. Specialis Hiftor. Sicul.l.1.c.26 Tom. X. Rer. Italic.*

Era Volg.
Ann.1283.
fortuna ebbero in Romagna l'armi del Pontefice, che avea fatto
venir groſſa gente di Francia, ed unita colle milizie delle Città
Guelfe di Romagna e di Lombardia. Capitano di queſta poſſente
(2) Annal.
Forolivien.
Tom XXII.
Rer. Italic.
Matthaus
de Griffon.
To. XVIII
Rer. Italic.
Chronic.
Eſtenſe
Tom. XV.
Rer. Italic.
Armata fu creato (a) Guido Conte di Monforte, già rimeſſo in
grazia della Sede Apoſtolica, con ordine di domare i Forliveſi,
ricettatori oſtinati de gli uſciti Ghibellini. Ma ſcorgendo quel
Popolo di non potere alla lunga ſoſtener il peſo della guerra con-
tra di tanti nemici, maſſimamente dappoichè il paeſe era ſprov-
veduto di viveri, mandò Ambaſciatori al Papa, ed altrettanto
fece il Conte Guido di Montefeltro, ad eſibir la loro ſommeſſione
a quanto la Santità Sua aveſſe ordinato. Accettata l'offerta, furono cacciati da quella Città tutti i Lambertazzi con gli altri
Ghibellini, che andarono diſperſi colle lor miſere famiglie per
l'Italia; e Guido da Montefeltro fu mandato a' confini, cioè in
Luogo diſegnato dal Papa. Venuto poſcia a Forlì un Legato Pontificio, in gaſtigo della ſtrage dianzi fatta de' Franzeſi, fece de-
molir le mura, le torri, ed ogni fortezza di quella Città, e ſpia-
(b)Chronic.
Parmenſe
Tom. IX.
Rer. Italic.
narne le foſſe. (b) Anche Ceſena, Forlimpopoli, Bertinoro,
Meldola, e le Caſtella di Montefeltro, vennero all' ubbidienza
(c) Guelv.
Fiamma
Manipul.
Flor. c.320.
del Papa, e quivi ancora fu fatto lo ſteſſo ſcempio di mura e fortezze. Oltre a ciò in tutti que' Luoghi furono cavati da i ſepolcri
i morti nel tempo della guerra, e ſeppelliti come ſcomunicati
fuori della Città. Secondo Galvano Fiamma (c), e gli Annali
(d) Annales
Mediolan.
Tom. XVI.
Rer. Italic.
Milaneſi (d), in queſt'Anno Ottone Visconte ſi liberò da Guglielmo Marcheſe di Monferrato, e per queſto ho io differito a parlar-
ne quì, benchè la Cronica di Parma metta il fatto nell'Anno precedente. Anzi dicendo il Fiamma, eſſere ciò ſucceduto nella Feſta di San Giovanni Evangeliſta, ſe l'Anno Milaneſe avea allora
principio nel Natale del Signore, ancora ſecondo lui ſi dee riferir
queſto fatto all'antecedente Anno, come appunto accuratamente
(e) Corio
Iſtorie di
Milano.
notò anche il Corio (e). Era il Marcheſe Guglielmo Principe di
fina politica e deſtrezza, e di non minor ambizione provveduto.
Mirava egli a farſi Signore di tutta la Lombardia. E già gli era
riuſcito di farſi proclamare a poco a poco Signor di Como, Al-
(f) Benven.
da S. Giorg.
Iſtor. del
Monferrato
To. XXIII.
Rer. Italic.
ba, Crema, Novara, Aleſſandria, Vercelli (f). Non ſo ben
dire, ſe anche di Pavia. Gli reſtava Milano; egli ne era già Capitano, vi avea un gran partito, e andava diſponendo le coſe
per abbattere la ſignoria dell'Arciveſcovo Ottone, e prender egli
le redini del governo. Ottone, che a lui non cedeva in avvedu-
tezza, aſpettato il tempo propizio, che il Marcheſe foſſe ito per
ſuoi

suoi affari a Vercelli, nel dì 27. di Dicembre dell'Anno prece- ERA Volg.
ANN.1283.
dente montato a cavallo con tutti i suoi aderenti prese il Brolet-
to, e il Palazzo pubblico, e ne scacciò Giovanni dal Poggio Podestà e Vicario del Marchese, mettendovi in suo luogo Jacopo
da Sommariva Lodigiano. Fece appresso intendere al Marchese,
che non osasse più di ritornare a Milano: dal che si accese una
mortale nemicizia fra loro. Cercò immantenente Ottone di fortificarsi nel ricuperato pieno dominio di Milano coll'amicizia de'
vicini, e però stabilì pace e lega co i Cremonesi, Piacentini, e
Bresciani. Fiera guerra continuò in quest'Anno fra i Genovesi
e Pisani per mare, avendo l'uno e l'altro Popolo fatto un formidabil armamento di Galee e d'altri legni. Presero i Genovesi e saccheggiarono l'Isola della Pianosa, e sottomisero alcune
navi de'Pisani, e gli altri parimente fecero quegl'insulti, che
poterono a i Genovesi. Minutamente si veggono descritti i lor
fatti ne gli Annali di Genova (a); tali nondimeno non sono, (a) Caffari
Annal. Ge-
nuenf.l.10.
Tom. VI.
che meritino d'esserne quì fatta particolar menzione. Succede-
rono delle novità anche in Trivigi (b), Città al pari dell'altre Rer. Italic.
divisa in due fazioni. *Gherardo* della nobil Famiglia da Camino (b) Ricobal-
dus in Pom.
seppe far tanto, che ne scacciò fuori Gherardo de' Castelli Ca- Tom. IX.
po della parte contraria, e prese la signoria di quella Città. Tol- Rer. Italic.
Annales
lerabile riuscì dipoi il suo governo, perchè era amatore della Bononienf.
giustizia. Ebbe principio nel Marzo di quest'Anno la guerra To. XVIII.
de'Veneziani col Patriarca d'Aquileia per le giurisdizioni dell' Rer. Italic.
Istria, come s'ha dalle Vite di que' Patriarchi, da me date
alla luce (c). Durò questa quasi undici anni, e in fine fu co- (c) Vitæ
Pontific.
stretto il Patriarca ad accomodarsi, come potè, con chi era su- Aquilejenf.
periore di forze. Tom. IV.
Anecdot.
Latin.

Anno di CRISTO MCCLXXXIV. Indiz. XII.
di MARTINO IV. Papa 4.
di RIDOLFO Re de' Romani 12.

GRAN preparamento di gente e di Legni avea fatto *Car-*
lo primogenito del Re Carlo, e Principe di Salerno, per
portare la guerra in Sicilia, quando venne la mala fortuna a
visitarlo, e a dargli una ben disgustosa lezione delle umane vicende. Era già corsa sicura voce, che il Re Carlo suo Padre veniva di Provenza con forte armata per unirla coll'altra di Puglia,

Era Volg.
Ann.1284.
[a]Giachet-
to Malasp.
cap. 222.
Ptolomaeus
Lucenfis,
& alii.
glia, e procedere poi contra de' Siciliani . [a] Prima ch' egli
veniffe, il valente *Ruggieri di Loria*, Ammiraglio del Re d'A-
ragona, volle tentare, fe gli veniva fatto di tirare a battaglia
il Figliuolo. A quefto fine con quarantacinque tra Galee ed altri
Legni armati di Catalani e Siciliani ufcì in corfo ful principio
di Giugno, e cominciò ad infeftare le cofte del Regno di Napoli. Nel Lunedì ,· giorno quinto d' effo Mefe [e non già nel dì

[b] Bartho-
lomeus de
Neocaftro
cap. 76.
Tom. XIII.
Rer. Italic.
23. come ha il tefto di Bartolomeo da Neocaftro [b]] fu a
Caftello di S. Salvatore a mare, e a vifta di Napoli, e le fue
ciurme cominciarono con alte grida a villaneggiare il Re Carlo,
fuo Figliuolo, e tutti i Franzefi, chiamandoli poltroni e coni-
gli, che non ardivano di venire a battaglia, e dilegiandoli in
altre fconce maniere . A quefte ingiurie non potendo reggere
il Principe Carlo, badando più alla collera fua, che a i configli del Cardinal Legato, co'furiofi fuoi Franzefi, e coll'altre ubbidienti fue truppe , difordinatamente s' imbarcò ne' preparati
fuoi Legni, e tutti, come fe andaffero a nozze, fecero vela con-

[c]Giovan-
ni Villani
lib.7.c.92.
tra de' Siciliani. Scrive Giovanni Villani [c], che il Principe
Carlo avea ordine precifo dal Re Carlo fuo padre di non venire a battaglia alcuna, e che afpettaffe l' arrivo fuo; ma egli
fenza farne cafo, fi lafciò trafportare dall'empito fuo giovanile, credendofi di far qualche gran prodezza. Diverfamente Nic-

[d]Nicolaus
Specialis
Hift. Sicul.
Tom. X.
Rer. Italic.
colò Speciale [d] lafciò fcritto, cioè che una barca fpedita con
quefto ordine dal Re Carlo cadde in mano di Ruggieri di Loria, nè arrivò a Napoli: il che forfe ayrebbe fermata la biz-
zaria del Principe Carlo. Baldanzofamente procedeva l'armata
Franzefe contro a i nemici; e Ruggieri gran maeftro di guerra, fingendo paura, fi andava ritirando in alto mare. Ma quando fe la vide bella, animati prima i fuoi, venne impetuofa-
mente a ferire addoffo alla contraria Armata. Stettero poco a
fuggire le Galee di Soriento e d' altri Pugliefi. Fecero quella
refiftenza, che poterono, i Franzefi, ma ficcome gente allora
non avvezza a battaglie di mare, poco potè operare contra de'
Catalani e Siciliani, i quali arditamente faltando nelle Galee
nemiche, dieci ne fottomifero. La mira principale dell'accorto Ruggieri di Loria era alla Galea Capitana, diftinta dallo ftendardo Regale, dove ftava il Principe Carlo colla principal fua
Baronia, nè potendola prendere per la gagliarda oppofizion di
que' Nobili, gridò a i fuoi, che la foraffero in più luoghi.
Entrava l'acqua a furia; e però il Principe dimandò di rendet-

fi a

fi a qualche Cavaliere. S'affacciò tofto l' Ammiraglio Ruggieri
con darfi a conofcere chi egli era , e il raccolfe nelle fue Galee
con Rinaldo Gagliardo Ammiraglio di Provenza, e co i Conti di
Cerra, Brenna, Monopello, ed affaiffimi altri Nobili , e copia
grande d'altri prigionieri. Dopo la fconfitta accadde una piace-
vol avventura. In paffando la vittoriofa Flotta in vicinanza di
Soriento [a], quel Popolo mandò a regalar di fichi e fiori, e di [a] *Giacbet-*
ducento Agoftari (monete d'oro) l' Ammiraglio Siciliano . En- *to Malafp.*
Giovan-
trati gli Ambafciatori nella Galea Capitana , dove era prefo il *ni Villani.*
Principe Carlo, veggendo lui riccamente armato , e attorniato
da Baroni, e credendolo l'Ammiraglio, inginocchiati a' fuoi piedi , gli prefentarono quel regalo, dicendo : *Meffer l' Ammira-*
glio, goditi quefto picciolo prefente del Comune di Sorjento ; e
piaceffe a Dio, cbe come bai prefo il Figlio, aveffi ancbe prefo
il Padre. E fappi, cbe noi fummo i primi a voltare. Il Principe
Carlo, contuttochè poca voglia n'aveffe, pure non potè contenerfi dal ridere, e diffe all' Ammiraglio : *Per Dio , cbe coftoro*
fono ben fedeli a Monfignore il Re. Si prevalfe Ruggieri di Loria di quefta congiuntura, per cavar dalle carceri di Caftello a
mare *Beatrice*, Figliuola del *Re Manfredi*, e Sorella della *Regi-*
na Coftanza, con altri prigioni, [b] avendola richiefta al Prin- [b] *Ptolom.*
cipe, che la fece venire, e con effa, e co'prigioni Franzefi fe *Lucenf. Hi-*
ftor. Ecclef.
ne tornò a Meffina , dove con indicibil plaufo fu accolto . Il *Tom. XI.*
Principe Carlo fu rinferrato nel Caftello di Mattagriffone con *Rer. Italic.*
buone guardie.

VENIVA il *Re Carlo* alla volta di Napoli con cinquanta cinque Galee e tre Navi groffe, tutte cariche di Nobiltà Franzefe,
di gente, cavalli, ed armi. S'era egli dianzi rattriftato forte in
Marfilia per la percoffa data a i fuoi fotto Malta. Quando fu
nel Mare di Pifa, o pure a Gaeta, due dì dopo il fuddetto conflitto, intefe l'altra; disavventura del Figliuolo, che gli pafsò il
cuore , e dicono , che gridò : *Ab foffe egli morto, da cbe ba*
trasgredito il mio comandamento! Altri fcrivono [c], che fece [c]*Jordanus*
il difinvolto, e chiamati i fuoi Baroni, diffe loro, che fi ralle- *in Cbronic.*
graffero feco, perchè s'era perduto un Prete , atto folamente
ad impedire il fuo governo, moftrando così di nulla ftimare il
Figlio. Raccontano altri [d], aver egli detto : *Nulla perde ,* [d] *Memw.*
chi perde un Pazzo. A quefta doglia s'aggiunfe l'altra di avere *Poteftat.*
Regienf.
fcoperta la poca fede de'Regnicoli, e di Napoli fteffa, dove in *Tom. VIII.*
queft' ultima congiuntura alcuni correndo per la Terra aveano *Rer. Italic.*
gri-

gridato: *Muoia il Re Carlo, e viva Ruggieri di Loria*. Aggiugne la Cronica di Reggio, che fi fecero di molte ruberie, e furono anche uccifi alcuni Franzefi, con durar due giorni quella commozion di plebei. Arrivato effo Re Carlo a Napoli, non volle fmontare al Porto, ma furibondo sbarcò in altro fito con intendimento di mettere fuoco a tutta la Città; ed avrebbe forfe efeguito il barbarico penfiero, fe non era il *Cardinal Gherardo* da Parma Legato Apoftolico, il quale s' interpofe, moftrandogli, che il reato di pochi vili e pazzi non era da gaftigare colla pena dell'innocente Pubblico. Tuttavia ne fece ben impiccare da cento cinquanta, e poi moffe alla volta di Brindifi, dove fatta la maffa di tutte le fue forze, fi trovò avere dieci mila cavalli, e quaranta mila fanti, con cento dieci Galee, oltre a gran quantità di Legni da trafporto. Con quefta potente Armata nel dì 7. di Luglio pafsò in Calabria, e fi mife per terra e per mare all'affedio di Reggio. Intanto due Cardinali Legati trattavano di liberare il Principe Carlo. La lontananza del Re Pietro, le cui rifpofte conveniva afpettare, e il faper egli tenere in parole chiunque negoziava con lui, fecero perdere il tempo al Re Carlo, fenza tentar imprefa più grande; e intan-

(a) *Bartholomæus de Neocaftro. cap. 79. Tom. XIII. Rer. Italic.* to la Flotta fu sbattuta da una tempefta; (a) la ftagione pericolofa per chi è in mare fi accoftò; e vennero meno i foraggi, e le vittovaglie, di maniera che il Re Carlo fu coftretto a ritirarfi a Brindifi, e a difarmare. Pafsò dipoi, ma pieno di rammarico e di trifti penfieri, a Napoli. Mentre era effo Re in Calabria, avea il Re Pietro fpedito in foccorfo della Sicilia quattordici Galee, che arditamente in faccia dell'Armata Franzefe entrarono nel Porto di Meffina. E partito appena fu il Re Carlo, che Ruggieri di Loria s'impadronì di Nicotera, Caffano, Cotrone, Loria, Martorano, Squillace, Tropea, Neocaftro, ed altre Terre in Calabria e Bafilicata. In quefto medefimo Anno nel dì 12. di Settembre arrivò il fuddetto Ammiraglio colla fua Flotta all'Ifola delle Gerbe nel Mare di Tunefi, abitata da i Maomettani, e la prefe e fpogliò con afportarne gran copia di ricchezze, e più di fei mila fchiavi. Come potefle egli in tal tempo, cioè allorchè era minacciata sì da vicino la Sicilia, non fi sa ben intendere. Fece egli quivi pofcia fabbricare una fortezza, e vi mife un prefidio di Criftiani. Probabilmente è da riferire ad alcun altro anno sì fatta imprefa. In quefti tempi *Ottone Visconte* Arcivefcovo di Milano, effendofi inimi-

mi-

micato con *Guglielmo Marchese* di Monferrato, (*a*) e ben. prevedendo, che i Torriani coll'aiuto di lui tenterebbono di risorgere, ficcome in fatti avvenne: fpedì fuoi Ambafciatori a *Ridolfo Re* de' Romani, sì per diftorlo dal favorire effi Torriani,
il che aveva egli praticato in addietro, come ancora per ottenere il fuo patrocinio. Ed appunto l'ottenne, con avergli Ridolfo mandate cento lancie Tedefche, e cinquanta baleftrieri con
baleftre di corno. Maritò in queft'Anno il fuddetto Marchefe
di Monferrato *Jolanta*, o fia *Violante*, fua Figliuola (*b*) con
Andronico Paleologo Imperadore di Coftantinopoli, e diedele in
dote il Regno di Teffalonica, o fia di Salonichi, da cui poco
utile ricavava in quefti tempi il Marchefe. Dal che apparifce,
che finquì i Marchefi di Monferrato doveano tuttavia ritenere
qualche dominio in quelle contrade. Oltre all'avere il Greco
Augufto pagate molte migliaia di Bifanti al Suocero fuo, fi obbligò ancora di mantenere al di lui fervigio in Lombardia cinquecento cavalieri alle fpefe fue, durante la vita del medefimo
Marchefe. Fu poi cagione quefto maritaggio, ficcome vedremo, che il Monferrato pervenne ad un Figliuolo d'effa Imperadrice (*c*), alla quale fecondo il loro coftume i Greci muta-
rono il proprio nome in quello d'*Irene*. Ora il Marchefe Guglielmo col fuddetto rinforzo di moneta cominciò nuove tele per
l'ingrandimento fuo. Ebbe maniera di entrare un dì per tradimento nella Città di Tortona verfo l'aurora; nella qual congiuntura molti Cittadini furono uccifi, altri fpogliati, altri carcerati. Uno de' rimafti prigionieri fu il *Vefcovo Melchiore*, il qual
fempre fi era oppofto a i tentativi del Marchefe fopra quella
Città fua patria. Fu egli inviato con guardie, acciocchè indu-
ceffe i Caftellani delle fue Terre a renderfi al Marchefe: il
che effi ricufarono di fare. Però nel tornare a Tortona, i Capitani del Marchefe con facrilega barbarie ammazzarono l'infelice Prelato. In queft' orrido misfatto proteftò poi il Marchefe di non avere avuta parte alcuna; ma forfe da pochi gli
fu creduto.

Raimondo dalla Torre Patriarca d'Aquileia con gli altri Torriani liberi ftrinfe Lega nell'Anno prefente con effo Marchefe (*d*),
dopo aver fatto un depofito di groffa fomma d'oro da pagarfi al
medefimo Marchefe, da che foffero efeguiti i patti. In vigore di
quefto accordo furono rilafciati dalle carceri di Monte Baradello
da i Comafchi, ubbidienti tuttavia al Marchefe, *Antonio, Aren-
chio,*

ERA Volg.
ANN.1284.
(a) *Gualva-
neus Flam-
ma Manip.
Flor.c.321.*

(b) *Memor.
Poteftatum
Regienf.*

(c) *Du Can-
ge in Famil.
Byzantin.*

(d) *Chronic.
Parmenfe
Tom. IX.
Rer. Italic.*

chio, e *Mofca* dalla Torre . Ne era dianzi fuggito *Guido dalla
Torre*, che poi divenne Signor di Milano . Ma quivi aveano miferamente terminati i lor giorni *Napo*, o fia *Napoleone*, *Carnevale*, e *Lombardo* tutti dalla Torre . Cominciarono oltre a ciò i
Comafchi dal canto loro guerra a Milano , e prefero alcune Caftella nella riviera di Lecco . Ma avendo l'Arcivefcovo eletto per
fuo Vicario Generale nel temporale *Matteo Vifconte* fuo Nipote,
quefti valorofamente ricuperò quelle Terre , cominciando con
quefta imprefa a farfi ftrada alla fomma efaltazione , a cui egli
e la fua Famiglia dipoi arrivò . Benchè nella Cronica di Parma
fi legga , che nell'Anno 1282. fi fconciò la buona armonia fra i
Cittadini di Modena , pure abbiamo dalla fteffa, che nell'Anno
prefente ebbe principio quefta diavoleria , che riduffe poi in cattivo ftato effa Città , e tornò in grave pregiudizio della parte
Guelfa di Lombardia . Ne parlano appunto a queft'Anno anche
gli Annali vecchi di Modena (*a*) , e la Cronica di Reggio (*b*).
In occafione che da uno della nobil Cafa de' Guidotti fu ucifo un
altro nobile della Famiglia da Savignano , fi formarono due fazioni . Il Podeftà fece mozzare il capo all'uccifore , e diftruggere da' fondamenti due Torri , con altre non poche condennagio-
ni . Il Popolo fremente atterrò molte altre cafe ; e finalmente
la parte de' Bofchetti, co' quali andavano uniti i Rangoni e Guidoni , fcacciò fuori della Città la fazione de' Savignani e Graffoni, la quale ritiratafi a Saffuolo, a Savignano , e ad altre Terre, fi diede a far guerra a i Bofchetti e alla Città , diftruggendo
e bruciando . Fecero i Bofchetti col popolo di Modena un buon
efercito contra de' fuorufciti ; e s'inviarono alla volta di Saffuolo.
Manfredino dalla Rofa Signor di quella Terra con gli ufciti venne ad incontrarli , e li fconfiffe con iftrage e *prigionia di molte*
perfone . Mandarono i Parmigiani dodici Ambafciatori per trattar di pace ; i Bofchetti non vollero dar loro afcolto . Erano allora in Lega Piacenza, Parma , Cremona , Reggio, Bologna,
Ferrara , e Brefcia , tutte Città di parte Guelfa , e loro difpiacendo la pazza difcordia de' Modenefi , tutte fpedirono a Reggio
i loro Ambafciatori, per tener quivi un Parlamento , e trattare
di levar quefto fcandalo . Chiamati v'intervennero i Deputati
delle due fazioni della Città di Modena ; tuttavia per quanto fi
affaticaffero i mediatori, le tefte dure de i Bofchetti e de' lor partigiani ricufarono ogni propofizion d'accordo, di maniera che fu
rifoluto di lafciarli in preda al loro capriccio, e che fi rompeffero

paz-

(*a*) *Annales
Veter. Mu-
tinenf.
Tom. XI.
Rer. Italic.*
(*b*) *Memo-
rial. Poteft.
Regienf.
Tom. VIII.
Rer. Italic.*

pazzamente fra loro il capo, giacchè così loro piaceva. Il perchè i Modenesi dominanti mandarono in Toscana ad assoldare gran gente, e tornati in campagna, essendo al Montale nel dì 19. di Settembre vennero di nuovo alle mani co' fuorusciti, e di nuovo ancora furono rotti colla mortalità e prigionia di molti. Per compassione mandarono gli amici Parmigiani nuova ambasceria a Modena con varie esortazioni alla pace; ma nè pur questa ebbe miglior esito della prima : tanto erano esacerbati e infelloniti gli animi de' Nobili e Popolari contra de' lor concittadini. Adoperossi ancora un Cardinale Legato, per introdurre trattato di aggiustamento, e fu rigettata del pari l'interposizione sua. Fecero di peggio in oltre i Modenesi. Per servigio de' Parmigiani veniva un convoglio di sale da Bologna, per essere impedita la via del Po. Quando fu nel territorio di Bazzano, che era allora del distretto di Modena, i Modenesi lo presero colle carra e trentadue paia di buoi, e condussero tutto alla Città, e nulla vollero mai restituire, tuttochè si trattasse d'un popolo sì amico e fedele, qual era quello di Parma. Allora fu, che i Bolognesi caritativamente proposero a i Parmigiani una Lega, per espugnare concordemente Modena ; ma il popolo di Parma, ricordevole dell'antica amicizia con quel di Modena, elesse piuttosto di sofferir con pazienza il danno, e di compatir. le spropositate risoluzioni de' Modenesi, che di abbracciar le maligne insinuazioni de gli antichi nemici di Modena. Nell' Anno seguente poi si ravvidero i Modenesi, e soddisfecero al loro dovere.

FURONO nondimeno bagatelle queste rispetto all'aspra guerra, che nell'Anno presente seguì tra i Genovesi e Pisani (a). Accaniti l'un contra l'altro erano questi due Popoli. L'interesse e l' ambizione non lasciavano lor posa, ardendo tutti di voglia di proccurar l'uno la rovina dell'altro. L'Anno appunto fu questo, che decise la lor contesa. Vennero a dura battaglia le loro Flotte nel dì 22. d'Aprile, e andarono in rotta i Pisani con perdere otto Galee, che furono condotte a Genova, e con restarne una sommersa. Per questa sciagura in vece di avvilirsi, maggiormente s' impegnò il Popolo Pisano a sostener la gara, ed armate settantadue Galee con altri legni, pieni di tutto il fiore della Nobiltà e de' Popolari e forensi, fastosamente uscì in mare con tal galloria, che sembrava il loro stuolo incamminato ad un sicuro trionfo. (b) Colto il tempo, che l'Armata de' Genovesi era ita in Sardegna, diedero i Pisani il guasto alla riviera di Genova, si presen-

Era Volg.
Ann. 1284.

(a) Caffari Annal. Genuenf. l 10. Tom. VI. Rer. Italic.

(b) Giovanni Villani l. 7. cap. 91.

tarono anche al Porto di quella Città con baleſtrare, ingiuriare, e richiedere di battaglia i Genoveſi; e dopo queſte bravure ſe ne ritornarono glorioſi a caſa. Ma giunte dalla Sardegna a Genova le Galee, fece il Popolo Genoveſe un armamento di ottantotto Galee, e otto Panfili, e con queſta flotta andò in traccia della Piſana, e trovatala in vicinanza della Melora, attaccò un' orribil battaglia nel dì 6. d' Agoſto. Da gran tempo non s'era veduto in mare un conflitto sì oſtinato e ſanguinoſo, come fu queſto. La vittorja in fine ſi dichiarò per li Genoveſi, ſiccome ſuperiori di forze, che ventinove Galee de' nemici menarono a Genova, e ſette ne affondarono. Grande fu la mortalità dall' una parte e dall'altra; maggiore nondimeno, anzi ſommo il danno de' Piſani, perchè circa undici mila d'eſſi [chi dice meno, e forſe dirà più vero, e chi dice anche più, per ingrandimento di fama] rimaſti prigionieri, furono condotti nelle carceri di Genova, dove la maggior parte per li ſtenti a poco a poco andò terminando i ſuoi giorni. E di quì nacque il proverbio: *Chi vuol veder Piſa, vada a Genova*. Gli ſpeculativi de' ſegreti del Cielo oſſervarono, che in quelle ſteſſe vicinanze della Melora nell' Anno 1241. aveano i Piſani ſacrilegamente preſi i Prelati, che andavano al Concilio; e credettero, che Dio aveſſe aſpettato per quarantatrè anni a gaſtigare il loro miſfatto. Quel che è certo, Piſa da lì innanzi per sì grave perdita di gente non men Popolare che Nobile, non potè più alzare il capo, e andò tanto declinando, che arrivò a perdere la propria libertà, ſiccome s'andrà vedendo. Io non ſo, come l' Autor della Cronica Reggiana, (a) che ſcriveva di mano in mano le avventure di queſti tempi, metta il ſuddetto memorando fatto d' armi ſotto il dì 13. d' Agoſto. Una ſpaventoſa inondazione del mare, ſmiſuratamente gonfiato nel dì 22. di Dicembre in queſt' Anno, recò un incredibil danno a Venezia e Chioggia, eſſendovi perite molte navi e perſone, ed una eſorbitante copia di merci. *Bernardo Cardinale* Legato in Bologna attribuiva queſta loro diſgrazia all' eſſere ſtati ſcomunicati da lui i Veneziani, perchè non voleano dar ſoccorſo al Re Carlo contra di Pietro Re d' Aragona. Sicchè ſecondo i ſuoi conti Dio dovea eſſerſi viſibilmente dichiarato in favore del Re Carlo. Se ciò ſi poſſa credere, lo vedremo all' Anno ſeguente.

(a) Memor.
Poteſtat.
Regienſ.
Tom. VIII.
Rer. Italic.

Anno

Anno di CRISTO MCCLXXXV. Indiz. XIII.
  di ONORIO IV. Papa 1.
  di RIDOLFO Re de' Romani 13.

SOPRAFATTO probabilmente da i troppi affanni *Carlo Re* ERA Volg.
di Sicilia, cadde infermo nella Città di Foggia, mentre era ANN.1285.
tutto affaccendato per un formidabil armamento, con difegno d'
affalir la Sicilia, in tempo che anche i Franzefi doveano dal canto loro invadere il Regno di Aragona e Catalogna. Quivi terminò egli con tutta raffegnazione e con piiffimi fentimenti la
fua vita nel fettimo dì di Gennaio dell'Anno prefente con infinito difpiacere de'Guelfi, che l'amavano forte, e il confiderava-
no pel più forte loro foftegno (*a*). Principe di fmoderata am- (a) *Giovan-*
bizione, per foddisfar la quale fagrificava tutto, e che farebbe *ni Villani*
ftato affai lodevole e gloriofo, fe, ficcome feppe guadagnar de *l. 7. cap.94.*
i Reghi, aveffe anche attefo a guadagnarfi l'amore de' fudditi, *Memorial.*
e non gli aveffe più tofto tiranneggiati: il che fu cagione di mol- *Poteftat.*
te fue disavventure. Lafciò il fuo Regno di Puglia o fia di Na- *Regienf.*
poli in poco buono ftato, perchè in guerra co'Siciliani, e col
Principe Carlo fuo Primogenito ed erede, prigione in Sicilia fteffa. Nè fi dee tacere, che quefto fventurato fuo Figlio dopo la
fua prigionia corfe un gran pericolo. Non avendo potuto i Cardinali Legati fpediti dal Papa in Sicilia, venire a capo del loro
negoziato per liberarlo, fulminarono le più terribili fcomuniche
contra de'Siciliani e contra del Re d'Aragona. Erano per quefto al maggior fegno irritati i Meffinefi, e giunta colà anche la
nuova della morte del Re Carlo, furiofamente andarono alle prigioni, dove erano detenuti i Franzefi, per ucciderli; e perchè
quefti fecero quella difefa, che poterono, attaccarono il fuoco
alle carceri, e miferamente vi fecero perire più di feffanta Nobili di quella Nazione. Ricobaldo (*b*), che fioriva in quefti tem- (b)*Ricobal-*
pi, fcrive, che più di ducento Nobili vi furono barbaramente *dus in Pom.*
uccifi, e non già bruciati nelle prigioni. In oltre fi accordarono *Tom. IX.*
tutte le Terre dell'Ifola a voler la morte del fuddetto Principe *Rer. Italic.*
Carlo in vendetta di quella di Manfredi e di Corradino. Ma
Dio volle, che la *Regina Coftanza*, e l'Infante *Don Giacomo*
con favio configlio frenarono così furiofa fentenza con prendere
tempo, allegando, che conveniva intendere fopra ciò la volontà del *Re Pietro*. Volontà appunto del Re Pietro era, che fe

ERA Volg.
ANN.1285.
[a] Bartho-
lomaeus de
Neocastro
cap. 90.
Tom. XIII.
Rer. Italic.
gli mandaſſe in Catalogna il Principe prigioniere per maggior
ſicurezza, e in fatti vi fu mandato. Intanto fu queſto Principe
riconoſciuto per Re e Succeſſore del Padre in Puglia, [a] e durante la ſua prigionia ſoſtituito Balio del Regno *Roberto Conte*
di Artois, Fratello del Re di Francia, coll' aſſiſtenza del Cardinale Legato *Gberardo Bianco* da Parma ; e per allora ceſsò ogni
penſiero di portar la guerra in Sicilia. In queſti tempi la Città di Gallipoli ſi diede a gli Aragoneſi. Tenne dietro alla morte
del Re Carlo quella di *Martino IV.* Pontefice, ſchiavo finquì di
tutti i voleri d'eſſo Re, e che votò l' erario delle ſcomuniche,
per fulminar tutti i Ghibellini, e chiunque era nemico, o poco
amico del medeſimo Re Carlo. Pontefice per altro degno di lode, sì pel ſuo zelo Eccleſiaſtico, come per lo ſtaccamento dall'
amore de' ſuoi parenti, che nati poveri non volle mai eſaltare.
Eraſi egli portato a Perugia, giacchè quella Città umiliataſi era
rientrata in ſua grazia, e quivi cantò Meſſa nel giorno ſanto
di Paſqua, caduto in queſt'Anno nel dì 25. di Marzo. Nel dì
ſeguente ſi ammalò, e nella notte del Mercordì, venendo il dì

[b] Memor.
Poteſtat.
Regienſ.
Tom. VIII.
Rer. Italic.
[c]Raynau-
dus in An-
nal. Eccleſ.
[d] Franci-
ſcus Pipin.
Chronic.
Tom. IX.
Rer. Italic.
Annales
Colmar.
[e]Bernard.
Guid.
Prolomaeus
Lucenſ.Hi-
ſtor. Eccleſ.
& alii.
29. paſsò all'altra vita [b]. Diceſi, che nel Giovedì ſuſſeguente gli fu data ſepoltura nella Cattedrale di quella Città ; ma
ſecondo il Rinaldi, [c] fu poi portato il dì lui cadavero ad Aſſiſi nella Chieſa de' Minori, da lui amati ſopra gli altri Religioſi, finchè viſſe. Fu da alcuni [d] attribuita la ſua infermità e
morte ad ecceſſo in mangiar delle anguille, del qual cibo egli
era ghiotto. Nel dì 2. d'Aprile concordemente ſi vide eſaltato
da i Cardinali al Pontificato *Jacopo* della nobil Caſa de' Savelli
Romano, Cardinal Diacono di Santa Maria in Coſmedin, [e] il
quale preſe il nome di *Onorio IV.* Era egli così attratto per cagion della gotta ne' piedi e nelle mani, che non potea cammi-
nare, nè ſtare in piedi, nè unire un dito coll'altro. Ma vegeta
era la ſua teſta, e vigoroſa la ſua lingua. Portoſſi egli dipoi
a Roma, dove conſecrato Prete e Veſcovo, fu ornato della Tiara Pontificia. Contribuì queſto Pontefice al ſollievo del Regno
di Napoli, con pubblicare una ſaggia Coſtituzione di varj Capitoli, già ordita da Papa Martino IV. che vien rapportata dal Rinaldi, e da gli Scrittori Napoletani, e fu data nel dì 17. di Settembre dell' Anno preſente in Tivoli. Dovea ſervir queſta a
levar di molte gravezze ed abuſi introdotti già da Federigo
II. da Manfredi e maſſimamente dal Re Carlo I. Ma i Re ſuſſeguenti con preteſto, che foſſe pregiudiziale a i loro diritti, non
permiſero che aveſſe vigore.   DEL

DEL resto seguitò anche Onorio IV. come il suo Predecessore, ad aggravar di Decime i beni Ecclesiastici per le guerre (non so come appellate Sante) de' Franzesi contra de gli Aragonesi . Mi sia lecito l'accennar quì brevemente quella di Catalogna, perchè essa ha connessione con gli affari della Sicilia . Già Papa Martino IV. avea privato il Re Pietro del Regno di Aragona, Valenza , e Catalogna , e datane l'Investitura a *Carlo di Valois*, secondogenito di *Filippo* l'Ardito, Re di Francia. Già s'era predicata la Crociata per andare alla conquista di quel Regno, perchè pur troppo in questi miserabili tempi si facea continuamente servire la Religione all' umana Politica con disonore del nome Cristiano. Lo stesso *Re Filippo* in persona con *Filippo* e *Carlo* suoi Figliuoli , con una formidabile Armata per terra , e una potentissima Flotta per mare, [a] passò in Catalogna, dove que' santi Crociati commisero violenze e sacrilegj senza numero. Prese la Città di Roses, ed assediò nel dì 28. di Giugno la Città di Girona, che fece una mirabil difesa . Il *Re Pietro*, Signore di gran valore , con quelle poche compagnie di cavalleria, che avea , fece di grandi prodezze, infestando continuamente dì e notte l'esercito nemico. Ma in una di queste scorrerie soprafatto da' Franzesi, e ferito con una lancia, sconosciuto venne condotto prigione. Male per lui, se presa la spada ad un di que' nobili nemici, non si fosse fatto largo : con che dato di sproni al cavallo, ebbe la fortuna di ridursi in salvo . Fu presa in fine Girona a patti di buona guerra da i Franzesi . Avea intanto *Ruggieri di Loria* sottomessa la Città di Taranto nel dì 15. di Luglio; quando gli arrivò ordine di passare a Barcellona. Vi giunse egli nel dì 26. di Settembre con trentasei Galee, colle quali si unirono dodici altre di Catalani . Sarpò dipoi l'anchore, e con questa Flotta l'animoso Ammiraglio andò nel dì primo di Ottobre ad assalir la Franzese, scemata molto di ciurme e di gente, benchè superiore di numero. Parte di quelle Galee fu presa , parte incendiata, non senza strage di molti, e col guadagno di gran bottino. Ritolse egli ancora Roses a i Franzesi ; ed appresso venendo un grosso vascello del Duca di Brabante , carico di viveri e di ricchezze in soccorso de' Franzesi sotto la scorta di dodici Galee , Ruggieri con bandiera di Francia aggraffò tutti que' Legni, il tesoro, e le vettovaglie. Tutte queste funeste nuove portate al campo Franzese , lo riempierono di terrore, perchè perduta era la speranza di ricevere in avvenire le necessarie provvisioni per mare. Il Re Filippo o

per

ERA Volg. ANN.1285.

[a] *Bartholomeus de Neocastro* cap. 91. & seq. Tom. XIII. Rer. Italic. *Giovanni Villani* l.7. cap. 101. & seq.

Era Volg.
Ann.1285
(a) Bartho-
lomeus de
Neocastro
ait supra
(b)Nicolaus
Specialis
Hist. Sicul.
Tom. X.
Rer. Italic.

per la doglia, o per l'aria s'infermò. Se vogliam credere a Bartolomeo da Neocastro (a), e a Niccolò Speciale (b), la lun-
ghezza dell'assedio di Girona, ed una prodigiosa specie di tafa-
ni, che feriva uomini e cavalli, aveano fatto perire assaissime
migliaia di soldati e d'animali: laonde per necessità convenne
sloggiare in somma fretta per ripassare i Pirenei, e tornarsene
in Linguadoca. A i passi delle Montagne eccoti i Micheletti,
che recarono gran danno alle persone e robe de'fugitivi e sconfitti Franzesi. Il Re Filippo portato con gran disagio in una ba-
za fino a Perpignano, quivi nel dì 6. d'Ottobre fece fine a i suoi
giorni. All'incontro ricuperata ch'ebbe il Re Pietro Girona, anch'egli o per malattia, o per la ferita, di cui parlammo, passò all'altra vita nel dì 11. di Novembre con atti di vera penitenza, e riconciliato colla Chiesa. E tale fu il fine di quella
strepitosa impresa, per cui ebbe molto da piagnere la Catalogna,
ma molto più senza paragone la Francia. Vien essa descritta da
Bartolomeo da Neocastro, da Giovanni Villani, e da altri con
diversità di circostanze, e colla giunta di qualche favola, siccome tuttodì avviene in casi tali per la varietà delle passioni e
delle parzialità, amplificando cadauno le prodezze e diminuen-
do le disgrazie proprie. Ed ecco dove andarono a terminar le
scomuniche, le Crociate, e tanto sangue per detronizzar gli A-
ragonesi. Alfonso primogenito del Re Pietro succedette al Padre
nell'Aragona; l'Infante Don Giacomo, secondo il testamento del
Padre, nel Regno di Sicilia; ed essi tennero forte i loro Stati.
Ma cotante disgrazie, e le morti del Papa, e de i due Re Filippo, e Carlo, dovrebbono ben servire di documento alle corte
nostre teste; per non entrare con tanta franchezza ne' gabinetti
di Dio, qualchè egli operi, o abbia da operare a misura de'nostri vani desiderj e del nostro mondano interesse. Sono ben diversi i giudizj di lui da quei de'mortali; nè mai manca in quelli Sapienza e Giustizia. Mancano bensì queste, e sovente, ne
i nostri.

(c) Corio,
Istor. di Mi-
lano.
(d)Calchus
Hist. Me-
diolanens.
(e) Chron.
Parmense
Tom. IX.
Rer. Italic.

ERANO entrati in Como i Torriani, ed in quest'Anno fecero guerra con varia fortuna a Milano, impadronendosi di Castel
Seprio, e d'altri Luoghi, che da Matteo Visconte e dal Popolo
Milanese furono ricuperati. Io non mi fermerò in questi minu-
ti fatti. Le notizie d'essi a noi sono state conservate dal Corio
(c), e dal Calchi (d). Benchè in quest'Anno ancora (e) si
adoperassero più d'una volta gli Ambasciatori di Parma, Reggio,

gio, Bologna, e Ferrara per quetare i torbidi di Modena, pure nulla di bene se ne ricavò. Aveano Gherardino Rangone pel Po- polo della Città, e Manfredino da Sassuolo per gli usciti, ridot- to a buon termine un trattato d'accomodamento; ma per le e- sorbitanti pretensioni de' Boschetti tutto andò a terra. E quantun- que essendo venuti a Modena Guido e Matteo fratelli da Correg- gio, si facesse compromesso in essi, e fossero dati gli ostaggi, e si venisse al laudo (a): pure i Boschetti non vollero accettarlo. Seguì poi una nuova battaglia a Gorzano fra il Popolo di questa Città, e i fuorusciti, in cui gli ultimi rimasero sconfitti. Aveano, trovandosi in gravi angustie i Pisani per la funestissima lor perdita dell'Anno precedente, e veggendo già collegati e in armi tutti i Guelfi di Toscana, cioè Fiorentini, Sanesi, Lucchesi, ed altri Popoli, giacchè tutti erano istigati da i Genovesi (b), gente an- siosa più che d'altro della rovina di Pisa, e che già avea in men- te di schiantarla, e di ridurre quel Popolo in varj Borghi; avea- no, dissi, i Pisani spedito a Genova per ottener pace. Ma quivi si trovarono orecchi sordi, e cuori inflessibili. Si rivolsero dunque a i Fiorentini, e segretamente trattarono concordia con essi a condizione di governarsi in avvenire a parte Guelfa, e di cede- re a' Fiorentini Ponte ad Era con altri vantaggi. Acconsentiro- no al partito i Fiorentini, perchè non amavano di veder troppo crescere i Genovesi, e premeva loro di aver libero commercio a Porto Pisano. Il *Conte Ugolino* de' Gherardeschi, Guelfo di pro- fessione, che avea menato il trattato, seppe profittarne per sè: imperciocchè nel Gennaio del presente Anno dopo aver cacciati di Pisa i Ghibellini, ottenne d'essere fatto Signore della Città per dieci anni. I Genovesi e Lucchesi, che niuna contezza avea- no avuto di questo trattato, e molto meno vi aveano prestato il loro assenso, sdegnati più che mai seguitarono a far guerra a Pisa. Presero i Lucchesi parecchie lor Castella, e i Genovesi molte lor navi, con distruggere ancora le Torri di Porto Pisano, e rovinare Livorno. Fu levato in quest'Anno dal Papa l'Interdet- to posto alla Città di Venezia (c), non per altro delitto, che per non aver voluto i Veneziani secondo le lor Leggi lasciare far gen- te ed armar Legni ne' loro Stati in soccorso del Re Carlo contra del Re Pietro. Motivo c'è di stupire oggidì, come per cagion sì fat- ta venisse privata de'divini Ufizj, e gastigata quell'illustre libera Città. Ma erano tali i costumi di questi tempi sconvolti, tali i frutti della barbarie, e della malizia, e più tosto dell'ignoranza d'allora. An-

Era Volg. Ann.1285.

(a) Annales Veter. Mutinens. Tom. XI. Rer. Italic.

(b) Caffari Annal. Genuens. l.10. Tom. VI. Rer. Italic. Giovanni Villani l.7. cap.97.

(c) Raynaudus Annal. Eccles. num. 63.

Anno di CRISTO MCCLXXXVI. Indiz. XIV.
di ONORIO IV. Papa 2.
di RIDOLFO Re de' Romani 14.

ERA Volg.
ANN.1286.

[a] *Bartholomeus de Neocastro* cap. 101. Tom. XIII. *Rer. Italic.* Nicolaus Specialis lib. 2. c. 8. Tom. X. *Rer. Italic.*

DOPO aver patita una fiera burafca *Ruggieri di Loria* nel fuo ritorno dalla Catalogna, per cui s'affondarono alcune delle fue Galee, [a] arrivò coll'altre tutte maltrattate a Palermo nel dì 12. di Dicembre, e portò l'infaufta nuova della morte del Re Don Pietro a i Siciliani. Però fi fecero i dovuti preparamenti per coronare Re di Sicilia l'Infante *Don Giacomo* fuo fecondogenito. Intanto per li mali portamenti de' Catalani, nel dì 19. di Gennaio del prefente Anno Taranto, Caftrovillaro, e Murano, tornarono all'ubbidienza di *Carlo II.* nuovo Re, ma prigioniere, di Napoli. All'incontro i Catalani prefero il Caftello dell'Abbate, fituato trenta miglia da Salerno, e vi mifero prefidio. Nella fefta della Purificazion della Vergine, cioè nel dì 2. di Febbraio, feguì in Palermo la folenne coronazione in Re di Sicilia del fuddetto Infante Don Giacomo; la qual nuova portata a Roma diede anfa a *Papa Onorio*, che già avea fulminata prima di faperlo, la fcomunica contra d'effo Infante, e della *Regina Coftanza* fua Madre, di rinovar nell'Afcenfione del Signore le fuddette Cenfure contra di loro, e di citare a Roma i Vefcovi di Cafalù e di Neocaftro, che aveano coronato il Principe fuddetto; ed anch'effi poi furono fcomunicati per la loro difubbidienza. Abbiamo da gli Annali

[b]*Raynaldus Annal. Ecclef.*

Ecclefiaftici [b], che in queft'Anno avendo fatta iftanza *Ridolfo Re* de' Romani al Pontefice Onorio di venire a Roma a prendere la Corona dell'Imperio, il Papa gradì quefta fua intenzione, e con fue Lettere fcritte in Roma nel dì ultimo di Maggio gli prefcriffe il giorno della Purificazion della Vergine dell'Anno feguente per così gran funzione. Perch'egli mai non veniffe, non è ben noto. Scrivono alcuni, che non fi fidò d'allontanarfi dalla Germania per fofpetto, che v'inforgeffero de' torbidi. Altri, che il ritenne la poca fede, ch'egli aveva ne gl'Italiani con dire la favoletta della Volpe d'Efopo, che invitata dal Lione, ricusò d'andarvi, perchè vedea le pedate d'altri molti animali, ch'erano entrati nel di lui covile, ma niuna di chi ne foffe ufcito. Potrebbono effere tutte immaginazioni de gli Scrittori fuffeguenti, giacchè non abbiamo Storia d'alcuna

fuo

fuo contemporaneo, ben informato de gli affari della fua Corte.
Quel che è certo, egli inviò nell'Anno prefente [a] per fuo
Vicario in Italia Prinzivalle del Fiefco de' Conti di Lavagna, e
ciò con confentimento di Papa Onorio, giacchè erano ridotte le
cofe a tal fegno, che nel governo del Regno d'Italia conveniva dipendere dal beneplacito de'Romani Pontefici. Andò Prinzivalle in Tofcana, e richiefe i Fiorentini, Sanefi, ed altri Popoli di quelle contrade di fare i comandamenti del Re Ridolfo.
Ma queglino da gran tempo avvezzi a non udir di quefte chiamate, niuna ubbidienza gli vollero preftare, perchè ito colà fenza forza d'armati. Li condannò ben egli ficcome difubbidien-
ti a graviffime pene pecuniarie: il che moffe ognuno a rifo, di
modo che veggendofi fprezzato, prefe il partito migliore di ri-
tornarfene in Germania per non perdere affatto il credito fuo,
e del Padrone. Scrive il Sigonio [b], allegando l'autorità del
Biondo, del Platina, del Crantzio, e del Cufpiniano, che Ridolfo per pochi danari andò vendendo la Libertà alle Città della Tofcana. Ma non fono baftanti i citati Scrittori ad afficurar-
ci di tal fatto; nè vien prodotto Diploma alcuno, da cui poffa
apparire e la qualità e la verità di sì fatto fuppofto. Tolomeo
da Lucca fcrive, che Prinzivalle per la fua povertà fu quegli,
che fu coftretto a vendere la giurisdizion dell'Imperio; nè ciò
dice del Re Ridolfo. Quanto a me dubito forte, fe il Sigonio
fcriveffe egli quelle cofe, fapendo, che alla fua Storia dopo fua
morte furono fatte delle giunte; e tali appunto fembrano gli
ultimi pezzi dell'Opera fua.

Ruggieri di Loria nel Marzo di queft'Anno con otto Galee andò a dare il guafto alla Riviera di Provenza; [c] e nel Mefe di
Giugno Bernardo da Sarriano Cavalier Siciliano con dodici altre
Galee efpugnò e prefe la Città ed Ifola di Capri, e pofcia quella
di Procida, dove lafciò guarnigione. Quefti parimente arrivato
ad Aftura, cioè a quel Caftello, dove fu prefo il Re Corradino,
per forza fe ne impadronì. Quivi trafitto da una lancia morì il
Figliuolo di quel Jacopo, o fia Giovanni de'Frangipani, Signore
della Terra, che confegnò effo Corradino al Re Carlo I. Altri vi
furono morti, e il Luogo per la maggior parte confunto dalle
fiamme. L'induftria e i danari ben adoperati da *Ottone Visconte*
Arcivefcovo e Signor di Milano [d], guadagnarono di maniera il
Comune di Como, che fi venne ad una Pace nel mefe d'Aprile,
in cui furono bensì reftituiti a i Torriani i loro allodiali, ma con

Era Volg.
Ann.1286.
[a] *Giovan-
ni Villani
l.7. c.111.*

[b] *Sigon.
de Regno I-
tal. lib. 20.*

[c] *Bartho-
lomeus de
Neocaftro
cap.102. &
fequ.
Tom. XIII.
Rer. Italic.*

[d] *Gualva-
neus Flam-
ma Manip.
Flor. c.323.
Corio Ifto-
ria di Mi-
lano.*

ERA Volg.
ANN.1286.
obbligo di ritirarsi dal Milanese e Comasco, e di andare a' confini in Ravenna. Non osservarono essi dipoi questa dura legge, e passarono a dimorare col Patriarca *Raimondo* in Aquileia. Intanto non cessavano mai i Parmigiani (a), siccome veri amici de' Modenesi, di procurar la pace fra le due guerreggianti fazioni de' Savignani usciti, e de' Boschetti e Rangoni dominanti; e ciò anche per bene della parte Guelfa. Più e più Ambasciatori inviarono per questo a Modena; vi spedì anche i suoi ogni altra Città Guelfa di Lombardia; ma sempre s'incontravano durezze ne' Boschetti. Per ultimo fece lor sapere il Comune di Parma, che esso si dichiarerebbe in favore de gli usciti, se persistevano a rigettar la forma della Pace, già stabilita da Guido e Matteo da Correggio; e in fatti avendo mandato in loro aiuto un corpo di gente, fece ritirare il popolo di Modena dall' assedio di Livizzano. Finalmente si arrenderono gli ostinati alle minaccie e al buon volere de' Parmigiani; e nel mese di Giugno fu segnata la Pace fra loro. Secondo la Cronica di Reggio (b), quei da Savignano, e i Grassoni co' loro aderenti rientrarono in Modena, e furono dirupate alcune Castella in vigor d'essa Pace. All' incontro nella Città di Reggio si accese la discordia per l'uccisione di Guido e Bonifazio della nobil Casa da Canossa; e perchè Bonifazio Baiardo con altri di Bismantova, e varj banditi prese e spogliò il nobil Monistero di S. Prospero de' Benedettini presso a Reggio: colà ancora per metter pace, i buoni Parmigiani spedirono più ambascerie, ma senza ricavar frutto da i loro caritativi usizj. Per atestato di Tolomeo da Lucca (c), di Giovanni Villani (d), e di Santo Antonino (e), in quest' Anno Papa Onorio IV. assodò l'Ordine de' Carmelitani, *qui prius in Concilio Lugdunensi remanserat in suspenso*. Di più ordinò, che que' Frati andassero vestiti solamente di bianco, perchè portavano prima le lor cappe fatte a liste larghe, o doghe di due colori, bianco e bigio: il qual abito pareva ridicolo & indecente. Dicevano ben essi, che quello era l'abito di Elia Profeta, ma Santo Antonino risponde, che di ciò non si truova vestigio nella sacra Scrittura, nè in iscrittura alcuna autentica, e che essi Religiosi ebbero il loro principio in Soria, dappoichè i Franchi racquistarono Gerusalemme, e che i Saraceni li scacciarono dipoi dal Monte Carmelo, dal quale *Carmelitæ dicuntur, non quod ab Helia habuerint initium:* il che è confermato da Scrittori ancora più antichi. Avendo *Guglielmo* de gli Ubertini Vescovo d'Arezzo fatto rubellare a' Sanesi (f) nell'

(a)*Chronic. Parmense,* Tom. IX. *Rer. Italic. Annales Veter. Mutinens.* Tom. XI. *Rer. Italic.*

(b) *Memor. Potestatum Regiens.* Tom. VIII. *Rer. Italic.*

(c) *Ptolom. Lucens. Hist. Eccl.* lib.24.c.13. Tom. XI. *Rer. Italic.*
(d) *Giovanni Villani* lib.7.cap.8.
(e) *S.Antonin.Par.III* Tit.20.c.5.
Raynaudus Annal. Ecclesiast.

(f)*Chronic. Senense* Tom. XV. *Rer. Italic. Giovanni Villani l.7.* c.109.

An-

Anno addietro il Poggio a Santa Cecilia, Luogo d'importanza, si ErAVolg.
commoſſe tutta la parte Guelfa per queſto, e cadauna Città man- Ann.1286.
dò la taglia di ſua gente in aiuto de' Saneſi, i quali per lo ſpazio
di cinque Meſi tennero l'aſſedio a quel Caſtello, e finalmente nel
dì quinto di queſt' Anno lo ricuperarono, con poi raſarlo da' fondamenti. *Bonifazio* Arciveſcovo di Ravenna (*a*) nel dì 8. di Lu- (a) *Rubeus*
glio tenne in Forlì un Concilio Provinciale, al quale intervenne- *Hiſtor. Ra-*
ro i Veſcovi o i Deputati di tutta la Provincia, e vi furono pub- *venn.*
blicati alcuni Canoni. Fu poi ſpedito queſto Prelato in Francia *Ital. Sacr.*
dal Pontefice Onorio per maneggiare una tregua tra *Filippo* il *Tom. II.*
Bello Re di Francia, e gli Aragoneſi, e inſieme per trattare della libertà di *Carlo II. Re* di Sicilia, o ſia di Napoli.

Anno di CRISTO MCCLXXXVII. Indiz. xv.
di ONORIO IV. Papa 2.
di RIDOLFO Re de' Romani 15.

ERASI moſso *Odoardo Re* d'Inghilterra, e venuto in Guaſco-
gna, ed anche in Catalogna, per trattar della liberazione
del ſuddetto Re di Napoli, o ſia di Sicilia, ed avea già ridotto a
buon termine il negoziato (*b*): con che la Sicilia e Reggio di Ca- (b)*Raynau-*
labria reſtaſſero a *Giacomo Re* di Sicilia, e che i Franzeſi rinun- *dus Annal.*
ziaſſero alle preteſioni ſopra l'Aragona. Informato di queſto Pa- *Ecclеſ.*
pa Onorio, con ſuo Breve dato in Roma nel dì 4. di Marzo, riprovò ed annullò eſſo accordo. Queſta fu delle ultime azioni non
ſo ſe lodevoli d'eſſo Pontefice; imperocchè infermatoſi in Roma,
nel Giovedì ſanto, giorno 3. di Aprile, paſsò a miglior vita (*c*), (c) *Franci-*
con avere anch'egli fatto il poſſibile per arricchire ed ingrandire *ſcus Pipin.*
i ſuoi. Vacò dipoi lungo tempo la ſanta Sede a cagion della diſ- *Chronic.*
cordia de' Cardinali, alcuni de' quali la pagarono caro, perchè *Rer. Italic.*
dall'aria Romana furono balzati all'altro Mondo. Tramarono in
queſt' Anno due Frati in Sicilia la ribellione della picciola Città
d'Auguſta, o ſia Agoſta, credendoſi di guadagnare gran ricompenſa dal Papa, e dal governo di Napoli, e fors' anche il Para- (d) *Bartho-*
diſo con sì bella impreſa. Furono a Roma (*d*), e non fu fatto *lom.de Neo-*
caſo del loro progetto. Andarono a Napoli, e *Roberto Conte* di *caſt.c.110.*
Artois, Balio del Regno, non ſi laſciò ſcappare la congiuntura. *Tom. XIII.*
Fece egli muovere da Brindiſi quaranta Galee piene di combat- *Rer. Italic.*
tenti, e queſte nel dì primo di Maggio preſentateſi ad Auguſta,

ERA Volg.
ANN.1287.
senza fatica presero il possesso della Terra e del Castello. Le Galee, scaricati ch'ebbero gli armati, voltarono le prore alla volta di Soriento. A questa nuova il *Re Giacomo* ordinò tosto all'Ammiraglio *Ruggieri di Loria*, che fortunatamente era allora tornato dalla Catalogna a Messina, d'allestire quanti Legni potea. Con questi esso Re navigò a Catania, in tempo appunto, che anche quella Città correva pericolo di cadere in mano de'nemici. Poscia si portò all'assedio di Augusta, e tanto la tenne stretta e flagellò colle macchine, che per mancanza di viveri e d'acqua nel dì 23. di Giugno la costrinse alla resa, salva la vita de' Cittadini, che furono dispersi per le Castella della Sicilia. Intanto il valente Ruggieri di Loria sapendo, che si facea un gran preparamento contro le Terre di Sicilia, uscì in mare colla sua Flotta in traccia de'nemici. Li trovò a Castellamare, o pure a Napoli. La loro Armata maritima consisteva in ottantaquattro fra Galee e Galeazze, senza contar altre Navi e barche da trasporto, e per la vettovaglia, e però superiore di gran lunga alla Siciliana. Tuttavia mandò *Ruggieri* la sfida pel dì 23. di Giugno all'Ammiraglio nemico (*a*), laonde per questo, o per gli scherni lor fatti dalle ciurme Siciliane, si disposero tutti i Baroni e soldati alla naval battaglia animati spezialmente dalle grandi Indulgenze, che il *Cardinal Gherardo* Legato Apostolico profuse in questa congiuntura. Con incredibil valore fu combattuto dall'una e dall'altre parte; ma in fine restarono superiori i Siciliani con prendere quarantaquattro fra Galee e Galeazze, e gran copia di Baroni, fra'quali *Filippo* Figlio del Conte di Fiandra, *Raimondo del Balzo* Conte d'Avellino, e i Conti di Brenna, Monopello, Aquila, Joinvilla, e *Guido Conte* di Monforte, i quali con altri Nobili, e circa cinque mila prigioni furono mandati a Messina, ed accolti con immenso giubilo e plauso da quel Popolo. Il vittorioso Ruggieri si lasciò vedere dipoi davanti a Napoli; e se non era prevenuto dal Conte d'Artois, e dal Legato Pontificio, che tennero in dovere il Popolo Napoletano, questo già inclinava alla rivolta. Si riscattarono poi con danaro tutti que'Baroni, a riserva del Conte Guido di Monforte, che morì allora nelle prigioni, e meritava di morir peggio tanto prima. Attribuisce Giovanni Villani con altri la colpa di sì gran rotta ad Arrighino de'Mari Ammiraglio, che colle sue Galee Genovesi abbandonò la mischia. Per questo fortunato colpo crebbe di molto la riputazione del Re Giacomo,

(*a*) *Giovanni Villani L. 7. c. 116.*

de'

de' Siciliani, e de gli Aragonefi, e calò non poco quella del Conte d'Artois, e del Re Carlo II.

ATTESE in quefti tempi *Ottone Visconte* Arcivefcovo di Mi-
lano ad efaltare la propria Cafa, (*a*) coll'avere ottenuto, che (a) *Gualv.*
Flamma
Matteo Visconte, appellato pofcia il Magno, o fia il Grande, *Manipul.*
fuo Nipote, foffe dichiarato Capitano del Popolo di Milano. Eb- *Flor.c.324.*
be quefti da una Figliuola di Scazzino Borri fua Moglie cinque
Figli mafchi, cioè *Galeazo*, *Marco*, *Giovanni*, che fu poi Arcivefcovo di Milano, *Luchino*, e *Stefano*. Forte era di corpo,
ma maggiormente d'animo; in accortezza e prudenza niuno gli
andava innanzi; e lo ftudio fuo principale confifteva in guadagnarfi il cuore sì della Nobiltà, che del baffo Popolo. Tendeva
egli per quefta via a quell'altezza, a cui il vedremo giunto a
fuo tempo. Tenne ancora l'Arcivefcovo Ottone nel Settembre
un Concilio Provinciale, i cui Atti furono da me già dati alla
luce (*b*). Peggiorarono in queft'Anno gli affari di Reggio, e (b)*To.VIII.*
Rer. Italic.
di Modena per la matta difcordia de'Cittadini. Nel dì 10. d'
Aprile la parte detta di Sopra di Reggio (*c*) fcacciò dalla Cit- (c) *Memo-*
riale Poteft.
tà la parte di Sotto, cioè i Nobili di Fogliano e da Canoffa co *Regienf.*
i loro aderenti. Accorfero i Parmigiani (*d*) per medicar que- *Tom. VIII.*
Rer. Italic.
fte piaghe; ma gl'infermi rigettarono il medico. Per fofpetto, (d)*Chronic.*
Parmenfe
che anche i Modenefi fi levaffero a rumore, vennero gli Am- *Tom. IX.*
bafciatori di Parma, e di Bologna co i loro Podeftà a Modena, *Rer. Italic.*
e nel dì 19. del fuddetto Mefe, nel Palazzo pubblico, dove intervenne tutto il Clero Secolare e Regolare col Braccio di S. Gemignano, con doppieri accefi, e colle Croci e turiboli, fi confermò la Pace fra i Cittadini. Ma che? Si coprivano, non fi
eftinguevano gli odj in quegl'infelici tempi. Però i Savignani
colla parte Ghibellina de'Grafolfi, e con Tommafino Signore di
Saffuolo andarono formando una mina, che fcoppiò nel dì cinque
di Settembre. La Cronica di Reggio mette il dì fei. Fatta una
gran raunata di banditi da Modena e Bologna, e di molta gente
affoldata in Mantova e Verona, e di molti Tedefchi inviati dal
Conte del Tirolo: (*e*) fi prefentarono alla Porta Bazovara di (e)*Chronic.*
Eftenfe
Modena, per entrarvi. Corfe gente, e perchè non fi potè apri- *Tom. XV.*
re quella Porta in tutto, fu difefa. Intanto data campana a mar- *Rer. Italic.*
tello, ognuno coll'armi volò contra de i mal venuti con ucciderne e prenderne non pochi. Il refto fi ritirò a Saffuolo. Corfero i Reggiani Guelfi in aiuto di Modena, i Reggiani Ghibellini in foccorfo de'fuorufciti. Anche cento uomini d'armi a tre
caval-

Era Volg
Ann. 1287. cavalli per uno furono fpediti da Parma a Modena. Giunta dipoi una falfa voce a Saffuolo, che venivano colà tutte le milizie di Bologna, Parma, Cremona, e di tutta la parte della Chiefa, Tommafino da Saffuolo, che principalmente avea maneggiato il fuddetto trattato, con tutti que' banditi fe ne fuggì: il che riferito al Popolo di Modena, gli fervì di ftimolo per andare a Saffuolo, e ridurre col fuoco un monte di pietre quella Terra. Bernardino da Polenta, che era allora Podeftà di Modena, fece prendere molti Nobili e potenti della Città, ed uno de' Lamberti di Ferrara, incolpati d'avere tenuta mano in quella trama, e ne fece impiccare trentadue: cofa riputata da tutti per un'orrida crudeltà e pazzia. Tante premure de' Parmigiani, ed anche de' Bolognefi, i quali parimente aveano fpedita gente in tal congiuntura a Modena, nafcevano dal timore, che quefta Città fi gittaffe nel partito de' Ghibellini: effendo fuor di dubbio, che *Pinamonte Bonacoffi* Signore di Mantova, e *Alberto dalla Scala* Signor di Verona, fomentavano ed aiutavano gli ufciti Ghibellini di Modena. Anzi palefemente nel Mefe di Luglio di queft'Anno furono in aiuto de' fuorufciti di Reggio, i quali s'erano già meffi in poffeffo di molte Caftella del Reggiano, e faceano gran guerra alla Città. Andò il Popolo di Reggio con cento cavalieri venuti da Modena ad affediare la Rocca di Tumberga, dove ftavano alcuni de' Fogliani e Canoffi. Moffefi allora Alberto della Scala con tutta la cavalleria di Verona, e con due Figliuoli di Pinamonte, e gran quantità di cavalieri Mantovani, e venne per liberar quella Rocca dall'affedio; prefe anche il Caftello di Santo Stefano, fituato due miglia lungi da Saffuolo. Trattarono gli Ambafciatori di Bologna un accordo per effa Rocca, ed ebbe fine quel rumore; ma non già la nemicizia e guerra fra quelle fazioni, contuttochè foffe fatto compromeffo nel Comune di Bologna, e profferito il Laudo, che non ebbe effetto alcuno. Fu anche nell'Anno prefente novità in To-

(a) *Giovanni Villani*
l. 7. c. 114. fcana. Imperocchè nel Mefe di Giugno (a) i Boftoli, e Tarlato di Pietramala, e tutti i Grandi di Arezzo Ghibellini, fatto concerto col Vefcovo, e con altri vicini di lor fazione, oppreffero all'improvvifo la parte Guelfa, e la fpinfero fuori della Città, con dichiarar pofcia Signore il Vefcovo fuddetto de gli Ubaldini, gran Ghibellino. Per quefto inforfe guerra fra i Fiorentini ed Aretini. Venne anche ad Arezzo Prinzivalle dal Fiefco, Vicario del Re Ridolfo, con alcune poche fquadre di Tedefchi,

e colà traffero tutti i Ghibellini di Tofcana. Durando tuttavia
la guerra frà Genova e Pifa (*a*), mandarono i Genovefi alquante loro Galee ad infeftar Porto Pifano. A quefte riufcì di rompere la catena, e di entrarvi con bruciar ivi alcuni Legni, e
varie macchine da guerra: il che fatto fe ne tornarono come
trionfanti a Genova. Ebbero anche i Pifani una fpelazzata da i
Lucchefi a Buifi (*b*), effendo reftati prigioni molti Nobili di
quella Città, e frà gli altri Baldino de gli Ubaldini, Nipote
dell' Arcivefcovo di Pifa. Se pure in quefti tempi è da fidarfi della Cronologia de gli Annali di Forlì (*c*), era feguita una Lega
frà i Comuni di Forlì e di Faenza a propria difefa contra del
Conte della Romagna. Malatefta potente Cittadino di Rimini
quegli fu, che maneggiò quefta unione, pacificando frà loro le
Famiglie potenti di quella Città. Ma mentre egli nel dì 14. di
Giugno con fettanta uomini a cavallo da Forlì paffava a Rimini, cadde in un' imbofcata, tefagli dal Conte fuddetto della
Romagna, e furono morti o prefi alcuni de' fuoi, frà quali
Giovanni Malatefta fuo Parente. S' interpofero poi varj pacieri, e ne feguì una concordia, per cui le Città di Rimini, Forlì, e Faenza fecero un depofito di quattro mila Fiorini d'oro
per cadauna, a fine di liberar l' imprigionato Giovanni; e
il Conte della Romagna fofpefe tutti i proceffi e bandi fatti
contra di quelle Città, finchè il Romano Pontefice vi con-
fentiffe.

Anno di CRISTO MCCLXXXVIII. Indiz. I.
  di NICCOLO' IV. Papa I.
  di RIDOLFO Re de' Romani 16.

IL trovarfi chiufi i Cardinali per sì lungo tempo nel Palazzo
del fu Papa Onorio IV. a Santa Sabina, fenza poterfi accordare nell' elezione di un nuovo Pontefice, cagion fu, che vi morirono fei d'effi, e gli altri fpaventati fi ritirarono alle cafe loro (*d*). Il *Cardinal Girolamo* nativo d' Afcoli, già Miniftro Generale de' Frati Minori, ed allora Vefcovo di Paleftrina, ftando
folo fermo nel Conclave, fi feppe difendere da i cattivi influf-
fi dell' aria con far fuoco tutta la ftate nella fua camera. Ora
avvenne, che raunati i Cardinali reftanti nella Fefta della Cattedra di S. Pietro, cioè nel dì 22. di Febbraio (*e*), e non già
nel

ERA Volg.
ANN. 1287.
(a) *Caffari*
Annal. Ge-
nuenf. l. 10.
Tom. VI.
Rer. Italic.

(b) *Ptolom.*
Lucenf. An-
nal. brev.
Tom. XI.
Rer. Italic.
(c) *Chronic.*
Forolivien.
To. XXII.
Rer. Italæ.

(d) *Ptolom.*
Lucenf. Hi-
ftor. Ecclef.
Tom. XI.
Rer. Italic.
Bernardus
Guid.
Giovan-
ni Villani.
(e) *Pape-*
brochius
Propyl.
ad Acta
Sanctor.
Memorial.
Potest.
Regienf.
Tom. VIII.
Rer. Italic.

Era Volg.
Ann.1288.
nel dì 15. d'esso Mese, come taluno ha scritto, concorsero tutti ad una voce ad eleggere il suddetto Cardinal Girolamo, il quale fu il primo de' Frati Minori, che giugnesse al Pontificato, e
prese il nome di *Niccolò IV.* per gratitudine al suo promotore
Niccolò III. Da Roma passò egli a Rieti, e quivi fino all'Anno venturo tenne la sua residenza. Una delle sue prime occupazioni fu di citare con discrete esortazioni e minaccie *Gia-*
[a]Raynau-
dus Annal.
Ecclef.
como Re di Sicilia [a]; e di proccurar in tutte le forme la liberazione di *Carlo II.* Re di Napoli, che era prigione in Catalogna. Fece dipoi nella Pentecoste una promozion di varj Cardinali. Sì efficacemente si adoperò in quest'Anno *Odoardo Re*
d'Inghilterra, che in Oleron di Bearn fu conchiusa la liberazione di esso Carlo II. Re di Sicilia, ch'io mi farò lecito di
chiamare Re di Napoli per minor confusione della Storia. Era
questo Principe stanco di vedersi ristretto in una Fortezza, e però acconsentì alle condizioni, che furono stabilite da *Alfonso Re*
d'Aragona, e dal Re d'Inghilterra mediatore. E lasciovvisi indurre anche Alfonso, perchè i Franzesi faceano di grandi minac-
[b] Rymer
Acta publ.
Anglia.
cie contra de' suoi Stati. Le condizioni furono [b], che Carlo
desse per ostaggi al Re d'Aragona tre suoi Figliuoli, cioè *Luigi*
suo secondogenito, che fu poi Santo Vescovo, *Roberto* terzogenito, che fu poi Re di Napoli, e *Giovanni* ottavogenito, che
portò poi il titolo di Principe della Morea, e sessanta Nobili
Provenzali. Che pagasse trenta mila marche d'argento. Che
proccurasse da *Carlo di Valois* la rinunzia di sue pretensioni alla Corona Aragonese. Che lasciasse la Sicilia al *Re Giacomo*
Fratello d'esso Alfonso, con altre, ch'io tralascio. E non potendo eseguir le condizioni suddette nel termine d'un Anno, dovesse Carlo ritornare in prigione. Spedita a Rieti questa capitolazione, fu disapprovata; e però convenne modificarla, lasciando andare il punto riguardante la Sicilia. Fu dunque Carlo nel
Mese di Novembre messo in libertà, ed allora egli assunse il titolo di Re di Sicilia, e venne alla Corte di Parigi, per trattar
dell'esecuzione di sue promesse.

S'ERANO rinforzati di molto gli Aretini col concorso colà di
sì gran copia di Ghibellini non solo della Toscana, ma anche della Romagna, del Ducato di Spoleti, e della Marca d'Ancona:
il che dava molto da pensare a i Guelfi di Toscana. Perciò i
[c] Giovan-
ni Villani
l. 7. c. 119.
Fiorentini, siccome Caporioni della parte Guelfa, determinarono di uscire in campagna contra di Arezzo; [c] e messe insieme

me le lor forze, chiamate ancora le amiftà di Lucca, Piftoia, Prato, Volterra, e d'altre Terre, con un'Armata di due mila e fetento cavalieri, e di dodici mila pedoni, fecero ofte nel diftretto d'Arezzo, con prendere le Caftella di Leona, Caftiglione de gli Ubertini, e quarant'altri Luoghi. Poferfi dipoi all'affedio di Laterina ; e colà giunfero ancora i Sanefi con quattrocento cavalli e tre mila fanti. Si rendè Laterina; un gran guafto fu dato al paefe, e nella fefta di S. Giovanni Batifta arrivato l'efercito Fiorentino alle porte d'Arezzo, quivi fece correre il Pallio, come s'ufa in Firenze quel dì, per far onta a gli Aretini, e poi fe ne tornarono a ripofare a Firenze. Non vollero i Sanefi accompagnarfi con loro, ma baldanzofamente s'avviarono a cafa per la loro via; ma i Caporali Aretini, fentendo ciò, mifero in aguato trecento uomini d'armi, e due mila pedoni al valico della Pieve al Toppo. Colà giunti i Sanefi fprovveduti e fenza ordine, furono facilmente fconfitti, e vi reftarono tra morti e prigioni più di trecento de'migliori Cittadini di Siena e Gentiluomini di Maremma [a], fra'quali è da notare Ranuccio di Pepo Farnefe, che era Capitano di taglia della parte di Tofcana. Quefto avvenimento non poco aumentò la baldanza de gli Aretini, e sbigottì non poco i Guelfi di Tofcana.

[a] Chronicon Senonf. Tom. XV. Rer. Italic.

FECESI anche in Pifa gran novità. Avea il Conte Ugolino de'Gherardefchi col mezzo di varie doppiezze ed iniquità occupato il dominio di quella Città; s'era guadagnata l'amicizia de'Fiorentini e Lucchefi con rendere loro alcune Caftella del Comune; e andava poi attraverfando la pace co'Genovefi, defiderata da molti per riavere i lor prigioni. Trovavafi allora Pifa divifa in molte fazioni ; quella dell'Arcivefcovo *Ruggieri* de gli Ubaldini era la più forte, ed egli appunto nudriva un odio intenfo contra del Conte fra l'altre cagioni, perchè gli avea beftialmente uccifo un Nipote. Ordinò dunque il Prelato una congiura, che ebbe il fuo effetto nel dì 11. del Mefe di Luglio; [b] perchè alzatofi a rumore il Popolo con affai de' Nobili, efpugnò il Palazzo, dove fece difefa, finchè potè, il Conte Ugolino, ma in fine venne in mano de gl'infuriati nemici. Fu egli cacciato nel fondo di una Torre con due fuoi piccioli Figli, e tre Nipoti figliuoli del Figliuolo, e quivi chiufo, con efferfi pòi gittate le chiavi in Arno per lafciarli morir ivi tutti di fame. Queft'orrida fcena fi vede mirabilmente defcritta da Dante nel fuo Inferno ; e quantunque alla malvagità del Conte Ugolino fteffe bene ogni gaftigo, pure gran

[b] Caffari Annal. Genuenf. l. 10.

Tomo VII.   Ooo   bia-

Era.Volg.
Ann.1288.
biaſimo di crudeltà incorſero dapertutto i Piſani per la morte di
quegl' innocenti Fanciulli . Con ciò Piſa tornò a parte Ghibellina , e ne furono cacciati tutti i parenti & aderenti del Conte , e
con loro i Guelfi , capo de' quali eſſendo il Giudice di Gallura Nino de' Visconti , queſti unito co i Luccheſi , occupò il Caſtello d'
Aſciano , tre miglia vicino a Piſa . Abbiamo da gli Annali di Genova , che in queſt' Anno i Comuni di Genova , Milano , Pavia ,
Cremona , Piacenza , e Breſcia fecero una Lega contra di Gu-

(a) Chronic.
Aſtenſe
Tom. XI.
Rer. Italic.
glielmo Marcheſe di Monferrato . La Cronica d'Aſti (a) ci aſſicura , che gli Aſtigiani entrarono anch' eſſi in queſta alleanza . Creſcendo ogni dì più le animoſità e gli odj fra i Cittadini di Mode-

(b) Memor.
Poteſtat.
Regienſ.
na e di Reggio (b) , e i loro fuoruſciti , i Reggiani aſſiſtiti da cento cavalieri di Modena , ſi portarono all' aſſedio di Monte Calvoli ; ma dopo due giorni nel dì 15. di Giugno furono aſſaliti con
tal bravura da gli uſciti di Reggio , ragunati prima a Mozzadel-
la , che della lor brigata moltiſſimi vi perirono , e molti più de'
migliori Cittadini di Reggio vi rimaſero prigioni : il reſto ſi ſal-
vò col favor delle gambe . Queſta ed altre perdite fatte dal Popolo di Reggio , e il veder maſſimamente aſſiſtiti i loro uſciti da i
Signori di Mantova e di Verona , gl' induſſe a cercar la pace . Fatto dunque compromeſſo nel Comune di Parma , ſeguì nell' Ottobre l'accordo , ma ne reſtarono eſcluſi quei da Seſſo , e gli altri
Ghibellini . Matteo da Correggio fu allora creato Podeſtà di Reg-

(c) Chron.
Parmenſe
Tom. IX.
Rer. Italic.
gio . (c) Nel dì 28. dello ſteſſo Ottobre , i Signori di Savignano
con gli altri sbanditi da Modena , e con cinquecento cavalli , entrarono in Savignano , e ſi diedero a rifabbricarlo e fortificarlo in
fretta . Accorſe ben preſto colà il Popolo di Modena ; ma cono-
ſciuta l'impoſſibilità di ſcacciarli , dopo avere alzata una ſpezie
di fortezza in vicinanza di quel Luogo , ſe ne tornarono a caſa .

E allora fu , che i Modeneſi oramai ſcorgendo la pazzia , e gl'
immenſi danni , e le continue inquietudini prodotte dalla diſcordia , e fazioni , preſero il ſano conſiglio di ottener la quiete , con
darſi ad Obizzo Marcheſe d'Eſte e Signor di Ferrara . Però nel

(d) Chron.
Eſtenſe
Tom. XV.
Rer. Italic.
dì 15. di Dicembre (d) ſpedirono il loro Veſcovo , cioè Filippo
de' Boſchetti , Lanfranco de' Rangoni , Guido de' Guidoni con altri Ambaſciatori a Ferrara , dove preſentarono al Marcheſe le
Chiavi della Città , e l'elezione di lui fatta in Signore perpetuo
di Modena . Mandò egli il Conte Anello ſuo Cognato con cento
cinquanta cavalieri a prenderne il poſſeſſo , con promeſſa di venir egli in perſona fra pochi giorni . In queſti tempi Armanno
de'

de' Monaldeschi da Orvieto fu mandato da Papa *Niccolò IV.* per Conte della Romagna (*a*), e nel dì 7. di Maggio entrò nel governo di quella Provincia, e tenne un Parlamento generale nella Città di Forlì. Fu cacciato nello steffo Mefe fuor di Rimini Malatefta da Verucchio, che andò tofto a trovar effo Conte. Ma da lì a qualche tempo avendo Giovanni fopranominato Zotto, cioè Zoppo, Figliuolo del medefimo Malatefta, occupato il Poggio di Monte Santo Arcangelo del diftretto di Rimini, corfero ad affediarlo i Riminefi: laonde il Conte Armanno fece proclamare un general efercito di tutta la Romagna, e andò a quel Caftello, per quanto pare, in aiuto del Malatefta. Anche Malateftino, altro Figliuolo del fuddetto Malatefta, s'impadronì del Caftello di Monte Scutolo, che fu poi affediato e ricuperato da i Riminefi (*b*), non oftante che il Conte Armanno minacciaffe di foccorrerlo, con reftarvi prigione effo Malateftino, e tutti i fuoi.

(a)*Chronic. Forolivien.* Tom. 22. *Rer. Italic.*

(b)*Chronic. Cafenat.* Tom. XIV. *Rer. Italic.*

Anno di CRISTO MCCLXXXIX. Indiz. 1.
di NICCOLO' IV. Papa 2.
di RIDOLFO Re de' Romani 17.

FU accolto con dimoftrazioni grandi d'onore e d'amore *Carlo II.* Re di Napoli, [appellato *Zoppo*, o pure *Sciancato*, perchè difettofo in un'anca o gamba] già liberato dalle carceri di Catalogna, da *Filippo il Bello*, Re di Francia, e da gli altri Principi della Cafa Reale. Ma quando fi venne a far premura, perchè *Carlo di Valois*, Fratello d'effo Filippo, rinunziaffe al privilegio dell'Aragona, a lui conceduto dal Papa, non fi trovò mai conclufione alcuna. Carlo di Valois, che non poffedeva Stati, mirava quel boccone, benchè difficile a prenderfi, con troppa avidità. Però il Re Carlo, perduta la fperanza di ottener l'intento, fen venne in Italia. Nel dì 2. di Maggio arrivò a Firenze (*c*). Onor grande, e grandi regali gli furono fatti da i Fiorentini. Paffò dipoi a Rieti, dove era la Corte Pontificia, e dal Pontefice *Niccolò IV.* e da' fuoi Cardinali onorevolmente ricevuto, poi nella fefta della Pentecofte, cioè nel dì 29. di Maggio, e non già in Roma, come fcrive Giovanni Villani, ma nella ftelfa Città di Rieti, come ha l'Autore della Cronica di Reggio (*d*), che v'era prefente, fu folennemente coronato

(c)*Giovanni Villani* l. 7. cap. 29.

(d)*Memorial. poteft. Regienf.* Tom. VIII. *Rer. Italic.*

Ooo 2 col-

ERA Volg.
ANN.1289.
colla *Regina Maria* fua Moglie dal Papa in Re della Sicilia ; Puglia, e Gerufalemme, e inveftito di quanto avea poffeduto il Re Carlo I. fuo Padre, per cui anch'egli fece l'ommaggio a il
(a)*Rayman-
dus in An-
nal. Ecclef.*
dovuto giuramento alla Chiefa Romana. (*a*) In fuo favore ancora cafsò il Pontefice tutti i patti e le convenzioni da lui fatte con *Alfonfo Re* d'Aragona, per ufcire di carcere : con cattivo efempio a i pofteri di non fidarfi più di fimili atti : al che poi non badò *Carlo V.* Imperadore nella liberazione di *Francefco I.* Re di Francia. Dopo di che ben regalato dal Papa effo Carlo II. fi trasferì a Napoli, dove fu con indicibil fefta accolto , perchè Principe di buon cuore, clemente, e liberale, e non erede del genio rigido e fuperbo del Padre. Da lì innanzi egli attefe a riformar gli abufi, e a ben regolare il nuovo fuo governo , e infieme a difenderfi da *Giacomo Re* di Sicilia, il quale veggendofi efclufo dalla Capitolazione fatta dal *Re Alfonfo* fuo Fratello, cominciò a far guerra al Re Carlo. Venuto dunque a Reggio in Calabria, nel dì 15. di Maggio colla fua Armata navale, comandata da *Ruggieri di Loria*, prefe varie Terre di quella Provincia ; ma accorfo il Conte d'Artois colle fue genti, mife freno alle conquifte de' Siciliani ed Aragonefi, minutamente defcrit-
(b)*Bartho-
lomaus de
Neocaftro
cap. 112.
Tom. XIII.
Rer. Italic.*
(c)*Gievan-
ni Villani
l. 7. c. 133.*
te da Bartolomeo da Neocaftro (*b*). Scrive Giovanni Villani (*c*), ch'effo Conte affediò Catanzaro , e fconfiffe il foccorfo inviato da Ruggieri di Loria con far prigioni ducento cavalieri Catalani. Imbarcatofi di nuovo il Re Giacomo vifitò la Scalea, il Caftello dell'Abbate, e le Ifole di Capri , Procida, ed Ifchia, che ubbidivano alla fua Corona ; e perciocchè da alcuni della Città di Gaeta gli era ftata data fperanza , che s'egli foffe venuto, gli avrebbono aperte le porte ; fece vela colà, e andò ad accam-
(d) *Nicol.
Specialis
l.2.cap.13.
Tom. X.
Rer. Italic.*
parfi fotto la Città (*d*). Ma o s'erano cangiati gli animi de'Gaetani, o pure mancò lor la maniera di compiere quanto aveano promeffo. Oftinoffi allora il Re Giacomo a voler colla forza ciò, che non potea confeguir per amore ; e vigorofamente affediò, e cominciò a tormentar la Città, dove trovò una gagliarda difefa fatta dal Conte d'Avellino, e da que' Cittadini. Peggio gli avvenne fra pochi giorni, perciocchè il Re Carlo e il Conte d' Artois con immenfo efercito raccolto dalla Puglia e da gli Stati della Chiefa , e co i Saraceni di Nocera, venne ad affediare lo fteffo affediator di Gaeta. Erano Crocefignati tutti i combattenti Criftiani di quell'efercito, e guadagnavano di grandi Indulgenze ; giacchè ficcome abbiam più volte accennato, fecondo

la

la condizion delle cofe umane, molte delle quali nate con lodevoli
principj, vanno col tempo degenerando, un pezzo era, che le Crociate iftituite contro i nemici del nome Criftiano, facilmente fi
bandivano contra de gli fteffi Criftiani e Cattolici, e per intereffi temporali; e a quefto bel meftiere concorrevano fin le Donne, per acquiftarfi del merito in Paradifo. Stettero un pezzo le
due Armate a vifta, fenza che poteffero i Siciliani efpugnar quella Città, e il Re Carlo forzare a battaglia i Siciliani per cagion
della fituazione, e de'buoni trincieramenti, e tanto più perchè
non avea flotta in mare. A lungo andar nondimeno pareva, che
farebbe reftato al di fotto il Re Giacomo, fe il Re d'Inghilterra, e il Re d'Aragona, intefa quefta pericolofa briga, non aveffero fpedito in tutta fretta i lor Meffi al Papa, pregandolo d'in-
terporfi unitamente con loro per un accordo. Inviò il Pontefice
con effi un Cardinale Legato, e tutti poi così felicemente maneggiarono l'affare, che fi conchiufe fra i due Re litiganti una tregua di due anni, efclufa nondimeno la Calabria. Fu il primo a
ritirarfi il Re Carlo; da lì a due giorni s'imbarcò parimente il
Re Giacomo, e nel dì 30. d'Agofto arrivò a Meffina. Tanto
difpiacque al Conte d'Artois e a gli altri Baroni Franzefi la tregua fuddetta, che dopo aver biafimato forte il Re Carlo, fe ne
tornarono fdegnati in Francia. Il Rinaldi ne gli Annali Ecclefiaftici mette quefto fatto fotto l'Anno feguente; ma a mio credere non battono i fuoi conti.

FECERO i Fiorentini nel prefente Anno rifonar la fama della lor bravura e fortuna per un gran fatto d'armi fra loro, e gli
Aretini ed altri Ghibellini. Erano effi Fiorentini (a) ufciti in
campagna con un potente efercito, accrefciuto dalle taglie dell'
altre Città Guelfe di Tofcana, per dare il guafto al territorio d'
Arezzo. (b) Vennero a Bibiena, per fermar quefto torrente gli
Aretini con ottocento cavalli, e otto mila pedoni; e tuttoche l'
Armata nemica foffe più del doppio fuperiore alla loro, pure dif-
pregiandola, perchè dal loro canto aveano migliori Capitani di
guerra, vollero venire ad una giornata campale nel dì 11. di
Giugno, Fefta di S. Barnaba. Se n'ebbero a pentire, perchè andarono fconfitti, lafciando eftinte ful campo circa mille fettecento perfone, e prigioni più di mille de'lor combattenti. Fra i morti fi contò il Vefcovo d'Arezzo *Guglielmo* de gli Ubertini, fatto venire alla battaglia da gli Aretini fteffi, per fofpetto di un
trattato, ch'egli fegretamente menava co'Fiorentini in danno
del

(a) *Giovan-
ni Villani
l. 7. c. 130.
Ptolom.
Lucenf. An-
nal. brev.
Tom. XI.
Rer. Italic.*
(b) *Dino
Compagni
Chronic.
Tom. IX.
Rer. Italic.*

Era Volg.
Ann. 1289. del Comune d'Arezzo. Morivvi ancora *Buonconte* Figliuolo del *Conte Guido* da Montefeltro con altri riguardevoli personaggi. Presero poscia i Fiorentini Bibiena ed altre Terre; e posto l'assedio ad Arezzo, vi mangarono dentro Asini colla mitra in capo, per rimproverar loro la morte del loro Vescovo. Ma in fine avendo gli Aretini messo il fuoco alle torri di legname, ed altre macchine da guerra de'Fiorentini, presero questi la risoluzione di tornarsene a casa nel 23. di Luglio, dopo aver disfatto quasi tutto il distretto d'Arezzo. Ancorchè i Pavesi fossero in Lega co i Milanesi ed altre Città contra di *Bonifazio Marchese* di Monferrato, [a] pure seppe far tanto l'accorto Marchese, che tirò segretamente nel suo partito molti di quei Nobili. Fatto dipoi un esercito generale contra di Pavia, prese una Terra grossa chiamata Rosaiano. Allora uscì contra di lui tutta la milizia di Pavia; ma o fosse perchè trovassero assai pericoloso il venire a battaglia, o pure che prendessero i congiurati il tempo propizio: un certo Capellino Zembaldo alzata sopra una lancia una bandiera, ch'egli avea preparata, cominciò a gridare: *Quà venga, chi vuol pace.* L'unione fu grande; il Marchese entrò con essi in Pavia, e nel dì seguente fu creato Capitano della Città per dieci anni avvenire. Tutto ciò s'ha da Guglielmo Ventura nella Cronica d'Asti, il quale aggiugne, che essendosi fatto tutto questo maneggio senza saputa, anzi ad onta di Manfredino da Beccaria, uno de'più potenti di quella Città: indispettito egli, per confondere gli emuli suoi, volle in un altro Consiglio, che il Marchese fosse Capitano e Signore assoluto, sua vita natural durante. Ma finì presto l'allegrezza di queste nozze. Poco stettero i Pavesi a pentirsi dello strafalcione da loro commesso, non sapendo accomodare la lor testa sotto un padrone sì fatto; e però chiamarono segretamente i Milanesi, i quali entrarono nella stessa Pavia per lo spazio di due balestrate; ma accorse le milizie del Marchese co' suoi aderenti, li fecero retrocedere, e tornarsene colle pive nel sacco a casa. Manfredi da Beccheria, perchè a cagion di questo fatto insorsero de' sospetti contra di lui, uscì della Città con alquanti suoi fidati, e si ridusse a Castello Acuto, che era suo, e quivi si fortificò. Fu egli per questo sbandito, e atterrato il suo Palagio. Venne anche *il Marchese* ad assediarlo in quel Castello, e vi fabbricò in vicinanza una Bastia. Ma i Milanesi, Cremonesi, Piacentini, e

[a] Chronic.
Astense
Tom. XI.
Rer. Italic.
Gualva-
neus Flam-
ma Manip.
Flor. c. 328.
Chronic.
Parmense
Tom. IX.
Rer. Italic.

Bre-

Bresciani in un Parlamento tenuto in Cremona imprefero la
difesa del Beccheria, siccome Popoli, a' quali dava troppo da
penfare e da temere il foverchio ingrandimento del Marchefe, Signore allora anche di Vercelli, Aleffandria, e Tortona.
In fatti i Piacentini con tutte le lor forze iti a Monte Acuto,
mifero in rotta i Pavefi, e liberarono quel Luogo. Racconta
il Corio [a] molte altre particolarità fpettanti a quefta mutazion di Pavia, e a i movimenti de' Milanefi contra del fuddetto Marchefe.

NUOVE fcene di difcordia nell'Anno prefente fi videro in Reggio. [b] Nel dì 7. d'Agofto il Popolo fi levò a rumore contra de'
Nobili e Potenti, e prefine affaiffimi, li mife nelle carceri. Corfero colà i Parmigiani colla lor cavalleria, e fattafi dare la fignoria della Città, conduffero a Parma tutti que' prigioni. Pofcia
chiamati alla lor Città i Podeftà e gli Ambafciatori di Bologna
e Cremona, nel dì primo d'Ottobre conchiufero pace fra i Nobili e il Popolo di Reggio, e in confermazione d'effa rilafciarono il
dì feguente i carcerati. Ma quefta fu una pace canina. [c] Nel
dì 17. di Novembre vennero di nuovo all'armi i Reggiani, e le
due fazioni di Sopra e di Sotto, fecero lungo combattimento fra
loro, finchè verfo la mezza notte prevalendo la Soprana, fpinfe
fuori della Città la Sottana, la quale fi riduffe a Caftellarano e
Rubiera. Seguirono nella prima, e più nella feconda molti ammazzamenti e incendj, e dirupamenti di cafe, e furono involti
in quefta disavventura anche i Palazzi del Pubblico e del Vefcovo. Qual riparo fi trovaffe a così beftiali e perniciofe divifioni,
lo vedremo all'Anno feguente. Mentre *Obizzo Marchefe* d'Efte,
e Signor di Ferrara, [d] fi andava difponendo per venire alla
nuovamente acquiftata Città di Modena, un giorno nel levarfi da
tavola, fe gli avventò Lamberto Figliuolo di Niccolò de' Bacilie-
ri Nobile Bolognefe, per ucciderlo, e il ferì nel volto. Corfero
i Cortigiani prefenti, e gl'impedirono il far di peggio; corfe *Azzo* Figliuolo del Marchefe, che teneva Corte a parte, pranzan-
do in una fala vicina, ed erano per uccidere l'affaffino, fe il Marchefe non aveffe gridato di nò, per intendere prima i motori e
complici del misfatto. Pofto coftui ne' tormenti fi trovò, che era
un forfennato, e ftrafcinato dipoi per la Città, lafciò la vita fulle forche. Ciò non oftante, nel Mefe di Gennaio venne il Marchefe Obizzo a Modena, accolto con fefta immenfa dal Popolo,
che folennemente il dichiarò e confermò fuo Signore perpetuo infieme

Right margin notes:

ERA Volg.
ANN. 1289.

[a] *Corio
Iftor. di Mi-
lano.*

[b] *Chronic.
Parmenfe
Tom. IX.
Rer. Italic.*

[c] *Memor.
Poteftat.
Regienf.
Tom. VIII.
Rer. Italic.*

[d] *Chronic.
Eftenfe
Tom. XV.
Rer. Italic.*

ERA Volg.
ANN.1289.
fieme co' fuoi difcendenti . Ed egli poi con amore paterno riduffe in Città tutti i fuorufciti : con che ceffate tutte le gare e gli
odj civili , cominciò una volta quefto Popolo a godere la fofpirata tranquillità e pace . Effendo già rimafto vedovo il fuddetto
Marchefe Obizzo per la morte di *Jacopina dal Fiefco* nell' Anno
1287. prefe egli per moglie nel prefente *Coftanza*, Figliuola di
Alberto dalla Scala Signore di Verona , che nel Mefe di Luglio
fu condotta a Ferrara , e fi celebrarono le nozze con gran fefta e
folennità. Seguitando la guerra fra la Repubblica Veneta, (*a*) e
Raimondo dalla Torre Patriarca d'Aquileia, andarono i Veneziani all' affedio di Triefte . Ma all' avvifo, ch' effo Patriarca e il
Conte di Gorizia venivano con fei mila cavalli, e trenta mila fanti per foccorrere la Città, i Veneziani fenza voler' afpettar quefta vifita, a gara fi mifero in fuga, lafciando indietro padiglioni,
macchine , ed equipaggio ; e molti ancora vi reftarono per la
preffa morti. Ufciti pofcia i Trieftini colle lor navi vennero fino
a Caproli e a Malamocco , e v' incendiarono que' Luoghi. Per la
morte di *Giovanni Dandolo* Doge di Venezia, accaduta nell' Anno prefente, fu nel dì 25. di Novembre eletto per fuo Succeffore
in quella dignità *Pietro Gradenigo*, che era in quefti tempi Podeftà di Capo d'Iftria , e fu mandato a prendere con cinque Galee
e un Vafcello ben armato .

(a) Conti-
nuator Dan-
duli To.12.
Rer. Italic.
Annales
Eftenfes
Tom. XV.
Rer. Italic.

Anno di CRISTO MCCXC. Indizione III.
di NICCOLO' IV. Papa 3.
di RIDOLFO Re de' Romani 18.

STENDEVA ogni dì più l'ali *Guglielmo* potentiffimo Marchefe del Monferrato . Già oltre a gli antichi fuoi Stati ,
a'quali aveva aggiunto Cafale di Sant' Evafio, (*b*) oggidì Città, egli fignoreggiava nelle Città di Pavia, Novara, Vercelli,
Tortona, Aleffandria , Alba, ed Ivrea. Era dietro a cofe più
grandi, ma non gli mancavano de' potenti nemici. (*c*) Con un
copiofo efercito ufcito di Pavia, oftilmente pafsò nel Mefe d'A-
gofto nel Milanefe per vendicarfi di quel Popolo, che dianzi avea
fatta un' incurfione nel Novarefe, e prefi alcuni Luoghi. (*d*) Seco erano Mofca ed Arrigo dalla Torre con gli ufciti di Milano, appellati Malifardi. Arrivò fino a Morimondo; ma moffifi i Milanefi co i Comafchi Cremonefi, Brefciani, e Cremafchi, egli fe ne
tor-

(b)Chronic.
Aftenfe
Tom. XI.
Rer. Italic.
(c) Gualv.
Flam. Ma-
nipul. Flor.
cap. 329.
(d) Corio
Iftor. di Mi-
lano.

tornò indietro. (*a*) Fece in oltre un' irruzione nel Piacentino ; ma il Popolo di Piacenza gli rendè ben la pariglia . Ebbe lo stesso Marchese guerra ancora con gli Astigiani, i quali ben sì provvidero per non essere ingoiati, facendo lega co i suddetti Milanesi, Piacentini, Genovesi, Cremonesi, e Bresciani, i quai Comuni inviarono ad Asti quattrocento uomini d'armi a due cavalli l' uno . Condussero anche al loro soldo *Amedeo Conte* di Savoia, che con cinquecento lancie venne in loro servigio. La Cronica di Parma asserisce, ch' esso Conte vi condusse mille ducento cavalieri, e gran copia di balestrieri e fanti . Rinforzato da questi aiuti quel Popolo fece delle ostilità nel Monferrato, e collo sborso di dieci mila Fiorini d'oro ebbe a tradimento Vignale, da dove fra l' altre robe fu asportato il vasto padiglione del Marchese, a condurre il quale appena bastarono dieci paia di buoi. Ordirono in oltre gli Astigiani una segreta trama con gli Alessandrini, promettendo loro trentacinque mila fiorini d'oro, se facevano un bel colpo. Il Marchese, che non dormiva, avuto qualche sentore di questi maneggi, volò ad Alessandria con assai gente, per oprimere i congiurati ; ma questo servì ad affrettar la risoluzione de'Cittadini; (*b*) e però levati a rumore nel dì 8. di Settembre, presero il Marchese con tutti i suoi provisionati. Lui chiusero in una gabbia di ferro sotto buone guardie, e lasciarono andar con Dio il resto di sua gente, ma spogliata. In quella barbarica carcere stette languendo dipoi il Marchese fino al dì 6. di Febbraio dell' Anno 1292. in cui colla morte diede fine a i presenti guai. E in questa Tragica maniera andò a terminar sua vita *Guglielmo Marchese* di Monferrato, il cui nome e le cui imprese risonarono un pezzo entro e fuori d'Italia. Grandi furono le di lui Virtù, maggiori nondimeno i suoi Vizj, per li quali era odiatissimo: felice, se seppe profittar del tempo, che Dio gli lasciò per far di cuore penitenza de' falli suoi. Successore ed erede restò *Giovanni Marchese* suo Figliuolo in età assai giovanile, che andò a trovare *Carlo II. Re* di Napoli, che era ito in Provenza. Dopo la caduta di questo Principe fecero a gara i Popoli per mettersi in libertà, e per iscaldarsi tutti, giacchè al bosco era attaccato il fuoco. Gli Astigiani s' impadronirono di varie Terre; altrettanto fece il Popolo d'Alba, e quello d'Alessandria. Pavia scosse il giogo anch'ella, ed essendovi rientrato *Manfredi*, o sia *Manfredino da Beccaria*, gli fu data la signoria della Città per dieci anni : il che fu cagione,

Era Volg.
Ann.1290.

(a)*Chronic.*
Parmense,
Tom. IX.
Rer. Italic.

(b)*Annali*
Mediolan.
Tom. XVI.
Rer. Italic.

che i Torriani con altri affai del partito a lui contrario ufcirono di Pavia. Profittò di così bella congiuntura anche *Matteo Visconte* Capitano de' Milanefi, che in varie Storie vien chiamato *Maffeo*, perchè ottenne d'effere dichiarato fuo Capitano dalla Città di Vercelli per cinque anni. Quafi lo fteffo era allora l'effere Capitano, che Signore.

NE' quefte fole mutazioni accaddero in Lombardia. Trovavafi afflitta per le tante guerre civili anche la Città di Reggio, (*a*) e mirando la quiete, di cui già godea Modena fotto il pacifico e dolce governo d'*Obizzo Marchefe* d'Efte, e Signor di Ferrara, tanto i Cittadini dominanti, quanto i fuorufciti, fi accordarono ad eleggere effo Marchefe per tre anni loro Sigore nel dì 15. di Gennaio del prefente Anno. Il perchè egli tofto accompagnato da molta cavalleria e fanteria fi portò colà, e vi fu con grande amore accolto. Licenziò egli tutti i foldati foreftieri, riduffe in Città i Roberti, fopranominati da Tripoli, e quei da Seffo e da Fogliano con tutti gli altri ufciti; e diede infieme buon ordine, perchè rifioriffe fra loro la pace. Per quefti benefizj fu poco appreffo proclamato Signore perpetuo di quella Città. Nè mancarono novità in Piacenza. (*b*) Più d'una volta fece ofte quel Popolo addoffo a i Pavefi, faccheggiando e bruciando; e fpezialmente nel Mefe di Maggio con tutta la lor milizia, e con tutta quella di Cremona, e con rinforzo di Milanefi e Brefciani, ufcirono effi Piacentini in campagna contra de' medefimi Pavefi. Ma dopo aver prefe e bruciate le Terre di Cafegio e Broni, nacque nel loro campo difcordia, nè volendo paffar oltre i Cremonefi, fe ne tornò indietro quell'Armata con poco onore. Per quefto fu molto rumore in Piacenza, ed incolpati alcuni ebbero il bando dalla Città. Seppe in tale *occafione Alberto Scotto* farfi dichiarar Capitano e Signore perpetuo di quella Città. Ed ecco, come in poco tempo tante Repubbliche di Lombardia cominciarono a paffare ad una fpezie di Monarchia: colpa delle matte fazioni de' Guelfi e Ghibellini; colpa delle frequenti animofità fra la Nobiltà e il Popolo, o pure della divifione e difcordia de' Cittadini per altri motivi di ambizione, di vendetta, o di liti civili. Il vero è nondimeno, che dato il governo ad un folo, d'ordinario ceffavano le gare de' privati. Ho quafi tralafciato di dire, che anche i Pifani veggendofi a mal partito, perchè circondati all'intorno da potenti nemici, Genovefi, Fiorentini, Lucchefi, ed altri di parte

Guel-

(*a*) *Memor.
Poteftat.
Regienf.
Tom. VIII.
Rer. Italic.
Chronic.
Parmenfe
Tom. IX.
Rer. Italic.
Chronicon
Eftenfe
Tom. XV.
Rer. Italic.
Annales
Veter. Mutinenf.
Tom. XI.
Rer. Italic.
(b)Chronic.
Placentin.
Tom. XVI.
Rer. Italic.*

Guelfa, fin dell'Anno 1288. cercarono di avere un valente Ca- ERA Volg.
pitano di guerra, che li fofteneſſe ne' lor biſogni. Fecero dun- ANM.1290.
que venire a Piſa *Guido Conte* di Montefeltro, che era ſtato man-
dato dal Papa a i confini, e ſoggiornava in Aſti. (*a*) Il ricevet- (a) *Ptolom. Lucenſ. An- nal. brev.*
tero con grande onore, e a lui diedero la ſignoria della loro Cit-
tà per tre anni. Abbiamo da Giovanni Villani (*b*), e dal Ri- Tom. XI. Rer. Italic.
naldi (*c*), che il Pontefice ſtando in Orvieto, nel dì 18. di No- Hiſt. Piſa-
vembre dell'Anno preſente ſottopoſe all'Interdetto la Città di na To 24. Rer. Italic.
Piſa per queſto, e ſcomunicò eſſo Conte Guido, ſe entro lo ſpa- (b)*Giovan- ni Villani*
zio di un Meſe non abbandonava il governo di quella Città: *l. 7. c. 127.*
pena, che parrà ſtrana a i tempi noſtri, giacchè ſi trattava di (c)*Raynau- dus Annal.*
Città libera, e non ſuggetta nel temporale a i Romani Ponte- *Ecclef.*
fici. Cominciò il Conte Guido a ricuperar le Terre tolte a i
Piſani; ma non potè impedire, (*d*) che i Genoveſi non prendeſ- (d)*Caffari Annai Ge- nuenſ.l.10. Tom VI Rer. Italic.*
ſero l'Iſola dell'Elba in queſt'Anno; e che poſcia nel Meſe di
Settembre uniti co' Fiorentini e Luccheſi non faceſſero oſte a Porto Piſano, e lo prendeſſero. Furono allora disfatte le Torri [che
o non furono dianzi guaſte, o erano ſtate rifatte] il Fanale,
e tutte le caſe di quel Luogo; e colla ſteſſa rabbia fu guaſto
il poco diſtante Livorno. Dopo di ohe trionfanti ſe ne tornarono
que' Popoli alle lor caſe; ma dappoi il Conte Guido ripigliò a
i Fiorentini le Caſtella di Monte Foſcolo e di Montecchio.

Sì ſmiſuratamente era portato Papa *Niccolò IV.* all'amore e
all'ingrandimento della nobil Caſa Romana dalla Colonna, che
per atteſtato di Fra Franceſco Pipino (*e*), dipendeva tutto dal (e) *Franci- ſcus Pipin. Chronic.*
conſiglio de' Colonneſi, e non ſi ſaziava di votar ſopra loro le Tom. IX. Rer. Italic.
grazie ſue: di modo che in un Libro di queſti tempi, intitola-
to *Initium malorum*, egli fu dipinto chiuſo in una Colonna, ſuo-
ri di cui appariva ſolamente il ſuo capo mitrato, con due Co-
lonne davanti a lui. Probabilmente ſon quì diſegnati i due Cardinali allora viventi di Caſa Colonna, cioè *Jacopo* creato da Niccolò III. e *Pietro* promoſſo al Cardinalato dallo ſteſſo Niccolò
IV. Abbiamo dalla Cronica di Forlì (*f*), che anche *Giovanni* (f)*Chronic Forolivien. To. XXII. Rer. Italic.*
dalla Colonna fu creato Marcheſe d'Ancona; e queſti nell'An-
no precedente venne a Rimini per mettere pace fra quella Città e Malateſta da Verucchio. Fece ben liberar dalle carceri
molti prigioni, ma non potè conchiudere quell'accordo. Oltre
a ciò il Papa, non mai ſazio di beneficar quell'illuſtre Famiglia, creò ancora Conte della Romagna *Stefano* dalla Colonna,
Signore di Ginazzano, con levar quel governo al Monaldeſchi.

Ten-

ERA Volg.
ANN.1290.
Venne questo nuovo Conte in Romagna, e perchè Corrado Figliuolo di Dadeo, o sia Taddeo, Conte di Montefeltro, aveva occupata la Città d'Urbino, nè la volea rendere, coll' esercito colà condotto le diede un generale assalto, e l'obbligò alla resa. Fu poi onorevolmente ricevuto nelle Città di Cesena, Rimini, Imola, e Forlì, dove tenne un gran Parlamento, e stabilì pace fra i Riminesi, e Malatesta, mandando quest'ultimo a' confini nel suo Castello di Roncofreddo. Ma nella stessa Città di Rimini essendo insorta rissa fra quei di sua Famiglia e i Popolari, si fece un fiero conflitto colla morte di molti, e fu in pericolo lo stesso Conte: perlochè egli dipoi privò d'ogni onore quella Città. Portossi ancora nel Novembre a Ravenna, con pretendere tutte le Fortezze di quella riguardevol Città. *Ostasio* e *Ramberto* Figliuoli di *Guido* da Polenta, che erano come Signori di Ravenna, se gli opposero; e temendo poi, che Stefano se ne risentisse contra di loro, passarono ad un'ardita risoluzione. Cioè, fatta venir molta cavalleria e fanteria de'loro amici Romagnuoli in Ravenna [a], una notte mossero a *rumore il Popolo*, e fecero prigione il suddetto Conte Stefano con un suo Figliuolo, e un suo Nipote, che era Maresciallo, e con tutti i suoi stipendiati, dopo aver tolto loro arme e cavalli. Gran rumore fece questa novità per quelle contrade, e diede moto a molte sollevazioni. In Imola le due fazioni de gli Alidosi e Nordili vennero alle mani, e non pochi vi restarono morti; ma sopravenuti i Bolognesi in soccorso de' Nordili, misero in fuga gli Alidosi, e poi spianarono tutti gli steccati, le fosse, ed ogni altra fortezza di quella Città. Anche i *Manfredi* s'impadronirono di Faenza; ma non andò molto, che ne furono scacciati da *Maghinardo da Susinana*, e da *Ramberto da Polenta*, i quali presero il dominio della Città medesima. Nè già stette in ozio *Malatesta da Verucchio*, perchè anch'egli, scacciato da Rimini il Podestà messovi dal Conte, si fece proclamar Signore da quel Popolo. E nel dì 20. di Dicembre i suddetti *Maghinardo* e *Lamberto*, Signori di Faenza, *Guido da Polenta* co i Ravegnani, e *Malatesta* con quei di Rimini, di Cervia, Forlimpopoli, e Bertinoro, andarono a Forlì, e ne occuparono il dominio. Ecco se fieramente si sconvolse la Romagna in questi tempi. Da Girolamo Rossi [b], e dalla Cronica Forlivese [c] minutamente si veggono descritte cotali rivoluzioni, le quali io per amor della brevità ho solamente accennato.

[a] *Matth. de Griffon.* To. XVIII. *Rer. Italic.*
Chronic. Parmense Tom. IX. *Rer. Italic.*

[b] *Rubeus Histor. Ravenn. lib.6.*
[c] *Chronic. Forolivien.* To. XXII. *Rer. Italic.*

AN·

- ANDAVANO intahto alla peggio gli affari della Criſtianità in Soria. [a] Nel precedente Anno preſa fu da gl'Infedeli l'importante Città di Tripoli con altre Terre. La ſteſſa diſavventura veniva minacciata alla ricca e mercantile Città di Accon, o ſia d'Acri. Perciò non ommiſe il Pontefice *Niccolò* premura e diligenza veruna per ſoccorrere que' Criſtiani, con far predicare la Crociata non ſolamente per tutta l'Italia, ma anche per tutti i Regni Criſtiani, e intimar Decime, e ſomminiſtrar egli quanto oro potè per quella ſacra ſpedizione. Per atteſtato della Cronica Parmigiana, circa ſecento perſone nella ſola Città di Parma preſero la Croce, e ſi moſſero per paſſare in Levante. Coſì a proporzione fecero altre Città. Armaronſi in Venezia venti Galee pel traſporto di queſta gente. Non ſi ſa, che i Genoveſi ſi moveſſero punto per queſta Crociata, eſſendo eſſi unicamente intenti a pelare i Piſani. Di molto avrebbe potuto far *Giacomo Re* di Sicilia, ſiccome Principe provveduto di molti Legni, e di un valente Ammiraglio; [b] ed egli ancora con iſpedire alla Corte Pontificia Giovanni da Procida, fece l'eſibizion di tutte le ſue forze al Papa, purchè poteſſe aver pace, ed eſſere rimeſſo in grazia della Chieſa Romana. Ma reſtò ſenza frutto coteſta Ambaſceria, e gl'intereſſi particolari de' Franzeſi, e di *Carlo II.* Re di Napoli guaſtarono ogni buon concerto per ſoſtenere il pubblico della Criſtianità. Paſſando nondimeno per Meſſina Giovanni di Grilliè Franzeſe, che era ſtato inviato da' Criſtiani di Soria al ſommo Pontefice per ottener ſoccorſo, il Re Giacomo gli diede ſette Galee ben armate di Siciliani, acciocchè per quattro meſi militaſſero in favor de' Criſtiani in Levante. Mancò di vita nel Luglio di queſt'Anno [c] ſenza ſucceſſione maſchile Ladislao Re d'Ungheria. Oltre al *Re Ridolfo*, che pretendea quel Regno con titolo di Feudo dell'Imperio, e giunſe anche ad inveſtirne *Alberto Duca d'Auſtria* ſuo Figliuolo, vi aſpirava ancora *Carlo Martello*, primogenito di *Carlo II.* Re di Napoli, ſiccome Figliuolo di *Maria* Sorella dello ſteſſo Re Ladislao. [d] E in fatti il Re Carlo ſuo Padre nel dì della Natività della Vergine il fece ſolennemente coronare da un Legato del Papa Re d'Ungheria in Napoli. Ma *Andrea III.* Figliuolo di *Stefano*, nato da *Andrea II.* Re d'Ungheria, e da *Beatrice* Eſtenſe, che dopo avere ſpoſata Tommaſina de' Moroſini, ſoggiornava in Venezia, udita la morte di Ladislao, chiamato anche da i Nazionali, volò in Ungheria, entrò in poſſeſſo di quel Regno, e poſcia acconciò i fatti ſuoi con

Alber-

Era Volg.
Ann.1290.
[a]*Raynaldus Annal. Ecclef.*

[b] *Bartholomaus de Neocaſtro Tom. XIII. Rer. Italic.*

[c] *Bonfin. Rer Hung. Dec.II.l.9.*

[d]*Giovanni Villani, lib.7.c.134.*

Alberto Duca d'Auſtria, col prendere in Moglie una di lui Figli-uola. Fu in queſt'Anno guerra fra i Breſciani e Bergamaſchi *(a)*, e riuſcì a i primi di prendere a i ſecondi la Torre di Mura, e di dar loro qualche percoſſa; ma frappoſtiſi de i pacieri, ritornò la quiete fra loro. Se noi aveſſimo la Storia Romana di queſti tem-pi, meglio s'intenderebbe una rilevante particolarità a noi con-ſervata dall'Autore della Cronica di Parma, degno di fede, per-chè contemporaneo. Scrive egli, che i Romani crearono loro Si-gnore *Jacopo dalla Colonna*, e il conduſſero per Roma ſopra un cocchio a guiſa de gli antichi Imperadori, con dargli anche il ti-tolo di Cefare. Fecero oſte dipoi ſopra Viterbo, e contro altre Terre, ma ſenza vedere effettuati i loro diſegni. Come ciò foſ-fe, e come il Papa, ſì forte portato a favorire i Colonneſi, ſoffe-riſſe un tale attentato, lo tace la Storia.

Anno di CRISTO MCCXCI. Indizione IV.
di NICCOLÒ IV. Papa 4.
di RIDOLFO Re de' Romani 19.

LAGRIMEVOLE fu queſt'Anno per la perdita della riguar-devol Città d'Accon, o ſia d'Acri, fatta da' Criſtiani in So-ria. Era queſta Città dopo le diſgrazie di Geruſalemme divenu-ta un celebre emporio de' Fedeli in quelle parti; ma nel ſuo go-verno non ſi mirava che confuſione e diſcordia, perchè ogni Na-zione, ed ognuno de gli Ordini de' Cavalieri, vi mantenevano una ſpezie di comando, potendo condannare a morte i lor ſuddi-ti. Il luſſo e la luſſuria vi aveano poſto un gran piede, e l'ulti-mo penſiero era quello della Religione. Una man di pellegrini, arrivati di freſco colà, ſenza voler oſſervare la tregua ſtabilita col Sultano d'Egitto (*b*), cominciò per divozione a ſpogliare i mer-catanti Saraceni, e fece anche delle ſcorrerie nel paeſe nemico. Allora il Sultano inviò ſuoi Ambaſciatori, chiedendo la ripara-zion de i danni, e che ſe gli mandaſſero i malfattori. Con delle magre ſcuſe fu riſpoſto. Laonde egli nel dì 5. d'Aprile con un' Armata, per quanto ſi diſſe, di ſeſſanta mila cavalli, e di cento ſeſſanta mila pedoni poſe l'aſſedio a quella Città, e nel dì 18. di Maggio dato un terribil generale aſſalto, i ſuoi v'entrarono vit-torioſi. (*c*) Senza perdonare a ſeſſo od età, ſi fece un orrido ma-cello di que' Criſtiani, che non poterono ſalvarſi colla fuga; e

fra

fra quefti vi perì in una fcialuppa fuggendo, *Niccolò Patriarca* di Gerufalemme. Si fa afcendere a feffanta mila perfone il nume- ro de' morti e prigioni; ed immenfe furono le ricchezze trovate da i Saraceni in una Città di tanto commerzio. A così infaufta nuova non credettero più d'effere ficuri i Criftiani abitanti in Ti- ro, ed abbandonata quella Città, fi ritirarono in Cipri. Barutò fu prefo a tradimento. Così non reftò più un palmo di terreno a i Latini in quelle parti, dopo tanto fangue fparfo, dopo tanti te- fori confumati nello fpazio di quafi cento anni per fare e mante- ner le conquifte di Terra fanta. Trafitti dal dolore rimafero per tal difavventura gli animi de' Criftiani Europei, e fpezialmente fe ne dolfe il Romano Pontefice (*a*), il quale tornò con più vigo- rofe Lettere, e patetiche efortazioni e promeffe d'Indulgenze a fcuotere tutti i Principi sì Ecclefiaftici, che Secolari per muover- gli a nuove Crociate. Ma l'Europa Criftiana aveva oramai da i paffati fucceffi, e da molti inconvenienti, che non occorre rife- rire, affai conofciuto quello, che fi potea fperare per l'avveni- re, e maffimamente qual foffe la difficultà di cominciar da capo, dopo aver perduto tutto. Perciò di belle parole vennero in rifpofta, ma niuno più fi accinfe daddovero a nuove fpedizioni; e andò pofcia in fafcio ogni progetto e difegno per la morte del medefimo Pontefice, e per la lunga fuffeguente vacanza della fanta Sede: del che parleremo all'Anno feguente. Fu in queft' Anno (*b*) nel dì 15. di Luglio, chiamato da Dio a miglior vi- ta *Ridolfo Re* de' Romani, Principe gloriofo per le fue molte Virtù, e più ancora gloriofo per tanti illuftri Imperadori, che da lui difcefero, con venir finalmente meno la fua mafchile di- fcendenza con grave danno di tutta la Criftianità nell'Anno 1740. confervandofi la femminile in *Maria Terefa* d'Auftria Regina d'Ungheria e di Boemia, e gran Ducheffa di Tofcana. Succeffore di Ridolfo nel Ducato d'Auftria e in altri Stati, fu *Alberto I.* fuo primogenito, e fino al feguente Anno non fi con- chiufe l'elezione d'un nuovo Re.

TRATTOSSI alla gagliarda in queft'Anno nella Città d' Aix in Provenza la pace fra *Alfonfo Re* d'Aragona e *Carlo II.* Re di Napoli, coll'affiftenza di due Cardinali Legati, e de gli Ambafciatori Aragonefi. Fu conchiufo, ficcome apparifce dalla Capitolazione, riferita da Bartolomeo di Neocaftro, che ceffe- rebbe ogni guerra de i Re di Francia e di Napoli contra dell' Aragona, e fi reftituirebbono gli oftaggi. Che *Carlo di Valois*

ri-

(a) Raynau-
dus Annal.
Ecclef.

(b) Albertus
Argentin.
Stero in
Hiftor.
Ptolomæus
Lucenfis.
Giovanni
Villani, ed
altri.

ERA Volg.
ANN.1291. rinunzierebbe a tutte le sue pretensioni sopra il Regno Aragonese. Che Alfonso non darebbe alcun soccorso direttamente o
indirettamente alla Sicilia, e anderebbe a militare in Terra Santa, e poi procederebbe ostilmente contro la Sicilia, per farla
restituire al Re Carlo II. E per ottenere che Carlo di Valois,
Fratello di *Filippo Re* di Francia facesse quella rinunzia, il Re
Carlo II. gli diede in Moglie *Margherita* sua Figliuola, e in
dote le Contee d'Angiò, e del Maine. Tralascio il resto per
dire, che l'esecuzione d'esso trattato rimase frastornata dalla morte del medesimo *Re Alfonso*, succeduta circa il dì 18. di Giu-
[a] *Nicolaus
Specialis
Hist. Sicul.
lib. 2. c. 17.
Tom. X.
Rer. Italic.* gno dell'Anno presente [a], mentre egli era in procinto di ricevere in Moglie una Figliuola del Re d'Inghilterra. Gran doglia avea provato *Giacomo Re* di Sicilia all'avviso, che il Re Alfonso suo Fratello avesse abbandonato tutti i di lui interessi per
migliorar i proprj; e giacchè per lui non v'era pace, con
quaranta Galee passò in Calabria, dove s'impadronì della Città di Gieraci e d'altre Terre. Sopragiuntagli poi la nuova della morte inaspettata del Fratello Re, in fretta se ne tornò a
Messina; e dichiarato suo Vicario in Sicilia l'Infante *Don Federigo* suo minor Fratello colla *Regina Costanza* sua Madre, s'
imbarcò e fece vela verso la Catalogna. Approdò nelle spiaggie
di Valenza nel dì 16. d'Agosto, passò dipoi a Barcellona, e prese il possesso de'Regni paterni. Era intanto venuto il Re Car-
[b] *Caffari
Annal. Ge-
nuens. l. 10.
Tom. VI.
Rer. Italic.* lo II. co i due Cardinali nel Mese di Marzo a Genova [b], dove fermatosi qualche giorno, trattò con que' Cittadini di ottener da essi un grosso rinforzo di Galee per l'impresa di Sicilia,
e trovò molti particolari, che s'impegnarono al suo servigio;
[c] *Bartho-
lom. de Neo-
cast. c. 119.
Tom. XIII.
Rer. Italic.* [c] ma non già il Comune. Però divolgatosi in Sicilia un tale
armamento più ancora di quel che era, l'Infante Don Federigo
inviò un suo Ambasciatore a Genova, per cui maneggio esso Comune ordinò, che niuno ardisse di prendere parte ne gli affari
della Sicilia. Abbiamo da gli Annali di Genova, che in quest'
Anno i Pisani da Piombino passarono all'Isola dell'Elba, e preso il paese s'applicarono all'assedio di quel Castello, detenuto
da i Genovesi. Vi accorse bensì Giorgio Doria con tre Galee,
un Galeone, ed altri Legni per farli sloggiare; ma furono sì
destri i Pisani, che riuscì loro di rimettersi in possesso di quella Terra. Per valore eziandio del *Conte Guido* da Montefeltro
[d] *Giovan-
ni Villani
l. 7. c. 147.* tolsero essi Pisani il Castello di Pontedera a i Fiorentini [d].
Cessò nell'Anno presente in Genova la Capitaneria di *Oberto*

Spi-

Spinola, e di *Corrado Doria*, e fu dato quell' ufizio ad Antonio Era Volg.
Lanfranco de' Soardi da Bergamo, anteponendo quel Popolo il Ann.1291.
governo de' foreſtieri a quello de' ſuoi proprj Cittadini. Era tuttavia nelle carceri di Ravenna *Stefano dalla Colonna* Conte della Romagna [*a*]. Il Pontefice Niccolò per rimediare al biſogno [a] *Chronic.*
di quella Provincia, dove già s' erano ribellate alla Chieſa Ro- *Forolivien.*
mana varie Città, dichiarò Conte della Romagna *Ildobrandino* *Tom. 22.*
da Romena Veſcovo di Arezzo, il quale nel Meſe d'Agoſto ven- *Rer. Italic.*
ne a Caſtrocaro, e poſcia a Faenza, dove fu onorevolmente ricevuto. Chiamati colà ad un Parlamento gli Ambaſciatori di
Rimini, Ceſena, Forlì, Bologna, e Firenze, ſi trattò della liberazione del ſuddetto Stefano, il quale fu rilaſciato da i Polentani, condennati anche a pagare tre mila Fiorini d'oro, [*b*] in [b] *Rubeus*
riſarcimento de' danni a lui inferiti. Ma dipoi ebbe eſſo Ildobran- *Hiſtor. Ra-*
dino delle liti col Popolo di Ceſena, che non voleva ricevere *venn. l. 6.*
dalle di lui mani un Podeſtà, e con quello di Faenza, che gli
ſerrò le porte in faccia per timore, che vi voleſſe introdurre i
Manfredi. Tutto nondimeno ſi acconciò per la molta ſua deſtrezza e pazienza. Per atteſtato della Cronica di Parma [*c*], [c] *Chron.*
in queſt' Anno *Bardelone*, Figliuolo di *Pinamonte* de' Bonacoſſi *Parmenſe*
Signore di Mantova, mal ſofferendo, che il Padre laſciaſſe co- *Tom. IX.*
mandar le feſte a *Carpio*, non so ſe ſuo Fratello maggiore o *Rer. Italic.*
minore, e l'aveſſe anche nel teſtamento dichiarato ſuo ſucceſ- *Mediolan.*
for nel dominio: preſe egli le redini del governo, cacciò in *Tom. XVI.*
prigione eſſo ſuo Padre col Fratello e con altri molti; fece pa- *Rer. Italic.*
ce con gli Scaligeri Signori di Verona, e Lega co i Veneziani,
Padovani, e Bologneſi. La Cronica Eſtenſe {*d*} mette queſto [d] *Chronic.*
fatto ſotto l'Anno ſeguente, e chiama *Taino* con più ragione *Eſtenſe*
l'imprigionato di lui Fratello. Vien coſì nominato anche nelle *Tom. XV.*
Croniche di Roma, e da Bartolomeo Platina [*e*]. Finalmente *Rer. Italic.*
in queſt' Anno nel dì 11. di Novembre ſi diede fine alla lun- [e] *Platina*
ga guerra, durata finquì tra i Veneziani dall'una parte, e il *Hiſt. Man-*
Patriarca d'Aquileia, il Conte di Gorizia, e i Trieſtini dall' *tuan. T.20.*
altra. [*f*] *Rer. Italic.*
[f] *Contin.*
Danduli
Tom. XII.
Rer. Italic.

EraVolg.
Ann.1292.

Anno di CRISTO MCCXCII. Indizione V.
Santa Sede vacante.
di ADOLFO Re de' Romani I.

NEL mentre che il sommo Pontefice *Niccolò IV.* era tutto
immerso ne' pensieri di nuove Crociate contra gl'Infedeli,
venne la morte a rapirlo, secondo il Rinaldi (*a*), nel dì 4. d'A-
prile dell'Anno presente in Roma. Il Cronista di Parma (*b*) il
fa mancato di vita nel dì 2. del Mese suddetto; ma anche il Continuatore di Caffaro mette la morte sua nel dì 4. d'Aprile. (*c*)
La sua umiltà, la sua rettitudine, il suo zelo Ecclesiastico, fecero restare la sua memoria in benedizione. Io non so, perchè Giovanni Villani (*d*) cel rappresenti come Ghibellino. Così dovette
parere a i Guelfi, perchè egli non fulminò tutto dì Scomuniche ed
Interdetti contro a i Ghibellini, come avea fatto qualche suo Pre-
cessore. Certamente non apparisce dalle azioni sue questa parzialità verso d'essi Ghibellini, contraria alla professione della *Corte*
Pontificia d'allora. Dopo la sua morte ne' *dodici Cardinali*, che si
raunarono per l'elezione di un nuovo Pontefice, più del solito entrò la discordia. Erano sei Romani, quattro Italiani, e due Franzesi. Diviso in due fazioni il sacro Collegio, dell'una era Capo
il Cardinal *Matteo Rosso* de gli Orsini, che voleva un Papa affezionato al *Re Carlo* di Napoli. Capo dell'altra era il Cardinal
Jacopo dalla Colonna di sentimenti affatto contrarj. (*e*) Per questi fini politici e private passioni, abborrite da Dio, dove si tratta del pubblico ben della Chiesa, restò più di due anni vacante
la Cattedra di San Pietro, non senza grave scandalo di tutti i
Fedeli. Gran dissensione ancora fu in Germania per l'elezione di
un nuovo Re de' Romani. *Alberto Duca* d'Austria, imparentato
co' primi Principi della Germania, e *Venceslao Re* di Boemia,
erano i principali concorrenti a quella Corona (*f*). L'Arcivescovo di Magonza, in cui fu rimessa la facoltà di eleggere, tutti li
burlò col nominare al Regno *Adolfo Conte* di Nassau, Principe
giovane d'età, vecchio per la prudenza, magnanimo e valoroso,
ma di troppo angusta potenza, e povero di parentele e di pecunia. Secondo gli Autori Tedeschi, l'elezione sua accadde nel dì
primo di Maggio. Tolomeo da Lucca scrive (*g*), che fu eletto
vivente ancora Papa Niccolò IV. e v'ha chi ciò riferisce al principio di quest'Anno. Certo è bensì, ch'egli nella festa di San
Gio-

(a) Raynal-
dus Annal.
Ecclef.
(b) Chronic.
Parmenfe
Tom. IX.
Rer. Italic.
Continua-
tor Caffari
Annal. Ge-
nuenf.
Tom. VI.
Rer. Italic.
(c) Jacobus
Cardinal.
in Vita Ca-
leftin. Par. I
Tom. III.
Rer. Italic.
Bernardus
Guid.
Ptolomaus
Lucenfis,
& alii.
(d) Giovan-
ni Villani
l.7.cap.150
(e) S. Anto-
nin. Hiftor.
Tom. III.
Rer. Italic.

(f) Albert.
Argentin.
Henricus
Stero.
Hiftoria
Auftriaca,
& alii.

(g) Ptolom.
Lucenf. Hi-
ftor. Ecclef.
Tom. XI.
Rer. Italic.

Giovanni Batifta di Giugno fu coronato in Acquisgrana. Defraudato di fua fperanza Alberto Duca d'Auftria, non ebbe mai buon
cuore verfo di quefto Re, e gliel fece anche conofcere col negargli in Moglie una fua Figliuola. *Matteo Visconte* Capitano de'
Milanefi, Vercellefi, e Novarefi, andava ogni dì più crefcendo
in potere (*a*). Avvenne gran diffenfione fra il Popolo di Como (a)*Gualva-*
e il loro Vefcovo *Giovanni*. Cavalcò Matteo a quella volta con *neus Flam-*
affaiffime fquadre d'armati nel Gennaio dell'Anno prefente, e *Flor. c. 351.*
parte per amore, parte per forza, fu eletto da amendue le fazio- *Corio Ifto-*
ni per Capitano di quella Città per cinque anni avvenire. E con- *ria di Mi-*
tuttochè nel Giugno feguente tornaffero all'armi i Rufconi e Vi- *lano.*
tani, e feguiffero quivi di molte rivoluzioni : pure Matteo confermato nel dominio vi tornò a fignoreggiare.

ALL' infelice fua vita diede fine in queft'Anno nel dì 6. di Febbraio *Guglielmo Spadalunga*, Marchefe di Monferrato, dopo
quafi due anni di prigionia in Aleffandria (*b*). Quel Popolo, che (b)*Chronis-*
per quante offerte e maneggi foffero ftati fatti, mai non avea vo- *Aftenfe*
luto rilafciarlo, nè pur fidandofi di lui dopo morte, volle ben ac- *Rer. Italic.*
certarfi, che veramente l'anima di lui foffe feparata dal corpo, e *Chronic.*
ne fece la pruova con gocciargli addoffo del lardo bollente, e del *Tom. IX.*
piombo disfatto. Gli fu data onorevol fepoltura nella Badia di *Rer. Italic.*
Lucedio. Colla fua morte liberi reftarono molti dal timore, e
fra gli altri Matteo Visconte cercò allora di vendicarfi di quefto
nemico contra i di lui Stati, giacchè *Giovanni Marchefe* di Monferrato fuo Figliuolo, oltre alla fua verde età di quindici anni,
fi trovava anche paffato alla Corte di *Carlo II. Re* di Napoli, nè
potea fargli contrafto. Adunque fecondo gli Storici Milanefi (*c*), (c)*Gualva-*
Matteo, raunato un poffente efercito, pafsò nel Monferrato. S' *neus Flam-*
impadronì colla forza della Terra e Caftello di Trino, del Ponte *Flor.*
della Stura, e di Monte Calvo. Entrò in Cafale di Santo Eva- *Annales*
fio, e tal terrore portò in quelle contrade, che i Popoli conven- *Tom. XVI.*
nero di dichiararlo Capitano del Monferrato coll'annuo falario di *Rer. Italic.*
tre mila Lire, moneta d'Afti. Poco durò la quiete nella Roma- *di Milano.*
gna. Troppo erano i Grandi di quella contrada avvezzi a fignoreggiare, nè fapeano fottometterfi, fe non con parole, a gli Ufiziali, che vi fpedivano i Papi. Secondo la Cronica di Parma (*d*), (d)*Chronic.*
e per atteftato di Girolamo Roffi (*e*), nel dì 5. di Giugno dell' *Tom. IX.*
Anno prefente *Ildebrandino Vefcovo* d'Arezzo e Conte d'effa Ro- *Rer. Italic.*
magna, fu fcacciato da Forlì, e furono ritenuti prigioni Aghinol- (e) *Rubeus*
fo fuo Fratello, e due Nipoti. Manipolatori di quefta infolenza *Hiftor. Ra-*
                                                                    venn. lib. 6.

furo-

EraVolg.
Ann.1292.
furono Maghinardo da Sufinana, e i Calboli potente Famiglia
di Forlì. Con esso loro tenevano le Città d'Imola, Faenza, Cesena, Rimini, e molte Castella. Abbiamo dalla Cronica di For-

[a] Chronic.
Foroliviam.
Tom. 22.
Rer. Italic.
lì [a], che i Bolognesi spedirono varie ambasciate a i Forlivesi,
per trattar di concordia fra essi e il Conte suddetto, richieden-
do, che fosse fatto compromesso in loro; ma nè il Popolo di Forlì, nè quelli di Faenza e Cervia per segrete insinuazioni del so-
pradetto Maghinardo vollero mai consentirvi. E perciocchè si
sentiva, che i Bolognesi faceano armamento, con apparenza di
voler cavalcare addosso a Faenza: Maghinardo, che comandava
in quella Città, fatto un dì dare campana a martello, radunò il
Popolo, e tutti disperatamente si misero a cavar le fosse della
lor Città, già spianate da i Bolognesi, e a rimettere lo steccato
e le altre fortificazioni. Per sostenere questa risoluzion de' Faentini, che fu con rabbia intesa da' Bolognesi, e dal Conte della
Romagna, corsero a Faenza tutte le milizie di Forlì; e quelle
di Cesena, comandate da Malatestino lor Podestà; e quelle di
Cervia con Bernardino da Polenta lor Podestà; e quelle di Ravenna con Ostasio da Polenta lor Podestà; e quelle di Rimini
condotte da Giovanni de' Malatesti. Vi concorsero anche quei di
Bertinoro, Castrocaro, e Bagnacavallo, e Bandino Conte di Modigliana: di maniera che si trovarono in Faenza circa trenta mila pedoni oltre alla cavalleria di varj paesi. Fu ben assicurata
quella Città, ed avendo i Bolognesi fatto venire il Podestà e gli
Ambasciatori di Firenze, acciocchè maneggiassero pace fra Bologna, e le Città della Romagna con esigere, che si rasassero le
fortificazioni, e si spianassero le fosse di Faenza, come fatte in
loro ingiuria: i Romagnuoli se ne risero, e con sole belle parole li rimandarono a casa,

QUALOR sussista la Cronologia del Cronista di Forlì, il Conte Guido da Montefeltro in quest'Anno con trecento uomini d'armi e due mila pedoni, entrò nella Città d'Urbino, e si diede
a fortificarla con buone fosse e steccati, giacchè tutte le sue
fortificazioni erano state smantellate ne gli Anni addietro. Pen-
[b] Giovan-
ni Villani
l. 7. c. 153.
Ptolem.
Lucens. An-
nal. brev.
Tom. XI.
Rer. Italic.
so io, che succedesse più tardi questa impresa del Conte Guido,
perch'egli nell'Anno presente era Capitano e Signor di Pisa, e
la difese contro gli sforzi de' Fiorentini. Nel Mese di Giugno
usciti essi Fiorentini co i Lucchesi [b], ed aiutati dall'altre loro
amistà, fatta un'Armata di due mila e cinquecento cavalli, e
di otto mila pedoni, marciarono fino alle Porte di Pisa, guastando

do e bruciando il paefe. Fecero correre il Pallio ſotto le mura Era Volg.
Ann.1292. di quella Città nella Feſta di S. Giovanni Batiſta; nè potendo di più, ſe ne tornarono a ripoſare in Firenze. Il Conte Guido ſi tenne alla difeſa, e non ardì d'uſcire, perchè trovò alquanto invilito il Popolo di Piſa. Nel medeſimo Meſe di Giugno [a] Rug-[a] Bartho-
lomaus a
Neocaſtrogieri di Loria tórnato di Catálogna a Meſſina colla ſquadra delle Galee Siciliane, ſiccome perſona nemica dell'ozio, fece uno sbar-Tom.XIII.
Rer. Italic.
Nicolausco in Calabria, dove Guglielmo Stendardo Ufiziale del Re Carlo era venuto, per ricuperar le Terre già conquiſtate da i Sici-Specialis
lib.2.c.14.
Tom. X.liani. Si venne alle mani, furono rotti i Franzeſi, e lo ſteſſo Stendardo portando ſeco più ferite, ſpronò forte per metterſi inRer. Italic. ſalvo. Ruggieri per rallegrar la ſua gente, ed anche per pagarle il ſoldo alle ſpeſe altrui, paſsò in Grecia alla Città di Malvaſia, e col preteſto, che que' Cittadini deſſero ricetto a i Franzeſi nemici del Re di Sicilia, ſorprefe di notte, e ſaccheggiò quella Città. L'Arciveſcovo menato via prigione, fu obbligato a riſcattarſi col pagamento di buona ſomma d'oro. Paſsò anche Ruggieri all'Iſola di Scio, e vi fece un buon bottino di maſtice, e nel Meſe di Ottobre ſi reſtituì a Meſſina. Abbiam poi dalla Cronica di Parma [b], che dopo la morte di Papa Niccolò IV.[b]Chronic.
Parmenſe
Tom. IX. fu in guerra la Marca d'Ancona. Il Popolo della Città di Fer-Rer. Italic.mo con quei di Ancona e Jeſi diede il guaſto a Cittanuova, e al diſtretto d'Oſimo. Due Senatori eziandio furono creati in Roma a petizion delle due fazioni, cioè de' Colonneſi ed Orſini. L' un d'eſſi fu Stefano dalla Colonna, e l'altro un Nipote del Cardinal Matteo della Famiglia Orſina. La loro elezione dovette quetare il Popolo Romano, il quale nel Febbraio di queſt'Anno per le diviſioni bollenti fra loro sbrigliatamente era venuto a battaglia, ed avea ſpogliate molte Chieſe con bruciamenti e ſaccheggi di varie caſe. In Genova [c] comparvero gli Ambaſcia-[c]Caffari
Annal. Ge-
nuenſ.l.10.
Tom. VI.tori del Re di Francia, e di Carlo II. Re di Napoli, ed unoRer. Italic. ancora ſpedito dal Collegio de' Cardinali, per impegnare i Genoveſi contra della Sicilia, minacciando di ſcacciar dalla Francia, Aragona e Puglia tutta la lor nazione, ſe non acconſentivano. Deſtramente ſchivarono queſta rete quei, che aveano più ſenno in quella Repubblica, e congedarono con buona maniera quegli Ambaſciatori.

Anno

Anno di CRISTO MCCXCIII. Indizione VI.
Santa Sede vacante.
di ADOLFO Re de' Romani 2.

Era Volg.
Ann. 1293.

CONTINUO' in quest' Anno la vacanza del Pontificato Romano. Non folamente ftavano divifi d'animo, ma anche di luogo i Cardinali, chi in Roma, chi in Rieti, chi in Viterbo. Volle Dio, che finalmente tutti s'accordaffero di trasferirfi a Perugia nell'Ottobre, per quanto pare, del prefente Anno, a fine di trattar ivi concordemente dell'elezione d'un nuovo Pontefice. *Jacopo Cardinale* fcrive (*a*), che v'andarono *fecundo vacationis anno*; ma pafsò anche il verno, fenza che fi conchiudeffe cofa alcuna. Verifimilmente contribuì non poco a quefta diffipazione del facro Collegio l'incoftanza ed animofità del Popolo Romano, il quale in occafion di eleggere i nuovi Senatori ful principio dell'Anno prefente tornarono all'armi, e rinovarono gl'incendj, i faccheggi, e gli ammazzamenti, di modo che per fei Mefi Roma non ebbe Senatore. Finalmente furono eletti Pietro Figliuolo di Stefano Gaetano, padre del fuddetto *Jacopo Cardinale*, che ci lafciò la Vita di S. Celeftino Papa, fcritta in verfi, e Ottone da Santo Euftachio. Dallo fteffo Cardinale abbiamo, che il Popolo di Narni andò all'affedio del Caftello di Stroncone; ma accorfo colà con forti fquadre d'armati il Cardinale Vefcovo di Porto, li fece defiftere dall'imprefa. Galvano Fiamma (*b*) riferifce a quefti tempi l'effere ftato creato *Matteo Vifconte* Capitano, o fia Signore di Novara. Altrettanto ha l'Autore degli Annali di Milano (*c*). Forfe prima di queft' Anno ciò avvenne. Comunque fia, vi mife egli per Podeftà *Galeazzo* fuo primogenito, allora affai giovinetto. Nel dì 13. di Febbraio dell'Anno prefente (*d*) venne a morte *Obizzo Marchefe* d'Efte, Signor di Ferrara, Modena, e Reggio, con lafciar dopo di sè tre Figliuoli mafchi, cioè *Azzo VIII. Aldrovandino*, e *Francefco*. Succedette in tutti i fuoi Stati *Azzo* il primogenito, o per volontario, o per forzato confentimento de gli altri due Fratelli. Ma o fia, che il Padre nel fuo teftamento aveffe ordinato, come corfe voce, che fi divideffero gli Stati, e toccaffe Modena ad Aldrovandino, e Reggio a Francefco, o pure che Aldrovandino pretendeffe Modena, perchè aveva in Moglie Alda de' Rangoni, il qual matrimonio avea o facilitato,

(a) Jacopus
Cardinalis
in Vita
Caleftini,
P.I.T.III.
Rer. Italic.

(b) Gualv.
Flam. Manipul. Flor.
cap. 332.
(c) Annal.
Mediolan.
Tom. XVI.
Rer. Italic.
(d) Chronic.
Eftenfe
Tom. XV.
Rer. Italic.

Chronic.
Parmenfe
Tom. IX.
Rer. Italic.

o proo prodotto al Marchese Obizzo l'acquisto di Modena: certo è, Era Volg.
Ann.1293. che insorse da lì a non molto discordia tra i Fratelli, e questa si tirò dietro secondo il solito delle gravi disgrazie della Casa d' Este. In questo medesimo Anno fuggito da Ferrara Lanfranco Rangone, e venuto a Modena (a), co i Boschetti ed altri della (a) Annales
Veter. Mu-
tinenf.
Tom. XI.
Rer. Italit. sua fazione mosse a rumore la Città. Ma quei da Sassuolo, i Savignani, e Grassoni, capi dell'altra parte fecero testa, e sostennero la Signoria del Marchese Azzo, obbligando i Rangoni co i lor seguaci a prendere la fuga: perloché furono condannati e banditi. Il Marchese Aldrovandino anch'egli si ritirò a Bologna, dove ben ricevuto cominciò a far delle pratiche contro al Fratello Azzo tanto ivi (b), che in Padova e Parma. Aveva (b) Chronic.
Bononienfe
To. XVIII.
Rer. Italit.
Chronic.
Parmenfe
Tom. IX.
Rer. Italic. esso Marchese Azzo, se pur non fu suo Padre, mandato in quest' Anno a donar un Lione vivo a i Bolognesi. Allora il Marchese Azzo corse a Modena, e rinforzò di gente e di fortificazioni questa Città. Gli usciti di Pontremoli fecero nel presente Anno gran guerra alla lor patria, sicché stabilita pace col Popolo dominante, tutti d'accordo si sottomisero al Comune di Lucca, e cominciarono a ricevere un Podestà da quella Città, laddove in addietro il prendevano da Parma.

STANCO per le tante guerre e perdite il Popolo di Pisa, (c) segretamente trattò con quello di Firenze per aver pace. (c) Giovan-
ni Villani
l. 8. c. 2. Vi acconsentirono i Popolari Fiorentini per desiderio di abbassare i lor Grandi, che profittavano delle guerre, purché i Pisani licenziassero *Guido Conte* di Montefeltro, la cui sagacità e valore teneva in apprensione tutti i vicini. Concorsero in questa pace anche i Sanesi, Lucchesi, e l'altre Terre Guelfe della Toscana con alcune condizioni, ch'io tralascio. Penetrata questa mena, il Conte Guido, parendogli d'essere trattato con somma ingratitudine da i Pisani, s'alterò forte, e ne fece di gravi risentimenti contra di chi gridava pace; ma in fine fu costretto a cedere, dopo avere renduto buon conto a quel Comune di tutto il suo operato, e de' vantaggi a lui proccurati. In Romagna (d) non si sa, che avvenisse in quest'Anno novità alcuna degna d'osservazione, se non che Maghinardo da Susinana, che era come Signor di Faenza, con Bernardino Conte di (d) Chronic.
Forolivien.
To. XXII.
Rer. Italic. Cunio, prese il Castello e la Fortezza di Monte Maggiore, dove erano in guardia le genti del Conte Alessandro da Romena, non so se Fratello o Nipote del Vescovo *Ildebrandino* Conte della Romagna, ma poco stimato. Il Conte Bandino da Modigliana,

Era Volg.
Ann.1293.
(a)Caffari
Annal. Ge-
nuenf.l.10.
Tom. VI.
Rer. Italic.

na, dichiarato Capitan Generale della Lega de' Romagnuoli, pose la sua stanza in Forlì. Durava tuttavia la tregua fra i Veneziani, e Genovesi. (a) Accadde, che nel Mese di Luglio sette Galee di mercatanti Genovesi, navigando ne' mari di Cipri,
si scontrarono in quattro Veneziane; e siccome i Genovesi non
si faceano scrupolo ne' barbarici tempi, se veniva loro il destro,
di esercitare il mestier de' Corsari, le presero colla morte di più
di trecento Veneziani. Ravvedutisi dipoi del fallo commesso, le
lasciarono andare al lor viaggio, e restituirono per quanto pretesero, tutta la roba. Saputosi in Genova all'arrivo d'esse Ga-
dispiacere, e spedirono tosto
de i Frati Predicatori a Venezia a scusare il fallo, e a farsi conoscere pronti alla soddisfazione: al quale effetto richiesero, che
si tenesse un congresso de' comuni Ambasciatori in Cremona. Fu
questo tenuto, e per tre Mesi si andò disputando, ma senza
accordo alcuno. Il perchè si cominciò a pen-
e come essa fosse rabbiosa, l'andremo veden-
Per cagion d' essa, e per la pace far-
a, cominciò a respirare la Città di Pi-
sa, governandosi a parte Ghibellina, e soccombendo ivi affatto
la parte Guelfa.

Anno di CRISTO MCCXCIV. Indizione VII.
di CELESTINO V. Papa I.
di BONIFAZIO VIII. Papa I.
di ADOLFO Re de' Romani 3.

PEl verno ancora del presente Anno continuò la discordia fra
i Cardinali in Perugia, non venendo essi mai ad una per
eleggere un nuovo Capo della Chiesa Cattolica. Da Tolomeo
da Lucca (b), e dalla Cronica Sanese (c) abbiamo, che nell'Anno 1293. Carlo II. Re di Napoli co' suoi Figliuoli, e col giovinetto Marchese del Monferrato Giovanni, sul fine del verno arrivò a Lucca, venendo dalla Provenza. Ma secondo i conti fatti
di sopra, in quest'Anno dovette succedere il suo passaggio. La
differenza delle Città Italiane nel contare il principio dell'Anno,
non è un picciolo imbroglio a chi brama di fissare i tempi nella
Storia. Ora secondo i Fiorentini ed altri Popoli il 1293. durava
fino al dì 25. di Marzo dell'Anno presente. Per attestato d'esso

(b) Ptolem.
Lucenf. An-
nal. brev.
Tom. XI.
Rer. Italic.
(c) Chroni-
con Senenf.
Tom. XV.
Rer. Italic.

To-

Tolomeo, il fuddetto Re Carlo in Lucca trattato fu con tanta folennità d'incontro, di bagordi, danze, e conviti, che non v'era memoria in Tofcana di fomigliante fefta. Aggiugne pofcia *Jacopo Cardinale* di San Giorgio (*a*), che gli era andato incontro *Carlo Martello*, fuo primogenito, Re allora d'Ungheria folamente di nome o di titolo, venuto da Capoa, per vedere il Padre. Giunto che fu il Re Carlo vicino a Perugia, gli fecero anche i Cardinali tutto il poffibil onore con un magnifico incontro. E percioc- chè a lui premeva forte di veder creato prefto un Papa, e Papa tutto fuo, non rifparmiò in tal congiuntura le fue doglianze per la fcandalofa dilazione; e le fue efortazioni, perchè la sbrigaffero una volta. Tolomeo da Lucca, che in quefti tempi vivea, attefta (*b*), ch'egli *dum verba babuit cum Domino Benedicto Gaytani*, che fu poi Bonifazio VIII. il quale da fuperbo, come era, probabilmente gli rifpofe, che non toccava a lui il prefiggere a i Cardinali il quando s'avea da creare il Papa. Fors' anche fu creduto, ch'egli quel foffe, che imbrogliava quefto grande affare. Andoffene il Re Carlo, e continuando la difunione fuddetta nel facro Collegio, cofa avvenne, che ftordì tutto il Mondo Criftiano. Era già il Mefe di Giugno, e per la morte di un giovane Fratello del *Cardinal Napoleone* de gli Orfini, cominciò il Cardinal Tufcolano *Giovanni Boccamazza* a parlar delle burle, che fa la morte a i giovani, e più s'hanno da temer da i vecchi, prendendo motivo da ciò di non differir più lungamente il dare un Capo alla Chiefa. Aggiunfe il Cardinale *Latino Malabranca* Vefcovo d'Oftia, effere ftato rivelato da Dio ad un fanto uomo, che fe non fi affrettavano ad eleggere un Papa, la collera di Dio era per ifcoppiar fopra di loro prima dell' Ogniffanti. Sorridendo allora il fopra mentovato Cardinal Benedetto Gaetano, diffe : *E' forfe quefta una delle vifioni di Pietro da Morrone?* Signor sì, rifpofe il Vefcovo d'Oftia, e diffe d'avere fopra ciò Lettera da lui. Quì fi venne a difcorrere di quefto fanto Romito, e chi raccontò l'aufterità della fua vita, chi le molte fue Virtù, chi i fuoi miracoli; e vi fu chi diffe, ch' effo era degno d'effere Papa. Non cadde in terra la propofizione. Fu il primo a dargli la fua voce il Cardinale Oftienfe nel dì quinto di Luglio, e tanti altri vi concorfero, che *Pietro da Morrone*, povero, ma fanto Romito, nato in Molife in Terra di Lavoro, foggiornante allora in una celletta del territorio di Sulmona in mezzo alle montagne di Motrone, fu eletto e proclamato Papa. Furono a lui fpediti tre Vefcovi

ERA Volg. ANN. 1294.

(a) *Jacobus Cardinalis in Vita Celeftini V. Part. I. Tom. III. Rer. Italic.*

(b) *Ptolom. Lucenfis Hift. Ecclef. Tom. XI. Rer. Italic.*

fcovi col decreto dell'elezione; ed egli dopo aver fatta orazione, vi confentì, e prefe il nome di *Celeftino V.* Sparfa quefta nuova, empiè di ftupore tutte quelle contrade; cominciarono Vefcovi, Ecclefiaftici, e Popoli a concorrere a folla, per vedere quefto inufitato fpettacolo, cioè un povero Romitello alzato alla più fublime Dignità della Repubblica Criftiana. Vi accorfe ancora il *Re Carlo II.* col *Re Carlo Martello* fuo Figliuolo, e gli fecero amendue una gran Corte, con addeftrarlo dipoi tenendo le redini d'un afino, fu cui egli volle entrar nella Città dell'Aquila, giacchè quivi fifsò il penfiero d'effere confecrato, fenza far cafo delle premurofe Lettere de'Cardinali, che il chiamavano a Perugia. Alla fua confecrazione fi trovarono più di ducento mila perfone   quefte Tolomeo da Lucca, Autore di quefto racconto. Diedefi poi il novello Papa a far delle elezioni non abbaftanza caute di Miniftri, di Vefcovi, ed Abbati,
vernare da Laici, e poco confultando i Cardinali.
altri attefe a profittare de
lieto d'avere un Papa nato
talento. L'indùffe a fare nel dì

(a) *Jacopus*
a Varagine
Chronic.
Genuenf.
Tom. IX.
Rer. Italic.

to, e de i

rono a defiderar di disfare ciò, che era già fatto. Puzza di fa- vola ciò, che alcuni lafciarono fcritto d'avergli il fuddetto Cardinal Benedetto Gaetano, che fu poi Papa Bonifazio VIII. di not-
te con una tromba, come fe foffe voce venuta dal Cielo, infi-
nuato di abbandonare il Pontificato. La verità fi è, che alcuni
de'Cardinali cominciarono a parlargli di rinunziare ftante la fua
incapacità di governar la nave di Piero, e il grave danno, che
ne veniva alla Chiefa, e il pericolo dell'anima fua. *Celeftino*,
in cuore di cui non era punto fcemata per così grande altezza
l'antica fua umiltà, lo fprezzo del Mondo, e la delicatezza della cofcienza, vi preftò molto ben l'orecchio. (*a*) Ma il Re Carlo, penetrato il broglio,
nalmente fi portò fotto le fineftre del Papa, pregandolo di non
confentire a rinunzia alcuna. V'era prefente Tolomeo da Lucca. In termini ambigui fece dar loro rifpofta Celeftino, e poi
nel dì 13. di Dicembre fpiegò nel Confiftoro la fiffata rifoluzione fua di dimettere il Pontificato. Gli fu fuggerito di far prima
una Coftituzione dichiarativa, che in alcuni cafi il Romano Pontefice può lecitamente abdicare il Pontificato: il che fatto, ed
accettata dal facro Collegio la di lui rinunzia, fi fpogliò Celeftino de gli abiti Pontificali, e ripigliato l'eremitico, fi ritirò
dalla Corte, tutto lieto d'aver depofto un sì pefante fardello, e
fol bramofo di poter tornare al fuo niente, e alla cara fua foli-
tudine, con efempio d'umiltà da ammirarfi da tutti, da imitar-
fi da pochi o da niuno. Da lì a non molto rinchiufi nel Conclave i Cardinali vennero all'elezione di un nuovo Papa; e giacchè il Cardinal *Benedetto Gaetano* da Anagni, perfonaggio di
fomma fagacità e perizia nelle Leggi Canoniche e Civili, avea
faputo guadagnarfi l'amicizia e patrocinio del Re Carlo II. giufta i cui voleri fi moveano allora le fere, in lui concorfero i voti de'Cardinali. Fu egli eletto nella Vigilia del Santo Natale, e
prefo il nome di *Bonifazio VIII.* fi mife poi in viaggio verfo Roma nel dì 2. di Gennaio dell'Anno feguente, ficcome diremo,
per effer ivi confecrato. Studiavafi fempre più *Matteo Visconte*
Capitano di Milano, Como, Vercelli, e Novara, di affodare ed
ampliare la potenza fua; (*b*) e fapendo che poffente efficacia
aveffe il danaro preffo *Adolfo*, Re povero de'Romani, ottenne
dal medefimo per quefta via d'effere creato Vicario Generale della Lombardia. Pertanto venuti a Milano quattro Ambafciatori
d'effo Adolfo, nella Domenica prima di Maggio in un folenne

Era Volg.
Ann.1294

(a)*Ptolom.*
Lucenfis

Tom. XI.
Rer. Italic.
Jacobus
Cardinal.
in Vit. Ca-
leftini,
P.I.Tom.3.
Rer. Italic.
Jordanus
in Hiftor.

(b) *Corio,*
Iftor. di Mi-
lano.

Parlamento tenuto in Milano, gli fu solennemente data l'Inve
ſtitura del Vicariato. Allora i Milaneſi giurarono fedeltà al Re
Adolfo, e paſſati, dipoi, eſſi Ambaſciatori con gli Uffiziali del Viſconte, all'altre Città Lombarde, da eſſe ricavarono un ſimil giuramento di fedeltà. (a) Ma i Cremoneſi e Lodigiani, non piacendo loro, che Matteo Viſconte cominciaſſe a far da ſuperiore nelle loro Città, ſi collegarono contra di lui, e fecero venire i Torriani in Lombardia. Comincioſſi pertanto la guerra da queſti due Comuni contra del Viſconte, ed unironſi con
eſſi anche molti Nobili Milaneſi, mal ſoddisfatti del preſente
governo dello ſteſſo Matteo.

(a) Gualv.
Flamma
cap. 333.

TENDENDO in queſti tempi i maneggi del Marcheſe Aldrovandino d'Eſte (b) alla rovina del Marcheſe Azzo VIII. Signor
di Ferrara, Modena, e Reggio, ſuo Fratello, ſenza por mente, s'egli rovinava anche la propria Caſa: moſſe il Comune di
Padova alla guerra. Preſero eſſi Padovani, dominanti allora in
Vicenza, le Terre d'Eſte, Cerro, e Calaone, e ſi accingevano
a far di peggio, quantunque il Marcheſe Azzo foſſe uſcito in
campagna con un buon eſercito. Ma interpoſtoſi il Patriarca d'
Aquileia Raimondo dalla Torre con alcuni Frati Minori, ſi venne ad una pace, in cui reſtò deluſo il Marcheſe Aldrovandino,
e fu convenuto, che ſi ſpianaſſero le Fortezze e Rocche delle
tre ſuddette Terre, e che reſtaſſero in potere de' Padovani la
Terra della Badia, la terza parte di Lendenara, Luſia, il Caſtello di Veneze, ed altri diritti, ſconſigliatamente loro ceduti
dal Marcheſe Aldrovandino. A ciò s'induſſe il Marcheſe Azzo,
perchè unitoſi i Padovani in Lega con Alberto dalla Scala, era
divenuto pericoloſo il continuar queſta guerra. Tenne dipoi eſſo Marcheſe in Ferrara, per la feſta dell'Ogniſſanti una ſuntuo-
ſiſſima Corte bandita, dove concorſe una ſtraordinaria copia di
Nobili di tutta la Lombardia; e ciò in occaſione di prender egli
l'ordine della cavalleria con gli ſperoni d'oro da Gherardo da
Camino Signor di Trivigi. Fece il ſuddetto Marcheſe dipoi Cavalieri il Marcheſe Franceſco ſuo Fratello, e cinquantadue altri
Nobili di varie Città di Lombardia, tutto alle ſpeſe ſue: il
che diede molto da penſare e da dire a i politici di que' tempi.
Scorgendo il Comune di Genova più diſpoſti alla guerra che alla pace, i Veneziani, cominciò a fare un potente armamento
dal canto ſuo. Non fece di meno il Comune di Venezia. (c)
Ora accadde, che Marco Baſilio con ventotto Galee Venete ed

(b) Chronic.
Eſtenſe
Tom. XV.
Rer. Italic.
Chronic.
Parmenſe
Tom. IX.
Rer. Italic.

(c) Georgius
Stella An-
nal. Ge-
nuenſ.
Tom. XVII.
Rer. Italic.
Continuat.
Danduli
Tom. XII.
Rer. Italic.

altri

altri Legni andando in traccia de' Genovefi, che navigavano in Romania, fcontratofi con tre groffe navi mercantili riccamente cariche d'effi Genovefi, le prefe. Informati di quefta perdita i Genovefi, abitanti in Pera, fpedirono bensì Niccolò Spinola a chiederne la reftituzione, ma fenza frutto alcuno di tale fpedizione. Allora fi mifero alla vela venti Galee, & undici fufte Genovefi fotto il comando d'effo Spinola, per ottener coll'armi ciò, che non poteano colle parole, e trovata la Flotta Veneziana verfo Laiaccio; attaccarono una feroce battaglia. Si dichiarò la fortuna in favore de' Genovefi, in póter de' quali oltre alle proprie navi ricuperate, reftarono venticinque Galee Venete col Capitano, e i mercatanti, e loro mercatanzie. Appena tre Galee ebbero la forte di falvarfi colla fuga. Giunta quefta infaufta nuova a Venezia, riempiè di cordoglio e di fdegno quel Popolo, maffimamente perchè il fiore de' marinari era caduto in man de' nemici; ma ficcome gente magnanima fi diede tofto a far maggiori preparamenti, e mife in mare feffanta Galee ben armate, delle quali creò Ammiraglio Niccolò Querino, con ordine di cercar ne' mari di Grecia la Flotta nemica. Seppero i Genovefi fchivarne l'incontro; e giunti alla Canea nell'Ifola di Candia, per forza v'entrarono, e dopo il facco lafciarono quafi tutta quella Città in preda alle fiamme. Allorchè *Carlo II. Re* di Napoli comandava le fefte fotto nome di Papa *Celeftino V.* ottenne, che fi levaffe dalla Romagna (a) *Ildebrandino Vefcovo* d'Arezzo, e in fuo luogo foffe creato Conte d'effa un certo Roberto di Cornay, probabilmente Provenzale. Coftui venne nel Mefe d'Ottobre, ed entrò in Rimini, Cefena, Forlì, Faenza, ed Imola, ricevuto con onore dapertutto; ma non fece le radici in quelle contrade, perchè nell'Anno feguente ad altri fu dato il medefimo governo. Formoffi in queft'Anno una follevazione in Forlì, per cui i Calboli colla lor fazione furono fcacciati, ed alcuni vi reftarono prigioni con *Guido da Polenta* Capitano di quella Città, e *Ramberto* fuo Figliuolo. Ma corfo colà Maghinardo Pagano da Sufinana, fece rilafciare i prigioni, e fu egli creato Podeftà di quella Città. Nell'Autunno ancora del prefente Anno nota la Cronica di Forlì, efferfi per le fmifurate pioggie sì eccefivamente gonfiato il Po, che allagò tutto il paefe contiguo alle fue rive, cioè del Piacentino, Cremonefe, Brefciano, Parmigiano, Reggiano, Modenefe, e Padovano, di maniera che fu chiamato un diluvi articolare, per le tante Ville fommerfe.

Era Volg.
Ann. 1294.

(a) *Chronic. Forolivien.* To. XXII. *Rer. Italic.*

An-

Era Volg.
Ann.1295.

Anno di Cristo mccxcv. Indizione viii.
di Bonifazio VIII. Papa 2.
di Adolfo Re de' Romani 4.

(a) *Jacobus Cardinalis in Vita Cælestini V. Part. I. Tom. III. Rer. Italic. Ptolomæus Lucenf. Hiftor. Ecclef. Tom. XI. Rer. Italic.*

UNA delle prime imprefe di Papa *Bonifazio VIII.* non peranche confecrato, (*a*) fu quella di annullar tutte le grazie fatte da Papa *Niccolò IV.* e da *Celeftino V.* Pofcia nel primo, o pure nel fecondo giorno di Gennaio del prefente Anno, fenza far cafo dell'afpra ftagione, s'inviò alla volta di Roma. Avèva egli mandato innanzi accompagnato da più perfone il già *Papa Celeftino*, tornato ad effere Pietro da Morrone. Ma quefti una notte con un folo compagno fe ne fuggì, per ritirarfi all'antica fua Cella, e chi diffe con penfiero di fcappare in Grecia, acciocchè niuno il teneffe più per Papa. Bonifazio a quefta nuova s'inalberò non poco, e fpedì gente sì egli, come il Re Carlo, dapertutto a cercarlo. Ritrovato che fu, il Papa apprendendo, che fe quel fanto vecchio foffe lafciato in libertà, avrebbe per fua femplicità potuto lafciarfi indurre a riaffumere il *Pontificato*, e far nafcere fcisma, giacchè non mancavano perfone, che pretendevano nulla la di lui rinunzia, e feguitavano a venerarlo qual Papa: il confinò nella Rocca inefpugnabile di Fumone, dove ben trattato, o pure fecondo altri maltrattato in una ftretta prigione, attefe a vivere, e a far delle orazioni, finchè nel dì 19. di Maggio dell' Anno feguente 1296. diede fine alla fua fanta vita, e glorificato da Dio con molti miracoli, fu poi folennemente meffo nel Catalogo de' Santi da Papa *Clemente V.* Si moftra il fuo Cranio, come trafitto da un chiodo; ma non è probabile, che Bonifazio VIII. fe l'aveffe voluto levar dal Mondo, aveffe ufata sì barbara maniera, e non piuttofto il veleno. Se s'ha da credere a Giovanni Villani (*b*), per giugnere al Papato col mezzo del Re Carlo, avea Bonifazio detto ad effo Re, che il fuo Papa Celeftino l'avea ben voluto fervire per fargli ricuperare la perduta Sicilia, ma che non avea faputo farlo: laddove s'egli foffe eletto Papa, vorrebbe, faprebbe, e potrebbe fargli ottenere l'intento. E gli mantenne la parola. (*c*) Confermò la concordia fatta per cura di Papa *Niccolò IV.* fra il *Re Carlo* ed *Alfonfo Re* d'Aragona; e diede ordine a Bonifazio da Calamandrano, gran Maftro de' Cavalieri, oggidì appellati di Malta, d'indurre allo fteffo accordo, e con più ftrette condizioni, *Giacomo Re* d'Aragona, fucceduto al Fratello

(b) *Giovanni Villani l.8. c.6. Ferretus Vicentinus Hiftor.lib.2 Tom. IX. Rer. Italic.*
(c) *Nicolaus Specialis lib.2.c.20. Tom. X. Rer. Italic.*

tello Alfonso. Per liberarfi dalla nemicizia de i Re di Francia e di Napoli, Giacomo confentì, con cedere al Re Carlo i fuoi diritti fopra la Sicilia, prendere per Moglie *Bianca* Figliuola d'effo Carlo, benchè aveffe già contratti gli fponfali con una Figliuola del Re di Caftiglia; e con altri patti di pagamento di danari, di promeffe della Sardegna e Corfica, e d'altri vantaggi fpettanti a *Carlo di Valois*, il quale rinunziò anch'egli le fue pretenfioni fo-Regno d'Aragona. Niccolò Speciale, e il Villani fcrivono, a folamente furono pofti in libertà i Principi Figliuoli del ancora fi deduce da un Breve di Papa Boni-

Era Volg.
Ann. 1295.

che furono liberati nell'Anno precedente, e che paffarono per Lucca.

SEGUI'
nifazio nel

aetano Cardinale di S.

di Papa Bo-
defcritta in
quella ma-
duta in ad-

in Vit. Cœ-
leftini, P.I.
Tom. III.
Rer. Italic.

(b) Nicol.
Specialis
l.2.cap.22.
Tom. X.
Rer. Italic.

tener
virlo
di vit
sava

fu rifolù-
per chia-
che così

non
atto

Re

ERA Volg.
ANN.1295.

Re Giacomo veniffe dalla Sicilia a trovarlo, per guadagnarfi il di-
lui animo, ed impedire, ch'egli non fraftornaffe la reftituzione
di quel Regno. Venne lo fpiritofo Infante con una bella Flotta, accompagnato da i fuoi due primi Miniftri, *Giovanni di
Procida*, e *Ruggieri di Loria*, e sbarcato fi abboccò in Veletri
col Papa, che gli fece un affettuofo accoglimento, e con dolce
parole l'efortò a dar tutta la mano alla pace, offerendogli in
Moglie *Catterina*, unica Figliuola di *Filippo*, Imperadore, ma
folamente di titolo, di Coftantinopoli, Figlio del Re Carlo II.
con ricchiffima dote, e co i diritti fopra l'Imperio Greco, di
cui Papa Bonifazio, come fe l'aveffe in pugno, gli
non folo facile, ma infallibile la conquifta. Rifpofe
te il giovanetto Principe, che farebbe quanto foffe
tere; ma che conveniva intenderfela ancora co i Popol
ziatofi fe ne tornò

alcuni; che in quefta occafione Bonifazio traeffe alle fue voglie
il valorofo, ma ambiziofo Ruggieri di Loria, con farlo Principe dell'Ifole delle Gerbe e di Carchim in Affrica, e con altre
lufinghe. Ma forfe per altri motivi più tardi fi ftaccò Ruggieri dal fuo amore verfo la Sicilia; ed egli in quefti tempi, e
mólto più Giovanni di Procida, inclinarono a dichiarare Re di
Sicilia Don *Federigo*, e di voler più tofto tentar la fortuna della guerra, che tornare fotto l'abborrito giogo de' Franzefi. Fu
fpedito in Sicilia dal Pontefice il fuddetto Giovanni di Calamandrano, per profferire a que' Popoli quante mai grazie ed
efenzioni fapeffero immaginare. Ma gli fu detto, che i Siciliani colla fpada, e non già con delle carte pecore cercavano
la pace; e che fe non isloggiava prefto dalla Sicilia, vi avrebbe lafciata la vita. Di più non occorfe, per farlo tornar di galoppo indietro.

[a] *Annales
Mediolan.
Tom. XVI.
Rer. Italic.*

[b] *Galvan.
Fiamma
Manipul.
Flor. c.334.*

[c] *Corio I.
ftoria di
Milano.*

NELLA notte del dì 8. di Agofto del prefente Anno, venendo il dì 9. terminò i fuoi giorni [a] *Ottone Visconte* Arcivefcovo e Signore di Milano, a cui dee la fua efaltazione la nobil
Cafa de' Visconti Milanefe. Lafciò egli *Matteo* fuo Nipote in alto ftato. Secondo Galvano Fiamma [b], alcuni nobili Milanefi
paffarono a Lodi, e fi acconciarono co i Torriani, i quali con
quel Popolo e co i Cremonefi andarono all'affedio di Caftiglione; ma portatofi colà Matteo Visconte co i Piacentini e Brefciani, li fece ben tofto decampare. Nel Mefe di Giugno, fecondo il Corio, [c], l'Armata Milanefe andò fin fotto le porte di

te di Lodi danneggiando il paese; ma nel Settembre fu fatta e Era Volg. Ann.1295.
guidata la pace, o pur la tregua fra Milano e Lodi. Di questi
fatti ci assicura anche la Cronica di Parma [a]. Contrassero in [a] Chronic. Parmense Tom. IX. Rer. Italic.
quest' Anno Lega i Parmigiani co i Bolognesi, e seguirono poi
delle funeste novità nella loro Città. Era stato eletto Arcivescovo di Ravenna *Obizzo da San Vitale*, Vescovo allora di Parma: del che fu fatta grande allegrezza da quei della sua fazione. Ma nel dì 23. d'Agosto la fazione contraria de' Correggef-
chi, facendo correr voce, che il medesimo Prelato macchinasse
contro alla Patria, ed avesse fatta massa d'armi nel suo Palagio,
mosse a rumore il Popolo, e furiosamente con esso andò a quella volta. Il Vescovo ebbe la forte di salvarsi, e fuggito a Reggio, si trasferì poscia a Ravenna. Furono mandati a i confini
moltissimi seguaci della parte Ghibellina; e i Bolognesi inviarono a Parma ducento uomini d'armi da tre cavalli l'uno con cin-
fu. la sollevazione, che
festa di Santa Lucia, in
cui amendue le fazioni vennero alle man

stare la Signoria di Parma.

mente. Milano i

det
de [b] Chronic. Estense Tom. XV. Rer. Italic.
dat

Cavaliere *Ricciardo*, Figliuolo di *Gberardo da Camino*
Signore di Trivigi *sic magnifice*, per attestato della Cronaca di
Parma, *quod numquam auditum fuerat de aliquo, quod sic fieret*.
NELL' Anno presente ancora si fecero delle novità in Bre-
S f s   scia

Era Volg.
Ann.1295.
(a) Malve-
cius Chron.
Brixian.
Tom. XIV.
Rer. Italic.
(b) Chronic.
Parmense
Tom. IX.
Rer. Italic.
Chronic.
Estense
Tom. XV.
Rer. Italic.

scia (a); imperciocchè per maneggio di *Matteo Visconte* tutti i partigiani della Casa dalla Torre, cioè i Guelfi, furono staccia-ti dalla Città, e banditi col guasto di tutti i loro beni: perchè si rifugiarono al Marchese d'Este, Capo della parte Guelfa. Per lo contrario *Bardelone* de' Bonacossi Signore di Mantova (b) cavò dalle carceri *Taino* suo Fratello, con un suo Nipote, e li mandò a' confini; ed oltre a ciò rimise in Mantova due mila persone già bandite, caffando ogni Statuto fatto contra di loro: del che dovette riportare gran lode. Ma non si può abbastanza spiegare, come lo spirito della bestial difcordia si diffondesse in questi tempi per l'Italia. In Firenze il Popolo superiorizzava, ed avea fatto de gli Statuti molto gravosi contra

(c) Giovan-
ni Villani
l. 8. c. 12.

de' Nobili e' Grandi (c), moffo spezialmente da *Giano della Bella*, arditiffimo Popolano. Non potendo più fofferire i Nobili queffo aggravio, nel dì 6. di Luglio, dopo aver fatta congiura, e ragunata di gran gente, fecero iftanza, che fossero caffate quelle ingiuste Leggi. Per questo fu in armi tutta la Città. Si schierarono i Grandi colle lor masnade nella Piazza di S. Giovanni, e voleano correre la Terra: Ma il Popolo afferraglià e sbarrò le strade, acciocchè la cavalleria non poteffe correre, e stette cosi ben unito e forte al Palazzo del Podestà, che i Grandi non ofarono di più. Prefe da ciò maggior piede la gara, e il mal'animo dell'una contro dell'altra parte; e di qui cominciò la Città di Firenze a declinare in mal-ftato con gravi fciagu-re, che andremo a poco a poco accennando. Anche in Piftoia,

(d) Ptolom.
Lucenf.An-
nal. brevi.
Tom. XI.
Rer. Italic.

fecondochè s'ha da Tolomeo da Lucca (d), in queft'Anno ebbe principio una fera difcordia fra i Nobili della Cafa de' Cancellieri, i quali si divifero in due fazioni Bianchi e Neri, cia-fcuna delle quali ebbe gran feguito. Ne fuccederono ammazza-menti, e si fparfe dipoi questo veleno per le Città di Firenze, di Lucca, e d'altri Luoghi, ne'quali cadauna d'effe Fazioni tro-vò protettori o partigiani. Il Villani, e la Storia Piftolefe, pa-re che mettano il cominciamento di questa maledetta divifione all'Anno 1300.

DA moltiffimi anni era anche divifa la Città di Genova in due Fazioni, cioè ne' Mafcherati Ghibellini, e ne' Rampini Guelfi.

(e) Jacobus
de Varagin.
Chronic.
Genuenf.
Tom. IX.
Rer. Italic.

Più che mai ciò non oftante si accendeva la guerra fra quel popo-lo e i Veneziani. Queffo bifogno del Pubblico, e la cura maffi-mamente di *Jacopo da Varagine* Arcivefcovo di Genova (e), por-tarono nel Mefe di Gennaio alla pace e concordia gli animi loro divi-

divisi: E quivi vedendosi, che in Venezia si faceva un terribile armamento di Legni col vantarsi alcuni di voler venire fino a Genova, stimolati dal punto d'onore, e dall'antica gara i Genovesi, si misero anch'essi a farne uno più grande e strepitoso. S'interpose Papa Bonifazio nel Mese di Marzo, e chiamati a Roma i Deputati d'amendue le Città, intimò una tregua fra loro fino alla festa di San Giovanni Batista, sperando intanto di ridurre queste due feroci Nazioni a concordia; ma nulla si potè conchiudere. Mirabile, e quasi incredibil cosa è l'udire, per attestato del suddetto Jacopo da Varagine, che i Genovesi giunsero ad armare dugento Galee, che furono poi ridotte a sole cento cinquantacinque, cadauna delle quali aveva almeno dugento venti armati, altre dugento cinquanta, ed altre fino a trecento. Mandarono poscia a Venezia dicendo, che se i Veneziani aveano il prurito di venire a Genova per combattere, non s'incomodassero a far sì lungo viaggio; perchè i Genovesi con Uberto Doria loro Ammiraglio andavano in Sicilia ad aspettarli, e che quivi li sfidavano a battaglia. (a) Udita questa sinfonia, i saggi Veneziani stimarono meglio di disarmare, e di lasciar, che gli altri passassero, siccome fecero soli, a fare una bella comparsa ne' mari di Sicilia. Ma che? tornati che furono a casa i Genovesi, pieni di boria, come se avessero annientata la potenza Veneta, si risvegliò fra loro il non estinto fuoco delle Fazioni per gare di preminenza: riscomiciato nell'Armata suddetta. (b) Però sul finire dell'Anno la parte Guelfa, capo di cui erano i Grimaldi, venne alle mani colla Ghibellina, onde erano capi i Doria, e gli Spinoli, e cominciarono un'aspra guerra cittadinesca, che impegnò tutto il Popolo della Città: del che parleremo all'Anno seguente. In Romagna (c) nell'Aprile di quest'Anno fu inviato per Conte, e Governatore Pietro Arcivescovo di Monreale, il qual fece alcune paci in quella Provincia, tolse a Maghinardo da Susinana l'ufizio di Capitano di Faenza, e in Ravenna fece abbattere i Palagi di Guido da Polenta, e di Lamberto suo Figliuolo. Dopo aver ridotto in Faenza i Fuorusciti, si stette poco a sentire una sollevazione in quella Città fra i Conti di Cunio e i Manfredi dall'una parte, e Maghinardo, i Rauli, ed Acarisi dall'altra. Si venne a battaglia, e andarono sconfitti i primi, obbligati perciò ad uscire di quella Città, e restarono burlati i Bolognesi, i quali passavano d'intelligenza con essi per isperanza di tornar padroni di Faenza. Poco durò il governo del suddetto Arcivescovo di Mon-

Era Volg. Anno 1295.

(a) Continuator Diduli To. 12. Rer. Italic.

(b) Giovanni Villani lib. 8. c. 14. Jacobus de Voragine Chronic. Genuens. T. IX Rer. Italic. Georg. Stella Annal. Genuens. Tom. XVII. Rer. Italic.

(c) Chronic. Forolivien. To. XXII. Rer. Italic.

reale, perchè nell'Ottobre arrivò a Rimini *Guglielmo Duranti* Vescovo Mimatense, o sia di Mande in Linguadoca, eletto da Papa *Bonifazio VIII*. Marchese della Marca d'Ancona, e Governe della Romagna, celebre Giurisconsulto, Autore dello *Speculum Juris*, onde fu appellato *Speculator*, e d'altre Opere, il quale per molto tempo era stato Pubblico Lettore di Leggi e Canoni nella Città di Modena. Fu ricevuto con onore da tutte le Città della Romagna. Ma nel dì 19. di Dicembre venne all'armi *Malatesta da Verucchio* nella Città di Rimini colla sua fazione Guelfa contro la Ghibellina di Parcità, e la spinse fuori colla morte di molti. *Guido Conte* di Montefeltro, rimesso in grazia del Papa, andò in quest'Anno a Forlì, e gli furono restituiti tutti i suoi beni. D'uomo tale par che facesse capitale Papa Bonifazio per le sue occorrenze. Ma egli di lì a poco, cioè nell'Anno seguente, o pure che si mutò il vento, o pure per vero desiderio di darsi alla penitenza de' suoi peccati, si fece Frate dell'Ordine Francescano, e in quel termine poi i suoi giorni, ma non sì presto.

Anno di CRISTO MCCXCVI. Indizione IX.
di BONIFAZIO VIII. Papa 3.
di ADOLFO Re de' Romani 5.

QUANDO si credeva Papa *Bonifazio VIII*. d'essere composto nell'affare della restituzion della Sicilia, egli l'incontrò più che mai lontano. Irritati al maggior segno i Siciliani, perchè il *Re Giacomo* senza alcuna contezza, nonchè assenso d'essi, avesse ceduto, e per dir così venduto quel Regno a i troppo odiati Franzesi: nel dì 15. di Marzo, in cui cadde la Pasqua dell'Anno presente, proclamarono Re di Sicilia *Infante Don Federigo* Fratello dello stesso Re Giacomo. Fu egli con gran solennità coronato nella Cattedral di Palermo, e in quello stesso giorno fece molti Cavalieri, alzò altri al grado di Conti, e dispansò molte altre grazie (a). Dapertutto si videro giuochi e bagordi, e mossosi il Re novello da Palermo passò a Messina, dove trovò tutto quel Popolo in festa, e pronto a servirlo. Andossene dipoi a Reggio in Calabria, e dato ordine a *Ruggieri di Loria*, che uscisse in mare colla sua Flotta, egli stesso coll'esercito di terra andò a mettere l'assedio alla Città di Squillaci, e con levar a i Cittadini i canali dell'acqua, gli obbligò a rendersi. Di là

(a) *Nicolaus Specialis lib. 3 cap. 1. Tom. X. Rer. Italic.*

portaffi fotto Catanzaro, dove fi trovava Pietro Ruffo, Conte di quella forte Città, ed uno de' primi Baroni della Calabria, a cui non mancava gente in bravura e copia, molto atta ad una gagliarda difefa. Era Ruggieri di Loria parente del Conte, e come tale diffuafe l'imprefa. Stette faldo il Re Federigo a volerla; ed allorchè co i furiofi affalti fi vide effa Città vicina a cadere, rottenne il medefimo Ruggieri, che fi veniffe a patti, e che fe in termine di quaranta giorni non veniva foccorfo, la Città fi rendeffe. Paffato il tempo, fu offervata la Capitolazione, e Catanzaro venne alle fue mani. Fu anche dato foccorfo a Rocca Imperiale, ed acquiftato Policoro. Sotto Cotrone, prefo anch' effo e faccheggiato, cominciò a fconciarfi la buona armonia fra il Re, e Ruggieri di Loria, ma per allora non ne fu altro. Impadroniffi dipoi il Re Federigo di Santa Severina, e di Roffano. Intanto portata a Papa Bonifazio la nuova, che Don Federigo avea prefa la Corona di Sicilia, non folamente contra di lui, ma contra ancora del Re Giacomo fuo Fratello, fi accefe di collera, figurandofi, che fra amendue paffaffe intelligenza fegreta, per burlare in quefta guifa non meno il Re Carlo, che il Papa fteffo. Annullò dunque tofto, per quanto a lui apparteneva, tutti gli atti di Don Federigo e de' Siciljani, e fpiegò contra d'effi tutto l'apparato delle pene fpirituali e temporali: per le quali nondimeno nulla fi cambiò il cuor di que' Popoli. Rifentitamente ne fcriffe ancora al Re Giacomo; ma quefti ampiamente rifpofe, e giurò di non aver parte nella rifoluzion prefa dal Fratello [e dicea il vero] effendofi pronto ad efeguir dal fuo canto, quanto era da lui ftato promeffo. Anzi egli non fo fe chiamato dal Papa, o pure di fua fpontanea volontà, fi preparò per venire a Roma, a fin di meglio fincerare effo Pontefice, e il Re Carlo del fuo netto procedere.

LA guerra inforta fra *Azzo VIII.* Marchefe d'Efte, Signor di Ferrara, e i Parmigiani e Bolognefi collegati, andava ogni dì più prendendo vigore. (*a*) Dal canto loro maggiormente fi sforzarono i Parmigiani, con accrefcero la loro Lega, nella quale entrarono il Comune di Brefcia, e i fuorufciti di Reggio e di Modena, tutti contro il Marchefe Azzo. Seguirono poi varie oftilità in queft' Anno fra effi Parmigiani e le milizie dell' Eftenfe ful Reggiano, che non meritano d'effere regiftrate. Studioffi anche il Marchefe dal canto fuo d'avere de' partigiani dalla parte del-

(*a*) *Chronic. Parmenfe Tom. IX. Rer. Italic. Chronic. Eftenfe Tom. XV. Rer. Italic.*

Era Volg.
Ann.129o.
della Romagna. Tirò in Argenta a parlamento *Maghinardo da Susinana* co'Faentini, *Scarpetta de gli Ordelaffi* co i Deputati di Forlì e di Cesena, *Uguccione dalla Faggiuola*, che comincia in questi tempi a far udire il suo nome, co i Lambertazzi usciti di Bologna, ed altri Ghibellini di Ravenna, Rimini, e Bertinoro. Fu risoluto di togliere Imola a i Bolognesi. Di questo trattato *Guglielmo Durante* Conte della Romagna spedì l'avviso a Bologna, acciocchè prendessero le necessarie misure e precauzioni. E in fatti i Bolognesi inviarono quattro mila pedoni, e molta cavalleria in rinforzo d'Imola. Ma nel dì primo d'Aprile, venuto l'esercito del Marchese Azzo con Maghinardo, e con gli altri Collegati, arrivò al Fiume Santerno alla cui opposta riva trovò schierati i Bolognesi, Imolesi, ed usciti di Faenza,

(a) *Matth. de Griffonibus Annal. Bononienf. To. XVIII. Rer. Italic.*
per impedire il passo del fiume, che era allora assai grosso. (a) Ma valicato il Santerno da i Ferraresi e Romagnuoli, si venne ad un caldo combattimento. Non restero lungo tempo i Bolognesi; molti ne furono morti, molti presi; e fuggendo il resto verso Imola, i vincitori in inseguirli entrarono anch'essi nella Città

(b) *Chronic. Forolivien. Tom. 22. Rer. Italic.*
e ne divennero padroni. L'Autore della Cronica Forlivese (b) scrive, che furono fatti prigioni più di due mila persone.

NELLO stesso dì primo d'Aprile il Marchese Azzo con altro esercito dalla parte di Modena andò a fortificare le Castella

(c) *Chronic. Parmense.*
di Vignola, Spilamberto, e Savignano; e sopra tutto attese (c) a rimettere in piedi le fortificazioni di Bazzano, dove lasciò un buon presidio. Concertarono poscia insieme i Bolognesi e Parmigiani di unitamente far oste ad uno stesso tempo nell'Autunno, gli uni contro Modena, e gli altri contra di Reggio. Ma i soli Bolognesi effettuarono il concordato; imperciocchè unito un possente esercito di lor gente, co'Signori di Polenta, co i Malatesti, ed altri Romagnuoli, e con un rinforzo di Fiorentini, ripigliarono per forza il Castello di Savignano. Coll'aiuto de' Rangoni, e d'altri fuorusciti di Modena presero Montese, ed altre Castella del Frignano; e si misero poi con gran vigore all' assedio di Bazzano. Si sostenne quella guarnigione, composta di quattrocento cavalieri, e di mille fanti per lo spazio d'un Mese; ma vinta in fine dalla fame, e veggendo, che non veniva soccorso, giacchè il Marchese accompagnato da Maghinardo, uscì bene in campagna con molte forze, ma non giudicò utile l'azzardare una battaglia: a patti di buona guerra nel dì 25. di Novembre cadde in poter de' Bolognesi. Altre ostilità

suc-

succederono in quest' Anno (a), perche il Marchese Azzo co' Modenesi e Reggiani cavalcò sul Bolognese nel dì 6. di Giugno fino a Crespellano e al Borgo di Panigale ; e nello stesso tempo il *Marchese Francesco* suo Fratello co' Ferraresi venne dalla sua parte fino alla Terra di Peole e al Tedo, saccheggiando, bruciando, e facendo prigioni. E intanto il *Conte Galasso* da Montefeltro, e Maghinardo Pagano da Susinana Capitano della Lega colle milizie di Faenza, Forlì, Imola, e Cesena, assalì il distretto di Bologna, venendo a Castel S. Pietro, e alle Terre di Legnano, Vedriano, Frassineto, Galigata, e Medecina, con orridi saccheggi e bruciamento di più di due mila case. La Cronica di Forlì, più dell'altre esatta e copiosa in questi tempi, descrive minutamente questi fatti della Romagna con assaissimi altri ; che troppo lungo sarebbe il voler quì rammentare. Ma non si dee tacere, che nel dì 15. di Luglio i Calboli co i Riminesi, Ravennati, ed altre loro amistà, presero la Città di Forlì colla morte di molti: il che udito da Scarpetta de gli Ordelaffi e da Maghinardo, che erano all' assedio di Castelnuovo, (b) a spron battuto volarono colà, e ricuperarono la Città, uccidendo e prendendo non pochi de gli entrati. E poscia renderono la pariglia a i Ravegnani con iscorrere ed incendiare il lor paese fino alle mura della Città. Nel dì 26. d'Aprile Guglielmo *Durante* Conte della Romagna, stando in Rimini, privò di tutti i lor privilegj, onori, e dignità le Città di Cesena, Forlì, Faenza, ed Imola: rimedj da nulla, per guarire i mali umori di tempi sì sconcertati.

NEL dì 30. del precedente Dicembre (c) si diede principio entro la Città di Genova alla guerra, e alle battaglie fra i Grimaldi e Fieschi, e loro aderenti Guelfi dall'una parte, e i Doria e Spinoli co i loro parziali Ghibellini dall'altra. Nelle lor Torri e case si difendeano, e da esse offendevano, cercando or l'una or l'altra d'occupare il Palazzo del Pubblico, e gli altri siti forti. Vi restarono preda del fuoco moltissime Case, e fu bruciato fino il tetto della Cattedrale di San Lorenzo (d), perchè i Grimaldi s'erano afforzati nella Torre maggiore d'essa Chiesa. Dalla Lombardia, e da altri Luoghi concorse gran gente in aiuto di cadauna delle parti ; ma più furono i combattenti di quella de i Doria e Spinoli: laonde dopo più di un Mese della tragica Scena di que' combattimenti, soccombendo i Grimaldi e Fieschi, si videro nel dì 7. di Febbraio obbligati a cercar lo scampo colla fuga fuori della

la

ERA Volg. ANN. 1296.
(a) *Chronic. Forolivien.*

(b) *Chronic. Cesen. Tom. XIV. Rer. Italic.*

(c) *Georgius Stella Annal. Genuens. l. 1. cap. 8. Tom. XVII. Rer. Italic.*

(d) *Giovanni Villani l. 8. c. 14.*

la Città. Furono appreſſo eletti Capitani e Governatori di Genova Corrado Spinola, e Corrado Doria, e ceſsò tutto il rumore. Ma per mare ſeguitò la guerra fra eſſi Genoveſi e i Veneziani [a]. Azione nondimeno, che meriti oſſervazione, non accadde fra loro, ſe non che da Venezia furono ſpedite venticinque Galee ben armate ſotto il comando di Giovanni Soranzo, le quali ite a Caffa, Città poſſeduta da i Genoveſi nella Crimea, la preſero e ſaccheggiarono, con bruciare alquante navi e galee d'eſſi nemici. Era diviſa anche la Città di Bergamo nelle fazioni de' Soardi e Coleoni. [b] Nel Meſe di Marzo vennero queſte alle mani, e i Coleoni ne furono ſcacciati. Rientrati poi queſti nella Città nel dì 6. di Giugno, e rinforzati da i Rivoli e Bongi, coſtrinſero alla fuga i Soardi, di modo che Matteo Visconte rimaſe eſcluſo affatto dal dominio di quella Città. Di Torri e di caſe ivi ſi fece allora un gran guaſto. Nell'Anno preſente Giovanni Marcheſe di Monferrato preſe per Moglie Margherita Figliuola di Amedeo Conte di Savoia: [c] Poi fatta lega con Manfredi Marcheſe di Saluzzo, ed unito un buon eſercito preſe e miſe a ſacco la Città d'Aſti, con iſcacciarne i Solari, e gli altri del partito Guelfo. In Toſcana non s'udì novità alcuna degna di conto, ſe non che per atteſtato di Tolomeo da Lucca [d], Adolfo Re de' Romani i

vanni da Caviglione. I Toſcani, a' quali

viſite di queſti Ufiziali Ceſarei, ricorſero a Papa Bonifazio VIII. perchè li liberaſſe da coſtui, eſibendo ottanta mila Fiorini d'oro; quattordicimila de'quali toccaroño per la ſua rata al Comune di Lucca. Il Papa rimandò a caſa ſua queſto Vicario, contentandolo con dare il Veſcovato di Liegi ad un ſuo Fratello, e miſe nella borſa ſua il danaro pagato da i buoni Toſcani. Trovarono i Piſani in queſt' Anno un bel ripiego, per farſi riſpettare da i vicini nemici, [e] e fu quello di eleggere per Podeſtà e Governatore della loro Città lo ſteſſo Bonifazio Papa, con aſſegnargli quattro mila Lire annualmente per ſuo ſalario. Accettò benignamente il Pontefice queſto impiego, e ſciolti i Piſani dall'Interdetto e dalle Scomuniche, mandò colà per ſuo Vicario Elia Conte di Colle di Val d'Elſa. Richiamò eſſo Papa dal governo della Romagna [f] Guglielmo Durante Veſcovo, e colà inviò con titolo di Conte Maſino da Piperno, Fratello di Pietro Cardingle di Piperno. Entrò egli in quella Provincia ſul fine di Settembre, e fece ritirare l'eſercito di Maghinardo dall'aſſedio di Maſſa de' Lombardi.

An-

ERA Volg.
ANN.1296.

[a] Contin. Danduli Tom. XII. Rer. Italic.

[b] Curio Iſtor. di Milano.
Gualvaneus Flamma Manip. Flor.

[c] Chronic. Aſtenſe Tom. XI. Rer. Italic.
Benvenuto da S Giorg. Iſtor. del Monſerrat. Tom. 23. Rer. Italic.

[d] Ptolom. Lucenſ. Annal. brev. Tom. XI. Rer. Italic.

[e] Raynaudus in Annal. Ecclef.

[f] Chronic. Forolivien. Tom. 22. Rer. Italic.

Anno di CRISTO MCCXCVII. Indizione X.
di BONIFAZIO VIII. Papa 4.
di ADOLFO Re de' Romani 6.

VENNE in queſt'Anno a Roma *Giacomo Re* d'Aragona, non tanto per far coſtare a Papa *Bonifazio* l'onoratezza ſua, e d'eſſere ben lontano dall'approvare, non che dal proteggere le riſoluzioni preſe da'Siciliani, e da *Don Federigo* ſuo Fratello, quanto per vantaggiare i proprj intereſſi con iſmugnere nuove grazie dalla Corte Pontificia. E ſattoſi conoſcere diſpoſtiſſimo ad impiegar tutte le ſue forze, dove gli ordinaſſe il Papa [a], e preciſamente contra dello ſteſſo ſuo Fratello: Bonifazio aprì gli ſcrigni della confidenza e liberalità Pontificia verſo di lui, con inveſtirlo della Sardegna e Corſica, dove egli non poſſedeva un palmo di terreno, e con dichiararlo Capitan

[a] *Raynaudus Annal. Eccleſ.*

le impreſe,
ſerviva di p
ſtianità. L'int

la al *Re Carlo*

detto Re   mo, co
ſuo terzogenito
Re Giacomo.
tutti gli Arago
nò; [b] e
Federigo,

rigo ricevuta queſta ambaſciata, dalla Calabria ſe ne tornò a Meſſina, e colà ancora richiamò

Rer. Italic.

ſi, per conſultare con lui e co'Siciliani quello, che conveniſſe di fare in sì ſcabroſe contingenze. Il parere di Ruggieri fu, ch'egli andaſſe; diedero il lor voto in contrario i Sindachi della Sicilia. Vennero poi Lettere dal Re Giacomo, che chiamava a Roma Ruggieri di Loria, e Don Federigo con iſdegno gli permiſe di andare,

Era Volg.
Ann. 1297. ma con promessa di ritornare. Tuttavia perch' egli prima di metterfi in viaggio avea provveduto d'armi e di vettovaglia alcune
Castella in Calabria, e da i maligni fu suppofto a Don Federigo
ciò fatto a tradimento da Ruggieri, come s'egli già meditaffe di
ribellarfi: andò tanto innanzi lo sconcerto de gli animi, che Ruggieri fu vicino ad effere ritenuto prigione; e poscia se ne fuggì,
e andato a Roma si acconciò col Re Giacomo a' danni del Fratello. Fatal colpo di fomma imprudenza di Don Federigo, o de'
suoi Configlieri, fu il perdere in occafione di tanto bifogno un sì
prode ed accreditato Ammiraglio, e non folo perderlo, ma far-
felo nemico. Altra ambafceria venne dal Re Giacomo alla *Regina Coftanza* sua Madre, con ordine di paffare a Roma con *Violanta* Sorella d'effo Re, deftinata in Moglie a *Roberto Duca* di
Calabria. Venne la Regina colla Figliuola, fu affoluta, e ben
veduta dal Papa; feguirono le Nozze di Violanta; e Coftanza si
fermò dipoi fino alla morte in Roma. Altri dicono, ch'ella pafsò in Catalogna, ma afflitta ed inconfolabile, per vedere la guerra imminente fra i due fuoi Figliuoli. Tornoffene il Re Giacomo
in Catalogna a fare i preparamenti neceffarj per foddisfare all'
impegno contratto col Pontefice, e col Re Carlo fuo Suocero.
Don Federigo informato della fuga di Ruggieri di Loria, dopo a-
verlo fatto proclamare nemico pubblico, e pofto l'affedio a quante Caftella egli poffedeva in Sicilia, di tutte lo fpogliò.

EBBE principio in queft' Anno la deteftabil briga de' Colonnefi
contro Papa *Bonifazio VIII*. Non fi sa bene il motivo di tal rottura. Per atteftato di Giovanni Villani (*a*), perchè i due Cardinali, *Jacopo* e *Pietro*, erano ftati contrarj alla fua elezione, Bonifazio conservò fempre un mal animo contra di loro, penfando
continuamente ad abbaffarli, ed annientarli. Aggiugne il Villani, concorde in ciò con Tolomeo da Lucca (*b*), che *Sciarra*, o
pure *Stefano* dalla Colonna, Nipote d'effi Cardinali, avea prefe
le fome de gli arnefi, e del teforo del Papa, che veniva da Anagni, ovvero fecondo altri (*c*), che andava da Roma ad Anagni,
ed erano ottanta fome tra oro, argento, e rame. Ma niuna menzione di quefto facendo il Papa nella Bolla fulminatrice contra de'
Colonnefi, fi può dubitare della verità del fatto. Non altra ra-
gion forte in effa Bolla (*d*) adduce Bonifazio, fe non che quefti
due Cardinali tenevano corrifpondenza con *Don Federigo* usurpa-
tor della Sicilia, e che avvertiti non aveano lafciato quefto commercio, nè aveano permeffo, che *Stefano* dalla Colonna, Fratello

(a) *Giovan-
ni Villani
l.8. cap.21.*

(b) *Ptolom.
Lucenf. An-
nal. brev.
Tom. XI.
Rer. Italic.*
(c) *Chronic.
Forolivien.
To. XXII.
Rer. Italic.*

(d) *Raynau-
dus Annal.
Ecclef.*

Era Volg.
Ann. 1297.

tello del Cardinal Pietro, ammettesse presidio Pontifizio nelle lor
Terre di Palestrina, Colonna, e Zagaruolo: per li quali enormi
delitti con Bolla pubblicata nel dì 10. di Maggio, non solamente
scomunicò i suddetti due Cardinali, ma li depose ancora, privandoli del Cardinalato, e d'ogni altro Benefizio, con altre pene e
censure contra de' lor parenti e fautori. S'erano ritirati alle lor
Terre questi Cardinali, con *Agapito*, *Stefano*, e *Sciarra*; tutti
dalla Colonna; e o sia ch'essi avessero molto prima il cuor guasto, e sparlassero del Papa, incitati sotto mano da qualche Principe; o pure che irritati per questo fiero, creduto da loro non
meritato gastigo, si lasciarono trasportare a dar fuori uno scandaloso Manifesto, in cui dichiaravano di non credere vero Papa Benedetto Gaetano, cioè il Pontefice Bonifazio VIII. benchè finquì
da essi riconosciuto e venerato per tale, allegando nulla la rinunzia di Papa *Celestino V.* per se stessa, ed anche perchè proccurata con frodi ed inganni; e perciò appellando al futuro Concilio.
V'ha chi pretende, che tal Manifesto, tendente ad uno Scisma,
uscisse fuori prima della Bolla e deposizione suddetta; ma il contrario si raccoglie da un'altra Bolla d'esso Papa Bonifazio, fulminata nel dì dell'Ascensione del Signore, contra di essi Cardinali
deposti, e di tutti i Colonnesi, in cui per cagione di questo Li-
bello aggrava le lor pene, li priva di tutti i loro Stati e beni, e
vuol che si proceda contra d'essi come Scismatici ed Eretici. Fece egli dipoi diroccare in Roma i lor Palagi, e spedì le milizie
all'assedio delle lor Terre. Circa questi tempi ancora insorsero
dissapori fra il Papa, e *Filippo il Bello* Re di Francia, a cagione di avere il Re pubblicata una Legge [e questa dura tuttavia]
che non si potesse estraere danaro fuori del Regno, pretendendo
il Papa, ch'egli perciò fosse incorso nella scomunica, mentre con
ciò s'impediva il venir le rugiade solite, e quelle massimamente
delle Decime, alla Corte di Roma. Diede anche ordine il Pontefice a i due Cardinali Legati, che erano in Francia, di apertamente pubblicare scomunicato il Re e i suoi Ufiziali, se veniva
impedito il trasporto d'esso danaro, dovuto alla santa Sede: cose tutte, che col tempo si tiraron dietro delle pessime conseguenze, figlie dell'Interesse, che da tanti Secoli va, e sempre forse
per troppo andrà sconcertando il Mondo.

DURANDO la guerra fra il *Marchese Azzo* d'Este e i Parmigiani, ognuna delle parti facea quel maggior danno, che poteva
all'altra. (*a*) Si frapposero amici persuadendo la pace; e sopra
tutto

(a) *Chronic.
Estense
Tom. XV.
Rer. Italic.
Chronic.
Parmense
Tom. IX.
Rer. Italic.*

ERA Volg.
ANN.1297. tutto ne fece premura Guido da Correggio, potente preffo i Parmigiani, perchè tutto il fuo era fotto il guafto. Si conchiufe adunque l'accordo fra effi nel Mefe di Luglio, e nel dì quinto di Agofto furono rilafciati i prigioni. Ma di quefta pace particolare fi dolfero forte i Bolognefi, perchè lafciati foli in ballo da i Parmigiani; e ne furono anche malcontenti gli ufciti di Parma, perchè abbandonati dal Marchefe; e però continuarono effi la guerra contra della loro Città. Altrettanto fece il Marchefe Azzo co i Collegati Romagnuoli (*a*) contra de' Bolognefi, feguitando i guafti e gl'incendj dall'una parte e dall'altra. Fu eletto in queft' Anno per lor Capitano di guerra dalle Città di Cefena, Forlì, Faenza, ed Imola, *Uguccione dalla Faggiuola*, il quale nel dì 21. di Febbraio in Forlì prefe il bafton da comando, e pofcia nel Mefe di Maggio ufcì con potente efercito a' danni de' Bolognefi. Giunto nelle vicinanze di Caftello San Pietro, sfidò a battaglia l'Armata vicina de' medefimi Bolognefi, i quali fi guardarono di entrare in così pericolofo cimento. Intanto Papa Bonifazio non rallentava il fuo ftudio premendogli forte di far cefsare quefta guerra; ma per ora non gli venne fatto, ficcome nè pure a i Fiorentini, che fpedirono anch'effi de gli Ambafciatori a quefto fine. Nell'Anno prefente (*b*) i Grimaldi e Fiefchi ufciti di Genova fecero più che mai guerra contro la lor Patria; ed accadde, che Francefco de' Grimaldi, per fopranome Malizia, veftito da Frate Minore s'introdufse nella Terra di Monaco, e s'impadronì d'efso, e de' fuoi due Caftelli, e quivi furtificatofi inferì de' graviffimi danni a Genova, corfeggiando per mare. Signoreggia tuttavia in quella Terra con titolo Principefco la Famiglia Grimalda.

(a)*Chronic.
Forolivien.
To. XXII.
Rer. Italic.*

(b) *Stella
Annales
Genuenf.
Tom.XVII.
Rer. Italic.
Chronic.
Aftenfe c.18
Tom. XI.
Rer. Italic.*

Anno di CRISTO MCCXCVIII. Indiz. XI.
di BONIFAZIO VIII. Papa 5.
di ALBERTO Auftriaco Re de' Romani 1.

(c) *Hiftor.
Auftr.*

FECESI in queft' Anno una brutta Tragedia in Germania. (*c*) Si guardavano di mal occhio da gran tempo *Adolfo Re de' Romani*, e *Alberto Duca* d'Auftria e Stiria, e Conte d'Alfazia, Figliuolo del fu *Re Ridolfo*. Dicono, che Adolfo fofse dietro a privare Alberto de' fuoi Stati, e che perciò Alberto fi affrettafse di levare a lui il Regno. Tirò quefti nel fuo partito *Vincislao Re*

di

di Boemia, *Gherardo Arcivefcovo* di Magonza, il Duca di Saffonia, e il Marchefe di Brandeburgo, (*a*) Principi, che cominciarono a trattar di deporre Adolfo, imputandolo d'inabilità al governo del Regno per la fua povertà, e ch'egli foffe folamente di
danno alla Repubblica. Spedirono anche per quefto a *Papa Bonifazio*; ma non lafciò Adolfo d'inviarvi anch'egli i fuoi Ambafciatori. Furono favorevoli le rifpofte del Papa ad Adolfo; ma
i fuoi avverfarj fecero credere d'averne anch'effi dell'altre, che
approvavano i lor difegni. Che più? nella Vigilia della Fefta
di San Giovanni Batifta di Giugno gli Elettori di Magonza, Saffonia, e Brandeburgo, diedero la fentenza della depofizione di
Adolfo, ed eleffero Re il Duca d'Auftria *Alberto*. Per quefto fu
in armi la Germania tutta, e fu decifa la lite nei dì 2. di Luglio dell'Anno prefente con una giornata campale fra gli eferciti
di quefti due Principi preffo Vormazia, nella quale reftò morto
il *Re Adolfo*. Pofcia nell'univerfal Dieta, tenuta in Francoforte nella Vigilia di San Lorenzo, a pieni voti fu eletto Re de' Romani il fuddetto *Alberto Duca* d'Auftria, e coronato folennemente in Aquisgrana nella fefta di San Bartolomeo. Fu fommamente difapprovato quefto fatto da Papa Bonifazio; e però avendogli
il Re Alberto nell'Anno feguente fatta una fpedizion d'Ambafciatori (*b*), per effere confermato dalla fanta Sede, fempre il Papa
rifpofe, ch'egli era indegno dell'Imperio, anzi reo di lefa mae-
ftà, per avere uccifo il fuo Sovrano. Benvenuto da Imola (*c*)
tanto nella fua Cronichetta, quanto ne' fuoi Comenti fopra Dante aggiugne, che Bonifazio affifo ful Trono, e tenendo la Corona in capo con una fpada a lato, brufcamente diceffe a quegli
Ambafciatori: *Io, io fon Cefare, io l'Imperadore*. Può quefta
effere una fandonia del Secolo fuffeguente; ma è ben fuor di dubbio, che nulla potè mai ottenere quefto Re novello, finattanto-
chè nato al Papa bifogno di lui, con fubitanea metamorfofi fi
trovò bella e buona la di lui promozione, e fe gli fecero delle carezze. Si provò nel prefente Anno il flagello del Tremuoto in
Italia nella fefta di Santo Andrea, (*d*) che continuò dipoi a farfi
fentire per molti altri giorni e notti. Diroccò fpecialmente in
Rieti, Spoleti, e Piftoia molte Chiefe, e Palagi, e Cafe; e la
gente fi ricoverava alla campagna. N'ebbe gran paura anche
Papa Bonifazio, che foggiornava allora in Rieti, perchè tremò
forte il fuo Palagio, e rifugioffi fuor di quella Città nel Convento de' Frati Predicatori, e fabbricata una capanna di legno in
mez-

ERA Volg.
ANN.1298.
(a)*Chronic.*
Colmar.
*Henric.Ste-
ro*, *& alii.*

(b)*Ptolom.
Lucenf.An-
nal. Brev.*
Tom. XI.
Rer. Italic.
(c)*Benve-
nut. Hiftor.
Auguft.*

(d)*Giovan-
ni Villani
lib 8. c. 25.*
*Bernard
Guid.in vi-
ta Bonifa-
cii VIII.*
P.I.T III.
Rer. Italic.
*Ptolomæus
Lucenf An-
nal. Brev.*
Tom. XI.
Rer. Italic.

Era Volg.
Ann. 1298. mezzo ad un prato, quivi cominciò a prendere ripofo. Ma non
per quefto il feroce animo fuo ceffava dal proccurar la diftruzione de' Colonnefi. Fece predicar contra d' effi la Crociata,
difpenfando le medefime Indulgenze, che fi concedevano a chi
paffava in Terra fanta contro i nemici della Fede di Crifto.

Fu bensì continuata in queft'Anno ancora la guerra fra il
Marchefe Azzo d'Efte e il Comune di Bologna; ma perchè dall'
una parte Papa Bonifazio, e dall'altra i Fiorentini amici de'
Bolognefi, andavano trattando di pace, nulla di rilevante feguì in armi fra effi, fe non un ridicolo cafo, che fi racconta
[a] *Annales
Veter. Mu-
tinenf.
Tom. eod.* ne gli Annali di Modena [a]. E fu che i Bolognefi armati fecero una notte fopra i Modenefi una fcorreria, venendo fino al
Borgo di Santa Agnefe, che era vicino alla Città, fenza che le
fentinelle fe n' accorgeffero, e gridaffero all'armi. E quefto
perchè i cani de' Borghi cominciarono tutti ad abbaiar forte,
e commoffero alla fteffa finfonia quelli della Città: di modo che
le fentinelle per lo tanto ftrepito non poterono mai intendere
ciò, che fi diceffero i contadini, e le genti di fuora. Per quefto accidente gli Anziani di Modena bandirono tutti i cani,
ordinando, che foffero uccifi. Io non mi fo malevadore di quefto avvenimento. Nè in Romagna nè in Tofcana accaddero novità degne di memoria. Strepitofa be
[b] *Contin.
Danduls
Tom. XII.
Rer. Italic.
Georgius
Stella An-
nal. Ge-
nuenf.
Tom XVII.
Rer. Italic.* la guerra fra i Genovefi e Veneziani.
Lamba Doria Ammiraglio de' Genovefi
ottantacinque Galee, per danneggiare
do fino all'Adriatico. A quefta nuova
ro sforzo, e mifero in mare novantacinque
Galee ben armate fotto il comando di And
trarono quefte Armate navali a Curzola,
bre, fefta della Natività d

minò dieci Galee Genovefi;
fordine, i Genovefi, gente
caffe il mare, ftretti e ben

in rotta l'Armata Veneta con riportare
vittoria. Imperciocchè prefero ottantaci
ro
te,
nic

dime-

dimeno fempre mirabile) vennero in potere de'Genovefi. Per
quanto s'ha dalla Cronica Eftenfe [*a*], e da quella di Cefena
[*b*], in quel fiero conflitto perderono la vita circa nove mila
Veneziani, e ne rimafero prigioni fei mila e cinquecento, o
pur fette mila e quattrocento, infieme coll'Ammiraglio Dandolo, il quale da lì a pochi giorni per la troppa doglia terminò i guai della vita prefente. Ferretto Vicentino [*c*] diffufamente defcrive quefto memorabil combattimento. Portata a Venezia la dolorofa nuova, ordinò tofto quel Senato, che fi fab-
bricaffero cento Galee di nuovo; ma o quefto armamento non
andò innanzi, o certo a nulla fervì. In Parma [*d*] feguì nell'
Anno prefente pace e concordia fra que' Cittadini, e i lor fuorufciti, per compromeffo fatto in *Matteo Visconte* Signor di Milano, dichiarato fuo Vicario anche da *Alberto Re* de' Romani,
e in *Alberto Scotto* Signor di Piacenza. Ma furono moltiffimi i
confinati in vigore di quel Laudo, colla reftituzion nondimeno
de' beni loro.

ERA Volg.
ANN.1298.
[a]*Chronic.
Eftenfe,
Tom. XV.
Rer. Italic.*
[b]*Chronic.
Cefen.
Tom. XIV.
Rer. Italic.*
[c]*Ferrettus
Vicentinus
Hiftor.lib.*2
Tom. IX.
Rer. Italic.
[d]*Chronic.
Parmenfe
To. eodem.*

Anno di CRISTO MCCXCIX. Indizione XII.
di BONIFAZIO VIII. Papa 6.
di ALBERTO Auftriaco Re de' Romani 2.

LA Crociata contra de'Colonnefi, pubblicata da *Papa Bonifazio*, e la guerra lor fatta, avea prodotto finora, che
all'armi Pontificie s'erano arrendute la Città di Nepi, Zagaruo-
la, Colonna, ed altre Terre, dopo lungo affedio, e con molto
fpargimento di fangue, e donate a gli Orfini e ad altri nobili
Romani. Fu anche affediata Paleftrina, dove fi trovava un gagliardo prefidio, che rendeva inutili tutti gli sforzi dell'Armata Papale. Si rodeva di rabbia Papa Bonifazio, veggendo di non
poter vincere quefta pugna; e però, fe è vero ciò, che racconta Dante Poeta [*e*], il quale fiorì in quefti tempi, fatto chiamare a sè *Guido*, già Conte di Montefeltro, allora Frate Minore, a lui, come ad uomo maftro di guerra, volle raccomandar
la direzione di quell'affedio. Se ne fcusò Guido, allegando l'in-
competenza del fuo abito con quel fecolarefco impiego. Continuò Bonifazio a fargl'iftanza, perchè almeno gl'infegnafe la
maniera di forzar quella Terra alla refa. Allora Guido ftette
fopra sè un pezzo, e finalmente rifpofe, che conofcendo inefpugnabile coll'armi la Città di Paleftrina, non gli andava per
mente, fe non un ripiego; ma che non fi attentava di propor-
lo

[e] *Dante
nell'Infern.
Benevenut.
de Imola in
Comment.
in Dant.
Tom. ....
Antiquit.
Italic.*

Era Volg.
Ann.1299.
lo per timore d'incorrere in peccato. Oh se. è per questo, replicò allora Bonifazio, io te ne assolvo. Allora Guido gli disse, che bisognava promettere molto, ed attener poco. Non c'è obbligazione di credere questo fatto a Dante, persona troppo Ghibellina, e che taglia dapertutto i panni addosso a Papa Bonifazio, tuttocchè ancora Giovanni Villani [a] ci descriva questo Pontefice per uomo di larga coscienza, ove si trattava di guadagnare, e che dicea essergli lecito tuttto, purchè fosse utile alla Chiesa. Forse i malevoli inventarono questa novella, con ricavarla dal seguente avvenimento. Imperocchè Bonifazio fece destramente proporre il perdono a i Colonnesi, e liberalissimo di promesse, rimase d'accordo, ch'essi in veste nera andassero a gittarsi a' piedi suoi, confessando i falli, ed implorando misericordia. Così fecero. Avuta che ebbe il Papa in sua

[a] Giovanni Villani lib. 8. c. 6.

n'avea, per quanto dicono, data parola,
fondamenti quella Ci
no el nome, con fabbric
me di Città Papale. Cacciò ancora prigione
Ceccano de gli Annibaldeschi lor parente, e confi
beni. Atterriti da questo
rono, chi in Sicilia, chi   , e in
tenendosi con somma
dello stesso Pontefice,
e.

anni e i tempi prec
broglio a i posteri, che prendono a compilare una Storia; e di questo difetto non vada esente Niccolò Speciale, e dopo di lui il Fazello, Storici Siciliani; pure vo io credendo, che gli della Sicilia si possano registrare nella forma seguente [b].

[b] Nicol. Specialis l.4. cap. 4. Tom. X. Rer. Italic.

titosene caric
a Napoli per concertare col Re Carlo II. Suocero suo le operazioni da farsi contra della Sicilia. Fece segretamente esortare Don Federigo suo Fratello, che almeno rinunziasse le conquiste fatte in Calabria: che così si sarebbe maneggiato qualche accordo; chio. Pertanto unite le forze sue con quel- composta una potente Armata di vele, coll'insigne Ammiraglio Ruggieri di Loria, sul fine d'Agosto d' esso Anno andò a sbarcare in Sicilia. Impadronitosi a tutta prima

di

di Patti, Milazzo, e d'altre Terre, fi pofe dipoi all' affedio di
Siracufa, Città, che fu valorofamente difefa da Giovanni di
Chiaramonte. Avendo egli poi fpedito Giovanni di Loria Nipote dell'Ammiraglio Ruggieri con venti Galee per recar vettovaglie al Caftello di Patti, affediato da i Siciliani, i Meffinefi
ufciti con fedici Galee contra di lui, gli diedero battaglia, e lo
fconfiffero: Quattro foli de' fuoi Legni fi fottraffero colla fuga;
gli altri col Capitano furono condotti prefi a Meffina. Quefta
difavventura, e la perdita di molta gente o per malattie, ò per
affalti inutilmente dati a Siracufa, fece prendere al Re Giacomo
la rifoluzione di levare il campo di fotto a quella Città, e di ritirarfi a Napoli. Giunto alle cofte di Milazzo, fece iftanza a
Don Federigo fuo Fratello per riaver le Galee prefe con Giovanni di Loria, e con altri prigioni, promettendo con ciò di
non mai più mettere il piede in Sicilia. Ma nel Confi
Federigo prevalfe il cattivo parere di nulla volergli
Anzi infelloniti più che mai i Siciliani contro Ruggie
per fargli difpetto e vendicarfi di lui, fecero mozzare,
lo fteffo G
ribelli del Re Federigo.

PASSO' il Re Giacomo il verno in Napoli, nel qual tempo
anche Don Federigo ricuperò molte Caftella, che o fpontaneamente, o per forza aveano alzate le bandiere del Re fuo, Fratello. Come è il coftume   ioni contra
del Re Giacomo per la
cedente, non potendofi
leffe più per li Francefi fuoi antichi
Pertanto a fine di fmentir quefte voc
da fua lealtà al Papa e al Re Carlo,
gente e di navi, s'imbarcò ful fine
berto Duca di Calabria, e   di Taranto, e dirizzò le vele verfo la Sic   e gli orgogliofi,
anzi temerarj Siciliani, che fi teneano fempre in pugno la vittoria, non vollero afpettarlo, e con quaranta Galee [altri dicono
di più] vennero alla volta di Napoli. Il Villani (a
miraglio Federigo Doria; Niccolò Speciale gli dà il
rado, ma nol dice intervenuto a quefta battaglia. Scontraronfi
le due Armate a Capo Orlando, e fi venne nel dì 4. di Luglio ad
un duro e fanguinofo combattimento, in cui quantunque i Siciliani combatteffero da difperati, pure dall'induftria e valor di
Ruggieri di Loria, Ammiraglio nemico, rimafero interamente
fconfitti. (b) Il numero de' morti e prefi della lor parte fi fa a-

Tomo VII.   V v u   fcen-

(a) *Giovan-
ni Villani,
lib. 8. c. 29.*

(b) *Ferrett.
Vicentinus
Hift. lib. 1.
Tom. IX.
Rer. Italic.*

scendere a più di sei mila persone, e ventidue Galee restarono in mano de' vincitori. Si salvò, ma con gran fatica, nella sua Galea a forza di remi Don Federigo; e fu detto, che il Re Giacomo l'ebbe, o potè averlo prigione, ma lasciollo andare. Perirono nel conflitto anche molti Catalani e Pugliesi. Passò dipoi il Re Giacomo in Calabria, e prendendo seco molte truppe preparate ivi per ordine del Re Carlo II. colla giunta di dieci Galee, sbarcò l'esercito in Sicilia. E allora fu, ch' egli fece sapere a *Roberto Duca* di Calabria, e a *Filippo Principe* di Taranto suoi Cognati, che i suoi affari il richiamavano in Catalogna; essere la Sicilia ridotta in istato, che non potea più fare resistenza; non reggergli il cuore a vedere, e meno a proccurare ulteriormente la rovina del già rovinato Fratello; e voler egli lasciar loro tutta la gloria di terminar quel conquisto. Di colà dunque si portò a Napoli al Re Carlo colle medesime scuse, e poi si trasferì in Catalogna, dopo avere attenute le promesse da lui fatte al

Papa ed al Suocero. V' ha chi dice (a), che fu ben visto dal buon Carlo II. il quale si obbligò a rifargli le spese occorse in quell'armamento, ascendenti alla somma di più di ducento mila oncie d'oro. Altri narrano, che fu mal veduto, e creduto d'accordo col Fratello, in guisa, che discaro a' Franzesi, e maledetto, da i

Siciliani, abbandonò in fine l'Italia. La Cronica di Forlì (b) aggiugne, ch'egli si partì, perchè non gli era pagato il soldo promessogli da Papa Bonifazio VIII. La partenza del Re Giacomo, e il buon cuore de' Messinesi, rinforzò in tante avversità l'animo di Don Federigo. Ma il Duca di Calabria Roberto occupò intanto varie Terre di Sicilia, e massimamente quella di Chiaramonte. Presentatosi ancora coll'esercito sotto Catania, guadagnò ivi de' traditori, che gli diedero in mano senza spendere sangue quella Città. Ribellaronsi pure altre non poche Terre in Valle di Noto, con apparenza, che già inclinasse la fortuna a troncare affatto le ali a Don Federigo, quando essa all'improvviso si dichiarò in suo favore. Aveva il Duca di Calabria spedito Filippo Principe di Taranto suo Fratello con un corpo d'armata per terra, assistito da alquante Galee per mare, nella Valle di Mazara, per far altre conquiste in quelle parti. Don Federigo, che s'era postato nel forte Castello di S. Giovanni, per vegliare a gli andamenti de' nemici, con quelle forze, che potè raunare, andò a trovare il Principe nel piano di Formicara, e gli diede battaglia. Rimase sconfitto il Principe, ed egli stesso ferito e scavalcato, fu in pericolo d'essere ucciso da i Catalani in vendetta di Corradino, se non accorreva a tempo Don Federigo, che gli salvò la vita. Quasi tutto

ERA Volg.
ANN. 1299.

Il resto de'vinti fu condotto nelle prigioni. A questa disavventura de'Franzesi tenne dietro un'altra. Fu data speranza da un prigione a i Baroni del Duca di Calabria di metterli in possesso del forte Castello di Gallerano. Andarono moltissimi d'essi col Conte di Brenna loro Comandante a prendere questo boccone. Ma Il trattato era doppio. Sorpresi all'improvviso da Blasco di Alagona Capitano di Don Federigo, tutti furono fatti prigioni. Così procederono gli affari della Sicilia.

NEL Febbraio dell'Anno presente fu posto fine alla guerra, che bolliva tra *Azzo VIII. Marchese* d'Este, Signor di Ferrara, e i Bolognesi. Il Pontefice e i Fiorentini ne furono i mediatori. *(a)* Fatto un compromesso nel medesimo Papa per le Castella disputate fra i Bolognesi e Modenesi, egli profferì un Laudo, che fu creduto iniquo da i Modenesi. Benchè Galvano Fiamma *(b)*, e gli Annali Milanesi *(c)* mettano sotto l'Anno precedente ciò, che ora io son per dire de gli avvenimenti della Lombardia, pure sembra più sicuro il seguitar qui il Corio *(d)*, assistito dalla Cronica d'Asti *(e)*, e da Benvenuto da S. Giorgio nella Storia del Monferrato *(f)*. Era già arrivato *Giovanni Marchese* d'esso Monferrato all'età capace di consigli politici e militari; e dispiacendogli la potenza di *Matteo Visconte*, che signoreggiava non solamente in Milano, Vercelli, e Novara, ma anche in Casale di Sant'Evasio, e teneva una spezie di dominio nel Monferrato stesso: collegatosi col Marchese di Saluzzo, col Conte Filippo da Langusco, e co i Pavesi, nel Mese di Marzo, fece rivoltare la Città di Novara, da cui appena si salvò *Galeazzo* primogenito d'esso Matteo, che v'era per Podestà. Altrettanto fece la Città di Vercelli, e poi Casale suddetto. Susseguentemente tutti questi Signori e Popoli si collegarono nel Mese di Maggio co i Bergamaschi, Ferraresi, e Cremonesi, e con Azzo Marchese d'Este, Signor di Ferrara, contro al Visconte. Uscirono poscia in campagna, cadauno dalla lor parte, ed uscì anche Matteo Visconte, aiutato con gagliarde forze da *Alberto Scoto* Signor di Piacenza, da i Parmigiani, e da *Alberto dalla Scala* Signor di Verona, al cui Figliuolo *Alboino* avea Matteo data in Moglie una sua Sorella. Nulladimeno con tanti movimenti d'armi ciascuno si guardò dall'avventurarsi a battaglia. Ed avvenne, che Azzo Marchese d'Este *(g)* con settecento uomini d'armi, e quattro mila fanti, mossosi in soccorso de'Cremonesi, arrivò fino a Crema. Ma perciocchè corsero sospetti, ch'egli macchinasse l'acquisto di Cremona, o perchè i maligni seminarono delle zizanie: certo è, ch'egli giudicò meglio di ritornarsene a casa. Matteo Visconte, che

(a) *Annal. Estenses Tom. XV. Rer. Italic.*
Matthaeus de Griffonibus Chronic. Bononiens. To. XVIII. Rer. Italic.
(b) *Gualvaneus Flamma Manip. Flor.*
(c) *Annales Mediolan. Tom. XVI. Rer. Italic.*
(d) *Corio Istor. di Milano.*
(e) *Chronic. Astense Tom. XI. Rer. Italic.*
(f) *Benven. da S. Giorg. Tom. 23. Rer. Italic.*

(g) *Chronic. Estense Tom. XV. Rer. Italic.*

si ve-

Era Volg.
Ann. 1299
fi vedea attorniato da tante armi, ficcome accorto e faggio perfonaggio, addormentò tutti con un trattato di pace, che fu conchiufo e pubblicato ful principio d' Agofto. In tal credito era
falita in quefti tempi la potenza de' Genovefi per le riportate vittorie, (*a*) che i Veneziani prefero lo fpediente di venire alla pace con loro. Quefta fu maneggiata di comune concordia da Matteo Visconte, e n'ebbero molto onore i Genovefi, perchè s'obbligarono i Veneziani di non navigare nel Mare Maggiore, nè in
Soria con Galee armate per tredici anni avvenire. Furono perciò rimeffi in libertà tutti i prigioni. Similmente i Pifani comperarono la pace da effi Genovefi con due condizioni, cioè con cedere loro una parte della Sardegna, e Bonifazio in Corfica, e promettere di non ufcire in mare con Galee armate per lo fpazio di
quindici anni venturi. Nel Mefe ancora d'Aprile feguì in Faenza (*b*) un congreffo de gli Ambafciatori di Matteo Visconte, di
Alberto dalla Scala, di Azzo e Francefco Marchefi d' Efte, e
de' Bolognefi, per mettere concordia fra effi Bolognefi, e le Città della Romagna, e i Lambertazi fuorufciti di Bologna. Fu
quefta pur anche di poi conchiufa: laonde riufcì degno di memoria queft'Anno per cagione di tante paci. Ma in Mantova fuccederono delle novità. (*c*) Era quivi Signore *Bardelone* de' Bonacoffi. *Taino* fuo Fratello, vogliofo di quel dominio ricorfe ad
Azzo Marchefe d' Efte per aiuto; ma poi fenza voler la gente,
che gli veniva efibita, fe ne tornò a Mantova. Rimafero poi burlati tanto egli, quanto Bardelone, perchè *Botticella* de' Bonacoffi loro Nipote, Figliuolo di Giovannino, ottenuto un buon corpo di foldatefche da Alberto dalla Scala Signor di Verona, fcacciò
l'uno e l'altro, e prefe egli la fignoria di quella Città. Se ne
fuggirono i Fratelli fcacciati a Ferrara, dove furono con onore accolti dal Marchefe. Bardelone pofcia paffò a Padova, dove poco
ben veduto da que' Nobili, perchè caduto in povertà, nel terzo
anno del fuo efilio miferamente terminò la vita. Allora fi trovò
più ficuro nella fua fignoria Bottefella co'fuoi due Fratelli *Rinaldo*
Pafferino, e *Bufirone*: nomi o fopranomi ftrani di quefti Secoli.

(a) Conti-
nuator Da-
duli Ta.12.
Rer. Italic.
Giovan-
ni Villani
l. 8. c. 27.
Georg. Stel-
la Annal.
Genuenf.
lib. 2.
Tom. XVII.
Rer. Italic.

(b) Chronic.
Foroliviens.
Tom. 22.
Rer. Italic.

(c) Chronic.
Eftenfe
Tom. XV.
Rer. Italic.
Ferretus
Vicentinus
Hift. lib. 2.
Tom. IX.
Rer. Italic.

Anno di CRISTO MCCC. Indizione XIII.
di BONIFAZIO VIII. Papa 7.
di ALBERTO Auftriaco Re de' Romani 3.

CELEBRE fu l' Anno prefente per quello, che noi chiamia-
mo ora Giubileo univerfale, inventato e celebrato per la
prima volta da Papa *Bonifazio VIII.* S'era fparfa una voce in

Roma, dilatata poi per gli altri paefi, che di grandi Indulgenze fi guadagnavano vifitando le Chiefe Romane nell' ultimo Anno d'ogni Secolo. (*a*) Se ne cercarono i fondamenti, ma fenza (a)*Raymau-*
trovarne veftigio; nè fi andò allora a pefcarli nel Teftamento *dus Annal.*
Ecclef.
vecchio; nè faltò fuori in que'tempi il nome di Giubileo. Nel
Gennaio e Febbraio fi vide un prodigiofo concorfo di Pellegrini in
Roma; e ciò diede allora motivo a Papa Bonifazio di formare u-
na Bolla, con cui concedeva Indulgenza plenaria a chiunque vi-
fitaffe in quell' Anno le Chiefe di Roma ogni dì una volta nello
fpazio di quindici giorni per li foreftieri, e di trenta per li Romani. E quefto per foddisfare alla divozion de' Popoli, divozione, che tornava anche in fommo profitto del Papa a cagion delle grandi limofine, che fpontaneamente fi faceano da i Pellegrini alle Chiefe, e andavano in borfa del Papa (*b*); ficcome an- (b)*Giovan-*
cora del guadagno, che ne ridondava a i Romani, i quali efita- *ni Villani*
l. 8. c. 36.
vano molto vantaggiofamente le lor Grafcie. Finqui le Indulgenze plenarie erano cofe rare, nè fi foleano guadagnare, fe non
nell' occafion delle Crociate. Aperta quefta maggior facilità di
confeguirle, fenza mettere a rifchio la vita propria, e fenza viag-
gi lontaniffimi e pericolofi, non fi può dire, che folla di gente
da tutte le parti della Criftianità concorreffe nell' Anno prefente.
Pareva una continua Proceffione, anzi un Efercito in marcia per
tutte le vie maeftre d'Italia; e Giovanni Villani, che andò per
tale occafione a Roma, ci afficura, che quafi non v'era giorno,
in cui non fi contaffero in quell'alma Città ducento mila foreftieri d'ogni feffo ed età, venuti a quella divozione. Ed in quest'
Anno appunto diede effo Villani principio alla fua ftimatiffima
Cronica. La pace fu quafi univerfale per l'Italia, grande l'abbondanza de' viveri in queft'Anno; e però dapertutto fi viaggiava
con ficurezza, e nulla mancava a i viandanti, che aveano da potere fpendere. Guglielmo Ventura, Autore della Cronica d'A-
fti (*c*), il quale fi portò anch'egli a guadagnar quefta Indulgen- (c)*Chronic.*
za, lafciò fcritto, efferfi fatto il conto, che ben due millioni di *Aftenfe*
Tom. XI.
perfone concorfero in queft' Anno a Roma; e tanta effere ftata *Rer. Italic.*
la folla, che vide più volte uomini e donne conculcate fotto i
piedi de gli altri, ed efferfi egli trovato in quel pericolo. Attefta anch'egli, che abbondanza di pane, vino, carni, pefci, e
vena fi trovò in Roma; cariffimo era il fieno, cariffimi gli alber-
ghi. Pofcia aggiugne: *Papa innumerabilem pecuniam ab eisdem*
recepit, quia die ac nocte duo Clerici ftabant ad Altare Sancti Pau-
li, tenentes in eorum manibus raftellos, raftellantes pecuniam infi-
nitam. Fu iftituita quefta Indulgenza per ogni centefimo Anno da

Era Volg.
Ann. 1300.
Papa Bonifazio; ma i Succeffori per foddisfare alla divozión de' Popo
li, e al guadagno ancora de' Romani, fecero in ciò delle mutazioni,
con iftabilirla in fine ad ogni venticinque Anni, come è oggidì.

In quanto alla guerra di Sicilia, quattrocento e più uomini d'
armi furono fpediti da' Fiorentini in rinforzo di *Roberto Duca* di
Calabria, e n'era Capitano Rinieri de' Buondelmonti. Raccontra

[a] *Nicolaus
Specialis
lib. 5. c.13.
Tom. X.
Rer. Italic.*
Niccolò Speciale [a], che quefti Tofcani arrivati a Catania,
dove effo Duca foggiornava, facevano dapertutto i tagliacanto
ni, vantandofi fpezialmente di voler condurre in quella Città
prigione il Generale de' Siciliani Blafco da Alagona. Ma che quefte fmargiaffate andarono a finire in nulla, laonde derifi, non men
da i Franzefi, che da' Siciliani, non pafsò il Mefe d'Agofto, che
fi difperfero, difertando la maggior parte. Toccò in queft' Anno una maledetta percoffa a i Siciliani. Ufcirono effi in corfo colla lor Flotta di ventifette Galee, comandata da Corrado *Doria*,
per bottinare nelle Riviere del Regno di Napoli. [b] Giunfero

[b] *Ptolom.
Lucenf. An-
nal. brev.
Tom. XI.
Rer. Italic.
Chronicon.
Bononienf.
Tø. XVIII.
Rer. Italic.*
baldanzofi fino all' Ifola di Ponza. *Ruggieri di Loria*, che era
ito a Napoli, per menar de i nuovi fuffidj di gente e di Legni al
Duca di Calabria in Sicilia, mife anch'egli in punto la fua Flotta, con cui per buona ventura capitate fette Galee Genovefi de'
Grimaldi, nemici de i Doria fi vennero ad unire. Andò pofcia in
traccia dell' Armata Siciliana, la quale, contuttochè fapeffe veni-
rè un sì prode Ammiraglio con quarantotto Galee, in vece di
tirarfi, volle più tofto azzardare una battaglia. Fu quefta fanguinofa nel dì 14. di Giugno, e fecondo il coftume i più vinfero i
meno. Sette fole Galee de' Siciliani fcamparono; l' altre tutte
coll' Ammiraglio Doria, Giovanni di Chiaramonte, ed altri Nobili, oltre ad una gran ciurma, vennero in potere di Ruggieri.
Paffato effo Ruggieri in Sicilia, feguirono varj altri fatti ora profperi, ora contrarj. Roberto Duca di Calabria affediò ftrettamente per mare Meffina, di modo che quella Città s' era omai ridotta per la mancanza de' viveri a gli eftremi. S' aggiunfe a quefto
malore de' Meffinefi l'altro dell' epidemia, che facea molta ftrage;
e pure quel Popolo più tofto eleffe, fe occorreva, di perdere quante vite aveano, che di darfi a i Franzefi: tanto era in orrore il loro nome in quelle contrade. *Don Federigo*, Principe d' incredibil
coraggio e fenno, non mancò di portar più volte in perfona all'
afflitta Città foccorfo di vittovaglie, e di afportarne i poveri,
ridotti in pelle ed offa: finchè entrata l'epidemia anche nell'Armata del Duca Roberto, fi fciolfe l'affedio. Allora fu, che la Ducheffa *Violanta* Moglie d' effo Duca, e forella di Don Federigo,
cominciò a trattare di tregua; e quefta fu conchiufa per fei Mefi,

e nel lido di Siracusa si abboccarono il Duca e Don Federigo. Poscia Roberto, lasciata la Moglie in Catania, passò a Napoli per
ragguagliare il Padre dello stato delle cose, e delle maniere di
vincere la Sicilia.

TUTTA fu nell'Anno presente in festa la Lombardia per le sopra modo magnifiche Nozze di *Beatrice* Estense, Sorella di *Azzo*
VIII. Marchese d'Este, e Signor di Ferrara, Modena e Reggio, e
Vedova del *Conte Nino* de' Visconti di Pisa, Signore di Gallura,
cioè della quarta parte della Sardegna, con *Galeazzo* primogenito di *Matteo Visconte* Signor di Milano. (a) Certo è, che nella (a)*Chronic.*
festa di San Giovanni Batista di Giugno dell'Anno presente furono *Estense*
Tom. XV.
esse solennizzate in Modena, con avere il Marchese fatto Cava- *Rer. Italic.*
liere esso Galeazzo Visconte; e però si riconosce sconvolta di un *Chronic.*
Parmense
Anno la Cronologia di Galvano Fiamma (b), e de gli Annali Mi- *Tom. IX.*
lanesi (c), che ciò riferiscono all'Anno precedente. Concordano *Rer. Italic.*
Annales
tutti gli Scrittori, che straordinaria fu la magnificenza di tali *Veter. Mu-*
tinens.
Nozze: sì grandi furono gli apparati, i conviti, le giostre, gli *Tom. XI.*
spettacoli, il concorso de gli Ambasciatori, e della Nobiltà di tut- *Rer. Italic.*
te le Città della Lombardia, e Marca d'Ancona. Nè solo in Mo- (b)*Gualva-*
neus Flam-
dena, ma anche in Parma, e massimamente in Milano, si replica- *ma Manip.*
rono gli addobbi, le feste, e i bagordi con tale sontuosità, che me- *Flor. c. 338.*
(c)*Annales*
moria non v'era d'una somigliante in Italia, e nè pur ne' Regni *Mediolan.*
vicini. Vennero in quest'Anno alle mani in Pavia la fazione di Fi- *Tom. XVI.*
Rer. Italic.
lippo Conte di Langusco, appellato anche *Filippone*, e quella di
Manfredi da Beccheria, e ne seguirono ammazzamenti, ruberie
e prigioni (d). Restò al di sotto Manfredi, e gli convenne andar- (d)*Crispi*
stor. di Mi-
sene ramingo, e il Conte rimase Signore della Città. Matteo Vis- *lano.*
conte, volpe vecchia, si mischiò in questa discordia sotto colore di
maneggiar l'accordo, e favorì il Conte, al cui Figliuolo ancora
promise in Moglie una sua Figliuola; ma scopertosi poi, che Matteo sotto mano amoreggiava Pavia, si sciolse fra loro non solo il
disegno della parentela, ma anche l'amicizia, divenendo nemici
giurati da lì innanzi. In quest'Anno nel dì 23. di Maggio, (e) (e)*Chronic.*
Cesen.
Federigo Conte di Montefeltro, Figliuolo del fu *Conte Guido*, U- *Tom. XIV.*
berto de' *Malatesti*, e *Uguccione dalla Faggiuola*, allora Podestà *Rer. Italic.*
di Gubbio, di concordia scacciarono da quella Città la parte Guelfa. Avendo questa fatto ricorso a Papa *Bonifazio VIII.* venne tosto ordine al *Cardinal Napoleone* de gli Orsini, Governatore del
Ducato di Spoleti, di assediar Gubbio. Fu eseguito il comandamento, e nel dì 23. di Giugno, coll'aiuto de' Perugini vi rientrarono i Guelfi, scacciandone i Ghibellini, e commettendo assaissimi saccheggi ed uccisioni. (f) (f)*Giovan-*
ni Villani

Era Volg.
Ann. 1300.
MANDO' nel Mese di Ottobre il Papa per Governatore della Romagna il *Cardinal Matteo* d'Acquasparta: nel qual tempo Forlì, Faenza, Cesena, ed Imola, erano disubbidienti alla Chiesa. Cominciò egli con buona maniera a pacificar queste Città. Ma in quelti tempi fece gran progressi nella Toscana il veleno della discordia. Riferisce Giovanni Villani all'Anno presente il principio delle rivoluzioni di Pistoia. Tolomeo da Lucca (*a*) le fa cominciate molto prima. In quella Città si divise in due fazioni la potente Famiglia de'Cancellieri a cagion di brighe sopravenute fra loro, e ne seguì un funesto sconvolgimento de'Cittadini per le parzialità, con battaglie ed ammazzamenti. I Fiorentini, a' quali premeva, che quella Città stesse ferma nel partito Guelfo, s'interposero allora con forza, ed operarono, che i principali tanto della parte Bianca, come della Nera, fossero mandati a'confini. I più si ridussero a Firenze, cioè i Neri in casa de'Frescobaldi, i Bianchi in quella de'Cerchi, tutte e due ricche e possenti Famiglie. Era Firenze in questi tempi in alto stato, morbida per la gran popolazione, e più per le ricchezze. Descrive il Villani le delizie e solazzi (*b*), che si praticavano allora in quella Città; ma giacchè non aveano ora que' Cittadini da spendere i lor pensieri intorno alla guerra, perchè si trovavano in pace co' vicini, cominciarono a gareggiare e riottar fra loro a cagion de'Pistolesi, con prendere gli uni a favorire i Neri, e gli altri a proteggere i Bianchi. Perciò quasi tutte le Famiglie Fiorentine de' Grandi s'impegnarono in queste scomunicate brighe. Capo della setta de'Neri fu Corso de' Donati, e Vieri de'Cerchi capo dell'opposta de'Bianchi, venendo perciò a dividersi tutta la Città di Firenze. Nè si stette molto a prorompere in contese, zuffe, ed amarezze mortali. Papa Bonifazio avvertito di questo detestabil disordine, e pregato di rimedio, spedì colà il suddetto Cardinal Matteo d'Acquasparta, uomo savio, con ordine di riformar la Terra. Venne ben egli, e fece quanto potè; ma ritrovò tali durezze nelle teste ambiziose della parte Bianca, padrona allora del governo, che gli convenne tornarsene a Roma, con lasciar la Città peggio che prima sconvolta: incendio, che divampò dipoi in aperte sedizioni, e scandali più gravi.

(a) Ptolom.
Lucens. Annal. brev.
Tom. XI.
Rer. Italic.

(b) Giovanni Villani
lib. 8. c. 38.

INDICE

DEL TOMO SETTIMO.

Tom. VII.　　　　　　　Xxx

pren-

Az-

COR-

Fi-

GHE-

Di-

R

Ro-

Errata Corrige del Tomo VII.

Pag.　18. verfo il fine. *Non fi potè contenere di non andare* . Scrivi *contener di andare* .

20. preffo il mezzo. *parecchie migliaia* . Scrivi *miglia* .

92. lin. 12. *con tal vigore* . Scrivi *con vigore* .

237. dopo il mezzo. *Marchefe Azzo III.* Scrivi *Azzo II.*

270. dopo il mezzo. *racconti di Storici* . Scrivi *racconti e de gli Storici* .

408. preffo il fine. *i Fraffoni* . Scrivi *i Graffoni* .

434. lin. 3. *Marchefe Bonifazio* . Scrivi *Guglielmo* .

478. lin. 4. *vi mangarono* . Scrivi *vi manganarono* .

Lightning Source UK Ltd.
Milton Keynes UK
UKHW012238240219
337804UK00007B/722/P

9 780332 708218